La Littérature française
POUR
LES NULS

La Littérature française POUR LES NULS

Jean-Joseph Julaud

ÉDITIONS FRANCE LOISIRS

La liste des écrivains qui apparaissent sur la couverture.

De gauche à droite et de haut en bas :

1. Michel de Montaigne
2. Jean-Baptiste Poquelin dit Molière
3. Madame de Sévigné
4. Voltaire
5. Denis Diderot
6. Jean-Jacques Rousseau
7. François-René de Chateaubriand
8. Honoré de Balzac
9. Victor Hugo
10. Charles Baudelaire
11. George Sand
12. Arthur Rimbaud
13. Marcel Proust
14. Albert Camus
15. Nathalie Sarraute
16. Jean-Paul Sartre
17. Marguerite Duras
18. Patrick Modiano

Édition du Club France Loisirs, Paris
avec l'autorisation des Éditions Générales First

Éditions France Loisirs
123, boulevard de Grenelle, Paris
www.franceloisirs.com

ISBN : 2-7441-9322-4
N° éditeur : 45932
Dépôt légal : juillet 2006
Nous nous efforçons de publier des ouvrages qui correspondent à vos attentes et votre satisfaction est pour nous une priorité. Alors, n'hésitez pas à nous faire part de vos commentaires :

Production : Emmanuelle Clément
Illustrations intérieures : Marc Chalvin
Mise en page : KN Conception
Imprimé en France

Sommaire

Sixième partie : Le XXe siècle : cent ans d'expériences...435

La Littérature française pour les Nuls

Remerciements

Mes plus vifs remerciements à François, de Paris

Toute ma gratitude à Michel, de Bordeaux

Mon infinie reconnaissance à Alcofribas, de La Devinière

Merci à Joachim, de Liré

Merci à Pierre, de Couture-sur-Loire

Ma gratitude sans bornes à Jean, de Château-Thierry

Mille mercis souriants, à Jean-Baptiste, de Paris

Merci à Marie, à Marie-Madeleine, de Paris

Merci à Jean-Jacques, de Genève

Un merci admiratif pour Denis, de Langres

Un immense merci ému, infini, pour Victor, de Besançon

Merci Alfred et merci Charles, de Paris

Merci Arthur, de Charleville

Toute ma gratitude à Marcel, de Paris

Mille mercis à Marguerite, de Bruxelles

Merci à René Guy de Sainte-Reine, à Hélène

Merci à toutes, à tous !

L'auteur

Romancier, nouvelliste, auteur à succès d'essais – *L'Histoire de France pour les Nuls* –, d'ouvrages pédagogiques et de livres pratiques – dont le fameux *Petit Livre du français correct* – Jean-Joseph Julaud a été professeur de lettres et d'histoire pendant de nombreuses années. Il se consacre aujourd'hui à l'écriture.

Introduction

Rassurez-vous : vous ne retournez pas à l'école, au lycée ou à l'université ! Votre statut dans ce livre est celui d'un invité ! Invité chez Villon, chez Montaigne, chez Corneille ou Racine ; invité chez Voltaire, chez Rousseau, chez Hugo, chez Proust, et même chez Gavalda !

Partout, vous êtes accueilli, partout, on vous espère, on vous attend ! Parce que vous êtes un personnage, un grand personnage – « un VIP », diraient les Anglo-Saxons ! Et vous l'ignoriez ! Mieux : vous êtes un personnage de roman ! Non pas celui qui vit, qui meurt de page en page, mais celui à qui l'auteur écrit : le lecteur.

Ce n'est pas n'importe qui, un lecteur, et les auteurs le savent ! Ils n'ignorent pas que leurs héros, tout forts et beaux qu'ils soient, ne vivent ou ne survivent que d'un regard : le vôtre ! Ils n'ignorent pas que vous pouvez, quand vous le voulez, faire usage d'une arme redoutable – vous êtes des milliers à la posséder – : l'indifférence ! Et vous qui lisez ces lignes, soudain, vous allez peut-être vous découvrir un passé d'assassin !

Peut-être avez-vous supprimé, en un seul refus de lire, deux champions de la passion : Rodrigue et Chimène ! Peut-être avez-vous descendu, dans votre cave ou votre box, à l'ombre, discrètement, la plupart des personnages de Balzac, ceux de Zola, et même le pauvre Toine, de Maupassant ! Et récemment, pensez-vous que votre dernier forfait soit passé inaperçu : l'étouffement délibéré du héros du roman de........., publié chez......... (écrivez vous-même le nom de votre victime dans les espaces en pointillés) ?

Bien sûr, vous n'êtes pas venu ici pour qu'on vous fasse des reproches, ou la morale ! Répétons-le, vous êtes un invité. Vous en avez tous les privilèges : vous asseoir dans l'intimité de ceux qui vous attendent et qui vous ont préparé un petit extrait de leur œuvre, une petite anecdote de leur cru ! Mais vous possédez aussi le léger défaut de certains convives : celui d'arriver en retard ! On sait bien que vous n'avez jamais voulu descendre Rodrigue et Chimène, pas plus que Vautrin ou Lantier, ou tout autre héros qui aurait tenté de vous échapper ! Vous avez simplement pris votre temps pour arriver, voilà tout !

Ne vous inquiétez pas si au début de ce livre, dépourvu de votre indifférence, vous vous sentez un peu désarmé. C'est un symptôme normal – celui de la naissance ou de la renaissance des grandes passions.

Allez, ils vous attendent !

Soyez le bienvenu dans la littérature française !

Jean-Joseph Julaud

Comment ce livre est organisé

Par commodité, on a l'habitude de présenter la littérature française en classant par siècles les œuvres qu'elle nous a données. C'est ce classement qui est retenu ici, même si certaines modes d'écriture, certaines conceptions de l'art couvrent la fin d'un siècle et le début d'un autre. Le classement par siècles offre l'avantage de fournir à la mémoire des compartiments égaux. Vous pouvez donc installer dès maintenant dans la ROM de votre cerveau personnel les cadres suivants : Moyen Âge, XVIe, XVIIe, XVIIIe, XIXe et XXe siècles – faites une petite place pour le XXIe siècle qui n'a que cinq ans, certes, mais « Aux âmes bien nées, la valeur n'attend pas… » ; ne vous inquiétez pas si vous n'avez pu terminer cette citation : Corneille, dans les pages qui suivent, va vous souffler la suite ! Vos cadres étant installés, il va falloir penser à les remplir. C'est ce que nous allons faire ensemble, sans précipitation, voici comment…

Première partie : Le Moyen Âge : fervent et farceur

Le Moyen Âge ? De quel Moyen Âge s'agit-il ? Même s'il n'y en a qu'un – il dure de la chute de l'Empire romain, en 476, à la fin de la guerre de Cent Ans, en 1453 ; disons, pour simplifier : mille ans, de 500 à 1500 –, après un court parcours gaulois, romain, vandale et franc, nous prendrons pour point de départ le Serment de Strasbourg, en 842, où apparaît pour la première fois l'embryon du français. Dès cette époque, on raconte au coin du feu, en les chantant avec ferveur, les exploits de Roland, neveu de Charlemagne, qui périt à Roncevaux en 778. Ainsi est née la Chanson de Roland aux 4002 vers ! Nous écouterons ensuite ceux que l'on pourrait appeler « les grands reporters » : les chroniqueurs qui accompagnent les rois dans l'aventure des croisades aux XIIe et XIIIe siècles, ou dans l'exercice du pouvoir au XVe siècle. Sur les places, les parvis d'églises, on met en scène le bon sens, la malice paysanne ou bien les mystères religieux. Et l'amour, dans tout cela ? Troubadours et trouvères le célèbrent avec délicatesse, pendant que s'élabore la poésie écrite que Rutebeuf ou Villon nous ont laissée. Les récits sont parcourus par Compère Renart, qui use de toute sa ruse pendant que, dans les romans de Chrétien de Troyes, les chevaliers partent à la conquête de leur belle et à la quête du Graal. Dans la forêt, Tristan attend Iseult…

Deuxième partie : Le XVIe siècle : atout cœur

Trop rigide, trop contraignante, la façon de transmettre les savoirs au Moyen Âge ! Tout va changer au XVIe siècle avec ceux qu'on appelle « les humanistes » : ils placent l'homme au centre de leurs préoccupations.

Rabelais et Montaigne bâtissent une œuvre monumentale, somme de sagesse et de savoir. Le poète Marot et Marguerite de Navarre – sœur de François Ier – ont fort à faire avec les catholiques qui veulent étouffer le protestantisme naissant. Et puis, en plein milieu de ce XVIe siècle, voici une véritable révolution : la langue française va vraiment supplanter le latin dans les textes écrits, grâce à – vous ne connaissez qu'eux… – Ronsard, le grand amoureux, et Du Bellay, le nostalgique ! Ils inventent des mots par milliers, libèrent l'imagination, brisent les carcans et les convenances de composition. Ainsi la bride est lâchée à la création qui s'aventure dans l'imprévu, l'original, dans un nouvel ordre qui frise – avec du Bartas ou Agrippa d'Aubigné – le désordre, l'excès : le style baroque !

Troisième partie : Le XVIIe siècle : un grand classique

Du calme ! Foin de l'invention excessive et de toutes les dérives ! Voici François de Malherbe et ses colères : il fait le ménage, énergiquement ! Des centaines de mots disparaissent ; la langue française devient rigoureuse, claire, précise – l'outil rêvé pour Pierre Corneille qui y coule les amours inoubliables de Rodrigue et Chimène : *le Cid*, l'une des première œuvres dramatiques qui caractérisent le style classique. Le baroque est-il mort ? Point du tout : Honoré d'Urfé écrit un roman fleuve de cinq mille pages, plein de méandres souvent invraisemblables : *l'Astrée*. D'autres auteurs – Cyrano de Bergerac, par exemple – s'illustrent dans le foisonnement baroque. Mais Louis le Grand, XIVe du nom, va bientôt imposer sa vision de l'art d'écrire : économie des moyens, rigueur dans la composition, efficacité dans la transmission du message ! Ainsi s'impose finalement le genre classique, avec un Molière qui fait rire dans ses comédies, un Racine qui émeut dans ses tragédies ou un Boileau qui théorise à longueur d'alexandrins. Dans leur sillage : Madame de Sévigné et ses adorables lettres en petits potins, La Rochefoucauld et ses maximes, Perrault et ses contes, Bossuet et son « Madame se meuuuuuurt, Madaaaaaame est morte ! »…

Quatrième partie : Le XVIIIe siècle : la bourse aux idées

De l'air ! Le roi Louis le Grand est mort, vive l'aventure ! Les romans prennent la route et parcourent l'Espagne avec *Gil Blas*, de Lesage, ou bien le Nouveau Monde avec *Manon Lescaut*, de l'abbé Prévost. L'amour s'introduit partout, comme une sève nécessaire à l'espoir du bonheur par les sciences et la connaissance : des liaisons de toutes sortes y sont tentées à travers les œuvres littéraires – des plus platoniques avec Jean-Jacques Rousseau aux plus épicées avec le marquis de Sade, en passant par les dangereuses perversions de Choderlos de Laclos. Le bonheur, on l'espère vraiment en ce siècle dit « des Lumières », qui doit libérer l'homme grâce au progrès. Diderot entreprend et réussit une œuvre colossale : l'Encyclopédie des savoirs ! Le savoir, c'est le terreau de la pensée contestataire qui se développe dans les clubs, les salons : Montesquieu le Bordelais, Voltaire le caustique, le doux Rousseau, Beaumarchais l'aventurier, et autres rêveurs d'une nouvelle société donnent à la littérature militante ses pages les plus inspirées, les plus efficaces aussi, car la Révolution les suivra de peu !

Cinquième partie : Le XIXe siècle : un vrai roman

Il aurait bien aimé devenir un homme de poids auprès de Bonaparte, puis de Napoléon ; il fut un homme de plume dans les lettres françaises : Chateaubriand, le vicomte ! Il nous laisse des milliers de pages, et cette façon inimitable de s'offrir à l'admiration de ses lecteurs. Il inaugure le culte du moi, l'entrée en « je » d'un romantisme qui va fasciner le jeune Hugo déclarant à son père : « Je veux être Chateaubriand ou rien ! » Des poèmes par milliers, des romans, des pièces de théâtre, une vie politique à la fois dangereuse et agitée, un exil volontaire qui le grandit aux yeux de ses contemporains et de la postérité, un retour triomphal, des obsèques nationales suivies par deux millions de personnes… À couper le souffle, Hugo ! Il fut bien plus, il fit bien mieux que Chateaubriand ! Allons, pensons un peu aux autres : les tendres poètes – Lamartine ou Vigny – Musset et son théâtre à lire ; les rimeurs sombres, symbolistes et suicidaires – Nerval, Baudelaire, Verlaine – le singulier Rimbaud à la parole implosée ; tout un courant qui conduit la poésie vers les sommets du renouveau ou les abîmes du désespoir. Le XIXe siècle, c'est aussi – c'est surtout – le siècle du roman, avec Balzac, l'analyste des cœurs ; Zola, l'analyste des tares ; Maupassant, le conteur normand, l'amoureux des corps, qui semble annoncer certaines tendances « dépouillées » du siècle qui suit…

Sixième partie : Le XXe siècle : cent ans d'expériences

Le XXe, c'est d'abord la Belle Époque. Insouciance, recherche du plaisir : Feydeau, les boulevardiers au théâtre, de belles fictions attachantes, Colette et ses Claudine. Puis le grand massacre de 14-18 survient. Dérisoire contre les canons, la plume surgit des cendres, triomphante et géniale, dans une œuvre étonnante de virtuosité et de justesse : *À la recherche du temps perdu*, ensemble de romans où revit l'enfance de l'auteur, Marcel Proust. Le roman devient alors la forme privilégiée de la création littéraire : Mauriac le catholique, Céline le sarcastique, Malraux l'aventureux y consacrent une grande partie de leur vie pour des fortunes posthumes inégales. La plume, de nouveau, s'efface devant les mitrailleuses, mais dans la nuit de l'Occupation elle saura donner l'espérance, devenir militante dans les maquis. Sartre, la guerre finie, offre aux penseurs une séduisante philosophie de l'action ; Camus lui répond à sa façon. Le roman, la scène et la poésie remettent en cause leurs cadres, leurs formes, après le séisme de 39-45. Certaines audaces du nouveau roman et de l'antithéâtre connaissent une bonne fortune.

Septième partie : Propositions pour le XXIe siècle

Dans les dernières décennies du siècle, certaines œuvres d'imagination semblent se replier autour du *je* de leur auteur, ne plus explorer que son intimité, délaisser la grande aventure de la société. D'autres, au contraire, passent au crible de leur critique sans pardon les années de leurs père et mère qui ont fait 68 – suivez la ligne vers Houellebecq... D'autres encore, à la plume généreuse, chaleureuse demeurent au chevet du cœur qui n'en peut plus de payer ses investissements en faux *je t'aime* – suivez la ligne jusqu'à Orsenna, Gavalda... Tous, qu'ils se nomment Besson, Beigbeder, Queffélec, Lévy, Angot vous préparent sûrement, en ce moment, un nouveau rendez-vous dans les mois qui viennent. Un nouveau bonheur ! Bonheur aussi, en poésie avec les Bonnefoy, Réda, Roubaud, solidement ancrés dans le XXe siècle, et qui entrent dans vos mémoires de passeur vers les temps à venir. Bonheur sur scène enfin, avec Éric-Emmanuel Schmidt et Yasmina Réza, qui nous font sourire et réfléchir, nous émeuvent et nous étonnent. Bonheur de lire, d'entendre, de voir tout cela. Bonheur d'attendre ce qui vient, de nouvelles voix... Vous, pourquoi pas ?...

Huitième partie : La partie des dix

Une habitude dans la collection : la partie des dix qui, pour reprendre l'image de Montaigne, va vous proposer « à sauts et gambades » du récréatif ou de l'informatif sous la forme de thèmes choisis en fonction de ce qu'il est permis de deviner de vos attentes. Première attente supposée ? Les plus beaux poèmes d'amour ! Attendez, ne vous y précipitez pas déjà, un autre thème peut vous attirer tout autant, car vous venez de décider d'écrire – vous aussi, non mais ! le monde va voir ce qu'il va voir ! – un roman ou autre chose, mais de toute façon un écrit qui mérite un grand prix littéraire : quels lauriers préférez-vous ? Ceux du Goncourt, du Renaudot, du Femina ? Méfiez-vous, les prix littéraires ne sont plus ce qu'ils étaient, ils ne nourrissent plus forcément leur homme (ou leur femme) et, finalement, la vie de lecteur est plus facile. Enfin, pour terminer en beauté, vous allez fréquenter dix grands auteurs de la littérature francophone, du Sénégal au Québec, en passant par l'Algérie, le Maroc, le Liban, où le français se nourrit d'une autre lumière, d'un autre imaginaire, devient plus riche encore, et plus généreux.

Les icônes utilisées dans ce livre

De petits dessins amusants vous servent de repères lorsque vous voulez picorer dans ce livre des informations au gré de votre fantaisie, butinant ici et là ce qui fait votre miel…

Voulez-vous être reçu par Montaigne en sa librairie, par Rabelais en son monastère, par Voltaire à Ferney ? Voulez-vous voir de près Corneille à sa table de travail, rue de Cléry, à Paris ? Désirez-vous faire la connaissance de Musset et George Sand (ils vont vous étonner…) ? Laissez-vous tenter par ces courtes visites inopinées. Dans ce livre, vous êtes l'invité permanent, profitez-en !

Parfois, la vie d'un écrivain est un vrai roman, parfois non ! Dans l'un et l'autre cas, d'étonnantes mésaventures peuvent arriver dans le cours des journées de ceux qu'on imagine protégés par de bons hasards afin que naisse l'œuvre éternelle ! Point de protection spéciale pour nos piliers de la littérature, et parfois ils ont bien failli nous quitter avant de nous avoir légué leur héritage.

Une curiosité, quelques vers olorimes (qu'est-ce que c'est ? Cherchez dans le livre !), tous les méandres de la carte du Tendre, l'écriture des pièces de Molière par… Corneille (qui sait ?...), les secrets de la phrase de Bossuet, la dernière envolée lyrique de Malherbe… Tout cela va vous surprendre, et surprendra aussi ceux à qui vous le raconterez…

Quelques strophes de Villon ou de Baudelaire, un paragraphe de Balzac, une laisse de la Chanson de Roland, un peu de vitriol de Voltaire, quelques tourments raciniens ou des dilemmes cornéliens, vous trouverez tout cela, et bien d'autres extraits, dès que sera illustrée la création d'un grand de notre panthéon littéraire !

Un club médiéval à Fontevrault ; La Fontaine qui n'invente aucune de ses fables ; l'histoire de la vraie Bovary ; la réponse à une question que vous vous êtes souvent posée – ou peut-être jamais –, bref, de petits paragraphes à déguster comme des gourmandises qui donnent l'envie d'en reprendre…

Lorgnons ensemble par-dessus les frontières : qu'écrivent les Espagnols quand nous lisons, au XIXe siècle, Nerval et compagnie ? Que mijotent les Anglais quand nous lisons les œuvres un peu popote de nos romanciers nombrilistes ? Que nous préparent les Allemands quand Chateaubriand se décoiffe sur ses rochers bretons ? Vous le saurez en consultant notre petite rubrique « Pendant ce temps, chez nos voisins. »

Il n'y a pas que la littérature ! D'autres artistes ont laissé à la postérité leur alphabet et leurs mystères – leur héritage –, sous forme de tableaux, de partitions. Autant d'occasions pour vous d'aller flâner au Louvre ou bien à l'Opéra, ou dans d'autres musées, dans des salles de concert.

Bien sûr, au fil des lignes que vous lisez, le sens des mots vous est expliqué, mais certains d'entre eux méritent un éclairage particulier, un peu comme des vedettes qui sortiraient de l'ombre pour vous jouer leur petit numéro ! Laissez-vous aller au plaisir de la découverte…

Ils en ont écrit et dit, de belles phrases, nos auteurs préférés, et même ceux que l'on aime moins ! Ils en ont scellé des vérités dans une syntaxe économe et percutante ! Ils possèdent l'art de la sentence, de l'aphorisme, de la pensée que l'on répète dans la conversation, dans les discours, dans toutes les occasions qui nécessitent ces petits outils qu'ils nous ont fabriqués : les clés de la vérité !

Un pas de plus dans une œuvre, un deuxième dans la compréhension d'une notion, quelques autres dans la définition de l'un des nombreux mouvements ou genres qui se succèdent dans l'histoire littéraire ? ou tout simplement votre curiosité aiguisée qui voudrait en savoir plus ? Voilà de quoi la satisfaire !

Première partie

Le Moyen Âge : fervent et farceur

Dans cette partie…

Après avoir retrouvé les racines de la langue française, vous allez suivre son évolution à travers les récits des grands chroniqueurs – les ancêtres de nos reporters modernes – sur les chemins des croisades ou dans les méandres de la politique intérieure. Pendant ce temps, dans le royaume de France qui se construit peu à peu, le théâtre religieux abandonne l'espace clos des abbayes pour devenir profane sur les places et rassembler des foules en fête. Hommes et femmes précisent leurs droits et leurs devoirs mutuels dans la relation amoureuse, grâce aux poèmes que chantent dans les cours troubadours et trouvères. Quant aux relations du roi et de ses sujets, des seigneurs et de ses petites gens, la critique en est habilement effectuée dans des satires où les animaux ont la parole. Enfin, l'imaginaire se réfugie dans le roman naissant, peuplé de chevaliers servants, de dames à conquérir. Vous êtes forcément dans l'un ou l'autre camp…

Chapitre 1

Les grands reportages

Dans ce chapitre :

- Vous allez assister à la naissance de la langue française
- Le spectacle des chansons de geste vous attend
- Mettez-vous à l'écoute des grands chroniqueurs

Gentes dames, gents damoiseaux, preux chevaliers, serfs, princes, vilains, ducs, et vous, lecteur des Nuls, qui descendez tranquillement de tout ce monde ancien, bonjour ! Voici les titres de notre journal du matin – du matin de notre langue, de notre littérature, bien sûr ! « Gaule : après l'invasion des Romains et des Francs, le roi Charles le Chauve invente une nouvelle langue. », « Conflit contre les Sarrasins : Roland meurt en chanson à Roncevaux. » Nos trois chroniqueurs interviendront successivement, en fin de journal, en direct des croisades et de la cour de Louis XI. Prévisions météo pour ces mille cinq cents années : perturbations germaines centrées au nord-est de l'Europe, très actives en milieu de période. Gentes dames, gents damoiseaux, preux chevaliers, serfs, princes, vilains, ducs, et vous, lecteur des Nuls, qui allez remonter tranquillement vers tout ce monde ancien, nous vous souhaitons un excellent millénaire (et demi) !

En direct du Moyen Âge

« Oyez, oyez, bonnes gens… » Qu'attendez-vous pour aller ouïr ? Voici qu'arrivent dans la cour du château dont vous êtes le seigneur – ou le porteur d'eau – les jongleurs ! L'un d'eux tient au bout d'une courte chaîne un ours muselé ; un autre, en habit bariolé, fait des cabrioles ; et voici le troisième, sa vielle sur l'épaule. C'est lui qui annonce le programme de la soirée : « … où vous entendrez les hauts faits des preux chevaliers, les exploits de l'empereur Charlemagne… ». Arrêt sur image : nous sommes au XIIe siècle. Maintenant, retour en arrière sur le début du Moyen Âge, et même un peu plus loin, sur ce qui le précède…

Le temps goth des ravageurs

Les Gaulois adoptent la culture de leurs envahisseurs romains qui leur garantissent la paix pour trois siècles. La langue et la culture latines s'installent en Gaule pour des millénaires. Mais les barbares sont de plus en plus difficiles à contenir aux frontières de l'Empire romain. Les voici qui déferlent en Gaule, en 406. En 476, le dernier empereur romain est déposé. Aujourd'hui, on situe en cette année le début du Moyen Âge.

Le latin sans peine

52 av. J.-C. : Vercingétorix le Gaulois dépose ses armes aux pieds de Jules César, à Alésia ! C'en est fini des querelles entre tribus chevelues, c'en est fini des druides qui interdisaient qu'on écrivît (subjonctif imparfait), se réservant l'étude des sciences qu'ils jugeaient dangereux de laisser se développer dans la tête de n'importe qui. Finis les sacrifices douteux dans la forêt des Carnutes ! Bonjour le latin. Bienvenue aux œuvres des poètes, des philosophes romains et grecs. La *pax romana* – la paix romaine – s'installe tranquillement. Lyon devient la capitale des Gaules. Les Gaulois sont tout fiers d'y déambuler en toge après avoir quitté leurs braies. Dans les autres grandes villes on quitte aussi ses braies devant les Romains ; on assimile le latin sans peine.

Que demande le peuple ?

Ier siècle, IIe siècle de notre ère : le christianisme s'installe en Gaule. Bien sûr, ses premiers temps sont difficiles : la jeune Blandine subit un atroce supplice parce qu'elle ne veut pas renier sa foi, en 177. Mais l'empereur Constantin finit par constater que cette religion, pouvant servir à unifier son empire, est la meilleure qui soit. Un empire, un Dieu, un commerce florissant. Que demande le peuple gaulois ? Rien de plus ! Il est heureux autant que faire se peut. Et pourtant...

L'année terrible

406, l'année terrible. 406 ! Cette année-là, les barbares venus de l'Est franchissent le Rhin gelé du côté de Mayence. Ils déferlent sur la Gaule, caracolent, violent, pillent, tuent puis s'installent. Il y a les Suèves, les Alains, les Burgondes. Il y a les Vandales, les champions du... vandalisme. Au sud, ce sont les Wisigoths, qui pillent Rome en 410. Ils vont ensuite s'installer en Aquitaine. Ces temps goths aquitains sont un va-et-vient chaotique et dévastateur. À peine un siècle plus tard, nouvelle invasion par le nord : celle des Francs. Bientôt, Clovis devient leur roi. Un roi à l'appétit féroce, qui met sous sa coupe les Wisigoths d'Aquitaine en 507, après la bataille de Vouillé. Clovis, dont le royaume dépasse les frontières de la France actuelle, a pour grand-père Mérovée, le fondateur de la dynastie mérovingienne, brutale et cruelle, qui règne jusqu'en 755.

LE SAVIEZ-VOUS ?

Le Moyen Âge ? Quel Moyen Âge ?

Les historiens ont fixé le début du Moyen Âge à la chute de l'Empire romain, en l'an 476. Il se termine en l'année 1453, au cours de laquelle les Turcs prennent la ville de Constantinople, le 29 mai, à peine deux mois avant la dernière bataille de la guerre de Cent Ans, à... Castillon-la-Bataille, près de Bordeaux, le 17 juillet. Faites la soustraction (de tête !) : 1453-476 = ? Si vous avez passé plus de deux minutes pour trouver la réponse, vous venez d'échouer à l'ancien examen d'entrée en sixième... Mais, dans l'instant, vous avez répondu : 977 ans ! Bravo ! vous pouvez entrer à Polytechnique – pour visiter, seulement... On peut arrondir à 1 000 ans. Le Moyen Âge dure donc un millénaire (entre l'an 500, environ, et l'an 1500). Lorsqu'on parle du haut Moyen Âge, on fait allusion à ce qui s'est passé entre le Ve et le Xe siècle.

Le français : un vrai roman

De ses racines grecques, latines, gauloises, gothes, wisigothes et franques, la langue romane va devenir peu à peu la langue du pays de France tout entier. La première copie de la langue française est issue d'une promesse de fidélité. Deux langues vont en naître, l'une au nord, l'autre au sud, avant d'être réunies par la langue centralisatrice : le francien, presque le français.

Lueur dans les ténèbres

Des Goths, des Francs partout ! Que reste-t-il des Romains, des Gallo-Romains, de la langue latine, de la culture, de l'esprit latins qui irriguaient la douce Gaule ? Pas grand-chose ! Et il s'en est fallu de peu que tout disparaisse, que les écrits des poètes, des philosophes de la Rome antique gagnent pour toujours le silence éternel des espaces infinis. Mais, au plus fort de la tourmente, dans les ténèbres du savoir, une petite lueur brille, obstinée, à la fenêtre de quelque monastère, de quelque lieu sacré : les hommes d'Église veillent. Ils maintiennent l'enseignement de la lecture, de l'écriture. Ils forment des fonctionnaires qui sont très appréciés des nouveaux souverains goths ou francs, peu à peu convertis au christianisme. Des évêques – comme Sidoine Apollinaire au Ve siècle, Venance Fortunat au VIe siècle –, des moines continuent la pratique des genres anciens.

PLAISIR DE LIRE

Heureux Fortunat

Venance Fortunat est devenu évêque de Poitiers en 600. Auparavant, venu d'Italie, il a fait un tour de Gaule en célébrant toujours ses hôtes à travers des poèmes écrits en latin. En voici un, traduit en français, où se trouvent à la fois célébrés le père Yriex, des fruits dorés, les couleurs, le ventre, la bouche, le gosier…

Les fruits

Me voici arrivé par une heureuse route à Chantebland / Où je me réjouis de retrouver le père Yriex / Et comme mon gosier exigeant réclame pour mon ventre insatiable / Voilà que des fruits dorés attirent mes regards / De tous côtés accourent des pommes de teintes diverses / On dirait que je suis tombé sur un festin de peinture / À peine touchées du doigt, elles sont englouties dans ma bouche / Croquées sous la dent, et voilà la proie chassée / De son lieu qui émigre dans mon ventre / De fait, la saveur me charme avant que mon nez ait aspiré le parfum / Ainsi, quand le gosier triomphe, le nez perd ses droits.

Venance Fortunat, *Poèmes*, VIe siècle

Latin en promo

Au IXe siècle, Charlemagne (742-814) constate que, dans son immense empire, on parle trente-six langues, de multiples dialectes qui sont autant de petits latins en liberté – c'est ce qu'on appelle la *rustica romana lingua*, la *langue romaine rustique* : le *roman*. Avec son moine lettré Alcuin (735-804), il décide alors de faire une grande campagne de promotion pour la culture et la langue latines classiques, afin de mieux unifier son empire. Les résultats sont certes positifs pour le latin classique qui retrouve une nouvelle jeunesse, mais le roman, plus pratique, demeure la langue la plus répandue.

842 : Serments de cœur

C'est en langue romane que, après la mort de leur père Louis Ier le Pieux (778-840), les deux frères Charles le Chauve et Louis le Germanique se jurent mutuelle assistance et fidélité de cœur contre… leur autre frère Lothaire – tous les trois sont les petits-fils de Charlemagne. Ce serment est prononcé à Strasbourg, en 842. Il constitue l'entrée officielle du roman sur la scène de l'écriture et, par là même, le premier portrait de la langue française. L'année suivante, en 843, les trois frères réconciliés – provisoirement – se réunissent à Strasbourg afin de se partager l'empire paternel. À Charles le Chauve revient la *Francia occidentalis*, derrière laquelle vous reconnaissez, à peine déguisée par le latin d'époque : la France !

LE SAVIEZ-VOUS ?

842 : *Les Serments de Strasbourg*

Les tout premiers mots de la langue qui aboutit à celle que nous parlons aujourd'hui mettent en scène le principal engagement des deux frères : la fidélité. Un sentiment bien français… :

Pro Deo amur et pro Christian poblo et nostro commun salvament, d'ist di in avant, in quant Deus savir et podir me dunat, si salvarai eo cist meon frade Karlo et in aiuhdha et in cadhuna cosa, si cum om per dreit son frada salvar dift, in o quid il mi altresi fazet et ab Ludher nul plaid nunquam prindrai, qui, meon vol, cist meon fadre Karle in damno sit.

Pour l'amour de Dieu et pour le peuple chrétien et notre salut commun à partir d'aujourd'hui, et tant que Dieu me donnera savoir et pouvoir, je secourrai ce mien frère Charles par mon aide et en toute chose, comme on doit secourir son frère selon l'équité, à condition qu'il fasse de même pour moi, et je ne tiendrai jamais avec Lothaire aucun plaid qui, de ma volonté, puisse être dommageable à mon frère Charles…

La martyre de Valenciennes

Après *Les Serments de Strasbourg*, le plus ancien texte du français des origines est conservé à la bibliothèque municipale de Valenciennes. Il a été composé à l'abbaye de Saint-Amand, toute proche de cette ville du Nord, en 878, lorsque les reliques de sainte Eulalie ont été exhumées. En vingt-neuf vers rythmiques, on y apprend l'histoire d'une jeune fille – Eulalie – qui préfère subir le martyre et conserver sa virginité plutôt que de tomber dans les griffes du diable et de subir la déchéance morale.

PLAISIR DE LIRE

878 : La Cantilène de sainte Eulalie

Buona pulcella fut Eulalia. / Bel avret corps, bellezour anima. / Voldrent la veintre li Deo inimi, / Voldrent la faire diaule servir. / Elle no'nt eskoltet les mals conselliers / Qu'elle De o raneiet, chi maent sus en ciel, / Ne por or ned argent ne paramenz / Por manatce regiel ne preiement. / Niule cose non la pouret omque pleier / La polle sempre non amast lo Deo menestier. / E por o fut presentede Maximiien, / Chi rex eret a cels dis soure pagiens. (…)

Eulalie était une bonne jeune fille. / Elle avait le corps beau et l'âme plus belle encore. / Les ennemis de Dieu voulurent la vaincre ; / Ils voulurent lui faire servir le diable. / Elle n'écoute pas les mauvais conseillers qui lui demandent de renier Dieu qui demeure au ciel là-haut, / Ni pour de l'or, ni pour de l'argent, ni pour des bijoux, / Ni par la menace ni par les prières du roi. / Rien ne put jamais la faire plier ni amener / La jeune fille à ne pas aimer toujours le service de Dieu. / Et pour cette raison elle fut présentée à Maximien / Qui était en ces temps-là le roi des païens (…)

Cantilène de Sainte Eulalie (anonyme), IXe siècle

L'ancien francien

Le latin demeure la langue des lettrés qui en conservent la forme classique, celle du Ier siècle avant notre ère, celle qui est parvenue jusque dans les salles de classe d'aujourd'hui où on l'enseigne encore, la qualifiant de « langue morte », alors qu'à travers ses avatars elle est plus vivante que jamais. La langue romane est celle du peuple. Elle va se diviser en deux grands groupes, selon la façon dont le mot « oui » est prononcé : la langue d'*oil* au nord, la langue d'*oc* au sud. Plus tard, c'est le francien qui mettra d'accord ces deux façons de parler. Le francien, c'est le patois de l'Île-de-France, lieu d'exercice du pouvoir. Il va être peu à peu imposé à la France tout entière, devenant ainsi la langue nationale que vous comprenez en lisant ces mots, que vous soyez provençal, breton, béarnais, languedocien, ardennais, alsacien, parisien…

Comment joindre la « geste » à la parole…

« Oyez, oyez, bonnes gens… » Revenons au XIIe siècle, c'est-à-dire entre 1100 et 1200, revenons au château ! Le jongleur a fini d'annoncer son programme. Vous savez que va être chantée *la matière de France*, c'est-à-dire l'histoire de votre pays, et particulièrement celle du VIIIe siècle, tout imprégnée des exploits guerriers du Grand Charles : l'empereur Charlemagne ! Ce que vous allez entendre et voir, car la troupe va mimer certaines scènes, porte le nom de « chanson de geste ». Une chanson tenue en laisses…

Les gestes en laisses

Sur le sol de la grande salle à manger, on a répandu des herbes odorantes. De l'immense cheminée part le crépitement du bois sec qui s'enfonce lentement dans les braises. Une jeune fille au joli visage mélancolique tourne la broche où rôtit un veau entier. Un garçon, son frère peut-être, le tamponne de graisse. Un désir de toutes les nourritures possibles monte en vous… – que n'écrirait-on pas pour vous mettre dans de bonnes conditions face à l'étude de la chanson de geste ! Donc, la chanson est composée de laisses ! Voyons cela…

Gentes dames et damoiselles…

Vous en voulez encore ? Les dames ont revêtu leurs beaux atours, étoffes de velours rouge et col d'hermine. Les damoiseaux et damoiselles affichent leur jeunesse splendide. Les hommes en grands habits de fête, vaste chapeau sur la tête, devisent et rient bruyamment. Tous sont assis à la table disposée en fer à cheval ; ils sont sans vis-à-vis, de sorte que le spectacle puisse être vu de tous, aisément. Tambourins, fifres, voici les jongleurs. Celui de tout à l'heure demande le silence. Il prend sa respiration, il commence…

MOTS À LA LOUPE

Plus un geste !

Halte ! Dans votre imagination, déjà, vous voyez mille gestes de menace, d'amitié, de crainte, de désir... Vous faites fausse route : dans la chanson de geste, le mot *geste* est du genre féminin. *La geste* désigne les hauts faits, les exploits de héros guerriers. C'est un genre pratiqué depuis fort longtemps : à Rome, on raconte déjà les *res gestae,* c'est-à-dire les *choses accomplies,* les actions civiles, politiques ou militaires qui ont pour point commun de rapporter sur le mode épique les épisodes glorieux de la vie des braves.

« Karles li reis »

Première laisse ! Qu'est la laisse ? C'est une strophe de plusieurs vers – on en trouve de sept, douze, quatorze vers, etc. dans la *Chanson de Roland.* Dans d'autres chansons, cette longueur est variable également, les strophes pouvant alors atteindre plusieurs centaines de vers. La laisse correspond à un mouvement du récit. Lorsqu'elle est terminée, le jongleur – et les auditeurs – souffle un peu, ou bien les acrobates entrent en scène pour mimer ce qui a été raconté, ou ce qui vient. Avez-vous remarqué le premier vers de la *Chanson de Roland ? Karles li reis, nostre emepereres magnes...* Le personnage principal est annoncé dès les premiers mots – c'est une constante dans les chansons de geste. Avez-vous remarqué encore ? Chaque début de laisse reprend un vers, ou bien identique au premier ou au dernier de la précédente, ou composé des mêmes mots initiaux.

Plus de quatre mille vers !

Une bonne chanson prend ses aises, tient son public en haleine, étale son suspense sur plusieurs journées, comme on le fait aujourd'hui avec les séries télévisées...

L'envoûtante parataxe

Avez-vous entendu ? À la fin de chaque vers, le même son revient, celui des mêmes voyelles, car la consonne peut changer. C'est ce qu'on appelle « les vers assonancés ». Le jongleur chantant prend plaisir à les accentuer ; cela crée un curieux effet, une sorte d'envoûtement. Il change de ton au fil de la laisse. Écoutez : les groupes de mots se succèdent sans lien logique, ils sont juxtaposés, la subordination n'existe presque pas ! La narration est faite d'images coupées net, et cela donne du rythme, de la vivacité, comme savent les créer certains réalisateurs au cinéma. Ce procédé de juxtaposition des groupes, des images porte le nom savant de parataxe.

Quelques jours devant vous ?

Il est souhaitable que vous disposiez d'un peu de temps, c'est-à-dire de plusieurs journées, car la *Chanson de Roland* comporte 4 002 vers ! Oui, 4 002, en 291 laisses ! Il y aura donc plusieurs représentations, plusieurs soirées consécutives, épisodes chantés, mimés. Heureusement, vous avez mis votre char à bœufs en lieu sûr, dans les remises du château, et les bœufs à l'étable. Deuxième soir. De nouveau, grand banquet. Le damoiseau, la damoiselle tout près de vous… Peut-être tout à l'heure, la nuit est belle… En attendant, vous écoutez le jongleur chantant, et vous comptez : 1, 2, 3… 10 ! Les vers sont de dix syllabes, le décasyllabe est la longueur idéale pour la chanson de geste, même si plus tard vous trouverez des chansons en vers de douze syllabes – les alexandrins. Lorsque Ronsard reprend le genre au XVIe siècle, il n'hésite pas : il écrit son très long poème épique *La Franciade* en décasyllabes.

ALLONS PLUS LOIN

Trois cycles

Les chansons de geste se répartissent en trois grands cycles. Le premier est la geste du roi, où sont rapportés de façon avantageuse, poétique ou épique, les événements de la vie de Charlemagne et de certains de ses pairs. Le deuxième est le cycle de Garin de Monglane ou cycle de Guillaume d'Orange, composé de vingt-quatre chansons, où sont décrits de multiples combats contre les Sarrasins avant et après Roncevaux. Le troisième est le cycle des vassaux révoltés, ou geste de Doon de Mayence : des barons, des comtes s'y révoltent contre le roi ou l'empereur. Il faut ajouter à ces trois cycles un quatrième ensemble où cohabitent des chansons rapportant les hauts faits des croisés, et d'autres dont le contenu comique invite au divertissement gratuit (Jean de Lanson) ou bien à la rêverie romanesque (Huon de Bordeaux).

La Chanson de Roland : un dopant pour chevaliers

« Oyez, oyez… » Oui, oui ! Nous oyons ! « Oyez donc !... » Quoi encore ? « Le tombeau du Christ est tombé aux mains des infidèles à Jérusalem ! » Ah oui ? Quand ? « Voilà trente ans, c'était en 1078, les Turcs s'en sont emparés ! Il faut aller le délivrer ! » Certes, certes, c'est une sale affaire, mais comment motiver les troupes, comment leur donner des modèles qui vont les conduire à accomplir des actes héroïques ? « Eh bien, je vais de château en château » Oui, et puis ? « Et puis je chante ma petite *Chanson de Roland* ! » Petite, avec 4 002 vers ? « Ne vous plaignez pas, j'en connais une qui fait 24 000 vers, la *Chanson de Tristan de Nanteuil*. » Oui, et moi j'en connais une qui ne fait que 900 vers : *Le Voyage de Charlemagne* ! « Ne perdons pas de temps, je vais continuer de vous chanter ma chanson de Roland afin de vous galvaniser, de vous présenter des exploits surhumains, de vous doper pour la croisade, de vous exalter – ainsi que me l'ont conseillé des gens d'Église ! Voici la suite… »

Ganelon le félon

Évidemment, vous n'allez pas tout écouter, sinon, on y est encore à la page 500 ! Voici donc ce qui se passe d'abord dans la chanson. Pendant sept ans, Charlemagne a combattu et vaincu les Maures en Espagne. Seule la ville de Saragosse, dont Marsile est le roi, lui résiste. Que faire ? Marsile offre la paix, avec l'intention de trahir ses engagements dès qu'il l'aura obtenue. Le comte Roland, pair de France, neveu de Charlemagne veut poursuivre la guerre jusqu'à ce que la ville soit écrasée. Mais l'avis du plus grand nombre des chevaliers l'emporte : ce sera la négociation. Qui envoyer pour la conduire ? Roland propose Ganelon, son beau-père. Celui-ci accepte, mais considère cette proposition comme une attaque personnelle, car le danger est grand de ne pas revenir, Marsile étant un fourbe. Auprès de Marsile, Ganelon dévoile sa rancœur. Alors, le roi de Saragosse lui propose un plan pour se venger : renvoyé à Charlemagne, il doit le convaincre de repartir vers la France. Ce qui est fait.

LE SAVIEZ-VOUS ?

« Ci fait la geste que Turoldus declinet »

Écrite, réécrite, modifiée, allongée, surchargée, expurgée… On connaît plusieurs versions de la *Chanson de Roland* – leur longueur varie de 4 000 à 9 000 vers, décasyllabes ou alexandrins. Cependant, la redécouverte du manuscrit le plus ancien, resté longtemps inconnu, date de 1837. Il s'agit du manuscrit Digby 23 de la bibliothèque Bodléienne d'Oxford. Écrit vers 1100, ce manuscrit est devenu la version officielle de la chanson. Dans le dernier vers, on découvre le nom de l'auteur : « Ci fait la geste que Turoldus declinet » ; il s'agit donc d'un certain Turold. Qui était-il ? Le copiste, l'auteur, le jongleur récitant, ou bien un petit malin qui aurait ajouté son nom, ni vu ni connu, pour s'approprier le tout ? On ne le saura jamais !

Un contre vingt

La partie du plan de Marsile concernant la vengeance peut alors se dérouler : Ganelon s'est arrangé pour que les vingt mille hommes de Roland ferment la marche et se trouvent ralentis dans les gorges de Roncevaux. C'est alors que les quatre cent mille – dans la chanson seulement… – musulmans de Marsile fondent sur les valeureux chevaliers de Roland, qui se retrouvent donc à un contre vingt ! Les épées franques tournoient comme des pales d'hélicoptère, mais cela ne suffit pas : les combattants héroïques se retrouvent à terre, transpercés de mille coups !

En larmes, Roland !

Roland est le dernier à mourir. Avant de trépasser, il voit étendu son cher compagnon Olivier, dont l'épée Hauteclaire est devenue inutile ; il se met à pleurer ! Alors, seulement, il sonne de l'olifant, cette trompe qui, utilisée plus tôt, eût joué la sirène du danger et averti Charlemagne et son avant-garde : ils eussent fait demi-tour ! Sa dernière minute arrivée, Roland ne veut pas que sa fidèle épée Durandal tombe aux mains des païens de Marsile : il tente de la briser sur un rocher.

Même le soleil s'en mêle !

Durandal ne se brise pas, elle rebondit vers le ciel, mais le rocher, lui, est fendu ! Roland meurt ensuite – en plusieurs laisses de huit, de douze, de quatorze vers… Charlemagne, qui a entendu l'olifant, est accouru avec toute sa troupe au triple galop : trop tard ! Alors se produit un prodige qui montre bien que Dieu est dans le camp de Charlemagne, même s'il demeure invisible : le soleil arrête sa course ! Oui, le soleil demeure immobile quelques heures, le temps pour Charlemagne et ses compagnons d'aller châtier les païens en fuite !

Ganelon écartelé

Marsile est défait. Baligant, l'émir de Babylone, qui venait à son secours avec les soldats de quarante royaumes, est tué par Charlemagne qui peut entrer dans Saragosse ; Marsile en meurt de chagrin, sa femme Bramidoine se convertit au christianisme. Charlemagne rentre à Aix-la-Chapelle. Là-bas, Aude, la fiancée de Roland, meurt sur le coup en apprenant que son héros ne reviendra jamais plus. Et Ganelon, le félon ? Il est écartelé devant une foule immense !

MOTS À LA LOUPE

Croisades et « Reconquista »

Les chansons de geste exaltent la bravoure des chevaliers qui n'ont plus qu'une hâte : aller en découdre avec les infidèles en Terre sainte. Ainsi, huit croisades vont s'ébranler vers Jérusalem entre 1096 et 1270. Les rois ou empereurs ont aussi un autre moyen de mettre leur courage à l'épreuve : les musulmans s'étant solidement implantés en Espagne, la chrétienté met tout en œuvre pour reconquérir le terrain perdu. C'est ce qu'on appelle « la Reconquista » – la reconquête, en espagnol. Elle commence au milieu du VIIIe siècle et ne s'achève qu'à la prise de Grenade, en… 1492 ! À partir du XIe siècle, l'épisode de Roncevaux serait donc exploité pour orienter une chevalerie qui ne rêve que de prouesses, non seulement vers la Terre sainte, mais aussi vers l'Espagne, encore musulmane en grande partie.

On connaît la chanson...

On connaît la *Chanson de Roland*, ses développements où les détails abondent (*Co sent Rolandz que la mort li est pres / Par les oreilles fors li ist li cervels :* la cervelle lui sort par les oreilles...), mais la réalité...

Que s'est-il passé ?

Voyons ce qui s'est réellement passé : l'affaire commence au printemps 778, alors que Charlemagne n'est pas encore empereur, puisqu'il le devient le 25 décembre de l'an 800, à Rome. En Espagne, les princes musulmans se font la guerre. On appelle donc le Grand Charles, qui monte une expédition militaire d'importance et met le siège devant Saragosse. Mais une dépêche lui apprend que ses pires ennemis, les Saxons, se sont révoltés. Il décide alors de lever le siège, immédiatement, et de partir pour la Saxe avec toutes ses troupes – la Saxe se situe en Allemagne du Nord, ce qui représente des centaines de lieues à couvrir. En cours de route – et en colère – il fait raser Pampelune qui, d'après lui, pouvait se révolter sans prévenir...

ALLONS PLUS LOIN

La version des vaincus

Selon les historiens arabes, Charlemagne a été appelé en Espagne par le gouverneur de Saragosse, Sulayman Ben Al-Arabi, révolté contre le calife de Cordoue. Mais, alors que les Francs arrivent à Saragosse, Ben-Arabi fait volte-face et lui interdit l'entrée dans la ville. Charlemagne s'empare alors du gouverneur qui ne sait pas ce qu'il veut, le fait prisonnier et l'emmène en France. C'est lors du franchissement des Pyrénées, au col d'Ibaneta (Roncevaux), que les fils de Ben-Arabi, aidés des Vascons, attaquent les Francs et délivrent leur père, au cours d'une bataille qui est un cuisant échec pour Charlemagne !

Une bande de Vascons

L'avant-garde de l'armée – Charlemagne à sa tête – repasse les Pyrénées le 15 août 778, tandis que Roland – préfet des Marches de Bretagne – commande l'arrière-garde. Celle-ci est ralentie, pour ne pas dire encombrée, par des centaines de lourds chariots chargés du butin amassé çà et là pendant le séjour espagnol. En franchissant le défilé de Roncevaux, elle tombe dans une embuscade tendue par les Vascons, les ancêtres des Basques. Malgré une défense héroïque, Roland, tous ses compagnons, tous ses soldats sont passés au fil de l'épée.

Ni Olivier, ni Ganelon...

Dans la réalité, point d'Olivier, l'ami fidèle, point de Ganelon... Beaucoup d'autres personnages de la chanson ne sont que des fictions – des symboles surtout : la fidélité, l'amitié, la bravoure, la trahison. En 778, on parle à peine de cette embuscade. Eginhard, qui suit toute sa vie Charlemagne comme son ombre, la mentionne en précisant que les Vascons ne purent être châtiés parce qu'ils s'enfuirent immédiatement dans les montagnes. Il ne mentionne pas que le soleil arrêta sa course…

PLAISIR DE LIRE

La mort de Roland

Ça sent Rolandz que la mort l'entreprent, / Devers la teste sour lo cuer li descent. / Dessoz un pin i est alez corant / Sour l'erbe vert si s'est colchiez adenz : Dessoz lui met s'espede e l'olifant ; / Torna sa teste vers Espaigne la grant : / Por ço l'at fait qued il vuelt veirement / Que Charles diët e trestote sa gent, / Li gentilz cons, qu'il est morz conquerant. Claimet sa colpe e menut e sovent, / Por ses pechiez Dieu porofrit lo guant.

Roland sent que la mort l'entreprend. Elle descend de sa tête vers son cœur. Dessous un pin, il est allé en courant. Il s'est couché sur l'herbe verte, sur son épée, sur l'olifant. Il a tourné sa tête vers la Grande Espagne. Il l'a fait parce qu'il veut que Charles dise à tous ses sujets que l'aimable comte est mort en conquérant. Il se frappe la poitrine sans cesse pour confesser ses péchés.

Turold, *Chanson de Roland*, VIe partie, vers 2366 à 2377, XIIe siècle

Guillaume au court nez et sa femme Guibourc

La *Chanson de Guillaume* met en scène Guillaume d'Orange. Attention, ne le confondez pas avec Guillaume d'Orange ! C'est-à-dire Guillaume III (1650-1702) stathouder des Provinces-Unies, roi d'Angleterre, d'Écosse et d'Irlande, qui fit inonder les Pays-Bas afin d'éviter leur invasion par les Français de Louis XIV ! Notre Guillaume d'Orange est un héros contemporain de Charlemagne (aux environs de l'an 800). Il est le centre du deuxième cycle des chansons de geste, justement appelé « le cycle de Guillaume d'Orange ». En voici l'essentiel : tout part de Garin, un chevalier, qui bat Charlemagne aux échecs. Garin a quatre fils auxquels vont arriver de multiples aventures ; l'un d'eux, Hernaut de Beaulande, déclare la guerre à Charlemagne, car l'épouse de celui-ci aurait fait un affront à Aimeri, fils d'Hernaut. Batailles, bagarres et sièges, puis réconciliation urgente : il faut aller combattre les Sarrasins en Espagne, au côté de Charlemagne – ah ! ces Sarrasins !

L'adorable Orable

Après Roncevaux, Aimeri prend Narbonne. Son fils Guillaume (nous y voilà) accomplit tout jeune de nombreux exploits, rencontre la belle Sarrasine Orable dont il tombe amoureux, défend le fils de Charlemagne, Louis Ier le Pieux, le fait couronner à Rome, ville qu'il a sauvée de l'invasion grâce à sa victoire sur le géant Corslot. Au cours de la bagarre, Corslot a coupé le bout du nez de Guillaume, qui va alors porter le surnom de *Court nez* ! Louis Ier le Pieux, ingrat, oublie de récompenser Guillaume qui part, de dépit, conquérir des fiefs sarrasins. Il lorgne notamment la ville d'Orange où vivent le roi sarrasin Thibault l'Esclavon et sa femme… l'adorable Orable ! Grâce à la complicité de celle-ci, Guillaume s'empare de la ville. Orable devient chrétienne et prend le nom de Guibourc. La suite, ce ne sont que nouveaux combats contre les Sarrasins, encore les Sarrasins, toujours les Sarrasins…

ALLONS PLUS LOIN

La chanson d'Aymerillot

Si vous ouvrez *La Légende des siècles* de Victor Hugo, vous trouvez, dans la quatrième partie – « Le cycle héroïque chrétien » – le poème III intitulé *Aymerillot*. Cet Aymerillot n'est autre qu'Aimeri, fils de Hernaut. Victor Hugo montre combien ce fils, oublié lors du partage des biens par son père, fait preuve d'un courage extraordinaire et s'empare de Narbonne. Le poème commence ainsi : « Charlemagne, empereur à la barbe fleurie… » Allons Victor ! Jamais Charlemagne n'a porté de barbe fleurie ! C'est le mot latin « *fiori* », signifiant « *brillant* », « *glorieux* », qui a été mal traduit.

Raoul de Cambrai a la haine

Fondée sur un épisode de l'histoire qui se déroule sous le règne de Louis IV d'Outremer, voici *La Chanson de Raoul de Cambrai*.

Pas cool, Raoul !…

Il n'est pas très cool, Raoul ! Il faut dire qu'il y a de quoi : il n'est pas encore né quand son père, le comte de Cambrai, meurt. Le roi Louis IV d'Outremer (vers 950) donne alors le comté de Cambrai à un valeureux soldat qui puisse le défendre : Gibouin, et il propose même à ce valeureux guerrier, la veuve du comte de Cambrai, la belle Aalaïs. Indignée, celle-ci refuse et élève seule son fils Raoul. À quinze ans, Raoul va demander au roi un fief. Celui-ci lui accorde le domaine de Vermandois dont le propriétaire vient de mourir.

Cantique des cantiques de la haine

Mais les trois fils du défunt ne l'entendent pas de cette oreille ! C'est l'affrontement. Il va durer des mois, émaillé de trahisons de toute sorte, de crimes odieux. Les belligérants conçoivent même, chacun de leur côté, le projet d'assassiner le roi Louis IV, qu'ils rendent responsable de la situation ! Bref, cette chanson – écrite vers 1180 –, qui appartient au troisième cycle des chansons de geste, a été qualifiée – ainsi que beaucoup d'autres de la même série – de *cantique des cantiques de la haine*. Finalement, Raoul va mourir sous les coups des trois frères !

Huon de Bordeaux a tué Charlot

La Chanson de Huon de Bordeaux (1260) appartient à un groupe de créations qui se différencie des trois cycles cités précédemment. Son contenu laisse la place à la pure fantaisie, parfois débridée, ou à la rêverie, aux aventures féeriques – c'est le cas dans ce qui suit. *Huon de Bordeaux* totalise environ dix mille décasyllabes, vers de dix syllabes.

Amaury, le fourbe

Seguin de Bordeaux a deux fils : Huon et Gérard. Amaury de la Tour, qui convoite leurs terres, les accuse de refuser l'hommage à Charlemagne. Celui-ci les convoque à sa cour où ils comptent s'expliquer, mais en chemin, Amaury qui s'est fait un complice de Charlot, le fils de l'empereur, les attaque ! Gérard est grièvement blessé par un coup de Charlot. Huon veut secourir son frère, mais il y met un peu trop de conviction et tue Charlot ! Charlemagne décide alors de faire exécuter l'assassin de son fils, mais, sur l'intervention de l'oncle du condamné, substitue à la peine de mort une série d'épreuves dont Huon devra revenir vainqueur.

Baiser trois fois la belle Esclarmonde

Et quelles épreuves ! Il doit quitter la France et s'en aller insulter le roi de Babylone, l'amiral Gaudise. Il doit s'inviter à sa table et tuer le premier de ses barons. Gaudise a une fille magnifique : Esclarmonde. Huon doit la baiser avec feu, trois fois (sur la bouche). Enfin, il doit rapporter à Charlemagne, en gage de soumission de la part de Gaudise, quatre de ses dents et sa barbe qui lui aura été arrachée ! Huon commence son voyage par Rome, où il se confesse au pape. Puis il traverse la Syrie, témoin de mille merveilles.

Folle amoureuse…

Huon fait ensuite la connaissance du nain Aubéron, roi du pays féerique de Monmur. Ce nain qui possède la beauté et l'immortalité des dieux est le fils de Jules César et de la fée Morgue. Il prend Huon en amitié, lui demandant de suivre toujours les conseils qu'il lui donne. Mais Huon est trop étourdi pour se les rappeler, et le nain se fâche souvent contre lui. Huon parvient cependant à accomplir les trois obligations, mais ce qu'il n'avait pas prévu c'est que, ayant baisé avec une fougue sans mesure la bouche de la belle Esclarmonde, celle-ci est tombée folle amoureuse de lui !

ALLONS PLUS LOIN

Les vies d'Aubéron

Le nain Aubéron – personnage sans doute emprunté à l'Alberich de la légende des Nibelungen, épopée germanique écrite vers 1200 – a poursuivi son existence dans la création littéraire et musicale. En effet, William Shakespeare lui donne un rôle dans son drame *Le Songe d'une nuit d'été* – on jouait à cette époque une adaptation théâtrale de *Huon de Bordeaux* en Angleterre. Le compositeur et chef d'orchestre allemand Carl Maria von Weber écrit, en 1826, un opéra intitulé *Oberon*. Il meurt la veille de la première représentation.

Huon au paradis

Huon s'enfuit avec elle du palais de Gaudise qu'il a tué, sans oublier de lui arracher la barbe et de lui extraire quatre dents. Aubéron conseille à Huon de ne pas partager le même lit qu'Esclarmonde avant de l'avoir épousée. Huon n'en fait qu'à sa tête, et la jeune fille lui est enlevée. Il va la retrouver après mille aventures et pouvoir rentrer en France après son mariage célébré par le pape. Mais en France, son propre frère, aidé du traître Ganelon – que vous avez déjà rencontré dans la *Chanson de Roland*... – lui tend un piège. Huon est sauvé encore une fois par Aubéron qui lui promet une place dans son pays de féerie : le paradis !

Des envoyés très spéciaux : les chroniqueurs

Chaque époque vole vers celles qui lui succèdent grâce aux grandes plumes qui décrivent et qui pensent. Ainsi se posent dans nos mémoires des cortèges d'événements écartés du pur hasard, rapprochés de la logique, ou bien des existences remarquables, dans la mesure où n'en a été rapporté et exacerbé que l'exceptionnel. De grands témoins aujourd'hui organisent le départ du présent, comme on emballe un cadeau, vers les générations futures. En d'autres temps, des chroniqueurs nous ont laissé leur témoignage. On prend plaisir aujourd'hui à lire Geoffroi de Villehardouin, maréchal de Champagne qui raconte la IVe croisade ; ou bien Jean de Joinville, thuriféraire du roi Louis IX – Saint Louis – et grand témoin de la VIIe croisade ; ou bien encore Jean Froissart, qui nous décrit en direct, à sa façon, la guerre de Cent Ans, les princes et les cours ; ou bien enfin Philippe de Commynes, grâce auquel les deux ennemis jurés Charles le Téméraire et Louis XI semblent poursuivre encore haine coléreuse et fines fourberies.

Villehardouin : pleins feux sur la IVe croisade

22 novembre 1199. Ecry, en Ardenne. Le soleil du plein automne emplit toute la campagne d'une clarté singulière ; certains la jugent surnaturelle. Il faut dire que ce 22 novembre est un jour exceptionnel : Thibault III de Champagne, la vingtaine triomphante, neveu du roi de France organise le dernier tournoi du siècle ! C'est une fête grandiose. Vers cinq heures du soir, alors que les derniers chevaliers descendent de leurs destriers, Foulques, le curé de Neuilly-sur-Marne, prend la parole : il lit le message du pape Innocent III qui lance la IVe croisade.

Thibault III meurt à vingt-trois ans

C'est l'enthousiasme dans les rangs des chevaliers : Thibault de Champagne est le premier à coudre sur son vêtement blanc la croix rouge, rappelant celle du Christ dont il faut aller délivrer le tombeau – quatrième tentative... –, à Jérusalem. Tous les seigneurs présents l'imitent, Geoffroi de Villehardouin en tête. Ce vassal du comte de Champagne a dépassé la quarantaine, et tous l'apprécient pour ses qualités d'organisateur. Deux ans plus tard, en 1201, lorsque Thibault III meurt à vingt-trois ans de la fièvre typhoïde, les préparatifs de la croisade ne sont pas terminés. C'est Villehardouin qui va assumer les responsabilités majeures de cette étonnante entreprise.

La route vers Jérusalem s'arrête à Constantinople

Étonnante, cette IVe croisade, car elle s'arrête à Constantinople, que les croisés mettent à sac, le 15 avril 1204 ! Tout cela parce que sur les 35 000 chevaliers prévus, à peine 10 000 ont tenu leur promesse ; parce qu'il a fallu négocier avec les Vénitiens qui avaient préparé les bateaux à destination de la Terre sainte. Ne pouvant payer, les croisés ont dû prendre, pour le compte de Venise, la ville de Zara. Et, poussant un peu plus loin, ils ont décidé que l'empereur régnant à Constantinople n'était qu'un usurpateur et qu'il était urgent de le remplacer par un des leurs, Baudouin de Flandre !

PLAISIR DE LIRE

La prise de Constantinople par Villehardouin

Les autres gens qui étaient répandus par la ville gagnèrent aussi beaucoup ; et le butin fait fut si grand que nul ne vous en saurait dire le compte, d'or et d'argent, de vaisselles et de pierres précieuses, et de satins et de draps de soie, et d'habillements de vair, de gris et d'hermines, et de tous les riches biens qui jamais furent trouvés sur terre. Et bien témoigne Geoffroi de Ville-Hardouin le maréchal de Champagne, à son escient et en vérité, que jamais, depuis que le monde fut créé, il n'en fut autant gagné en une ville. Chacun prit hôtel ainsi qu'il lui plut, et il y en avait assez. Ainsi se logea l'armée des pèlerins et des Vénitiens, et grande fut la joie de l'honneur et de la victoire que Dieu leur avait donnés…

Villehardouin, *Chroniques*, 1208

La prise de Constantinople par les vaincus

Les ennemis, ne trouvant plus de résistance, firent tout passer au fil de l'épée, sans distinction d'âge, ni de sexe. Ne gardant plus de rang, et courant de tous côtés en désordre, ils remplirent la ville de terreur, et de désespoir. Ils se mirent à piller les maisons et les églises. Ils brisèrent les saintes images, qui méritent les adorations des fidèles. Ils jetèrent les sacrées reliques. Ils prirent les calices et les ciboires, et après en avoir arraché les pierreries et les autres ornements, ils en firent des coupes à boire.

Nicetache Choniate, chroniqueur grec, *Chroniques*, 1210

Dans les conditions du direct…

Le reportage que fait Villehardouin sur cette prise de Constantinople est presque du direct ; disons que c'est un léger différé à l'échelle des siècles, car il est écrit seulement quatre ans plus tard, à partir de 1208. Une paille ! Et quand on le lit aujourd'hui, on s'y croit, tant le style est vif, précis et concis ! On y découvre un Villehardouin chargé de prendre mille décisions, de conduire mille négociations. On l'imagine orateur habile qui sait convaincre les Vénitiens, qui réconcilie certains croisés en froid. On le devine inquiet de la politique qu'il fait mener à tel ou tel des chefs qu'il conseille, car il se justifie souvent des décisions qu'il a prises. Il évite soigneusement de raconter les atrocités commises par les croisés. On le voit ami de tous les grands, convaincant et sage, au point que le roi de Salonique le fait seigneur de Messinople. Geoffroi de Villehardouin termine sa vie en Orient, on ignore en quelle année.

Joinville et son Saint Louis

Ingénu et bonhomme, puéril parfois, naïf souvent, gentil mais coléreux, emporté pour un rien. Dévoué et franc. Modeste et curieux. Et la plume vive, talentueuse, jamais pesante ou démonstrative. Elle témoigne en s'étonnant de tout. Elle ne marchande pas ses admirations ou ses dégoûts. Elle suit de près le ton de la parole, de sorte que la lecture est aisée et qu'on croit entendre Joinville parler. Joinville, l'écrivain…

Miracle, le roi ressuscite !

Ce n'est pas n'importe qui, Joinville ! Il est né en 1224 au château de Joinville, au bord de la Marne (aujourd'hui en Haute-Marne). Son père est le sénéchal héréditaire des comtes de Champagne et sa mère, la cousine de l'empereur Frédéric II, l'empereur germanique ! D'abord attaché à la personne du comte Thibault IV dont il règle les différends en habile diplomate, il est introduit à la cour du roi Louis IX. Peu de temps après, en 1244, Louis IX tombe si gravement malade au château de Pontoise qu'on le croit mort. Les femmes qui l'assistent le recouvrent déjà d'un drap mortuaire lorsque – miracle ! – il ressuscite ! Il n'en faut pas davantage pour qu'il décide de se croiser et d'embarquer sans tarder pour la Terre sainte afin de délivrer le tombeau du Christ (septième tentative depuis 1096).

Joinville et Louis IX amis

La septième croisade embarque à Aigues-Mortes, le 25 août 1248. Au cours de l'escale à Chypre, le roi et Joinville sympathisent, au point que leur amitié ne se démentira plus. D'abord vainqueurs à Damiette, les croisés subissent une cuisante défaite à Mansourah, en 1250. Louis IX est fait prisonnier. Libéré, il décide de renvoyer en France ses frères et garde auprès de lui Joinville pendant les quatre années de son séjour en Syrie et en Palestine.

Un rêve prémonitoire

De retour en France, les deux hommes entretiennent des relations fort amicales. Mais lorsque Louis IX décide de se croiser de nouveau en 1270, Joinville désapprouve le projet et préfère rester en France, un songe, interprété par un prêtre, lui ayant laissé entrevoir l'issue de cette nouvelle entreprise. Issue fatale : Louis IX meurt quelques mois plus tard, le 25 août 1270, d'une épidémie de typhus, après la prise de Carthage. Plus tard, Jeanne de Navarre, épouse de Philippe le Bel, demande à Joinville d'écrire la vie de Saint Louis. Il termina son œuvre en 1309. Il mourut le 24 décembre 1317, à quatre-vingt-treize ans.

PLAISIR DE LIRE

Messire Guillaume interprète le rêve de Joinville

Il advint que le roi convoqua tous ses barons à Paris au cours d'un carême. Je m'excusai auprès de lui à cause d'une fièvre quarte que j'avais alors, et le priai de bien vouloir me dispenser ; et il me fit savoir qu'il voulait absolument que j'y aille, car il avait là de bons médecins qui savaient bien guérir la fièvre quarte. Je m'en allai à Paris. Quand j'arrivai le soir de la veille de Notre-Dame en mars, je ne trouvai personne, ni la reine ni autre, qui sache me dire pourquoi le roi m'avait convoqué. Or il advint, suivant la volonté de Dieu, que je m'endormis pendant les matines ; et j'eus l'impression, en dormant, que je voyais le roi à genoux devant un autel ; et je croyais voir que plusieurs prélats, revêtus de leurs ornements, le revêtaient d'une chasuble vermeille de serge de Reims. J'appelai, après cette vision, messire Guillaume, mon prêtre, qui était très savant, et je lui contai ma vision ; et il me dit ainsi : « Sire, vous verrez que le roi se croisera demain. » Je lui demandai pourquoi il le pensait ; et il me dit qu'il le pensait à cause du songe que j'avais songé, « car la chasuble de serge vermeille signifiait la croix, qui fut teinte en vermeil du sang que Dieu y répandit de son côté et de ses mains et de ses pieds ; que la chasuble ait été en serge de Reims signifie que la croisade n'aura que de médiocres résultats, comme vous le verrez si Dieu vous donne vie ».

Joinville, *Vie de Saint Louis*, 1309

Jean Froissart mène l'enquête

Et lors devisoie a par mi : / Quand revendra le temps por mi / Que par amour porai amer. Froissart raconte ici que tout jeune, il attendait impatiemment de pouvoir se laisser aller aux délices de l'amour. Il a deviné très tôt que *toutes joies et tout honer / Viennent et d'armes et d'amours*. Ce Froissart, rêveur et vigoureux, suivons-le…

Un grand reporter

Froissart ? Un grand reporter ! Il est né à Valenciennes, en 1333. Très jeune, alors que ses parents le destinent à l'Église, il décide de prendre la route et de devenir chroniqueur des guerres de son temps. Il est obligé d'attendre 1361 pour effectuer son premier voyage. Objectif : la cour d'Angleterre, ni plus ni moins ! Il est introduit auprès de la reine Philippa de Hainaut, qui en fait son clerc. Froissart ne demeure pas à la cour. Il séjourne en Écosse, puis accompagne Le Prince Noir à Bordeaux, en 1365. Il regagne ensuite l'Angleterre avant de se rendre en Flandre, en Bretagne et en Gascogne, cela en 1366 et 1367.

Sur la route…

On le retrouve à la cour de Brabant pendant trois ans. Attristé par la mort de sa protectrice Philippa de Hainaut, il se fixe à Lestine, près de Mons – la cure lui est offerte par le duc Wenceslas de Luxembourg pour qui il a écrit un roman en vers : *Méliator*. À Lestine, la rédaction de ses chroniques va l'occuper plusieurs années. Le voilà de nouveau sur la route en 1384 ; il fait des séjours à la cour de France, se rend à celle de Gaston Phébus, en 1388, à Orthez. Au retour, il s'arrête en Auvergne, où il assiste au mariage du duc Jean de Berry, frère de Charles V. Après l'Auvergne, le voici à Paris. Après Paris, l'Angleterre, en 1394. En 1397, il se retire au château de Chimay, en Hainaut. Sa mort survient après 1400, sans qu'on en connaisse l'année exacte.

Le faste des cours

Froissart ? Un grand reporter, certes, mais aussi un poète, un romancier, un véritable homme de lettres. Mais un homme de lettres un peu particulier : son principal souci est de célébrer la gloire des princes, de chanter les amours des princesses et le faste des grandes cours. Et, emporté par son enthousiasme et par son désir de plaire, il ne conserve pas toujours l'objectivité nécessaire à son rôle de témoin du temps. Cependant, pour écrire ses *Chroniques*, il va adopter la démarche d'un véritable journaliste, en recueillant tous les témoignages possibles sur les événements, les batailles qu'il entreprend de raconter. Il réunit une documentation considérable avant de se mettre à écrire.

PLAISIR DE LIRE

Froissart à la cour de Gaston Phébus, comte de Foix

En cel état que je vous dis le comte de Foix vivoit. Et quand de sa chambre à minuit venoit pour souper en la salle, devant lui avoit douze torches allumées que douze valets portoient ; et icelles douze torches étoient tenues devant sa table qui donnoient grande clarté en la salle; laquelle salle étoit pleine de chevaliers et de écuyers, et toujours étoient à foison tables dressées pour souper qui souper vouloit. Nul ne parloit à lui à sa table s'il ne l'appeloit. Il mangeoit par coutume fors volaille, et en especial les ailes et les cuisses tant seulement, et guère aussi ne buvoit. Il prenoit en toutes menestrandie grand ébatement, car bien s'y connoissoit. Il faisoit devant lui ses clercs volontiers chanter chansons, rondeaux et virelais. Il séoit à table environ deux heures, et aussi il véoit volontiers étranges entremets, et iceux vus, tantôt les faisoit envoyer par les tables des chevaliers et des écuyers. Brièvement et tout ce considéré et avisé, avant que je vinsse en sa cour je avois été en moult de cours de rois, de ducs, de princes, de comtes et de hautes dames, mais je n'en fus oncques en nulle qui mieux me plût, ni qui fût sur le fait d'armes plus réjouie comme celle du comte de Foix étoit.

Froissart, *Chroniques*, 1400

Il exagère !

Hélas, malgré ces précautions, on retrouve son défaut majeur dans nombre de ses pages : il exagère tout ! On le sait parce que ce qu'il narre a été comparé aux récits d'un autre chroniqueur, Jean le Bel – dont il s'est largement inspiré. Pour le même événement, les pages de Le Bel sont sobres, présentent l'essentiel ; celles de Froissart inventent plus qu'elles n'inventorient… De plus, le petit peuple, la misère, la faim, la peur, la détresse, rien de tout cela n'existe pour lui qui ne voit que par princes et princesses.

Du Téméraire à l'Araigne : Commynes

Quatrième grand de la chronique : Philippe de Commynes (1447-1511). Nous voici déjà à la fin du Moyen Âge – pour ce qui concerne ce genre. Commynes, c'est un cas particulier : on ne sait qui croire lorsqu'on lit qu'il fut un traître ou plutôt un fin diplomate. En effet, quitter un maître pour un autre qui est son ennemi relève-t-il du parjure ou de l'habileté politique ?

Commynes entre en scène

Philippe de Commynes a pour parrain Philippe le Bon (1396-1467). Celui-ci est à la tête d'une sorte d'empire bourguignon qui s'étend de la Picardie aux Pays-Bas, et de la Loire au Jura suisse. Mais c'est un empire discontinu, car la Champagne lui échappe. Il entretient une cour fastueuse. On aime y faire la fête. Tout y est luxe et volupté ! Il accueille même le dauphin Louis qui fuit la fureur de son père Charles VII. Devenu roi de France, Louis XI ne sera guère reconnaissant à son hôte lorsqu'il montera sur le trône de France. Lorsque Philippe le Bon meurt, en 1467, c'est Charles le Téméraire (1433-1477) qui lui succède. Et voici qu'entre en scène notre Philippe de Commynes.

Commynes le diplomate

Commynes est le conseiller du Téméraire, duc de Bourgogne. Il est de toutes ses entreprises, toutes ses batailles, y compris celle qui est livrée contre Louis XI à Montlhéry, et dont personne ne sort vraiment vainqueur. L'affaire la plus dangereuse pour Louis XI se déroule à Péronne, en 1468 : il se rend quasiment seul à une entrevue avec le Téméraire afin d'étudier avec lui les possibilités de paix. Mais pendant ce temps, il a envoyé des émissaires chargés de faire entrer en révolte la ville de Liège, possession des Bourguignons. Charles le Téméraire réalise la trahison de Louis XI et décide de le tuer ! Mais Commynes est là : à force de diplomatie, d'arguments qu'il expose à l'un et l'autre, les dégâts sont limités à une scène humiliante pour le roi de France dans la ville de Liège.

Commynes cent fois plus riche !

Louis XI est ravi d'avoir conservé la vie et d'avoir découvert en Commynes un homme politique hors pair. Charles le Téméraire est de plus en plus exigeant avec son homme de confiance, mais de moins en moins généreux.

Louis XI, en revanche, fait comprendre à Commynes que, s'il accepte d'entrer à son service, il ne sera pas ingrat… Commynes réfléchit pendant quatre ans et finit par passer au service de Louis XI. Évidemment, le Téméraire entre dans une colère folle (il est coutumier du fait) et confisque tous les biens de Commynes. Qu'importe : dans la France de son nouveau maître, Commynes est cent fois plus riche !

Commynes en prison

Le couple Commynes-Louis XI va se montrer d'une redoutable efficacité puisque, à la fin de son règne, le roi de France a réussi à démembrer la Bourgogne ! À la mort de Louis XI, Commynes connaît des jours sombres puisqu'il est emprisonné à Loches pour avoir comploté contre le nouveau roi Charles VIII. Mais il est libéré puis rappelé aux affaires : sa connaissance de l'Italie est indispensable pour mener à bien les guerres qu'y prévoient Charles VIII, puis Louis XII. Il meurt en 1511.

Commynes, politologue moderne

En 1489, l'archevêque de Vienne, Angelo Cato, ayant décidé d'écrire une vie de son bienfaiteur Louis XI, s'adresse à Commynes qui commence alors à rédiger des notes, puis à écrire ses Mémoires en deux parties : la première couvre la période des règnes de Charles VII et Louis XI ; la seconde, le règne de Charles VIII. L'ancien conseiller du Téméraire et du roi de France s'y montre sans passion, seulement juge des événements qu'il lui a fallu traverser et arbitrer. Il a observé ceux qu'il a servis et il tente d'en tirer non pas une morale, mais une philosophie. Et cette philosophie mâtinée de politique donne aux Mémoires de Commynes une allure résolument moderne. On peut le considérer comme le premier politologue de l'histoire. Son style ? Direct, presque parlé. Commynes n'a fait ni latin ni grec. Ce qu'il écrit plaît à l'oreille en même temps qu'à l'esprit.

PLAISIR DE LIRE

Louis XI à Péronne : une grande folie…

Grant folie est à ung prince de se soubmettre à la puissance d'un autre, par especial quant ilz sont en guerre, et est grand advantaige aux princes d'avoir veü des hystoires en leur jeunesse, èsquelles voyent largement de telles assemblées et de grans fraudes et tromperies et parjuremens que aucuns des anciens ont fait les ung vers les autres, et prinz et tués ceulx qui en telles seüretéz s'estoient fiéz. Il n'est pas dit que tous en ayent usé, mais l'exemple d'ung est assez pour en faire saiges plusieurs et leur donner vouloir de se garder.

C'est une grande folie pour un prince de se mettre sous la puissance d'un autre, spécialement quand ils sont en guerre, et pour les princes c'est un grand avantage d'avoir lu dans leur jeunesse des histoires où l'on parle longuement de telles assemblées, des grandes fraudes, tromperies et parjures que certains anciens ont commis les uns envers les autres en prenant et en tuant ceux qui s'étaient fiés à de telles sûretés. Je ne dis pas que tous l'aient fait, mais l'exemple d'un seul suffit à en rendre sages plusieurs et à leur donner l'idée de se garder.

Commynes, *Mémoires*, 1492

Chapitre 2

Le théâtre : on prie, on rit

Dans ce chapitre :

- Assistez à l'évolution du théâtre religieux
- Retenez vos places pour les Jeux du théâtre profane
- Riez de bon cœur au spectacle des farces

Il faut imaginer, au XIIe, au XIIIe siècles, dans les villages, dans les cités, les fidèles qui s'attroupent chaque dimanche, ou bien les jours de grande fête religieuse : ils écoutent l'officiant, le prêtre qui dit son latin, mais ils n'y comprennent rien ! Peu à peu, la langue romane va cohabiter avec le latin, afin de rendre plus concrets les enseignements de la religion. Peu à peu, des passages de la Bible vont être transformés en drame joué dans les chapelles, les églises ou cathédrales. Et le nombre d'acteurs se multipliant, il faudra jouer ces drames sous les porches des édifices, ou bien sur les places. De ces jeux naît une forme de théâtre populaire divertissant, comique ou satirique. Un peu plus tard, aux XIVe et XVe siècles, apparaissent les farces, où se développe et se décline toute la gamme des rires aux éclats.

La religion en scènes

Dans les abbayes du Moyen Âge, au XIe siècle, on est très « clercs » : pas de laïques dans l'enceinte de l'établissement religieux ! Les clercs sont des lettrés ; ils ont reçu une instruction latine, savent lire et écrire et, s'ils ont reçu les ordres majeurs, ils célèbrent les offices. Ceux qui n'ont reçu que les ordres mineurs – ou point d'ordres du tout – effectuent des tâches variées qui contribuent à la vie de la communauté. C'est donc entre clercs que pendant les Xe et XIe siècles, on écrit en latin des commentaires de la Bible, dont certains épisodes sont brièvement mis en scène. Ces représentations vont émigrer vers la place publique, vers le peuple…

Sous les porches : « Le Jeu d'Adam » (entre 1160 et 1200)

Le théâtre naît dans les abbayes, au cours des offices, puis s'en va prendre l'air, sous les porches, sur les places…

Quittez les abbayes !

De l'air, les clercs ! Quittez les abbayes, les églises et les porches. Dans un espace public, en plein air, délimitez une place centrale, et tout autour créez d'autres espaces – les mansions – symbolisant le ciel (vers l'est), l'enfer (vers l'ouest). Symbolisez aussi le purgatoire, ou bien tout autre lieu mentionné par la Bible. Donnez à chaque acteur le rôle qu'il a choisi, et qu'il apprenne le texte qui est écrit. Qu'il y ait des effets de lumière et des diablotins, que la terreur s'empare des fidèles à la vue du châtiment de Dieu, mais que cette terreur soit tempérée par quelque saillie comique !

« Le Jeu d'Adam »

Que choisir ? *Le Jeu d'Adam* par exemple, texte écrit en français à partir d'un manuscrit anglo-normand. On y voit le premier homme, Adam, et la première femme, Ève, qui, dans les premières pages de la Bible, succombent à la tentation, désobéissant à Dieu qui leur a interdit de toucher au fruit défendu. On y voit aussi le premier crime : Caïn qui tue son frère Abel. On y voit enfin un défilé de personnages de l'Ancien Testament, qui annoncent la venue du Christ. En scène ! Le spectacle commence…

PLAISIR DE LIRE

Ève : J'y goûterai…

LE DIABLE / *Céleste essence. / À ton beau corps, à ta figure / Bien conviendrait cette aventure / Que tu fusses du monde reine, / Du ciel, de l'enfer souveraine, / Que tu connusses l'avenir.* / ÈVE / *Tel est ce fruit ?* / LE DIABLE / *Ne t'en déplaise. / (Ici Ève regardera le fruit défendu)* / ÈVE / *Rien qu'à le voir je suis tout aise.* / LE DIABLE / *Que sera-ce, si tu le goûtes !* / ÈVE / *Comment savoir ?* / LE DIABLE / *N'aie point de doutes. / Prends-le vite, à Adam le donne. / Du ciel aurez lors la couronne. / Au Créateur serez pareils, / Vous percerez tous ses conseils ; / Quand vous aurez du fruit mangé, / Lors sera votre cœur changé : / Égaux à Dieu, sans défaillance, / Aurez sa bonté, sa puissance. / Goûte du fruit !* / ÈVE / *Envie en ai.* / LE DIABLE / *N'en crois Adam.* / ÈVE / *J'y goûterai.*

Le jeu d'Adam (anonyme), 1160

Sur les places : le *Jeu de saint Nicolas* (1200)

La IIIe croisade a été un échec, les deux premières n'ont pas mieux réussi… La quatrième se prépare. L'écriture des drames joués témoigne du doute qui commence à poindre dans les consciences, pour ces tentatives de conquêtes lointaines. Le contenu des jeux devient plus proche du quotidien, du vécu.

Prisonnier du roi d'Afrique

Le *Jeu de saint Nicolas* : drame religieux ? drame profane ? Les deux ! Son auteur, Jean Bodel, appartient à la confrérie des jongleurs et bourgeois d'Arras. Voici l'histoire qu'il imagine : un croisé est fait prisonnier par les Sarrasins – sujets du *roi d'Afrique* – alors qu'il prie devant une statue de saint Nicolas. Pour sauver sa vie, il affirme à ceux qui veulent le tuer que ce saint est capable d'accomplir mille miracles, notamment celui qui fait rentrer en possession de ce qu'on a perdu, ou de préserver du vol. Le roi d'Afrique fait alors placer la statue du saint sur son trésor personnel, après avoir déverrouillé toutes les portes de son palais, afin de vérifier les dires du croisé : dès le lendemain, il se trouve dépossédé de son or, de ses pierreries, des voleurs ayant trouvé l'occasion trop belle. Le pauvre croisé se prépare déjà à être torturé d'horrible façon, mais le saint s'empresse d'apparaître aux voleurs.

PLAISIR DE LIRE

Jean Bodel prend congé

La lèpre ! Ce mal terrible qui ronge les chairs était redouté au Moyen Âge. Jean Bodel en est atteint en 1202. À cette époque, le malade doit tout quitter, pour toujours, et se réfugier dans une maladrerie, lieu situé à l'écart des villes et villages. Avant de s'y rendre – pour y mourir en 1210 –, Jean Bodel écrit un adieu à ses amis, à tous ceux qu'il aime et qu'il ne reverra plus et, ce faisant, il crée un genre : le congé, pièce en vers où l'auteur, de façon très libre, laisse aller sa peine de partir, et sa verve pour le dire.

Congié demant de cuer mari / À chiaus qui soëf m'ont noro / Et a Bauduin Sotemont Onques nel trovai esmar / Le cuer a en bonté flori / Qui de bien faire le semont.

Je demande congé de cœur marri / À ceux qui m'ont nourri avec affection / Et à Baudouin Sotemont / Jamais je ne l'ai trouvé chagrin / Son cœur est fleuri d'une bonté / Qui l'invite à faire le bien.

Jean Bodel, *Adieux*, 1202

Le trésor a doublé

L'apparition du saint permet à Jean Bodel d'inclure dans son jeu des scènes où le peuple d'Arras et des environs se reconnaît dans sa façon d'être, ses habitudes de langage : à la taverne, sur la place du marché, sur le bord d'une route. L'Afrique, la croisade et les Sarrasins – qui font l'objet de scènes de bataille – ne sont qu'un prétexte pour représenter le quotidien dans un drame où le fond religieux laisse peu à peu la place au sujet profane. La fin du jeu de saint Nicolas est favorable au prisonnier : le saint a réussi à convaincre les voleurs de rendre au roi d'Afrique ce qui lui appartient ; ils rapportent même davantage qu'ils n'ont pris, de sorte que le roi est fort satisfait de constater que son trésor a doublé ! Il se convertit alors, avec tous ses vassaux !

ALLONS PLUS LOIN

Théophile, le miraculé

Voici un autre Miracle, joué à partir de 1260. Il est signé Rutebeuf, et porte le nom de *Miracle de Théophile* :

Théophile est furieux : son évêque, en Cilicie (sud de la Turquie), le prive de sa dignité de grand prêtre. Il fait alliance avec le diable qui lui rend ses honneurs perdus en échange de son âme. Mais bientôt, il se sent malheureux : il voudrait revenir en arrière et rompre le pacte avec Satan. Il élève alors à la Vierge une prière si bouleversante que celle-ci consent à aller chercher l'acte de cession chez le Malin lui-même et à le rapporter sans délai à Théophile. Aussitôt, l'évêque, mis au courant de cette affaire, raconte ce miracle au peuple qui en est tout édifié et tout émerveillé.

Un grand son et lumière : le Mystère de la Passion

De véritables scénographies, qui n'ont rien à envier à celles que nous pouvons voir aujourd'hui, sont organisées au XVe siècle.

250 personnages mis en scène

Que les sujets qu'elle inspire soient traités avec gravité ou distance, ferveur ou ironie, la Bible demeure la principale source d'inspiration de l'écriture dramatique au Moyen Âge. Certains de ses épisodes recueillent toujours la faveur du public pour leur puissance émotionnelle et deviennent des sujets de grand spectacle. Les 25 et 26 mai 1455, le *Mystère de la Passion* est joué à Abbeville. Son auteur, Arnoul Gréban, né au Mans en 1420, en a écrit les 35 000 vers qui sont joués en cinq jours. Près de 250 personnages sont mis en scène.

Des diableries

Afin de rompre la tension qui se crée dans le public au spectacle des souffrances du crucifié, Arnoul Gréban insère dans le déroulement des journées de petites diableries, intermèdes comiques où interviennent de petits démons tout droit sortis de l'enfer. Leurs pitreries font rire tout en maintenant la crainte de Dieu. Ces épisodes peuvent être improvisés par certains corps de métiers ayant participé à la construction du décor. Le succès du *Mystère de la Passion* est comparable à celui des sons et lumières d'aujourd'hui, à la différence qu'il peut durer quinze jours d'affilée, quinze jours de fête pour les spectateurs qui s'y pressent, pour toute la ville qui l'organise. En 1490, à Reims, plus de quinze mille spectateurs suivent les cinq journées du *Mystère de Gréban*.

ALLONS PLUS LOIN

Carmina Burana

Certains clercs quittent l'abbaye ou le monastère pour ne plus y revenir, ayant choisi de faire la route. Ces Kerouac avant l'heure (écrivain américain, auteur de *Sur la route* – 1922-1969 – se joignent à d'autres clercs qui, sortis des écoles, n'ont trouvé d'autre moyen de survivre que celui de l'errance. Ainsi vont se constituer des bandes plus ou moins organisées, plus ou moins enclines à la paillardise, à la débauche. Les *goliards* font partie de ces groupes errants ; leur vie dissolue leur vaut une réputation peu enviable, mais ils écrivent le latin avec une étonnante maîtrise, une extrême virtuosité, en parodiant la religion. Ainsi sont nés les *Carmina Burana*, chants en latin, mais aussi en français et en allemand, qui ont circulé dans toute l'Europe, avec pour thèmes le jeu, l'amour, l'ivresse, mais aussi la satire sociale et, surtout, le détournement de la gravité, du sérieux religieux vers le tumulte endiablé du burlesque.

Adam de la Halle et son théâtre populaire

Arras est une terre fertile en artistes qui ont laissé leur nom à la littérature. Bodel, mort en sa maladrerie, est arrageois (d'Arras). Adam de la Halle est aussi natif d'Arras – chef-lieu du Pas-de-Calais aujourd'hui… Son théâtre se sépare résolument de tout élément religieux.

Sus aux bourgeois d'Arras : Le Jeu de la feuillée

Le burlesque, le grotesque et l'esprit le plus fin se mêlent dans une spirale délirante où chacun cherche son sens dans ce jeu à la fraîcheur végétale : la feuillée.

Troublante et belle Maroie

Étrange, Adam de la Halle ! Étrange Adam, dit « le Bossu », même si, comme il l'affirme, il ne l'est *mie* (il ne l'est pas). Il habite Arras où il est né vers 1235.

Fils du bourgeois Henri le Bossu, il commence des études de clerc. Mais un jour il remarque une jeune fille d'une si grande beauté, la troublante Maroie, qu'il abandonne ses études pour l'épouser. Hélas ! Lui qui rêvait de partir, de conquérir la gloire à Paris peut-être, ou ailleurs, le voici rivé parmi les siens.

« Le Jeu de la feuillée »

Que faire ? Tenter un exil ? Soit, mais cette tentation pourrait fournir le sujet d'un grand spectacle ! Adam de la Halle se met à l'œuvre. Ainsi naît *Le Jeu de la feuillée* – la feuillée représente la loge de verdure où est servi le repas des fées à la fin du spectacle, mais, à l'époque, *feuillée* se prononce comme le mot *folie*, qui est le motif essentiel de la pièce.

Faire l'« escolier » à Paris !

La première partie du *Jeu de la feuillée* montre un poète qui veut quitter la ville d'Arras chère à son cœur. Il en est retenu par ses amis qui trouvent ridicule qu'il veuille s'en aller à Paris poursuivre ses études, faire l'« escolier ». Dans un deuxième temps, c'est Adam lui-même qui apparaît et qui annonce qu'il préfère partir pour redevenir clerc, et quitter sa femme, devenue laide. Ses amis l'avertissent que son père est malade. Un médecin de passage diagnostique la maladie d'avarice ! C'est le signal d'un dénigrement général des bourgeois d'Arras, atteints de la même maladie ! Incursion dans le merveilleux, ensuite, avec le banquet des fées qui poursuivent une critique masquée des contemporains d'Adam. La scène finale se déroule jusqu'à l'aurore… à la taverne !

PLAISIR DE LIRE

Laide Maroie…

Amour enrobe tant les gens, et renchérit sur chaque charme de la femme et le fait paraître si grand qu'on croirait d'une truande qu'elle est une reine. Ses cheveux semblaient briller d'or, abondants, bouclés et souples ; maintenant ils sont rares, noirs et raides. Tout me semble changé en elle. Elle avait un front de belles proportions, blanc, lisse, large, et vaste ; je le vois maintenant plein de rides et fuyant. Elle semblait avoir des sourcils arqués, fins, dessinant une jolie ligne de poils bruns tracés au pinceau pour embellir le regard ; je les vois maintenant clairsemés et ébouriffés comme s'ils voulaient s'envoler dans l'air. Ses yeux noirs s'ouvraient et se fermaient à son gré, en regards naïfs et amoureux …

Adam de la Halle, *Le Jeu de la feuillée*, 1260

L'ancêtre de l'opéra-comique : Le Jeu de Robin et Marion

Chants, danses et récit, le tout accompagné de tambourins, d'instruments à cordes frottées, à vent… Voici l'ancêtre de l'opéra-comique, mais aussi de la comédie musicale.

Poète du comte d'Artois

Paris, 1270 ! Adam de la Halle a pu y terminer ses études – on en est presque sûr par des recoupements effectués à partir de plusieurs chansons d'étudiants. Le comte d'Artois, Robert II, le prend ensuite à son service. Voici Adam poète et musicien officiel. Cette fois, il quitte vraiment Arras, accompagnant le comte au secours de Charles d'Anjou, dont les troupes occupant la Sicile se sont fait massacrer pendant un mois – mars 1282 – par la population en rébellion.

Un modèle rare, Marion…

C'est sans doute en Italie, à Naples, en 1284 qu'a été composé *Le Jeu de Robin et Marion*, charmante mise en scène des tentatives du chevalier de passage pour séduire la bergère Marion. Marion qui aime Robin, le villageois, et ne s'en laisse pas conter. Après une première tentative, le chevalier s'éloigne. Robin, au courant de l'affaire, rassemble ses amis et met en fuite le chevalier lors de sa deuxième tentative de séduction. Mais Robin est rossé par le chevalier qui l'accuse d'avoir maltraité son faucon, et emporte sur son cheval la bergère. Elle ne s'effarouche ni ne cède, et l'affaire se termine gaiement par des chants et des danses. Chants et danses qui ont accompagné tout le spectacle.

PLAISIR DE LIRE

Robin m'aime, Robin m'a…

MARIONS / *Robins m'aime, Robins m'a ; / Robins m'a demandée, si m'ara.*

LI CHEVALIERS / *Or dites, douche bergerete, / Ameriés vous un chevalier ?*

MARIONS : *Biaus sire, troiés vous arrier. / Je ne sai que chevalier sont. / Deseur tous les hommes du mont / Je n'ameroie que Robin.*

MARION / *Robin m'aime, Robin m'a ; / Robin m'a demandée, et il m'aura.*

LI CHEVALIERS / *Dites-moi donc, douce bergerette, / Aimeriez-vous un chevalier ?*

MARION / *En arrière, beau seigneur. / Je ne sais ce que sont les chevaliers. / De tous les hommes au monde, /Je n'aimerai que Robin.*

Adam de la Halle, *Robin et Marion*, 1284

De bien bonnes farces !

Place centrale d'une petite ville où vous venez de louer une chambre en l'hostellerie du coin de la rue. Vous entendez des bruits de planches qui se heurtent, des coups de maillet de bois, des cris et des voix. Que dresse-t-on sur la place ? Un gibet pour pendre quelque malandrin ? Vous vous approchez, vous demandez. On vous informe : cette haute vesprée, avant le déclin du soleil, on vous promet que vous allez rire, rire comme jamais vous n'avez ri, parce que devant vous, sur les tréteaux qui s'élèvent, on va jouer la farce du cuvier !

Le cuvier et son rôlet

Le programme, demandez le programme. Vous pouvez aussi acheter aux imprimeurs, qui vous les proposeront après le spectacle, les textes que vous aurez entendu jouer…

Un cry pour hors-d'œuvre

Le spectacle va commencer. Vous vous dites : *Oui, la farce désormais est sortie de tout contexte liturgique*. On l'a rencontrée vers 1200, sous forme de diableries dans *Le Jeu d'Adam*. Nous sommes maintenant en 1470. C'est la pleine éclosion du genre… Et puis foin d'analyses ! Laissez-vous aller – puisque la vesprée s'annonce – au plaisir d'entendre le *cry* ! Autour de vous, la foule bigarrée et rigolarde des ouvriers, des bourgeois, des paysans, des étudiants, des nobles même ! Le cry, c'est la première pièce, elle fait environ cent vers. C'est le hors-d'œuvre. Souvent un monologue. Mais qui sont-ils, ces joyeux acteurs qui s'en donnent à cœur joie ? C'est une confrérie, peut-être les Cornards de Rouen ou bien les Clercs de la Basoche de Paris, ou leur sous-section : les Enfants sans souci, ou bien encore les Sots.

Par ici la sottie

Les Sots vont vous jouer, après le cry, une sottie où sont attaquées les idées politiques, où l'on vous invite à la critique, à découvrir les causes du malaise social. Les Sots qui jouent ce genre intellectuel ont deux meneurs qu'ils ont élus : le Prince des Sots et la Mère Sotte. Ils portent des habits à grelots et tiennent en main un sceptre coiffé d'une tête garnie elle aussi de grelots : la marotte, attribut symbolique de la folie.

« Ce n'est pas sur mon rôlet… »

Après le cry et la sottie, voici le point culminant du spectacle : la farce ! Aujourd'hui, c'est *La Farce du Cuvier*. Voici l'histoire : la femme et la belle-mère de Jacquinot sont toujours sur son dos. Afin de ne rien oublier des mille tâches qui lui sont imposées, il finit par accepter de les inscrire sur un rôlet, une longue feuille de papier. La femme de Jacquinot, satisfaite, tombe aussitôt dans une grande cuve remplie d'eau. Elle suffoque, supplie Jacquinot de la tirer de ce mauvais pas, mais il refuse : ce n'est pas écrit sur son rôlet… Finalement, il va accepter de sauver sa femme, à condition que soit jeté ce rôlet et qu'il devienne maître chez lui !

Maître Pathelin et son « Bêêêe »

Le spectacle vous a plu ? Savez-vous que bientôt, sur les mêmes tréteaux, vous pourrez voir *La Farce de Maître Pathelin* (vers 1465), la plus longue de toutes les farces de l'époque, avec 1599 vers ? De quoi parle-t-elle ?

Guillaume berné

Eh bien voilà : Maître Pathelin est un avocat sans clients, sans cause à défendre et, forcément, sans argent. Il s'en va chez un drapier nommé Guillaume et le persuade de lui vendre six aunes de drap à crédit. Guillaume viendra se faire payer chez Pathelin qui lui promet, en plus, un bon repas. Mais lorsque Guillaume se présente chez l'avocat, il le trouve malade et délirant dans son lit. La maladie n'est bien sûr qu'une supercherie pour ne pas s'acquitter de la dette.

Thibault l'Aignelet rend la monnaie…

Un peu plus tard, Guillaume découvre que son berger Thibault l'Aignelet lui a volé des brebis pour les manger. Thibault, qui va comparaître devant le juge, fait appel à l'avocat… Pathelin ! Celui-ci recommande à son client de ne répondre au juge du tribunal et à toute question qu'on lui posera, qu'en langage mouton… : « Bêêêe » ! Lors du procès, Guillaume reconnaît Pathelin. C'est une source de quiproquos qui troublent tant le juge qu'il renvoie tout le monde. Pathelin est très content, mais, au moment où il réclame le prix de ses services à Thibault l'Aignelet, celui-ci ne lui répond plus que « Bêêêe, bêêêe, bêêêe… »

LE SAVIEZ-VOUS ?

Revenons à nos moutons !

Pendant le procès, le juge interroge Guillaume sur ses brebis. Celui-ci se trompe et croit qu'il s'agit de l'étoffe achetée par Pathelin, il s'embrouille dans les deux friponneries dont il est victime. Le juge s'y perd, n'y comprend plus rien et doit ramener le procès sur le terrain initial, celui des brebis volées et mangées. Il lance cette réplique qui aujourd'hui est toujours bien vivante : « Revenons à nos moutons ! ».

Chapitre 3

Chants d'amour

Dans ce chapitre :

- Laissez-vous bercer par les chants d'amour des troubadours et des trouvères
- Faites connaissance avec une femme exemplaire : Christine de Pisan
- Faites la connaissance du père de la poésie française : François Villon

L'amour, au Xe siècle, c'est plutôt la dernière roue d'un chariot où les femmes sont rudement secouées, malmenées, méprisées. Jusqu'au jour où elles vont tourner le dos à leurs rustauds qui, tout marris, vont leur écrire des poésies. Ainsi naissent les troubadours et les trouvères qui chantent leurs vers à la louange des femmes à conquérir désormais. Des femmes qui ne s'en laissent plus conter, prennent en main leur destin, comme le fait Christine de Pisan, la première à vivre de sa plume ! Les hommes aussi servent la poésie. Deux d'entre eux, un presque roi et un quasi-vagabond y déposent leurs joies, leur malice et leurs misères, devenues aujourd'hui nos trésors.

Troubadours, trouvères et « la fin'amor »

Au temps des troubadours… N'importe quel texte commençant par ces mots emporte dans une sorte de douce attente, dans l'antichambre de belles amours, avec chevaliers le genou ployé, déclarant à leur belle en des termes charmants une flamme très pure, bien loin des basses nécessités de la nature. Le temps des troubadours… C'était il y a des siècles. Le premier d'entre eux s'appelle Guillaume IX, comte de Poitiers et duc d'Aquitaine (1071-1126). Il répand dans toutes les cours méridionales l'élégance de ses manières et la finesse de l'esprit dans la relation amoureuse – ainsi naissent l'amour courtois (l'amour de cour) et la courtoisie. Ce nouveau comportement de l'amant est imité dans les cours du nord de la France, où les poètes ne s'appellent pas *troubadours*, mais *trouvères*.

Le chevalier n'est pas vilain

Les relations générales entre l'homme et la femme prennent un virage si accentué que tout se trouve inversé : du statut de dominant, l'homme passe à celui de dominé – toujours valable aujourd'hui : l'homme cherche avant tout à plaire à celle qu'il conquiert, maîtresse du jeu (au début tout au moins...).

Célébrer la beauté

Qu'est-ce donc que cet idéal amoureux, cette courtoisie toute nouvelle sur le marché du sentiment, au XIIe siècle ? Il s'agit tout simplement de tuer le rustre en l'homme, de le rendre sensible et tendre, doux en paroles, raffiné dans l'art de la conversation, distingué, habile en tout, patient en conquête, bref, d'en faire un être parfait qui n'a qu'un souci : célébrer la beauté, les grâces et l'esprit de la femme de ses pensées. Quel programme !

L'homme parfait

Ainsi, même sans posséder la noblesse native, celui qui souscrit à ces obligations devient une sorte de chevalier de l'amour parfait, l'antithèse du vilain, de l'individu grossier, vulgaire et brutal qui n'a qu'une idée : posséder la femme qu'il convoite avec une avidité bestiale. Cet homme parfait est donc capable d'aimer à la perfection, et cet amour sans défaut, sensible et délicat, porte le nom de « fin'amor ».

Guillaume d'Aquitaine : cruel et tendre

Un gros dur peut-il devenir un cœur tendre ? Guillaume IX vous donne sa réponse...

Il se vautre dans le stupre

L'inventeur de la fin'amor, Guillaume IX d'Aquitaine, a d'abord été un rustre, une espèce de malotru qui, non content de se vautrer dans le stupre et les plaisirs à sa cour, s'empare des terres de son voisin toulousain parti pour la croisade ! En 1101, il se croise à son tour après avoir entendu les récits des premiers croisés qui en racontent cent fois plus qu'ils n'en ont vu... Il rassemble une armée de trente mille hommes, et le voici parti pour la grande aventure. C'est une catastrophe : tous ses hommes se font tuer, y compris ses chers compagnons d'armes. Il revient à sa cour de Poitiers à la fin de 1102, recommence sa vie de plaisirs, au désespoir de sa femme, Ermangarde d'Anjou, sans cesse trompée, qui divorce.

LE SAVIEZ-VOUS ?

Un Club Med à Fontevrault ?

Ici, les pavillons pour les moines. Et là, les maisons des sœurs… Tout cela dans la même cité monastique ! Déjà, vous imaginez une sorte de Club Med (club médiéval…) où religieux et religieuses ne cessent de conclure, de matins à matines ! Point du tout ! Le supérieur de cette communauté surveille étroitement la moralité, se fait servir, respecter, révérer par les hommes en particulier, parce que ce supérieur est… une supérieure. En effet, le fondateur de cette cité originale, Robert d'Arbrissel, un ancien jouisseur converti en ascète a voulu mettre l'homme en situation d'infériorité, offrir à la réflexion une image différente de celle qui semble si naturelle : l'homme dominant et la femme asservie.

Tout chagrin et penaud

Ermangarde se remarie avec le duc de Bretagne Alain Fergent. Nouvel échec. Elle décide alors de se retirer dans la cité monastique fondée par Robert d'Arbrissel à Fontevrault. Elle y est suivie par la deuxième femme de Guillaume, Philippa, qui y conduit aussi sa fille Aldéarde. Et ce n'est qu'un début ! Toutes les mal-aimées de Guillaume fuient au petit trot vers Fontevrault mettre à l'abri leur sensibilité rudoyée ! Guillaume s'en moque d'abord. Puis tout penaud, s'en chagrine. Une sorte de miracle s'opère enfin : Guillaume le rustre aux écrits hardis devient Guillaume le délicat. Il se met à écrire des poèmes où la femme aimée devient l'inaccessible, n'acceptant que les purs hommages de son chevalier, de son amoureux qui peut soupirer sa vie entière sans récompense !

Aimer la femme du voisin…

Guillaume IX devient le premier troubadour de l'histoire, promoteur d'une forme d'amour inédite : partant de la certitude que le sentiment amoureux s'éteint dès qu'il est satisfait, Guillaume propose de n'aimer que des femmes inaccessibles, ou interdites – celle du voisin par exemple, à condition qu'il ne soit pas au courant... Ainsi l'expression de l'amour passe par celle de l'intensité d'un désir qui ne sera sans doute pas assouvi.

« Trobar clus, trobar leu, trobar ric »

L'imaginaire prend le pas sur l'acte et se transforme en *joy* (oui, avec un y), terme qui désigne l'attente à la fois heureuse et douloureuse, prétexte à de multiples jeux de style dans les poèmes écrits et chantés. Ceux-ci, dans le Midi, reposent souvent sur la recherche de sonorités qui frappent l'oreille et produisent un certain hermétisme – le *trobar clus*. Au nord, le chant du trouvère est plus doux, plus léger – le *trobar leu*. Le troisième trobar – le *ric* : riche – est fait de mots recherchés, de tournures rares et élégantes.

MOTS À LA LOUPE

Ils ont trouvé !

Guillaume IX a cherché comment atteindre le cœur des femmes au lieu de s'emparer de leur corps. Ce qu'il a trouvé – le poème chanté où se développe la sincérité du sentiment amoureux, son intensité – s'appelle le *trobar* (du verbe « trouver », en langue d'oc : « trobar »…). Et ceux qui chantent le trobar portent le nom de troubadour (trobadors), ceux qui trouvent. Les trouveurs, dans le nord de la France, vont s'appeler les… trouvères.

Jaufré Rudel, celui qui meurt d'aimer

Très belle, l'histoire d'amour de Jaufré Rudel, plus belle que réelle, peut-être, mais qui sait…

Un amour sans bornes

Nous sommes à Blaye, près de Bordeaux, vers 1150. Le seigneur du lieu, Jaufré Rudel, écoute le récit de pèlerins venus d'Antioche. Ils affirment qu'à Tripoli, en Palestine, existe une princesse d'une beauté telle qu'on ne peut l'imaginer. Jaufré Rudel en tombe immédiatement amoureux fou. Il écrit des poèmes pour cette absente mystérieuse et splendide. Puis il décide d'aller vers elle, de lui avouer son amour sans bornes.

Il meurt dans ses bras !

Il embarque pour Tripoli, mais sa maladie d'amour devient une maladie tout court, si grave que lorsqu'il aborde à Tripoli, on a juste le temps d'aller chercher la princesse magnifique : Jaufré la voit, sa beauté le foudroie, et il

PLAISIR DE LIRE

« Lanquand li jorn son lonc en mai »

Lanquand li jorn son lonc en mai / m'es bels douz chans d'auzels de loing / e quand me suis partitz de lai / remembra-m d'un'amor de loing / vauc de talan enbroncs e clis / si que chans ni flors d'albespis / no-m platz plus que l'inverns gelatz / Ja mais d'amor no-m gauzirai / si no-m gau d'est'amor de loing

Lorsque les jours sont longs en mai / le chant des oiseaux lointains m'est doux / Et quand je m'évade d'où je suis / Je me souviens d'un amour d'ailleurs / Je vais le front bas de désir / Ainsi chants ni fleurs ni aubépine / ne me plaît plus que la gelée d'hiver / Je ne connaîtrai jamais le bonheur d'aimer / Si ne jouis de cet amour lointain.

Jaufré Rudel, *Chansons*, vers 1160

meurt dans ses bras ! Même si l'on a dit que cette version est fausse, que Jaufré Rudel, s'étant croisé, serait tombé amoureux de la femme de Raymond Ier de Tripoli, la belle Odierne, même si l'on est à peu près certain que les sept chansons qu'il a écrites l'ont été pour elle, l'amour interdit – que ces chansons transfigurent – demeure l'un des plus beaux exemples de la fin'amor.

Un poète nommé « désir » : Bernart de Ventadour

Oui, Bernart avec un t. Parce que ce n'est pas n'importe quel Bernart ! Il est la bille qui rend sonore le grelot, autrement dit le petit rêve caché et mobile que les femmes logent dans leur cœur désert et qui produit leur chant d'amour…

Doré comme du bon pain

Au château de Ventadour (on en voit les ruines à Moustier-Ventadour, près d'Égletons en Corrèze) naît un jour de l'an 1124 un bel enfant, fruit des amours d'un boulanger, fin doseur de levain, et d'une servante. Il grandit, devient un superbe jeune homme, doré comme du bon pain au soleil de Corrèze, doué pour la lecture, l'écriture et le chant. Son seigneur, Ebles II de Ventadour, lui apprend à composer des poèmes. Bernart excelle aussi dans l'art de plaire.

Bernart et Marguerite

Marguerite de Limoges, la femme du seigneur Ebles, n'a bientôt d'yeux que pour Bernart, et les yeux de Bernart se perdent dans ceux de Marguerite. Il lui avoue son amour en des poèmes ciselés, délicats, enflammés ! Jusque-là, tout va bien : c'est de la pure fin'amor. Mais un jour, Marguerite et Bernart, demeurés seuls au château, s'embrassent, s'embrasent… Ebles revient à l'improviste et chasse Bernart, qui choisit pour nom celui du château de son aimée première : Ventadour.

La fin'amor à la mode

Où aller ? Aliénor d'Aquitaine, petite-fille de Guillaume que vous connaissez (le gros dur au cœur tendre), vient d'être répudiée par le roi de France, son mari, Louis VII dont elle a dit : *Je croyais avoir épousé un homme, et non un moine !* Elle épouse Henri II Plantagenêt et devient reine d'Angleterre en 1154 – après avoir été reine de France ! Elle a entendu parler du beau troubadour de Ventadour, et l'invite à sa cour. C'est lui qui va mettre à la mode dans tout l'espace Plantagenêt – qui couvre plus de la moitié de la France – la fin'amor.

Bernart et Aliénor

Après six ans de bonheur – et presque autant d'enfants –, Aliénor découvre que son roi Henri la trompe avec la belle Rosamonde qui meurt peu de temps après, empoisonnée, on ne sait trop par qui – et on préfère ne pas le savoir… La reine d'Angleterre revient alors en France, à Poitiers, où elle entretient des poètes qui chantent l'amour. Évidemment, le beau, le grand Bernart tout doré l'a suivie (il serait peut-être temps de se demander si entre Bernart et Aliénor… La réponse est oui, c'est presque sûr !).

Bernart et Raymond

Amours déçues entre Aliénor et Bernart ? Peut-être ! Il quitte Poitiers et devient le protégé d'Ermengarde de Narbonne. Amours déçues encore ? Ce n'est pas impossible. Bernart court alors se réfugier à Toulouse chez Raymond V, auprès duquel il semble trouver la paix, jusqu'à la mort de celui-ci, en 1194. Le troubadour de la fin'amor prend alors la robe de bure et termine ses jours à l'abbaye de Dalon, dans le Limousin. Oublié ou ignoré pendant des centaines d'années, il a été redécouvert au XIXe siècle. Depuis, il est considéré comme le meilleur de tous ceux qui chantèrent le plus bellement l'amour : les troubadours !

PLAISIR DE LIRE

Parlez-nous d'amour, Ventadour !

Qu'el mon non a nul afaire / Don eu tan cossire, / Can de leis au re retraire, / Que mo cor no i vire / E mo semblan no m n'esclaire. / Que que m n'aujatz dire, / Si c'ades vos er veyaire / C'ai talan de rire. / Tan l'am de bon' amor / Que manhtas vetz en plor / Per o que melhor sabor / M'en an li sospire.

Il n'y a au monde nul souci / Qui tant me préoccupe que, / Quand d'elle j'entends parler, / Mon cœur ne se bouleverse / Et mon visage ne s'illumine. / Quoi qu'on m'entende dire, / Toujours il semblera / Que j'ai envie de rire / Je l'aime d'un amour si vrai / Que souvent j'en pleure, / Car je trouve aux soupirs / Meilleure saveur.

Bernart de Ventadour, *Chansons*, XIIe siècle

Le Roman de la Rose : l'amour, mode d'emploi

L'amour, toujours l'amour ! En voici un mode d'emploi en deux parties bien différentes. L'une et l'autre décrivent le long chemin pour parvenir à la rose, symbole de bien des choses. Mais, si dans la première, écrite par Guillaume de Lorris, la délicatesse confine à la guimauve, dans la seconde, celle de Jehan de Meung, la femme et les moines prennent de rudes volées de mots durs ! Accrochez (toutes…) vos ceintures !

Aller au déduit

Près de Montargis, dans le village de Lorris, en 1220, naît un bel enfant qui devient grand en peu de temps et fait un rêve à vingt ans. Un si beau rêve qu'il le raconte cinq ans plus tard, en 1245. Le voici : après avoir fermé les yeux à l'âge où l'amour commence à chahuter le sommeil, Guillaume – l'amant – arrive devant un haut mur, le mur qui entoure le jardin du déduit – ce terme désigne les ébats amoureux. Le mur semble composé d'images : la convoitise, la tristesse, la haine, l'avarice, la pauvreté… Bref, on a compris que si l'on est triste, haineux, avare, on n'a aucune chance d'aller au déduit !

Pour un bouton de rose…

Soudain, voici que Dame Oyseuse – l'oisiveté – ouvre la porte du jardin ! L'amant y est attendu par Courtoisie, Richesse, Beauté, parées des atours de grands seigneurs. L'amant se regarde alors dans la fontaine de Narcisse. Il aperçoit un magnifique bouton de rose et il n'a plus qu'une idée : aller le cueillir ! L'allégorie continue tout au long des quatre mille vers du roman que Guillaume de Lorris, emporté par une mort soudaine, ne peut terminer.

L'habit ne fait pas le moine…

Quarante ans plus tard, en 1285, Jehan le Boiteux, dit Clopinel, ou encore Chopinel, qui vit à Meung-sur-Loire, reprend sur un autre ton le poème inachevé : l'approche de l'amour n'est plus ni courtoise ni délicate ; elle est amère et cynique. Ou, du moins, elle remet à l'heure la pendule des cœurs attardés dans un autre temps, dans un imaginaire langoureux issu des visions du poète latin Ovide et de son *Art d'aimer*. Jehan de Meung reprend la forme allégorique de Lorris, mais apparaît, entre autres, le personnage Faux-Semblant qui symbolise l'hypocrisie, et ce personnage est vêtu de la soutane d'un moine (c'est là qu'on rencontre pour la première fois l'expression : *L'habit ne fait pas le moine*)…

Les femmes ? Elles sont folles !

Au fil des péripéties qui permettent – enfin ! après dix-huit mille nouveaux vers… – à l'amant de cueillir la rose tant convoitée, on assiste à un tir nourri contre l'amour qui devient seulement un plaisir physique, contre la royauté, l'Église et la noblesse, contre les communautés monastiques outrageusement enrichies, contre les ancêtres de tous les Tartuffes – mais pour une philosophie matérialiste de tous les plaisirs ! Les femmes sont stigmatisées en des termes si directs – ou bien elles se fardent, ou bien elles sont folles, ou bien elles parlent trop, ou bien ce sont des coquettes, et pire encore, et parfois tout ensemble… – que le roman prend des allures de violent réquisitoire. Et son auteur, aux yeux du lecteur, n'en sort ni innocent, ni forcément grandi !

PLAISIR DE LIRE

« Que sont mes amis devenus ?... »

Pauvre Rutebeuf (1230-1285) ! On le plaint depuis des siècles tant il s'est plaint lui-même ! Il a raison de se plaindre : il nous décrit sa misère qui est telle qu'on aimerait embarquer dans un express à remonter le temps pour aller lui donner quelque réconfort. Mais notre pauvre Rutebeuf a-t-il été toujours aussi pauvre qu'il nous le dit ? Non, sans doute, car, sous sa plume même, nous résolvons une part du mystère de son dénuement : *Or n'ai je pas quanques je haing : C'est mes dommages / Ne sai se ç'a fet mes outrages ; / Or deviendrai sobres et sages / Apres le fet / Et me garderai de forfet. Maintenant, je n'ai rien de ce que j'aime / Voilà mon malheur / Je ne sais si mes excès en sont la cause ; / Je jure de devenir sobre et mesuré / Mais j'ai déjà fauté / Et je jure de ne plus recommencer...* Tiens donc, brave Rutebeuf : on fréquente les tavernes, on joue et on y laisse l'argent du ménage ! Pauvre Rutebeuf, qui perd même ceux qu'il aime : *Que sont mes amis devenus / Que j'avais de si près tenus / Et tant aimés / Ils ont été trop clairsemés / Je crois le vent les a ôtés / L'amour est morte / Ce sont amis que vent me porte / Et il ventait devant ma porte / Les emporta.*

Rutebeuf, XIIIe siècle

Christine de Pisan, mère courage

Elle enrage, Christine de Pisan (1363-1430), lorsqu'elle lit le *Roman de la Rose*, version Jehan de Meung (1275) ! Elle y a trouvé des passages qu'elle estime indignes, insultants pour l'image de la femme, et elle va le faire savoir !

La passion des femmes

Première féministe de l'histoire, Christine ? Peut-être. En tout cas, femme courageuse, et fort talentueuse...

Vingt-six ans, veuve, trois enfants

Qu'a pensé la petite Christine de Pisan, sept ans, en découvrant la ville de Paris en 1370, elle qui arrivait de Venise ? Beaucoup de bien sans doute, car elle en parle toujours avec chaleur dans la biographie du roi qu'elle a connu, à la cour duquel elle a passé son adolescence : Charles V, si heureux dans sa librairie – sa bibliothèque de la première tour du Louvre – avec ses cinq paires de bésicles ! Au bonheur de l'adolescence, pour Christine, s'ajoute celui du mariage : à quinze ans, elle épouse Étienne Castel, un riche notaire de la cour qui la laisse veuve avec trois enfants à vingt-six ans.

Vivre de sa plume

Christine se retrouve seule à la tête de sa petite famille qu'il va falloir élever, malgré la gêne financière et les procès. En ces temps où les femmes vivent plutôt dans l'ombre des fiers chevaliers, Christine, bien décidée à changer leur sort, ose prétendre vivre de sa plume ! Elle propose ses poèmes aux grands seigneurs, aux princes, au roi, et, finalement, elle s'impose par son intelligence, son talent et son charme.

Chez nos voisins italiens

L'un des plus grands poètes italiens – peut-être le plus grand –, Dante Alighieri, né à Florence en 1265, et tombé amoureux très jeune de la belle Béatrix trop tôt disparue, l'immortalise dans ses poèmes. Pour des raisons politiques, il séjourne à Paris, crée cette distinction entre les deux façons de parler qu'il a entendues : la langue d'oc et la langue d'oïl, et va mourir à Ravenne, en 1321. Son œuvre majeure et mystérieuse, *La Divine Comédie*, comprend trois poèmes : *L'Enfer*, *Le Purgatoire* et *Le Paradis*.

Autre poète italien : Pétrarque, né en 1304, à Arezzo. Épris du monde antique, terrifié par l'idée de la fuite du temps, c'est un humaniste qui a pour souci d'accorder sa place à l'homme dans la littérature qu'il veut purifier, défaire de toutes les erreurs grossières de certains auteurs médiévaux. Le 6 avril 1327, il rencontre dans l'église Saint-Clair, à Avignon, Laure, la plus belle des femmes à ses yeux, mais la plus vertueuse aussi. Cet amour déçu va nourrir son œuvre : le *Canzoniere*, recueil de poèmes tous dédiés à Laure. Giovanni Boccace (1313-1375) est son élève et son admirateur le plus fervent, auteur, entre autres, d'un étonnant recueil de nouvelles : *Le Décaméron*.

Belle et célèbre

C'est ce qu'on appellerait aujourd'hui une vedette, Christine de Pisan, et, pour parler le franglais, une star ! Elle est célébrée à la cour, on la soutient dans ses combats pour défendre l'image de la femme, on la courtise aussi… Cède-t-elle ? Lisez…

La coqueluche des cours

Le beau Louis d'Orléans – frère de Charles VI –, le jouisseur duc Jean de Berry – l'un des trois frères de Charles V –, l'imposant connétable d'Albret, tous se laissent séduire par l'esprit de cette femme qui ne cesse d'écrire avec autant d'élégance et d'inspiration qu'elle en met pour conduire sa vie. Elle est célèbre dans toutes les cours du royaume ; on y lit ses recueils de ballades, de lais, de virelais, de complaintes, d'élégies. Philippe le Hardi, duc de Bourgogne, lui commande une biographie de son frère mort en 1380 : Charles V. Ainsi disposons-nous d'un témoignage exceptionnel de la vie en France, en plein milieu de la guerre de Cent Ans.

Le Dit de la Rose

La deuxième partie du *Roman de la Rose*, de Jehan de Meung, où la femme est jugée folle, et coquette fardée, révolte Christine de Pisan. Elle est soutenue par les grandes plumes de l'époque dans la controverse qui l'oppose aux partisans d'une vision de la femme asservie, amoindrie. Ce combat terminé par le *Dit de la Rose* (1401), Christine de Pisan écrit un poème encyclopédique de plus de six mille vers où, dans plusieurs ciels traversés, apparaissent des allégories de la raison, de l'amour, dans le goût de l'époque. Toujours dans la gêne, Christine ne cesse d'écrire traités et poésies, refusant toutes les propositions d'hommes qui l'admirent et voudraient l'épouser… Pendant les quinze années bien sombres que traverse la France entre 1415 (Azincourt) et la capture de Jeanne d'Arc, Christine de Pisan se retire au cloître de Poissy, où elle meurt en 1430.

PLAISIR DE LIRE

Je ne sais comment je dure

Je ne sçay comment je dure, / Car mon dolent cuer font d'yre / Et plaindre n'oze, ne dire / Ma douloureuse aventure. / Ma dolente vie obscure, / Rien, fors la mort ne désire; / Je ne sais comment je dure. / Et me faut, par couverture, / Chanter que mon cœur soupire / Et faire semblant de rire; / Mais Dieu sait ce que j'endure. / Je ne sais comment je dure.

Je ne sais comment je dure, / Car mon dolent cœur fond de chagrin / Et plaindre n'ose, ni dire / Ma douloureuse aventure. / Pour ma vie triste et sombre / Je ne désire rien sauf la mort / Je ne sais comment je dure. / Et il me faut, pour tout cacher / Chanter pendant que mon cœur soupire / Et faire semblant de rire ; / Mais Dieu sait ce que j'endure. / Je ne sais comment je dure.

Christine de Pisan, *Œuvres poétiques*, 1400

Le cœur des hommes

Le prince et le pauvre ! Mais des deux, qui est réellement le prince, qui est le pauvre ? Tous deux sont poètes. Le premier, Charles d'Orléans (1394-1465), est un miraculé de la bataille d'Azincourt où a été immolée la chevalerie française ; le second est un troublant routard flamboyant, au testament poétique somptueux et attachant : François Villon – complètement ignoré des jeunes générations, depuis quelques décennies. De Villon, on ne sait s'il est mort puisque, un jour de 1463, il a disparu de la circulation. En revanche, on sait qu'on l'a tué dans les dernières décennies du XXe siècle, par indifférence, inadvertance, ignorance…

Charles d'Orléans, sauvé d'entre les morts

25 octobre 1415. Cinquante mille chevaliers français, lourdement armés, s'enlisent dans la boue d'Azincourt où vont les étriper dix mille Anglais ! La victoire est inespérée. Mais, en fin d'après-midi, le roi d'Angleterre, Henri V, craint l'arrivée de renforts français qui se joindraient par la force aux mille sept cents prisonniers qu'il vient de faire. C'est alors qu'il prend une décision qui le déshonore aux yeux de l'Histoire : il fait exécuter par deux cents de ses archers les prisonniers français désarmés. Sauf quelques-uns, ceux qui peuvent rapporter une rançon considérable. Parmi ces épargnés, Charles d'Orléans, blessé à la bataille, et qui va être emmené pour vingt-cinq ans dans les prisons anglaises !

Chef de parti à quatorze ans !

Pauvre, pauvre Charles d'Orléans ! Tout s'acharne contre lui dès son jeune âge : le 23 novembre 1407, il a treize ans lorsque son père, Louis d'Orléans, est lâchement assassiné par dix-huit hommes de main de Jean sans Peur. Le motif ? Louis d'Orléans, frère du roi fou Charles VI, aurait des relations coupables avec la reine Isabeau de Bavière ! À treize ans, Charles d'Orléans est chargé par sa mère, l'inconsolable et belle Valentine Visconti, de venger Louis qui la trompait tant – même, dit-on, avec la femme de Jean sans Peur... Charles devient donc chef de parti à l'âge d'un élève de classe de quatrième aujourd'hui ! Il n'hésite pas à combattre ses ennemis, qui sont les partisans de Jean sans Peur – les Bourguignons. Ceux-ci se gardent bien de participer à la bataille d'Azincourt contre les Anglais, en 1415. C'est le parti de Charles – les Armagnacs – qui y disparaît presque.

Mélancolie et désespoir raffinés

Charles ne rentre en France qu'en 1440. Est-ce la fin de ses misères ? Peut-être. Il épouse Marie de Clèves. Elle a quatorze ans ; il en a quarante-quatre. Au château de Blois où ils vont vivre, Charles s'entoure de jongleurs, de poètes, dont les haltes plus ou moins longues sont occupées à l'écriture de rondeaux, de ballades. Ainsi trouve-t-on, transcrit au milieu des poèmes de Charles, des vers d'un éblouissant nomade de la rime : François Villon ! La poésie de Charles d'Orléans est élégante et peut sembler légère. Mais si on lit les 89 chansons et les cinq complaintes composées en Angleterre, les 123 ballades écrites aussi en captivité et les 435 rondeaux composés à Blois, on découvre un être tourmenté, hanté par la mort, bien plus désespéré que mélancolique. Charles d'Orléans se résigne pourtant à tous ses malheurs, il donne le change en ciselant les formes qu'il a choisies, en donnant au ton et aux tours qu'il emploie le raffinement et l'élégance qui ont conduit ses œuvres jusqu'à nous.

PLAISIR DE LIRE

« L'homme égaré qui ne sait où il va »

En la forêt d'Ennuyeuse Tristesse, / Un jour m'advint qu'à part moi cheminais, / Si rencontrai l'Amoureuse Déesse / Qui m'appela, demandant où j'allais. / Je répondis que, par Fortune, étais / Mis en exil en ce bois, long temps a, / Et qu'à bon droit appeler me pouvait / L'homme égaré qui ne sait où il va. [...] Aveugle suis, ne sais où aller dois ; / De mon bâton, afin que ne fourvoie, / Je vais tâtant mon chemin çà et là ; / C'est grand pitié qu'il convient que je soie / L'homme égaré qui ne sait où il va !

Charles d'Orléans, *Poésies*, 1460

François Villon en ballades

Il est passé par ici, il repassera par là ! François Villon, le prodigieux passant ! À la cour de Blois, en 1457, alors qu'il est en cavale, il s'arrête et demeure le temps de composer la plus belle ballade du concours lancé par Charles d'Orléans. Chaque participant doit commencer son poème par cette contradiction : *Je meurs de soif auprès de la fontaine.*

Plus que père

En cavale ? Villon ? Oui. Villon est un prodigieux passant, mais pour la justice de son époque il est prodigieusement agaçant ! Il est né le 8 avril 1431 – environ, car avec Villon, on n'est jamais sûr de rien. Son père meurt, sa mère illettrée le confie au chanoine Guillaume de Villon, chapelain de Saint-Benoît-le-Bétourné, celui qu'il appelle dans le Testament, son *plus que père*. C'est ce « plus que père » qui lui donne son éducation et son nom : Villon.

Montcorbier ? Monterbier ? Moultherbier ?

On ne connaît pas exactement son patronyme authentique : Montcorbier ? Monterbier ? Moultherbier ? ou bien François des Loges ? On est certain, en revanche, qu'il devient bachelier en 1449, et maître ès arts en 1452. Cette année-là commence une grève des professeurs de l'Université, qui va durer des mois. Les étudiants, dans les rues, multiplient les bagarres. Au cours de l'une d'elles, le 5 juin 1455, Villon tue – sans doute accidentellement – un prêtre bagarreur dans le cloître de Saint-Benoît : Philippe Sermoise. Il quitte précipitamment la ville.

Le poète mafieux

Il retrouve Paris en 1456, ayant obtenu des lettres de rémission. Va-t-il se tenir tranquille ? Point du tout : il fréquente l'une des nombreuses bandes mafieuses de l'époque – les Coquillards – et se laisse entraîner dans un cambriolage où il joue un petit rôle, certes – guetteur –, mais qui va conditionner son existence pour longtemps. Car, à la suite de ce gros coup – 500 écus dans le coffre du Collège de Navarre – il prend la route et on perd sa trace, ne conservant de son errance que les grandes étapes où on le retrouve, en général, en prison ! Il en sort en 1457, grâce à l'amnistie décidée par Charles d'Orléans pour la naissance de sa fille Marie. Il en sort aussi en 1461, grâce au passage de Louis XI à Meung-sur-Loire, où il croupissait dans les geôles de l'évêque Thibault d'Aussigny. Il y retourne en 1462, à la suite d'une bagarre de rue. Il est alors condamné à *estre pendu et estranglé*. Mais il fait appel et obtient d'être banni pour dix ans !

ALLONS PLUS LOIN

L'envoi au prince

3 000 vers environ. C'est l'héritage que nous a laissé François Villon. Il est composé du *Lais* (ce qu'il laisse à ceux qu'il quitte), dont le style reprend celui du congé inventé par Jean Bodel en 1202 – quarante strophes de huit vers. *Le Grand Testament* fait suite au *Lais*. On y trouve plusieurs ballades, chacune composée de trois strophes de huit vers, suivies d'un envoi au prince – ce prince peut être un mécène, un prince royal de passage dans une ville – ; il récompense les participants à un concours dont il a donné le thème. Ces ballades ont été écrites au fil de l'errance – et des erreurs – de Villon. Elles alternent avec des successions de strophes de huit vers, dont chacune est un petit chef-d'œuvre de malice vengeresse.

Villon vivant

5 janvier 1463. Il neige à Paris. Il fait très froid. Porte nord-ouest, François Villon quitte Paris. Sur l'épaule, un bâton au bout duquel il a accroché son balluchon. On n'aura plus jamais de nouvelles de lui. Continue-t-il à exercer, comme il l'a fait pour survivre en cavale, mille métiers – maçon, charpentier, homme à tout faire ? Va-t-il en Angleterre ou à Saint-Maixent, ainsi que l'affirme Rabelais, l'autre grand François ? Nulle preuve formelle ne permet de le croire. Qu'importe, puisqu'il est vivant : il suffit de soulever la couverture de son *Lais* – écrit en 1456 – ou de son *Testament* – 1461. On y trouve un être d'une ironie pleine d'esprit contre ceux qui l'ont trompé, un être prompt à la colère contre les nantis, les hypocrites, mais si tendre, si bouleversant lorsqu'il parle de sa mère ou de son *presque père*. Plus encore : sa perception du temps qui passe délivre sans façon, sans apprêt, sa défaite face à l'image de la mort, aux désordres de l'amour. Pourtant, la vie jaillit de partout chez Villon – sincère et dense, sensible, triviale parfois, drue et poignante. Le lire en fait un compagnon de tout instant.

PLAISIR DE LIRE

Rien ne m'est sûr que la chose incertaine…

Je meurs de seuf auprés de la fontaine, / Chault comme feu et tremble dent a dent, / En mon pays suis en terre loingtaine, / Lez ung brasier frisonne tout ardent, / Nu comme ung ver, vestu en president, / Je riz en pleurs et attens sans espoir, / Confort reprens en triste desespoir, / Je m'esjoys et n'ay plasir aucun, / Puissant je suis sans force et sans pouoir, / Bien recueully, debouté de chascun. / Riens ne m'est seur que la chose incertaine, / Obsucur fors ce qui est tout evident, […] / Prince clement, or vous plaise sçavoir / Que j'entens moult et n'ay sens ne sçavoir; / Parcïal suis, a toutes loys commun. / Que sais je plus ? Quoy ! les gaiges ravoir, / Bien recueully, debouté de chascun.

Je meurs de soif auprès de la fontaine, / Chaud comme le feu, je claque des dents ; / Dans mon pays, je suis en terre étrangère, / Près d'un brasier, je frissonne brûlant ; / Nu comme un ver, vêtu en président, / Je ris en pleurs et attends sans espoir ; / Je me réconforte au fond du désespoir / Je me réjouis et n'ai aucun plaisir ; / Puissant, je n'ai ni force ni pouvoir, / Bien accueilli, repoussé par chacun. / Rien ne m'est sûr que la chose incertaine, / Obscur que ce qui est tout à fait évident, […] / Prince clément, plaise à vous de savoir / Que je comprends tout et n'ai sens ni savoir : / Je suis d'un parti, et de l'avis de tous. / Que sais-je le mieux ? Quoi ! Reprendre mes gages, / Bien accueilli, repoussé par chacun.

François Villon, *le Testament, Ballade du concours de Blois*, 1461

Chapitre 4

Savoir conter

Dans ce chapitre :

- Découvrez quelles formes prend la satire de la société
- Assistez à la naissance du genre romanesque

La société du temps, ses imperfections, ses travers et ses excès, ses injustices, tout ne manque pas d'être observé, puis dénoncé avec lucidité, ironie, malice et bonne humeur, dans les fabliaux, ou dans le *Roman de Renart*. On aime aussi se distraire en écoutant la lecture des éternelles aventures du cœur. L'imagination prend ses quartiers vers la Cornouaille, l'Irlande, puis revient en Bretagne. Les grands mythes de l'amour se forgent dans l'ardeur des passions…

Satire en tous sens

Les chevaliers, les Sarrasins, les conquêtes au triple galop dans le lointain, et les récits qui transforment tout en épopée géante… Lire *Aucassin et Nicolette* (XIIIe siècle), charmant conte en apparence, donne un modèle de satire d'où les épées viriles sortent ébréchées, tenues par des poltrons et des pleurards. Le monde des hommes n'est pas forcément celui qu'on croit... Autre genre de satire : les fabliaux, qui décochent leurs flèches sur tout ce qui leste le monde, le rend balourd, obtus ou malsain. Enfin, Renart règle leur compte à beaucoup de ses contemporains.

La chantefable d'Aucassin et Nicolette

Aucassin est un drôle de jeune chevalier : à l'âge où dans tous les récits, tous les romans, ses semblables rêvent d'en découdre avec tous les ennemis de la terre, lui, Aucassin, fils du vieux comte Garin, n'a qu'un rêve : la douce, la belle Nicolette, captive Sarrasine du comte voisin. Le vieux Garin refuse d'entendre parler de cette Nicolette et décide de la faire mettre à mort après avoir jeté Aucassin au cachot ! Aucassin pleure, ne cesse de geindre à chaque page. Il finit par être délivré par son père, qui croit Nicolette morte. Mais celle-ci emmène Aucassin au pays de Turelure, au-delà des mers – comme en croisade… –, où les hommes sont si poltrons qu'ils font semblant d'accoucher pour ne pas aller au combat ! Et pourtant : leurs combats se font à coups de pommes pourries, d'œufs et de fromages mous !… Finalement, Aucassin et Nicolette couleront des jours heureux après que Nicolette se découvre fille du roi de Carthage. Fiers chevaliers, traversées vers les pays de conquête, fiers-à-bras et glorieux combattants, tout cela est malmené dans cette chantefable, unique en son genre.

MOTS À LA LOUPE

En prose et en vers : la chantefable

On ne peut pas écrire au pluriel le mot *chantefable*, en littérature française : il n'en existe qu'un exemplaire de ce genre ! La chantefable, écrite vers 1250, est ainsi nommée par son (ou ses auteurs), car elle fait alterner les passages en prose et ceux en vers qui sont chantés. D'où ce joli nom : chantefable.

Guignols de l'info : les fabliaux

Le prêtre qui lutine la femme du laboureur, le seigneur qui tente de la séduire, la femme elle-même calculatrice, habile, sournoise, menteuse… Le bourgeois riche trompé par un malin qui va, lui aussi, profiter des charmes

PLAISIR DE LIRE

La couverture partagée

Guillaume, le riche marchand, a donné tous ses biens à son fils Gauthier. Il l'a marié à la fille d'un noble sans fortune. Gauthier jure qu'il prendra soin de son père jusqu'à sa mort. Les années passent. Un fils naît au foyer. Guillaume le marchand est devenu très vieux, très maigre. Assis sur une chaise, près de la cheminée, il suit, de son regard noyé de tristesse, les allées et venues de sa maisonnée. On ne lui parle plus. La femme de Gauthier ne cesse de se demander combien de temps elle va devoir supporter encore ce vieillard inutile. Elle le rudoie. Gauthier chasse alors son père de chez lui. *Donne-moi quelque chose à manger*, supplie celui-ci, *laisse-moi au moins emporter une couverture, où vais-je dormir ? Il fait si froid… La couverture de ton cheval, seulement celle-ci…*

Pour se défaire de son père, Gauthier ordonne à son jeune fils d'aller chercher la couverture du cheval noir, celle qui est neuve et bien chaude. L'enfant la coupe en deux. Il en donne la moitié à son grand-père. *Comment*, lui dit son père, *n'as-tu pas honte ? Donne-la-lui tout entière !* L'enfant répond alors : *Non, mon père, j'en garde la moitié pour toi, quand tu seras vieux !…* Gauthier comprend la leçon. Il reprend son père chez lui et le soigne fidèlement jusqu'à la fin de ses jours.

Fabliau du Moyen Âge (anonyme), XIIe siècle

de l'épouse délurée. La brave paysanne qui tente de graisser la paume d'un chevalier avec du saindoux, parce qu'on lui a dit que, si elle voulait récupérer sa vache perdue, il fallait justement graisser la paume de celui qui la retenait, c'est-à-dire lui donner un gras pourboire… L'opulence dénoncée, l'injustice soulignée, les excès du pouvoir politique… Tout cela est mis en récit de façon amusante, efficace – tradition poursuivie aujourd'hui par les Guignols de l'info… Le fabliau du Moyen Âge est bref ; il est destiné à être dit en public, sur les places, dans les auberges, au cours de banquets ou réjouissances diverses. Il doit faire rire, ou réfléchir, dès les premières phrases. À la fin du récit, la morale est sauve (en général, car il peut se faire qu'elle s'adapte à une situation au lieu de se hisser jusqu'à ses principes généraux et absolus…). D'autres histoires développent une pédagogie appuyée de la morale familiale, telle celle du fils ingrat qui chasse son père.

L'humour en branches : le Roman de Renart

Comment se moquer sans risque, dans les chaumières ou les auberges, ou sur la place publique des chevaliers très fiers, des barons et des prêtres, de la religion tout entière, de ses miracles, des dames et des nobles, des serfs et des vilains ? Il suffit d'avoir recours au fameux animal à tout faire : Renart !

25 000 vers !

Le *Roman de Renart* n'est pas un roman au sens où on l'entend aujourd'hui. C'est un ensemble de récits, écrits en octosyllabes aux rimes plates (aa/bb/cc…) entre le milieu du XIIe siècle et la fin du XIIIe siècle. Ces récits sont d'inégale longueur – entre 300 et 3 000 vers. La totalité du *Roman de Renart* comporte 25 000 vers, répartis en 27 groupes appelés branches – selon une classification qui date du XIXe siècle. Les auteurs ? Trois seulement ont été identifiés : Perrot de Saint-Cloud (récits datés de 1174), Richard de Lison et un prêtre de la Croix-en-Brie. Les autres auteurs sont anonymes – et, parfois, font bien de le rester, car les dérives vers la grossièreté gratuite ne manquent pas, surtout dans les dernières branches.

Superman et Vidocq

Renart, c'est à la fois Superman et Vidocq – l'ancien bagnard devenu chef de la Sûreté au XIXe siècle –, c'est le roublard ou le roulé, le futé malicieux ou le calculateur féroce. Renart, c'est mille personnages où se déploient, le temps d'un récit, l'hypocrisie, l'habileté, l'escroquerie, la débrouillardise, la débauche, la malhonnêteté, tous les vices et toutes les malices, l'éventail des figures humaines mises à la portée de tous par le truchement d'une narration où chacun traduit sans peine les codes adoptés.

Le loup et le renard

Les codes du *Roman de Renart* procèdent d'une tradition très ancienne, représenter l'homme par l'animal :

- Le loup Ysengrin symbolise la force brutale, la compréhension obtuse du monde des seigneurs, des guerriers, l'univers du château féodal.
- Tiécelin, le corbeau, et Tibert, le chat, sont des gens d'Église stupides et cupides.
- Brun, l'ours, Grimbert, le blaireau, représentent des barons du roi.
- Le lion n'est autre que le roi !
- Le lièvre Couart, le limaçon Tardif, le coq Chanteclerc, les poules Roussotte, Noire et Blanche… voilà les petites gens !

Des premières branches où l'humour est léger, où l'on se moque habilement de l'autorité sociale, morale ou religieuse, aux dernières branches, où la satire s'inscrit dans une pédagogie insistante et souvent lourde, le *Roman de Renart* traduit la lucidité de toute une société qui s'observe sans s'épargner et tente de compenser les nombreuses injustices par une transformation de la ruse en vertu.

Mots à la loupe

De goupil à Renart

Renart, à l'époque du roman, prend un *t* et non le *d* qu'il acquiert au XVe siècle. Renart vient du francique *reginhart*, où l'on trouve à la fois l'idée de force et de conseil. *Reginhart* passe en allemand sous la forme : *Reinhart*. Le *renard* en latin se traduit par *vulpes* ; ce *vulpes* avait donné, en ancien français, *goupil*. Mais le succès du Renart du roman fut tel que le *goupil* disparut.

Naissance du genre romanesque

Du chant, encore du chant, des troubadours et des trouvères qui tiennent en laisses leur public, qui scandent leurs strophes épiques… Et si l'on essayait autre chose ? Si l'on osait le récit écrit, seulement écrit, destiné au silence d'une lecture individuelle ! C'est au XIIe siècle qu'apparaît ce désir d'intimité avec la page, cette façon sage, personnelle et libre d'aller au récit. À moins qu'on fasse appel à un lecteur, mais ce sera de toute façon pour une linéarité du dit, une ouverture sur l'aventure, sans le chant ostentatoire, et parfois superfétatoire.

Alexandre sous cloche

Pour bien marquer la différence du genre romanesque par rapport à la chanson de geste ou à la poésie lyrique, les auteurs choisissent de s'inspirer non pas de la matière française, mais de la matière latine – qui est aussi la matière grecque. Ainsi voit-on apparaître, en ce XIIe siècle, le *Roman d'Alexandre*, écrit d'après un texte latin de 390 ap. J.-C., lui-même traduit d'une source grecque du IIe siècle av. J.-C. On y découvre un Alexandre conquérant, mais aussi le jeune homme élève d'Aristote, avide de savoir et curieux de tous les secrets du monde. Le lecteur le suit dans ses voyages sur terre où il découvre des peuples fantastiques, mais aussi dans ses explorations sous-marines – sous une cloche de verre – ou aériennes – emporté vers le ciel par des oiseaux !

MOTS À LA LOUPE

Alexandre aux douze pieds

Le *Roman d'Alexandre* est d'abord écrit en vers octosyllabiques. Son premier auteur connu est un Provençal : Albéric de Pisançon, vers 1130. Il existe ensuite une version en décasyllabes. Puis vient, en 1180, Alexandre de Paris. Il estime qu'Alexandre le Grand se trouve à l'étroit dans le décasyllabe. Il décide de lui offrir toutes ses aises dans le vers de douze syllabes. Et comment a-t-on appelé, depuis, ce vers aux douze pieds, ce dodécasyllabe ? L'alexandrin !

Tristan et Iseult, fruits de la passion

Où leur histoire est-elle née ? Où sont les racines profondes de leur amour absolu ? Sans doute au plus profond du cœur des lecteurs qui n'ont jamais oublié cette histoire, l'une des plus belles de l'imaginaire occidental. Tristan et Iseult appartiennent à la *matière celtique*. Leur aventure est connue des troubadours et des trouvères au XIIe siècle. Elle va être écrite par Béroul, vers 1170, en 4 000 vers de huit syllabes – il nous en reste la partie centrale – et par Thomas, vers 1175 – il nous en reste des fragments. D'autres versions existent, notamment en prose, datées du début du XIIIe siècle.

Tristan le magnifique

Dans Tristan, il y a *triste* ! Et la vie de Tristan commence tristement : sa mère meurt à sa naissance, puis son père est chassé de son trône. Il est élevé par son précepteur, Gorneval, qui lui apprend la harpe. À quinze ans, il s'en va à la cour du frère de sa mère, son oncle Marc, en Cornouaille. Il est tellement beau, tellement courageux, et il tire de sa harpe des sons si harmonieux que tout le monde l'admire. Mais voici qu'un géant irlandais, le Morholt, vient imposer au roi Marc le tribut de dix jeunes gens et dix jeunes filles pour lui garantir la paix.

À qui, ce cheveu d'or ?

Tristan affronte le géant et le tue. Cependant, atteint par une lance empoisonnée, il est placé dans un bateau qui dérive jusqu'aux côtes d'Irlande. La reine qui le recueille et le guérit lui confie sa fille, Iseult, à qui il apprend la musique. Il revient en Cornouaille au moment où l'on trouve aux pieds du roi Marc un cheveu d'or qu'une hirondelle vient de laisser tomber. Aussitôt qu'il le voit, Tristan reconnaît un cheveu d'Iseult. Il repart en Irlande, chercher pour son oncle la jeune femme attendue.

Pour qui, ce philtre d'amour ?

Iseult accepte de suivre Tristan vers la Cornouaille. Sa servante, Brangien, emporte avec elle un philtre d'amour qui doit être bu par Marc et Iseult et les lier pour la vie. Mais, au cours de la traversée, Tristan et Iseult, par erreur, boivent le philtre. Les voici à jamais unis par un amour torride et interdit ! Le mariage d'Iseult et Marc a cependant lieu à la cour. Afin de demeurer fidèle à Tristan, Iseult oblige Brangien à prendre sa place pour la nuit de noces, à l'insu de Marc ! Sans cesse enflammés de désir, les deux amants se donnent des rendez-vous nocturnes, auprès d'un puits. Ils sont découverts, condamnés au bûcher ; ils s'échappent et s'enfuient dans la forêt, où ils deviennent des errants pathétiques, guidés par leur seule passion – et par le précepteur Gorneval accompagné du chien Husdent.

Marc lève son arme...

Le roi Marc les poursuit et les découvre un jour endormis tous les deux, côte à côte dans un sous-bois, séparés par la courte épée de Tristan. Que va-t-il faire ? Il lève son arme pour les séparer à jamais, mais, ému tout à coup, ne les réveille pas. Il leur laisse la vie sauve, et remplace seulement l'épée de Tristan par la sienne, imposante et royale. Touchée, Iseult décide alors de rentrer à la cour, et Tristan repart à l'aventure. Il va arriver en Bretagne, où il épouse Iseult aux blanches mains, sans consommer son mariage – il ne peut oublier Iseult la Blonde qu'il aime pour toujours et tente par tous les moyens de retrouver.

Plus forts que la mort !

Blessé à mort au cours d'une aventure, il envoie chercher Iseult la Blonde qui seule peut le ramener à la vie. Mais Iseult aux blanches mains lui dit traîtreusement que le bateau qui devait la ramener revient sans elle. Tristan en meurt. Iseult la Blonde arrive trop tard et meurt de chagrin, le tenant dans ses bras. Tous deux sont enterrés en Cornouaille, et sur leur tombe poussent deux arbres aux troncs, aux branches étroitement emmêlés. Si un jour, vous promenant en Cornouaille, vous avez l'impression de traverser un rêve où sont plantés ces arbres, n'y touchez pas, ne les coupez pas : ils renaîtraient toujours plus drus, plus forts que la mort !

ALLONS PLUS LOIN

Bédier et Béroul

Au XIXe siècle, un médiéviste – spécialiste du Moyen Âge –, Joseph Bédier (1864-1938), reconstitue à partir du texte de Béroul et d'autres extraits une version complète du roman de Tristan et Iseult. Elle est publiée en 1900 à Paris, et c'est à travers elle qu'on connaît le mieux le destin des deux grands amoureux.

Marie de France : « Ni vous sans moi… »

J'ai pour nom Marie, et je suis de France. Voilà pourquoi on appelle cette femme auteur, qui vit, au XIIe siècle, à la cour du roi Henri II d'Angleterre et d'Aliénor d'Aquitaine, Marie de France (vers 1170). Elle nous a laissé des lais qui sont des sortes de nouvelles écrites en vers, et qu'elle appelle les *lais bretons*. Que racontent-ils ? La douleur et les bonheurs des amours interdites, clandestines. Son écriture économe et poétique restitue l'émotion essentielle. Ainsi, dans le *Lai du chèvrefeuille*, en cent dix-huit octosyllabes, Tristan et Iseult vivent le moment le plus intense et le plus dramatique de leur histoire : Tristan a appris que le roi Marc se déplace dans un autre château, le cortège de sa cour doit traverser la forêt où il se trouve, errant dans l'espoir de rencontrer un jour son aimée *kar ne pot lent vivre sansz li – car il ne peut vivre sans elle*. Tristan prépare une branche de coudrier, y inscrit son nom et la place sur le chemin que va emprunter Iseult avec la cour. Elle saura le reconnaître, il en est sûr – ils ont déjà utilisé ce signe secret… Ils se retrouvent, s'enfoncent dans la forêt pour un bonheur intense. Puis ils se séparent, désespérés…

PLAISIR DE LIRE

Ni moi sans vous

D'euls deus fu il (tut) autresi / cume del chevrefoil esteit / ki a la codre se perneit: / quant il s'i est laciez e pris / e tut entur le fust s'est mis, / ensemble poënt bien durer; / mes ki puis les volt desevrer, / li codres muert hastivement / e li chevrefoil ensement. / « bele amie, si est de nus: / ne vus sanz mei, ne mei sanz vus ! »

Eux deux étaient à l'image du chèvrefeuille qui s'attache au coudrier. Quand il s'y est enlacé et pris, enroulé tout autour de son tronc, ensemble, ils peuvent bien longtemps rester. Mais si on les veut séparer, le coudrier meurt tout de suite, et le chèvrefeuille aussi. « Belle amie, ainsi en est-il de nous : Ni vous sans moi, ni moi sans vous ! »

Marie de France, *Lais*, 1170

Chrétien de Troyes, cinq romans

En l'an 1164, Henri Ier, le Libéral, comte de Champagne prend pour épouse Marie, fille du roi de France Louis VII et de la reine Aliénor d'Aquitaine – qui a quitté le roi de France pour épouser le roi d'Angleterre… Marie s'installe avec son mari à Troyes. Marie vit en sa cour des heures sans doute heureuses, mais peut-être un peu ennuyeuses. Marie rêve… Elle sait que son grand-père, Guillaume d'Aquitaine, a imaginé une forme d'amour qui permet d'atteindre la *joy*, c'est-à-dire de maintenir le plaisir qui naît du désir qui ne se contente pas. Comment écrire tout cela en un roman ? Elle fait appel à Chrétien de Troyes.

Les sources du romancier

Chrétien de Troyes se met à la tâche. Il a lu le poète français Robert Wace, né à Jersey en 1115, devenu chanoine de Bayeux et mort en Angleterre en 1175. Wace a lui-même lu l'auteur anglais Geoffrey de Monmouth, qui a écrit une *Histoire des rois de Bretagne* où apparaît pour la première fois un certain roi Arthur ! Wace en a tiré, en 1155, le *Roman de Brut*, ou *Brut d'Angleterre*. Chrétien se dit que toute cette matière de Bretagne pourrait être accommodée à la façon courtoise – recette de Guillaume IX –, en respectant ce qu'il devine des attentes de Marie la rêveuse.

Le roi Arthur, la reine Guenièvre et le Chevalier à la charrette

Voici donc l'histoire : au château de Camaalot, vivent le roi Arthur et la reine Guenièvre. La reine Guenièvre est très malheureuse : elle vient d'être enlevée par le cruel chevalier Méléagant, souverain du royaume de Gorre, qui a aussi capturé les chevaliers du roi Arthur. Mais la reine Guenièvre a un amoureux : Lancelot du Lac soi-même ! Il se lance à la poursuite de Méléagant, et parvient à l'affronter sous les yeux de sa belle après avoir emprunté la charrette d'infamie – d'où le titre : *le Chevalier à la charrette*.

ALLONS PLUS LOIN

Beau travail, Chrétien !

L'image de l'homme qui s'humilie pour mériter le déduit ne cesse de réapparaître ensuite dans la littérature. Cela devient même un élément de culture – il suffit de penser aux héros de Racine, inscrits dans une poétique de la conquête amoureuse fort réussie, mais quand même trop pleurnichards devant celles qu'ils convoitent ; on pense aussi aux romans d'aujourd'hui, aux Christian Oster ou Christian Gailly, toujours soumis aux caprices de leur belle, modernes chevaliers errants, le sentiment tristounet, comme une peau de chagrin en bandoulière, pour un partage de la chair économe et terne où la femme jouit seulement de sa domination. Voilà donc l'héritier de Lancelot : l'homme moderne de l'Occident, l'homme d'aujourd'hui qui n'offre plus son cœur à la dame de ses pensées, mais le bout de son nez afin qu'elle le conduise ! Singulier héritage de l'amour courtois ! Beau travail, Chrétien !

Lancelot humilié

Méléagant est vaincu. La reine Guenièvre va être délivrée par Lancelot, mais au lieu de lui manifester une folle reconnaissance elle demeure de glace. Pourquoi ? Tout simplement parce que Lancelot a hésité le temps de deux pas avant de monter dans la charrette d'infamie qui l'a conduit au château de Méléagant ! La suite du récit montre combien s'épanouit l'idée que la femme doit gouverner en tout la relation qu'elle entretient avec celui qui la désire. Lancelot va se laisser humilier à plusieurs reprises encore avant de mériter sa belle.

Érec, Cligès, Yvain, Perceval

Quatre autres romans de Chrétien de Troyes traitent aussi de cette façon d'aimer :

- *Érec et Énide* (1165) : l'action se passe à la cour du roi Arthur et met en scène un chevalier, Érec, qui tente de concilier son amour pour Énide avec la nécessité de sa vie professionnelle : accomplir des exploits.
- *Cligès* (1176) : Cligès aime Fénice, femme de son frère Alis. Celle-ci, pour ne pas appartenir à deux hommes – comme Iseult la Blonde appartient à Marc et Tristan – se fait passer pour morte afin de vivre sa passion en secret.
- *Yvain ou le Chevalier au lion* (1180) : mille exploits sont accomplis par les chevaliers pour les beaux yeux de leur belle. On n'oublie pas cependant les bons sentiments chrétiens : les chevaliers secourent, au fil de leurs prouesses, les faibles, les opprimés, la veuve et l'orphelin.
- *Perceval ou le Conte du Graal* (1181).

MOTS À LA LOUPE

Graal ? Vous avez dit Graal ?

Dans *Le Conte du Graal,* le chevalier Perceval suit un parcours initiatique afin de parvenir au Graal. Qu'est-ce que le Graal ? On ne sait pas ! Chrétien de Troyes n'a jamais terminé son roman. Ce sont d'autres auteurs qui ont tenté de résoudre ce mystère : selon certains, ce serait le vase qui recueillit le sang du Christ. Toutes les interprétations sont permises, toutes les spéculations sur une portée plutôt métaphorique de l'objet en question. Auquel cas, il pourrait représenter tout autre chose…

Moyen Âge : tableau récapitulatif

- 842 *Les Serments de Strasbourg*
- 1100 *La Chanson de Roland*
- 1120 *La fin'amor des troubadours*
- 1150-1300 *Le Roman de Renart*
- 1170 *Tristan et Iseult*
- 1170 *Lais de Marie de France*
- 1175 *Bernart de Ventadour*
- 1180 *Chrétien de Troyes*
- 1200-1350 *Les fabliaux*
- 1200 *Le Jeu de saint Nicolas*
- 1208 *Chroniques de Villehardouin*
- 1250-1285 *Le Roman de la Rose*
- 1260 *Le Jeu de la feuillée* (Adam de la Halle)
- 1270 *Rutebeuf*
- 1309 *Chronique de Joinville*
- 1380 *Chroniques de Froissart*
- 1400 *Christine de Pisan*
- 1460 *Poésies*, Charles d'Orléans
- 1461 *le Testament*, François Villon
- 1465 *La Farce de Maître Pathelin*
- 1495 *Chroniques de Commynes*

Deuxième partie

Le XVIe : atout cœur

Dans cette partie…

La littérature est en première ligne, sur tous les fronts ! Les écrivains humanistes militent pour mettre l'homme au centre du monde. Ils veulent en faire l'auteur – et non plus l'esclave – de son destin. La chrétienté se déchire : catholiques et protestants s'affrontent. L'œuvre des poètes et écrivains est profondément marquée par ces temps de division, de massacre. Rabelais et Montaigne bâtissent une œuvre imprégnée de scepticisme, de doute, mais qui fait encore confiance aux ressources de l'esprit humain. Malgré les efforts de François Ier pour donner à son royaume une langue unique et forte, le latin demeure la référence. Il faut toute la fougue d'une troupe de jeunes gens conduits par Du Bellay et Ronsard au sein de la Pléiade, pour que la langue française, enrichie d'un vocabulaire neuf, prenne enfin son envol. Ils lui offrent de solides compositions poétiques – Du Bellay et ses *Regrets*, Ronsard et ses passions. Leur siècle fut celui du cœur dans les deux sens du terme : le courage et l'amour.

Chapitre 5

Voici l'Homme

Dans ce chapitre :

- Comprenez comment l'homme conquiert sa place au centre de la pensée
- Faites connaissance avec l'immense François Rabelais
- Devenez un fan de l'excellent Michel de Montaigne

Il en faut, du courage, à tous ceux qui prennent pour outil la littérature afin de transmettre au plus grand nombre leur pensée, leur vision pleine d'espoir pour le devenir de l'esprit étouffé par l'obscurantisme ! En Italie, Pic de la Mirandole place hardiment l'homme au centre de son destin. On le poursuit, on le rattrape, et il meurt bien jeune… En Angleterre, Thomas More paie de sa vie ses rêves d'Utopie où tout appartient à tout le monde. Érasme fait parler la folie : doit-elle se déclarer folle ?... Voilà que le doute s'installe ! En France, Jean Calvin pense et écrit la Réforme religieuse. Rabelais, à travers ses énormités, fait passer en finesse, en douceur et en éclats de rire, une critique de tous les fanatismes et une vision sans pitié de notre pauvre nature humaine. Pendant que Marguerite de Navarre, après ses combats pour la Réforme, se replie sur un genre court – la nouvelle – Michel de Montaigne nous offre une sagesse toute neuve, toute simple, applicable au quotidien – thérapie idéale pour toutes les grippes de l'esprit, hier ou aujourd'hui…

Essence et naissance de l'humanisme

Il s'en passe des choses, en 1453 : le 17 juillet, à Castillon, près de Bordeaux, se déroule, contre les Anglais, la dernière bataille de la guerre de Cent Ans qui clôt aussi le Moyen Âge ; un mois et demi plus tôt, le 29 mai, la ville de Constantinople, siège de l'Empire romain depuis que Constantin l'avait choisie en 324 pour remplacer Rome, tombait aux mains des Turcs. Aussitôt, les savants qui y vivaient s'en étaient enfuis, emportant par centaines de précieux manuscrits grecs et latins vers l'Italie. Voici donc à la disposition des lettrés de la péninsule la version d'origine de textes anciens que des siècles bavards ont surchargée de commentaires orientés. De nouvelles traductions mettent en effervescence l'esprit de l'époque : il faut redonner à l'homme toute la place que lui a volée un âge de ténèbres – le Moyen Âge –, il faut le mettre au centre du monde ! Ainsi naît l'esprit humaniste.

L'homme est ce qu'il devient

L'idée n'est pas nouvelle : déjà au Ve siècle av. J.-C., un philosophe grec, Protagoras, affirme que l'homme est la mesure de toute chose. Sans disparaître tout à fait, cette idée a progressivement été écartée au fil des siècles au profit d'une conception du monde qui donne à Dieu, à la religion figée dans ses certitudes et son dogme, la première place. Au Moyen Âge, on répond à toutes les questions par un curieux mélange des Écritures saintes et des œuvres d'Aristote, le philosophe grec, traduites en latin. Cette démarche intellectuelle qui enferme et étouffe l'intelligence est mal supportée par ceux qui croient au progrès. Pour eux, l'homme est toujours la mesure de toute chose et il faut lui accorder la première place dans toutes les questions scientifiques, artistiques ou philosophiques.

En Italie : Pic de la Mirandole persécuté

Les manuscrits grecs et latins disponibles en Italie du nord sont traduits et consultés par des esprits éclairés qui s'enthousiasment à leur lecture. L'un d'eux, Pic de la Mirandole (1463-1494), issu d'une famille princière, tente de faire admettre ses conclusions d'un genre nouveau sur la philosophie et la théologie, rassemblées en neuf cents points qu'il propose à tous les savants du monde de venir réfuter – il leur offre même de leur payer le voyage ! Hélas, une commission papale vite assemblée l'accuse d'hérésie, et lui

ALLONS PLUS LOIN

Pleins pouvoirs

L'intuition majeure de Pic de la Mirandole – intuition qu'on trouve déjà chez les savants arabes du VIIIe siècle en Espagne – représente la première pierre de tout ce qui par la suite peut se réclamer de l'humanisme : pour lui, on ne peut expliquer l'homme en disant qu'il est composé d'un corps et d'un esprit. Prétendre qu'il n'est que le mélange des deux n'apporte rien de spécifiquement humain. Ce qui caractérise vraiment l'homme selon le fougueux savant italien, c'est sa propre liberté, son existence. Et cette liberté, la conscience même de son existence, lui permettent de se donner une essence, de se définir en tant qu'homme, et non d'être déterminé par avance. Autrement dit, l'homme acquiert ainsi les pleins pouvoirs sur lui-même, sur son propre destin, sur tout ce qui l'entoure. En cette fin du Quattrocento (XVe siècle) en Italie, l'aventure humaine prend son essor. Cette vision de l'homme va se transmettre à travers les siècles, réapparaissant, par exemple chez le plus grand philosophe du XXe siècle : Jean-Paul Sartre.

demande de renier publiquement treize de ses conclusions ! Persécuté par les lieutenants du pape, poursuivi jusqu'en France où il est arrêté à Lyon et emprisonné à Paris, au donjon de Vincennes, il est rappelé à Florence par Laurent de Médicis qui approuve ses idées. C'est dans cette ville qu'il meurt en 1494, à trente et un ans, peut-être empoisonné…

En Angleterre : l'Utopie de Thomas More

Prêt pour l'embarquement ? Vous partez pour le pays d'Utopie. Plus exactement, pour l'île d'Utopie, située dans la partie la plus étonnante de l'imagination de l'humaniste anglais Thomas More (1478-1535). Laissez-vous aller, vous voici arrivé. Votre nouvelle vie va vous étonner. Première surprise : tous les biens sont partagés, tout appartient à tout le monde et rien n'est la propriété de qui que ce soit. (ça vous rappelle quelque chose ?...)

Neuf heures de sommeil…

Voulez-vous un peu de monnaie du pays afin de subvenir à vos besoins ? Si vous en demandez, on va vous rire au nez ! En effet, non seulement la monnaie n'existe pas, mais l'or qui pourrait servir à frapper des pièces est utilisé pour faire… des vases de nuit – le métal précieux étant frappé d'infamie ! Votre journée : six heures de travail, neuf heures de sommeil, neuf heures pour vos repas et vos loisirs. Si vous manifestez des dons pour l'étude, vous n'effectuerez pas de travail manuel. Pas de guerres – mais des mercenaires employés à un programme de colonisation afin de résoudre le problème de surpopulation… Pas de haine, pas de violence – sauf si vous commettez une faute grave : vous devenez alors esclave ! Voilà ce que Thomas More vous propose si vous avez décidé de vivre ce que la volonté divine offre de plus raisonnable !

La mort de More

Thomas More qui rêve d'un monde et d'un homme nouveau, va se heurter au roi d'Angleterre Henri VIII (1491-1547) qui se déclare chef de l'Église d'Angleterre – le pape refusant son divorce. More refuse de se séparer du pape. Henri VIII condamne More à mort : le 6 juillet 1535, la preuve est faite que l'Utopie demeure une utopie d'humaniste, et que la force de la hache l'emporte sur tout – More est décapité. L'Église en fera un saint.

En Hollande : Érasme et ses sentences

Erasmos, en grec, c'est l'aimé. Érasme, né en 1460, s'est ainsi nommé lui-même l'aimé, après avoir à dix-sept ans perdu son père – un prêtre – et sa mère – fille d'un médecin de Zevenbergen, en Hollande. Érasme est de très petite taille – il appelle son corps un corpuscule – et de mauvaise santé. Mais il possède des dons remarquables, lit les auteurs anciens, se perfectionne en latin et en grec. Il devient le protégé de l'évêque de Cambrai qui l'ordonne prêtre le 25 février 1492.

Le poisson... Pouah !

Érasme part ensuite pour Paris, suit des cours au collège de Montaigu d'où il doit s'en aller, l'enseignement sclérosé qu'on lui donne lui déplaisant fortement – de même que lui déplaît le poisson qui lui est servi –, sa seule vue le rend très malade ! Érasme compile au fil de ses lectures les sentences qu'il a sélectionnées chez les auteurs anciens. Leur publication lui apporte la célébrité et l'amitié de beaucoup de lettrés, dont Thomas More, et de têtes couronnées – dont Henri VIII. Il voyage beaucoup dans toute l'Europe, devient le conseiller du roi Charles Quint, traduit et publie de nombreux auteurs latins. Il meurt le 12 juillet 1536.

LE SAVIEZ-VOUS ?

Le Collège de France, appât pour Érasme

Érasme ! Comment attirer Érasme à la cour de France ? C'est la question que se pose François Ier, grand admirateur de l'humaniste hollandais. Il s'en ouvre à Guillaume Budé, grand admirateur lui aussi du même humaniste hollandais... Et voici qu'une idée surgit, une idée en forme d'appât : il s'agit de fonder un collège où seraient donnés des cours gratuits ! Des cours de quoi ? De grec, de latin et d'hébreu, les trois langues préférées d'Érasme. L'humaniste est aussitôt prévenu de ce projet enthousiasmant. Honneur suprême : le rôle de directeur lui serait confié. Mais Érasme est trop indépendant pour accepter ce qu'il identifie comme une des nombreuses tentatives de François Ier pour le fixer en France. Il refuse. Budé en prend ombrage, et les deux hommes demeureront en froid. Le collège des Trois Langues naît cependant le 24 mars 1529. Les cours sont dispensés aux collèges de Cambrai et Tréguier (actuelle place Marcellin-Berthelot à Paris), puis au Collège royal dont Louis XIII pose la première pierre le 18 août 1611 – devenu au XIXe siècle le Collège de France.

Éloge de la calvitie...

Au nom d'Érasme est associé le titre de son œuvre la plus connue : l'*Éloge de la folie* (1511). C'est un ouvrage étonnant d'habileté, d'humour et de finesse. Érasme l'écrit en une semaine, en se rendant d'Italie en Angleterre où l'attend son ami Thomas More. Érasme qui connaît les éloges écrits par les auteurs grecs ou latins sur la calvitie, sur les bœufs ou sur les mouches, se dit qu'il serait astucieux de souligner les excès et les dérives des gens d'Église, des philosophes, des professeurs... en donnant la parole à la folie qui prononce elle-même son propre éloge.

Môria, la folie fait son propre éloge

Môria – la folie, en grec – se présente alors comme la plus puissante des divinités car tous les êtres vivants bénéficient de ses largesses : elle fournit n'importe qui en inconscience, en ignorance, en amour-propre, en orgueil. De plus, chacun l'adore au fond de soi-même, et en fait le fer de lance de sa conduite – ainsi le juriste, le théologien, l'écrivain, le prince, le cardinal et, évidemment, le pape ! Toute cette critique iconoclaste et malicieuse est fort bien comprise à l'époque et n'a rien perdu de son acuité, voire de son actualité…

ALLONS PLUS LOIN

L'humanisme

Tout refaire, c'est le mot d'ordre, le leitmotiv des artistes, des intellectuels, au XVIe siècle. De quelle façon ? En redonnant à l'homme toute sa place, sa liberté, en écartant l'oppression de la religion qui l'a transformé en esclave d'un destin qu'il ne peut maîtriser. Pour réaliser ce projet sans précédent, on s'empresse de trouver dans l'Antiquité les modèles qui vont servir à renouveler la création dans tous les domaines : sculpture, peinture, architecture, littérature. L'homme au centre de l'univers, de son univers, celui dont il se sent alors responsable, celui de sa liberté ! Voilà ce qu'est l'humanisme. Le mouvement commencé en Italie dès le XVe siècle porte déjà le nom de Renaissance. Le terme humanisme, en son sens actuel, n'apparaît qu'au XIXe siècle, en Allemagne – l'humaniste au XVIe siècle était un terme d'argot universitaire désignant celui qui étudiait ou enseignait la littérature antique, délaissant les Saintes Écritures.

La belle prose de Jean Calvin

Érasme et Thomas More comptent des amis dans toute l'Europe, notamment en France où les écrits humanistes vont être lus avec soin par un certain Jean Calvin…

Lefèvre d'Étaples, Guillaume Budé

Les Écritures saintes sont traduites en France aussi par des érudits, à partir des manuscrits rapportés de Constantinople ou d'Italie. Le texte d'origine leur apparaît alors – comme aux Italiens, aux Anglais, aux Hollandais – dans toute sa pureté, nettoyé de tout le fatras des ajouts, des gloses, des interprétations qui les avaient détournés de leur objectif. Les traducteurs sont d'éminents humanistes : Jacques Lefèvre d'Étaples (1450-1537), Guillaume Budé (1468-1540), amis d'Érasme et de Thomas More. De ces œuvres fidèles, aux textes originaux, naît l'évangélisme, doctrine d'où est issu le protestantisme.

Rigueur et austérité

Les évangélistes préfèrent le contact direct avec les Écritures saintes plutôt que le détour par les interprétations ou les prises de position de l'Église. En Allemagne, Luther a ouvert la voie à la Réforme en 1517. En France, Jean Calvin s'y engage en 1534, de façon rigoureuse, austère – c'est le début du calvinisme. En 1541, il publie en français un ouvrage intitulé l'*Institution de la religion chrétienne*, initialement écrit en latin et dédié au roi François Ier. Cet ouvrage compte aujourd'hui parmi les plus belles pages de prose du XVIe siècle.

La syntaxe de Calvin

Est-ce cela croire, de ne rien entendre, moyennant qu'on submette son sens à l'Église ? Certes la Foi ne gît point en ignorance mais en connaissance, et icelle non seulement de Dieu, mais aussi de sa volonté. Car nous n'obtenons point salut à cause que nous soyons prêts de recevoir pour vrai tout ce que l'Église aura déterminé ou pour ce que nous lui remettions la charge d'enquérir et connaître, mais en tant que nous connaissons Dieu nous être père bien-veillant, pour la réconciliation qui nous a été faite en Christ, et pour ce que nous recevons Christ comme à nous donné en justice, sanctification et vie.

Jean Calvin, *Institution de la religion chrétienne*, 1541

L'énigme Rabelais

Étonnant Rabelais ! Étrange, inquiétant, et pas rabelaisien pour deux sous ! Rabelais, d'après les témoins de son temps, est un homme distingué, de bonne compagnie, délicat, intelligent, apprécié des rois et des princes pour sa conversation brillante. Il est aux antipodes de l'image du paillard aviné que des lecteurs pressés lui collent, confondant encore l'auteur et son œuvre. Confondant !

Une aurore éclatante

Rabelais, c'est un tourbillon, on le voit en maints endroits, toujours actif, toujours engagé, souvent en danger…

Rabelais n'est pas Rabelais

Ouvrez votre dictionnaire. Noms propres. Lettre R. Rabelais. Voyez-vous ce portrait en face de la notice ? Oui ? Eh bien ce n'est pas Rabelais ! On ne sait rien du visage de Rabelais. Le premier portrait où Rabelais est supposé être représenté date de la fin du XVIe siècle, longtemps après sa mort. Lisez maintenant la date de sa naissance : 1494. Vraiment ? Rien n'est moins sûr… C'est une simple supposition. On pourrait tout aussi bien affirmer qu'il est né en 1483, la copie (faite au XVIIIe siècle) de l'épitaphier de l'église Saint-Paul à Paris précisant que le 9 avril 1553 *a esté enterre* dans le cimetière de Saint-Paul François Rabelais, âgé de soixante-dix ans – faites la soustraction, cela donne une naissance en 1483 ! Dans d'autres notices, vous trouverez : Rabelais, né en 1489, ou 1490.

Chinon, Angers, Montpellier…

Sa vie ? Il est né à Chinon dans la maison de son père avocat, ou bien à La Devinière, maison de campagne de la famille située à une lieue et demie, dans la paroisse de Seuilly. Très tôt, il inquiète son père à cause de son goût prononcé pour la lecture, les études, au point que celui-ci, manquant de moyens, le fait entrer au couvent de la Baumette près d'Angers, en 1510, puis chez les cordeliers en 1520. Les moines, constatant qu'il traduit des manuscrits grecs, lui confisquent ses livres, ce qui ne l'empêche pas d'adresser à Guillaume Budé des vers en grec ! Il quitte les cordeliers pour les bénédictins. Il est alors père de deux enfants ! Il jette son froc aux orties et part pour Montpellier en 1530 faire des études de médecine.

Lyon, Metz, Rome, Paris…

Il exerce son nouvel art à l'Hôtel Dieu de Lyon en 1532 où il effectue, notamment, la dissection d'un pendu et manque d'être pendu lui-même !

PLAISIR DE LIRE

La substantifique moelle…

Veistes vous oncques chien rencontrant quelque os medulare ? C'est, comme dict Platon, la beste du monde plus philosophe. Si veu l'avez, vous avez peu noter de quelle devotion il le guette, de quel soing il le guarde, de quel ferveur il le tient, de quelle prudence il l'entomme, de quelle affection il le brise, et de quelle diligence il le sugce. Qui le induict à ce faire ? Quel est l'espoir de son estude ? Quel bien pretend il ? Rien plus qu'un peu de mouelle. […] À l'exemple d'icelluy vous convient estre saiges, pour fleurer, sentir et estimer ces beaulx livres de haulte gresse, legiers au'prochaz et hardiz à la rencontre ; puis, par curieuse leçon et meditation frequente, rompre l'os et sugcer la sustantificque mouelle.

Avez-vous jamais vu un chien rencontrant quelque os à moelle ? C'est, comme dit Platon, la bête la plus philosophe du monde. Si vous l'avez vu, vous avez pu noter avec quelle dévotion il guette son os, avec quel soin il le garde, avec quelle ferveur il le tient, avec quelle prudence il l'entame, avec quelle passion il le brise, avec quel zèle il le suce. Qui le pousse à faire cela ? Quel est l'espoir de sa recherche ? Quel bien en attend-il ? Rien de plus qu'un peu de moelle. […] À son exemple, il vous faut être sages pour humer, sentir et estimer ces beaux livres de haute graisse, légers à la poursuite et hardis à l'attaque. Puis, par une lecture attentive et une méditation assidue, rompre l'os et sucer la substantifique moelle.

Rabelais, *Gargantua*, prologue, 1535

En 1533, il est à Rome avec le cardinal Jean du Bellay. On l'y retrouve en 1536. En 1537, il est de retour à Montpellier ; en 1538, à Aigues-Mortes où il assiste à la rencontre entre François Ier et Charles Quint. Ses livres condamnés par la Sorbonne, il se réfugie à Metz en 1546. De 1547 à 1549, nouveau séjour à Rome. Enfin, pendant ses quatre dernières années, il réside avec prudence à Paris ou dans ses environs, ses écrits n'étant guère en odeur de sainteté…

Dans les catacombes ?

Sa mort ? La date du 9 avril 1553 peut être retenue, mais qu'est-il advenu de la dépouille de Rabelais ? Enterrée dans le cimetière Saint-Paul à Paris (à l'emplacement aujourd'hui de la rue Saint-Paul), près d'un figuier qu'on pouvait encore voir en 1662, elle a sans doute été exhumée au début du XIXe siècle. En effet, un procès-verbal de fouille de ce cimetière désaffecté mentionne les restes d'un homme qui « souilla sa robe sacerdotale par le cynisme de ses écrits ». Est-ce Rabelais ? Peut-être. Auquel cas, ses restes se trouvent actuellement parmi les innombrables ossements qui furent alors transférés dans les catacombes. Entrée : place Denfert-Rochereau.

Chapeau, Rabelais !

Sinon, des maisons ayant été construites à l'emplacement du cimetière où s'empilaient encore de nombreux squelettes, Rabelais se trouverait sous leurs fondations… Si vous passez un jour rue Saint-Paul, munissez-vous d'un chapeau : le soulevant de votre tête vous saluerez, ainsi que le faisait l'écrivain Charles Nodier au XIXe siècle, la mémoire du plus grand génie de notre littérature, celui dont Marcel Aymé (1902-1967) – autre grand créateur – dit un jour : « Il est vain de se demander si les Français ont mérité de voir une aurore si éclatante ! »

Gargantua et Pantagruel, c'est géant !

Alcofribas Nasier, vous connaissez ? Non ? Mais si : mélangez les lettres de ce bizarre prénom et de ce nom, vous obtenez François Rabelais ! Alcofribas Nasier ! C'est sous ce pseudonyme en forme d'anagramme qu'il publie son premier roman en 1532 : *Pantagruel*. Puis, en 1535, le second : *Gargantua*. En 1542, sous son nom, Rabelais réunit ces deux œuvres en respectant la chronologie des fictions qu'il y développe, plaçant d'abord les aventures de Gargantua avant celles de son fils Pantagruel.

Gargantua : À boire !

Gargantua conte les hauts faits du héros qui est fils de Grangousier et de Gargamelle, sa mère qui l'a porté onze mois… Il se rattrape : précoce en tout, ingénieux – il invente un torchecul étonnant : *un oyson bien duveté, pourveu qu'on luy tienne la teste entre les jambes* ! Grand amateur de vin, il naît en criant : *À boire* ! Il reçoit une éducation désastreuse des sorbonagres (suivez son regard vers la Sorbonne…) mais est repris en main par Ponocrates (le travailleur, en grec, suivez aussi son regard en direction des humanistes) qui fonde son programme sur la diversité des disciplines enseignées, sur l'exploitation de la curiosité naturelle et sur la pratique de l'observation, de l'expérience.

LE SAVIEZ-VOUS ?

Fais ce que vouldras

Dans la deuxième partie de *Gargantua*, on assiste aux guerres picrocholines où on peut voir les querelles du père de Rabelais contre son voisin, ou bien le conflit entre François Ier et Charles Quint, ou bien tout autre chose encore. C'est Gargantua qui est vainqueur du roi Picrochole (bile amère, en grec) ; à la fin du combat, frère Jean des Entommeures, compagnon de Gargantua, lui propose de créer une abbaye – ainsi se terminent souvent les romans de chevalerie dont Rabelais fait aussi la parodie – ; ce sera l'abbaye de Thélème (en grec : volonté), dont la devise va à l'encontre de tout ce qui se pratique dans les abbayes ordinaires : *Fais ce que vouldras !*

Pantagruel et l'Utopie

Pour son *Pantagruel*, Rabelais a bien lu Thomas More : Badebec, la mère de Pantagruel, est la fille du roi des Amaurotes, dans l'île d'Utopie ! Elle meurt à la naissance de son fils, un géant dès son premier jour, jamais rassasié, et Rabelais décrit avec jubilation tous ses excès. Mais le livre partirait à la dérive si n'apparaissait pas la quête obsessionnelle des personnages et de l'auteur : le langage. Et, à travers le langage, le programme humaniste d'éducation.

ALLONS PLUS LOIN

Rabelais : le langage poussé à bout

Que contiennent les ouvrages rabelaisiens ? Avant tout, il faut préciser que Rabelais ne peut se lire comme on lit une histoire ordinaire : chaque ligne de ses cinq livres, chaque mot peut être chargé de plusieurs sens ; le paragraphe, lui, fonctionne souvent comme une allégorie, la représentation imagée d'une réalité ainsi mise en relief ; la page elle-même peut être relue cent fois, et cent fois viendront à l'esprit cent interprétations différentes !

Voilà Rabelais : à travers ses paisibles géants qui ne font que reprendre les personnages des récits comiques de l'époque, c'est l'épopée de l'esprit humain qui rayonne du désir et du plaisir des mots – Rabelais en a inventé des centaines –, c'est l'aventure de la pensée qui cherche ses limites à travers une expérience unique de langage poussé à bout ! C'est aussi le développement d'une philosophie humaniste qui ne fait pas l'économie de sa propre critique tout en délivrant de solides messages capables de traverser tous les siècles. C'est enfin, pour celui que la lucidité conduit en lecture, la découverte du miroir de l'humanité souffrante, pitoyable, crédule, excessive, paillarde, grossière, grotesque, vulgaire, touchante, pathétique, ridicule et gaie, miroir où – gageure de l'écriture – on finit par accepter de se découvrir.

Cléopâtre vend des oignons

Le personnage qui apparaît ensuite s'appelle Panurge – le rusé, en grec. Il vit de multiples aventures aux côtés de Pantagruel, notamment pendant la guerre entre les Dipsodes et les Amaurotes où les moyens employés sont d'une redoutable efficacité à défaut de finesse… Panurge se montre habile chirurgien en recousant la tête tranchée de son ami Épistémon ! Celui-ci apporte son témoignage : il est descendu aux enfers qui ne sont pas le monde terrible qu'on imagine, les damnés n'y sont pas si mal traités : Alexandre le Grand y est cordonnier, Ulysse faucheur, Démosthène simple vigneron, et Cléopâtre vend des oignons – voilà quelques pierres lancées dans le jardin des hommes d'Église qui terrifient leurs fidèles avec le terrible enfer !

Le Tiers Livre, bréviaire du doute

Pantagruel veut se marier. C'est une obsession ! Mais il ne veut pas être cocu. C'est son autre obsession. Il va donc enquêter au fil des chapitres afin de savoir si, se mariant, il ne sera pas, à coup sûr, trompé par sa femme. L'argument est léger et plaisant – d'actualité, aussi, lorsque Rabelais écrit le *Tiers Livre*. Mais, au fil des consultations qui sont accordées à Pantagruel, celle d'une sibylle, d'un muet, d'un astrologue, d'un vieillard au seuil de la mort, d'un médecin, d'un philosophe, d'un juge, d'un fou… c'est, sous forme d'allégorie, la mise en jeu des capacités de l'esprit à juger de ce qui s'offre à lui. C'est aussi le soulignement appuyé de la réversibilité de toutes les vérités, l'enseignement d'un doute salvateur qui, cependant, se sait condamné puisqu'il faut choisir de toute façon – ne rien choisir étant, aussi, un choix. La fin du *Tiers Livre* est une envolée presque lyrique à propos d'une herbe qui va résoudre les problèmes du monde : le pantagruélion – qui n'est autre que le chanvre !

D'île en île avec le Quart Livre,

En route ! Le *Quart Livre* est un peu le *Routard* du XVIe siècle ! Un *Routard* pour une croisière… car on embarque avec Pantagruel qui, avec son guide Xénomane (celui qui aime l'étranger) va nous conduire d'île en île au fil d'une pérégrination qui ne s'embarrasse pas de précision géographique – mais abonde en allégories, sous-entendus, attaques en tout genre, notamment contre le pape. Ainsi, l'île des Papefigues, où vivaient des gens riches et libres, a été ravagée par les habitants de l'île des Papimanes, car les Papefigues se sont moqués du portrait papal en faisant le geste de la figue – un signe grossier. Les Papimanes apparaissent installés dans l'opulence et la bêtise. Les Papefigues ou réformés ; les Papimanes ou catholiques… Petit détour par les confins de la mer glaciale où les passagers du navire entendent d'étranges bruits sans rien qui les produise. Leur guide leur apprend alors que, l'hiver passé, une grande bataille ayant eu lieu, les bruits ont soudain gelé ; la température s'étant radoucie, ce sont ces bruits qui, dégelés, leur arrivent aux oreilles…

Le Cinquième Livre : de, ou du Rabelais ?

Comment faire du nouveau Rabelais avec de l'ancien Rabelais ? Les éditeurs ont réussi ce tour de force en 1564, proposant aux lecteurs un ensemble d'extraits de premiers états du *Tiers Livre* ou du *Quart Livre*, sans compter les ajouts de brouillons ou des notes de lecture ! Cela donne une œuvre suspecte, et certains analystes y ont même identifié des parties entières – voire le livre entier – qui ne sont pas de la main de Rabelais. Quoi qu'il en soit, les pages de ce *Cinquième Livre* sont orientées vers la satire violente de la papauté, du clergé, des magistrats, de tout ce qui représente une façon de penser ou d'agir figée dans ses excès ou ses imperfections. Les personnages voyagent encore d'île en île, mimant à leur façon l'errance fertile de celui qui, de sa plume, les a conduits jusqu'à nous : François Rabelais.

EN PEINTURE, EN MUSIQUE

La Joconde, Le Jardin des délices, Les Trois Grâces…

La peinture italienne s'enrichit des tableaux de Sandro Botticelli (1445-1510), avec *Le Printemps, La Naissance de Vénus*. Raffaelo Sanzio, dit Raphaël (1483-1520) peint Les Trois Grâces. Léonard de Vinci (1452-1519) nous offre sa célèbre *Joconde*. Titien (1490-1576), présente des portraits de femmes au blond doré. En France, Jean Clouet (1490-1540) représente un majestueux François Ier. En Flandre, Jan Van Eyck (1400-1441) représente en couleurs chatoyantes les époux Arnolfini. Jérôme Bosch (1450-1516) peint *Le Jardin des Délices*. En musique, John Dowland (1526-1562) compose, en Angleterre, des mélodies pour voix et luth.

Marguerite de Navarre, la grande sœur de François

« Douce, gracieuse, ne dédaignant personne », ainsi apparaît Marguerite de Navarre, sœur bien aimée de François Ier, dans l'œuvre du mémorialiste Brantôme. Elle naît en 1492 au château d'Angoulême, deux ans avant son frère François. Elle grandit à Cognac, puis à Blois. Brantôme précise encore qu'elle s'adonne fort aux lettres dès son jeune âge. À dix-sept ans, elle épouse Charles d'Alençon, mariage sans passion, sans joie, sans enfants, qui dure seize ans – Alençon meurt après sa fuite à l'issue de la désastreuse bataille de Pavie en 1525, François Ier étant emmené captif à Madrid. Remariée en 1527 à Henri d'Albret, roi de Navarre, elle donne naissance à Jeanne, future mère du premier roi Bourbon : Henri IV, le Vert Galant ! Elle nous laisse l'*Heptaméron*, qui rassemble soixante-douze nouvelles d'une écriture étonnamment moderne et efficace.

Au secours, Marguerite !

Marguerite d'Angoulême – qui devient, après son mariage avec Henri d'Albret, Marguerite de Navarre – intervient souvent auprès de son frère François pour sauver des griffes de la Sorbonne les humanistes menacés.

La trinité

À la cour de François Ier, à partir de 1515, lorsqu'on parle de la trinité, ce n'est pas celle des livres saints. Cette trinité est plutôt un triumvirat – une association de trois personnes détenant un pouvoir ou une influence : il rassemble François Ier, le roi, Marguerite, sa sœur, et Louise de Savoie, sa mère. La pauvre reine Claude, pourtant si admirative de son grand roi (1,98 m…) est tenue à l'écart ! Cette trinité gouverne jusqu'à la disparition de Louise, en 1531. Marguerite est une mystique. Elle est hantée par l'idée du néant. Dès 1518, l'évêque de Meaux, Guillaume Briçonnet, lui propose alors une nouvelle façon de lire la Bible, qui privilégie le contact immédiat avec la sainte parole, plutôt que le recours aux médiateurs que sont les prêtres catholiques. Le protestantisme est en train de naître.

François adore sa sœur

Tous ceux qui partagent ses idées se réfugient auprès d'elle. François Ier qui adore sa sœur est favorable à cet embryon de religion réformée. Mais il va devoir sévir contre ceux qui la promeuvent après l'affaire des Placards en 1534. Cela n'empêche pas Marguerite d'intervenir régulièrement auprès de son frère afin de sauver ses amis menacés, ou bien de les sortir des geôles lorsqu'ils lui lancent un appel au secours ! Elle protège ainsi Clément Marot, Étienne Dolet, Bonaventure des Périers, Pelletier du Mans, beaucoup d'autres poètes, des humanistes, tous ceux qui tentent d'offrir à la spiritualité des voies nouvelles.

Les délices de Nérac

Les liens entre le frère et la sœur se distendent sans se rompre. Marguerite préfère s'éloigner de la cour, voyager dans le Midi, multiplier les séjours à Nérac où elle trouve la tranquillité, à défaut de l'affection de sa fille Jeanne qui n'aime guère sa mère, ou de l'amour de son mari Henri d'Albret aux cent maîtresses. C'est à Nérac qu'elle rassemble les nouvelles qu'elle a souvent composées lors de ses voyages. Passionnée par l'œuvre de l'italien Giovanni Boccace, le Décaméron – rassemblant en dix journées de narration, cent nouvelles – elle a voulu écrire une sorte de Décaméron français. Mais, en 1549, à la mort de Marguerite, sur les cent nouvelles prévues, soixante-douze seulement sont publiées – on ne trouve pas trace d'autres textes, même si on pense que Marguerite avait terminé son œuvre. L'éditeur, connaissant le projet, intitule alors le recueil : l'*Heptaméron* (de hepta, sept en grec, qui désigne ici les sept journées de narration presque achevées).

Deux moines agressent une batelière…

Dans l'*Heptaméron*, Marguerite raconte qu'elle est en cure thermale à Cauterets, au bord du Gave Béarnais. Pour passer le temps avec ses amis, cinq hommes et cinq femmes, elle les invite chacun à raconter « *quelque histoire qu'il aura vue ou bien ouï dire à quelque personne digne de foi* ». Soixante-douze nouvelles vont donc se succéder ; les relations amoureuses entre hommes et femmes y sont longuement développées à travers des anecdotes souvent croustillantes d'où les commentateurs se font un devoir de tirer une morale honorable. Ainsi, l'histoire de cette batelière qui embarque deux moines cordeliers dans sa barque. Ceux-ci se montrent plutôt entreprenants et lui proposent tous deux une relation qui n'a rien de spirituel. Sur le point de subir l'assaut des religieux, la femme, sans perdre son sang-froid, leur expose un plan astucieux qui va lui permettre – leur affirme-t-elle – de les satisfaire pleinement l'un après l'autre, en des lieux séparés. Que vont décider les cordeliers ? La femme va-t-elle réussir à éviter cette agression ? Vous le saurez en lisant la cinquième nouvelle de la première journée…

La planète Montaigne, sa branloire pérenne

Le charmant compagnon, le délicieux voisin, le merveilleux conteur, l'ami : voilà Michel Eyquem de Montaigne ! Si vous ne le connaissez que de nom – on connaît tant d'écrivains ainsi, sans avoir jamais lu d'eux autre chose qu'un petit extrait de livre d'école, vite commenté, mal compris parce qu'isolé du grand corps signifiant du livre tout entier, aussitôt oublié, mais qui laisse dans la mémoire l'indice d'une sorte de devoir accompli – précipitez-vous sur les *Essais* ! Trois livres d'une sagesse infinie qui vous porteront secours chaque jour où le désir de vivre a perdu la partie, chaque fois que l'existence deviendra une impasse, ou même les jours de joie sans raison, les bons jours de n'importe quelle saison ! Montaigne ne se pose pas en sermonneur, en thaumaturge qui va résoudre vos énigmes ! Non,

Montaigne a passé sa vie à tenter de comprendre sa propre nature, son propre esprit. Voilà pourquoi, lisant Montaigne, vous vous sentez compris !

Michel Eyquem en sa librairie

Laissez-vous conduire dans sa vie, laissez-vous aller près de lui, entrez dans son intimité, il vous invite à le suivre, à le lire. Le voici !

Le doux éveil à l'épinette

Doucement, tout doucement, éveillez-vous. Le jour se lève à peine et vous ouvrez les yeux. Doucement. Et voici comme une source d'harmonie, un petit ruisseau cristallin qui serpente jusqu'à vos oreilles : il vient de votre joueur d'épinette, assis dans le coin de votre chambre, en la tour du château ; ses doigts pincent les cordes, les effleurent, vous accordent à la beauté du monde. Qui a commandé tout cela ? Votre père ! Il a séjourné dans l'Italie humaniste, en a rapporté des idées nouvelles sur l'éducation. Par exemple sur la manière d'éveiller les enfants, sans les brusquer, de façon que leur esprit s'ouvre à la lumière ainsi qu'une fleur délicate. Toc toc ! On frappe à votre porte, l'épinette termine sa mesure, gagne son silence. Vous souriez d'aise : c'est Horstanus, votre précepteur, qui vient vous demander ce qu'il vous plairait d'étudier aujourd'hui !

Latinus, latina, latinum !

Horstanus est allemand. Lorsque votre père l'a engagé, il lui a fait mille recommandations. La plus étonnante est celle-ci : il ne doit vous parler qu'en latin, du matin au soir, en latin, et pour toute chose, toute question, toute réponse… en latin ! De sorte que les domestiques de votre maison et, plus encore, les paysans, les artisans à deux lieues à la ronde se sont mis à cette mode, eux qui doivent aussi vous parler latin – du moins user en votre présence d'un lot de mots et de tournures suffisants pour être compris !

Des souvenirs sur les poutres

Le latin est votre langue maternelle, si bien qu'à votre arrivée dans le meilleur collège de Bordeaux, le collège de Guyenne, vous impressionnez déjà vos professeurs – tous de grands humanistes –, du haut de vos six ans ! Vous y demeurez jusqu'à treize ans. Votre père a pris soin de placer à vos côtés un précepteur privé. Vous n'avez pas envie d'apprendre vos leçons ? Il ne vous gronde pas, ne vous fait aucun reproche, et vous laisse tranquillement à votre lecture d'Ovide, de Térence ou de Plaute ! Il en restera sur les poutres de votre bibliothèque, de beaux souvenirs…

Montaigne en sentences

Voici quelques-unes des sentences que Montaigne avait fait peindre sur les poutres de sa librairie (sa bibliothèque). Ici traduites, elles y figuraient en grec ou en latin.

- Je vois en effet que nous tous, tant que nous sommes, nous ne sommes rien de plus que des fantômes et des ombres légères. (Sophocle.)
- O cœur malheureux des hommes ! O intelligences aveugles ! Dans quelles ténèbres et au milieu de combien de périls s'écoule ce peu de temps que nous vivons ! (Lucrèce.)
- Pourquoi te glorifier, terre et cendre ? (L'Ecclésiaste.)
- Tu ne dois ni craindre ni espérer ton dernier jour. (Martial.)
- Les hommes sont tourmentés par les opinions qu'ils ont des choses, non des choses mêmes. (Épictète.)
- Qui sait si la vie est ce que nous appelons mort, et si mourir c'est vivre. (Euripide.)
- Je suis homme, rien de ce qui est humain ne m'est étranger. (Térence.)
- Nul homme n'a su ni ne saura rien de certain. (Xénophane.)
- À tout argument, on peut opposer un argument d'égale force. (Sextus Empiricus.)

Arrière-petit-fils de Ramon, petit-fils de Grimon…

Il est temps qu'on sache qui vous êtes : vous vous appelez Michel Eyquem. Vous êtes né le 28 février 1533. Un an après Pantagruel. Un an avant Gargantua. Comme un équilibre... Votre bisaïeul, Ramon Eyquem – la famille Eyquem est d'origine anglaise – a fait fortune à Bordeaux, dans le commerce du poisson séché, du pastel et du vin. En 1478, il a acheté la terre noble de Montaigne, dans le Périgord. Le fils de Ramon, Grimon – votre grand-père – continue de faire de belles et bonnes affaires à Bordeaux. Le fils de Grimon – votre père –, Pierre, peu attiré par le commerce – s'est laissé tenter par l'aventure des armes. Il participe aux guerres d'Italie puis revient à Montaigne où il fait construire un château, au milieu de ses propriétés qu'il ne cesse d'agrandir.

Fils d'Antoinette

Pierre a épousé Antoinette Loupes, votre mère. Elle appartient à une riche famille de juifs espagnols, les Lopès, installés dans le Midi après avoir fui les persécutions, convertis au christianisme. Votre mère, séduite par les idées de la Réforme, deviendra protestante, votre père demeurera catholique, vos frères et sœurs seront soit protestants, soit catholiques. Et vous vivrez ensemble, dans l'heureuse harmonie qui vous rappellera sans doute vos délicieux matins à l'épinette… Ah ! Si le monde d'alors avait pu connaître votre partition familiale, la jouer, la chanter sur tous les tons, que de crimes, que de malheurs eussent été évités dans la France déchirée !

PLAISIR DE LIRE

Je ne peins pas l'être, je peins le passage

Le monde n'est qu'une branloire perenne : Toutes choses y branlent sans cesse, la terre, les rochers du Caucase, les pyramides d'Égypte : et du branle public, et du leur. La constance mesme n'est autre chose qu'un branle plus languissant. Je ne puis asseurer mon object : il va trouble et chancelant, d'une yvresse naturelle. Je le prens en ce poinct, comme il est, en l'instant que je m'amuse à luy. Je ne peinds pas l'estre, je peinds le passage : non un passage d'aage en autre, ou comme dict le peuple, de sept en sept ans, mais de jour en jour, de minute en minute. Il faut accommoder mon histoire à l'heure. Je pourray tantost changer, non de fortune seulement, mais aussi je propose une vie basse, et sans lustre : C'est tout un. On attache aussi bien toute la philosophie morale, à une vie populaire et privee, qu'à une vie de plus riche estoffe : Chaque homme porte la forme entiere, de l'humaine condition.

Michel de Montaigne, livre III, chapitre II, *Du repentir*, 1588

Ce chagrin-là…

Vous étudiez le droit, sans doute à Toulouse. À vingt-quatre ans, vous devenez conseiller au parlement de Bordeaux. Quelle expérience des hommes vous acquérez alors ! Elle irrigue avec bonheur toutes les pages que vous nous avez léguées. L'amour ? Pourquoi pas ! Vous vous mariez à trente-deux ans, en 1565. Elle a pour nom Françoise de la Chassaigne, elle a votre âge, c'est la fille d'un conseiller du Parlement auquel vous appartenez. Les Chassaigne font partie de la noblesse de robe – et non de la rude noblesse d'épée – c'est une famille riche et cultivée. Cher Michel, peut-on dire de vous,

PLAISIR DE LIRE

Par ce que c'était lui, par ce que c'était moi…

Montaigne écrit ces lignes dans son journal de voyage, dix-sept ans après la mort de son ami Étienne de la Boétie. Elles figurent dans le chapitre XXVIII du premier tome des essais : De l'amitié.

Au demeurant, ce que nous appellons ordinairement amis et amitiez, ce ne sont qu'accointances et familiaritez nouees par quelque occasion ou commodité, par le moyen de laquelle nos ames s'entretiennent. En l'amitié dequoy je parle, elles se meslent et confondent l'une en l'autre, d'un meslange si universel, qu'elles effacent, et ne retrouvent plus la cousture qui les a joinctes. Si on me presse de dire pourquoy je l'aymoys, je sens que cela ne se peut exprimer, qu'en respondant : Par ce que c'estoit luy, par ce que c'estoit moy.

Il y a au delà de tout mon discours, et de ce que j'en puis dire particulierement, je ne sçay quelle force inexplicable et fatale, mediatrice de cette union. Nous nous cherchions avant que de nous estre veus.

Montaigne, livre I, chapitre XXVIII, *De l'amitié*, 1580

familièrement, que vous nagez dans le bonheur ? Non ! Vous avez été témoin, dans votre enfance, de la répression imbécile conduite par Montmorency contre les bourgeois de Bordeaux révoltés, vous avez vu des hommes atrocement torturés, sous vos yeux. Et puis, plus tard, en 1563, votre ami, celui que vous avez aimé plus qu'un frère, plus que vous-même peut-être, Étienne de la Boétie, est mort dans vos bras. Et ce chagrin-là…

Trois Essais transformés

« *L'an du Christ 1571, à l'âge de trente-huit ans, la veille des calendes de mars, anniversaire de sa naissance, Michel de Montaigne, dégoûté depuis longtemps de l'esclavage de la cour et des charges publiques, se sentant encore en pleine vigueur, vint se reposer sur le sein des doctes vierges, dans le calme et la sécurité : il y franchira les jours qui lui restent à vivre. Espérant que le destin lui permettra d'activer la construction de cette habitation, douces retraites paternelles, il l'a consacrée à sa liberté, à sa tranquillité et à ses loisirs.* »
Bonjour, cher Michel, et merci de nous avoir laissés entrer dans votre librairie, tout en haut de la tour de votre château de Montaigne – Montaigne, votre nom désormais. Ce texte que vous y avez affiché nous prépare à tant de bonheurs de lecture !

En votre librairie

Après la mort de votre père, en 1568, après l'échec de votre candidature à la Grande Chambre du parlement de Bordeaux, en 1569, après d'autres défaites sans doute, que nous ne connaissons pas, vous voici installé dans votre tour, dans votre *librairie* : votre bibliothèque aux mille volumes, rangés sur cinq rayons, en demi-cercle. Dans un cabinet attenant, l'hiver, on vous allume du feu. On vous imagine, assis, près de la cheminée, légèrement penché sur les pages d'un livre à belle couverture de cuir, aux reflets rouges de flamme.

L'ami des rois

Mais vous n'êtes pas seulement ce solitaire des soirs de neige, vous vivez ! Vous êtes un gentilhomme qui sait tout, voit tout, commande tout dans sa maisonnée ! Vous visitez votre voisinage enchanté de vos façons fort civiles, fort aimables. Vous recevez de grands personnages, vous aimez vous rendre à Paris, à la cour, vous êtes l'ami des rois, vous rendrez même de grands services au futur Henri IV qui saura vous remercier justement.

Car c'est moy que je peins

En 1580, paraissent les deux premiers volumes de vos trois Essais où votre intelligence, votre esprit nous éblouissent et nous attendrissent à la fois, nous informent, nous conduisent à l'utile de la réflexion, nous font gagner la distance nécessaire pour observer le monde. Voici les premières lignes qu'on y trouve. Vous y parlez de vous, mais on sait bien, nous qui vous lisons, qu'il y est question de nous, tous humains, trop humains que nous sommes :

C'est icy un livre de bonne foy, lecteur. Il t'advertit dès l'entree, que je ne m'y suis proposé aucune fin, que domestique et privee : je n'y ay eu nulle consideration de ton service, ny de ma gloire : mes forces ne sont pas capables d'un tel dessein. Je l'ay voüé à la commodité particuliere de mes parens et amis : à ce que m'ayans perdu (ce qu'ils ont à faire bien tost) ils y puissent retrouver aucuns traicts de mes conditions et humeurs, et que par ce moyen ils nourrissent plus entiere et plus vifve, la connoissance qu'ils ont eu de moy. Si c'eust esté pour rechercher la faveur du monde, je me fusse paré de beautez empruntees. Je veux qu'on m'y voye en ma façon simple, naturelle et ordinaire, sans estude et artifice : car c'est moy que je peins. De Montaigne, ce 12 de juin 1580.

Grande souffrance, grands honneurs

Vous souffrez Michel ! Vous souffrez de la gravelle, horriblement. La gravelle, c'est ce qu'on appelle aujourd'hui les calculs – à votre époque : la maladie de la pierre. Vous décidez de partir en cure thermale. Vous en profitez pour étendre votre voyage à des pays voisins : l'Allemagne du Sud, le Tyrol, l'Italie. Vous voici à Rome ! Vous êtes reçu par le pape ! Mais on vous rappelle à Bordeaux, on vous y a élu maire. Pourquoi ces honneurs ? Vous êtes célèbre, Michel, vos *Essais* sont lus dans toute l'Europe. On vous aime, on vous admire. En 1588, paraît chez Abel Langelier, à Paris, la 5e édition de vos *Essais*, augmentés pour la première fois du livre III.

Ils sont fous, ces ligueurs !

Vous ne cesserez d'apporter à vos trois essais, jusqu'en 1595, des ajouts, des compléments d'articles – vos *allongeails*. Votre fille d'alliance, Marie Le Jars de Gournay, rencontrée en 1588, après votre court séjour en la prison de la Bastille – ils sont fous, ces ligueurs catholiques ! – se chargera, après votre départ, de nous transmettre vos écrits. Parce que vous êtes parti, le dimanche 13 septembre 1592, au matin, dans votre lit, en vous agenouillant pendant la messe que le prêtre disait devant vous. Il en était à l'élévation. Depuis, vous n'avez cessé d'être parmi nous, cher Michel. Puissions-nous vous mériter toujours !

Chapitre 6

Les fileurs de vers

Dans ce chapitre :

- Les divisions religieuses deviennent dangereuses pour les poètes
- L'école lyonnaise ausculte les sentiments
- Du Bellay et Ronsard veulent une France fière de sa langue : le français
- Amuseurs et amoureux continuent de versifier

Au XVIe siècle, la place des poètes est à la cour, auprès du roi, à Paris – une École lyonnaise, indépendante et de grande qualité, se développe cependant à Lyon. Le rôle du poète de cour consiste à célébrer les exploits du monarque, tenir sa chronique, ou écrire des pièces de circonstance – naissance d'un dauphin, d'une dauphine, mariage, déplacement en province... À cette fonction de faire-valoir, s'ajoute cependant une dimension politique : en effet, Ronsard et Du Bellay vont militer activement au sein de la Pléiade pour que la France dispose enfin d'une langue qui lui soit propre : le français – toujours concurrencé par le latin. Ils enrichissent son vocabulaire, avec plus ou moins de bonheur ; Ronsard tente même d'écrire une légende du royaume de France, capable de rivaliser avec l'*Iliade* : la *Franciade* ! Hélas, le massacre de la Saint-Barthélémy interrompt définitivement son entreprise...

Marot en règles ou en cavales

Pauvre Clément Marot (1496-1544) ! En poésie, le hasard lui assigne la place de trait d'union entre le Moyen Âge et la Renaissance. Il pratique toutes sortes de genres avec bonheur, grâce et légèreté. Pourtant, ce n'est pas du goût des poètes qui lui succéderont, ceux de la Pléiade. Joachim du Bellay, par exemple, assassine Marot en quelques lignes, écrivant avoir « toujours estimé la poésie française être capable de plus haut et meilleur style » ! Pan dans les plumes de Clément – bien sévère jugement !

Chroniques d'humour et de plaisir

Lire Marot, c'est trouver à coup sûr de l'esprit, du plus pur, la pointe à la fin de l'épigramme (petit poème satirique, on s'y moque gentiment ou méchamment de quelqu'un), et beaucoup d'érotisme – c'était l'amant de toutes les dames…

Fils de son père…

Son père, Jean Marot – ou Jean des Mares, originaire de Caen mais chapelier bonnetier à Cahors depuis 1471 – était un rhétoriqueur (comme Meschinot et Mollinet). C'est-à-dire qu'il écrivait des poèmes de circonstance, légers et brillants, pour plaire à ceux qui l'employaient : Anne de Bretagne dont il était devenu le secrétaire, puis François Ier. Poète officiel de la cour, Jean Marot en profite pour lancer son fils dans le métier. Celui-ci, malgré une éducation plutôt sommaire – il ne connaît pas le grec, et possède mal le latin – se fait remarquer par des pièces pleines de vivacité, plutôt brèves et allègres, à la façon des Italiens. Ses créations plaisent à François Ier qui le recommande à sa sœur Marguerite de Navarre, favorable à l'évangélisme – d'où est né le protestantisme.

MOTS À LA LOUPE

Voulez-vous du sonnet ?

Voulez-vous du rondeau, de la ballade comme au bon vieux temps, au temps de François Villon ? Préférez-vous des formes nouvelles, importées d'Italie : le blason, l'épître, l'épigramme ? Marot possède tout en magasin : l'ancien et le nouveau ! Et le sonnet, voulez-vous du sonnet ? Marot l'a importé spécialement pour les siècles à venir. Il l'a emprunté à Pétrarque qui célébrait ses amours splendides et malheureuses avec Laure : deux quatrains suivis de deux tercets pour dire tout le bonheur ou le malheur du monde, en alternant les rimes qui se succèdent ainsi : abba / abba / ccd / ede ou eed. Du Bellay, Ronsard, Verlaine, Baudelaire en feront bon usage. Et vous, avez-vous essayé d'en écrire un ? Ne perdez pas de temps, commencez tout de suite : le XXIe siècle manque un peu de poésie…

Défaites et triomphes

Marguerite fait partager ses opinions à Clément Marot qui, tout fier de sa relation privilégiée avec la sœur du roi, dénigre la religion catholique et se vante d'avoir mangé du lard en carême ! Il est aussitôt arrêté et jeté au cachot, au Châtelet. Le roi François Ier ne peut intervenir : il est captif… en Espagne après sa défaite à Pavie en 1525. Marot ne sortira du cachot qu'à son retour, en 1526. Il devient alors chroniqueur à la cour de France. Il multiplie les épîtres, et c'est un plaisir de les lire aujourd'hui : on y suit les petits faits divers de la cour, ou ses grandes heures, avec humour et profondeur. On constate aussi, amusé, que pour Marot, les plus grandes conquêtes sont amoureuses – il tient une sorte de chronique de ses défaites et de ses triomphes, le tout assaisonné d'un érotisme appuyé…

La chasse au poète

Marot l'imprudent est toujours par monts et par vaux. Il va se mettre à l'abri pour un temps en Italie…

Ses livres brûlés

Trop bon cœur, Marot : il aide un prisonnier à s'évader, est lui-même arrêté et… emprisonné. Délivré sur ordre du roi – encore ! – il doit se montrer prudent à cause de ses convictions religieuses : le parti catholique est puissant. À la suite de l'affaire des Placards (des affichettes ridiculisant la messe sont retrouvées jusque dans la chambre royale), il est soupçonné et doit s'enfuir à Blois. Ses livres et manuscrits sont brûlés. Arrêté à Bordeaux, puis relâché, il s'enfuit à Ferrare – il était temps : en France, il est condamné à mort par contumace !

Fuir là-bas, fuir…

Là-bas, à la cour de la duchesse de Ferrare, il lance des modes poétiques, celle du blason, par exemple. Mais le duc de Ferrare en est jaloux ! Marot fuit à Venise. Autorisé à rentrer en France, il abjure ses anciennes convictions, retrouve la faveur du roi, se met à traduire des psaumes. Hélas, des écrits évangélistes lui sont attribués. Le voilà encore chassé. Genève et Calvin l'accueillent en 1452 : il doit fuir à Genève en 1452 près de Calvin qui le supporte mal – Calvin ne supporte pas grand monde… Il s'enfuit de nouveau, à Annecy, à Chambéry, puis à Turin où il meurt en septembre 1544

PLAISIR DE LIRE

Le blason du Beau Tétin

Tétin refait, plus blanc qu'un œuf, / Tétin de satin blanc tout neuf, / Toi qui fais honte à la rose, / Tétin plus beau que nulle chose, / Tétin dur, non pas tétin voire / Mais petite boule d'ivoire / Au milieu duquel est assise / Une fraise ou une cerise / Que nul ne voit, ne touche aussi, / Mais je gage qu'il en est ainsi. / Tétin donc au petit bout rouge, / Tétin qui jamais ne se bouge, / Soit pour venir, soit pour aller, / Soit pour courir, soit pour baller, / Tétin gauche, tétin mignon, / Toujours loin de son compagnon, / Tétin qui portes témoignage / Du demeurant du personnage, / Quand on te voit, il vient à maints / Une envie dedans les mains / De te tâter, de te tenir : / Mais il se faut bien contenir / D'en approcher, bon gré ma vie, / Car il viendrait une autre envie. / Ô tétin, ni grand ni petit, / Tétin mûr, tétin d'appétit, / Tétin qui nuit et jour criez / " Mariez moi tôt, mariez ! " / Tétin qui t'enfles, et repousses / Ton gorgias de deux bons pouces : / À bon droit heureux on dira / Celui qui de lait t'emplira, / Faisant d'un tétin de pucelle, / Tétin de femme entière et belle.

Clément Marot, *Épigrammes*, 1535

Lyon fait bonne impression

Quel vent rêveur souffle donc sur la capitale des Gaules pour que l'amour y verse ainsi, à longs flots – et courts poèmes –, des heures langoureuses où les amants cherchent l'acmé, la minute – ou l'heure – heureuse, sans espoir parfois, mais toujours dans la volupté ambiguë du désir tendu ? Parmi eux, Maurice Scève (1500-1562 ?) le douloureux, et Louise Labé, la belle, la comblée, la sulfureuse et la torride ! Lequel des deux préférez-vous lire ? Les deux ? Tant mieux…

Pernette gorgée de Scève

Maurice aime Pernette, mais Pernette n'aime pas Maurice. C'est tout simple, c'est l'histoire sempiternelle de l'amant déçu. Certains s'enfuient dans les îles lointaines ou bien dans quelque monde meilleur. D'autres se résignent et cherchent ailleurs, conservant la blessure devenue cicatrice pour de beaux soirs de nostalgie secrète. D'autres enfin convertissent en pièces sonnantes et rimées – les poèmes – tous les espoirs qu'ils avaient misés.

Pernette est perdue

Maurice Scève, né en 1500 – que la fort jolie Pernette, née en 1520, n'invite en rien à conclure – est issu d'une riche famille bourgeoise. Il a fait de solides études et, lorsqu'en 1536, il rencontre Pernette, seize ans, c'est le coup de foudre ! Il comprend rapidement que l'éclair ne sera suivi d'aucun coup de tonnerre. Il se trouve alors une parenté d'infortune avec Pétrarque, son idole – il effectue des recherches pour tenter de retrouver la tombe de la chère Laure. Et, Pernette devenant Laure, Pernette de toute façon perdue puisqu'elle se marie en 1538 au sieur du Guillet, Scève se met alors à composer des poèmes de dix vers de dix syllabes chacun – des dizains décasyllabiques. Il en compose 449, et les rassemble en un recueil dédié à Délie.

UNE ANECDOTE

La duchesse lève le sourcil

En 1536, la duchesse de Ferrare lance un concours du blason. Marot qui est en exil à la cour de Ferrare est évidemment à l'origine de cette initiative qui remporte un succès considérable. Ce n'est pas son blason du Beau Tétin qui l'emporte, mais le *Blason du Sourcil*, signé Maurice Scève. C'est la duchesse de Ferrare qui l'a choisi. Voilà enfin un peu de baume pour le pauvre cœur de Scève, tout déconfit. C'est lui que la postérité retient pour fondateur de ce qu'on appelle l'École lyonnaise : il rassemble autour de lui dans l'effervescence créatrice, ses deux sœurs, Claudine et Jeanne, Louise Labé, quelques autres encore, et… Pernette qui, elle aussi, écrit des poèmes !

Délie, c'est l'idée

Délie n'est autre que la transposition poétique de Pernette – Pernette gorgée de Scève – ; c'est aussi l'anagramme de *l'idée*, et *l'idée* est le maître mot du philosophe Platon, dont Scève partage… les idées. Cette *Délie*, c'est le chant de son amour douloureux. C'est son *Canzoniere* dont le sens se dérobe à la clarté, parfois – mais c'est pour mieux égarer dans le dédale de son âme la déroute de son amour. En 1545, Pernette meurt. Scève va continuer d'exprimer sa douleur, se retirant dans une solitude où il se perd aux yeux du monde, on ne connaît pas avec certitude l'année de sa mort.

Louise Labé et son envie de baisers

Dans la série « les plus belles femmes de l'histoire », voici Louise Labé. Dans la série « les grandes amoureuses des plus grands siècles », *the winner is* : Louise Labé ! Dans la liste des poèmes les plus brûlants et décents à la fois – quoique… – Louise Labé est là !

L'étrange capitaine Loys…

Née en 1516, Louise est la fille de Charly – Charly, Pierre Charly, un bourgeois lyonnais ; son métier de cordier lui a apporté la fortune, et fournit à sa fille – qui épouse un cordier – le surnom de *Belle Cordière*. Avez-vous un peu de temps ? Oui ? Cherchez quelque part, dans le dictionnaire ou ailleurs, un portrait de la Belle Cordière, abîmez-vous dans la contemplation de son mystérieux sourire ; quelle intelligence dans son regard, quelle féminité ! Et pourtant : Louise aime vivre dangereusement, elle s'embarque pour la plus romanesque et la plus risquée des aventures ! La ville de Perpignan est assiégée en 1542. Louise brûle de se mesurer au danger, de se mêler à la bataille. Rien ne l'arrête : elle se déguise en homme, revêt l'habit militaire et devient le capitaine Loys qui s'illustre au combat, suivi(e) de hardis gaillards, galvanisés par cette silhouette si souple, si féline…

Le désir d'aimer

Ennemond Perrin, le cordier, lui passe la corde au cou en 1545, mais le nœud est sans doute trop lâche, car on prête à Louise de nombreux amants, parmi lesquels le beau, le grand, le magnifique Olivier de Magny qui s'en vantera dans une ode où le mari apparaît bien marri… On croit savoir aussi que l'éblouissant Étienne Jodelle sut faire de ses mots magiques les ailes nécessaires à quelque envol de Louise – quelque looping… – dans l'azur éthéré ! Indépendante, intelligente, experte en l'art difficile d'ajuster en décasyllabes ce qui ressortit à l'infini de la sensation, elle laisse, à sa mort en l'an 1566, un extraordinaire testament rimé – chacun de ses poèmes est un petit bolide qui file, à la vitesse de la lumière, vers le désir d'aimer. Embarquez sans tarder dans le sonnet ci-dessous, vous n'allez pas en revenir…

PLAISIR DE LIRE

Baise m'encor...

Baise m'encor, rebaise moy et baise :
Donne m'en un de tes plus savoureus,
Donne m'en un de tes plus amoureus :
Je t'en rendrai quatre plus chaus que braise.

Las, te plein tu ? ça que ce mal j'apaise,
En t'en donnant dix autres doucereus.
Ainsi meslans nos baisers tant heureus
Jouissons nous l'un de l'autre à notre aise.

Lors double vie à chacun en suivra.
Chacun en soy et son ami vivra.
Permets m'Amour penser quelque folie :

Tousjours suis mal, vivant discrettement,
Et ne me puis donner contentement,
Si hors de moy ne fay quelque saillie.

Louise Labé, sonnet XVIII, 1555

Les capitaines de la Brigade

Là-haut, sur la montagne Sainte-Geneviève, à Paris, lorsque le temps est clair – et même par tous les temps –, en 1546, on aperçoit la Grèce ! On distingue même l'Olympe, on identifie les dieux, les mythes, on décrit et on décrypte tout ce qui s'appelle hellène. On reconnaît les poètes qui sillonnent les mémoires, gravissant à pas lents, mesurés et solennels, les sentiers aux harmonieuses courbes qui conduisent au plus élevé de l'esprit ! Bref, sur la montagne Sainte-Geneviève – où se situe aujourd'hui le Panthéon – on a décidé, en ce milieu du XVIe siècle, de faire du neuf avec du vieux, c'est-à-dire de s'inspirer des modèles de l'antiquité grecque pour sortir des cadres étouffants de la pensée et de la création qu'on appellera plus tard moyenâgeuse.

Sous l'aile de Dorat

Il faut jeter les vieux habits des siècles passés, se vêtir et se pénétrer des lumières grecques. Sans la Grèce, sans le grec, point de salut, selon Jean Dorat qui sait convaincre ses étudiants.

Vive la culture grecque !

Entrez, entrez ! Vous êtes bien au collège de Coqueret, sur la montagne Sainte-Geneviève. Vous avez frappé à la bonne porte car, à quelques toises de là, vous tombiez dans l'enfer de Montaigu, ce sinistre collège qui a failli faire rendre l'âme à Érasme ! Ici, à Coqueret, tout est coquet et paisible. C'est moi, Jean Dorat, qui en suis le supérieur. Mon collège a été fondé par un prêtre d'Amiens, Nicolas Coqueret, au XVe siècle. Le XVe siècle ! Quelle époque ! Tout y est limité, tout repose sur de vieilles gloses, de vieux commentaires pleins d'erreurs ; on ne peut écrire, créer que soumis à des obligations étouffantes. De l'air, de l'air ! Et cet air, moi, Jean Dorat, je le trouve en puisant à la source vive de la culture grecque. Je suis devenu le plus grand helléniste de France – mais soyez tranquille, je demeure modeste, je n'ai pas oublié que je suis né à Limoges, de parents pauvres, surnommés les Dinemandi (du lorrain Disnamandy : Mangematin), et qui m'ont poussé vers la ville où j'ai commencé par devenir correcteur chez les plus grands imprimeurs.

Pauvres capettes !

Vous qui franchissez cette porte, abandonnez tout espoir de lit douillet, de petits plats mijotés ou d'indulgence : vous venez de pénétrer dans le cauchemar Montaigu. Situé tout près du collège de Coqueret sur la montagne Sainte Geneviève à Paris, le collège de Montaigu a adopté, en 1502, une discipline née du cerveau féroce – pour ne pas dire malade… – d'un maître aux idées plus qu'austères : Jean Standhouth. Ce règlement a tenu trois cents ans ! Les élèves de Montaigu doivent porter, été comme hiver, une petite cape brune, si mince qu'elle ne les protège pas du froid, de l'humidité. Ces élèves, en général pauvres et boursiers, sont méprisés, et surnommés les capettes ! Ils dorment sur de la paille dans une sorte de cachot humide, en compagnie des puces, des punaises et des cafards.

Tous les matins, ils se lèvent à quatre heures, travaillent jusqu'à neuf heures le soir. Le matin, ils déjeunent d'un potage d'herbes ; le midi, ils doivent se satisfaire de quinze grammes de beurre, de la moitié d'un hareng et d'un œuf. Jamais de viande ! Le soir : une pomme ou un petit morceau de fromage (pas les deux…). L'élève commet-il une faute ? On appelle le frère fouetteur. L'un d'eux – Antoine Tempeste (!) –, est si cruel que les collèges des environs font appel à lui lorsque des chahuts se prolongent. Et qui donc est sorti de ce collège d'enfer – d'où les élèves brisés sortent avec un niveau plus qu'excellent ? Érasme qui a failli en mourir; Rabelais qui affirme qu'il vaut mieux être chien qu'élève à Montaigu ; Calvin, le réformateur, qui fit brûler à Genève le philosophe Michel Servet qui l'avait contredit ! Et puis Ignace de Loyola, fondateur de l'ordre des jésuites…

La poésie grecque et latine

Maintenant, entrons dans les salles où j'enseigne. Voyez comme mes étudiants sont peu nombreux ! Voyez comme ils me regardent avec sympathie, avec confiance. Il est vrai que nos rapports ne sont pas inscrits dans une autorité imbécile et répressive, mais dans le souci d'acquérir un savoir de haut niveau. Je leur enseigne la beauté de la poésie grecque et latine, je leur donne en exemple les Italiens qui ont su adapter les formes antiques à la sensibilité de leur siècle : les Dante, Boccace, Pétrarque…

Embrigadés !

Regardez celui-ci, studieusement penché sur ses livres : c'est un élément très prometteur, il s'appelle Joachim du Bellay ; et son voisin, observez sur son fin visage l'expression de la plus vive intelligence : Pierre de Ronsard. Avec Jean-Antoine de Baïf dont le père vient de mourir – il m'appointait généreusement pour l'éducation de son fils – Du Bellay et Ronsard ont décidé de former ce qu'ils appellent la Brigade ! Une Brigade pacifique, mais qui remportera, j'en suis sûr, de belles victoires !

Du Bellay ne retient pas sa langue

Joachim du Bellay va entamer un combat plein de fougue et de conviction pour que la langue française prenne l'avantage sur le latin.

Sébillet : vive Villon !

Quoi ? Comment ? Joachim du Bellay explose : en ce début de l'an 1549, il vient de lire les deux tomes de l'*Art poétique français pour l'instruction des jeunes étudiants* de Thomas Sébillet, un avocat au Parlement de Paris. Sébillet prétend que seules les formes poétiques héritées des deux ou trois siècles passés sont dignes d'intérêt : la ballade, comme en écrivait François Villon, le chant royal, la chanson, le lai, le virelai, et le rondeau, ah, le rondeau, la pure merveille ! Voilà ce qu'il faut écrire, affirme Sébillet : des formes utilisées par les plus grands poètes, le *divin Marot* par exemple.

Aux orties, Marot, Villon !

Du Bellay ne se retient plus : aux orties, Marot ! aux orties, Villon, et tous ceux qui se sont plu dans la stricte limite d'une versification qu'il déclare étriquée ! Vite, il faut écrire une réplique à cet Art poétique rétrograde. Vite – trop vite – est écrite la *Défense et Illustration de la langue française*. C'est un brouillon effervescent et généreux, signé Du Bellay qui y traduit les convictions des brigadistes : il faut s'inspirer des Anciens, les Grands Anciens, les Grecs et les Latins, retrouver l'Antiquité.

Les idées de Du Bellay

- Pour la poésie, plus de rondeau – comme ceux de Charles d'Orléans –, mais le sonnet.
- Plus de ballade – comme celles de Villon – ou de chant royal, mais l'ode ou l'épopée.
- Plus de lai ou de virelai – comme ceux de Marie de France –, mais l'élégie qui exprime les sentiments.
- Pour la versification, alternance des rimes féminines et masculines – une rime féminine n'est pas forcément un mot féminin, c'est un mot terminé par un e muet ; une rime masculine se termine par toute autre lettre.

- Utilisation fréquente de l'alexandrin (vers de douze syllabes).
- Pour le théâtre, plus de mystères, mais la tragédie à la grecque.
- Plus de grosses farces, mais des comédies.

Le poète : la voix de son temps

La grande idée de Du Bellay et de ses brigadistes est que le poète ne doit plus être un amuseur, un rhétoriqueur seulement préoccupé de virtuosité. Il doit au contraire devenir la voix de son temps, la voix de son maître, le roi, dont il répand sur les siècles à venir la gloire immortelle – et à l'occasion, sa propre gloire aussi. Ronsard le fait souvent remarquer : lui aussi, dit-il, sera immortel ! Afin d'atteindre cet objectif, il faut lutter contre un obstacle de taille : le latin. En effet, la langue française existe, bien sûr, mais elle passe souvent pour un vulgaire patois, un sous-produit du latin qui, seul, est digne d'exprimer la complexité de la pensée.

Défendons et illustrons la langue française !

Pour Sébillet et beaucoup d'autres, rien ne surpasse le latin ! Colère de Du Bellay : la langue française existe et doit être parlée, écrite davantage. Si le grec et le latin sont devenus illustres, c'est grâce aux artistes de l'Antiquité. La langue française deviendra illustre elle aussi, à condition que les écrivains français la servent avec leur propre langue ! On dit que son vocabulaire est pauvre ? Enrichissons-la ! Illustrons-la !

Recettes de Du Bellay pour enrichir la langue française

Il faut lire avec soin la foisonnante *Défense et illustration* pour y trouver des conseils précis…

- Prenons dans la langue des ouvriers et des laboureurs les mots techniques qu'ils utilisent.
- Retrouvons les mots qu'on peut lire dans *les vieux romans et poètes françois : ajourner, pour faire Jour, anuyter, pour faire nuyt, assener, pour frapper ou on visoit et proprement d'un coup de main, isnel pour leger, et mil' autres bons motz que nous avons perduz par notre négligence.*
- Inventons des mots nouveaux : *Ne crains doncques, Poëte futur, d'innover quelques termes, en long poëme principalement, avec modestie toutefois, Analogie & jugement de l'Oreille.* Ces mots nouveaux peuvent provenir d'une dérivation des termes grecs ou latins.

Du Bellay, point tristounet

Non, Du Bellay n'est pas ce tristounet poète qui s'épanche avec mélancolie sur le souvenir de son petit village ! Encore une fois, il ne faut pas confondre l'auteur et son œuvre ! L'auteur, c'est Joachim du Bellay, né en 1522 au château de la Trumelière à Liré, en Anjou, issu d'une branche peu fortunée de la prestigieuse famille Du Bellay qui compte parmi ses ancêtres Hugues

Capet lui-même ! Cette situation de subordonné aux branches mieux loties va faire croître chez Joachim une personnalité double, faite de timidité et d'esprit de revanche hardie, de sensibilité exacerbée et de stoïcisme.

Marcher d'un grave pas...

Joachim fait des études de droit à Poitiers en 1545, se retrouve à Coqueret en 1546, devient le secrétaire de son cousin Jean du Bellay à Rome de 1553 à 1557. C'est là qu'il compose *Les Regrets*. On en a déduit que le chant du poète traduisait son état d'âme, à coup sûr. On a oublié que Du Bellay voulait montrer que le sonnet ne servait pas seulement à exprimer le sentiment amoureux ; il lui ouvrait de nouveaux horizons, l'expression de la satire *Marcher d'un grave pas et d'un grave sourcil*... ou bien de la tristesse, par exemple dans le sonnet que vous apprîtes sûrement un jour (vous rappelez-vous votre note ?...) *Heureux qui comme Ulysse*...

PLAISIR DE LIRE

Heureux qui comme Ulysse

Heureux qui, comme Ulysse, a fait un beau voyage
Ou comme celui-là qui conquit la Toison,
Et puis est retourné plein d'usage et raison,
Vivre entre ses parents le reste de son âge !

Quand reverrai-je, hélas, de mon petit village
Fumer la cheminée, et en quelle saison
Reverrai-je le clos de ma pauvre maison,
Qui m'est une province et beaucoup davantage ?

Plus me plaît le séjour qu'ont bâti mes aïeux,
Que des palais romains le front audacieux,
Plus que le marbre dur me plaît l'ardoise fine.

Plus mon Loire gaulois que le Tibre latin,
Plus mon petit Liré que le mont Palatin,
Et plus que l'air marin la douceur angevine.

Joachim du Bellay, *Les Regrets*, sonnet XXXI, 1555

Rêvez, mesdames...

Après la publication de la théorie : *Défense et Illustration de la langue française*, il fait paraître son application pratique : *l'Olive*. Il y rassemble cinquante poèmes du genre qu'il a conseillé – imité de Pétrarque – : le sonnet. Mais qui est donc cette heureuse Olive, dédicataire des cinquante sonnets d'amour (rêvez, mesdames...) ? Est-ce Mademoiselle de Viole – Olive serait l'anagramme de Viole –, est-ce mademoiselle Olive de Sévigné, une charmante cousine de Joachim ? Est-ce la sœur du roi Henri II ? Du Bellay n'a jamais rien révélé.

France, mère des arts, des armes et des lois...

Qu'avait-il rapporté de Rome pour perdre ses cheveux, ses dents, et que sa surdité, consécutive à une maladie contractée en 1540, se fasse quasi totale ? Avait-il fait halte dans quelque maison particulière sur les bords du Tibre ?

On ne saura jamais, mais on se doute un peu… Toujours est-il qu'il meurt à sa table de travail le 1er janvier 1560, à l'âge de trente-sept ans. Mort, Du Bellay ? Non, vous portez certainement encore en vous sa parole, ses vers, ceux-ci par exemple, dans *Les Regrets* (1555) : *France, mère des arts, des armes et des lois, / Tu m'as nourri longtemps du lait de ta mamelle : / Ores, comme un agneau qui sa nourrice appelle, / Je remplis de ton nom les antres et les bois*. Longue vie à vous encore, Joachim !

EN PEINTURE, EN MUSIQUE

La chapelle Sixtine, la Pavane…

En Italie, Jules II demande à Michel-Ange (1475-1564), sculpteur de la magnifique *Piéta*, de peindre le plafond de la chapelle Sixtine, ce qu'il fait en quatre ans (1508-1512). En Flandre, Pieter Bruegel l'Ancien (1525-1569), peint *Le Repas de noces*, un an avant sa mort, alors qu'il vit à Bruxelles (aujourd'hui, au 132 de la rue Haute). En musique, Clément Jannequin (1490-1560), compose *La Bataille de Marignan*, il met en musique Marot et Ronsard. Thoinot Arbeau (anagramme de Jean Tabourot, 1520-1595) écrit la fameuse *Pavane – Belle qui tient ma vie, / captive dans tes yeux : / Qui m'a l'âme ravie, / D'un sourire gracieux…* Roland de Lassus (1532-1594) compose chansons, madrigaux et motets. En Italie, Palestrina (1526-1594) écrit des motets, des litanies et des psaumes.

Ronsard entre amours et politique

Mardi 14 septembre 1515 : Marignan. François Ier et ses chevaliers se lancent à l'assaut des mercenaires suisses payés par le pape pour défendre le Milanais. Voyez, aux côtés du roi, le chevalier sans peur et sans reproche : Bayard ! Voyez, derrière Bayard, cet autre chevalier dans son armure rutilante, le cheval au galop, la lance solidement serrée sous le bras et qui s'apprête à transformer les grands Helvètes en petits Suisses périmés : c'est Louys de Ronsard ! Qu'un ennemi atteigne son but en le frappant à l'occiput, le dépêchant au trépas, et nous voilà comme deux ronds de flan, privé de *Mignonne allons voir si la rose… ou de Cueillez dès aujourd'hui les Roses de la vie*, ou bien encore de :

Le temps s'en va, le temps s'en va ma Dame,

Las ! le temps non, mais nous nous en allons…

Car le chevalier Louys de Ronsard qui se bat à cheval et à Marignan en ce mardi 14 septembre 1515 n'est autre que le père de notre immense poète : Pierre de Ronsard !

Un cri dans le château...

Couture-sur-Loir, près de Vendôme, 10 septembre 1524. Un cri dans le château de la Possonnière que Louys de Ronsard a achevé en 1516 : un petit Pierre vient de naître. C'est le sixième enfant de la maisonnée. Louys de Ronsard a pris du galon depuis Marignan : il est chevalier et maître d'hôtel des enfants de France (les enfants du roi), ce qui lui vaudra d'accompagner à Madrid les futurs François II et Henri II, échangés contre leur père après la défaite de Pavie en 1525. Le petit Pierre grandit entre sa mère, Jeanne Chaudrier, et son père Louys qui l'admire.

Ce qui l'a rendu sourd

En 1533, Louys envoie son fils aimé au collège de Navarre à Paris, sur la montagne Sainte-Geneviève – où vous avez déjà visité les collèges de Montaigu et de Coqueret. Pauvre petit Pierre de Ronsard : à neuf ans, il est terrifié par ses maîtres austères, ses résultats sont catastrophiques ! Son père le fait entrer trois ans plus tard à la cour de France, où il devient page. Cette fonction le conduit en Écosse où il a suivi Madeleine de France, épouse de Jacques Stuart. On le trouve en Allemagne en 1540. Va-t-il épouser la carrière militaire ? Non, car des otites à répétition l'ont rendu quasiment sourd ! Retour à la Possonnière. Pierre réfléchit : que va-t-il faire de sa vie ?

Le branle ébranle Pierre

Dans les matins calmes et clairs du château, il se met à lire puis à dévorer Virgile, Horace. C'est l'enthousiasme, la révélation : il sera poète comme eux. Il se met à les imiter, d'abord en latin, puis en français, cette langue qu'il voudrait promouvoir afin de s'y illustrer ! Son père meurt en 1544, sa mère en 1545. La douleur au cœur, Pierre cherche à se divertir. À Blois, un grand bal est donné pour la cour royale. Il s'y rend et rencontre la plus belle qui soit : Cassandre Salviati, la fille d'un riche banquier. Elle a treize ans, il en a vingt et un. Dans la lumière de velours, au son des violes de gambe, elle danse un étonnant branle

PLAISIR DE LIRE

Sus debout ! Allons voir l'herbelette perleuse...

Cassandre Salviati perdue, Ronsard se met en quête d'une nouvelle inspiratrice. Il la trouve à Bourgueil. C'est une jeune paysanne qui s'appelle Marie Dupin, elle a quinze ans. Pour elle, il écrit des sonnets, non plus en décasyllabes, mais en alexandrins. Pour elle il écrit :

Marie, levez-vous, vous êtes paresseuse, / Jà la gaie alouette au ciel a fredonné, / Et jà le rossignol doucement jargonné / Dessus l'épine assis sa complainte amoureuse. / Sus debout ! allons voir l'herbelette perleuse. / Et sur votre beau rosier de boutons couronné, / Et vos œillets mignons auxquels aviez donné / Hier au soir de l'eau d'une main si soigneuse...

Ronsard, *Les Amours*, second livre, « *Amours de Marie* », sonnet XIX, 1556

Ambigu, dites-vous ? À peine... Pour elle, vingt ans plus tard, il écrit, apprenant sa disparition, le Sonnet sur la mort de Marie (à moins qu'il s'agisse de Marie de Clèves, morte à vingt et un ans, l'amour fou d'Henri III qui aurait demandé à Ronsard de célébrer sa mémoire).

de Bourgogne, pose les yeux sur lui. Ah ! Cupidon vient de décocher sa flèche ! En plein branle, Pierre vient de tomber fou amoureux ! Hélas, Cassandre va épouser l'année suivante Jacques de Peigné, seigneur de Pray !

La chair toute crue !

Ô douleur : Cassandre entre les bras d'un mari ! Ronsard se retrouve aux urgences poétiques, il emprunte à Pétrarque la formule idéale pour une thérapie réussie : le sonnet. Et voici qu'en 1552, naît le recueil *Les Amours*. Cassandre y est partout, comme une obsession, comme un fantasme aussi : le poète ne s'embarrasse point trop de figures de style pour exprimer – parfois crûment – son désir de chair, comme poursuivi par la prometteuse scansion du branle de Bourgogne. On y trouve la fameuse *Ode à Cassandre*. Deux ans auparavant, en 1550, il a fait paraître les Odes qui l'ont rendu célèbre, odes nées de son admiration pour Pindare – poète grec du Ve siècle av. J.-C. – et du précieux enseignement qu'il a reçu de Dorat, au collège de Coqueret.

PLAISIR DE LIRE

À sa maîtresse (Ode à Cassandre)

Mignonne, allons voir si la rose / Qui ce matin avoit desclose / Sa robe de pourpre au Soleil, / A point perdu ceste vesprée / Les plis de sa robe pourprée, / Et son teint au vostre pareil. / Las ! voyez comme en peu d'espace, / Mignonne, elle a dessus la place / Las ! las ses beautez laissé cheoir ! / Ô vrayment marastre Nature, / Puis qu'une telle fleur ne dure / Que du matin jusques au soir ! / Donc, si vous me croyez, mignonne, / Tandis que vostre âge fleuronne / En sa plus verte nouveauté, / Cueillez, cueillez vostre jeunesse : / Comme à ceste fleur la vieillesse / Fera ternir vostre beauté. (Ronsard, *Odes*, livre I, ode XVII, 1552)

ALLONS PLUS LOIN

Qu'est-ce que la Pléiade ?

Il y avait eu d'abord la *Brigade*, petit groupe de jeunes hommes résolus à donner à la langue française une véritable existence afin de supplanter le latin. Ronsard nomme cette brigade la Pléiade. Elle rassemble, dans les années 1550, sept poètes, comme la pléiade de la mythologie grecque – les pléiades y sont les sept filles du titan Atlas métamorphosées en étoiles – ou bien comme les sept poètes d'Alexandrie pendant le règne de Ptolémée Philadelphe au IIIe siècle av. J.-C., en Grèce.

Attention : cette Pléiade n'est pas une association telle que nous en connaissons certaines aujourd'hui, qui impose une réunion chaque semaine pour un rendement actif quasiment nul… La Pléiade, autour de Ronsard, c'est un esprit hérité de l'helléniste passionné Jean Dorat, c'est le prolongement de ses convictions à travers l'enthousiasme de jeunes gens qui veulent avant tout agir – agir plus que dire… Ronsard énumère ceux qu'il installe par poème interposé dans ce groupe agissant : on y trouve Du Bellay, Jodelle, Baïf, Rémi Bellaud, Pontus de Tyard, Pelletier du Mans. D'autres noms seront plus tard ajoutés ou retranchés.

La poésie militante

Dans la préface des *Odes*, Ronsard s'est autoproclamé – en toute modestie… – prince des poètes ! Désormais, il va partager sa vie entre Paris où il est bien en cour auprès d'Henri II puis de Charles IX, et son Vendômois natal, s'engageant politiquement du côté des catholiques contre le parti des réformés, contre Calvin, surtout. Les œuvres qu'il produit alors prennent la forme d'écrits militants, porte-voix du pouvoir en place. C'est la première fois dans l'histoire, que la poésie joue un rôle aussi important – la dernière aussi.

Quelques jugements sur l'œuvre de Ronsard…

- Malherbe (1555-1628) : Sa langue est trop luxuriante.
- Le Grand Arnauld (1612-1694), prédicateur janséniste : Ronsard a écrit de pitoyables poésies.
- Nicolas Boileau (1636-1711) : *Ronsard, […] par une autre méthode, / Réglant tout, brouilla tout, fit un art à sa mode, / Et toutefois longtemps eut un heureux destin. / Mais sa Muse, en français parlant grec et latin, / Vit, dans l'âge suivant, par un retour grotesque, / Tomber de ses grands mots le faste pédantesque. / Ce poète orgueilleux, trébuché de si haut, / Rendis plus retenus Desportes et Bertaut. / Enfin Malherbe vint, et, le premier en France, / Fit sentir dans les vers une juste cadence…*
- Voltaire (1694-1778) : Ronsard est barbare.
- Jules Michelet (1798-1874) dans son *Histoire de France* : Il tapait comme un sourd sur la pauvre langue française.
- Gustave Flaubert (1821-1880) : C'est plus grand que Virgile, et ça vaut Goethe.

La Franciade brisée

Ronsard commence même une œuvre d'envergure en décasyllabes, dédiée au *roi ami* Charles IX : *La Franciade*. Elle doit offrir au royaume, en langue française, l'équivalent de ce que furent les chants et poèmes antiques en grec pour Athènes, en latin pour Rome. Quatre livres sont écrits et offerts au roi. Mais la France sombre dans le massacre de la Saint-Barthélémy le 24 août 1572, acmé de la guerre civile qui brise le mythe de la France unie et triomphante que développait la *Franciade*. Henri III, frère et successeur de Charles IX, va délaisser Ronsard au profit de Desportes, poète à la mode. Ronsard se retire en Vendômois, puis dans son prieuré de Saint Cosme près de Tours, où il meurt le 27 décembre 1585.

PLAISIR DE LIRE

Vivez si m'en croyez…

Hélène ! Le dernier amour de Pierre de Ronsard, cinquante-six ans en 1578, s'appelle Hélène. Hélène de Surgères est une grave beauté doucement enfermée dans un deuil sans fin : celui qu'elle aime a été emporté par la guerre civile : le fringant capitaine Jacques de la Rivière ne reviendra plus ! Elle a vingt-cinq ans. La reine Catherine de Médicis demande alors à Ronsard de consoler l'inconsolable. Ronsard se prend au jeu. Hélène aime les tête-à-tête où le poète la berce de ses alexandrins, mais dès qu'ils se font pressants, suggestifs, insistants, elle se ferme, se réfugie dans le souvenir de son doux capitaine. Ronsard s'irrite alors : *Adieu, cruelle, adieu, je te suis ennuyeux / C'est trop chanté d'Amour sans nulle récompense. / Te serve qui voudra, je m'en vais, et je pense / Qu'un autre serviteur te servira mieux.*

Puis il essaie de marchander un peu de douceur, tentant un menu chantage : *Quand vous serez bien vieille, au soir, à la chandelle, / Assise auprès du feu, devisant et filant, / Direz, chantant mes vers, en vous émerveillant, / Ronsard me célébrait du temps que j'étais belle. / Lors vous n'aurez servante oyant telle nouvelle, / Déjà sous le labeur à demi sommeillant, / Qui au bruit de mon nom ne s'aille réveillant, / Bénissant votre nom de louange immortelle. / Je serai sous la terre, et, fantôme sans os, / Par les ombres myrteux je prendrai mon repos : / Vous serez au foyer une vieille accroupie, / Regrettant mon amour et votre fier dédain : / Vivez, si m'en croyez, n'attendez à demain : / Cueillez dès aujourd'hui les roses de la vie.* (Ronsard, *Sonnet pour Hélène*, XLIII, 1580)

Mais Hélène reste de glace ! Et la glace finit par éteindre une à une les braises ronsardiennes, jusqu'à la dernière, jusqu'à ses derniers vers : *Adieu, chers compagnons, adieu, mes chers amis, / Je m'en vais le premier vous préparer la place.*

Fin de constellation

Ils étaient sept dans la Pléiade. Vous avez rencontré les deux phares : Du Bellay et Ronsard ; voici les autres…

Jodelle abattu en plein vol

Un touche-à-tout de génie qui connaît la gloire avant de chuter pour s'être brûlé les ailes aux feux de la rampe : tel est Jodelle !

Il écrit, il peint, il sculpte, il construit…

Un surdoué et un enfant prodige, Étienne Jodelle, né en 1532 ! À dix-sept ans, il publie ses premiers *Sonnets, odes et charontides*. Il sait tout faire, c'est un tourbillon de vie, une tornade d'énergie créatrice : à vingt ans, il fait représenter devant le roi Henri II ses premières pièces, une tragédie : *Cléopâtre captive*, et une comédie : *Eugène* dont il joue le rôle principal. En 1553, ses pièces sont de nouveau jouées et il est porté en triomphe ! On ne parle plus que de lui, c'est la coqueluche du Tout-Paris ! L'écriture ne lui suffit pas : il peint, il sculpte, il construit, il excelle en tout. Il organise de grandes fêtes en l'honneur du roi qui donnent lieu à des réjouissances où la licence s'invite en tout et partout ; mais cela fait froncer le sourcil aux dévots, aux tartuffes.

LE SAVIEZ-VOUS ?

L'inventeur de la tragédie en cinq actes

Jodelle, c'est l'effervescence, l'invention. Il touche à tout. Il va notamment régler pour longtemps la tragédie : il en fait une pièce en cinq actes et en alexandrins où est appliquée la loi d'alternance entre rimes masculines et rimes féminines. Il resserre l'action, limite les lieux et le temps où elle se déroule. Ce personnage foisonnant enseigne au drame l'économie !

Jason sombre dans le ridicule

Qu'importe les dévots, Jodelle vit, Jodelle vole ! Jodelle dépense des sommes folles. En 1558, il écrit et monte en quelques semaines un spectacle qui est donné lors d'une grande fête en l'honneur d'Henri II et du duc de Guise, vainqueurs des Anglais. Il y interprète Jason qui, à la tête de ses Argonautes pilote le navire Argo, mais rien ne fonctionne comme prévu : la foule est trop nombreuse, les récitants inaudibles, la machinerie s'abat dans un grand fracas… Jason et son navire Argo sombrent dans le ridicule !

Condamné à mort !

Jodelle disparaît. En 1564, on le sait condamné à mort pour on ne sait quelle raison. On ignore aussi pourquoi il n'est pas exécuté, pourquoi il revient à Paris, pourquoi la fortune ne lui sourit plus. Lui aussi se le demande : *D'un malheureux destin la fortune cruelle / Sans cesse me poursuit, et tousjours me martelle : / Ainsi journellement renaissent tous mes maux*. Il tente de gagner quelque argent, il va même jusqu'à écrire un poème à la gloire de la Saint-Barthélémy, payé 500 livres par Charles IX. Il meurt amer et pauvre à la fin de juillet 1573.

Jean-Antoine de Baïf, le parolier de Lassus

Dans le vivier de Coqueret, nous trouvons un fort en thème que le guignon a choisi pour compagnon…

Premier de la classe

Parmi les élèves de Dorat (qui est maintenant un de vos intimes tant il en a été question auparavant…), qui donc était toujours le premier en grec ? Ronsard ? Non ! Du Bellay ? Non ! C'était Jean-Antoine de Baïf ! Il a bien fait de profiter de ce succès de collège car la suite ne va pas être à la hauteur… En 1552, son premier recueil de poèmes, *Les Amours de Méline*, trop érudit, rebute les lecteurs. Déçu, Baïf se replie au Mans où il pense avoir trouvé une sorte de famille poétique qui lui convient. Elle rassemble une dizaine d'écrivains dont Vauquelin de la Fresnaye, La Péruse ou Scévole de Sainte-Marthe, tous des spécialistes de l'art lyrique.

Raté !

Baïf, après avoir connu une certaine Francine, publie, en 1555, *les Amours de… Francine*. Ce sont trois cents poèmes dont beaucoup de sonnets qui s'écrasent encore contre le mur de l'incompréhension ! Baïf voyage, écrit des pièces qu'il fait représenter : insuccès total ! Il tente alors d'allier dans une même écriture la musique et la poésie : raté ! Il essaie de rédiger ses œuvres dans une nouvelle orthographe : vous connaissez la réponse !... Pauvre Baïf, il meurt en 1586, avec une seule satisfaction cependant, celle d'avoir plu à des musiciens comme le compositeur flamand Roland de Lassus (1532-1594) qui mit en musique un de ses poèmes.

Le sensuel Rémy Belleau

Luy mesme a basti son tombeau / Dedans ses Pierres précieuses. Ainsi Ronsard juge-t-il son ami Belleau, à l'aune d'un recueil où les vers associent habilement les pierres et les sentiments de valeur.

La bonne chère

Dans *Cléopâtre captive* de Jodelle, en 1553, aviez-vous remarqué cet acteur qui fut aussi porté en triomphe après la représentation ? C'est le meilleur ami de Ronsard. D'ailleurs, il fait partie de sa bande dès la création de la Brigade. Ce Percheron de Nogent-le-Rotrou plaît à tout le monde, est accueilli dans tous les cercles où son érudition d'helléniste est appréciée, surtout depuis la publication, en 1556, de la traduction qu'il a faite des *Odes* d'Anacréon (poète lyrique du VIe siècle av. J.-C.). Belleau a su en restituer l'atmosphère sensuelle, la célébration de l'amour, des plaisirs charnels et de la bonne chère.

Le petit mont besson

En 1565, Belleau publie *La Bergerie* où son talent personnel fait merveille, dans l'air du temps, un peu polisson : *Si tu veux que je meure entre tes bras, m'amie, / Trousse l'escarlatin de ton beau pellisson / Puis me baise et me presse et nous entrelassons / Comme, autour des ormeaux, le lierre se plie. / Dégraffe ce colet, m'amour, que je manie / De ton sein blanchissant le petit mont besson : / Puis me baise et me presse, et me tiens de façon / Que le plaisir commun nous enivre, ma vie*... (la suite dans les œuvres de Rémi Belleau – ou dans vos souvenirs...) En 1576, un autre recueil paraît où les pierres rares sont décrites et mises en parenté avec les sentiments de l'être aimant : *Les Amours et nouveaux échanges de pierres précieuses* ; puis c'est une comédie : *La Reconnue*. Belleau s'éteint en 1577. Ses mille amis, pleurant leur doux compagnon, éditent à leurs frais toute son œuvre.

Pontus de Tyard, l'évêque amoureux

On ne sait qui est Pasithée, celle qui inspire l'évêque Pontus de Tyard – qui ne devient évêque qu'à la fin de sa vie, ses amours étant soldées dans ses poèmes – qui nous sont restés.

Peut-être Louise ?

Amoureux, Pontus de Tyard, au point de publier... les *Erreurs amoureuses*, en 1549, à Lyon, édition régulièrement augmentée de sonnets à la Pétrarque, en décasyllabes, de chansons, d'épigrammes. Ce *canzoniere* est dédié à celle qu'il aime, l'inaccessible, la parfaite, la toute divine, c'est-à-dire, en grec : Pasithée. Qui donc est Pasithée ? Peut-être l'éblouissante Louise Labé, peut-être pas, car dans ses poèmes il montre son aimée jouant de l'épinette, et cet instrument n'est jamais montré entre les douces mains de Louise.

La beauté morale

En 1551, Pontus a publié une sorte d'anthologie et de célébration des gloires du moment : Marot, Mellin de Saint-Gelais (poète de cour, sans ambition poétique vraiment élevée, et surtout, férocement jaloux de Ronsard), Du Bellay, Ronsard. Il est ainsi entré de plain-pied dans la Pléiade, quittant l'École lyonnaise. C'est un adepte du platonisme : plus que la beauté physique, il célèbre, notamment dans ses dialogues, la beauté morale. Évêque de Chalon-sur-Saône en 1578, il termine sa vie par des hymnes et toutes sortes d'écrits religieux. Il meurt en 1605.

La rigueur mathématique de Peletier du Mans

Ronsard et Du Bellay doivent beaucoup à Jacques Peletier du Mans qu'ils rencontrent avant leur entrée au collège de Coqueret. Plus que les conseils qu'il leur donne, c'est son exemple qui va les marquer.

Un esprit de la Renaissance

Quel homme, ce Jacques Peletier du Mans, né... au Mans en 1517 ! Un véritable esprit de la Renaissance qui s'intéresse à tout ! Peletier est un mathématicien passionné qui va publier de nombreux ouvrages ayant pour sujet l'algèbre ou la géométrie. Peletier est un médecin curieux du corps, soucieux d'en réparer les désordres avec les moyens de l'époque certes, mais aussi avec des procédés de son invention. Peletier est un grammairien qui veut donner à la langue française un statut de langue nationale ; il invente un nouveau système graphique, fondé sur des signes phonétiques – système exposé dans *Dialogue de l'ortografe e prononciation françoise* (1550) qui ne réunit guère de pratiquants convaincus… Il se rend compte ensuite que les Français sont très attachés à une orthographe unique – à quoi bon en avoir trente-six… – et défend qu'on la modifie !

PLAISIR DE LIRE

Orthographe : pas touche…

Ceux qui entreprennent de corriger notre orthographe – autant que je puis connaître leur intention et fantaisie – ne tendent à autre fin qu'à rapporter l'écriture à la prononciation, et, par ce moyen, ils tâchent à en ôter la superfluité abusive qu'ils disent y être. S'ils le font en faveur des Français, il m'est avis qu'ils ne leur font pas si grand plaisir comme ils le pensent, car les Français, pour être de si longtemps accoutumés, assurés et confirmés en la mode d'écrire qu'ils tiennent de présent, sans jamais avoir entendu parler de plainte ni de réforme aucune, se trouveront tout ébahis et penseront qu'on se veut moquer d'eux de la leur vouloir ainsi ôter tout d'un coup. […] Si vous introduisez une nouvelle façon d'orthographe il faut qu'à toutes sortes de gens vous ôtiez ainsi la plume des mains ou, ce qui ne vaut guère mieux, que vous les mettiez à recommencer : tellement qu'au lieu de les gratifier, vous les mettrez en peine de désapprendre une chose qu'ils trouvent bonne et aisée, pour en apprendre une longue, fâcheuse et difficile et qui ne leur pourra apporter que confusion, erreur et obscurité.

Jacques Peletier du Mans, *Dialogue de l'orthographe et prononciation française*, 1550

Jacques Peletier, inspirateur de Du Bellay

Lorsque paraît l'essai sur l'orthographe, Peletier a déjà pris la route depuis trois ans, abandonnant la direction du collège de Bayeux pour sillonner son pays, s'attarder dans les grandes villes où il perfectionne son savoir déjà encyclopédique : Poitiers, Bordeaux, Lyon. Poète aussi, Peletier qui publie, en 1545, un art poétique traduit d'Horace, dont la préface contient les idées essentielles de la *Défense et illustration de la langue française* de Du Bellay… Dix ans plus tard, il fait paraître son art poétique personnel et un recueil de près de cent sonnets : *L'Amour des amours*. Le médecin, le mathématicien, le scientifique l'emportent ensuite plus souvent sur l'homme de lettres. Mais Peletier demeure celui que Ronsard a inscrit pendant plus de vingt-cinq ans dans son cercle d'étoiles, la Pléiade.

Chapitre 7

L'ébullition baroque

Dans ce chapitre :

- Participez à l'insouciante poésie de la cour d'Henri III
- Écoutez la voix des baroques qui ne croient plus qu'en la mort
- Faites connaissance avec le bouillant d'Aubigné, avec l'attachant Théophile de Viau

Redonner à l'homme toute sa place dans un monde plein d'espérance, un monde que la connaissance peut sauver, tel était le projet exaltant des humanistes. Mais l'homme, c'est aussi l'excès, la brutalité, et toutes les dérives qui tentent de mettre en œuvre des idées par la pire des violences ! Les penseurs et poètes qui vivent et voient les guerres de religion et leur cortège d'abominations sont dégrisés : pour eux, loin de la certitude, le monde n'est que changement, illusion, inconstance. Quelles solutions adopter ? Ou bien, comme Desportes et Papillon, on… papillonne ; ou bien, comme Chassignet, on désespère ; ou bien, comme Aggripa d'Aubigné, on se bat. Toute cette agitation de la société trouve son reflet dans une écriture foisonnante, débordante et généreuse : le baroque.

Les feux de l'amour

Le massacre de la Saint-Barthélémy porte un coup fatal à l'image d'une poésie capable de donner au pays une voix assez puissante pour éviter les tragédies. Les ambitions de Ronsard qui a cru marier poétique et politique sont ruinées. Et malgré tous ses efforts, il ne parvient pas à se faire une place auprès du frère de Charles IX, le nouveau roi Henri III. Celui-ci aime la légèreté, l'élégance, l'insouciance. Ses conquêtes féminines ne se comptent plus – et non masculines comme le veut une légende tenace qui date du XIXe siècle et prend les mignons du roi pour des homosexuels, alors que ce sont de fameux coureurs de jupons, comme leur maître… Henri III trouve auprès de Philippe Desportes la poésie de salon qu'il préfère aux créations érudites qu'il faut lire avec un dictionnaire de mythologie, celles des poètes de la Pléiade…

Desportes et des pointes

L'année où Cassandre Salviati épouse le seigneur du Pray, en 1546, plongeant Ronsard dans un fécond désespoir, Philippe Desportes naît à Chartres. Desportes est le deuxième désespoir de Ronsard : il plaît au jeune duc d'Anjou, le futur Henri III, qui l'emmène partout, même en Pologne dont il est devenu le souverain. Revenu en France en 1574 et devenu Henri III – après un long séjour à Venise auprès de la charmante Véronica Franco dont il a fait sa maîtresse –, le roi installe en sa cour son poète préféré. Et Ronsard doit s'écarter. C'est la gloire pour Desportes qui est admis au conseil du roi, la gloire et la richesse avec les bénéfices de plusieurs abbayes !

Je l'avais oubliée…

Les *Premières œuvres* de Desportes, publiées en 1573 – des sonnets, chansons, élégies, stances, etc. –, sans cesses rééditées, sont le plus grand succès de librairie du XVIe siècle ! Il excelle dans l'art de la pointe, cette chute qui étonne, amuse ou ravit, à la fin du poème. Ainsi, dans ce sonnet malicieux :

Je l'aimais par dessein la connaissant volage, / Pour retirer mon cœur d'un lien fort dangereux, / Aussi que je voulais n'être plus amoureux / En lieu que le profit n'avançât le dommage. / Je durais quatre mois avec grand avantage, / Goûtant tous les plaisirs d'un amant bienheureux, / Mais en ces plus beaux jours, ô destins rigoureux, / Le devoir me força de faire un long voyage. / Nous pleurâmes tous deux, puis quand je fus parti, / Son cœur naguère mien fut ailleurs diverti, / Un revint, et soudain lui voilà ralliée. / Amour, je ne m'en veux ni meurtrir ni blesser, / Car pour dire entre nous, je puis bien confesser / Que plus d'un mois avant je l'avais oubliée. (Philippe Desportes, *Odes*, 1580)

La mort à Bonport

Célébré, adulé, riche, Desportes vit heureux jusqu'au 1er août 1589. Ce jour-là, le moine Jacques Clément assassine le roi Henri III. Le poète se rallie alors à la ligue catholique, prenant parti contre le nouveau roi Henri IV. La paix revient. Catholiques et protestants trouvent un terrain d'entente. Desportes rentre en grâces auprès d'Henri IV, mais il préfère demeurer à l'écart de la cour, dans sa luxueuse résidence de Vanves, ou bien à l'abbaye de Bonport, près de Pont-de-l'Arche, obtenue en échange de son rôle de négociateur lors de la reddition des villes normandes aux troupes du roi de Navarre. Il y accueille généreusement les jeunes poètes, leur donnant des conseils, mais aussi de quoi vivre. C'est là qu'il s'éteint le 5 octobre 1606, peu après avoir reçu du nouveau poète de cour, François de Malherbe, cette flèche aussi acérée qu'imbécile : *Votre potage vaut mieux que vos vers !*

Un Papillon gaillard

Le désespoir ? Marc de Papillon (1555-1599) ne connaît pas ! Même s'il est homme de guerre, même s'il ne quitte l'armée qu'à trente-quatre ans, lui qu'on appelle *Le Capitaine Lasphrise !*

Le poète se fait voyeur...

C'est un boute-en-train, Papillon, un homme qui court la belle et souvent l'attrape si on en croit ses vers qui rapportent quelques-unes de ses amoureuses luttes, ou bien de ses façons coquines d'approcher la beauté féminine, en catimini, sans que celle qui se dénude ne se doute de quoi que ce soit. C'est sa façon à lui, Papillon, de lutter contre l'amertume du temps, de ne pas glisser dans la désespérance :

Je l'œilladais mi-nue, échevelée, / Par un pertuis dérobé finement, / Mon cœur battait d'un tel débattement / Qu'on m'eût jugé comme en peur déréglée. / Or' j'étais plein d'une ardeur enflammée, / Ore de glace en ce frissonnement. / Je fus ravi d'un doux contentement, / Tant que ma vie en fut toute pâmée. (Marc Papillon de Lasphrise, *L'amour passionné de Noémie*, 1585)

L'amoureux au braquemart pacifique

Son œuvre comporte plus de vingt mille vers. On y trouve les *Amours de Théophile*, où il célèbre Renée le Poulchre, *L'Amour passionné de Noémie*, autre passion du poète au braquemart pacifique (c'est une épée courte dont se servaient les soldats – non mais !...) ; on trouve aussi un conte plutôt leste : *La Nouvelle inconnue* ; d'autres pièces encore plus lestes et, pour terminer, de la poésie religieuse...

Sous le chaos, la mort

L'autre versant de l'amertume – transformée en légèreté par Desportes – développe ses perspectives dans une vision pessimiste de la vie. C'est une sorte de descente aux enfers, le soulignement permanent de l'inutilité de la vie ; on dirait qu'une stupeur désespérée s'est emparée de la pensée des poètes, un à-quoi-bonisme supposé conduire à la foi qui sauve – mais ce n'est pas si sûr...

Sombres sonnets de Jean de Sponde

Les Sponde sont Espagnols, convertis au protestantisme et passés en Navarre au service de Jeanne d'Albret. C'est elle qui se charge de l'éducation du petit Jean, né en 1557 à Mauléon, dans les Basses-Pyrénées. Jean de

Sponde demeure fidèle en toute occasion au fils de Jeanne : Henri IV ! Il se convertit au catholicisme lorsque son maître le fait – puisque Paris vaut bien une messe… Dans ses *Sonnets*, il signe la double nature de son âme : celle qui se laisse divertir par la quête incessante des plaisirs de la chair, et celle que le péché tourmente et plonge dans les abysses de l'angoisse. L'amour et la mort vont souvent de conserve dans ses vers ; il aime l'antithèse, le mélange détonant, s'inscrivant de la sorte dans une esthétique de l'instable, presque de la convulsion, où paraît le mouvement baroque. Il meurt le 18 mars 1595, à Bordeaux.

PLAISIR DE LIRE

Ils montent de la Terre ? Ils tomberont des Cieux

Ha ! que j'en voy bien peu songer à ceste mort / Et si chacun la cherche aux dangers de la guerre ! / Tantost dessus la Mer, tantost dessus la Terre, / Mais las ! dans son oubli tout le monde s'endort. / De la Mer, on s'attend à ressurgir au Port, / Sur la Terre, aux effrois dont l'ennemy s'atterre : / Bref, chacun pense à vivre, et ce vaisseau de verre / S'estime estre un rocher bien solide et bien fort. / Je voy ces vermisseaux bastir dedans leurs plaines / Les monts de leurs desseins, dont les cimes humaines / Semblent presque esgaler leurs cœurs ambitieux. / Geants, où poussez-vous ces beaux amas de poudre ? / Vous les ammoncelez ? Vous les verrez dissoudre : / Ils montent de la Terre ? Ils tomberont des Cieux.

Jean de Sponde, *Sonnets*, 1587

Chassignet, le désespoir tranquille

Le Mespris de la vie et consolation contre la mort : quatre cent quarante-quatre sonnets ! Voilà l'œuvre majeure de Jean-Baptiste Chassignet. Il l'écrit à vingt-cinq ans. On sait peu de choses sur lui, sinon qu'il est né en 1571, à Besançon, alors terre du Saint-Empire romain germanique. Son père est médecin. Jean-Baptiste devient docteur en droit en 1593. La publication de ses sonnets lui apporte la renommée mais il ne semble pas atteint de l'ambition littéraire dévorante de certains de ses contemporains. Avocat fiscal au baillage de Gray, son rôle de négociateur en Flandre à la veille de l'édit de Nantes est déterminant. Son œuvre – redécouverte récemment – comprend aussi *Les Paraphrases sur les cent cinquante psaumes de David*, publiées en 1612. Il meurt le 28 octobre 1635. Ou plutôt, il s'endort… : *Qu'est-ce que d'estre mort ? – que n'estre plus au monde. Avant que naistre au monde, enduriez-vous douleur ? Ne point naistre en ce monde, est-ce quelque malheur ? La mort et le sommeil marchant en mesme ronde.*

PLAISIR DE LIRE

Tantost la crampe aus piés, tantost la goute aus mains...

Tantost la crampe aus piés, tantost la goute aus mains, / Le muscle, le tendon, et le nerf te travaille ; / Tantost un pleuresis te livre la bataille, / Et la fievre te poingt de ses trais inhumains ; / Tantost l'aspre gravelle espaissie en tes reins / Te pince les boyaus de trenchante tenaille : / Tantost une apostume aus deux poumons t'assaille, / Et l'esbat de Venus trouble tes yeux serains. / Ainsi en advient il à quiconque demeure / En la maison d'autruy, mais s'il faut que tu meure, / Tu deviens aussi tost pensif et soucieus : / Helas aimes tu mieus mourir tousjours en doute / Que vivre par la mort ? celuy qui la redoute / Ne fera jamais rien digne d'un homme preus.

Jean-Baptiste Chassignet, *Sonnets*, 1595

Les riches voix des réformés

Ils sont enthousiastes, généreux, pleins d'une imagination sans limites : c'est Du Bartas qui se laisse aller à l'écriture de la Genèse à sa façon, avec délices, érudition et originalité ; c'est Agrippa d'Aubigné qui s'inscrit dans le cours des événements avec une rigueur morale, une intransigeance, une obstination qui vont lui coûter bien des amis. Mais ses emportements traduisent le désir d'un monde plus humain, plus sensible, plus profond. Ces deux réformés, adeptes d'un calvinisme rigoureux, offrent, à travers l'excès lui-même, une richesse propre à élever l'esprit.

La Semaine de Guillaume du Bartas

Guillaume de Saluste du Bartas ne s'appelait pas Guillaume de Saluste du Bartas, mais, plus simplement, Guillaume Salustre. Pourtant, qu'il est doux de se laisser emporter par ces petites coquilles de noix que sont les nobles particules, vers les îles enchantées de la noblesse où tout est politesses, et façons policées, mines bien farinées devant les petitesses. Petitesse de se laisser dire noble ainsi ? Peut-être… Mais là n'est pas la question, quoique…

Salustre devient Saluste

Donc, les Salustre ne sont point nobles, mais marchands, et protestants. Ils ont fait de bonnes affaires et se sont établis à Montfort, en Armagnac (Gers). Lorsque Guillaume naît, en 1544, son père se dit que l'échelle sociale passe plus facilement par des noms illustres, et il modifie Salustre en Salluste ou Saluste – c'est le nom d'un fameux historien romain, protégé de Jules César… Puis, le père Saluste achète la terre du Bartas qui lui permet de devenir le sieur du Bartas. Le convoi patronymique est donc complet – de Saluste du Bartas –, la grande histoire de Guillaume peut commencer.

Un succès européen !

Elle commence tristement : son père meurt en 1566. mais à toute chose malheur est bon : voilà Guillaume de Saluste du Bartas dispensé de tout souci matériel. De plus, il n'aime pas la guerre et le confesse volontiers. Ses occupations ? La poésie ! Il n'aime que versifier. Il fréquente la cour de Nérac, en Navarre – celle de Jeanne d'Albret, rappelez-vous, elle est la fille de Marguerite de Navarre, sœur de François Ier – eh oui, prenez des notes, de temps en temps ! En 1578, il publie son œuvre majeure : *La Semaine*. Aussitôt, c'est un succès foudroyant, non seulement en France, mais dans toute l'Europe ! Les rééditions se succèdent et atteignent le nombre jamais vu de soixante-dix en vingt ans !

Une encyclopédie !

Mais que contient donc ce livre magique qui aimante tous les regards en cette fin du XVIe siècle, et peut nous laisser aujourd'hui un peu perplexes ?… Il s'agit d'une réécriture en sept mille alexandrins de la Genèse, le livre de la création dans la Bible. L'imagination de Du Bartas y est tellement brillante, tellement habile et astucieuse, décrivant le monde biblique et le monde réel en même temps, y ajoutant mille anecdotes et précisions quasi scientifiques, qu'on a pu parler d'une véritable encyclopédie !

PLAISIR DE LIRE

J'ai demandé à la lune…

Éloge à la lune – Ô le second honneur des celestes chandelles, / Asseuré calendrier des fastes eternelles, / Princesse de la mer, flambeau guide-passant, / Conduy-somme, aime-paix, que diray-je, ô croissant, / De ton front inconstant, qui fait que je balance / Tantost ça tantost là d'une vaine inconstance, / Si par l'œil toutesfois l'humain entendement / De corps tant esloignez peut faire jugement, / J'estime que ton corps est rond comme une bale, / Dont la superficie en tous lieux presque égale / Comme un miroir poli, or dessus or dessous, / Rejette la clarté du soleil, ton espoux. / Car comme la grandeur du mari rend illustre / La femme de bas lieu, tout de mesme le lustre / Du chaleureux Titan esclaircit de ses rais / Ton front, qui de soy-mesme est sombrement espais.

Guillaume du Bartas, *La Semaine*, 1578

Du Bartas crée la mode du XXe siècle

Du Bartas croule sous les honneurs, le roi Henri IV vient lui rendre visite chez lui – ce jour-là, la foudre même s'en mêle et tombe en plein milieu du dîner et de la salle des invités ! Une seconde *Semaine* est commencée qui ne sera jamais achevée – elle comptait pourtant quatorze mille vers, déjà... Du Bartas meurt le 28 août 1590. Deux décennies plus tard, on le trouve excessif, plein d'emphase, de démesure ; encore une décennie, et il est oublié, complètement ! Du Bartas inaugure ainsi une mode – l'écrivain adulé, puis complètement oublié – qui trouvera son plein épanouissement dans les dernières décennies du XXe siècle...

Agrippa d'Aubigné, bouc du désert

« La mère, ou l'enfant ? – L'enfant ! » Ainsi mourut à vingt ans, le 8 février 1552, en *l'hostel Saint Maury* près de Pons, en Saintonge, Catherine d'Aubigné, née damoiselle de l'Estang. Ainsi vint au monde son fils Théodore Agrippa d'Aubigné. Agrippa, contraction de *aegre partus* en latin : *enfanté dans la douleur.* Son père Jean d'Aubigné, calviniste convaincu, lui donne trois précepteurs : Jean Cottin, Jean Morel et Peregrim afin qu'il étudie l'hébreu, le grec et le latin. À six ans, Agrippa lit, écrit et comprend l'hébreu, le grec et le latin, sans oublier le français ! Aujourd'hui, à cet âge, dans tous les cours préparatoires de France et de Navarre, les bambins sont plutôt experts en Chupa-chups et sucreries diverses. C'est sans doute tant mieux, c'est peut-être tant pis...

Malade de la peste...

1560. Agrippa a huit ans. Il vient de traduire le *Criton* du philosophe grec Platon. Son père l'emmène alors à Amboise où viennent d'être pendus cent conjurés protestants qui voulaient s'emparer du pouvoir. Devant les cadavres, il fait jurer vengeance à l'enfant ! En 1562, à dix ans, Agrippa est à Paris. À peine a-t-il commencé à suivre les leçons de l'humaniste protestant Béroalde qu'il doit fuir les persécutions contre les calvinistes. À Coutances, il est arrêté, emprisonné. Il s'évade – n'oublions pas qu'il n'a que dix ans... – et se dirige vers Montargis où il est recueilli par Renée de France. Il quitte Montargis pour Gien, puis Orléans. C'est là qu'il est atteint de la peste dont tout le monde meurt, ou presque : il en guérit ! Mars 1563 : la place d'Orléans est attaquée, Jean d'Aubigné la défend, il est blessé mortellement et meurt sous les yeux de son fils.

Rage, colère et idéal

Premier amour à Genève où il s'est réfugié, en 1565. Elle s'appelle Louise Sarrasin. Pour elle, il continue ses études qu'il avait décidé d'arrêter. Il s'initie à l'astronomie, l'astrologie, la magie, quitte Genève pour Lyon où, sans argent, il tente de se suicider. Son cousin le sauve. Deuxième amour en

1571. Elle s'appelle Diane Salviati, c'est la nièce de Cassandre Salviati – *Mignonne allons voir si la rose…* – aimée de Ronsard. Le 18 août 1572, Agrippa se rend à Paris où les esprits s'échauffent en attendant le mariage explosif entre le protestant Henri de Navarre, futur Henri IV, et Marguerite de Valois, catholique. Agrippa a vingt ans, c'est une sorte d'alliage détonant entre la rage, la colère et le désespoir, le tout à la remorque d'un idéalisme combattant. Le 21 août, il se bat en duel contre un catholique qu'il blesse gravement, et doit fuir Paris. Cette fuite lui sauve la vie car, trois jours plus tard, c'est le massacre de la Saint-Barthélémy !

C'est baroque !

Le mot baroque vient du portugais *barroco*. Il désigne, en joaillerie, les pierres qui ne sont pas parfaites. Son sens étendu à l'architecture, à la littérature, à toute forme d'art, souligne le caractère profus d'une œuvre, chargé ou même surchargé, pour des réussites variables, qu'on juge généreuses, richement inspirées ou fouillis selon le goût qu'on s'est forgé. Le baroque opère la liaison entre la Renaissance et le triomphe de l'âge classique, à partir de 1660. Il cohabite avec le classicisme naissant au temps de Louis XIII. C'est un art du mouvement, de l'instable, de l'émotion vive, du pathétique, reflet des temps tourmentés de la Réforme et de la Contre réforme.

Mourir dans les bras de Diane !

Sauvé Agrippa ? Assagi ? Point du tout : en décembre 1572, il se prend de querelle avec des catholiques dans un petit village de Beauce, près de Chartres. Il est si gravement blessé qu'il pense mourir. Et pour mieux mourir, il s'en va au château de Talcy, dans les bras de Diane Salviati qui le sauve. Mariage ? Non ! disent les parents ! Ce d'Aubigné est trop pauvre ! Il va lui dédier son *canzoniere* : *Le Printemps*, un ensemble de poèmes avec du feu, du sang, des squelettes, qui disent la passion dévorante et tragique – tout pour séduire ! Devenu écuyer du roi de Navarre avec qui il se brouille régulièrement à cause de son franc-parler, Agrippa fait preuve d'une étonnante bravoure sur tous les champs de bataille. Il est si gravement blessé à Casteljaloux qu'il pense mourir. Il écrit alors les premières pages de son œuvre majeure : *Les Tragiques*.

ALLONS PLUS LOIN

Les Tragiques ? Du baroque…

À Talcy, Agrippa qui croit mourir dans les bras de Diane a une vision : il va écrire une vaste fresque à la gloire des réformés, ses frères de peine et d'armes. À Casteljaloux, en 1577, alors qu'il se croit encore plus mort, la vision se précise. Dès sa résurrection, Agrippa agrippe la première plume venue et se met à l'ouvrage. La rédaction des *Tragiques* va durer trente ans ! Les sept livres – 9 302 alexandrins – sont publiés en 1616 sous le pseudonyme acronyme de LBDD : Le Bouc Du Désert, en référence à un chapitre du Lévitique dans la Bible où un bouc expiatoire est envoyé au démon sauvage Azazel, dans le désert. On trouve d'abord dans les deux premiers livres les *Misères du royaume de France*. Viennent ensuite les livres *Feux* et *Fers*, avant *Vengeances* et *Jugement*.

Le tout est écrit à la hargne, la colère hallucinée, à la férocité – le portrait du roi Henri III est un vitriolage parfait ! Pourtant, le lyrisme réussit à apaiser, parfois, les alexandrins qui se laissent alors bercer par la rêverie d'un monde meilleur. L'ensemble est tendu à rompre, comme un sanglot qui n'en finirait pas, l'immense chagrin d'un idéaliste généreux, sans cesse dans l'action, et qui a épuisé les forces de son corps et de son esprit à défendre, sans vraie victoire, une cause qui fut perdue. Aujourd'hui, si on vous dit Agrippa d'Aubigné, vous répondrez : le poète baroque ? Voilà, c'est ce qu'il a gagné : représenter le style baroque, foisonnant, excessif, qui explose à la fin du XVIe siècle. Mais alors, ses combats, ses désespoirs, ses douleurs ? Du baroque, on vous dit, du baroque…

Sièges, fâcheries, réconciliations…

En 1580, il conquiert et pille la région de Montaigu. Trois ans plus tard, il épouse Suzanne de Lezay, rencontrée en 1577. On le trouve ensuite sur tous les champs de bataille : en Saintonge, à Oléron, à Coutras, à Niort, à Maillezais dont il s'empare et devient gouverneur. 1589 : siège de Paris ; 1590 : siège de Paris de nouveau – les protestants tentent encore de s'emparer de la capitale ; 1591 : siège de Rouen ; 1592, escarmouches en Poitou ; 1593 : siège de Poitiers. Fâcheries à répétitions contre le roi, et réconciliations. Séjour à la cour, puis fâcherie de longue durée. Le roi, en 1605, tente un rapprochement : Agrippa se rappelle la promesse qu'il a faite à son père et ne comprend pas qu'Henri IV ait abjuré !

Où peut-on être mieux qu'au sein de sa famille ?…

Quel tumulte, la vie d'Agrippa ! Mais peut-être trouve-t-il consolation dans sa famille ? Non : sa femme meurt en 1595. Son fils Constant a le tempérament rebelle – il a de qui tenir… En 1608, il épouse sans le consentement de son père Anne Marchant qu'il va tuer en 1619, l'ayant surprise dans une auberge de Niort avec un expert en galipettes ! Peu de conséquences pour l'outragé protégé par son père, malgré de multiples trahisons, fripouilleries et friponneries. Agrippa écrit une *Histoire universelle* où éclatent ses convictions calvinistes. Elle est évidemment condamnée à Paris. Il doit fuir. Il gagne Genève où un accueil triomphal lui est réservé. Le 24 avril 1623, à soixante et onze ans, il se remarie avec Renée Burlamacchi. Sa fille aînée, Marie, meurt trois ans plus tard. Constant le trahit une dernière fois au profit des catholiques. Agrippa a tout juste le temps de mettre un point final à ses Mémoires : *Sa vie à ses enfants*, il meurt le 9 mai 1630, à Genève.

PLAISIR DE LIRE

La justice, selon Agrippa…

Eh bien ! vous, conseillers de grandes compagnies, / Fils d'Adam qui jouez et des biens et des vies, / Dites vrai, c'est à Dieu que compte vous rendez. / Rendez-vous la justice ou si vous la vendez ? / Plutôt, âmes sans loi, parjures, déloyales, / Vos balances, qui sont balances inégales, / Pervertissent la terre et versent aux humains / Violence et ruine, ouvrages de vos mains. / Vos mères ont conçu en l'impure matrice, / Puis avorté de vous tout d'un coup et du vice ; / Le mensonge qui fut votre lait au berceau / Vous nourrit en jeunesse et abesche au tombeau. / Ils semblent le serpent à la peau marquetée / D'un jaune transparent, de venin mouchetée, / Ou l'aspic embuché qui veille en sommeillant, / Armé de soi, couvert d'un tortillon grouillant. / À l'aspic cauteleux cette bande est pareille, / Alors que de la queue il s'étoupe l'oreille ; / Lui, contre les jargons de l'enchanteur savant, / Eux pour chasser de Dieu les paroles au vent.

Agrippa d'Aubigné, *Les Tragiques*, La Chambre dorée, 1616

Théophile de Viau, si ceux qui lisent aujourd'hui…

Théophile, le plus brillant, le plus vif, le plus incisif, le plus gai, le plus amoureux de la vie, de la drôlerie, Théophile qui êtes capable de vous mettre en danger de mort pour un trait d'esprit contre la religion, contre les dogmes et tous les conformismes…

Parfait libertin

Théophile de Viau, né en mai 1590 à Clairac-en-Agenais (aujourd'hui en Lot-et-Garonne), vous qui êtes parti, après vos études de médecine, pour les Pays-Bas avec Guez de Balzac, vous qui avez rompu cette amitié – dites Théophile, y a-t-il un rapport entre vos épigrammes érotiques et Guez de Balzac ?… –, vous qui avez multiplié odes, satire et épigrammes pour dire votre impiété, pour clamer votre liberté, pour vous faire le porte-voix de l'aristocratie qui n'ose s'opposer au pouvoir oppressant, vous, le plus parfait libertin, vous qui nous avez donné le plus beau des matins : *L'Aurore sur le front du jour / Seme l'azur, l'or et l'yvoire, / Et le Soleil, lassé de boire, / Commence son oblique tour. / Ses chevaux, au sortir de l'onde, / De flame et de clarté couverts, / La bouche et les nasaux ouverts, / Ronflent la lumière du monde. (…)*, Théophile, vous qui avez ressuscité en tragédie Pasiphaé, et puis Pyrame et Thisbé afin qu'ils meurent dans la douceur de la sublime amour…

LE SAVIEZ-VOUS ?

Tristan L'Hermite, bretteur et auteur

Un page de treize ans qui provoque en duel un homme mûr et le tue, pour une histoire d'honneur et d'amour mêlés, est-ce vraisemblable ? Oui, c'est l'histoire de Tristan L'Hermite, peut-être apparenté au prédicateur Pierre L'Hermite, exalté qui rassembla pour la première croisade – en 1096 – trois cent mille petites gens dont il ne sut trop que faire ensuite… Tristan L'Hermite est né en 1601, dans la Creuse et mort à Paris en 1655. Grand voyageur d'abord, pour fuir la vengeance des proches de sa victime, il obtient sa grâce en 1620, publie alors un roman autobiographique : *Le Page disgracié* ; il écrit des vers ensuite, s'inspirant librement du style de Théophile de Viau. À partir de 1636, il compose des tragédies qui annoncent la pureté classique : *Marianne, La Mort de Sénèque*…

Au bûcher !

Théophile, ô Théophile, les voici, ceux qui vont vous conduire à votre Golgotha : le père Garasse, le père Voisin, deux jésuites qui ne supportent pas votre voix, qui ont lu certains vers où vous semblez avouer votre appartenance à la secte des plus grands criminels : les sodomites ! Théophile, malgré la faveur du roi, malgré votre conversion au catholicisme, malgré tout, Garasse et Voisin vont obtenir le pire : vous êtes condamné au bûcher, vous devez périr par les flammes ! Mais un grand seigneur vous sauve…

À défaut de vos vers…

Garasse et Voisin ne vous lâchent pas, vous font jeter en prison, vous y restez deux années, Théophile, vous y perdez votre santé et, quand on vous libère, en 1625, vous n'avez plus que les os et la peau, Théophile, et vous mourez l'année suivante. Ainsi vaincu en ce temps-là, vous pourriez triompher dans le nôtre si la myopie en lecture n'élisait pour héros des Malherbe à la pelle. Théophile, s'il se pouvait au moins qu'à défaut de vos vers on donne pour remède à toute morosité votre esprit, sa subtilité, et cette façon d'aimer qui n'a plus cours, où chaque jour est un danger. Si ceux qui aujourd'hui lisent ces lignes décidaient d'aller vous retrouver en quelque librairie, quelque bibliothèque, nous aurions gagné…

CHEZ NOS VOISINS

Shakespeare, maître d'école

William Shakespeare ! Que n'a-t-on dit, écrit sur William Shakespeare ! Selon certains, il n'aurait été que le prête-nom d'un auteur de génie qui ne voulut jamais se faire connaître. Ou bien derrière lui se cacherait un membre de la famille royale. Mieux encore : il n'aurait jamais existé – ce qu'Alphonse Allais confirme à sa façon : *Shakespeare n'a jamais existé ! Toutes ses pièces ont été écrites par un inconnu qui portait le même nom que lui !* Voilà qui est clair ! La vérité est pourtant simple : William Shakespeare est le troisième des huit enfants du ménage Shakespeare, cultivateurs installés à Sratford-on-Avon. Né en 1564, il fut – croit-on savoir – maître d'école à la campagne jusque dans les années 1590. Cette version étant trop simple pour les amateurs de destins hors du commun, on lui a inventé mille aventures, mille voyages qu'il ne fit sans doute pas.

Ce qui est sûr, c'est qu'il nous a laissé une œuvre universellement connue. Une œuvre qui comprend des pièces historiques, des comédies : *Le Songe d'une nuit d'été* (1595), *La Nuit des rois* (1600) ; des tragédies : *Roméo et Juliette* (1595), amours tragiques des deux amants aux familles rivales – les Capulet et les Montaigu – Hamlet (1601), sur le thème de la vengeance, où l'on entend le fameux questionnement : *To be or not to be, that is the question* – Être ou ne pas être, là est la question –, *Othello* (1604), sur le thème de la jalousie et de la trahison, *Le Roi Lear* (1606), sur la trahison encore… Loin des codes rigides qui gouvernent les genres, Shakespeare ouvre toutes ses créations à ce que la nature humaine recèle de plus touchant, de plus drôle, de bouleversant, ou terrifiant, et cela tout à la fois, dans le même temps scénique et dramatique – génie qui fascinera les romantiques français au XIXe siècle. Shakespeare est aussi l'auteur de plus de mille six cents sonnets.

XVIe siècle : tableau récapitulatif

- 1511 *Éloge de la folie* (Érasme)
- 1532 *Pantagruel* (Rabelais)
- 1535 *Gargantua* (Rabelais)
- 1538 *Blasons* (Marot)
- 1539 *Ordonnance de Villers-Cotterêts* (le français langue nationale)
- 1549 *Heptaméron* (Marguerite de Navarre)
- 1552 *Les Amours* (Ronsard)
- 1554 *Sonnets* (Louise Labé)
- 1558 *Les Regrets* (Joachim du Bellay)
- 1577 *Les Tragiques* (Agrippa d'Aubigné)
- 1580 *Essais* (Montaigne)

Troisième partie

Le XVIIe : un grand classique

Dans cette partie...

Vous allez assister à la lutte entre deux genres : le baroque et le classicisme. Né à la fin du XVIe siècle, le genre baroque est caractérisé par la générosité mais aussi l'excès, la surcharge, dans le fond et la forme de toute création. François de Malherbe enregistre la volonté générale d'en finir avec les débordements qu'on rencontre dans la langue, dans tous les genres pratiqués par les écrivains. Il tente d'imposer en toute entreprise la rigueur, gage de clarté et d'efficacité. Le courant baroque va poursuivre sa route cependant, produisant notamment des romans fleuves pour le salon des précieuses. Leur source tarie, ils laissent la place au genre classique qui va triompher en prose et en vers, dans la comédie ou la tragédie, dans les arts en général. Le classicisme triomphe dans tous les domaines pendant le règne de Louis XIV.

Chapitre 8

De la rigueur avant toute chose

Dans ce chapitre :

- Appréciez la rigueur de François de Malherbe
- Assistez à la naissance de l'Académie française et de son dictionnaire
- Philosophez, en français et non plus en latin, avec Descartes

Trop, c'est trop. Le baroque foisonnant gêne Malherbe qui n'y voit que désordre – bien qu'il ait commencé par y adhérer. Il met la rigueur à l'ordre du jour, de tous ses jours, jusqu'à sa mort ! Rigueur pour le vocabulaire qu'il expurge de centaines de mots jugés inélégants ou trop populaires. Rigueur dans l'écriture de la poésie qui se trouve chargée de codes supplémentaires afin que le vers s'inscrive dans le marbre du temps ! Rigueur partout ! Cet esprit va contaminer toute la chaîne de l'écriture, entrer dans la toute nouvelle Académie française, investir la création en général, et ouvrir toutes grandes les portes au classicisme triomphant.

Enfin Malherbe vint…

Allons, Nicolas Boileau ! Un peu de mesure dans vos propos ! Vous écrivez : *Enfin Malherbe vint, et, le premier en France, / Fit sentir dans ses vers une juste cadence, / D'un mot mis en sa place enseigna le pouvoir, / Et réduisit la muse aux règles du devoir*. Vous formulez ce jugement sur l'œuvre de François de Malherbe (1555-1628) dans votre *Art poétique*, en 1674 ! Pensez-vous vraiment qu'un seul homme puisse *réduire la muse aux règles du devoir*? Et puis, qu'est-ce que ce *devoir* dont vous parlez ? N'y aurait-il pas quelque autre raison qui ait provoqué l'évolution du genre poétique, et de la langue elle-même ? Cherchons un peu : la cour d'Henri IV qui s'installe en 1594 dans la sphère du pouvoir n'est pas celle d'Henri III. Au raffinement souvent alambiqué succède le pragmatisme béarnais, le bon sens, la clarté. Et ce goût pour le bon sens est largement partagé par une population que rebutent les coquetteries des érudits. Malherbe enregistre tout cela avec une application de bon élève, et puis il l'enseigne avec l'autorité obstinée d'un instituteur à l'ancienne ! Voilà tout, monsieur Boileau !

Les récréations dans la cour

De Caen à la Provence, la première partie de la vie de François de Malherbe est celle de l'écriture foisonnante, baroque. Cependant l'auteur, s'apercevant de ses propres excès, va commencer à se juger sévèrement.

Malherbe, gentilhomme européen

Suis-je vraiment noble, ne le suis-je pas ? C'est la question que s'est posée toute sa vie François de Malherbe. On a dit qu'il descendait plutôt d'une modeste branche de tanneurs, c'est vrai ; on a dit qu'il rattachait à tort son nom à la prestigieuse branche des Malherbe de Saint-Aignan, c'est faux : Malherbe appartenait bien à cette branche prestigieuse, qui comptait parmi ses représentants de modestes tanneurs, tout simplement ! Le gentilhomme Malherbe commence ses études dans sa ville natale, à Caen. Il les poursuit à Paris, puis à Bâle et Heidelberg. Il acquiert une vaste culture – européenne de surcroît.

La force de Coriolis

Au lieu de succéder à son père au tribunal de Caen, il part pour la Provence, au service du duc d'Angoulême. Il y succombe au charme de Madeleine de Coriolis qu'il épouse en 1581. Six ans plus tard, il publie une œuvre foisonnante, pleine de recherche d'effets, plus touffue que dense, baroque à souhait : *Les Larmes de saint Pierre*. Dans le même temps, son protecteur, le duc d'Angoulême, est tué en duel. Pendant treize ans, Malherbe va vivoter entre Aix-en Provence et Caen, Madeleine à ses côtés, sa force de Coriolis. Il affûte sa plume aux exigences du temps, travaille la langue à l'économie, juge sévèrement sa propre démesure passée et, surtout, celle des autres. De cette époque demeurent de nombreux poèmes dont *La Consolation à Monsieur du Périer*, son ami, qui venait de perdre sa fille de cinq ans – Malherbe lui-même, dans le même temps, conduisait en terre ses deux petits garçons.

PLAISIR DE LIRE

Et rose elle a vécu ce que vivent les roses…

Ta douleur, Du Périer, sera donc éternelle, / Et les tristes discours / Que te met en l'esprit l'amitié paternelle / L'augmenteront toujours / Le malheur de ta fille au tombeau descendue / Par un commun trépas, / Est-ce quelque dédale, où ta raison perdue / Ne se retrouve pas ? / Je sais de quels appas son enfance était pleine, / Et n'ai pas entrepris, / Injurieux ami, de soulager ta peine / Avecque son mépris. / Mais elle était du monde, où les plus belles choses / Ont le pire destin ; / Et rose elle a vécu ce que vivent les roses, / L'espace d'un matin [...] François de Malherbe, *Consolation à M. du Périer sur la mort de sa fille*, 1595.

Le prénom de la fille de Du Périer étant Rosette, Malherbe écrit : *Et Rosette a vécu ce que vivent les roses*… L'imprimeur qui ne parvient pas à déchiffrer l'écriture du poète prend les deux *t* pour deux *l*. Il compose donc ainsi ce vers devenu l'un des plus beaux de la langue française : *Et rose elle a vécu ce que vivent les roses*… Deux *l* bien placés, pour un envol vers la perfection, jusqu'à la fin des temps, environ…

Le grand ménage

En 1600, Marie de Médicis, future reine de France, passe par Aix pour se rendre à Paris où elle apporte à Henri IV à l'occasion de leur mariage une dot énorme, puisée dans les coffres de Florence, la riche cité italienne. Malherbe en profite pour trousser une Ode de bienvenue qui le fait remarquer par le cardinal Du Perron. Mais il lui faut attendre encore cinq années avant d'être introduit, à Paris, dans l'entourage proche du roi Henri IV, et d'en devenir écuyer, puis – plus tard – gentilhomme de la Chambre. Malherbe atteint la cinquantaine. Il est grand temps d'agir pour entrer dans l'histoire…

Demandez prières et consolations

Malherbe doit d'abord répondre à toutes les demandes du roi qui désire une chronique en odes et vers divers sur les jours de son règne, et, principalement sur sa personne ! Le roi part-il en Limousin châtier des révoltés ? Malherbe écrit *La Prière pour le Roi Henri le Grand allant en Limousin*. Caritée, une jeune femme de la cour, perd-elle son mari ? Malherbe lui écrit une Consolation. Chrysante, une jeune et touchante beauté est très malade ? Malherbe écrit *Pour la Guérison de Chrysante* (et ça marche, Chrysante guérit…). C'est bien, mais un peu léger pour accomplir le dessein d'immortalité !

Une curiosité littéraire

Ce que Malherbe écrit dure éternellement

D'excellents arrangeurs de syllabes ! Voilà ce que Racan souhaite qu'on dise de Malherbe et de lui-même dans les siècles à venir. Malherbe, quant à lui, bien loin des prétentions de Ronsard qui voulait que le poète fût un prophète en son pays, affirme qu'un bon poète n'est pas plus utile à l'État qu'un bon joueur de quilles ! Un joueur de quilles, certes, mais qui ne perd pas la boule, formulant à propos de sa propre écriture ce jugement dont on démêle mal la lucidité de la vanité : *Ce que Malherbe écrit dure éternellement* ! Attention, François, la boule dans les chevilles…

Une belle dégasconnerie !

Voici donc maintenant le grand œuvre de François de Malherbe : la dégasconnerie ! Ce néologisme est le prolongement de celui de Guez de Balzac qui souligne ainsi une partie de l'action de Malherbe : dégasconner la langue française. À la dégasconnerie, s'ajoutent d'autres résolutions, ou d'autres conseils – en forme d'ordre – à tous ceux qui écrivent. Ces résolutions ou conseils ne figurent dans aucun Art poétique ou traité que Malherbe aurait signé. On les trouve dans l'exemplaire des poésies de Desportes qu'il a abondamment annoté, d'une plume ironique et féroce.

Racan, son disciple, a aussi rapporté beaucoup de ses phrases à l'emporte-pièce, de ses jugements péremptoires, en couperets souvent nécessaires pour se débarrasser des excroissances d'une langue qui partait dans tous les sens…

Demandez le programme !

- Dégasconner la langue, c'est en supprimer tout ce qu'on appelle aujourd'hui les régionalismes, les expressions mises à la mode dans quelques petits cercles issus de la province, mais qui ne sont pas comprises de tous.
- Malherbe, non seulement dégasconne, mais déronsardise… Il ne supporte pas le galimatias de Pindare – entendez par là les Odes de Ronsard. D'ailleurs, il ne supporte pas Ronsard, pas plus que l'érudition gratuite, ni ceux qui en font étalage.
- Oui aux idées nobles traitées dans l'Antiquité. Mais que les formes d'écriture de ces temps reculés ne soient pas imposées comme modèles absolus.
- Suppression des mots compliqués, des mots composés laborieux, des termes dérivés et laids, résultats de l'enthousiasme juvénile des brigadistes qu'il trouve brouillons et approximatifs.
- Non aux longs épanchements douloureux, langoureux et personnels sur les misères de l'amour. Oui au souci plus affirmé du lecteur – Malherbe est ainsi accusé de tuer le lyrisme, alors qu'il en limite les excès.
- La légèreté, la coquetterie courtisane, façon Desportes, c'est fini !
- Le langage appartient au peuple, doit être compris par lui. Le poète, l'écrivain, doivent s'inspirer de ce qu'ils entendent : l'usage courant ; et cet usage ne se perçoit qu'au milieu de ceux qui le pratiquent.
- Malherbe affirme que ses maîtres en langage sont les crocheteurs du Port au foin – les gros bras du lieu où est entreposé, non loin de l'Hôtel de Ville, le pétrole de l'époque : le foin…
- Point trop de figures de rhétorique : les métaphores alambiquées, les comparaisons biscornues alourdissent les vers et peuvent lui donner une démarche si pataude qu'il en est ridicule. Point tant de manières ! Et que la syntaxe soit claire, pas d'inversions absconses, de constructions abstruses !

D'utiles recettes

Tous les conseils de Malherbe annoncent l'imminence du grand style classique. Mais, encore une fois, Malherbe n'invente rien, ou presque : il se trouve que ses convictions correspondent exactement à l'évolution de la langue en ce début du XVIIe siècle. Ce n'est pas lui qui a créé le langage nouveau, clair, sobre, efficace, il n'a fait qu'enregistrer son mouvement, donnant aux écrivains qui voulaient être lus et compris, d'utiles recettes.

Poésie, mode d'emploi

Lisez des odes ou sonnets de Ronsard ou bien les autres auteurs de la Pléiade. Puis plongez-vous dans la poésie de l'après Malherbe. Voulez-vous maintenant jouer au jeu des sept différences qu'on peut y trouver ? Allons-y :

- Après Malherbe, l'hiatus a disparu – l'hiatus est la rencontre inharmonieuse entre deux voyelles situées à la fin d'un mot et au début de celui qui le suit, par exemple dans : il alla à Arcachon.
- Les enjambements – la phrase poétique qui déborde le vers – sont peu fréquents.
- L'alexandrin est coupé en deux à la sixième syllabe – deux hémistiches égaux séparés par la césure – obligatoirement, de sorte qu'on peut faire une courte pause à la lecture.
- Les mots de la même famille ne sont plus acceptés pour rimes – feuille et effeuille par exemple.
- L'alternance des rimes féminines et masculines est systématique.
- Pas de vers monosyllabiques – écrits avec des mots d'une seule syllabe.
- Pas de vers trop sonores, ni de répétitions volontaires du même son – ce qu'on appelle l'allitération.
- Dans les longues strophes – qui n'excèdent pas dix vers – on doit trouver un point tous les quatre vers au moins.
- La plupart de ces techniques d'écriture seront observées par les poètes jusqu'au XIXe siècle, fournissant à la littérature française des vers qui semblent gravés dans le marbre.

Mort de chagrin

Le 14 mai 1610, rue de la Ferronnerie à Paris, Ravaillac tue Henri IV qui se rendait en carrosse chez Sully son ministre. Marie de Médicis devient régente du royaume. Malherbe qui avait su, en 1600, s'attirer ses bonnes grâces, demeure le poète de la cour, célébrant les uns et les autres, précisant à ses deux bons élèves, Maynard et Racan, son catéchisme de la langue. Concini, l'aventurier italien à qui Marie de Médicis a confié les pleins pouvoirs ou presque, est assassiné sur ordre de Louis XIII en 1617. Malherbe demeure un temps à l'écart, mais sait retrouver la faveur du roi et de Richelieu. Marc-Antoine, le seul fils qui lui restait de ses quatre enfants, se bat en duel et tue son adversaire. Il est condamné à mort. Malherbe obtient sa grâce. Mais quelque temps plus tard, en 1627, ce fils chéri est tué dans un nouveau duel. Désespéré, Malherbe s'en va alors à La Rochelle, supplier le roi que les assassins de son fils soient châtiés. Le roi refuse. Malherbe, inconsolable, meurt le 16 octobre 1628.

Les bons élèves

À défaut d'avoir la France entière à son écoute, François Maynard écrit pour la sulfureuse reine Margot qui apprécie ses qualités de joyeux drille, de bon vivant.

François Maynard : d'excellents résultats

Ah ! Le coquin ! Le coquin de François Maynard – même s'il orthographie son nom Mainard lorsqu'il signe, impossible de faire entrer dans la tête de la postérité cette orthographe, avec un i… Donc, regardez-le : il sort d'un tripot sombre, hilare, François Maynard ! Il a bien bu, avec ses compères Saint-Amant, Colletet ou Théophile de Viau. Ils se sont lu des poèmes, ponctuant leur déclamation de larges tapes sur les cuisses, et pour cause : ce ne sont pas des poèmes à mettre entre toutes les mains. Il faut dire qu'aux tables voisines, dans le tripot sombre, on en entend bien d'autres, de ces poèmes fort à la mode.

Le harceleur aux huit enfants

Monsieur Mainard (il sera content de son i…) redevient sérieux dès le jour venu. Ou du moins, il adopte une autre manière d'être, délurée aussi, mais de façon moins gaillarde. Qui sert-il donc ? La reine Margot ! Oui, la scandaleuse, la tant amoureuse de tous les hommes, et tant amoureuse que son mari de roi Henri IV a dû la répudier ! Mainard est devenu en 1607, l'élève, l'auditeur privilégié du grand Malherbe. Il a presque trente ans lorsqu'il se marie en 1611, la jeune fille lui apporte une grosse dot qui va le mettre à l'abri du besoin – jusqu'à ce qu'il doive harceler Richelieu pour obtenir une pension : ses huit enfants, près de quinze ans plus tard, lui coûtant fort cher ! Il est président au tribunal d'Aurillac jusqu'en 1628, réside soit à Paris, soit dans le Lot, à Saint-Céré.

Jaloux, Malherbe ?

Lorsque l'Académie française est créée, il n'y entre qu'avec difficulté car il ne bénéficie pas de la confiance de Richelieu. En 1634, il est secrétaire de François de Noailles, ambassadeur à Rome. Là-bas, il ne cesse de demander de l'argent à tous ceux qu'il approche. Il finit par être renvoyé à Saint-Céré. C'est là qu'il va terminer sa vie, se résignant aux plus cruels coups du sort : la mort de sa femme, d'un de ses fils, d'une de ses filles. Il meurt en 1646. Mainard est un grand technicien du vers qu'il rend plus pur, plus dense que ne le fait Malherbe lui-même – Malherbe un peu jaloux peut-être qui trouve que Mainard manque de pointes à la fin de ses poèmes. À Malherbe, sans doute, manquait la pointe d'humour…

PLAISIR DE LIRE

Silence !

Cette épigramme – petit poème satirique – est écrite au temps où Malherbe se bat contre ceux qui confondent l'érudition et la poésie. François Mainard, en bon élève, relaie les idées de son bon maître !

Ce que ta plume produit / Est couvert de trop de voiles. / Ton discours est une nuit / Veufve de lune et d'estoilles. / Mon ami, chasse bien loin / Cette noire rhetorique : / Tes ouvrages ont besoin / D'un devin qui les explique. / Si ton esprit veut cacher / Les belles choses qu'il pense, / Dy-moy qui peut t'empescher / De te servir du silence ?

François Mainard, *Épigrammes*, 1615

Honorat de Racan, la voix de son maître

Pauvre Honorat de Bueil, marquis de Racan ! Pauvre, non, car il possède terres et château à la Roche Racan où il vit l'hiver, fréquentant Paris l'été. Pauvre Racan, parce qu'il perd son père, maréchal de camp en 1597, sa mère en 1602. À douze ans, il est orphelin et destiné aux armes.

Cra… Rcrr… Crracrran… !

Hélas, Honorat est étourdi, timide, rêveur, malingre et maladroit. De plus, sa parole bègue est une mitraille de syllabes qui ferait mourir de rire l'ennemi ! Il ne parviendra jamais à prononcer son nom qui contient ses consonnes les plus redoutées… Le voici pourtant qui, à seize ans, s'attache à Malherbe. Il écrit mille et mille vers que le maître retouche mille et mille fois ! Il s'attache aussi à François Mainard amusé par la façon d'être de ce militaire sans vocation.

Ô Catherine, ô Arthénice !

Son premier et grand amour lui échappe : elle s'appelle Catherine Chabot, et elle épouse Bellegarde, le cousin d'Honorat ! Celui-ci, désespéré, va publier sous le titre *Bergeries*, un recueil de poèmes qui obtient un succès considérable. Catherine y apparaît sous l'anagramme Arthénice. Il va épouser en 1628 Madeleine du Bois qui lui donne six enfants. En 1633, il compose une ode au cardinal de Richelieu qui, satisfait, le nomme membre de la toute neuve Académie française. Après s'être tourné vers la poésie religieuse, il meurt lors d'un séjour à Paris en 1670.

PLAISIR DE LIRE

Une nuit de soldat selon Honorat

Force vieux soldats affamés, / Mal habillés et mal armés, / Sont ici couchés sur du chaume, / Qui racontent les grands exploits / Qu'ils ont faits depuis peu de mois / Avecque monsieur de Bapaume. / Ainsi nous nous entretenons / Sur le cul, comme des guenons, / Pour soulager notre misère. / Chacun y parle en liberté, / L'un de la prise de Paté, / L'autre du siège de Fougère. / Et moi, que le sort a réduit / À passer une longue nuit / Au milieu de cette canaille, / Regardant le ciel de travers, / J'écris mon infortune en vers / D'un tison contre une muraille.

Honorat de Racan, *Dernières œuvres*, 1660

Le temps des académistes

Vous rappelez-vous Jean-Antoine de Baïf, l'élève de Dorat à Coqueret, toujours premier de la classe en grec et en latin, mais qui par la suite collectionne tous les échecs possibles ? Oui ? Vous croyiez tout savoir de lui, pourtant il manquait ce détail qui a son importance : à trente-huit ans, en 1570, Baïf fonde la première Académie de poésie et de musique qui est protégée par Charles IX. Quelle importance, direz-vous ? Eh bien suivez le destin de cette académie qui organise les réjouissances royales – un comité des fêtes en quelque sorte : Charles IX mort, Henri III la réorganise. Elle devient l'Académie du Palais que fréquente Desportes triomphant, sûr de son art, et qui impose son style. Henri III assassiné en 1589, l'Académie du Palais est oubliée, mais ceux qui l'ont connue maintiennent des réunions privées où la langue française est commentée. 1633... Attention, le voilà, le voici : Armand du Plessis...

Le club de Richelieu

Tiens, voilà le printemps ! Dans le ciel, avez-vous remarqué cette arondelle ? Vous dites *arondelle*, vous ? Moi je dis *erondelle*, et l'oiseau que nous venons de voir passer, c'est une *erondelle* ! Ah ah ! *Arondelle, erondelle* ! vous me faites rire ! L'oiseau qui vient de fendre l'air en quête de moucherons, l'oiseau qui, volant bas annonce l'orage qui gronde, c'est une *hirondelle*... Beaucoup trop de noms pour un seul oiseau, pense le cardinal Armand du Plessis de Richelieu, le ministre de Louis XIII. Si on veut une France forte, unie – centralisée aussi... – il faut commencer par lui donner une langue qui sera parlée de la même façon du nord au sud et de l'est à l'ouest du royaume ! Comment faire ?

François, Valentin et les autres...

C'est un jeune homme de trente ans qui va servir de déclic à la création de l'outil dont rêve Richelieu : il s'appelle François Le Métel, il est abbé de Boisrobert. François Le Métel est un joueur invétéré, un personnage truculent qui aime tous les plaisirs, ceux de la table en particulier. Il amuse le roi, il amuse Richelieu qui en a fait son secrétaire et lui a demandé de se convertir au catholicisme. François Le Métel assiste, chez Valentin Conrart, le secrétaire de Louis XIII, à des réunions de bons vivants dont les discussions ont pour objet principal la langue française. Le Métel de Boisrobert en parle à Richelieu et, dans le cerveau centralisateur du ministre, l'idée naît : il faut créer une Académie qui soit, pour la langue française une référence dans tous les cas où l'incertitude plane sur le vocabulaire ou la syntaxe, comme une arondelle, euh...une erondelle... une hirondelle ! Ainsi, fini le foisonnement langagier, les dérives baroques, bref, l'anarchie ! De l'ordre avant tout, voilà ce que souhaite Richelieu.

LE SAVIEZ-VOUS ?

Napoléon nous case l'aïeule

L'aïeule vénérable de notre langue française n'a pas toujours siégé sous le dôme qui la protège, face au pont des Arts, à Paris. Dans les premiers temps de son existence, les réunions se tiennent à tour de rôle chez les académistes. Puis elles ont lieu au Louvre. La Révolution bouscule les habitudes, et l'aïeule se trouve un moment sans domicile fixe. Napoléon la prend sous son aile d'aigle centralisateur – lui aussi – et la conduit quai de Conti. C'est là que finalement, il nous case l'aïeule.

L'Académie des Beaux-Esprits ?

Les neuf compères de chez Conrart deviennent donc les premiers académistes – ainsi les appelle-t-on dans les premiers temps. Leur nombre est ensuite porté à vingt-huit, puis, par lettre patente, à quarante, dernière enchère ! Quarante académiciens qui désignent les successeurs de leurs membres disparus – c'est le système de la cooptation. Un académicien est élu à vie, ce qui lui vaut, dès 1637, le qualificatif ironique d'*immortel* ! Mais comment va-t-on appeler cette Académie toute neuve ? Les neuf laissent aller leur imagination enfiévrée par l'enjeu, et, le 20 mars 1634, proposent au cardinal : *Académie éminente, Académie des Beaux-Esprits* et *Académie de l'Éloquence*. Richelieu fronce le sourcil : il y a plus simple... Il sort sa main de fer de son gant de velours et écrit sous les yeux des neuf : *Académie française*. Tout simplement. C'est le 22 février 1635 qu'elle est officiellement créée ; le 10 juillet 1637, elle est enregistrée au Parlement par lettres patentes.

LE SAVIEZ-VOUS ?

Rendre la langue pure, éloquente

L'article 24 des statuts de l'Académie française précise : *La principale fonction de l'Académie sera de travailler avec tout le soin et toute la diligence possibles à donner des règles certaines à notre langue et à la rendre pure, éloquente et capable de traiter les arts et la science...*

Valentin Conrart en est tout naturellement nommé le premier secrétaire. Il est décidé que les réunions de l'Académie sont hebdomadaires, et destinées à la rédaction d'un *Dictionnaire de la langue française.* Aujourd'hui, l'Académie française fait partie de ce qu'on appelle l'Institut de France, situé quai de Conti, au bord de la Seine – les quatre autres académies sont celle des inscriptions et belles-lettres, celle des sciences, l'Académie des beaux-arts, et l'Académie des sciences morales et politiques.

Vaugelas verrouille les tours

Le 26 février 1650, meurt à Paris, pauvre, insolvable, Claude Favre, baron de Pérouges, seigneur de Vaugelas. Comment ce seigneur et baron a-t-il pu en arriver là ?

Le traducteur chambellan du duc

Né le 6 janvier 1585, il a pourtant reçu la meilleure éducation possible. Son père, Antoine Favre, premier président du sénat de Savoie, à Chambéry, l'envoie dans les meilleures écoles. Et qui le prend en affection, lui prodiguant moult conseils avisés ? François de Sales lui-même ! Oui, le futur saint, le patron des journalistes, docteur en droit, avocat au barreau de Chambéry, devenu prêtre pour reconquérir la Savoie passée au calvinisme ! Ainsi chaperonné, Vaugelas arrive à Paris à vingt-deux ans. Il devient chambellan du duc d'Orléans. Excellent traducteur d'espagnol, il est apprécié de Louis XIII lors de l'établissement de son contrat de mariage avec Anne d'Autriche. À l'Hôtel de Rambouillet, lieu de rencontre des beaux esprits, au cœur de la capitale, il fait la connaissance de Conrart, de Mainard, Racan, Guez de Balzac…

Le petit rapporteur

Tout cela est fort bon, mais il y a Gaston ! Gaston d'Orléans, le frère de Louis XIII. Et Gaston voudrait être roi à la place du roi. Aussi, conspire-t-il avec le projet de tuer Louis XIII, son frère, et d'épouser Anne d'Autriche, sa belle-sœur. Le complot va échouer lamentablement, se soldant par l'arrestation puis l'exécution dans d'atroces conditions d'un complice de

Gaston d'Orléans – qui, lui, n'est pas inquiété : Chalais. Fidèle au duc, Vaugelas n'a rien fait pour le dissuader de comploter. Alors, Richelieu, le fidèle du roi, va trouver une vengeance. D'abord la main de velours : une généreuse pension de deux mille livres. Puis la main de fer : elle ne sera plus versée à partir de 1629 ! Voilà Vaugelas dans la gêne, même si – velours encore – Richelieu lui propose d'entrer à l'Académie française lors de sa création. L'honneur ne nourrit pas son homme, et l'homme ne s'honore guère dans la pratique de moyens pour survivre : il vend de petits renseignements, des indiscrétions sur tel ou tel, pour des sommes misérables ! Il lui faut attendre 1639 pour retrouver ses deux mille livres annuelles.

Le français de la cour

Vaugelas n'utilise pas ses oreilles seulement pour jouer au petit rapporteur ! Vaugelas se promène, fréquente les salons, écoute la rue, réfléchit sur tel ou tel tour de phrase qu'il a entendu, tel ou tel mot nouveau qui lui a plu, ou déplu. Il consigne tout cela dans un premier volume publié en 1637 : les *Observations*, premier état d'un ouvrage plus important qui paraît dix ans plus tard, en 1647 : *Remarques sur la langue française, utiles à ceux qui veulent bien parler et bien écrire*. On y trouve une synthèse de ce qu'il considère le bon usage, mélange de la langue utilisée par les grands écrivains et du langage oral entendu à la cour, reflet de celui de l'Île-de-France. C'est de ce travail qu'est issu notre français quotidien.

Le titan bénédictin

À l'Académie, il est chargé d'un travail de titan bénédictin : rédiger le dictionnaire. Il s'acquitte de cette tâche qui vampirise son temps, pour notre bonheur puisque c'est lui qui fixe la langue sans toutefois la figer. Il va conduire ce dictionnaire de l'Académie pendant quinze années, de la lettre A à la lettre I. Sa pension ne lui suffisant pas, il se couvre de dettes. Son maigre avoir est saisi. Il se met alors au service du prince de Savoie dont les enfants sont sourds-muets – ironie du sort pour un ancien délateur… Les quelques centaines de livres qu'il gagne ne le sortent pas d'une demi-misère dans laquelle il meurt le… (retournez voir au début !)

Balzac, le grand épistolier

Balzac ici ? Vous croyiez qu'il appartenait au XIXe siècle ! Vous avez raison : il existe bien un Balzac au XIXe siècle, mais il s'agit du romancier au long cours : Honoré ! Ce Balzac-ci s'appelle Jean-Louis Guez, seigneur de Balzac.

On lit, on relit, on lit encore…

Guez de Balzac est né en 1597, à Angoulême. Après ses études chez les jésuites, il devient le secrétaire du cardinal de La Valette qu'il accompagne à Rome. Que le temps est long dans la ville que de plus on appelle éternelle ! Guez de Balzac sans ses amis s'ennuie. Il décide alors de leur écrire. Ses lettres, à Paris, sont lues, relues, et relues encore. On s'assemble pour en faire d'autres lectures, on les commente, on leur découvre une densité, une élégance jamais atteintes.

Le navrant Père Goulu

De retour à Paris, il est loué, admiré, on recherche sa compagnie mais, surtout, on attend les nouvelles lettres qu'il envoie à tel ou tel, par plaisir, parce qu'il sait aussi que, dès leur réception, elle sont emportées en express dans les salons et qu'on les écoute dans un recueillement fervent ! Il les fait éditer : toute l'Europe s'y intéresse, les lit, et les trouve admirables ! Balzac est célèbre. Richelieu lui-même recherche sa sympathie, au point de lui proposer d'entrer à l'Académie française, lors de sa création en 1634. Le grand épistolier accepte mais y siégera très peu, préférant le calme de sa campagne, au bord de la Charente. Il créera cependant un prix d'éloquence, décerné tous les deux ans, et dont mademoiselle de Scudéry sera la première lauréate. Auteur d'écrits politiques et satiriques, Guez de Balzac doit essuyer, dans sa vieillesse, les attaques médisantes d'un navrant Père Goulu qui l'accuse de plagiat et d'immoralité. Il se défend avec tant d'esprit qu'on n'entend plus Goulu ! Guez de Balzac est mort en 1654.

Descartes : le moi doute des idées

On ne sait plus quoi penser, au début du XVIIe siècle, plus rien n'est sûr. La Réforme a réduit en poudre des siècles de certitudes fondées sur le mélange du Nouveau Testament et des œuvres d'Aristote – la scolastique –, médiocre mortier que de mauvais maçons prétendaient marbre ! Poussière, tout cela ! Les consciences, après le séisme, tentent de rebâtir. Existe-il des dogmes auxquels on peut livrer sa raison, sa pensée ? La philosophie périmée du Moyen Âge n'est remplacée par aucune autre. Et si les dogmes ne servaient à rien ? Si la science seule était l'avenir de la conscience ? C'est bien de cela qu'il s'agit : Descartes prolonge à sa façon la doctrine humaniste. Ce ne sont plus les choses qui dominent l'être pensant, c'est l'être pensant qui, au centre du grand Tout, peut bâtir librement ce qu'il veut !

Une nuit au poêle en Allemagne

Ah, Descartes ! Oui, nous connaissons, nous, Français ! Oui, c'est notre gloire nationale, celui que le monde entier nous envie ; d'ailleurs, la philosophie du monde entier est redevable à notre demi-dieu de la pensée, celui qui nous a fourni l'adjectif magique qui donne l'air si intelligent : cartésien ! Ah bon ? Descartes adulé en France ? Comment se fait-il alors qu'il ait passé presque toute sa vie à l'étranger, en Hollande notamment, et qu'il soit mort en Suède ? Il y a là une énigme…

Le raté

Descartes est né en France, le 31 mars 1596. Voulez-vous visiter la ville de sa naissance ? Cherchez sur une carte, la ville de… Descartes. En 1596, elle s'appelait La Haye. Plus tard – beaucoup plus tard… – on a décidé de l'appeler La Haye-Descartes, puis Descartes tout court. C'est à côté de Tours. Le petit René est malingre, chétif, maladif. Aussi, lorsqu'il entre au collège royal de La Flèche, chez les jésuites, à dix ans, en 1606, il bénéficie d'un traitement de faveur : on le laisse se lever quand il veut – il conserve toute sa vie cette habitude propre à faire naître de fécondes méditations. Après avoir fait son droit à Poitiers, il s'en va en Hollande, la vie à Paris ne l'attirant pas. On le juge alors plus ou moins comme le raté de la famille, incapable de stabilité.

UNE ANECDOTE

L'épée et le philosophe

On l'a échappé belle : en 1620, Descartes voyage sur un bateau, aux Pays-Bas. Les mariniers se disent que, ni vu ni connu, ils peuvent assommer leur passager – notre philosophe –, puis le jeter à l'eau, se partageant ensuite sa dépouille ! Alors qu'ils vont mettre à exécution leur plan, Descartes leur fait face et comprend tout. Il préfère alors tirer son épée, la pointer vers ses assaillants, plutôt que de se lancer dans une grande démonstration philosophique sur l'inutilité de la violence. Ce procédé efficace lui sauve la vie.

Les fondements d'une science admirable

De Hollande, il passe au Danemark. Du Danemark, il s'en va en Allemagne, et s'engage dans l'armée du duc Maximilien de Bavière. Un soir, près d'Ulm, ne trouvant pas le sommeil, il s'approche du poêle qui chauffe sa chambre – la chambre qu'on appelle elle-même un poêle en ce temps-là. Que se passe-t-il alors ? Est-ce la surchauffe du poêle, ou la qualité particulière du bois de combustion ? On ne peut rien affirmer, mais voilà ce qui se passe – c'est Descartes lui-même qui le raconte : dans son cerveau apparaissent *les fondements d'une science admirable*. Et ce n'est pas fini : il se couche et fait trois rêves étonnants, dont il situe l'envoyeur quelque part *en haut* – Descartes était un grand lecteur de Montaigne qui lui enseigna le doute ; sans Montaigne, il n'y aurait peut-être pas eu Descartes ; il est probable qu'il ne lut pas Rabelais avec le même soin, car le chapitre treize du *Tiers Livre* l'eût éclairé sur les songes qu'on peut faire après un repas vespéral ; vous voulez savoir ce que contient ce chapitre treize, eh bien lisez-le !

DANS L'INTIMITÉ

Descartes, Paris, la France

Descartes séjourne à Paris un an à peine, en 1622-1623. Il y tire de nouveau son épée, non contre des mariniers cette fois, mais contre un rival en amour qui ne parvient pas à lui faire admettre rationnellement qu'une femme ne peut appartenir à deux hommes – car Descartes en doute...1626 à 1628 : nouveau séjour dans la capitale. Puis départ pour la Hollande où il va vivre pendant vingt ans, changeant plus de dix fois de domicile, on ne sait trop pourquoi. C'est là qu'il fait venir, en 1640, son amie Hélène dont il a eu une fille Francine. Francine meurt hélas peu de temps après son arrivée en Hollande, laissant au cœur de son père un inconsolable chagrin. Brefs retours à Paris en 1647 et 1648. Descartes y rencontre notamment le jeune Blaise Pascal, vingt-cinq ans, à qui il suggère les expériences sur le vide qui vont le rendre célèbre. On le constate, entre Descartes et Paris, et même la France tout entière, ce ne sont pas les grandes amours.

Son discours de l'âme étonne

Toute anecdote mise à part, toute genèse insolite contournée ou admise, vous allez découvrir les quatre règles que Descartes expose dans son *Discours de la méthode*, longue préface à trois autres ouvrages de physique – la *Dioptrique*, les *Météores*, la *Géométrie*. Cette préface est écrite en français, alors que tous les ouvrages de philosophie étaient alors écrits en latin. Tout d'abord, il y affirme que *le bon sens est la chose la mieux partagée du monde*, c'est-à-dire que chaque individu possède une raison. Vous n'en êtes pas certain ? Cherchez bien en vous-même, vous allez la trouver, puisqu'il le dit... Passons aux quatre règles qui concernent, rappelons-le, la physique, c'est-à-dire une discipline où il n'est pas question de Dieu – c'eût été très dangereux d'offrir à la réflexion de n'importe qui, en français, l'occasion de mettre en doute son existence, le bûcher était à la fin du livre...

Les quatre règles de René

1 – *Ne recevoir aucune chose pour vraie que je ne la connusse comme telle.* En général, nous jugeons trop vite ce qui se présente à notre esprit, nous l'amalgamons à des idées toutes faites. Il faut éviter soigneusement la précipitation et la prévention – c'est-à-dire les préjugés. Il ne faut admettre que ce qui est jugé certain, évident, et chasser le probable, prendre pour habitude le doute utile.

2 – *Diviser chacune des difficultés que j'examinerais, en autant de parcelles qu'il se pourrait et qu'il serait requis pour les mieux résoudre.* Il faut a-na-ly-ser ! Réduire en éléments simples toute la pensée, la fractionner jusqu'à l'insécable. Il s'agit, encore une fois, de lutter contre les pensées ou les visions toutes faites. La règle du doute doit s'appliquer à tout, jusqu'à ce qu'on trouve l'idée-certitude.

3 – *Conduire par ordre mes pensées, en commençant par les objets les plus simples et les plus aisés à connaître pour monter peu à peu, comme par degrés, jusqu'à la connaissance des plus composés.* La plus simple des pensées étant comprise, admise pour certaine, il est facile ensuite de comprendre celle qui se trouve juste au-dessus, puis au-dessus encore, afin d'accéder aux plus complexes.

4 – *Faire partout des dénombrements si entiers, et des revues si générales, que je fusse assuré de ne rien omettre.* La mécanique de la pensée ne doit faire l'économie de quelque élément que ce soit, sous peine d'invalider sa démarche.

Le doute méthodique

Voilà donc la méthode cartésienne, présentée dans le discours du même nom. Il s'agit, vous l'avez compris, d'un doute méthodique, volontaire, total, mais momentané, car on reconstruit ensuite des certitudes, ayant librement choisi les éléments qui ne peuvent être mis en doute.

Je doute, donc je suis

Le doute que Descartes applique à la physique, doit aussi être appliqué à la métaphysique – ce qui, n'appartenant pas à la physique, concerne les préoccupations de l'âme, la recherche d'un éventuel être absolu, de Dieu par exemple. L'ouvrage de Descartes qui traite de cet aspect, plus délicat, est écrit en latin. Il est réservé à des lettrés, à des gens de culture, habitués à la spéculation philosophique. Son titre : les *Méditations métaphysiques*

1 – Mes sens me trompent : un bâton trempé dans l'eau apparaît tordu alors qu'il est droit. Les choses extérieures ne sont pas dignes de confiance…

2 – Mon corps m'apparaît ailleurs quand je rêve alors que je suis dans mon lit et nu ou presque. Et si je m'éveille, qui peut m'assurer que je ne rêve pas, et que la réalité n'est pas le rêve que je quitte – ce qui serait parfois infiniment aimable… Donc, je doute de mon corps, de sa réalité.

3 – Allons plus loin : dans le rêve, le rouge demeure rouge, le triangle a toujours trois côtés. Certitude ? Pas forcément : ma pensée ne peut refuser l'idée d'un dieu trompeur. Donc je doute de tout, absolument tout.

4 – Une certitude cependant : si je doute, c'est que je pense. Je ne peux douter que je pense puisque ma pensée m'est nécessaire pour douter. Je doute, donc je suis ! Ouf, nous sommes sauvés !

PLAISIR DE LIRE

Je pense donc je suis

Descartes énonce le fameux *Je pense, donc je suis* dans la quatrième partie du *Discours de la Méthode* : *Mais, aussitôt après, je pris garde que, pendant que je voulais ainsi penser que tout était faux, il fallait nécessairement que moi, qui le pensais, fusse quelque chose. Et remarquant que cette vérité : je pense, donc je suis était si ferme et si assurée que toutes les plus extravagantes suppositions des sceptiques n'étaient pas capables de l'ébranler, je jugeai que je pouvais la recevoir, sans scrupule, pour le premier principe de la philosophie que je cherchais.*

René Descartes, *Discours de la Méthode*, 1637

Et Dieu, dans tout ça ?

À l'aide de sa méthode infaillible, Descartes prouve sans difficulté l'existence de Dieu. Voici comment :

- Je possède en moi l'idée de la perfection, alors que je suis imparfait. Cette idée de perfection ne peut donc avoir l'homme pour origine. Elle vient forcément d'un être supérieur, un être parfaitement parfait : et cet être, c'est Dieu.
- Et comment prouver encore plus l'existence de Dieu ? Eh bien voilà : puisque l'idée de Dieu existe, c'est que Dieu existe. CQFD.

La mort en Suède

Toutes ces idées répandues en Europe dressent contre Descartes de multiples détracteurs. C'est en Hollande surtout qu'ils sont les plus virulents : ils affirment que les théories de Descartes peuvent aisément conduire à nier l'existence de Dieu. Descartes répond, est contredit de nouveau, répond encore, puis se lasse. Il quitte la Hollande pour Paris – voyage de 1647-1648 – ; mais il ne supporte plus la France, ni les Français, ni le refus de la pension qui lui a été promise… Il répond alors favorablement à l'appel de la reine Christine de Suède qui l'invite à Stockholm. Le 28 janvier 1650, alors qu'il vient de s'installer dans sa maison suédoise, la reine le demande auprès d'elle. Il sort, prend froid, revient chez lui, s'alite, et ne se relève pas : une pleurésie l'emporte le 11 février. Ses restes se trouvent en l'église de Saint-Germain des Prés, dans la septième chapelle, située à droite du chœur.

Chapitre 9

Le goût de la démesure

Dans ce chapitre :

- Les écrivains baroques font de la résistance
- Les salons pour précieuses et précieux se multiplient

De la rigueur avant toute chose ? Mais de quel droit ? Malherbe ne fait pas l'unanimité : ses conseils, qui sont des ordres, gênent ou irritent. Le baroque a encore de beaux jours devant lui en poésie, et surtout dans l'écriture romanesque qui se répand, torrentielle, dans des milliers de pages à l'organisation souvent déficiente. Elles alimentent la conversation des précieuses et des précieux qui viennent se divertir dans les salons où on fait la lecture. Dans le domaine dramatique, Corneille s'illustre par une pièce baroque à souhait, lui qui plus tard se pliera volontiers aux codes classiques…

Le fiévreux, le généreux baroque

Malherbe, certes ! Mainard et Racan, ses disciples, oui ! Vaugelas, pourquoi pas ! Mais ces quatre-là ne gouvernent pas. Et quand bien même ils gouverneraient, pourraient-ils imposer leurs convictions linguistiques, poétiques à tout un peuple ? Non ! C'est bien parce qu'ils se sont mis à l'écoute de la langue qu'ils sont passés à la postérité. Nul ne commande en ce domaine, pas plus aujourd'hui qu'en ce XVIIe siècle naissant où, dans la création, se manifeste un fort courant baroque. Sa fièvre constante, sa générosité ont de quoi emporter dans une espèce d'ivresse, puis laisser étourdi !

Mathurin Régnier, ennemi du travail

Vous rappelez-vous Philippe Desportes, le poète de la cour d'Henri III qui supplanta Ronsard, le versificateur léger, joyeux, couvert d'honneurs, bref, le poète heureux ? Eh bien après Desportes, voici son neveu, Mathurin Régnier.

Pilier de tripot

Léger, joyeux, poète heureux, voici au moins trois gènes lexicaux partagés par Mathurin, né en 1573, et son oncle Philippe. C'est sans doute ce qui est apprécié par Henri IV qui lui commande des pièces de circonstance – en même temps qu'à Malherbe. Mais peut-être que le goût du roi pour ce rimeur inspiré trouve sa raison ailleurs. En effet, Mathurin Régnier n'a rien d'un poète enfermé dans sa tour d'ivoire : il fréquente toutes sortes de milieux, se plaît dans certaines assemblées louches, passe beaucoup de temps dans les tavernes, les tripots. Tout cela établit avec le Vert Galant une communauté de goûts qui n'est point négligeable pour s'établir durablement.

Régnier, pur baroque

Soiffard, mais pas inculte, Régnier ! Il a lu plus que tout autre : Montaigne et Rabelais, Horace et Juvénal ! Sa culture est immense. Pourtant, l'idée du travail lui répugne, ou du moins c'est ce qu'il affirme dans la Satire XV. Il prétend qu'il faut laisser aller sa plume, et c'est ce qu'il fait, n'hésitant pas à embarquer dans son poème tout ce qu'il trouve : la rue, ses passants, ses habitudes, ses surprises, tout cela dans un langage qui emprunte parfois à ce qui traîne sur le pavé ! Voilà le Régnier truculent, bon vivant, qui aime égratigner Malherbe coupable d'avoir dit tant de mal de l'oncle Desportes ! L'œuvre part dans tous les sens, volontairement ; il laisse aller *sa plume où la verve l'emporte*. C'est un pur baroque, un amoureux de la vie, que la vie quitta cependant à Rouen le 22 octobre 1613. Pour l'occasion, il avait préparé cette épitaphe : *J'ai vécu sans nul pensement, / Me laissant aller doucement / À la bonne loi naturelle, / Et si m'étonne fort pourquoi / La mort daigna songer à moi, / Qui n'ai daigné penser à elle.*

PLAISIR DE LIRE

Oui, j'écris rarement…

Ouy, j'escry rarement, et me plais de le faire ; / Non pas que la paresse en moy soit ordinaire, / Mais si tost que je prens la plume à ce dessein, / Je croy prendre en galere une rame en la main ; / Je sens, au second vers que la Muse me dicte, / Que contre sa fureur ma raison se despite. / Or si par fois j'escry suivant mon ascendant, / Je vous jure, encor est-ce à mon corps deffendant.

Mathurin Régnier, *Satire XV*, 1614

Saint-Amant, le paresseux…

Grand voyageur – l'Italie, l'Afrique, l'Amérique… –, Marc Antoine Girard qui se fait appeler seigneur de Saint Amant, né en 1594, est aussi soldat, puis diplomate. Protégé du duc de Retz, il fréquente les salons littéraires, publie des poèmes épiques, héroïques ou satiriques qui plaisent à la noblesse et aux bourgeois, amateurs de légèreté, d'esprit. Ils apprécient la liberté de ton qu'il adopte, sans se plier aux règles austères d'un Malherbe au faîte de sa gloire ! En 1634, il fait partie des premiers académiciens. Il décide de prendre en charge la partie du dictionnaire qui traite de ce qui lui convient le mieux : les termes burlesques ! Il publie *Le Passage de Gibraltar* (1640), *Rome comique* (1643), *Moïse sauvé* (1653). Boileau qui ne recule devant aucune approximation, qui préfère souvent médire que dire, parlera de Saint-Amant comme d'un débauché, un poète vulgaire. Il faut attendre Théophile Gautier au XIXe pour que Saint-Amant sorte de l'oubli. Aujourd'hui ? Aujourd'hui qui le connaît, qui l'apprend ? Vous, maintenant… Mais vous pouvez faire mieux : apprenez, ci-dessous, *Le Paresseux* :

PLAISIR DE LIRE

Le Paresseux

Accablé de paresse et de mélancolie, / Je rêve dans un lit où je suis fagoté, / Comme un lièvre sans os qui dort dans un pâté, / Ou comme un Don Quichotte en sa morne folie. /

Là, sans me soucier des guerres d'Italie, / Du comte Palatin, ni de sa royauté, / Je consacre un bel hymne à cette oisiveté / Où mon âme en langueur est comme ensevelie. /

Je trouve ce plaisir si doux et si charmant, / Que je crois que les biens me viendront en dormant, / Puisque je vois déjà s'en enfler ma bedaine, /

Et hais tant le travail, que, les yeux entrouverts, / Une main hors des draps, cher Baudoin, à peine / Ai-je pu me résoudre à t'écrire ces vers.

Saint-Amant, *La suite des Œuvres*, 1631

Un surdoué pressé : Charles Sorel

On le trouve partout, Charles Sorel, sur tous les fronts de l'écriture ou presque : né à Paris en 1599, il publie dès quatorze ans une Ode à Louis XIII ; à dix-neuf ans, un roman parodique : *l'Histoire amoureuse de Cléagénor* ; à vingt ans son chef-d'œuvre : *l'Histoire comique de Francion* ; plus tard, il devient historiographe de France ; on trouve aussi sous sa plume des ouvrages philosophiques, des pièces de théâtre burlesque… Son œuvre la plus connue demeure la deuxième version du roman comique : *Histoire de Francion* (1623) ; c'est un étonnant ouvrage – baroque en diable –, une œuvre foisonnante où se mêlent des parodies de roman héroïque, de récit historique, de roman d'amour, le tout dans une langue inventive, mais écrite à la hâte, et qui cahote un peu, dilapidant ses moyens dans des facilités gratuites. Pourtant, derrière ce qui tient parfois du brouillon, on sent un personnage à la fois viveur et inquiet, attachant, qui sait transmettre ses doutes sur tout ce qui pense trop vite, qui remet en cause la religion, la politique, la morale, les conventions. Un vrai libertin. Touchant et malin. Il meurt en 1674.

UNE CURIOSITÉ LITTÉRAIRE

L'enregistreur de mots

Ce qui nous étonne davantage et qui nous fait admirer la nature, c'est de voir qu'au défaut de découvrir par écrit nos pensées à ceux qui sont absents, elle leur a fourni de certaines éponges qui retiennent le son et la voix articulée, comme les nôtres font les liqueurs : de sorte que, quand ils se veulent mander quelque chose, ou conférer de loin, ils parlent seulement de près à quelqu'une de ces éponges, puis les envoient à leurs amis, qui les ayant reçues en les pressant doucement, en font sortir ce qu'il y avait dedans de paroles, et savent par cet admirable moyen tout ce que leurs amis désirent.

Charles Sorel, *Le courrier véritable*, 1632

Le prince du burlesque : Paul Scarron

C'est un beau jeune homme, à trente ans, Paul Scarron ! Séduisant, plein de vie et de vigueurs amoureuses ! Il est né le 14 juillet 1610 à Paris. Privé de sa mère, mais chargé d'une belle-mère pire que celle de Cendrillon, il doit s'en aller vivre chez des cousins à Charleville. On le retrouve plus tard secrétaire de l'évêque du Mans qu'il suit à Rome.

Le malade de la reine

Retour au Mans où il est nommé chanoine ! Un chanoine fort enjoué qui organise fêtes et réjouissances pour la ville du Mans. Scarron, c'est un tourbillon de gaieté, il fait rire, sa présence suffit à dérider le plus triste qui soit, ses dernières paroles le disent assez : *Je ne vous ferai jamais autant pleurer que je vous ai fait rire* ! Pourtant le malheur le plus cruel s'abat sur le beau, le séduisant jeune homme Scarron : après un bal costumé où il prend froid, une maladie le laisse paralysé pour la vie. C'est désormais plié en deux sur un fauteuil, perclus de douleurs, qu'il va continuer à vivre. Et à rire ! Car ce malheur n'entame pas sa bonne humeur. Il séjourne à Paris, amuse et attendrit la reine Anne d'Autriche qui lui verse une pension – comme d'autres sont poètes de cour, il se déclare *le malade de la reine*...

Il a quarante-deux ans, elle en a seize...

Ses vers (*Œuvres burlesques* – 1651), son théâtre (*Jodelet ou le maître valet* – 1643, *Don Japhet d'Arménie* – 1652) et sa prose mettent à la mode le burlesque, importé d'Italie. En 1651 – il a quarante et un ans –, il publie le *Roman Comique* dont l'action se situe au Mans, vaste fresque du monde des comédiens, écrite d'une plume jubilatoire, ironique et tendre. La même année, il reçoit en son salon, rue Villehardouin à Paris, où se presse le Tout-

Paris littéraire et politique de l'époque, une jeune fille de seize ans belle et pleine d'esprit, mais sans fortune. Il tombe amoureux de cet esprit à la fois exquis et cultivé.

La petite-fille du grand coléreux

Elle s'appelle Françoise d'Aubigné, elle est née à la prison de Niort en 1635 – son père, un débauché, y purgeait une peine pour avoir fabriqué de la fausse monnaie ! D'Aubigné… Ne serait-ce pas ?... Si, vous l'avez deviné : Françoise d'Aubigné que Scarron épouse en 1652 est la petite-fille du grand coléreux Agrippa d'Aubigné, le révolté calviniste. Elle épousera à quarante-huit ans, en 1683, un homme de quarante-cinq ans, rayonnant : Le Roi-Soleil, Louis XIV ! Mais lorsque Scarron meurt, en 1660, son royal successeur dans le cœur de la belle Françoise n'a que vingt-deux ans…

PLAISIR DE LIRE

L'épitaphe de Scarron, par Scarron…

Celui qui cy maintenant dort
Fit plus de pitié que d'envie,
Et souffrit mille fois la mort
Avant que de perdre la vie.

Passant, ne fais ici de bruit
Garde bien que tu ne l'éveilles :
Car voici la première nuit
Que le pauvre Scarron sommeille.

Scarron, *Œuvres burlesques*, 1651

Cyrano de Bergerac : un Parisien bon teint

Vous croyez connaître Cyrano de Bergerac ? Vous ignorez tout de lui ! Le Cyrano dont vous vous rappelez avec une admiration de collégien les tirades du nez, les coups d'épée et les grandes amours partagées pour la belle Roxane, ce Cyrano-là n'a jamais existé ! C'est Edmond Rostand qui l'a créé, de toute pièce – et dans toute sa pièce en cinq actes (le dernier un peu longuet…).

L'Autre Monde

Cyrano de Bergerac, le vrai, le Cyrano en chair et en os n'est pas Gascon pour deux sous : il est né en 1619 dans la vallée de Chevreuse sur la terre de… Bergerac ! Il ne tire son épée que rarement, se bat à Arras, vaillamment, mais sans traverser les lignes espagnoles pour aller poster son courrier… Ses écrits ? Dénaturés complètement, non seulement par Rostand, mais aussi par les surréalistes qui, au XXe siècle, ont vu en lui une espèce de fou qui écrivait un peu n'importe quoi. Pourtant, rien de plus organisé que les œuvres de Cyrano, rien de plus inspiré, de plus étonnant, de plus audacieux à ce moment précis de la littérature : à travers son roman utopique *États et empires de la Lune ou l'Autre Monde*, ses convictions, dangereuses à l'époque, et qui pouvaient lui valoir le bûcher, annoncent les philosophies modernes.

LE SAVIEZ-VOUS ?

Qu'allait-il faire dans cette galère ?

Non, ce n'est pas Molière qui a inventé cette réplique fameuse qu'on entend dans *Les Fourberies de Scapin* – signées Molière ! La question répétée : *Qu'allait-il faire dans cette galère ?* est tirée de la pièce de Cyrano de Bergerac *Le Pédant joué*. Il s'agit d'une comédie satirique où un docteur d'université – Grangier–, stupide et borné, est brocardé de la belle façon ; son valet invente l'enlèvement de son fils par les Turcs qui le retiennent prisonnier sur une galère où il s'est rendu. D'où cette question : *Qu'allait-il faire dans cette galère ?* – le terme galère survivant aujourd'hui dans nombre d'expressions, filles de la réplique de Cyrano !

Si proche de nous…

Pour Cyrano, tout vit, tout vibre, tout est sensible. Les religions, la morale, le respect des dogmes, l'obéissance aux codes de société, l'autorité ? Rien de tout cela ne doit passer avant la liberté ! Il se fait de nombreux ennemis, notamment chez les dévots et dévotes que scandalisent de nombreux passages de ses pièces ; *La Mort d'Agrippine* notamment déclenche une bagarre lors de sa représentation à l'Hôtel de Bourgogne, en 1654. La même année, une poutre tombe sur sa tête par hasard, ou par vengeance. Quelques mois plus tard, Cyrano, le penseur en avance sur son temps, bien plus proche du nôtre, meurt à trente-cinq ans, dans les bras de son fidèle ami Lebret, entouré de ses proches. Son dernier livre *États et empires du soleil* paraît sept ans plus tard. On n'en possède aucun manuscrit.

Marbeuf et la paronomase

Maître particulier des eaux et forêts, Pierre de Marbeuf (1596-1645), né à Sahurs, dans l'Eure, séjourne à Paris pendant quatre années, de 1619 à 1623. Il se mêle au monde des lettres, fréquente les poètes, écrit lui-même des textes dans le goût du temps. Ses poésies utilisent souvent les procédés à la mode en cet âge du baroque : la répétition des sonorités, savamment appelée paronomase. Lisez, dans la « Partie des dix », son sonnet : *Et la mer et l'amour…*

Honoré d'Urfé et ses cinq mille pages

Baroque, le roman d'Honoré d'Urfé, *L'Astrée* ! Baroque parce qu'il n'en finit pas, parce qu'il explore mille lieux, exploite mille personnages, explique mille et mille situations, exténue son lecteur d'aujourd'hui, mais enchanta les lecteurs – surtout les lectrices – du XVIIe siècle !

Il était une fois…

Il était une fois un petit garçon qui vivait dans un immense château. Son frère tomba amoureux d'une jeune fille dont la beauté était célèbre à cent lieues à la ronde. Lorsqu'elle vint pour la première fois au château, le petit garçon entendit son prénom : Diane. Il la regarda ; certain qu'il ne verrait jamais plus belle femme dans sa vie, qu'il n'entendrait jamais prénom plus doux, il s'enfuit dans les bois et pleura : Diane allait épouser son grand frère !

Il épouse Diane

Le mariage eut lieu. Au milieu des réjouissances, le petit garçon promenant sa lourde tristesse fut remarqué de Diane qui le consola. Le petit garçon grandit vite, si vite qu'il fut bientôt aussi grand que Diane à qui il avoua ses sentiments. Colère des parents qui apprirent cette affaire scandaleuse. L'amoureux s'en alla à la guerre. Apprenant que le mariage de son frère n'était pas heureux, le jeune homme qui atteignait l'âge d'homme, trente-trois ans, s'en revint au grand galop dans le château. Il épousa Diane qui venait de quitter son mari. Mais, au bout de quatorze années, rien n'allant plus dans le ménage, il fallut partir chacun de son côté…

Céladon aime Astrée

L'histoire aux allures de conte que vous venez de lire est celle d'Honoré d'Urfé, né le 10 février 1567, à Marseille. Le grand château familial est situé dans le Forez (Massif central). La magnifique jeune fille s'appelle Diane de Chateaumorand – magnifique, mais pas commode… Histoire simple qu'Honoré d'Urfé va raconter à longueur de pages dans un roman fleuve où il s'appelle Céladon. L'action se passe dans la Gaule des druides au Ve siècle ap. J.-C. Nous sommes évidemment en plein Forez, sur les bords du Lignon, affluent de la Loire, lieux de l'enfance enchantée d'Honoré ! Céladon (Honoré), le berger, est depuis toujours amoureux d'Astrée (Diane), la bergère. Cet amour réciproque est contrarié par les deux familles qui ne s'entendent pas.

Quelques vérités du berger ou de la bergère, dans L'Astrée :

- Dieu, en créant les femmes, nous les a proposées sur terre pour nous attirer par elles au ciel.
- Et pourquoi, dit-elle, êtes-vous menteur ? – Parce, répliqua-t-il, que trop de personnes sauraient nos affaires, si nous disions toujours la vérité.

- Le prix d'Amour, c'est seulement Amour.
- Il faut aimer si l'on veut être aimé.
- Savez-vous bien ce que c'est qu'aimer ? C'est mourir en soi pour revivre en autrui.

Le cœur et tout ce qui s'ensuit…

Poursuivons le roman d'Honoré d'Urfé : Céladon fait alors semblant d'aimer une autre jeune fille. Mais un autre berger, amoureux d'Astrée, lui fait croire que son Céladon la trompe ! Astrée interdit alors à Céladon de reparaître sous ses yeux. De désespoir, Céladon se jette dans le Lignon ! Astrée le croit mort et le pleure amèrement. Mais Céladon, bon nageur, s'est tiré d'affaire, aidé par des nymphes. Il va peu à peu se montrer à Astrée qui exige de lui des exploits – comme au bon temps des chevaliers et de l'amour courtois – pour lui accorder son cœur et tout ce qui s'ensuit.

Entre Harlequin et le new age…

Mille épisodes viennent se greffer sur cette histoire qui occupe plus de cinq mille pages publiées en cinq tomes. Le roman connaît un succès immense. Sa veine pastorale est appréciée d'un public qui y trouve un havre de douceur pour l'imagination, loin des brutalités de l'histoire en marche. Les pages regorgent d'amour, de sentiments délicats et tendres, de descriptions enchanteresses d'une nature idéale et généreuse. Bref, c'est entre Harlequin et le new age, aux antipodes d'Houellebecq !

Pendant ce temps chez nos voisins

Miguel de Cervantès (1547-1616) publie en 1605 et 1615 *Don Quichotte*, aventures burlesques d'un hidalgo pathétique et ridicule, perdu dans ses chimères, suivi de son compagnon qui tente de le ramener à la raison : Sancho Pança.

Lope de Vega (1562-1635) et Calderon de la Barca (1600-1681) donnent au théâtre espagnol ses plus belles œuvres – découvrez, notamment *Le Grand théâtre du monde*, de Calderon, vous ne le regretterez pas…

Corneille maître de l'Illusion

Timide, le jeune Pierre Corneille ! Timide au point de ne pas oser dire à son père qu'il ne veut pas devenir, comme lui, avocat. Prendre la parole l'effraie, il préfère écrire. Pierre Corneille a débarqué un 6 juin en Normandie – en 1606, à Rouen. Il est l'aîné de la famille. Six frères et sœurs vont naître après lui, le dernier-né ayant vingt-trois ans de moins que le premier. L'une des sœurs de Corneille donnera naissance à un petit Bernard, qui laissera son nom dans la littérature, et vivra cent ans : Fontenelle (1657-1757), auteur de romans, de poèmes, d'essais et de traités de vulgarisation scientifique, dont *Entretiens sur la pluralité des Mondes*, paru en 1686 !

Mélite triomphe à Paris

Ses études chez les jésuites et son droit achevés en 1624, le 18 juin, sans appel et sans résistance, Corneille prête serment au parlement de Rouen, pour le plus grand bonheur de son père, Pierre, et de sa mère, Marthe Le Pesant de Bois-Guilbert. Depuis quelques années, Corneille est amoureux, mais cet amour est impossible. Il en fait le sujet de sa première pièce, *Mélite*. L'élue était-elle madame Du Pont, déjà mariée à un maître des comptes de Rouen, ou bien – c'est Fontenelle qui l'affirme – la promise d'un des amis de Corneille qui aurait fini par emporter le cœur de la belle ? Rien n'est certain. Ce qui l'est, c'est qu'il confie sa pièce à une troupe de passage à Rouen, que cette troupe la monte à Paris, que les trois premières représentations sont désastreuses, mais que la quatrième est un triomphe.

Corneille abandonne l'écriture !

Corneille – qui continuera d'habiter Rouen jusqu'à l'âge de cinquante-six ans – compose alors d'autres pièces qui sont fort bien accueillies à Paris où la comédie ne pouvait se débarrasser de la farce et de ses outrances. Corneille y introduit le charme de la pastorale, et donne la parole à tous les protagonistes d'une intrigue amoureuse – la jeune fille étant jusqu'alors quasiment muette. 1635 : Richelieu, qui se pique de connaître mieux que quiconque le théâtre et qui entend vanter les mérites de Corneille, l'engage dans la troupe de cinq auteurs qu'il rassemble afin de leur donner des idées pour écrire des pièces… Corneille commet alors l'imprudence de modifier un peu une idée lumineuse du cardinal ! Celui-ci lui en fait le vif reproche, l'humilie, et Corneille rentre chez lui, amer, décidé à abandonner l'écriture ! Il faut toute la force de persuasion d'un certain Monsieur de Chalon pour l'en dissuader.

Un étrange monstre

Chalon conseille à Corneille de s'intéresser à l'œuvre de Guilhem de Castro : les *Enfances du Cid*… Auparavant, en 1636, Corneille fait jouer une pièce étonnante, une sorte de mutante qui jouerait le passeur entre la facture baroque qu'elle représente et les exigences d'un classicisme en marche : *l'Illusion comique*. D'elle, Corneille dit, perplexe : *Voici un étrange monstre... Le premier acte n'est qu'un prologue, les trois suivants sont une comédie imparfaite, le dernier est une tragédie, et tout cela cousu ensemble fait une comédie*. Étrange monstre peut-être, mais pièce fascinante par son audace, son parti pris du théâtre dans le théâtre, cette allégorie de la vie par le jeu des miroirs, cette mise en doute du réel qui met en jeu le spectateur lui-même, surpris d'avoir cru l'incroyable.

ALLONS PLUS LOIN

L'Illusion comique

Acte I : Pridament a chassé son fils Clindor qui refusait son autorité. Pridament, désespéré, le cherche pendant dix ans et se résout à demander secours au magicien Alcandre. Il va le trouver dans la grotte où il exerce son art.

Acte II : La magie d'Alcandre opère : Pridament voit la vie de son fils en réalité, et tous ceux qui participent à ses aventures sont bien présents devant lui, en chair et en os !

Acte III : Clindor vit des amours tumultueuses sous les yeux de son père qui, tout en étant ébahi de voir ce spectacle, craint pour la vie de son fils que poursuivent des amants jaloux.

Acte IV : Clindor est emprisonné et condamné à mort. Son amante réussit à le délivrer.

Acte V : Clindor est surpris avec son aimée par son rival qui les tue tous deux ! Pridament est désespéré. Mais le dénouement… Après tout, pourquoi vous le révéler ici ? Courez, courez à la recherche, vous aussi, de *L'Illusion comique*. Lisez-la jusqu'à la dernière ligne… Corneille vous a bien joué, n'est-ce pas ?

Ridicules, les précieuses ?

« Vous puez comme charogne ! » Voilà l'une des amabilités qu'Henriette d'Entragues sert à son amant, le roi Henri IV ! Il est vrai que le Béarnais n'a pas apporté à la cour de France les bonnes manières. Au contraire : le langage s'y est relâché, la grossièreté s'y est répandue, on s'y déboutonne tant qu'y séjourner devient une épreuve. C'est alors que naissent, dans la capitale, comme des champignons après une averse d'automne, des dizaines de salons où on s'affaire à polir le langage, la pensée, à redéfinir les mœurs. Ce mouvement en quête constante de raffinement porte un nom : la préciosité.

Les délices de la chambre bleue

Entrez ! Ne faites pas votre emprunté, votre timoré ! Entrez ! Franchissez le seuil de la chambre bleue. Vous êtes à l'hôtel de Rambouillet, entre le Louvre et le Carrousel, rue Saint-Thomas du Louvre (ne cherchez pas cette rue aujourd'hui, ni l'hôtel, tout a disparu). Quelle splendeur, n'est-ce pas – quelle hauteur sous plafond, quelles étoffes riches, quelles dorures… –, et quel bonheur d'être invité là, parmi les sommités de la littérature, de la culture, de tout ce qui se fait, se dit de distingué, d'élégant, parmi tous ces auteurs, ces spéculateurs de la pensée, ou bien les enrichis de naissance !

Monts et merveilles

Ici, malgré tout, l'esprit tient lieu de crédit. Vous en avez ? Voilà pourquoi vous êtes invité. Mais, vous reculez ? Le spectacle vous choquerait-il, craindriez-vous d'être inconvenant, déplacé ? N'ayez aucune inquiétude : si Catherine de Vivonne, marquise de Rambouillet, se tient dans son vaste lit, en somptueux déshabillé – affriolant aussi, vous avez remarqué ?… –, ce n'est pas qu'elle veuille vous promettre ses monts et ses merveilles, c'est qu'elle s'est mise à la mode du temps qu'elle a elle-même créée ! Vous n'êtes pas le seul invité : déjà vous remarquez, assis dans la ruelle, Corneille ou Vaugelas, Malherbe, madame de Sévigné, quelques aristocrates, des beaux esprits. Qu'est-ce que la ruelle ? C'est l'espace entre le lit et le mur. Le visiteur y trouve, selon son rang, son importance, un siège de velours, un tabouret, ou bien le sol tout simplement, si sa condition est modeste !

Les cinq à neuf de Ninon de Lenclos

En d'autres lieux où on reçoit ainsi, les préoccupations, moins littéraires, laissent libre cours à des plaisirs où la sensualité l'emporte nettement ! Cela vous intéresse ? Alors, en sortant de l'hôtel de Rambouillet, rendez-vous chez Ninon de Lenclos, hôtel Sagonne, 36 rue des Tournelles. Elle vous initiera, elle, à ses monts et merveilles, comme elle l'a fait pour tant de grandes plumes qui ont laissé chez elle leurs premières traces, ou pour des fils de gentilshommes, à dégourdir délicatement… Des noms, des noms ! Non ! Attention, n'exagérons rien, le salon que tient Ninon entre cinq heures et neuf heures, chaque jour, n'est pas un lieu de débauche totale, ni de complète perdition, seulement d'initiation à tous les plaisirs, ceux de l'esprit aussi. La porte est entrouverte, regardez qui est là : voici La Fontaine et Charles Perrault, Jean Racine et Nicolas Boileau, Molière qui vient chercher là des conseils pour sa pièce *Le Tartuffe* ! Et cet homme qui sort ? C'est l'envoyé de Louis XIV : le Roi-Soleil prend souvent conseil auprès de Ninon sur le cœur de laquelle tant de personnages se laissent aller à la confidence, se plaçant, en quelque sorte, eux-mêmes sur écoute…

Demandez le programme !

Et que fait-on précisément dans ce salon de Rambouillet, ou dans les dizaines d'autres qui le copient ? Dans l'un, on parle politique, dans l'autre, on dit de la poésie précieuse, dans le troisième, place à la poésie licencieuse assaisonnée de quelque cérémonial conduisant à une illustration de la lecture – fort vigoureuse et bien conduite ! Dans un autre salon encore, on disserte de l'âme et de ses tourments spirituels, on réévalue le catholicisme, on soupèse les mérites du calvinisme, on s'interroge sur Dieu, sur la mort. Il existe aussi des salons scientifiques : on y observe les astres avec une lunette astronomique, on croit voir des hommes dans la lune, percevoir des mondes étranges dans l'éther mystérieux. Une sorte de programme est édité pour informer des dates et thèmes de chaque salon, c'est ce qu'on appelle le calendrier des ruelles – l'ancêtre du programme télé…

Arthénice, présentatrice des programmes ?

Attention, ne commettez pas d'impair à l'Hôtel de Rambouillet : si on vous parle de l'incomparable Arthénice, n'allez pas croire qu'il s'agit d'une héroïne de la mythologie, ou d'une présentatrice du programme des ruelles originaire de Nice… Arthénice est l'anagramme de Catherine, et Catherine, c'est Catherine de Vivonne, marquise de Rambouillet, pour vous servir.

Le vade me cum précieux

Vous voulez devenir un vrai précieux afin de fréquenter l'Hôtel de Rambouillet ? Voici ce que vous devez respecter, et prendre pour habitude :

- Du langage précieux sont bannis tous les mots bas, triviaux, grossiers, vulgaires, et même ceux qui contiennent une syllabe sale : acculé, concupiscence, cucurbitacée…
- Le verbe aimer ne peut servir à tout : on aime un homme ou une femme, mais on n'aime pas le melon de la même façon, alors on dit qu'on goûte le melon, et puis qu'on estime un plat.
- Pas de mots trop réalistes non plus : charogne, cadavre, vomir, cracher, et même balai doivent être contournés par une périphrase (plusieurs mots pour un seul).
- On ne dit plus fauteuil, mais commodité de la conversation, le miroir devient le conseiller des grâces, le nez les écluses du cerveau – moins réussi…
- On crée des mots nouveaux – les néologismes – : *s'encanailler, s'enthousiasmer, incontestable, bravoure* sont hérités du langage précieux. Beaucoup de créations, cependant, sont recalées à l'oral des siècles suivants : *soupireur, importamment, débrutaliser…*
- On plaisante avec esprit, on s'amuse avec légèreté, on tente d'attirer le regard en faisant des moues outrées, en roulant les yeux, en se fardant.
- On écrit des poésies galantes : des élégies, des rondeaux, des portraits.
- Un devoir : mépriser les Anciens, mépriser aussi les provinciaux, les pédants et les bourgeois ; cultiver l'art de la conversation.

Les best-sellers de Madeleine de Scudéry

Elle est laide, elle le sait, elle s'en moque ! Madeleine de Scudéry possède une beauté qui ne se fane pas : l'intelligence.

La passion du roman

Et elle s'en sert à merveille. Elle s'en sert pour tenir son salon chaque samedi, rue de Beauce, dans le Marais. Elle y accueille ses trois plus grandes amies : Madame de Sévigné, Madame de La Fayette et Madame Scarron – Madame Scarron, rappelez-vous, vous venez de rencontrer son mari, le prince du burlesque, il y a une dizaine de pages ! Allons, un petit effort : Françoise d'Aubigné, la petite-fille du grand Agrippa d'Aubigné, la future Madame de Maintenon ! Voilà, vous l'avez remise ? Il y a aussi La Rochefoucauld, Conrart et d'autres beaux esprits. Madeleine de Scudéry, née au Havre en 1607, orpheline dès l'âge d'un an, reçoit une excellente éducation et se prend de passion pour la lecture des romans.

Les clés du Grand Cyrus

À trente-quatre ans, en 1641, elle commence sa carrière d'auteur, d'abord en collaboration avec son frère Georges Scudéry – grand admirateur de Richelieu qui l'utilise dans des cabales littéraires. Leur ouvrage le plus connu a pour titre *Le Grand Cyrus*, publié de 1649 à 1653. Le philosophe Victor Cousin (1792-1867) montrera que ce roman dont l'action se déroule dans l'ancienne Perse, est la transposition de l'actualité et des personnages de l'époque – personnages qui se reconnurent et furent satisfaits de leur portrait.

Treize mille pages !

On y trouve ainsi la bataille de Rocroi, remportée par Condé sur les Espagnols le 19 mai 1643 – dans le roman, c'est le Grand Cyrus qui est vainqueur, il est amoureux de Mandane, la fille du roi des Mèdes, et Mandane est la duchesse de Longueville ! Madeleine de Scudéry s'est elle-même mise en scène sous le nom de Sapho… Ce roman où l'aventure s'efface au profit de personnages qui dissertent à longueur de pages sur la passion, la politique, le rôle de la femme, est publié en dix tomes – plus de treize mille pages ! Son succès est triomphal.

Madeleine est amoureuse

À Cyrus succède *Clélie*, signé de Madeleine seule, sans son frère. Ce roman de sept mille pages paraît en dix volumes aussi, de 1654 à 1660. C'est l'histoire d'une jeune fille romaine, Clélie… C'est surtout l'histoire de Madeleine qui est amoureuse ! L'élu – Paul Pélisson – est encore plus laid qu'elle, ce qui n'empêche pas l'intensité du sentiment dont le parcours, les méandres et les haltes sont tracés sur la fameuse *Carte du Tendre* – à lire aujourd'hui encore avec la plus grande attention !

Traduite en cinq langues !

D'autres romans suivent *Clélie*. Le succès ne se dément pas, au point que les traductions se multiplient : anglais, allemand, espagnol, italien, arabe. Les thèmes en sont universels : la jalousie, l'ironie, le jugement, et l'amour, toujours l'amour ! Comblée d'honneurs – Louis XIV à qui son esprit plaît beaucoup fait même frapper une médaille à son effigie – Madeleine de Scudéry franchit le 2 juin 1701 les frontières de la Carte du Tendre, au-delà des Terres Inconnues, à quatre-vingt-quatorze ans.

UNE CURIOSITÉ LITTÉRAIRE

À lire de toute urgence !

La Carte du Tendre est une vraie carte représentant un monde imaginaire avec des terres, des villes, des mers, des lacs et des îles. Le parcours amoureux s'y inscrit dans un voyage qui commence dans la ville de Nouvelle Amitié. En suivant le fleuve Inclination, on se rend dans les villes de Tendre-sur-Estime, Tendre-sur-Reconnaissance ou Tendre-sur-Inclination.

Pour atteindre Tendre-sur-Estime, on doit passer par les villages de Jolis Vers, Billet galant, Billet doux, Sincérité, Grand Cœur, Probité, Générosité, Exactitude, Respect et Bonté.

Pour aller à Tendre-sur-Reconnaissance, prendre l'itinéraire suivant : Complaisance, Soumission, Petits Soins, Assiduité, Empressement, Grands Services, Sensibilité, Tendresse, Obéissance, Confiante Amitié.

Attention, si vous allez à Méchanceté, en passant par Indiscrétion, Perfidie et Méfiance, vous allez tout droit dans la mer d'Inimitié. Et si vous empruntez Négligence, Inégalité, Tiédeur, Légèreté et Oubli, vous vous jetez dans le lac d'Indifférence !

Méfiez-vous : à l'embouchure du fleuve Inclination existe la mer Dangereuse et, si vous la traversez, vous atteignez les Terres Inconnues. À bon entendeur…

Les mouches

Dans le code de la préciosité, voici les mouches ! Ce ne sont pas de vraies mouches qui seraient attirées par les excès mielleux du genre, mais de petits cercles de velours qui, selon leur taille et la place qu'ils occupent sur le visage, possèdent la signification précise que vous allez découvrir :

- Près de l'œil, la mouche s'appelle la passionnée.
- Sur le front : la majestueuse.
- Sur le nez : l'effrontée.
- Sur la joue : la galante.
- Sur le pli de la joue : l'enjouée.
- Au coin de la bouche : la baiseuse (celle qui invite au baiser, à moins que survienne un accident de préposition).

- Sur les lèvres : la coquette.
- Les très grosses mouches qui se placent sur les tempes sont appelées des emplâtres, les mouches de forme allongée collées sur la poitrine sont des assassines…
- Les mouches sont conservées dans des petites boîtes spéciales : les boîtes à mouches.

L'amour en Voiture

Voiture, c'est le spécialiste des transports amoureux ! Avec lui, le voyage est toujours un bercement d'amour, point de cahots ni de chaos sur le chemin, tandis que filent à cent à l'heure le désir et le cœur.

Un cas d'aptonymie

Vincent Voiture représente un cas remarquable d'aptonymie dans la littérature. L'aptonymie désigne le fait de porter un nom étroitement en rapport avec une des activités principales auxquelles on s'adonne. Et Vincent Voiture n'a cessé de voyager. Voiture, le bien nommé, petit et malingre pourtant, mais résistant, comme certains véhicules modernes à quatre roues et deux chevrons, parcourt la France, puis l'Europe, au gré des bannissements de son protecteur Gaston d'Orléans, celui qui voulait tuer son frère Louis XIII afin de devenir roi !

On loue Voiture

Voiture s'est fait remarquer très tôt par des dons exceptionnels en écriture, et une façon d'être raffinée qui plaît aux princes, aux princesses, aux ducs, aux duchesses, à la reine, au roi, bref, à tout le grand monde. Venu d'Amiens où il est né le 24 février 1597, il a fait de solides études et n'a pas tardé à fréquenter le salon de l'incomparable Arthénice, puis d'autres salons. On ne cesse d'y louer Voiture pour l'élégance de son propos, son art de la conversation. La Lorraine, le Languedoc, la Belgique, l'Espagne deviennent pour lui de longs stationnements, si longs qu'il s'y ennuie à mourir. Il se fait alors épistolier pour conserver ses amis à Paris. Ses lettres sont lues avec admiration dans les salons.

Un duel ridicule

En 1634, il est nommé membre de l'Académie française, bien que son maître soit ce Gaston d'Orléans qui irrite au plus haut point le Cardinal ! Mais un jour, l'intendant de Madame de Rambouillet, n'étant pas insensible aux intérêts de la fille de sa belle maîtresse, n'accepte pas le regard d'envie que Voiture pose sur elle. C'est, dans l'existence du poète, le seul accroc. Cet accident de Voiture se solde par un duel ridicule entre les deux hommes. Voiture y perd tout son crédit auprès de l'incomparable Arthénice, et toute la pension que lui accordait le roi. Peu de temps après, le 26 mai 1648, il perd aussi la vie.

PLAISIR DE LIRE

En Voiture, Sylvie !

Je me meurs tous les jours en adorant Sylvie, / Mais dans les maux dont je me sens perir, / Je suis si content de mourir, / Que ce plaisir me redonne la vie. /

Quand je songe aux beautez, par qui je suis la proye / De tant d'ennuis qui me vont tourmentant, / Ma tristesse me rend content, / Et fait en moy les effets de la joye. /

Les plus beaux yeux du monde ont jetté dans mon ame, / Le feu divin qui me rend bien-heureux, / Que je vive ou meure pour eux, / J'aime à brusler d'une si belle flame. /

Ceux qui font en aimant des plaintes éternelles, / Ne doivent pas estre bien amoureux, / Amour rend tous les siens heureux, / Et dans les maux couronne ses fidelles. /

Une divinité de mille attraits pourveuë, / Depuis longtemps tient mon cœur en ses fers, / Mais tous les maux que j'ay souffers, / N'esgalent point le bien de l'avoir vuë. –

Vincent Voiture, *Œuvres* (publiées après sa mort), 1649

Chapitre 10

La forteresse classique

Dans ce chapitre :

- Assistez au triomphe de la tragédie classique
- Observez qui vous voulez dans les comédies de Molière
- Lisez les grands penseurs
- Des lettres, des romans, des contes et des sermons vous attendent

Les conceptions baroques sont peu à peu remplacées par le credo classique et son goût pour la rigueur. De Corneille à Boileau le censeur, en passant par le tendre Racine et le grand Molière, toutes les créations respectent un cahier des charges où le naturel laisse souvent la place à la volonté de démonstration, à la logique d'une action unique à valeur pédagogique. Pascal le tourmenté de l'âme et du corps manque du temps nécessaire pour organiser ses *Pensées* qu'il eût rigoureusement construites afin de convertir le monde entier. Madame de Sévigné batifole dans toutes ses pages et nous enchante par son écriture souple et maîtrisée, pendant que les évêques font assaut d'éloquence pour défendre leurs convictions. Tout ce que produit la plume classique qu'on dit contrainte se porte fort bien et nous a transmis, intacte, sa qualité.

La raison du plus fort

Après *L'Illusion comique*, Corneille a décidé de donner *Le Cid* à la scène. Les critiques vont encore être nombreuses, et ce n'est qu'avec Horace qu'il devient supportable aux yeux des jaloux de son succès. Sa gloire est éclipsée lorsque Louis XIV se met à lui préférer Racine qui le fait pleurer et Molière qui le fait rire.

Corneille rentre dans le rang

Blessé par toutes les critiques qui s'abattent sur ses créations, Corneille se soumet aux exigences de ceux qui lui demandent davantage de rigueur.

Jaloux !

Les doctes, les spécialistes, les gardiens du temple et de l'orthodoxie, tous ou presque mettent Corneille dans leur ligne de mire en 1637. Pourquoi ? Parce que son succès est considérable depuis 1630. Et il ne cesse de croître. Même Richelieu – surtout Richelieu – continue d'en être jaloux ! La situation lui est si insupportable qu'en 1637, à la suite des représentations triomphales de la dernière pièce de Corneille, *Le Cid*, il demande à Georges Scudéry – le frère de Madeleine – d'examiner les cinq actes et d'y relever toutes les irrégularités possibles ! Scudéry s'exécute et tente d'exécuter la pièce. Il y réussit dans un premier temps. Mais qu'est-ce donc que ce Cid qui a enthousiasmé tout Paris à l'époque, avant d'installer sa gloire en fanfare dans l'immortalité ?

Rodrigue demande la main de Chimène

L'intrigue : Rodrigue, vingt ans, beau et fringant, demande la main de Chimène, vingt ans aussi ; elle n'a d'yeux que pour lui (d'où l'expression qui qualifie la fascination : avoir les yeux de Chimène) ! Le père de Rodrigue, Don Diègue, la soixantaine, et celui de Chimène, Don Gomès, comte de Gormas, la quarantaine, sont les chefs des armées du roi Don Fernand de Castille. Lorsque commence l'action, nous sommes à Séville, il y a bien longtemps – en réalité, tout le monde devine qu'on est sous Louis XIII, au temps des duels d'honneur… Le roi Don Fernand doit choisir entre Don Diègue et Don Gomès celui qui sera le gouverneur de son fils. Les deux hommes espèrent secrètement que le roi leur accordera ce suprême honneur. Mais il n'y a qu'une place à prendre, et le roi choisit Don Diègue, sans doute à cause de son âge.

PLAISIR DE LIRE

Vous rappelez-vous cette scène IV de l'acte I ?

Don Diègue : Ô rage! ô Désespoir ! ô vieillesse ennemie ! / N'ai-je donc tant vécu que pour cette infamie ? / Et ne suis-je blanchi dans les travaux guerriers / Que pour voir en un jour flétrir tant de lauriers ? / Mon bras, qu'avec respect toute l'Espagne admire, / Mon bras, qui tant de fois a sauvé cet empire, / Tant de fois affermi le trône de son roi / Trahit donc ma querelle, et ne fait rien pour moi ? / Ô cruel souvenir de ma gloire passée! / Œuvre de tant de jours en un jour effacée ! / Nouvelle dignité, fatale à mon bonheur ! / Précipice élevé d'où tombe mon honneur ! / Faut-il de votre éclat voir triompher le Comte, / Et mourir sans vengeance, ou vivre dans la honte ?

Corneille, *Le Cid*, Acte I, sc. IV, 1637

Chimène demande la tête de Rodrigue

Fou de jalousie, Don Gomès insulte le vieux Don Diègue et lui donne un soufflet (une gifle) ! Don Diègue, qui n'a plus l'ardeur de la jeunesse pour défendre son honneur, demande alors à son fils de le venger en provoquant le comte en duel. Rodrigue, après avoir hésité, obéit à son père et tue le comte. Chimène est alors contrainte de demander au roi… la mort de Rodrigue, sans cesser de l'aimer ! Pendant ce temps, les Mores tentent d'envahir de nuit le port de Séville. Don Gomès mort, Rodrigue prend l'initiative de rassembler une troupe suffisante pour les repousser. Chimène demande audience au roi afin d'obtenir la tête de Rodrigue. Le roi lui annonce la mort de celui-ci, constate qu'elle en défaille, donc qu'elle l'aime toujours. Rodrigue reparaît. Le roi lui commande d'aller conquérir d'autres territoires pendant quelques années afin de mériter sa belle et de l'épouser à son retour. Tout est bien dans cette tragédie qui finit bien : la tragi-comédie.

Des vers immortels ou presque, que vous connaissez (ou presque) :

- Rodrigue, as-tu du cœur ? (Don Diègue, sc. V, acte I)
- À moi, comte, deux mots… (Rodrigue, sc. II, acte II)
- Je suis jeune il est vrai, mais aux âmes bien nées / La valeur n'attend point le nombre des années. (Rodrigue, sc. II, acte II)
- Mes pareils à deux fois ne se font point connaître / Et pour leurs coups d'essai veulent des coups de maître. (Rodrigue, sc. II, acte II)
- À qui venge son père, il n'est rien d'impossible / Ton bras est invaincu, mais non pas invincible. (Rodrigue, sc. II, acte II)
- À vaincre sans péril, on triomphe sans gloire. (Le comte, sc. II, acte II)
- Va, je ne te hais point. (Chimène, sc. IV, acte III)
- Sous moi donc cette troupe s'avance / Et porte sur le front une mâle assurance / Nous partîmes cinq cents, mais par un prompt renfort / Nous nous vîmes trois mille en arrivant au port. […] Et le combat cessa faute de combattants. (Rodrigue, sc. III, acte IV)

Le combat contre le Cid

Scudéry se déchaîne : il accuse Corneille de ne pas respecter la règle des trois unités dans sa pièce – comment peut-il se passer autant d'événements en vingt-quatre heures, et cette multiplicité de lieux, c'est d'un baroque ! Il l'accuse aussi de manquer à l'obligation de bienséance : Chimène n'est qu'une dévergondée qui accueille dans sa chambre l'assassin de son père. De plus, elle lui avoue son amour alors même qu'il vient de commettre son crime. Et comment une jeune fille bien née comme Chimène peut-elle aimer un criminel ? Et puis, en y regardant bien, un auteur espagnol, Guillen de Castro, a déjà écrit une tragédie qui raconte par le menu les aventures de Don Rodrigue de Bivar, et Corneille s'en est inspiré de très près ! Bref, tout est prétexte à banderilles.

Dilemme et non dilemne…

Dans les pièces de Corneille, les héros sont souvent placés face à un choix qui les conduit, quelle que soit la solution, à une issue négative – un choix cornélien ! On appelle cette situation un *dilemme* – du grec *dilêmma* : deux données – et non un *dilemne* qui lui, n'est rien du tout dans la mesure où ce mot n'existe pas !

Un agrément inexplicable

Richelieu espère porter le coup de grâce en demandant à l'Académie française de se prononcer ! Celle-ci, embarrassée, dit qu'effectivement, il y a manquement à certaines règles, mais elle ne marchande pas son admiration pour ce qu'elle appelle *l'agrément inexplicable* de la pièce ! Et Corneille ? Ulcéré, blessé, après avoir répondu à ses accusateurs, il décide de nouveau de ne plus écrire ! Louis XIII et Anne d'Autriche qui ont aimé la pièce s'en mêlent, et, sentant le vent qui tourne en sa défaveur, Richelieu demande que s'apaise la querelle qu'il a déclenchée !

La règle des trois unités

Doctes et spécialistes affirment, dès le début du XVIIe siècle, que ces trois unités sont imposées par Aristote dans son œuvre *La Poétique*.

- Temps : l'action ne doit pas durer plus de vingt-quatre heures.
- Lieu : l'action doit se dérouler dans le même lieu.
- Action : elle doit être unique, resserrée autour d'un personnage ; tout ce qui se passe sur scène en constitue le développement, les péripéties.

La simple référence à Aristote constitue un jugement sans appel ! Or, point de mention chez Aristote, d'unité de temps ou de lieu ! De plus, il parle d'une action *formant un tout et menée jusqu'à son terme, ayant un commencement, un milieu et une fin*, conception moins étroite que dans l'esprit des doctes. D'où sort-on alors cette règle ? Ce sont les commentateurs de Cicéron et d'Horace qui l'ont élaborée à partir de leur lecture de ces deux auteurs, à la fin du XVIe siècle.

Féroce Horace

Trois ans de silence ! Puis Corneille revient quand même à l'écriture dramatique. Il tient compte des remarques faites par les doctes, les académiciens, et produit une tragédie parfaitement conforme au code classique : *Horace*. Elle obtient un succès considérable – mais dans le cœur des spectateurs, l'amour de Chimène et Rodrigue continue de distiller sa tendresse, sa fidélité, au lieu qu'Horace le féroce passe ! Féroce Horace ? Jugez-en : Rome et Albe sont en guerre. Chaque ville désigne trois jeunes hommes qui vont s'affronter à mort pour régler le conflit. Pour Rome, ce seront les trois fils Horace. Pour Albe, les trois fils Curiace. Côté femmes, Sabine est l'épouse d'un Horace et la sœur d'un Curiace ; Camille est la sœur d'un Horace, et l'épouse d'un Curiace.

Il tue sa sœur !

Évidemment, cette situation ne peut que conduire à la catastrophe que voici : dès les premiers engagements, les deux premiers Horace sont tués, et les trois Curiaces, plus ou moins blessés poursuivent le troisième Horace qui fuit sous les yeux horrifiés de son père (*Que vouliez-vous qu'il fît contre trois ?* demande-t-on au vieil Horace qui répond : *Qu'il mourût, / Ou qu'un beau désespoir alors le secourût*…) Mais, malin, Horace se retourne, tue un Curiace, un deuxième Curiace, puis achève le troisième qui n'en pouvait mais ! Tout content, il rentre chez lui où il retrouve son épouse dont il vient de tuer le frère, et sa sœur dont il vient de tuer le mari ! Camille, désespérée, au lieu de dominer son désespoir et de louer son frère le héros – c'est ce qu'il attend – se répand en imprécations contre lui (sc. VI, acte IV). Il dégaine alors son épée et la tue (en coulisses… la bienséance interdisait qu'on occît sur scène !).

PLAISIR DE LIRE

Et mourir de plaisir…

Camille : *Rome, l'unique objet de mon ressentiment ! / Rome, à qui vient ton bras d'immoler mon amant ! / Rome qui t'a vu naître, et que ton cœur adore ! / Rome enfin que je hais parce qu'elle t'honore ! / Puissent tous ses voisins ensemble conjurés / Saper ses fondements encor mal assurés ! / Et si ce n'est assez de toute l'Italie, / Que l'Orient contre elle à l'Occident s'allie; / Que cent peuples unis des bouts de l'univers / Passent pour la détruire et les monts et les mers ! / Qu'elle même sur soi renverse ses murailles, / Et de ses propres mains déchire ses entrailles ! / Que le courroux du Ciel allumé par mes vœux / Fasse pleuvoir sur elle un déluge de feux ! / Puissé-je de mes vœux y voir tomber ce foudre, / Voir ses maisons en cendre, et tes lauriers en poudre, / Voir le dernier Romain à son dernier soupir, / Moi seule en être cause et mourir de plaisir !*

Corneille, *Horace*, Acte IV, sc. VI, 1640

Cinna, Polyeucte…

Après le succès d'*Horace*, Pierre Corneille qui est tombé amoureux de la jolie Marie de Lampérière entre dans une espèce de mélancolie inquiétante qui pousse Richelieu à hâter les amours… Le mariage a lieu. La sœur de Marie, Marguerite, y assiste. Le frère de Pierre, Thomas, aussi. Thomas tombe amoureux fou de Marguerite et l'épouse l'année suivante ! Les deux frères et les deux sœurs ne vont dès lors plus se quitter. En 1642, Corneille écrit *Cinna* et *Polyeucte*, le succès est au rendez-vous.

Bienvenue chez les Corneille

De 1665 à 1681, les deux ménages Corneille habitent rue de Cléry à Paris. Thomas, Marguerite et leurs deux enfants vivent au rez-de-chaussée, Pierre, Marie et leurs trois enfants à l'étage. Les repas sont pris en commun. Pierre ne cesse d'écrire ses pièces en vers. Mais la rime ne lui vient pas aussi facilement qu'à Thomas qui est un véritable dictionnaire sonore. Aussi, lorsque Pierre ne trouve pas la fin d'un vers – même en fermant ses volets en plein jour, et en allumant la chandelle –, il lève une trappe qu'il a découpée dans le plancher afin de héler Thomas qui, dans la seconde même, lui propose cinq ou six choix !

Titus et Bérénice

Le succès sera présent jusqu'à ce que le jeune Racine fasse jouer une pièce d'un genre nouveau : au lieu que les personnages y soient libres de leur destin, et décident des actions qu'ils entreprennent, c'est le destin qui les gouverne et ils l'accomplissent jusqu'à la mort. En 1670, Henriette d'Angleterre, belle-sœur de Louis XIV demande à Corneille et Racine d'écrire une pièce sur Titus et Bérénice. Elles sont représentées la même année. Celle de Racine est préférée. Corneille subit encore plusieurs échecs, notamment avec sa dernière tragédie *Suréna*. Il meurt dans la nuit du 30 septembre au 1er octobre 1684.

Les Menines, Te Deum…

Diego Velasquez (1599-1660) peint un étrange tableau où il se représente en train de peindre la famille royale espagnole : *Les Menines*. Murillo, l'excellent portraitiste, fait vivre sa *Marchande de fleurs*. En France, Nicolas Poussin (1594-1665) peint le *Paradis terrestre* ; Claude Gellée, dit Le Lorrain (1600-1682) représente un *Port de mer au soleil couchant*. En Italie, Le Caravage (1573-1610) offre un magnifique *Bacchus couronné*. En Hollande, Vermeer de Delft (1632-1675) peint *La Dentellière* – titre du Goncourt de Pascal Lainé, en 1974. Rembrandt (1606-1669) représente *La Ronde de nuit* (qui, en fait, se déroule en plein jour…).

Pour ce qui concerne la musique, Jean-Baptiste Lully (1632-1687) compose la musique pour les comédies-ballets de Molière. Lully meurt après s'être planté dans le pied son gros bâton ferré à battre la mesure, pendant une grosse colère… Marc-Antoine Charpentier (1636-1704) fait jouer son *Te Deum*. En Italie, Claudio Monteverdi (1567-1643) écrit son splendide *Orfeo*.

Molière amuse le roi et les siècles

Molière, c'est un univers, notre univers, quelle que soit l'époque, la classe sociale : la nature humaine qu'il décrit avec malice et justesse demeure étonnamment fidèle à elle-même. Louis XIV est l'un des plus fervents admirateurs du créateur de Tartuffe, Harpagon ou Monsieur Jourdain.

Le Pavillon des Singes

À l'angle de la rue Saint-Honoré et des Vieilles-Étuves (rue Saural aujourd'hui) existait une maison nommée le Pavillon des Singes. Curieux nom qui s'explique à cause d'un poteau en cormier, variété de sorbier, placé à l'angle de la maison, et portant une sculpture de bois représentant six singes dans un oranger, se passant des fruits de la main à la main, cependant que le septième ramassait ceux qui étaient tombés. Cette sculpture fut conservée précieusement jusqu'au début du XIXe siècle dans un grenier des Invalides où un gardien la découvrant un jour se dit qu'elle ferait un bon feu. Ainsi disparut ce que le jeune Jean-Baptiste Poquelin – dit Molière – avait regardé sans doute avec une curiosité amusée pendant toute son enfance, et revu sa vie entière, chaque fois qu'il regagnait la maison familiale.

Les ravages de la petite vérole

Jean-Baptiste Poquelin naît en janvier 1622, dans le Pavillon des Singes. Il est le fils de Jean Poquelin, bon bourgeois commerçant qui va acheter en 1631 la charge héréditaire de tapissier du roi, et de Marie Cressé, issue d'une famille fortunée. C'est l'aîné de la famille. Son frère Louis naît en 1623, sa sœur Marie, en 1625. Le malheur s'abat sur le Pavillon des Singes, de la même façon qu'il s'abat sur toutes les familles de l'époque : Marie meurt de la petite vérole – la variole – à cinq ans, en 1630. Sa mère que le chagrin a rongée meurt de tuberculose en 1632, à trente et un ans.

Jean-Baptiste sauvé !

L'année suivante, Jean-Baptiste et Louis sont atteints eux aussi d'une sorte de petite vérole qui emporte neuf malades sur dix. Louis en meurt ; Jean-Baptiste, considéré comme perdu par les médecins, en guérit. Jean Poquelin se remarie en 1633 à Catherine Fleurette, dix-neuf ans. Elle met au monde Catherine-Espérance, le 11 janvier 1634, puis, le 9 janvier 1635, un fils : Nicolas, qui meurt trois jours plus tard. Le 8 janvier 1636, Catherine met au monde son troisième enfant. Il meurt en naissant. Quelques heures plus tard, sa mère succombe.

Molière en prison !

Jean-Baptiste grandit, jalousement surveillé par son grand-père Louis Cressé qui l'emmène voir, sur le Pont-Neuf, les comédiens italiens. Ils sont si drôles que l'enfant ne cesse de rire et d'en entretenir son grand-père ravi que cet enfant si peu épargné par le malheur soit si gai. Il fait de bonnes études chez les jésuites du collège de Clermont (actuellement Louis-le-Grand), se spécialise en droit, mais aime tant le théâtre qu'il s'en ouvre à son père, en 1643. Celui-ci non seulement accepte que son fils devienne comédien, mais lui donne de quoi financer sa première troupe : l'Illustre-Théâtre. L'année suivante, les affaires de l'Illustre-Théâtre vont si mal que Molière échoue en prison à deux reprises ! Mais sa troupe a déjà attiré l'attention de Gaston d'Orléans, le frère du roi Louis XIII, qui la prend sous sa protection.

DANS L'INTIMITÉ

Riche, Molière !

Molière et les comédiens qui l'accompagnent partout en France ne sont pas comme on a pu le croire des sortes de bohémiens sans le sou qui dressent leurs tréteaux, soir après soir, dans les petites villes et les villages pour survivre. Ce ne sont pas non plus des libertins qui ne pensent qu'à se vautrer dans le stupre. Lorsqu'ils arrivent dans une ville, Molière et sa troupe louent une grande maison, y séjournent plusieurs mois, mettent de côté des sommes considérables qu'ils savent placer et faire fructifier ! Toujours protégé des Grands, jamais Molière n'a vécu dans la misère. Au contraire, mis à part la faillite de son Illustre-Théâtre, il conduit ses affaires avec habileté et amasse une fortune que traduit le luxe extrême de sa maison d'Argenteuil.

Le roi rit !

Deux théâtres seulement accueillant les troupes à Paris, Molière et la famille de comédiens avec laquelle il s'est associé, les Béjart, partent en Bretagne. La troupe joue dans de nombreuses villes. On la trouve ensuite en Languedoc (1647), puis à Lyon (1657), enfin à Rouen où Molière prépare, avec les conseils de Corneille, son arrivée à Paris (1658). Là, devant la cour, au Louvre, il joue *Nicomède*, de Corneille. Louis XIV bâille, s'ennuie. Molière joue alors une farce de sa composition : *Le Docteur amoureux*. Louis XIV rit à gorge déployée… C'est gagné ! Les succès vont s'enchaîner dès que Molière comprend que le genre noble de l'époque, la tragédie, ne lui réussit pas, et que son domaine est la comédie.

Le fiel des jaloux

Les tragédies – le genre noble – sont jouées à l'Hôtel de Bourgogne. Molière, qui avait d'abord joué au théâtre du Petit-Bourbon – démoli pour faire place à la colonnade du Louvre – s'installe au théâtre du Palais-Royal. Les poètes dramatiques – auteurs de tragédies – ne supportent pas la gloire naissante de Molière et déclenchent leur haine contre lui : ses pièces, disent-ils, sont vulgaires, pleines d'irrégularités ; et il y a plus grave : en épousant Armande Béjart, de vingt ans sa cadette, après avoir eu pour maîtresse la mère de cette jeune actrice, il a commis un inceste – Armande étant peut-être sa fille ! L'affaire s'envenime tant que Louis XIV lui-même doit intervenir pour faire tarir le fiel des jaloux : en 1664, il devient le parrain du premier fils de Molière ! Puis, la troupe de Molière acquiert le nom prestigieux, et sans appel, de troupe du roi.

ALLONS PLUS LOIN

Dévots, bêtes féroces

Le parti dévot est particulièrement puissant et agressif à la cour du jeune roi Louis XIV qui a fort à faire pour le combattre. Les dévots rassemblent les anciens frondeurs, ceux qui se sont révoltés contre le pouvoir au temps de Mazarin, et qui ont même menacé le roi enfant, dans sa chambre, un jour de février 1651 ! Ils pratiquent une piété ostentatoire, mais hypocrite. Lorsque paraît la pièce de Molière *Le Tartuffe* (1664), qui dénonce leurs manigances et les ridiculise, leur fureur atteint son comble. Ce sont eux, bêtes féroces, qui accusent Molière d'inceste…

Le roi danse, le roi joue !

Molière est célèbre. Ses pièces sont traduites et jouées dans toute l'Europe. Il invente alors un genre qui va ravir le roi : la comédie-ballet. En effet, Louis XIV adore danser, et parfois, il lui arrive de jouer la comédie sous un déguisement. Molière lui offre cette union réussie de la danse et du théâtre ; elle va l'obliger à créer souvent dans l'urgence, car le roi multiplie les spectacles. Ainsi naissent : *L'Amour médecin* (1665), *George Dandin* (1668), *Monsieur de Pourceaugnac* (1669), *Le Bourgeois Gentilhomme* (1670), *Psyché* (1671). En revanche, *Les Fourberies de Scapin* (1671), *Les Femmes*

ALLONS PLUS LOIN

L'École des femmes

1662 est une année faste pour Molière : il se marie, reçoit une pension du roi, et triomphe avec sa comédie en cinq actes : *L'École des femmes.* Le sujet suscite maintes interrogations sur l'éducation des jeunes filles, la place de la femme, à travers l'histoire d'Arnolphe qui se fait appeler Monsieur de la Souche, et qui a fait élever dans un couvent depuis l'âge de quatre ans, Agnès. Elle vient d'en sortir, ignorante à souhait, selon son désir. Il se prépare à l'épouser, mais l'ingénue n'est pas la sotte qu'il croit avoir façonnée. Malgré toutes les précautions qu'il prend, elle goûte à des plaisirs de son âge avec un jeune conquérant qui emporte la place à la barbe du barbon… – barbe qu'il commente ainsi pour l'instruction d'Agnès : *Votre sexe n'est là que pour la dépendance / Du côté de la barbe est la toute-puissance* (sc. II, acte III).

Cette comédie fort réussie déclenche une véritable bataille organisée par les comédiens de l'Hôtel de Bourgogne dont le théâtre est déserté au profit de celui du Palais-Royal. Ils n'admettent pas que Molière ait quitté la farce à l'ancienne et s'aventure dans les structures de la tragédie pour écrire sa comédie, brouillant les deux genres. Il sont surtout malades de jalousie ! Pamphlets, satires, billets de toutes sortes vont se succéder pendant toute l'année 1663. Molière va répliquer avec *La Critique de l'École des femmes et L'Impromptu de Versailles* – pièce commandée par le roi fatigué des attaques contre son auteur préféré – où il se met lui-même en scène, dans un éblouissant jeu de miroirs.

Savantes (1672). *Don Juan* (1665), *Le Misanthrope* (1666), *L'Avare* (1668) sont des comédies pures dont certaines n'ont pas été vues par le roi, la danse n'en réjouissant pas la forme.

Les personnages de Molière

- Alceste (fort, courageux, en grec) ; c'est un ronchonneur attendrissant, il voudrait que toute amitié soit assortie d'une sincérité limpide. Il tente d'atteindre cet idéal, mais échoue douloureusement.
- Harpagon (le rapace, en grec) : avare libidineux, il incarne la pathologie de l'argent poussée à son paroxysme.
- Monsieur Jourdain : bourgeois enrichi dans le commerce, ce personnage est l'image de tous ceux qu'on appelle aujourd'hui des parvenus naïfs, des nouveaux riches qui font sottement étalage de leur argent.
- Scapin : valet fourbe, aux mille ruses pour mille situations embarrassantes, jamais à court d'idées pour tromper et se tirer d'affaire, Scapin est aussi celui qui se fait pincer un jour…
- Philaminte : elle incarne la femme savante qui sait mieux que quiconque ce qu'il faut penser, et l'impose à tout son entourage, par amour pour une curiosité scientifique mise au service de la libération de la femme.
- Argan : type du malade imaginaire, de l'hypocondriaque qui perturbe toute la vie de sa maison à cause de ses obsessions.

La postérité dans un fauteuil

Le 10 février 1673, *Le Malade imaginaire* est joué pour la première fois. Molière est de plus en plus souvent atteint des quintes de toux qu'il a d'ailleurs mises en scène. Elles révèlent ce qu'il appelle sa fluxion – la tuberculose. Une semaine plus tard, le 17 février, il est pris d'un malaise sur

Une curiosité littéraire

Corneille a-t-il écrit les pièces de Molière ?

Le 7 novembre 1919, dans la revue *Comedia*, Pierre Louÿs (1870-1925), écrivain français né à Gand, lance une information qui fait l'effet d'une bombe à fragmentation de vers : c'est Corneille qui aurait écrit les pièces de Molière ! Pierre Louÿs n'en est pas à son coup d'essai en matière de supercherie : il a réussi à faire croire à l'authenticité grecque de chansons qu'il a lui-même écrites : *Les Chansons de Bilitis.* Quelle preuve apporte-t-il ? Aucune, mais il se fonde sur le fait que Molière – qui devait être selon lui un simple farceur – n'a pas laissé de manuscrits de ses pièces. Il révèle aussi ce que tout le monde sait : Molière et Corneille ont collaboré pour écrire *Psyché* ; il étend alors cette collaboration à l'œuvre entière ! Et beaucoup s'engouffrent dans cette brèche : en 1957, Henri Poulaille publie *Corneille sous le masque de Molière* ; en 1990, Hippolyte Wouters et Christine de Ville de Goyet, avocats bruxellois font paraître *Molière ou l'auteur imaginaire* ; enfin, en 2001, Dominique et Cyril Labé relancent la polémique et le doute ! Alors ? Alors lisez tout Molière, lisez tout Corneille, et ajoutez, dans quelque temps, votre contribution à la résolution de cette énigme…

scène. Inconscient, il est transporté dans sa maison où il meurt à dix heures du soir. Il faudra l'intervention du roi lui-même pour qu'il soit inhumé dans le cimetière – les comédiens étant excommuniés, la sépulture chrétienne leur était interdite ! Voulez-vous voir le fauteuil où Molière s'est assis pour la dernière fois en scène, où il a perdu conscience avant d'être emmené chez lui ? Allez à la Comédie-française, premier étage. Voyez comme il joue bien les absents ! Et pourtant, vous le savez là, présent, même si certains prétendent qu'il dort au cimetière du Père Lachaise…

Racine et ses as de cœur

Je le vis, je rougis, je pâlis à sa vue ; / Un trouble s'éleva dans mon âme éperdue ; / Mes yeux ne voyaient plus, je ne pouvais parler ; / Je sentis tout mon corps et transir et brûler… N'est-ce pas ainsi que vous avez senti un jour l'amour entrer soudain en force dans votre petit cœur pris de panique ? Et vous voulez savoir qui est capable d'exprimer ainsi ce que vous avez vécu, ce que tout le monde ressent, depuis toujours et partout, lors d'un fatal et délicieux coup de foudre ? Lisez ce qui suit…

Les bons maîtres de Port-Royal

Ajax seul, il se va tuer. Cette phrase est écrite en marge du texte grec de l'*Ajax* de Sophocle par un jeune garçon orphelin de mère à treize mois, de père à trois ans. Né à La Ferté-Milon (dans l'Aisne) en décembre 1639, un peu plus d'un an après le futur Louis XIV, il a été recueilli par une tante qui s'est retirée près du monastère de Port-Royal des Champs. C'est sa chance : il y fait ses études auprès d'excellents maîtres qui appliquent une pédagogie éclairée, plaçant le questionnement de l'élève au centre de leur patiente éducation, au lieu que les jésuites pratiquent par dizaines les coups de règle correcteurs, et le cachot punitif ! Les jésuites détestent Port-Royal. Port-Royal finira par être rasé. En attendant, le jeune garçon qui annote Sophocle – Jean Racine, vous l'aviez reconnu – comble son professeur de latin, Monsieur Nicole, son professeur de grec, Monsieur Lancelot, et tous les autres, Messieurs Lemaître et Hamon, si paternels avec lui.

Recettes de tendresse, de douceur

Attention, point de mots trop chargés en syllabes, d'utiles respirations pour le vers au moyen de termes courts, et puis la musique des voyelles, celle de la lettre *a* ou bien du *i*… surtout, pas de rudesse à l'oreille ! Le jeune Racine essaie sa plume, observant scrupuleusement les conseils de son maître Nicole. La langue devient pour lui une matière sonore qu'il assouplit sans relâche, il en rabote les aspérités, la rend fluide et douce. Ce n'est pas l'abondance des mots qui élève au plus haut la poésie dramatique, c'est l'assemblage qu'on en fait. La gamme de Racine en comporte deux mille seulement. C'est peu si on se penche sur des œuvres qui en affichent cinq ou six mille. Mais la gamme racinienne, dans ses ajustements économes et denses, crée un langage qui dépasse les mots eux-mêmes, dans leur bercement tendre et désenchanté.

PLAISIR DE LIRE

Vous rappelez-vous ces vers de Racine ?...

Andromaque, veuve d'Hector, répond à Pyrrhus qui veut l'épouser et menace de livrer son fils aux Grecs si elle refuse :

Je passais jusqu'aux lieux où l'on garde mon fils. / Puisqu'une fois le jour vous souffrez que je voie / Le seul bien qui me reste, et d'Hector et de Troie, / J'allais, /Seigneur, pleurer un moment avec lui ; / Je ne l'ai point encore embrassé d'aujourd'hui. (Acte I, sc. IV)

Bérénice, désespérée, comprend que Titus, malgré lui, doit la renvoyer, afin de devenir empereur de Rome :

Dans un mois, dans un an, comment souffrirons-nous, / Seigneur, que tant de mers me séparent de vous ? / Que le jour recommence et que le jour finisse / Sans que jamais Titus puisse voir Bérénice, / Sans que de tout le jour je puisse voir Titus ? / Mais quelle est mon erreur, et que de soins perdus ! (Acte IV, sc. V)

Phèdre rappelle que sa sœur Ariane est morte d'amour après avoir été abandonnée sur une île par celui qu'elle aimait, Thésée, le fils d'Égée :

Ariane ma sœur, de quel amour blessée / Vous mourûtes aux bords où vous fûtes laissée... (Acte I, sc. III)

Athalie raconte le songe où sa mère morte lui est apparue :

Ses malheurs n'avaient point abattu sa fierté; / Même elle avait encor cet éclat emprunté / Dont elle eut soin de peindre et d'orner son visage; / Pour réparer des ans l'irréparable outrage. (Acte II, sc. V)

Auteur ? Un état misérable

En 1660, après le studieux Port-Royal et le très sérieux collège d'Harcourt, Racine entre à l'école du plaisir, dans les salons où se lisent les dernières comédies à la mode, les poèmes qui font rêver les dames si bien disposées à aller un peu plus loin, si affinités… Mais il faut vivre, c'est-à-dire trouver de l'argent, et ce n'est pas le métier d'auteur qui en rapporte ! Auteur ? Une occupation de miséreux, méprisée !

Des nuits plus belles que vos jours

En 1661, Racine part pour le Languedoc où son oncle lui promet des bénéfices ecclésiastiques – il s'agit de percevoir les rentes d'un monastère. D'Uzès, brutalement sevré des douceurs de salons, il envoie des lettres à ses amis, petits chefs-d'œuvre d'élégance, de finesse où se trouve notamment cette phrase : … *et nous avons des nuits plus belles que vos jours* – phrase reprise par Raphaëlle Billetdoux, en 1985, qui en fait le titre de son roman, prix Renaudot : *Mes nuits sont plus belles que vos jours.*

Les femmes de Racine

Beaucoup de femmes traversent la vie de Jean Racine. Il y a d'abord Mademoiselle du Parc, actrice à l'origine de la brouille entre Racine et Molière après son départ pour la troupe de l'Hôtel de Bourgogne, jugée plus prestigieuse. Pour elle, en 1667, il écrit la tragédie *Andromaque* qui obtient autant de succès que *Le Cid* en avait obtenu en 1637. L'année suivante, la Du Parc meurt en couches. En 1670, Mademoiselle de Champmeslé entre dans le cœur de Racine. Elle devient Bérénice, mais Bérénice a le coup de foudre pour le comte de Tonnerre… Et Racine en est fort chagriné. D'autres viendront jusqu'à sa rencontre avec Catherine de Romanet, en 1677. Il a trente-huit ans, elle en a vingt-cinq. Ils s'aimeront sincèrement, auront sept enfants. L'un d'eux, Jean-Baptiste, voudra se lancer dans la carrière d'écrivain dramatique, mais son père l'en dissuadera brutalement – il n'y a qu'un Racine, non mais ! Un autre de ses fils, Louis, écrira sa biographie. La plupart de ses filles se feront religieuses, au désespoir de leur père…

Racine, grand reporter

Dès son retour à Paris, fin 1663, Racine écrit une ode à Louis XIV qui se rétablit d'une rougeole – les remèdes qu'il a pris ont failli le faire mourir ! Le poète obtient une confortable pension, fait représenter sa pièce *La Thébaïde* par la troupe de Molière, se brouille avec lui en 1665 au moment où il décide de donner sa nouvelle tragédie *Alexandre le Grand* à la troupe concurrente de l'Hôtel de Bourgogne. La vie de Racine n'est ensuite qu'une montée ininterrompue dans l'estime du roi, au point qu'en 1677, celui-ci lui confie la charge de chroniqueur de son règne – historiographe. Racine, que les incessantes attaques de ses ennemis en littérature, ont fatigué et déçu, accepte cet honneur. Devenu en quelque sorte grand reporter de guerre, il suit le monarque, en compagnie de son ami Boileau, sur les champs de bataille. La fin de sa vie est marquée par sa courageuse prise de position en faveur de Port-Royal, cible des dévots qui ont convaincu Louis XIV de supprimer cet îlot du jansénisme – doctrine religieuse austère et pessimiste. Un cancer du foie l'emporte le 21 avril 1699.

Bouclier de guimauve

Jean Racine a écrit onze tragédies et une comédie. Les personnages de ses tragédies sont des héros de la mythologie ou de l'histoire grecque et romaine, ou bien ils appartiennent à l'actualité récente (*Bajazet*). Leur seule préoccupation, dans les cinq actes qui les font vivre sur scène, concerne leur aventure amoureuse. Racine en saisit tous les temps forts, les paroxysmes, les convulsions, les issues fatales. Voilà pourquoi les héros raciniens, en as de cœur, peuvent dérouter, mal protégés des flèches de la passion par leur bouclier de guimauve.

La chaîne amoureuse

La chaîne amoureuse est souvent présente dans l'intrigue. Ainsi, dans *Andromaque*, Oreste, le Grec, aime Hermione qui aime Pyrrhus qui aime Andromaque qui aime Hector qui est mort... Les spectateurs de l'époque raffolent de ces situations qui ne sont pas sans rappeler certains feuilletons télévisés diffusés l'après-midi sur de grandes chaînes privées ou nationales...

La douzaine de pièces de Racine

- 1664 *La Thébaïde* : reprise du mythe d'Œdipe.
- 1665 *Alexandre le Grand* : Alexandre, en plein milieu d'une bataille, vient courtiser la belle Cléofile...
- 1667 *Andromaque* : Pyrrhus, fils d'Achille, veut épouser la veuve d'Hector.
- 1668 *Les Plaideurs* : seule comédie de Racine, c'est une irrésistible satire de la justice. Elle fit rire aux larmes Louis XIV.
- 1669 *Britannicus* : Néron, le monstre naissant, fait empoisonner Britannicus, son rival dans le cœur de Junie.
- 1670 *Bérénice* : Bérénice désespérée, comprend que Titus doit la renvoyer malgré lui, afin de devenir empereur de Rome.
- 1672 *Bajazet* : Roxane aime Bajazet qui aime Atalide...
- 1673 *Mithridate* : les deux fils de Mithridate sont amoureux de sa fiancée Monime.
- 1674 *Iphigénie* : Agamemnon manque de vent pour partir à la guerre de Troie. Il doit sacrifier sa fille...
- 1677 *Phèdre* : Phèdre, épouse de Thésée, aime son beau-fils Hippolyte qui aime Aricie.
- 1689 *Esther* : Esther sauve les Juifs que le roi de Perse voulait exterminer.
- 1691 *Athalie* : la reine Athalie veut éteindre la lignée des descendants du roi David. Elle est mise à mort.

Mesure, bienséance, équilibre...

La grande réussite de Racine est d'avoir donné au théâtre de pures tragédies inscrites dans les exigences de l'esprit classique : mesure, bienséance, équilibre, respect des trois unités. Malgré cela, il subit les attaques constantes de tous ceux qui sont jaloux de sa réussite, de son art, de sa faveur auprès du roi. Chacune des préfaces de ses pièces est l'occasion pour lui de répondre à ses détracteurs. En même temps, il définit de plus en plus précisément ce que doit être la tragédie.

Une action simple, chargée de peu de matière

Lorsque *Bérénice* est jouée pour la première fois, Racine est accusé de ne pas avoir écrit une tragédie, personne ne mourant à la fin de la pièce ! Pourtant, dans la préface de *Britannicus*, il avait précisé sa conception de la tragédie qui devait être : *une action simple, chargée de peu de matière, telle que doit être une action qui se passe en un seul jour, et qui, s'avançant par degrés vers sa fin, n'est soutenue que par les intérêts, les sentiments et les passions des personnages*. Mais les jaloux, en général, ne savent pas lire…

Le cardinal de Retz et ses Mémoires

Issu d'une vieille famille de Florence, Jean-François Paul de Gondi, cardinal de Retz, est né au château de Montmirail en Champagne, en 1613, et mort à Paris en 1679. Contrarié par une orientation dans les ordres qu'il n'a pas souhaitée, il met son énergie à tenter de réconcilier les frondeurs lors de la révolte des princes et des parlementaires, de 1648 à 1652. Mal en cour auprès de Louis XIV, il se lie d'amitié avec Madame de La Fayette, Madame de Sévigné et La Rochefoucauld. Ses *Mémoires* témoignent de son ambition politique déçue et apportent, dans une langue élégante et riche, précise et cadencée, un témoignage unique sur les grands personnages et les grands événements du milieu du XVIIe siècle.

La Fontaine, un homme affable

La brume matinale et tiède enveloppe la ville de Château-Thierry en ce matin de juin 1657. Dans une prairie située près des portes de la ville, deux hommes se font face, une épée à la main ! Les témoins, de noir vêtus, lugubres, se tiennent à courte distance. Un peu plus loin, des dizaines de bourgeois, levés tôt, certains accompagnés de leur femme étrangement impatiente, regardent cette scène avec une avidité malsaine : ils attendent que le sang coule, que la mort fasse son œuvre, lave l'honneur qui est l'enjeu du duel. Il est temps de révéler l'identité des duellistes, le combat vient d'être engagé : à gauche, voici le capitaine Poignant, à droite – l'auriez-vous cru ? – Jean de La Fontaine…

Perrette l'a échappé belle…

Premier engagement : l'épée de Poignant atteint La Fontaine au côté droit. Il chancelle, il saigne. On se précipite. Quelques centimètres un peu plus à droite et le foie était atteint : plus de Perrette au pot au lait, plus de Corbeau montrant sa belle voix, plus de Petit poisson, plus de Pêcheur, ni de Chêne, ni de Roseau… Pourquoi ce duel ? Parce que La Fontaine qui avait épousé, à vingt-sept ans, une jeune fille de quatorze ans, n'y trouvant pas son compte avait cherché à se divertir ailleurs, laissant aux mains (!) du capitaine

Poignant sa jeune épouse ! Situation qui le satisfaisait entièrement. Mais les bourgeois de Château-Thierry, outrés que la morale fût ainsi bafouée, avaient exigé que le duel ait lieu. Poignant et La Fontaine s'étaient mis d'accord pour une petite blessure… Mais toutes les femmes présentes en espéraient une à la mesure de la leur lorsque le grand séducteur Jean de La Fontaine les avait quittées, après les avoir aimées !

Le saviez-vous ?

La Fontaine emprunteur

Je me sers d'animaux pour instruire les hommes. Cet alexandrin qu'on peut lire dans la dédicace des six premiers livres de fables publiés en 1668, nous fait imaginer un La Fontaine se promenant dans les forêts, observant le monde animal, et s'en servant pour écrire ses fables. Point du tout : l'emploi du temps de La Fontaine est celui d'un haut fonctionnaire de l'administration royale – les Eaux et Forêts – qui exerce des responsabilités peu épanouissantes, et celui d'un mondain qui, dès qu'il le peut, gagne Paris pour promouvoir ses créations dans les salons à la mode. La Fontaine n'a inventé quasiment aucun des récits qu'il met en scène dans ses fables. Il les emprunte à Ésope, fabuliste grec, Horace, poète latin, à Pilpay, poète indien, aux fabliaux du Moyen Âge… Tout son génie tient dans son écriture, la merveilleuse habileté qu'il déploie pour faire tenir l'universel dans les limites de courtes pièces en vers et rimes. Les livres VII à IX paraissent en 1678 et 1679.

Le distrait

Même si les fables obtiennent dès leur publication en 1668 un succès considérable, le roi Louis XIV et Colbert se méfient de La Fontaine qui a toujours soutenu son premier bienfaiteur, Nicolas Fouquet, tombé en disgrâce et emprisonné à vie – l'artisan de cette chute spectaculaire n'est autre que Colbert qui s'était, comme Fouquet, scandaleusement enrichi en conduisant les affaires de Jules Mazarin dont la fortune a été évaluée à la moitié du budget de la France de l'époque ! De plus, La Fontaine publie aussi des contes licencieux qui, ne plaisant pas à tout le monde – aux dévots notamment –, sont interdits, mais continuent à circuler sous le manteau… La Fontaine va vivre grâce à des protectrices : la duchesse d'Orléans, puis Madame de La Sablière. Il est apprécié de Madame de Montespan, favorite du roi ; il peut ainsi fréquenter la cour où sa distraction devient une légende. On raconte qu'un jour, ayant conversé avec un jeune homme, il s'enquiert de se son nom auprès d'un ami qui lui répond : *Mais… Vous ne l'avez pas reconnu ? C'était votre fils…*

La Fontaine en morales

- Il était expérimenté, / Et savait que la méfiance / Est mère de la sûreté. (Le Chat et le vieux Rat.)
- Vous chantiez ? j'en suis fort aise. / Eh bien ! dansez maintenant. (La Cigale et la Fourmi.)

- Garde-toi, tant que tu vivras, / De juger des gens sur la mine. (Le Cochet, le Chat et le Souriceau.)
- Apprenez que tout flatteur / Vit aux dépens de celui qui l'écoute. (Le Corbeau et le Renard.)
- Qu'un ami véritable est une douce chose ! / Il cherche vos besoins au fond de votre cœur / Il vous épargne la pudeur / De les lui découvrir vous-même. / Un songe, un rien, tout lui fait peur / Quand il s'agit de ce qu'il aime. (Les Deux Amis.)
- Selon que vous serez puissant ou misérable / Les jugements de Cour vous rendront blanc ou noir. (Les Animaux malades de la peste.)
- Rien ne sert de courir, il faut partir à point. (Le Lièvre et la Tortue.)
- Amour, Amour, quand tu nous tiens, / On peut bien dire : Adieu prudence. (Le Lion amoureux.)
- Patience et longueur de temps / Font plus que force ni que rage. (Le Lion et le Rat.)
- La raison du plus fort est toujours la meilleure. (Le Loup et l'Agneau.)
- En toute chose il faut considérer la fin. (Le Renard et le Bouc.)

PLAISIR DE LIRE

La Laitière et le Pot au lait

Perrette sur sa tête ayant un pot au lait
Bien posé sur un coussinet,
Prétendait arriver sans encombre à la ville.
Légère et court vêtue elle allait à grands pas,
Ayant mis ce jour-là, pour être plus agile,
Cotillon simple, et souliers plats.
Notre laitière ainsi troussée
Comptait déjà dans sa pensée
Tout le prix de son lait, en employait l'argent,
Achetait un cent d'œufs, faisait triple couvée ;
La chose allait à bien par son soin diligent.
Il m'est, disait-elle, facile,
D'élever des poulets autour de ma maison :
Le renard sera bien habile,
S'il ne m'en laisse assez pour avoir un cochon.
Le porc à s'engraisser coûtera peu de son ;
Il était quand je l'eus de grosseur raisonnable :
J'aurai le revendant de l'argent bel et bon.
Et qui m'empêchera de mettre en notre étable,
Vu le prix dont il est, une vache et son veau,
Que je verrai sauter au milieu du troupeau ?
Perrette là-dessus saute aussi, transportée.
Le lait tombe ; adieu veau, vache, cochon, couvée ;
La dame de ces biens, quittant d'un œil marri
Sa fortune ainsi répandue,
Va s'excuser à son mari
En grand danger d'être battue.
Le récit en farce en fut fait ;
On l'appela le Pot au lait.

Jean de La Fontaine, *Fables*, livre VII, fable X, 1678

Messages chiffrés

Rien de plus rigoureusement construit que les recueils de fables de La Fontaine, qui sont de deux catégories : les fables à sujet animal et celles à sujet humain. Si vous donnez la lettre *H* pour les premières et la lettre *A* pour les secondes, vous allez constater à quel point La Fontaine donne à chacun de ses livres une architecture étonnante, fondée sur des symétries répétées, une distributivité quasi mathématique, comme si quelque chiffre secret gouvernait l'ensemble… De même, si vous faites le schéma rimique de *La Laitière et le Pot au lait*, ci-dessus – à chaque rime, attribuez une lettre de l'alphabet – vous constatez qu'existerait une parfaite symétrie s'il n'y avait le vers intrus n° 10 qui déséquilibre la balance (15 vers et 14 vers). Ce vers intrus : *Achetait un cent d'œufs, faisait triple couvée*, marque le début du rêve, le rêve qui peut déséquilibrer le monde, comme il déséquilibre arithmétiquement la fable ! Cherchez bien : dans beaucoup d'autres fables existent ainsi des messages chiffrés…

Chez les d'Hervart

En 1683, La Fontaine est enfin élu à l'Académie française, malgré l'opposition de Louis XIV. En janvier 1693, sa protectrice, Madame de La Sablière étant morte, il est recueilli par son ami d'Hervart, fils d'un banquier familier de Fouquet au temps de sa splendeur. Sentant la maladie progresser, La Fontaine décide de mener une vie exemplaire, la plus exemplaire qui soit, afin de rattraper ce qu'il appelle ses erreurs passées. Parmi ces erreurs figurent les contes licencieux. Son confesseur, l'abbé Pouget, qui qualifie La Fontaine d'homme fort ingénu et fort simple, obtient qu'il renie ces écrits sulfureux, et qu'il déchire sa dernière œuvre, une comédie leste. Jean de La Fontaine – qui était né le 8 juillet 1621 – meurt le 13 avril 1695, chez les d'Hervart, rue Plâtrière, rue qui sera habitée bientôt par un certain Jean-Jacques Rousseau qui a donné son nom… à la rue Plâtrière. À peine quatre mois plus tôt, le 21 novembre 1694, par l'un des hivers les plus rigoureux qui se soient abattus sur Paris, était né un enfant chétif que les médecins avaient déclaré perdu : Voltaire !

La floraison des pensées

Qu'elles soient inscrites dans le marbre destiné à traverser les âges, peut-être jusqu'à la fin des temps – les maximes de La Rochefoucauld – ou bien dispersées en mille petits papiers découpés, rassemblés sans véritable plan – les *Pensées* de Pascal – ou bien encore inscrites dans un projet de vive critique d'un système estimé trop servile envers le roi – les satires de Boileau – les pensées de toutes sortes fleurissent en cette deuxième partie du XVIIe siècle ; elles témoignent d'une effervescence littéraire qui ne se contente pas de définir ou commenter l'esthétique de l'écrit, mais réfléchit sur ce qui légitime son existence, sur sa raison d'être en religion, en politique.

La Rochefoucauld, ses maximes, sa morale

Mardi 2 juillet 1652, porte Saint-Antoine à Paris… Ne restez pas dans les parages ! Voyez-vous ces troupes qui commencent à faire mouvement ? Ce sont celles de Condé, le chef des princes révoltés. Turenne est à ses trousses avec son armée que vous apercevez plus loin, prête au combat. Regardez sur les hauteurs de Charonne : les deux silhouettes que vous apercevez, le panache au vent plus que dans le poignet, ce sont Louis XIV, quatorze ans, et Mazarin. Le cardinal vient de vivre trois années difficiles : après la Fronde du parlement, il a dû affronter celle des princes dont il observe l'un des derniers épisodes. Les deux armées sont presque au contact ! Il est midi passé.

L'homme blessé

Écartez-vous, mettez-vous à l'abri, que diable, vous allez prendre un coup de mousquet ! Pan ! Pan ! Ça mitraille de tous côtés, les épées traversent les poitrines, embrochent, transpercent bras, jambes, cous… Pan ! Un homme vient de recevoir en pleine figure un coup de mousquet. Il lâche son épée, cache entre ses deux mains son visage en sang, tombe à genoux, se relève, fuit vers la porte Saint-Antoine qui vient de s'ouvrir pendant que, du haut de la Bastille, les boulets de canon pleuvent sur les soldats de Turenne ! Condé et sa troupe sont sauvés, au désespoir du jeune roi et de Mazarin. L'homme blessé peut être soigné, il est presque aveugle désormais. On lui demande son nom. Il répond avec cette voix ferme des hommes de guerre qui jamais ne défaillent : François, prince de Marillac, duc de La Rochefoucauld !

Le conquérant à l'œuvre

À la porte Saint-Antoine, La Rochefoucauld met un terme à des années agitées où le nombre de ses victoires sur les champs de bataille le dispute à celles remportées dans les alcôves… La carrière de François, prince de Marillac, commence tôt : il est marié à quatorze ans à Andrée de Vivonne qui lui donnera huit enfants. Mais dès seize ans, alors qu'il est nommé Maistre de camp du régiment d'Auvergne, le conquérant des cœurs se met à l'œuvre. Il est de tous les complots contre le pouvoir, vit plusieurs exils, intrigue de nouveau, se lie avec de grandes dames, épouse leurs querelles, se jette dans toutes les frondes, s'engage sur tous les champs de bataille, reçoit des blessures graves, s'en remet, recommence… jusqu'à la porte Saint-Antoine, en ce 2 juillet 1652.

Scandale !

Désormais, La Rochefoucauld, réconcilié avec le pouvoir en place – Louis XIV lui accorde une pension en 1659 – fréquente les salons où son esprit fait mouche, et merveille… Il brille au jeu des portraits, mode précieuse du temps. En même temps qu'il rédige ses Mémoires, il écrit pour lui-même des pensées et maximes où la lucidité et le cynisme font bon ménage sur fond d'irréligion. On lui dérobe son manuscrit qui est publié à Cologne en 1664 sous le titre : *Réflexions ou sentences et maximes morales*. Scandale ! Même

Madame de La Fayette qui va pourtant devenir la plus grande amie de La Rochefoucauld est effrayée de tant d'audace désabusée. Elle lui fera polir son ouvrage pour les éditions suivantes, atténuant ainsi la portée des accusations d'impiété qui le poursuivent.

Le père François

Dans les années 1670, François de La Rochefoucauld perd sa femme, puis sa mère ; l'un de ses fils est gravement blessé au passage du Rhin, un autre est tué au combat. Et puis, le jeune duc de Longueville meurt à son tour. La Rochefoucauld en est très affecté – c'est Madame de Sévigné qui le rapporte. Cette même Madame de Sévigné, la bonne langue des petits potins de salons, révèle, à mots couverts, qu'en même temps, la duchesse de Longueville est aussi plongée dans le désespoir, mais ne revoit pas François malgré la circonstance – comprenez ceci : c'était lui le père de l'enfant chéri de la duchesse ! Dans la nuit du 16 au 17 mars 1680, La Rochefoucauld, depuis longtemps mis au martyre par des crises de goutte et par le réveil de toutes ses anciennes blessures, meurt dans les bras de Bossuet, Madame de La Fayette, la fidèle, toujours à ses côtés.

La Rochefoucauld en maximes

CITEZ L'AUTEUR !

- Nos vertus ne sont, le plus souvent, que des vices déguisés.
- L'amour-propre est le plus grand de tous les flatteurs.
- Nous avons tous assez de force pour supporter les maux d'autrui.
- Le soleil ni la mort ne se peuvent regarder fixement.
- On n'est jamais si heureux ni si malheureux qu'on s'imagine.
- Chacun dit du bien de son cœur, et personne n'en ose dire de son esprit.
- L'esprit est toujours la dupe du cœur.
- Les défauts de l'esprit augmentent en vieillissant comme ceux du visage.
- Il y a de bons mariages, mais il n'y en a point de délicieux.
- On fait souvent du bien pour pouvoir impunément faire du mal.
- On n'aurait guère de plaisir si on ne se flattait jamais.
- Le vrai moyen d'être trompé, c'est de se croire plus fin que les autres.
- On aime mieux dire du mal de soi-même que de n'en point parler.
- Le refus des louanges est un désir d'être loué deux fois.
- Les vertus se perdent dans l'intérêt, comme les fleuves se perdent dans la mer.
- Le désir de paraître habile empêche souvent de le devenir.
- Qui vit sans folie n'est pas si sage qu'il croit.

- Quelque bien qu'on nous dise de nous, on ne nous apprend rien de nouveau.
- Il y a dans la jalousie plus d'amour-propre que d'amour.
- Les esprits médiocres condamnent d'ordinaire tout ce qui passe à leur portée.

Les divertissements de Blaise Pascal

Aujourd'hui, il aurait son bac à douze ans, avec les félicitations du jury, préparerait Polytechnique en six mois à peine, terminerait major au concours, loin devant le peloton, premier aussi à Normale sup, premier partout – premier prix du concours Lépine aussi… : Blaise Pascal ! Il est né le 19 juin 1623, à Clermont-Ferrand (Clermont à l'époque). Après avoir inquiété quelque peu ses parents à l'âge de deux ans – ils le croient ensorcelé – le petit Blaise, devenu orphelin de mère en 1626, grandit en âge et en sagesse, couvé par ses sœurs et son père qui a remarqué que son génie de fils lit en cachette – et comprend – les livres de mathématiques les plus difficiles !

Migraines et maux d'estomac

En 1631, Étienne Pascal décide de vendre sa charge de Président à la cour des aides de Clermont, afin que son fils prodige puisse trouver à Paris un milieu propice à son développement intellectuel. Pourtant, le jeune Blaise ne s'assiéra jamais sur les bancs d'une école : le sachant atteint de migraines violentes et de maux d'estomac, son père assure lui-même son éducation, aidé de gouvernantes. Il se rend cependant régulièrement à l'Académie des sciences, et découvre bientôt, par lui-même – il n'a pas douze ans – la trente-deuxième proposition d'Euclide : la somme des angles d'un triangle est égale à deux droits. En 1639, Étienne Pascal est nommé collecteur d'impôts à Rouen. Il y emmène sa petite famille. L'année suivante, Blaise publie un très savant *Essai sur les coniques* qui le fait connaître de l'Europe entière !

Le vide existe…

En 1642, voyant son père additionner des colonnes interminables de chiffres, il lui invente une calculatrice à roues qui va être baptisée la Pascaline, et vendue à de nombreux exemplaires pour la somme de cent livres l'unité – somme considérable à l'époque. Son père s'étant blessé à la jambe en 1646, deux gentilshommes gagnés aux idées jansénistes viennent le soigner. Blaise s'entretient longuement avec eux, et acquiert la certitude que l'exigence d'austérité et de morale rigoureuse qu'ils proposent est la seule qui puisse lui convenir. En 1647, il est atteint de troubles tels que les médecins lui interdisent tout travail intellectuel. L'année suivante, pourtant, il organise des expériences qui sont faites au puy de Dôme – par son beau-frère – afin de prouver l'existence du vide nié par Aristote, et de la pesanteur de l'air.

Accident de voiture sur le pont de Neuilly

1651 : Étienne Pascal meurt. Blaise se laisse aller aux plaisirs du monde, fréquente les salons, les libertins dont l'un se vantera de lui avoir ouvert les portes d'un monde autrement exaltant que celui du calcul et du grec… Cependant, un soir de l'automne 1654, alors qu'il traverse en voiture le pont de Neuilly, les chevaux s'emballent, l'attelage verse, bêtes et cocher sont tués. Seul, Blaise Pascal s'en sort vivant, mais blessé. Quinze jours plus tard, le 23 novembre 1654, il traverse une nuit mystique pendant laquelle ce qu'il écrit est si capital qu'on le retrouvera à sa mort, soigneusement calligraphié sur un parchemin cousu dans la doublure de son vêtement. Voici l'essentiel de ce mémorial :

DIEU d'Abraham, DIEU d'Isaac, DIEU de Jacob, non des philosophes et des savants. Certitude. Certitude. Sentiment. Joie. Paix. DIEU de Jésus-Christ.

[…] Joie, joie, joie, pleurs de joie. Je m'en suis séparé: […] je l'ai fui, renoncé, crucifié. Que je n'en sois jamais séparé. Il ne se conserve que par les voies enseignées dans l'Évangile: Renonciation totale et douce. Soumission totale à Jésus-Christ et à mon directeur. Éternellement en joie pour un jour d'exercice sur la terre. Amen.

Pascal et l'omnibus

Même malade, perclus de douleurs, même défenseur des religieux et religieuses retirés du monde à Port-Royal, Blaise Pascal ne demeure pas un isolé qui ignore la vie : en 1662, ému par la pauvreté qui l'environne, il laisse sa maison à une famille démunie pour aller vivre chez sa sœur. La même année, une idée fort moderne naît dans son imagination toujours en ébullition : la création de lignes régulières de carrosses qui circuleraient dans la capitale et emmèneraient des passagers pour une somme modique – le bus d'aujourd'hui… ; il en fait part au duc de Roannez qui trouve l'idée excellente, la finance, donnant ainsi naissance à la première « compagnie de carrosses à cinq sols ». Les bénéfices réalisés étaient destinés seulement à soulager la misère.

Dix-huit lettres à un provincial

Le mémorial marque la fin de la vie mondaine de Pascal. Converti, il se retire à Port-Royal où il va prendre la défense des jansénistes contre les incessantes attaques des jésuites. Cette défense prend la forme de *Lettres escrites à un provincial par un de ses amis sur le sujet des disputes présentes de la Sorbonne*. Au nombre de dix-huit publiées du 23 janvier 1656 au 24 mars 1657, elles sont signées d'un pseudonyme – Louis de Montalte. C'est moins le fond – il nous échappe un peu aujourd'hui – que la forme qui constitue l'intérêt majeur de son entreprise : l'ironie, l'humour, la gravité, la réflexion la plus profonde, la légèreté la plus subtile s'y succèdent de sorte que ces petits chefs-d'œuvre remportent un énorme succès ; Rome s'apprêtant à les condamner, Louis de Montalte remet sa plume au plumier…

Pascal en pensées

- La chose la plus importante de toute la vie est le choix du métier ; le hasard en dispose.
- Tout le malheur des hommes vient d'une seule chose qui est de ne savoir pas demeurer en repos dans une chambre.
- Deux excès : exclure la raison, n'admettre que la raison.
- Différence entre l'esprit de géométrie (la connaissance par la raison) et l'esprit de finesse (la connaissance par l'intuition). Il est rare que les géomètres soient fins et que les fins soient géomètres. Les esprits faux ne sont jamais ni fins ni géomètres.
- L'éternuement absorbe toutes les fonctions de l'âme.
- L'homme n'est ni ange ni bête, et le malheur veut que qui fait l'ange fait la bête.
- L'homme n'est qu'un roseau, le plus faible de la nature, mais c'est un roseau pensant.
- Le moi est haïssable.
- Le nez de Cléopâtre : s'il eût été plus court, toute la face de la terre aurait changé.
- Le silence éternel des espaces infinis m'effraie.
- Voulez-vous qu'on croie du bien de vous ? N'en dites pas !

Convaincre !

Blaise Pascal n'a pas oublié le milieu libertin qu'il a fréquenté assidûment, mais il le juge désormais bon pour les flammes de l'enfer. Il entreprend alors de le sauver d'une inévitable damnation éternelle. Pour ce faire, il commence ce qui doit être son grand œuvre dont il expose le plan à ses amis en 1658 : *L'Apologie de la Religion chrétienne*. Le matériau est constitué par des liasses de feuilles et de bouts de papier sur lesquels il a écrit ses pensées sur la vie, sur Dieu, sur l'existence, sur l'esprit, bref sur un peu tout, à mesure qu'elles se formaient dans son esprit, au jour le jour, des années durant. Il veut convaincre quiconque cherche la vérité – ou ne la cherche pas… Cette somme est publiée en 1670, huit ans après la mort de Pascal – décès dû à un cancer gastrique avec métastases intestinales, hépatiques et méningées (d'après une étude du Dr J. Torlais en 1954). Elle porte alors le titre suivant : *Pensées de M. Pascal sur la religion et sur quelques autres sujets, qui ont été trouvées après sa mort, parmi ses papiers* ; titre raccourci aujourd'hui en *Les Pensées de Pascal*.

ALLONS PLUS LOIN

Faites vos jeux, rien ne va plus…

Pascal parie sur le pari : l'être humain, trompé par ses sens, par son imagination, ses idées toutes faites, ne peut atteindre la vérité. De plus, il connaît la misère morale dans la société où il vit, caractérisée par la tyrannie, l'injustice. L'homme ne peut regarder cette misère en face. Il se tourne alors vers des activités qui le distraient de lui-même : le divertissement qui ne lui apporte que l'illusion du bonheur (avis aux libertins !).

Mais, l'homme est grand, il a conscience de sa misère. Aucune doctrine philosophique ne peut résoudre les contradictions dans lesquelles il se trouve plongé. Un seul recours : la religion chrétienne qui, unissant la raison et la foi résout tout ! Un seul moyen : le pari ! Son enjeu, l'existence de Dieu. Il suffit, dit Pascal, de parier sur cette existence en la jugeant certaine. Si Dieu existe, le parieur a tout gagné, sa béatitude, son salut éternel. Si Dieu n'existe pas, le parieur n'a rien perdu ! Donc, parions, ça ne coûte rien, et ça peut rapporter – on ne saurait trop préciser quoi !

Boileau le censeur

Quinze frères et sœurs ! Pas facile de se faire une place dans cette famille interminable surtout si on est l'avant-dernier, et bientôt orphelin, à vingt mois, en 1638 ! Pas facile de supporter la douleur incessante et croissante occasionnée par ce qu'on appelle la maladie de la pierre – un calcul rénal. Et comment se remettre d'une opération pour extraire le calcul, opération qui à l'époque tient davantage de l'acte boucher que de la chirurgie – et qui laisse mutilé à vie ? Voilà le début de l'existence de Nicolas Boileau, dit Despréaux d'après le nom d'une terre de famille. Il fait ensuite de bonnes études, et devient avocat à vingt ans, en 1656.

Nicolas dégaine et tire

Le frère de Boileau, Gilles, académicien depuis 1659, va le pousser dans le monde. Dès qu'il prend la mesure de ce qui s'y trame, Nicolas dégaine, puis déchaîne sa plume, écrivant d'abord des satires contre tout ce qui bouge – les embarras de Paris, par exemple – ou bien un repas qu'il a trouvé ridicule, ou une pièce qu'il ne trouve pas à son goût. Ou bien encore contre Chapelain, l'un des premiers académiciens qui a la réputation de surpasser Homère et Virgile, et publie la première partie d'un long chant sur *La Pucelle ou la France délivrée*. Boileau, dans la Satire VII, l'exécute ! Boileau tire, tire toujours, il jubile, et la pointe de sa plume égratigne, fait mal. Il tire sur la noblesse et cela ne déplaît pas à Louis XIV qui demeure traumatisé par la Fronde des Princes – Boileau est récompensé par une confortable pension.

Le trésorier jaloux du chantre…

Les satires se succèdent, déclenchent encore mille polémiques, font s'enflammer ou s'esclaffer les salons, les mettent en révolution. Boileau s'attaque à Colbert. Les amis de Colbert ripostent violemment, dangereusement ! Les affaires vont mal pour le polémiste qui trouve alors un appui intéressé dans une nouvelle Académie qu'a fondée Guillaume de Lamoignon, premier président du Parlement de Paris – le Parlement n'apprécie guère la progression du pouvoir absolu qui menace sans cesse ses privilèges. La verve de Boileau y prend un nouvel essor, on lui lance des défis : écrire sur le ton des plus grandes épopées, sur un sujet des plus minces qui soient. Ainsi naît *Le Lutrin* : en 1 228 alexandrins répartis en six chants, Boileau y narre les aventures du trésorier de la Sainte-Chapelle qui, jaloux du chantre, décide d'installer devant sa table un lutrin afin qu'on le voie moins bien… Le récit héroï-comique est d'un humour irrésistible !

Des Satires

Boileau répond aussi à une autre demande : composer un *Art poétique* afin de préciser les règles de l'écriture classique. Les 1 100 alexandrins de cette nouvelle œuvre sont bientôt lus dans les salons, et on se répète avec extase ceux qui commencent leur voyage à travers les siècles tant l'alliance des mots qui les composent atteint l'inaltérable. (*Ce qui se conçoit bien…*)

Des Épîtres

Chez Lamoignon, Boileau fait la rencontre du Grand Arnauld de Port-Royal, un janséniste qui le convainc de se montrer plus profond, moins papillonnant. Les *Épîtres* sont alors composées ; ce sont des lettres d'environ cent alexandrins. Boileau tente de leur donner une portée politique et critique à l'égard du pouvoir. Il cherche aussi à définir le rôle du poète par rapport aux Grands, aux pouvoirs en place, un rôle qui doit substituer le courage à la louange servile.

Boileau et Racine, reporters de guerre…

Le Lutrin et l'Art poétique paraissent en 1674, dans la première édition des œuvres complètes de Boileau. Cette même année, Madame de Montespan le fait entrer dans le cercle des proches du roi où il se lie d'une amitié fidèle avec Racine. Louis XIV les nomme tous deux historiographes de son règne en 1677. Il les protège ainsi des nombreuses attaques dont ils sont l'objet après la représentation de la *Phèdre* de Racine dont Boileau prend la défense dans son Épître VII – le sujet de *Phèdre* est jugé totalement immoral par les dévots. Racine et Boileau vont donc suivre Louis XIV dans ses chevauchées conquérantes vers les frontières – le roi impose Boileau à l'Académie française en 1684. Ils sont chargés de raconter, comme des reporters de guerre, le déroulement des opérations militaires – mais surtout les exploits du grand Roi ! Ces écrits qui leur demandent beaucoup de labeur et de bonne volonté disparaîtront dans un incendie en 1726.

ALLONS PLUS LOIN

Ancien ou Moderne ?

Boileau se trouve engagé à partir de 1688 dans le rebondissement d'une vieille querelle : celle des Anciens et des Modernes. Plus que la France tout entière, elle anime Paris, et, dans Paris, les salons… Son premier épisode dure de 1653 à 1674. On se demande à l'époque si la littérature doit ou non être inspirée par le christianisme – oui, pour les Anciens ; non pour les Modernes.

Deuxième épisode (1675), celui des inscriptions: on se bat pour savoir si les inscriptions sur les monuments doivent être écrites en latin ou en français – les Anciens défendent le latin ; les Modernes militent pour le français ; ce sont les Modernes qui l'emportent.

Troisième épisode auquel sont mêlés Boileau, La Fontaine, Bossuet, Racine, La Bruyère (les Anciens) : la littérature doit-elle imiter les modèles anciens, rivaliser avec les Grecs et les Latins, tout en s'en inspirant, ou bien peut-elle se laisser aller à l'innovation ? Innover, c'est ce que conseillent Charles Perrault, Fontenelle et quelques autres, séduits par de nouvelles formes telles que le roman d'un nouveau genre, plus… romanesque, l'opéra, le conte. Au terme de sept années de libelles, d'épigrammes, de mille et cent colères rimées et déclamées, les Modernes conservent l'avantage. Le flambeau des Anciens laisse la place au Siècle des lumières.

Ce qui se conçoit bien s'énonce clairement

CITEZ L'AUTEUR !

Voici quelques extraits de l'*Art poétique*, où se trouvent des conseils si avisés qu'ils sont valables aujourd'hui encore, et pour tout le monde…

- Aimez qu'on vous conseille, et non pas qu'on vous loue.
- Avant donc que d'écrire, apprenez à penser.
- Ce que l'on conçoit bien s'énonce clairement, / Et les mots pour le dire arrivent aisément.
- Le vers le mieux rempli, la plus noble pensée / Ne peut plaire à l'esprit quand l'oreille est blessée.
- Hâtez-vous lentement, et, sans perdre courage, / Vingt fois sur le métier remettez votre ouvrage ; / Polissez-le sans cesse et le repolissez : / Ajoutez quelquefois, et souvent effacez.
- Le temps, qui change tout, change aussi nos humeurs. / Chaque âge a ses plaisirs, son esprit et ses mœurs.
- Le Français, né malin, forma le vaudeville.
- Jamais au spectateur n'offrez rien d'incroyable : / Le vrai peut quelquefois n'être pas vraisemblable.
- Rien n'est beau que le vrai : le vrai seul est aimable. (Extrait d'une *Épître*)

La prose s'impose

La lettre avec Madame de Sévigné, le roman avec Madame de La Fayette, de petits textes inclassables, acidulés, avec La Bruyère, et des contes pour tout le monde avec Perrault, la prose tient la vedette en cette fin du XVIIe siècle.

Madame de Sévigné, femme de lettres

Une soirée à l'Hôtel de Rambouillet ? Qui arrive la première ? Madame de Sévigné ! Une exécution place de Grève à Paris, qui est la mieux placée ? Madame de Sévigné ! Qui batifole l'été, dans sa propriété des Rochers, près de Vitré, pour écrire le soir à ses amis : *Savez-vous ce que c'est que faner ? C'est retourner du foin en batifolant dans une prairie ! ?* Madame de Sévigné, bien sûr ! Une femme avisée, rassurée que son bon Monsieur de Chaulnes, mandé par le roi pour réprimer la révolte des paysans, en ait fait pendre plusieurs guirlandes aux branches des chênes !

Quelle ascendance, Marie !

Elle est née Marie de Rabutin-Chantal, le 5 février 1626. Chez les Rabutin, on se bat bien, on est toujours l'épée à la main, prêt à en découdre, de sorte que l'espérance de vie est fort courte. De plus, on aime la fête, on ne regarde pas à la dépense, si bien que la bourse est fort plate. Alors, on épouse une fille de bourgeois enrichi ou une héritière de la noblesse de robe, avec une grosse dot – même si elle est fort laide ! Ainsi, le père de Marie est mort jeune, il avait épousé Jeanne Chantal qui, devenue veuve jeune – sacré Rabutin ! – fut si bien conseillée par le futur saint François de Sales, qu'elle devint sainte elle-même – sainte Jeanne de Chantal – après avoir fondé l'ordre des sœurs de la Visitation ! Quelle ascendance, Marie, quel blason ! Et quelle éducation : latin, grec, espagnol, et des leçons particulières du grand Chapelain !

Le faux marquis

Côté cœur – mariage, plutôt – voici un autre fameux bretteur : un petit baron breton, Sévigné, qui a tout juste le titre d'écuyer mais se fait appeler

DANS L'INTIMITÉ

Tel père, tel fils !

Charles, le fils de Madame de Sévigné, est plutôt un Rabutin qu'un Chantal, plutôt diablotin que saint… Il adore le luxe, les salons, les plaisirs. Justement, pour les plaisirs, Rabutin père avait entretenu un commerce intime avec l'ensorceleuse Ninon de l'Enclos, celle qui mettait à ses genoux, quand elle le voulait, n'importe quel homme. Tel père, tel fils : Charles tombe dans les bras de Ninon. Il tombe aussi dans ceux de l'actrice La Champmeslé qui déjà connaît ceux de Jean Racine, sans compter les petits bras musclés de son mari légitime ! Charles, le chevalier de ces dames, si bien disposées à être servies !

marquis ! Marie, en l'épousant, devient donc la (fausse) marquise de Sévigné ! Henri, son mari, aime la fête, et se bat bien, comme chez les Rabutin. Il a le temps de faire deux enfants, Françoise-Marguerite et Charles, de se lancer dans les combats de la Fronde aux côtés de Condé, puis de trouver un motif suffisant pour se battre en duel, attaquer de la pointe, esquiver, parer… trop tard : Sévigné est embroché ! Marie devient veuve, avec ses deux enfants !

Un vrai comte…

Veuve joyeuse, riche, jolie et pleine d'esprit ! On la célèbre, on la courtise, elle fait parler d'elle, mais demeure sage, sans amant – du moins sans amant apparent… Nicolas Fouquet, qui tente sa chance avec toute personne portant jupe et jupons, entreprend de la séduire. Mais Marie dit non, elle l'écrit même, dans des lettres retrouvées lors du procès de Fouquet – elle soutient son ami jusqu'au bout. Parce que Marie écrit, beaucoup ! Elle raconte ce qu'elle voit, ce qu'elle vit, rapporteuse des faits et gestes de tel ou tel, avec malice, ironie, légèreté. Ses lettres commencent à circuler dans les salons. Mais sa véritable carrière littéraire, celle d'épistolière du Grand Siècle, commence en 1669.

Françoise-Marguerite et son mari

Cette année-là, Françoise-Marguerite est accordée au comte de Grignan. Déjà marié deux fois – veuf deux fois – il est fort riche en biens et en expérience avec ses quarante ans d'âge et sa syphilis. Françoise-Marguerite a vingt-trois ans. Elle n'a jamais manifesté beaucoup d'affection pour sa génitrice toujours occupée dans le monde. Et voilà que, partie dans le Midi pour vivre avec son mari, au château de Grignan, elle se rapproche, par le courrier et le cœur, de cette mère devenue lointaine sans être distante. L'éloignement multiplie les tendresses entre les deux femmes.

« Ma chère fille, Ma très chère fille… »

Madame de Sévigné écrit, multiplie les lettres où elle papote, sermonne, moralise, narre par le menu de croustillantes anecdotes. Elle devient une sorte de chroniqueuse mondaine de la vie de la cour. *Ma bonne, Ma fille, Ma chère fille, Ma très chère fille…* Marie déborde de tendresse pour sa fille, mais

PLAISIR DE LIRE

Lettre à son cousin Coulanges, Paris, lundi 15 décembre 1670

Je m'en vais vous mander la chose la plus étonnante, la plus surprenante, la plus merveilleuse, la plus miraculeuse, la plus triomphante, la plus étourdissante, la plus inouïe, la plus singulière, la plus extraordinaire, la plus incroyable, la plus imprévue, la plus grande, la plus petite, la plus rare, la plus commune, la plus éclatante, la plus secrète jusqu'aujourd'hui, la plus brillante, la plus digne d'envie : enfin une chose dont on ne trouve qu'un exemple dans les siècles passés, […]

Voulez-vous savoir ce qui s'est passé ? Courez lire Madame de Sévigné !

aussi pour son style qu'elle pare de tous les attraits, de tous les colifichets capables d'attirer l'attention, batifolant, dans la page blanche comme aux Rochers. Il séduit souvent, parfois donne le tournis, mais demeure le modèle accompli de la dynamique épistolière : vivacité, émotion, sur lit d'apostrophes, de répétitions, de questions, d'innombrables *je*... Tout un arsenal de Rabutin pour vaincre et convaincre le lecteur !

Mille lettres

La Provence, Grignan... La marquise s'y rend plusieurs fois, attendant avec impatience les retrouvailles avec sa fille bien-aimée et ses petits-enfants si fragiles. Mais, à peine les deux femmes se sont-elles embrassées que commencent les mouvements d'humeur ! L'entente est impossible entre Marie et Françoise, et le séjour doit souvent être écourté sous quelque prétexte ! Alors, les lettres se multiplient – trois par semaine ou davantage ! Madame de Sévigné en a écrit plus de mille, et toutes n'ont pas été conservées. Elle écrit aussi à son cousin Bussy, avec qui elle aurait eu une liaison – mais que n'inventeraient pas les mauvaises langues, n'est-ce pas, Marie ?... Elle écrit à ses amies restées à Paris lorsqu'elle est en Provence. Elle sait qu'on lit ses missives dans les salons, mais ne se doute pas qu'elle bâtit une œuvre. Ses *Lettres* ne verront vraiment le jour qu'en 1726.

Rendez-vous à la grotte

La fin de l'histoire Sévigné manque de brillant : le comte de Grignan s'est ruiné pour maintenir son train de vie. Françoise-Marguerite est malade. Sa mère se rend à son chevet en 1694. Elle la soigne avec dévouement, avec une affection sans doute plus sincère qu'elle ne le fut jamais : la mort est en route pour Grignan qu'elle atteindra le 17 avril 1696, au plein milieu d'un de ces printemps provençaux, tièdes et parfumés, qui donnent envie d'écrire. Si vous allez à Grignan, ne cherchez pas la tombe de Madame de Sévigné qui y fut inhumée : elle a été violée à la Révolution. Rendez-vous plutôt à la grotte de La Rochecourbière, près du village ; les invités du comte de Grignan aimaient s'y rendre, et Marie s'y plaisait à rédiger, dans la solitude, des lettres pour ses amis de Paris. Asseyez-vous à la table de pierre, circulaire. Fermez les yeux. Quel silence ! Attendez un instant que le temps s'abolisse... ! Elle est là : ce petit bruit de plume sur le parchemin, ce froissement de feuilles... Marie de Rabutin !

« La Princesse de Clèves »

Commençons par la fin ! La fin des fins : celle d'une histoire d'amour plus intense, plus admirable que n'importe quelle tragédie. Celle, aussi, du premier roman moderne, romanesque, une histoire d'amour fou, écrit par une femme née le 18 mars 1634, à Paris : Marie-Madeleine Pioche de La Vergne, épouse de Jean-François Motier, comte de La Fayette – l'ancêtre de notre révolutionnaire à la cocarde. En plus court : Madame de La Fayette ! Vous êtes resté sur votre faim de la fin ? La voici, enfin...

C'est la fin !

Monsieur de Nemours pensa expirer de douleur en présence de celle qui lui parlait. Il la pria vingt fois de retourner à madame de Clèves, afin de faire en sorte qu'il la vît ; mais cette personne lui dit que madame de Clèves lui avait non seulement défendu de lui aller redire aucune chose de sa part, mais même de lui rendre compte de leur conversation. Il fallut enfin que ce prince repartît, aussi accablé de douleur que le pouvait être un homme qui perdait toutes sortes d'espérances de revoir jamais une personne qu'il aimait d'une passion la plus violente, la plus naturelle et la mieux fondée qui ait jamais été. Néanmoins il ne se rebuta point encore, et il fit tout ce qu'il put imaginer de capable de la faire changer de dessein. (Madame de La Fayette, *La Princesse de Clèves*, 1678)

J'ai réformé son cœur…

Je crois que nulle passion ne peut surpasser la force d'une telle liaison. C'est Madame de Sévigné qui, dans une lettre à son ami Guitaut, écrit cette phrase, un mois après la mort de La Rochefoucauld. Le mystère est entier : quelle a été la nature des relations entre le duc de La Rochefoucauld et Madame de La Fayette ? On sait que le comte qu'elle avait épousé l'avait laissée vivre librement à Paris, préférant se retirer sur ses terres d'Auvergne. On connaît l'amitié fort tendre qui naquit alors entre le duc et Marie-Madeleine, se développa… Jamais leurs amis n'ont révélé quelque détail que ce soit sur leur existence. *Monsieur de La Rochefoucauld m'a donné de l'esprit, mais j'ai réformé son cœur.* C'est tout ce que répondit un jour Madame de La Fayette à qui l'interrogeait sur leur collaboration supposée pour l'écriture de *La Princesse de Clèves*. C'est tout. On n'en saura pas davantage. Mais on se doute un peu…

Enfoncer la porte ?

Connaissez-vous le début du roman *La Princesse de Clèves* ? Mademoiselle de Chartres a été mariée à Monsieur de Clèves, mais elle est tombée follement amoureuse du duc de Nemours, au cours d'un bal donné à la cour d'Henri II. Elle l'avoue à son mari, qui en meurt de chagrin, croyant avoir été trompé. Elle fait ensuite l'aveu de sa passion à son amant qui ressent alors le plus grand bonheur et la douleur la plus intense : la princesse va se retirer dans un couvent ! Aucun autre commerce que celui des mots ne marquera leur histoire ! Le duc est désespéré, il se rend au couvent où se trouve son aimée, mais on lui ferme la porte au nez, ou du moins la princesse, que le trouble a envahie dans un premier temps, lui fait dire qu'elle a *renoncé pour jamais* à toutes les choses du monde. Que va faire le duc de Nemours, à votre avis ? Enfoncer la porte ? Passer par la fenêtre ? Mourir d'amour ? Point du tout. Suivez, dans ce qui suit, la fin de la fin…

Le temps et l'absence...

Enfin, des années entières s'étant passées, le temps et l'absence ralentirent sa douleur et éteignirent sa passion. Madame de Clèves vécut d'une sorte qui ne laissa pas d'apparence qu'elle pût jamais revenir. Elle passait une partie de l'année dans cette maison religieuse, et l'autre chez elle ; mais dans une retraite et dans des occupations plus saintes que celles des couvents les plus austères ; et sa vie, qui fut assez courte, laissa des exemples de vertu inimitables. Vous l'avez compris : le duc de Nemours oublie ! Il oublie celle qui, évidemment, continue de l'aimer et l'aime à jamais dans son couvent, derrière sa porte fermée ! On peut tirer mille morales élevées de cette histoire exemplaire, mais on ne peut s'empêcher de constater combien les serments, les sentiments masculins sont altérables et ne résistent pas à l'usure du temps. La femme, elle, n'oublie pas...

Les caractères de La Bruyère

Modeste, effacé, sans être timide, observateur infatigable de ses semblables, pratiquant avec délices l'art de la conversation, savant dans les sciences et la philosophie, né en 1645, héritier de la fortune de son oncle en 1671, à vingt-six ans, paré ainsi pour continuer sans souci d'être modeste, effacé, sans être timide, observateur infatigable de ses semblables... Voici Jean de La Bruyère !

De tout ou presque

Un peu déroutant, l'ouvrage de Jean de La Bruyère, *Les Caractères*, quand on l'ouvre pour la première fois. On peut y lire des articles de longueur inégale, qui traitent des ouvrages de l'esprit, du mérite personnel, des femmes, du cœur, de la société et de la conversation, des biens de fortune, de la ville, de la cour, des Grands, du Souverain ou de la République, de l'Homme, des jugements, de la mode, de quelques usages, de la chaire, et des esprits forts. Bref, de tout ou presque. On lit un paragraphe, puis deux, et c'est toujours une surprise de découvrir après quelques lignes le sujet véritable dont nous entretient l'auteur. Rien, en effet, n'offre de prise à la logique dans la

Qui est-ce ?

Qui décrit donc La Bruyère dans ses *Caractères*? Qui sont ces personnages avares, insupportables, stupides, calculateurs, fatigants ?... On cherche, et forcément on trouve ! Phédon ? C'est Untel, tout cru ! Giton ? C'est un autre, si bien croqué ! Ruffin ? Peut-être celui-ci, ou celui-là, on n'est pas trop sûr. De sorte que, dans les salons à la mode, circulent de petites brochures qui proposent les noms des critiqués de La Bruyère. Mais la confrontation de ces brochures montre de grandes différences d'interprétation ! Finalement, aujourd'hui, on n'est sûr que d'une chose : Phédon, Giton, Ruffin, ou les autres, c'est vous et moi, c'est celui qu'on rencontre, ou qu'on rencontrera !

composition de la page, si ce n'est le titre général de la partie. On saute d'une considération à l'autre, sans doute dans l'ordre exact du désordre de la pensée qui s'est décidée à inscrire là son passage.

Mais, on le connaît !

Pourtant, *Les Caractères*, dans leur désordre apparent plaisent à la pensée qui se plonge avec délices dans ce labyrinthe où elle n'est jamais perdue : ces *Caractères* lui sont familiers. On a l'impression d'avoir rencontré Giton *au teint frais*, ou Ruffin *qui commence à grisonner, qui est content de soi, des siens, de sa petite fortune et qui dit qu'il est heureux* ; on connaît aussi un Phédon *qui a les yeux creux, le teint échauffé, le corps sec, le visage maigre, qui dort peu, et d'un sommeil fort léger, qui est superstitieux, scrupuleux, timide, qui ne tient point en place* ; on connaît un Théodecte *qui grossit sa voix à mesure qu'il s'approche, qui entre, rit, crie, éclate, et ne raconte que des sottises, agace toute l'assemblée, ne cesse de vouloir attirer l'attention sur lui.* Oui, celui-là, on le connaît ! On le recevait même hier ou bien quelque autre jour ! Et puis tous les autres aussi, les Nicandre, Acis, Irène…

La Bruyère en bouquet

CITEZ L'AUTEUR !

- Il y a des gens qui parlent un moment avant que d'avoir pensé.
- Il y a autant de faiblesse à fuir la mode qu'à l'affecter.
- L'ennui est entré dans le monde par la paresse.
- Il ne faut ni vigueur, ni jeunesse, ni santé pour être avare.
- Il y a une espèce de honte d'être heureux à la vue de certaines misères.
- L'on craint la vieillesse que l'on n'est pas sûr de pouvoir atteindre.
- Il se croit des talents et de l'esprit : il est riche.
- C'est un métier que de faire un livre, comme de faire une pendule.
- L'amour qui naît subitement est le plus long à guérir.
- Il faut rire avant que d'être heureux, de peur de mourir sans avoir ri.

Livre de Poche n°1478

Finalement, bien installé dans *Les Caractères*, on ne peut plus quitter La Bruyère. On lui en demande toujours un peu plus sur le monde, sur la vie, sur les gouvernants, sur les Grands – ah ! ces Grands qu'il fréquente par obligation ! Il a été nommé précepteur du petit-fils du Grand Condé, un cancre méprisant et insupportable ; un petit Condé qui possède tout des vrais Condé : surtout la morgue et la colère ! On en vient à ouvrir le livre au hasard, pour ajouter le plaisir de la surprise au plaisir de la lecture. Et on trouve par exemple : *Un homme éclate contre une femme qui ne l'aime plus, et se console ; une femme fait moins de bruit quand elle est quittée, et demeure longtemps inconsolable* ; ou bien : *Il y a du plaisir à rencontrer les yeux de celui à qui l'on vient de donner* ; ou bien : *Il n'y a pour l'homme que trois événements : naître, vivre et mourir : il ne se sent pas naître, il souffre à mourir, et il oublie de vivre.* Ou bien encore… courez acheter Les Caractères de La Bruyère, Livre de Poche n° 1478…

Il était une fois Perrault

Il était une fois un bûcheron et une bûcheronne qui avaient sept enfants, tous des garçons. L'aîné n'avait que dix ans et le plus jeune n'en avait que sept. On s'étonnera que le bûcheron ait eu tant d'enfants en si peu de temps; mais c'est que sa femme allait vite en besogne, et n'en faisait pas moins de deux à la fois. Chez les Perrault, on est sept enfants. Chez les Perrault, on compte, parmi ces enfants, des jumeaux. Et parmi ces jumeaux, Charles, oui, Charles Perrault, celui qui publie, en 1697, les *Contes de ma mère l'Oye*. Et parmi ces contes, on trouve *Le Petit Poucet* dont vous venez de lire, un peu plus haut, les premières lignes. Avouez qu'on peut être troublé par les ressemblances entre la famille du Petit Poucet et celle où est né Charles Perrault ! À moins qu'après avoir déchaussé ses bottes de sept lieues, le Petit Poucet ait décidé de prendre ce pseudonyme : Charles Perrault. Et de nous raconter son histoire… Qui sait !

Les frères du petit Perrault

Les Perrault ne sont pas bûcherons… C'est une famille de la riche bourgeoisie parlementaire, parisienne, qui a mis dans son programme d'éducation la rigueur et l'austérité des jansénistes. Les garçons – comme les frères du Petit Poucet, en fin de conte… – vont tous être pourvus de charges procurant de confortables revenus : Pierre devient receveur général des finances, Jean est avocat, Claude architecte et médecin, Nicolas docteur en théologie. Et Charles ? Après des études de droit, il va tenter d'entrer en littérature en écrivant des vers jugés à l'époque un peu poussifs, laborieux – c'est du moins ce qu'en pense Jean Racine !

Plaire au roi…

À l'abri du besoin – son frère lui a procuré un emploi dans son administration fiscale – Charles occupe la maison de ses parents disparus, reçoit beaucoup, écrit des vers galants pour les dames qui en raffolent. Mais, ce jeu de la séduction le laisse insatisfait – d'autant plus que sa muse semble avoir fait ses malles ! Il se tourne alors vers la célébration du pouvoir qui ne réclame de la plume que le vigoureux va-et-vient de la brosse à reluire. Ses Odes au roi plaisent. Colbert le remarque. Son rôle étonnant et bien éloigné de celui du conteur peut commencer…

Perrault, agent de propagande du pouvoir

Organiser la France littéraire, de sorte que tous les créateurs chantent la gloire du plus grand roi du monde pour les siècles des siècles : Louis XIV ! Tel est le plan fort simple – et simpliste – du grand Colbert qui a fait place nette autour de lui en écrasant son complice dans les affaires de Mazarin – certains disent malversations : Fouquet ! Colbert que Madame de Sévigné appelle *le Nord*, tant son abord est glacial ! Charles Perrault est son homme, il en fait l'agent de la propagande royale. Le rôle de Charles est de rallier le plus grand nombre d'artistes autour du Roi-Soleil dont les rayons bienfaisants deviennent bienfaiteurs ; ils prennent la forme de pensions d'autant plus importantes que la louange écrite atteint les plus hauts sommets de la flatterie…

Charles épouse Marie Guichon

Charles est partout, surveille tout, veille à ce que tout ce qui se dit, ou se construit, contribue à donner de l'image royale la plus haute idée ! C'est donc tout naturellement que Colbert crée pour lui la charge de contrôleur général des bâtiments, en 1671, en même temps qu'il le fait élire à l'Académie française. Charles Perrault a déjà mis en œuvre le projet de la colonnade du Louvre, en 1667, projet confié à l'architecte Le Vau, assisté du frère de Charles, Claude, qui conçoit les machines de construction. Charles Perrault est alors au sommet de sa gloire. Il a quarante-deux ans. Il se marie avec Marie Guichon, dix-neuf ans, qui va lui donner cinq enfants, puis le laisser veuf en 1678.

Perrault en contes

- *La Belle au bois dormant* : victime d'un sort, une princesse s'endort pour cent ans après s'être blessée avec un fuseau. Elle est réveillée par un prince charmant…
- *Le Petit Chaperon rouge* : une petite fille vêtue d'un chaperon rouge doit traverser la forêt pour aller visiter sa mère grand. Mais le loup veille…
- *Barbe-Bleue : Anne, ma sœur Anne, ne vois-tu rien venir ?* La femme de Barbe-Bleue appelle sa sœur pour éviter d'être égorgée par son mari qui ne lui pardonne pas sa curiosité…
- *Le Chat botté* : un chat futé reçu pour héritage par le fils d'un meunier apporte la fortune à son maître.
- *Les Fées* : deux petites filles rencontrent une fée qui transforment chaque mot de la gentille en pierres précieuses et chaque mot de la méchante en serpents et crapauds.
- *Cendrillon* : maltraitée par sa marâtre, Cendrillon est transformée en princesse pour aller au bal. Le prince avec qui elle a dansé va la retrouver grâce à la pantoufle de vair (ou de verre) qu'elle a perdue.
- *Riquet à la houppe* : ou comment l'amour peut transformer l'être le plus laid en beauté accomplie.
- *Le Petit Poucet* : sept frères perdus dans la forêt par leurs pauvres parents sont sauvés par le plus petit et le plus malin d'entre eux, pas plus gros qu'un pouce…

Erreur fatale !

Depuis 1676, les relations de Colbert et de son propagandiste se sont rafraîchies, et pour cause : Charles Perrault a déclenché la querelle des Anciens et des Modernes en écrivant un long poème *Le Siècle de Louis le Grand*, où l'Antiquité est associée au paganisme ! Les Anciens, piqués au vif, remettent en cause l'absolutisme royal. Erreur fatale ! Charles Perrault est progressivement mis à la retraite. Il se consacre alors à l'éducation de ses enfants.

Les contes de Pierre Perrault

Charles Perrault a-t-il vraiment écrit *Les Contes de ma mère l'Oye* qui paraissent en février 1697 ? N'est-ce pas plutôt son jeune fils Pierre à qui il aurait conseillé d'aller dans les campagnes recueillir les histoires contées à la veillée ? Peut-être… La fin de la vie de Charles Perrault est assombrie par la mort de ce fils aimé qui, impliqué dans un meurtre et condamné à une lourde amende, est emporté par la maladie à vingt et un ans. Charles Perrault qui n'a publié sous son nom qu'un recueil de fables traduit d'un auteur italien de la Renaissance, Faërn, est conduit à sa dernière demeure en mai 1703. Trois de ses enfants l'y avaient précédé.

Du côté des mitrés

Louis XIV qui emploie quarante-quatre médecins pour les soins de son corps, aime s'entourer des meilleurs prédicateurs pour les soins de son âme ! Parmi eux, celui qu'on appelle l'Aigle de Meaux – Bossuet – et son adversaire dans leur combat sans pitié : Fénelon ! Pourquoi donc ? Vous n'allez pas tarder à le savoir…

Bossuet : « Madame se meurt… »

« … Madame est morte ! » Point d'enregistreur électronique, à l'époque, et pourtant, on croit entendre tonner, sous les voûtes de l'église, la voix terrible de l'Aigle de Meaux ! C'est lui qui a assisté dans son atroce agonie Henriette d'Angleterre, la cousine germaine de Louis XIV. C'est lui qui l'a vue se tordre de douleur, déchirer la nuit de ses cris affreux – elle est morte à deux heures du matin. Dans l'après-midi précédent, elle a bu un verre de chicorée glacée. Est-ce cela qui l'a fait mourir ? A-t-elle été empoisonnée ? Non, les médecins qui examinent son corps découvrent qu'elle a été emportée par une péritonite foudroyante !

Le rempart de la logique

En cette occasion où le courage a déserté toute la cour – il n'y fait pourtant pas de si fréquents séjours – c'est l'Aigle de Meaux qu'on va chercher. Devant le désastre de la mort, face au chaos où sombrent de toute façon l'humain, ses chimères et ses prétentions à l'immortalité, Bossuet – vous l'aviez reconnu – construit ! Bossuet charpente la parole afin de donner de l'intelligible à l'inconnaissable. Son oraison funèbre d'Henriette d'Angleterre, au début de juillet 1670, oppose à la débâcle des âmes le rempart de la logique – surtout l'artifice de phrases pour lesquelles l'esprit mobilise toute ses ressources afin d'en saisir la complexité, gagnant ainsi une sorte de plénitude si facile à prendre pour une certitude.

UNE CURIOSITÉ LITTÉRAIRE

La phrase en voûte

Bossuet organise sa phrase, qui parfois s'édifie en voûte, se soutient de propositions latérales distribuées à merveille autour de l'instant, se déclare et repousse ses incidentes qu'elle surmonte pour toucher enfin à sa clé, et redescendre après des prodiges de subordination et d'équilibre jusqu'au terme certain et à la résolution complète de ses forces.

C'est Paul Valéry qui juge ainsi l'écriture de Bossuet dont voici un exemple de voûte : *Celui qui règne dans les cieux et de qui relèvent tous les empires, à qui seul appartient la gloire, la majesté, l'indépendance, est aussi le seul qui se glorifie de faire la loi aux Rois et de leur donner quand il lui plaît de grandes et de terribles leçons....* Avez-vous repéré la clé de voûte de cette phrase typique du style de Bossuet ? Elle se situe dans ces quatre mots : est aussi le seul, de part et d'autre desquels les autres s'organisent en acmé (montée) et apodose (descente) – encore deux mots savants pour étonner votre entourage…

Bos suetus aratro

Jacques-Bénigne Bossuet est né à Dijon le 27 septembre 1627 dans une famille de la noblesse de robe qui compte toutes sortes de gens importants. Pourvu très jeune de bénéfices ecclésiastiques qui assurent son avenir matériel, il est façonné par les jésuites chez lesquels il montre tant d'ardeur au travail que ses amis forment sur son nom le calembour latin : *bos suetus aratro* – le bœuf toujours attelé à la charrue ! Arrivé à Paris en 1642, il se détend quelque peu à l'Hôtel de Rambouillet où il découvre la douceur de vivre. Mais, dix ans plus tard, on le trouve ordonné prêtre après avoir suivi l'enseignement et surtout l'exemple de Vincent de Paul – qui se comporte comme le saint qu'il va devenir !

L'évêque de Meaux

Bossuet prêche de plus en plus, de mieux en mieux, de plus en plus fort, au point que le roi entend parler de lui, puis l'entend, et enfin l'engage comme précepteur du dauphin (de 1670 à 1680) – qui se fût contenté, d'après les témoins de l'époque, d'un bon professeur de cinquième… Il tente de s'adapter à la cour, sans y faire de trop longs séjours. Élu à l'Académie française en 1671, il est nommé à la tête de l'évêché de Meaux – la métaphore de l'aigle révèle l'homme au faîte de sa gloire, qui domine les questions de son temps, et peut, de toute sa puissance, fondre sur ses adversaires… Il l'administre jusqu'à sa mort en 1704. Il lègue à la langue française une écriture remarquable, élégante dans sa syntaxe, rigoureuse et dense. Les dix dernières années de son existence sont occupées par l'affaire du quiétisme.

ALLONS PLUS LOIN

L'affaire du quiétisme

Autant avoir affaire directement à Dieu plutôt qu'à ses saints ou à ses ministres sur terre, qu'ils soient prêtres, évêques ou pape ! Telle est, en raccourci, la doctrine pensée par le prêtre espagnol Molinos, le quiétisme, et adaptée en France par Madame Guyon qui y gagne l'archevêque de Cambrai : Fénelon ! Elle précise : l'union parfaite à Dieu, par la contemplation, qui aboutit à l'état d'oraison, ne nécessite plus le recours à la prière, à la confession, à la réflexion même sur Dieu ; dans l'état d'oraison, l'âme est sortie du corps qui se débrouille pour ne pas commettre de faute pendant ce temps et, même s'il en commet une, on peut considérer que ce n'est pas sa faute.

Non ! Non et non, dit Bossuet ! Alors, on veut se passer de prêtres, on rejette le dogme ? On n'a plus qu'à démolir les églises ! Pourquoi ? réplique Fénelon, sainte Thérèse d'Avila a connu des extases totales, et saint François de Sales aussi ! La querelle s'envenime à coup de brochures, d'injures, de calomnies – quel spectacle pour la postérité, Bossuet et Fénelon, qui n'affichent alors pas plus de bon sens que deux gamins ! Finalement, après l'arbitrage de Rome, c'est – évidemment – Bossuet qui l'emporte. Fénelon est mis à la porte de Versailles par Louis XIV lui-même ! La religion catholique peut continuer sa route. En toute quiétude…

Fénelon : trois cents ans d'avance

François de Salignac de La Mothe-Fénelon… En plus court : Fénelon. La probabilité de devenir évêque est grande lorsqu'on est issu d'une famille qui en compte déjà neuf ! C'est ce qui va arriver à François de Salignac de La Mothe-Fénelon. Mais auparavant, il suit ses études à Saint-Sulpice, devient prêtre. Trois années de ministère plus tard, il est nommé supérieur des Nouvelles Catholiques, un établissement destiné à remettre sur la voie du catholicisme les jeunes protestantes converties, qui s'étaient donc trompées de religion… Dans le même temps, le gendre de Colbert et son épouse, les Beauvilliers, heureux parents de huit filles, lui demandent de jouer auprès d'elles le rôle de précepteur. De cette expérience, Fénelon va tirer son premier ouvrage le *Traité de l'Éducation des filles*, publié en 1689.

ALLONS PLUS LOIN

Pas de coups de quoi que ce soit… où que ce soit !

Dans son traité, Fénelon affirme qu'il faut éduquer les filles, sinon elles se laissent emporter par des idées romanesques, et lorsqu'il leur faut prendre contact avec le réel, il est trop tard, leur jugement est faussé. Plus généralement, l'éducation doit respecter les principes suivants : dès que la curiosité d'un enfant s'éveille, le précepteur répond à ses questions par un langage simple, à sa portée. La connaissance de la nature, celle des objets, font l'objet de leçons de choses qui permettent à l'enfant une approche concrète de ce qu'il doit apprendre. Tout peut ainsi s'imprimer sans effort dans son cerveau – et sa mémoire, maître Fénelon, sa mémoire ! avez-vous pensé à l'entraînement de sa mémoire ? Donc, tout s'imprime miraculeusement, sans difficulté, dans le cerveau de l'enfant qui bénéficie des louanges de son précepteur – surtout pas de coups de quoi que ce soit où que ce soit ! Le jeu ? Il faut laisser à l'enfant le temps de jouer, c'est un excellent moyen de détendre son esprit afin qu'il soit plus disponible à l'effort… Fénelon, le moderne ! Fénelon, et ses trois cents ans d'avance…

Tout doux, le Dauphin…

1689 est aussi pour Fénelon l'année d'une importante promotion. En effet, Madame de Maintenon conseille à Louis XIV de lui confier l'éducation du petit Louis de France, duc de Bourgogne, enfant difficile, méprisant et turbulent. Fénelon se met à la tâche. Patiemment, il applique ses méthodes qui font merveille : le petit dauphin s'adoucit, prend tant de plaisir à apprendre, à se cultiver qu'il ne peut plus se passer de son précepteur. Une véritable affection naît entre ces deux êtres que l'affaire du quiétisme va séparer, Louis XIV congédiant sans ménagements Fénelon, malgré les pleurs et les supplications de son petit-fils !

La mort du Grand Dauphin, du Petit Dauphin

La disgrâce de Fénelon s'accroît à la publication d'un roman épopée : *Les Aventures de Télémaque* (1699), écrit pour l'éducation du dauphin, mais que certains ont cru bon de publier sans l'accord de l'auteur. Cette œuvre est prise pour une violente critique du pouvoir absolu. Pourtant, à partir de 1701, le maître et l'élève entament une correspondance qui va trouver son aboutissement lorsqu'en 1711, le Grand Dauphin meurt de la variole. Fénelon prépare son ancien élève à régner mais, le 19 février 1712, la rougeole et les saignées des médecins emportent le petit-fils de Louis XIV ! Fénelon en ressent un tel chagrin qu'il va demeurer plusieurs jours sans bouger, sans parler, comme s'il avait perdu la raison. Il meurt à Cambrai, ville dont il était l'archevêque depuis vingt ans, le 7 janvier 1715.

XVIIe siècle : tableau récapitulatif

- 1605 *Odes* (Malherbe).
- 1607-1620 *L'Astrée* (Honoré d'Urfé).
- 1636 *Le Cid* (Corneille).
- 1637 *Le Discours de la méthode* (Descartes).
- 1640 *Horace* (Corneille).
- 1651 *Le Roman comique* (Scarron).
- 1667 *Andromaque* (Racine).
- 1670 *Les Pensées* (Pascal, écrites en 1660-1662).
- 1673 *Le Malade imaginaire* (Molière).
- 1674 *L'Art poétique* (Boileau).
- 1677 *Phèdre* (Racine).
- 1678 *La Princesse de Clèves* (Madame de La Fayette).
- 1668-1678 *Fables* (La Fontaine).
- 1688 *Les Caractères* (La Bruyère).
- 1699 *Les Aventures de Télémaque* (Fénelon).

Quatrième partie

Le XVIIIe : la bourse aux idées

Dans cette partie...

Au temps de Louis XIV, toutes les créations artistiques doivent converger vers le roi, mettre en valeur sa personne, promouvoir son image. À sa mort, en 1715, la littérature qui a déjà commencé à se libérer de ses obligations envers le pouvoir absolu à la fin du XVIIe siècle, prend le large et se met au service des idées. On croit au progrès, à la science, on fait confiance à l'esprit, à la raison. Cet enthousiasme gagne toute l'Europe. Le XVIIIe siècle, siècle des Lumières – *enlightenment* en Angleterre, *Aufklärung* en Allemagne – permet la naissance d'une littérature qui devient une bourse aux idées où puiseront les acteurs de 1789. Le roman et la poésie, quelque peu éclipsés par le militantisme du siècle, poursuivent cependant leur évolution.

Chapitre 11

Le roman aux quatre vents

Dans ce chapitre :

- Laissez-vous emporter par la vogue des romans exotiques
- Découvrez les romans par lettres

Le roman n'est pas un grand genre, au XVIIIe siècle. Dans la hiérarchie de la création littéraire, il occupe même la dernière place ! Et les auteurs ne sont pas mieux lotis : on préfère avoir affaire à un auteur dramatique, à un poète, plutôt qu'à un romancier qui noircit des centaines de pages en oubliant souvent son lecteur en cours de route. Certains d'entre eux connaissent pourtant le succès : Lesage qui promène son héros dans une Espagne pleine de surprises, et Bernardin de Saint-Pierre qui joue la carte de l'exotisme, fort en vogue. D'autres auteurs – Laclos, Rousseau, Sade, Crébillon, Restif – mettent à la mode le roman par lettres. De beaux succès de librairie permettent au genre romanesque de faire sa place dans la production écrite du siècle des Lumières.

Le roman aux quatre vents

L'Espagne, le Nouveau Monde, les îles lointaines – et même Paris... À l'imagination des lecteurs est offert le dépaysement assorti d'aventures à suspense.

Gil Blas en Espagne

Embarquons sur les routes d'Espagne – sachez cependant qu'il s'agit des routes de France – avec Alain-René Lesage ! On a longtemps cru qu'il avait copié les œuvres d'auteurs espagnols pour écrire ses romans. La vérité est qu'il s'en est inspiré, mais que ses personnages et la société qu'il décrit possèdent un profil si français qu'on en lit la critique, parfois virulente, avec d'autant plus d'intérêt...

Le Parisien de Sarzeau

Une femme, trois fils, une fille. Il existe mille moyens pour nourrir ces cinq bouches, sans compter celle du nourricier ! Alain-René Lesage en a choisi une : écrire, écrire encore, ne cesser d'écrire ! C'est sans doute le premier écrivain de métier qui ne vive pas uniquement d'une pension royale, ducale ou princière. Il se contente d'une modeste somme – six cents livres – que lui verse annuellement le protecteur qu'il a rencontré à Paris : l'abbé de Lyonne. Venu de Sarzeau où il est né en 1668, passant par Vannes où il a fait ses études chez les jésuites, arrivé à Paris en 1690 pour faire son droit, marié en 1694 à Marie-Élisabeth Huyard, traducteur de littérature espagnole (Lope de Vega, Calderon, Francisco de Rojas), romancier à succès enfin, en 1707, avec *Le Diable boîteux* dont le thème est emprunté à l'écrivain espagnol Guévara, Alain-René Lesage connaît la célébrité avec *Gil Blas de Santillane*, en 1715, célébrité dont la rumeur ne l'atteint guère : depuis 1707, il est devenu complètement sourd !

MOTS À LA LOUPE

Picaros et picaresque

Après avoir bien pillé le Nouveau Monde, l'Espagne de Charles Quint se réveille – au lendemain de la mort de son souverain – avec la même sensation que celle éprouvée par le fêtard après une nuit de débauche – sensation contenue dans une expression où le visage et le bois se trouvent associés… Une crise économique sans précédent frappe le pays et met sur les routes des quantités de commerçants, de moines défroqués, d'artisans, de manouvriers, toutes sortes de vagabonds qui deviennent de dangereux maraudeurs pour survivre. En Espagne, on les appelle les *picaros* – d'un terme d'argot désignant l'affamé. La littérature reflétant comme un miroir la société où elle naît, les premiers récits de littérature qu'on appelle picaresque – car ses héros sont des picaros toujours en route, et qui vivent de multiples aventures – naissent sous le ciel espagnol et sont signés Lazarillo de Tormès (1554). En France, Scarron s'exerce au genre, mais c'est Lesage qui illustre le mieux le picaresque à la française : l'aventure du héros n'est pas gratuite, elle sert une critique sociale approfondie, et développe une vision du monde où la liberté peut se conquérir.

Gil Blas et les embardées de la morale

Curieuses aventures, celles de Gil Blas de Santillane : elles se déroulent en Espagne, suivant la trame picaresque à la mode en ce pays depuis le XVIe siècle. Pourtant c'est la France du début du XVIIIe siècle que l'on y voit mise en scène. Non pas de façon directe, mais inscrite dans les mille et une rencontres que fait Gil Blas, un étudiant qui, se rendant à l'université de Salamanque, a été capturé par des brigands. Ce monde des voleurs où il se retrouve est comme une allégorie traduisant les embardées de la morale bien au-delà de ses strictes limites, une morale qui s'adapte alors aux situations les plus diverses. Gil Blas, faux naïf, héros malchanceux, survit à tout, frôlant cent fois la mort, quittant ses maîtres, en trouvant de nouveaux – l'occasion, pour l'auteur, de nous livrer d'étonnants, de savoureux portraits !

Ils vécurent heureux...

Douze livres parus en trois parties, les deux dernières datant de 1724 et 1735, le *Gil Blas* de Lesage est l'un des plus grands succès de librairie du XVIIIe siècle. Les lecteurs – et les lectrices, fort nombreuses – découvrent, à travers les fréquentations du héros, certains types de bourgeois ou d'aristocrates qu'ils connaissent bien. La littérature commence à substituer aux douceurs maniérées de la carte du Tendre, la rudesse des reliefs sociaux, l'âpreté du quotidien, les délices de l'aventure. La critique du gouvernement, des structures de l'État en place se fait de plus en plus précise, notamment lorsque Philippe d'Orléans assure la régence, permettant une sorte de revanche de l'aristocratie muselée par Louis XIV. Tout se termine bien, dans le roman de Gil Blas : serviteur de nombreux maîtres ou maîtresses qu'il a quittés ou qui l'ont quitté, il épouse en son âge mûr une Dorothée qu'il aime. Ils vivent heureux et ont beaucoup d'enfants…

L'abbé Prévost : Manon Lescaut

Les mêmes soutanes noires habillent tous les abbés. Mais les abbés ne sont pas tous les mêmes. Il y a ceux qui tiennent cette soutane fermée de mille petits boutons, sans que jamais un seul se découse. Et d'autres qui ne manquent pas d'en découdre avec leurs règles morales…

Les plaisirs de la chaire

Les femmes. Certaines pressent leurs pas menus, d'autres prennent le temps qu'il faut, savourent la distance qui reste à parcourir, laissent monter en elles de troubles désirs. En voici une encore qui descend de la voiture à deux chevaux qui s'est arrêtée près du porche. Où vont-elles, toutes ces femmes du printemps 1727 ? En quel lieu de douceur ou de plaisir les emmène leur délicieux teint rosi aux joues ? Quoi ? Elles franchissent le porche d'une église ? Celle de Saint-Germain des Prés ! Suivons-les. Odeur d'encens et de cire. Parfums diffus d'attente amoureuse. Étoffes qui se froissent. Et là, qui tonne dans la chaire, lève le bras, étend la main – ah ! cette main capable de merveilles sans doute, cette main… – que fixent, éperdus, tous les regards de ces femmes saisies de la torpeur du coup de foudre, voici le bel abbé, tout proche, tout près, à la portée de la main ! Un peu de chance, et peut-être qu'en confession, bientôt, il y aura du plaisir à prendre, avec l'abbé Prévost !

Un homme à femmes

Quel homme à femmes, cet abbé qui n'a jamais voulu de la prêtrise ! Contraint à la soutane par un père d'une autorité quasiment criminelle – il lui promet de lui brûler la cervelle s'il ne tient pas ses engagements… – Antoine-François Prévost, né le 1er avril 1697 à Hesdin, en Artois, y fait ses premières études chez les jésuites, les poursuit à La Flèche. 1714 : il a dix-sept ans et tant d'énergie dans le sang qu'il lui faut quitter d'urgence, et sans prévenir, l'environnement des dures robes de bure, auxquelles il va substituer celles de soyeuses étoffes – douloureux souvenir de sa mère et de sa sœur mortes trois ans plus tôt. Fougueux abbé qui fonce dans le mur de la passion des femmes, s'y blesse au point que le voici revenu chez ses jésuites après avoir tenté une carrière dans l'armée. Il en repart presque aussitôt. On perd sa trace pendant trois ans. Elle ! La seule ! L'inoubliable ! Celle qu'il appellera Manon, s'empare de son cœur, de sa vie, de tout son être. Que vit-il avec elle ? Courez lire *Manon Lescaut*, vous saurez tout !

Allons plus loin

Manon Deneuve

Elle en a enflammé des imaginations, Manon ! Elle en a séduit, des créateurs ! Entre autres : Jules Massenet (1842-1912) qui prend avec le récit de l'abbé Prévost quelques libertés pour écrire son opéra dont le succès ne se dément pas ; Giaccomo Puccini (1858-1924) qui, suivant les inventions de Massenet, produit une œuvre somptueuse, où se ressentent les influences de Bizet et de Wagner. Au cinéma, en 1968, le réalisateur Jean Aurel en tire un film : *Manon 70.* Catherine Deneuve y joue le rôle de Manon, elle est entourée de Sami Frey, Jean-Claude Brialy. Cécil Saint-Laurent (Jacques Laurent, l'académicien) en a écrit le scénario. Et la musique ? Devinez... Elle est signée du grand Serge Gainsbourg !

Manon et son chevalier

L'*Histoire du Chevalier des Grieux et de Manon Lescaut* est le seul des récits qui demeure de l'œuvre très abondante de l'abbé Prévost. C'est le septième ouvrage d'une vaste fresque : Les *Mémoires d'un homme de qualité*. Non que les autres tomes soient perdus, mais leurs longueurs, leur construction parfois déroutante rendent leur lecture laborieuse. *Manon Lescaut*, en revanche, contient tous les ingrédients du roman d'aventures avec amours incroyables, poursuites, crimes de toutes sortes, tromperies, jalousie, tendresse, naïveté. C'est le chevalier des Grieux, le narrateur, qui raconte son histoire : alors qu'elle va entrer au couvent afin que son penchant vers les

Mots à la loupe

Entrée en je

Je. Ce pronom personnel fait une entrée en force dans la production romanesque du début du XVIIIe siècle. Qu'il paraisse sous forme de lettres, de mémoires ou d'entretiens, le roman s'organise autour d'un je qui parfois en invite un autre. Ainsi, dans *Manon Lescaut*, le récit est d'abord effectué par le je de l'homme de qualité qui rédige ses Mémoires : Renoncour. Un double je est ensuite utilisé par le chevalier des Grieux : celui du temps où il conte et celui du temps qu'il conte...

plaisirs charnels soit domestiqué, Manon s'enfuit d'Amiens avec lui. Direction Paris. L'argent pour vivre ? Rien de plus simple : Manon convainc son amant que leur amour ne peut durer que si elle se laisse entretenir par un richissime fermier général.

Manon en Louisiane

D'amant en amant, d'aventure en aventure, Manon et des Grieux suivent la voie royale vers toutes les impasses. Manon est emprisonnée et condamnée à l'exil en Louisiane avec d'autres prostituées. Elle y est accompagnée par des Grieux. Ils y vivent heureux quelques mois mais, épuisée, elle meurt dans ses bras. La vraie Manon, elle, part seule en Louisiane. L'abbé Prévost ne peut la suivre ! Tout cela se passe pendant la fin du règne de Louis XIV, suivi de cette Régence qui ouvre la porte à tous les fantasmes, à tous les plaisirs – identiques mais clandestins auparavant ! Manon s'en va en Louisiane, terre qui doit rapporter cent ou mille fois la mise à tous ceux qui sont tombés dans la nasse du malin Law, de son système qui transforme l'or en papier-monnaie, et, à terme, en ruine totale pour les imprudents.

Un séducteur invétéré

Manon Lescaut, c'est l'impossible mariage entre les libertés de l'amour et les contraintes de la société, c'est la descente dans les brûlantes délices de l'enfer d'où le héros des Grieux sort vivant, malgré tout, comme si une rédemption était toujours possible. Après l'épisode de la Manon de ses dix-sept ans, Prévost, qui a séjourné chez les bénédictins de Saint-Wandrille près de Rouen, devient abbé en 1726. L'année suivante, on le trouve à Saint-Germain des Prés…

Ami de Rousseau

À Saint-Germain, par ses prêches, il séduit toutes les femmes, certaines avec tant de conviction que des scandales éclatent et qu'il doit fuir en Angleterre où il continue de séduire... la toute jeune fille de celui qui l'accueille ; nouvelle fuite en Hollande où il tombe sous la coupe d'une aventurière qui ne le lâchera pas, lui faisant commettre des folies, jusqu'à la malversation ! Il choisit d'allonger son nom, lui ajoutant : d'Exiles – n'est-il pas l'exilé quasi permanent ! Ami de Jean-Jacques Rousseau, protégé du prince de Conti, et installé à Paris en 1746 – dans ce qui était à l'époque le village de Chaillot, village où, dans le roman, vivent Manon et des Grieux… – il s'assagit, mais ne peut s'empêcher de vivre de nouvelles aventures où les femmes légères ont le premier rôle ! Après avoir écrit des milliers de pages, il meurt le 25 novembre 1763, d'une attaque d'apoplexie.

Marivaux : La Vie de Marianne

On ne prend pas toujours le soin de terminer les romans qu'on commence, au XVIIIe siècle… C'est le cas de *La Vie de Marianne*, de Marivaux.

Marianne ? Une belle quinquagénaire

Long, long roman que cette *Vie de Marianne*, de Pierre Carlet de Chamblain de Marivaux – dit Marivaux (1688-1763). Si long qu'il n'a pu lui-même l'achever, s'en étant sans doute lassé… C'est Marie-Jeanne Laboras de Mézières de Riccorboni, anglomane et femme d'acteur, actrice elle-même, romancière peu connue, qui va ajouter à l'œuvre de Marivaux les chapitres qui peuvent être considérés comme une fin. Cette *Vie de Marianne*, pourtant, malgré d'infinis développements qui découpent jusqu'au minuscule, jusqu'à l'insécable, les sentiments de la narratrice, nous entraîne dans la première exploration en profondeur de la psychologie féminine. Qui parle dans ce roman ? Une femme de cinquante ans qui fait la confidence de sa vie à une amie. Et cette femme est encore très belle. Bien sûr, c'est Marivaux qui écrit, se présentant seulement comme l'éditeur d'un manuscrit trouvé dans une maison à la campagne – procédé de dissimulation couramment utilisé à l'époque.

ALLONS PLUS LOIN

À la mode Marivaux

Douze parties échelonnées entre 1731 et 1745 : la publication de *La Vie de Marianne* – inachevée – s'étale sur quatorze ans ! Dans le même temps, Marivaux publie un autre roman : *Le Paysan parvenu*. Les quatre premières parties paraissent en 1734 ; la cinquième et dernière en 1735. Le roman prend la forme des mémoires d'un homme fortuné retiré à la campagne : Monsieur de La Vallée. Il prend la plume (la plume de Marivaux) pour raconter sa vie. Plus que de la psychologie féminine, Marivaux se fait alors analyste du cynisme masculin : Monsieur de La Vallée se revoit jeune paysan de dix-huit ans qui arrive à Paris. Il se rend compte qu'il plaît aux femmes. Il ne va cesser de faire part de ses expériences d'observateur ou d'acteur de la grande valse des cœurs, sans qu'on décide vraiment si son regard est celui d'un naïf, d'un pervers ou d'un habile moraliste s'absolvant de ses fautes à mesure qu'il les commet ! Une sorte d'optimisme constant et distant à la fois donne à cette peinture de mœurs le relief et la vérité qu'on trouve aussi dans *La Vie de Marianne*. La mode des romans à la Marivaux se répand en France, puis en Europe. Et aujourd'hui, elle continue encore !

Le chevalier prend son pied

Marianne, rescapée d'une attaque de brigands à deux ans, est recueillie par un curé et sa sœur. Ils l'élèvent avec amour. Leur mort laisse Marianne désemparée. Elle est jeune, elle est belle. Un religieux la présente à Monsieur de Climal qui la place chez une lingère. Il lui fait comprendre que, si elle sait l'aimer, des récompenses assureront son bien-être… Mais la lingère veille, elle veut à tout prix éviter que Marianne se retrouve dans de beaux draps ! Revenant un jour de l'église, Marianne est renversée par un carrosse, puis consolée par un superbe jeune homme : Valville. Elle lui découvre avec une infinie volupté sa cheville enflée : le chevalier prend son pied. Ou du moins le regarde avec extase. Déjà à deux doigts (de pied) de l'amour, les voilà pris d'une passion mutuelle.

Où Climal veut en venir

Climal, qui n'a rien perdu de ses objectifs, s'arrange pour se trouver seul avec Marianne, se met à genoux devant elle, et se prépare à aller plus loin quand surgit Valville ! Marianne qui vient de comprendre (enfin !) où Climal veut en venir s'enfuit dans une église où la recueille Madame de Miran qui la fait entrer dans son propre couvent. Et qui est Madame de Miran ? La mère de Valville. Valville vient s'entretenir avec Marianne dans le couvent. Leur amour croît, mais Valville en déborde tant qu'il tombe aussi amoureux d'une autre pensionnaire. Le récit est ensuite assuré par une nonne qui raconte comment on l'a forcée à devenir religieuse. Et Marianne ? Et Valville ? Et la jeune et belle pensionnaire du couvent ? Plus de nouvelles ! Marivaux l'abandonne, jusqu'à ce que madame de Riccorboni la rencontre…

Saint-Simon, ses Mémoires, Éric Chartier…

Ami de l'abbé de Rancé – le fondateur de la Trappe – Louis de Rouvroy, duc de Saint-Simon (1675-1755), militaire à seize ans, voit sa carrière politique ruinée à la mort du duc de Bourgogne (1712) qu'il admirait. De 1740 à sa mort, il rédige ses célèbres Mémoires où Louis XIV qui le méprisait n'est pas toujours à son avantage… Mille détails de la vie de la cour, mille portraits nous sont livrés et révèlent l'étonnant sens de l'observation d'un Saint-Simon fin psychologue, au style inimitable. Son œuvre n'est vraiment connue du grand public qu'au XXe siècle. On peut lire, on peut aussi dire Saint-Simon. Éric Chartier, formé à l'école de la rue Blanche et dans des cours privés (avec Francis Huster, Jacques Weber, André Dussollier, Isabelle Huppert ou Fabrice Luchini), s'est spécialisé dans la lecture des grands textes – Balzac, Flaubert, Bossuet, le cardinal de Retz, Hugo, et récemment Julien Gracq. Ses lectures publiques de Saint-Simon sont à couper le souffle !

Bernardin de Saint-Pierre : Paul et Virginie

Quel drôle d'homme, Bernardin de Saint-Pierre ! Jamais content ! Sa naissance, d'abord : honnête mais commune, dit-il, se désolant qu'elle ne lui ait pas donné ce titre de chevalier qu'il porte malgré tout. Son éducation ensuite : les jésuites qu'il fréquente par intermittence – on connaît la gêne dans la famille – lui laissent une haine féroce de la contrainte et de la vie en collectivité. Sa vie, enfin : nourri de rêveries face à l'océan où, lisant Robinson Crusoé, il croit possible le paradis sur terre, égalitaire et bienheureux, une sorte d'Arcadie originelle, plus rien ne le comble.

Dans les bras de Catherine

Et puis, tout a un goût d'inachevé dans ce qu'il entreprend : son diplôme des Ponts et Chaussées n'est pas complet, les situations qu'il tente de se créer ne se stabilisent jamais : douze années durant, de 1759 à 1771, il tente de se faire une place sous tous les cieux possibles : ceux de Hesse où il se bat, mais dont il est renvoyé pour querelles et mauvaise humeur incessante ; ceux de Malte où il est ingénieur géographe : querelles encore, humeur massacrante, retour au Havre ; ceux de Saint-Pétersbourg – trêve de mauvaise humeur : il se montre si charmant, que Catherine II lui offre, croit-on savoir, une tendre hospitalité, et beaucoup plus, par affinités ; il faut dire qu'il est bel homme, ce gredin ! Voici maintenant les cieux de Pologne : nouvelle trêve de mauvaise humeur, pour le cœur d'une princesse – Marie Miesnik. Mais l'affaire se termine mal et la Pologne, l'Allemagne, la Russie, tout cela est honni ! En 1768, le voici, après divers nouveaux accès bilieux, capitaine-ingénieur du roi à l'île de France – aujourd'hui l'île Maurice.

Plus grognon que jamais !

Il y parvient après plusieurs tempêtes épouvantables, s'y lie d'amitié avec l'intendant Poivre, avec la femme de celui-ci… Jusqu'où va-t-il trop loin ? On croit le deviner, car la mauvaise humeur, cette fois, s'empare de l'intendant, au point qu'il chasse l'audacieux prétendant ! Retour par l'île de la Réunion où naît le projet d'une œuvre présentant une forme idéale de bonheur pastoral. Paris ! Plus d'argent ! Il faut faire le siège incessant de tous ceux qui peuvent en donner. Bernardin, plus grognon que jamais, essuie partout des refus.

Les femmes ? À la cuisine !

Que faire ? Écrire. Il est encouragé dans ce projet par son ami Jean-Jacques Rousseau qui freine malgré tout certains de ses projets. Son écriture prend alors des directions qui n'aboutissent pas, le laissant aigri, de très mauvaise humeur encore ! Il en a contre tout le monde, contre les femmes en particulier qui, selon lui, doivent se contenter d'être de bonnes ménagères, de bonnes mères, sans chercher d'autres occupations qui de toutes façons ne leur conviendraient pas ! Tel est l'esprit de son *Discours sur l'éducation des femmes* qui paraît en 1777.

Un petit miracle

Alors, un petit miracle a lieu : en 1784, il publie une série d'Études sur la nature, au style nouveau, où la phrase tente de restituer par son ampleur, par la variété de son vocabulaire, les paysages qu'il a visités. L'exotisme s'en mêlant, le succès est fulgurant. Les pensions pleuvent, les gratifications de toutes sortes, Bernardin croule sous les compliments. Le voilà riche. Il peut réaliser son rêve : acheter une petite maison avec un jardin, rue de la Reine-Blanche à Paris. Et puis, deuxième miracle : en 1788, à la fin de la troisième édition des Études de la Nature, les lecteurs découvrent un roman. Et quel roman…

PLAISIR DE LIRE

Virginie et l'amour

Dans l'Île de France, une jeune veuve, Madame de La Tour, et une paysanne bretonne, Marguerite, toutes deux victimes des œuvres d'hommes ingrats, viennent cacher leur déshonneur et donnent naissance à Virginie (de La Tour) et à Paul (de Marguerite). Les deux enfants s'aiment comme frère et sœur dans ce paradis terrestre où tout contribue à leur bonheur. Mais ils grandissent, et l'amour naît entre eux. Virginie en est tout émue : *Depuis quelque temps Virginie se sentait agitée d'un mal inconnu. Ses beaux yeux bleus se marbraient de noir ; son teint jaunissait; une langueur universelle abattait son corps. La sérénité n'était plus sur son front, ni le sourire sur ses lèvres. On la voyait tout à coup gaie sans joie, et triste sans chagrin. Elle fuyait ses jeux innocents, ses doux travaux, et la société de sa famille bien-aimée.* Les caresses de son ami Paul la troublent… La suite ? Ce serait trop long de tout vous raconter ! En revanche, vous pouvez lire le roman. 337 pages en version Poche…

« Paul et Virginie »

Le roman a pour titre *Paul et Virginie*. Cette histoire qu'on lit difficilement aujourd'hui – on juge simpliste et presque ridicule ce qui à l'époque relevait de l'élévation la plus émouvante – apporte la gloire à Bernardin de Saint-Pierre. Les lecteurs de cette aventure sont surtout des lectrices qui versent des torrents de larmes chaque fois que, sous leurs yeux, le navire qui ramène

PLAISIR DE LIRE

Naufrage du Saint-Géran : un mort

On vit alors un objet digne d'une éternelle pitié: une jeune demoiselle parut dans la galerie de la poupe du Saint-Géran, tendant les bras vers celui qui faisait tant d'efforts pour la joindre. C'était Virginie. Elle avait reconnu son amant à son intrépidité. La vue de cette aimable personne, exposée à un si terrible danger, nous remplit de douleur et de désespoir ; pour Virginie, d'un port noble et assuré, elle nous faisait signe de la main, comme nous disant un éternel adieu.

Tous les matelots s'étaient jetés à la mer. Il n'en restait plus qu'un sur le pont, qui était tout nu et nerveux comme Hercule.

Il s'approcha de Virginie avec respect : nous le vîmes se jeter à ses genoux, et s'efforcer même de lui ôter ses habits ; mais elle, le repoussant avec dignité, détourna de lui sa vue. On entendit aussitôt ces cris redoublés des spectateurs : « Sauvez-la, sauvez-la ; ne la quittez pas ! » Mais dans ce moment une montagne d'eau d'une effroyable grandeur s'engouffra entre l'île d'Ambre et la côte, et s'avança en rugissant vers le vaisseau, qu'elle menaçait de ses flancs noirs et de ses sommets écumants. À cette terrible vue le matelot s'élança seul à la mer ; et Virginie, voyant la mort inévitable, posa une main sur ses habits, l'autre sur son cœur et levant en haut des yeux sereins, parut un ange qui prend son vol vers les cieux.

Bernardin de Saint-Pierre, *Paul et Virginie*, 1788

Virginie vers Paul, fait naufrage, chaque fois qu'elles voient Virginie préférer mourir plutôt que de se laisser déshabiller par un matelot qui veut la sauver... Virginie ressuscite en des milliers de petites filles à qui est donné ce prénom par les mères qui ne se sont pas remises de la tragédie – et des milliers de petits garçons deviennent des Paul !

Bernardin ! Bernardin !

Pendant l'Assemblée législative, en 1791, il est question de trouver un précepteur pour le dauphin. Qui est pressenti ? Bernardin ! En 1792, on cherche un intendant pour le Jardin des Plantes. Qui est nommé ? Bernardin ! En 1794, on cherche pour l'École normale, un professeur de morale… Qui ? Bernardin ! Et qui donc, un peu plus tard, est comblé d'honneurs par Napoléon dont il est l'un des écrivains préférés ? Un nom vous vient : c'est Bernardin ! Mais, peut-être écrasé par ces honneurs, Bernardin n'écrit presque plus. Et ce qu'il écrit offre un intérêt limité. Marié avec la jeune fille de son éditeur – il a cinquante-cinq ans en 1792, l'année du mariage, elle n'en a que vingt – devenu veuf en 1799, il se remarie à soixante-trois ans avec une autre toute jeune fille qui lui donne deux enfants. Il meurt en 1814. Voulez-vous connaître les prénoms de ses deux enfants ? Paul et Virginie !

Des liaisons multiples

Clac, clac ! Voilà le facteur ! Dans les rues de Paris au XVIIIe siècle, deux cents porteurs de lettres ou petits paquets constituent le service de la Poste. Ils annoncent leur passage au moyen d'un claquoir ou d'une crécelle. Trois distributions par jour sont effectuées – deux de nos jours… On s'écrit beaucoup. Beaucoup de lettres d'amour sans doute, ou bien de soupçon, ou de rupture. Autant de feuilles qui tombent au fil des saisons de la passion, des liaisons multiples. Les lettres ont-elles été conservées ? Certaines, oui, qui n'ont jamais été envoyées, mais que tout le monde peut recevoir encore aujourd'hui : il suffit d'ouvrir les romans de l'époque, le genre épistolaire – du latin *epistola* : lettre – y est très à la mode. Une mode lancée notamment par *La Vie de Marianne*. Clac, clac ! Tiens, voilà le facteur ! Rousseau, Laclos, Sade, Crébillon, Restif, vous ont écrit…

Les sensuelles de Rousseau

Douces proximités, frôlements du regard, amours longuement déclinées dans cent soixante-quinze missives qui font battre le cœur. Emploi pratique du *je* de chacun, le lecteur lui-même étant ainsi tenté d'y ajouter le sien… Voilà les ingrédients d'un fort long roman où vous allez faire la connaissance d'exemplaires amants !

Jean-Jacques est amoureux

Jean-Jacques Rousseau ne fait que passer pour l'instant : il est trop amoureux pour répondre aux questions que vous n'allez pas manquer de lui poser sur toutes ses œuvres, sur sa vie, sur ses maladies, sur son accident… Mais laissons-le filer et suivons-le, mais pas trop près, il soupçonne déjà le monde entier d'être à ses trousses, de le surveiller, de le harceler. Donc, Jean-Jacques est amoureux. Ce n'est pas la première fois. Mais en cette année 1756, alors qu'il a été accueilli près de la forêt de Montmorency, dans la petite maison de l'Ermitage, à une lieue d'Épinay, il s'éprend de Madame d'Houdetot, belle-sœur de la maîtresse du lieu : Madame d'Épinay ! Elle est belle, elle est jeune, mais elle a un amant exemplaire, presque un saint – d'ailleurs, il a pour nom Saint-Lambert…

Lettres de deux amants

Jean-Jacques qui a déjà l'expérience des femmes – les fidèles, les infidèles, les premières devenues les secondes, et vice versa, les demandeuses qu'il a refusées, les forteresses qu'il n'a pas prises – mêle son passé à son présent et rédige, alors qu'il a dû s'éloigner de son aimée, un roman par lettres qui paraît en 1761 sous le titre : *Lettres de deux amants habitants d'une petite ville au pied des Alpes*. On a vu des titres meilleurs… Mais dès leur parution, ces lettres qui sont dites *recueillies et publiées par J.-J. Rousseau*, connaissent un succès considérable. L'histoire ? Elle est fort simple, et reprend le vieux rêve de l'Éden perdu. Thomas More l'avait situé sur son île d'Utopie, Rabelais, dans son abbaye de Thélème. Tout y est idéal, la nature y devient une amie dévouée à toutes les causes. Celle de Jean-Jacques, c'est l'amour !

Le brasier couve

Voici le roman : imaginez-vous environné des magnifiques paysages suisses, verdoyants et vallonnés. La baronne d'Étanges donne à sa fille Julie un précepteur : Saint-Preux. Saint-Preux tombe amoureux de Julie, et Julie de Saint-Preux. Ils s'en font l'aveu, deviennent amants. Les mariera-t-on ? Non : le baron d'Étanges, père de la jeune fille, le refuse car Saint-Preux n'est pas noble ! Il va plus loin : Julie ne doit plus jamais revoir son amant. Ils s'écrivent des lettres enflammées. Saint-Preux envisage de l'emmener en Angleterre, elle hésite, puis refuse lorsque sa mère meurt. Le baron impose

LE SAVIEZ-VOUS ?

La Nouvelle Héloïse

Pourquoi ce titre ? Jean-Jacques Rousseau se rappelle les amours d'Héloïse et Abélard, au XIIe siècle : Pierre Abélard, professeur de théologie de trente-neuf ans, séduit la jeune surdouée Héloïse, seize ans, nièce du sévère chanoine Fulbert. Héloïse attend bientôt un enfant. Au comble de la fureur, Fulbert fait châtrer Abélard ! Les deux amants, séparés, vont correspondre par lettres jusqu'à la fin de leur vie. Cette dernière partie de l'histoire – la correspondance entre deux cœurs aux amours contrariées – inspire à Rousseau le titre de son roman par lettres.

un mari à sa fille : Monsieur de Wolmar, un excellent homme. Julie écrit pour la dernière fois à Saint-Preux, et sent bien qu'au fond d'elle-même, le brasier couve encore…

Elle n'a jamais cessé de l'aimer…

Saint-Preux voyage autour du monde, puis revient en Suisse. Il reçoit une lettre : c'est Julie qui l'invite chez elle. Elle a révélé sa liaison à son mari qui, plein de bonté, n'en a pas pris ombrage. Il demande même à Saint-Preux de devenir le précepteur de ses enfants. Mieux : il part en voyage afin que les deux anciens amants se retrouvent ! Saint-Preux et Julie décident alors de retourner en des lieux qui leur sont chers… Ils savent, ils sentent qu'ils s'aiment toujours, peut-être plus que jamais ! Vont-ils tomber dans les bras l'un de l'autre, succomber à la tentation, tout recommencer ?... Non : la vertu l'emporte. Monsieur de Wolmar revient, tout le monde est content. Le ménage à trois fonctionne parfaitement jusqu'au jour où Julie meurt après avoir tenté de sauver son enfant tombé à l'eau. Elle avoue à Saint-Preux, dans sa dernière lettre, qu'elle n'a jamais cessé de l'aimer !

Les dangereuses de Laclos

Privé de guerre ! Pierre-Ambroise Choderlos de Laclos, né le 18 octobre 1741 à Amiens, affecté comme sous-lieutenant à la brigade des colonies en 1763, n'a pourtant qu'une hâte : en découdre avec des ennemis afin de conquérir la gloire par les armes ! Mais, en 1763, la guerre de Sept Ans est terminée, et une longue et morne période de paix s'installe…

La forge de l'amour

Laclos traîne son ennui de garnison en garnison. Tout se passe bientôt comme si sa conscience lui susurrait cette petite phrase – bien connue, plus tard, par les soixante-huitards : Faites l'amour, pas la guerre ! Isolé dans l'île d'Aix en 1779, Laclos y construit sa forge de l'amour, y fait entrer d'impitoyables complices et d'étranges victimes, la froideur la plus extrême défie l'incandescence des sentiments, les aveuglements de l'instinct. Baudelaire, au XIXe siècle, dit de cette œuvre : *Ce livre, s'il brûle, ne peut brûler qu'à la manière de la glace ! Les Liaisons dangereuses* paraissent en 1782. Leur succès est prodigieux, mais tient surtout au scandale qu'il déclenche. Cinquante éditions se succèdent en trente ans. Puis, plus rien : la Restauration fait disparaître cette œuvre licencieuse. Sous la Monarchie de Juillet, elle est condamnée pour outrage aux bonnes mœurs ! Au XXe siècle, elle sort de l'enfer, puis du purgatoire avant de se réinstaller dans un certain ciel…

Cécile, quinze ans…

Que s'y passe-t-il ? Des choses… Le vicomte de Valmont et la marquise de Merteuil qui ont été amants se lancent des défis de séduction : Valmont doit s'emparer du cœur et du corps d'une femme mûre, prude et dévote – la présidente de Tourvel –, et des mêmes éléments chez une jeune fille de quinze ans – Cécile de Volanges – qui doit épouser Gercourt, ancien amant de la marquise. Les plans vont aboutir au prix de mille mensonges et trahisons : la présidente de Tourvel, si prude, si fidèle soit-elle, tombe dans les bras de Valmont. Cécile Volanges, elle aussi, se laisse séduire.

Tout va mal finir !

Mais la marquise, jalouse que Valmont soit vraiment amoureux de la présidente, lui fait écrire une lettre de rupture. La présidente la reçoit en plein cœur et en meurt. Cécile, déshonorée, entre au couvent. Valmont se bat en duel contre l'amant de Cécile, il en meurt. La marquise est défigurée par la variole… Tout finit donc très mal dans ce roman par lettres dont chacune est un petit chef-d'œuvre. La phrase de Laclos est en général courte, efficace. Il passe avec une étonnante virtuosité d'une âme damnée à celle de la candeur, ou celle de la fidélité qui se lézarde.

PLAISIR DE LIRE

Lettre 48, Le vicomte de Valmont à la présidente de Tourvel…

C'est après une nuit orageuse, et pendant laquelle je n'ai pas fermé l'œil ; c'est après avoir été sans cesse ou dans l'agitation d'une ardeur dévorante, ou dans l'entier anéantissement de toutes les facultés de mon âme, que je viens chercher auprès de vous, Madame, un calme dont j'ai besoin, et dont pourtant je n'espère pas jouir encore. En effet, la situation où je suis en vous écrivant me fait connaître plus que jamais la puissance irrésistible de l'amour ; j'ai peine à conserver assez d'empire sur moi pour mettre quelque ordre dans mes idées, et déjà je prévois que je ne finirai pas cette Lettre sans être obligé de l'interrompre. Quoi ! ne puis-je donc espérer que vous partagerez quelque jour le trouble que j'éprouve en ce moment ? J'ose croire cependant que, si vous le connaissiez bien, vous n'y seriez pas entièrement insensible. Croyez-moi. Madame, la froide tranquillité, le sommeil de l'âme, image de la mort, ne mènent point au bonheur ; les passions actives peuvent seules y conduire; et malgré les tourments que vous me faites éprouver, je crois pouvoir assurer sans crainte, que, dans ce moment, je suis plus heureux que vous […].

Jamais je n'eus tant de plaisir en vous écrivant; jamais je ne ressentis, dans cette occupation, une émotion si douce et cependant si vive. Tout semble augmenter mes transports : l'air que je respire est plein de volupté, la table même sur laquelle je vous écris, consacrée pour la première fois à cet usage, devient pour moi l'autel sacré de l'amour ; combien elle va s'embellir à mes yeux ! J'aurai tracé sur elle le serment de vous aimer toujours ! Pardonnez, je vous en supplie, au désordre de mes sens. Je devrais peut-être m'abandonner moins à des transports que vous ne partagez pas : il faut vous quitter un moment pour dissiper une ivresse qui s'augmente chaque instant, et qui devient plus forte que moi.

Choderlos de Laclos, *Les Liaisons dangereuses*, 1782

À table !

Souvent évoquée lorsqu'il est question des *Liaisons dangereuses*, la table sur laquelle Valmont écrit sa lettre 48 à la présidente de Tourvel, a été montrée à l'écran lorsque le roman est devenu un film. Vous pouvez découvrir cette pièce de mobilier, d'une plastique parfaite, dont on aperçoit aussi les pieds, dans le film de Milos Forman, tiré des *Liaisons dangereuses* en 1989 : *Valmont*... Afin de vous éclairer davantage sur la nature du matériau qui en constitue la surface, vous pouvez lire cette lettre 48. Sachez que Valmont, avant de se mettre à l'ouvrage, a rencontré la jeune actrice Émilie qui l'accueille sans façon pour toute la nuit, dans son lit. Est-ce là que Valmont se met à table ? Oui ! Une table dans un lit ? Faudra-t-il donc tout vous dire ?...

Les sexuelles de Sade

Attention : danger ! La conduite amoureuse va emprunter d'étroits sentiers, bordés de ronces, de végétaux agressifs. À mesure que vous longez les gouffres – les golfes d'ombre, dirait Rimbaud –, vous subissez de cruelles griffures. Votre descente aux enfers commence ! Prêt ? Voici votre pilote : D.A.F. marquis de Sade !

Les horreurs de la guerre

Décembre 1800. Napoléon Bonaparte, premier consul, vient de s'asseoir près de la cheminée, dans ses appartements du palais des Tuileries – ne cherchez pas ce palais à Paris, il a brûlé en 1871, pendant la Commune. Dehors, il a neigé. Un grand feu réchauffe la pièce. Bonaparte prend un livre qui lui a été envoyé dans la journée. Sur la couverture, il lit : *Histoire de Juliette*. Un sous-titre : *Les prospérités du vice*. Rappelons que Bonaparte, en 1800, s'est déjà mesuré au pire plusieurs fois : il a remporté les batailles d'Arcole, de Rivoli en Italie, celle des Pyramides, il a vu les pestiférés de Jaffa et les dépenses de

MOTS À LA LOUPE

Sadique !

Partout, dans les œuvres de Sade, la torture, les pires souffrances infligées aux innocentes victimes procurent un plaisir intense à ceux qui les pratiquent. De cette façon de satisfaire ses sens, d'éprouver de la volupté en provoquant la douleur, sont nés le nom *sadisme*, l'adjectif *sadique*. Au XIXe siècle, l'écrivain autrichien Sacher-Masoch, met en scène dans ses romans des personnages qui prennent plaisir à être battus ou torturés. Un de ses lecteurs, le psychiatre Krafft-Ebing dont certains patients aiment souffrir ainsi, nomme leur pathologie le masochisme... Sadisme : plaisir à faire souffrir. Masochisme : plaisir à souffrir. En certains lieux on réunit ces deux pratiques qui ont donné le mot : sado-masochisme, sado-maso pour les intimes. Au fait, connaissez-vous cette histoire du masochiste qui implore le sadique : *Fais-moi mal !* lui demande-t-il. Et le sadique, un éclair glacé dans le regard, lui répond : *Non !*... Vous ne l'avez pas comprise ? Relisez tout ! Pas compris encore ? Écrivez-nous...

Joséphine, bref, il connaît les horreurs de la guerre ! Assis près du grand feu, il lit. Son visage s'est assombri. Son teint, jaune d'avance, semble prendre la couleur de la cendre. Il tourne les pages, s'efforce de lire encore, mais n'y tient plus : hors de lui, il se lève, et, d'un geste violent, jette le livre au feu ! Et ce livre brûle tellement bien qu'on a l'impression qu'il a rejoint son élément : les flammes de l'enfer !

Le divin ?

Insupportable pour Bonaparte, le livre de Donatien Alphonse François, marquis de Sade, seigneur de La Coste et de Saumane, coseigneur de Mazan, mestre de cavalerie, lieutenant général dans les provinces de Bresse, de Bugey, de Valmorey et Geix, né le 2 juin 1740, à Paris, et mort le 2 décembre 1814, dans un asile de fous. Supportable pour vous, Sade ? Si vous avez pour projet de le lire, sachez qu'en peu de pages, vous allez entrer dans un monde pour le moins inhabituel : il semble qu'une sorte de fou ait déréglé le sentiment amoureux qui prend alors pour langage la chair, y cherche en aveugle son alphabet, fouille, déchire et découpe, obstinément, sans trouver d'issue, d'accomplissement. Sauf le mystérieux – le divin ? –, l'indigne plaisir de la cruauté.

Quelques étapes sur le chemin de l'enfer sadien…

- *Justine ou les Malheurs de la vertu* (1791)
- *La Philosophie dans le boudoir* (1793)
- *Aline et Valcourt, ou le roman philosophique* (1795)
- *La Nouvelle Justine, ou les Malheurs de la vertu*, suivie de l'*Histoire de Juliette, sa sœur* (1797-10 volumes !)
- *Les Crimes de l'amour* (1800)
- *La Marquise de Ganges* (1813)

Au fou !

Donatien Alphonse François – D.A.F. pour les intimes, ou bien encore le divin marquis – a passé sa vie à traquer le sexe, le vrai, ou celui qui naît des fantasmes de la privation. Le vrai, il ne s'en prive pas – du moins lorsqu'il est remis en liberté après quelque horreur. Quelle horreur, ou quelles horreurs ? Innombrables ! Le premier vrai scandale éclate dans sa maison d'Arcueil : une femme qui s'y était laissée entraîner en sort ensanglantée, couverte d'entailles ; il l'a violée toute la nuit ! Plus tard, il s'enfuit en Italie avec la sœur de sa femme ; elle n'en revient pas vivante. Il est mêlé à cent scandales sexuels dont les plus graves se terminent par des morts violentes. On l'enferme en prison, au donjon de Vincennes – sept ans –, ou chez les fous. Il en sort, y retourne. Et quand il y fait des séjours suffisamment longs, il se met à écrire. Romans, nouvelles. Et puis des pièces de théâtre qu'il monte lui-même, sur des tréteaux dans son asile, et que regardent, prostrés, les autres fous, ou bien la bonne société, venue en cachette…

ALLONS PLUS LOIN

Sade est-il Sade ?

Qui était vraiment Sade ? A-t-il toujours trempé dans les plus odieuses affaires de mœurs du siècle des Lumières ? Est-il coupable de tout ce dont on l'accuse ? Ce qui est certain, c'est qu'il a dû abandonner son innocence précocement – mais pas forcément sa candeur. Ceux qui l'ont côtoyé chez les fous le décrivent comme un homme très doux, d'un commerce exquis, seulement emporté, parfois, dans l'imprévu d'un geste obscène, de la recherche d'un contact de chair, incontrôlable. Et ses écrits ? Il eut un jour cette réponse à qui lui demandait pourquoi tant d'horreurs : *Mon éditeur me demande toujours de plus en plus de sang, toujours plus de crimes; alors j'obéis...* Sade, est-ce bien lui Sade ? Ne serait-ce pas surtout celui qui peut le lire, le soutenir, celui qui en redemande ? Le lecteur, finalement ! Vous, peut-être...

Deux cents jeunes victimes immolées

Le vocabulaire est cru, obscène, les situations invraisemblables, les orgies incessantes, les horreurs insoutenables – ainsi, dans Juliette, l'héroïne doit trouver les deux cents victimes annuelles qu'exige un monstre nommé Saint-Fond ; leur âge ? Entre neuf et seize ans. Il les immole lui-même au cours de ses dîners libertins. Juliette cesse de collaborer avec cet odieux personnage lorsqu'elle apprend qu'il veut asservir la France et en affamer les trois quarts – quel bon cœur elle a ! Mais, en Italie où elle s'est réfugiée, elle multiplie les crimes, les vols, les tortures, les abominations les plus diverses ! Bref, même si les critiques contemporains présentent Sade comme un poète, un magicien de l'humour noir, et un fin analyste de la psychopathologie – pourquoi pas... – il n'est ni interdit ni déplacé de comprendre Bonaparte...

Les libertines de Crébillon

« Voici mon plus mauvais ouvrage ! » Qui parle ? Prosper de Crébillon (1674-1762). Quel ouvrage désigne-t-il ? Son fils, Claude Prosper de Crébillon (1707-1777) ! Le fils se rattrape un jour en confiant à Louis-Sébastien Mercier (1740-1814) qui le rapporte dans un chapitre de son *Tableau de Paris*, « Les Deux Crébillon » : *Je n'ai pas encore achevé la lecture des tragédies de mon père, mais cela viendra...*

Quinze à vingt chiens !

Mercier rapporte aussi sa visite à Crébillon père, rue des Douze-Portes (aujourd'hui Villehardouin), dans le Marais, à Paris. Quinze à vingt chiens, la gueule béante, l'accueillent avant que vienne la maîtresse du vieil auteur de quatre-vingt-six ans. Elle le conduit dans une vaste pièce où se trouvent sept ou huit fauteuils qu'occupent immédiatement les chiens. Crébillon prend un fouet, en chasse quelques-uns : Mercier peut s'asseoir ! Crébillon père est l'auteur de tragédies qui rivalisent avec celles de Voltaire. Crébillon se complaît dans les horreurs de la mythologie. L'une de ses pièces, *Atrée*, met en scène le héros éponyme qui, pour punir son frère, l'invite à un repas où il consomme à son insu la chair de ses fils. Il se plaint à Mercier que Voltaire empêche que ses œuvres soient représentées. Ce Voltaire est, selon Crébillon, un fort méchant homme !

Ce qui se fait sur le sopha...

Mercier devient l'ami de Crébillon fils. C'est, dit-il, un homme charmant, fin, taillé comme un peuplier, contrastant avec l'apparence massive de son père. Crébillon fils commence par publier des contes à l'image de son humeur gaie et légère. Mercier dit qu'il rit d'un rien, que tout l'amuse ! Crébillon aime la vie, aime l'amour. Pour transmettre sa vision du monde, du monde des femmes, surtout, le seul – ou presque – qui l'intéresse, il déborde d'imagination. Ainsi, dans *Le Sopha* dont l'action se passe en Inde, un narrateur raconte qu'il a été transformé en sopha installé dans le salon d'une femme plus que vertueuse. Trompeuses apparences : la vertu de cette femme fond comme neige sous le feu des caresses d'amants de toutes sortes, jusqu'à ce que son mari la découvre à l'œuvre, et la tue ! Le sopha poursuit ses aventures : femmes et couples lui réservent mille surprises et révélations.

ALLONS PLUS LOIN

Monsieur le censeur, bonjour !

Dans la préface de son roman *Les Égarements du cœur et de l'esprit*, Crébillon nous apprend combien, en son temps, le roman est méprisé : il est rempli de situations ténébreuses et forcées, de héros dont les caractères sont toujours hors du vraisemblable. Il voudrait que le roman devienne, comme dans la comédie, une peinture réaliste de la vie humaine. Sans doute Crébillon fils est-il apprécié du gouvernement qui cherche à limiter les dérives de l'écrit, car Mercier le présente comme censeur royal. Il nous fait assister à la visite qu'il lui rend, à midi trois quarts, l'heure où les auteurs viennent déposer leurs œuvres au censeur. Un beau parleur méridional propose ses vers, puis c'est un jeune homme de Rouen, timide, qui ose à peine sortir son œuvre de sa poche. À l'examen, les vers du beau parleur ne valent rien. Ceux du timide sont pleins d'espoirs. Conclusion de Crébillon fils : les Méridionaux manquent de logique...

La vraie façon d'aimer

On retient surtout de Crébillon fils l'un de ses romans, paru en 1736 : *Les Égarements du cœur et de l'esprit*. Ce sont les Mémoires d'un homme mûr, Monsieur de Meilcour, qui rapporte les aventures liées à son initiation à l'amour, durant ses années de jeunesse. Une femme du monde qui a déjà beaucoup vécu, la marquise de Lursay, s'offre quasiment à lui, mais il n'ose rien tenter. Une autre femme, plus hardie, Madame de Senanges, va lui apprendre toute la mécanique de l'amour, et il y trouve le plaisir. Une troisième enfin, la jeune et belle Hortense, va lui apprendre ce qu'est le sentiment, la vraie façon d'aimer. Un séducteur cynique, Versac, voudrait cependant transformer le jeune homme en conquérant sans cœur. On ne sait s'il y parvient, Crébillon n'ayant pas terminé son roman !

Les perverties de Restif

Le père de Restif épouse, en 1713, Marie Dondaine. Elle lui donne sept enfants, la Marie Dondaine ! Puis prend la barque de Charon, la Marie Dondon... Edme Restif épouse alors Barbe Ferlet. Neuf enfants viennent grossir le foyer déjà bien peuplé du paysan de Nitry, dans l'Yonne, qui achète une deuxième ferme en dehors du village : la ferme de La Bretonne. Voilà pourquoi le premier des neuf enfants que Barbe donne à Edme, Nicolas, prend plus tard ce nom d'auteur Nicolas Edme Restif de La Bretonne.

Sara la délurée

Restif de La Bretonne est un auteur étrange, qui écrit beaucoup – plus de deux cents livres ! Pas de pension pour lui, pas de gratification, de protecteur généreux ou de veuve fortunée, rien à la pointe de l'épée, tout à celle de la plume. Le suivre au fil des pages, c'est, en général, suivre sa vie. Il romance à peine ses expériences. Ouvrier imprimeur d'abord, il décide de devenir auteur, se séparant alors de sa famille qui demeure dans l'Yonne. Restif mène comme il le peut une vie parisienne qu'il raconte dans le détail, ajoutant ici, retranchant là, créant un monde à demi imaginaire où il est persuadé de vivre. On y trouve de beaux portraits, d'utiles descriptions de la capitale, la restitution fidèle du quotidien. Et puis des aventures avec des prostituées. Zéphyre, par exemple, qui a quatorze ans : sa mère la vend aux hommes, comme elle vend ses sœurs. Aventure aussi avec la délurée Sara, seize ans, et beaucoup d'autres. Chaque fois Restif croit – et tente de nous faire croire – à l'amour !

Dans l'intimité

Qui est le vrai Restif ?

On connaît la vie de Restif par son autobiographie, commencée en 1783, et publiée en seize volumes (!) de 1794 à 1797. Il s'y montre inventif, non seulement avec les événements qu'il prétend avoir vécus, mais aussi avec l'orthographe, la typographie, s'estimant seul maître à bord dans son atelier d'imprimerie, rue de la Bûcherie, à Paris – au numéro 16, si vous voulez y faire pèlerinage, ou bien au 27, on ne sait plus trop... D'autres éléments de sa vie apparaissent dans *Le Paysan perverti*, récit de l'ascension d'un rural qui, en ville s'affranchit de son passé et de la morale. Mais le vrai Restif, le plus exact et le plus sincère, se trouve sans doute dans son vrai grand livre : *La Vie de mon père* (1778). Il s'agit d'une évocation du village où il a passé les dix premières années de sa vie. Edme Restif, père de l'auteur, y apparaît dominant son monde avec une humanité sincère, souvent irriguée des larmes fort à la mode à cette époque – on pleurait beaucoup.

Restif, l'arpenteur

On trouve aussi, parmi ses œuvres *Mes Inscriptions* (ne pas confondre avec *Mes Inscriptions* de l'écrivain belge Scutenaire, 1905-1987). Livre étonnant qui reprend les mots ou phrases que Restif prétend graver sur les murs qu'il longe, notamment dans l'île Saint-Louis. Ce sont des pensées, des aphorismes, des réflexions qui naissent dans sa solitude d'arpenteur des rues. Tiens ! Mais pourquoi arpentait-il tant les rues ? Lorsqu'on constate avec quelle facilité il obtient un emploi au ministère de la Police, en 1798, afin de juguler sa pauvreté encore accrue, on ne peut s'empêcher de penser, comme de bonnes commères, qu'il a pu jouer longtemps le rôle de taupe, de petit rapporteur au service du pouvoir, de ceux que Rousseau appelait les mouches parce qu'ils étaient souvent vêtus de noir – d'où le mouchard. Mais rien n'est moins sûr. Restif meurt dans le dénuement absolu – Fouché, le ministre de Napoléon, lui ayant supprimé son emploi dans la police. Son cercueil est suivi par mille cinq cents personnes, le 3 février 1806.

Chapitre 12

Au temps des lettres militantes

Dans ce chapitre :

- Avec Montesquieu, comprenez l'*Esprit des lois*
- Avec Diderot, passionnez-vous pour l'*Encyclopédie*
- Avec Voltaire, entrez en philosophie
- Avec Rousseau, étudiez les clauses du *Contrat social*

Tout savoir, tout comprendre, préférer la croyance à la foi, croire en la science plutôt qu'en Dieu, croire au progrès qui libérera l'homme, et puis surtout, agir pour que tout cela arrvive ! Ne pas se contenter de le dire, mais l'écrire ! On entre de plain-pied dans le siècle des Lumières. Attention, il s'agit des Lumières de la raison qui vont remplacer tous les obscurantismes passés, présents et à venir – ce ne sont pas Montesquieu, Voltaire, Diderot ou Rousseau qui sont des lumières, certes, mais pas dans le même sens…

Charles-Louis de Secondat, baron de La Brède et de Montesquieu

On raconte que le jour du baptême de Charles-Louis de Secondat, la famille et les invités virent arriver un mendiant qu'on avait vêtu d'habits décents et qui se dirigea vers les fonts baptismaux. Certains s'apprêtaient déjà à le chasser quand le père de l'enfant, Jacques de Secondat, se dirigea vers lui. Le considérant comme un égal, il le pria courtoisement de venir se placer près de la marraine du nouveau-né. On comprit alors qu'il avait été choisi pour parrain, non qu'il appartînt à la branche prestigieuse des Secondat, mais le petit Charles-Louis ne devrait ainsi jamais oublier que les pauvres étaient ses frères ! Quand on connaît l'étendue de sa fortune, ce n'était pas du luxe…

Ô châteaux !...

Attention, la cérémonie commence ! Un peu longue, un peu ennuyeuse. C'est le moment de nous évader. Suivons Charles-Louis sur les sentiers de son passé, sur les routes de son futur…

Une lignée !

Un personnage, Charles-Louis de Secondat, baron de La Brède et de Montesquieu ! Il est né le 18 janvier 1689 (cent ans avant la Révolution), dans le château de La Brède, près de Bordeaux. Plus d'un siècle auparavant, l'un de ses aïeux, Jean II de Secondat est conseiller du roi Henri II de Navarre, le grand-père d'Henri IV. La famille qui est protestante se convertit au catholicisme, lorsqu'Henri IV s'y convertit. La récompense ne se fait pas attendre : en 1606, la terre de Montesquieu devient une baronnie – et son propriétaire, forcément, un baron. Jacques de Secondat, le père de Charles-Louis, épouse en 1686, Marie-Françoise de Pesnel qui ajoute aux possessions des Secondat, le château de La Brède.

Nanti pour la vie

Charles-Louis grandit, fait son droit, devient avocat. En 1714, il est reçu conseiller au parlement de Bordeaux. L'année suivante, il se marie avec Jeanne de Lartigue qui lui apporte une dot de cent mille livres. En 1717, son oncle meurt, lui léguant sa fortune, sa charge de président à mortier – le mortier est un chapeau carré, signe des plus hautes responsabilités judiciaires – et le titre de baron de Montesquieu. Nanti de toutes ces richesses, terres, châteaux, vignes, fermes, titres et rôles, Montesquieu prépare son artillerie contre la société de son temps !

Les Lettres persanes

Quelle arme choisir ? Montesquieu prend son temps. Il devient d'abord membre de l'Académie des sciences de Bordeaux, en 1717. Il s'intéresse à tout, publie des traités de médecine, de physique. Il voyage aussi, emportant avec lui ses façons et son accent gascons qui font sourire à Paris. Sont-ce ces sourires qui conduisent Montesquieu à imaginer contre la France et les Français ce qui pourrait ressembler à une vengeance ? On ne sait ! On peut imaginer quand même un Montesquieu dont l'intelligence s'afflige du nombrilisme parisien, la tentation critique s'étendant de proche en proche à tout ce qui se structure ou gouverne le pays. Oui, mais quel va être le choix des armes ?

Le fusil à tirer dans les coins…

On dit que Montesquieu s'inspire de l'écrivain Charles Dufresny, arrière-petit-fils d'Henri IV, qui publie, en 1699, de fausses lettres siamoises, permettant ainsi à deux inconnus de poser un regard ironique sur leur environnement. Le baron de La Brède n'a sans doute pas besoin de cet exemple pour imaginer ses deux personnages, Usbek et Rica, deux Persans qui voyagent en

France entre 1712 et 1720. Usbek et Rica envoient des lettres à leurs amis, à Ispahan, à Venise, à Smyrne, et s'écrivent aussi entre eux. La voici, l'arme choisie, une sorte de fusil à tirer dans les coins : on atteint sa cible par un biais habile !

PLAISIR DE LIRE

Le roi de France est un grand magicien…

Paris est aussi grand qu'Ispahan: les maisons y sont si hautes, qu'on jugerait qu'elles ne sont habitées que par des astrologues. Tu juges bien qu'une ville bâtie en l'air, qui a six ou sept maisons les unes sur les autres, est extrêmement peuplée ; et que, quand tout le monde est descendu dans la rue, il s'y fait un bel embarras. […]

Le roi de France est le plus puissant prince de l'Europe. Il n'a point de mines d'or comme le roi d'Espagne son voisin ; mais il a plus de richesses que lui, parce qu'il les tire de la vanité de ses sujets, plus inépuisable que les mines. On lui a vu entreprendre ou soutenir de grandes guerres, n'ayant d'autres fonds que des titres d'honneur à vendre ; et, par un prodige de l'orgueil humain, ses troupes se trouvaient payées, ses places munies, et ses flottes équipées.

D'ailleurs ce roi est un grand magicien : il exerce son empire sur l'esprit même de ses sujets ; il les fait penser comme il veut. S'il n'a qu'un million d'écus dans son trésor et qu'il en ait besoin de deux, il n'a qu'à leur persuader qu'un écu en vaut deux, et ils le croient. S'il a une guerre difficile à soutenir, et qu'il n'ait point d'argent, il n'a qu'à leur mettre dans la tête qu'un morceau de papier est de l'argent, et ils en sont aussitôt convaincus. Il va même jusqu'à leur faire croire qu'il les guérit de toutes sortes de maux en les touchant, tant est grande la force et la puissance qu'il a sur les esprits.

Ce que je dis de ce prince ne doit pas t'étonner: il y a un autre magicien plus fort que lui, qui n'est pas moins maître de son esprit qu'il l'est lui-même de celui des autres. Ce magicien s'appelle le pape : tantôt il lui fait croire que trois ne sont qu'un ; que le pain qu'on mange n'est pas du pain, ou que le vin qu'on boit n'est pas du vin, et mille autres choses de cette espèce.

Montesquieu, *Lettres persanes,* 1721

La voie est libre

Les structures de la société, les juges, les grands seigneurs, les gens taciturnes et les diseurs de riens, la culture, les arts, les sciences, la mode, les femmes, le célibat des prêtres, les livres, les ridicules de l'Académie française – dont Montesquieu pourtant fait le siège afin d'y être élu… – les vieilles coquettes, les beaux esprits, les livres inutiles… tout cela – et bien d'autres choses ou gens – est exécuté dans une belle jubilation stylistique qui ravit les lecteurs : le livre, publié anonymement en Hollande, obtient un succès foudroyant ! Aussitôt, les jésuites appellent sur lui les foudres du ciel : le christianisme y est présenté comme une religion qui est un défi au bon sens et pousse à l'injustice ! La monarchie ne s'en tire pas mieux. Bref, rien ne trouve grâce sous la plume de Rica Montesquieu ou de Usbek de La Brède. Maintenant, la voie est libre, jusqu'à la borne 1789…

« L'Esprit des lois »

Reçu à l'Académie française le 24 janvier 1728 après avoir consacré une partie de l'année 1727 à cet objectif auquel il semble tenir plus que tout, Montesquieu fait presque aussitôt ses bagages. Le 5 avril, tout est prêt : il part pour trois ans, faire son Grand Tour d'Europe – à la mode anglaise. Voici d'abord Vienne, puis la Hongrie, puis Venise où il rencontre un exilé qui a déclenché plusieurs centaines de suicides en France, peut-être des milliers : Law, le banquier écossais qui a ruiné, avec son papier-monnaie, tant de familles. Voici maintenant Milan, Turin, Gênes, Pise, Florence, Rome, Naples, Bologne, l'Autriche, l'Allemagne, Amsterdam – le 15 octobre 1729. Le 30 octobre, départ pour Londres. Montesquieu n'en revient qu'à la fin de 1730 après avoir été reçu dans les sociétés littéraires, les milieux politiques, et chez les francs-maçons.

UNE CURIOSITÉ LITTÉRAIRE

L'homme des pays chauds est paresseux

Bien sûr, Aristote l'a déjà dit... Bien sûr, Hippocrate le pensait aussi..., et puis Boileau, Fénelon, La Bruyère y croyaient dur comme fer... Bien sûr ! Mais, voyons, Charles-Louis de Secondat, baron de La Brède et de Montesquieu, sont-ce là des noms et raisons suffisants pour développer à votre tour la théorie des climats ? On vous a trouvé la facile excuse d'avoir inventé la sociologie, d'avoir ouvert des voies immenses à une réflexion différente sur les groupes humains, d'avoir créé la géographie politique et humaine. Tout cela est vrai, sans doute, mais on demeure malgré tout confondu lorsqu'on lit votre théorie des climats : selon vous, les activités humaines sont gouvernées par le froid et le chaud ; selon vous, l'air froid resserre les extrémités des fibres extérieures de notre corps, cela favorise le retour du sang vers le cœur, diminue la longueur des fibres et augmente leur force.

L'air chaud, en revanche, relâche tout cela. Et voici les conclusions que vous en tirez – après avoir fait une expérience étrange, la congélation d'une demi-langue de mouton qui, forcément, rétracte ses papilles... : dans les pays au climat plutôt froid, on a plus de confiance en soi, plus de courage, moins de désir de vengeance, plus de franchise, moins de politique de ruses. L'homme des pays chauds craint tout, il est timide comme les vieillards, il est paresseux, le régime politique qui lui convient donc le mieux est le despotisme... Arrêtez !

Arrêtons ! Sans doute est-ce le prix à payer pour orienter les consciences vers ces pays où l'esclavage est pratiqué sans scrupules, vers ces rivages où le trafic prospère. Alors oui, Charles de Secondat, on peut lire votre théorie en se disant qu'elle a mis l'accent sur un fléau que vous combattez pourtant de toutes vos forces mais que vous justifiez parfois ! : l'exploitation de l'homme par l'homme ! Encore faudrait-il que tous ceux de votre époque qui ont investi une partie de leur fortune dans ces contrées des pays chauds, retirent leur mise – certains de vos contemporains, très renommés dans le monde des lettres, de la philosophie, par exemple. Mais ce n'est pas gagné...

Comprendre l'Esprit des lois

Retour à la Brède en 1731. Montesquieu y écrit plusieurs ouvrages où il fait part de ses réflexions sur la monarchie universelle, sur la décadence des Romains. Mais ce qui l'occupe, ce qui l'obsède, c'est sa grande idée : comment expliquer la naissance des lois dans une nation ? Existe-t-il des lois naturelles qui font naître les lois dont se servent les hommes ? Il travaille douze ans pour répondre à cette question, de 1735 à 1747, année de publication de *L'Esprit des Lois*. À la question : quelles sont les causes des lois, Montesquieu répond que ces causes sont :

- **physiques** : la nature du terrain et le climat en déterminent le contenu ;
- **morales** : chaque peuple possède une mentalité différente de celle de son voisin. Voilà pourquoi d'un groupe à l'autre, les lois varient ;
- **sociales** : les lois sont issues des données démographiques d'un pays, de sa religion et de son commerce.

Choisir son régime

Le type de gouvernement a aussi – et surtout – une importance capitale. Les lois diffèrent selon les régimes en vigueur dans chaque pays. Ces régimes sont de quatre types :

- Le régime républicain qui est une démocratie fondée sur la vertu de tous les membres du groupe qui délègue ses pouvoirs à des représentants ; ce type de gouvernement ne peut convenir qu'à un petit territoire. Il est menacé par la démagogie et la corruption.
- Le régime républicain aristocratique : un certain nombre de nobles, distingués par la naissance et préparés par l'éducation, exercent le pouvoir au nom du peuple.
- Le régime monarchique qui doit être tempéré par les corps intermédiaires – la noblesse, le clergé, le parlement ; il convient à un territoire de taille moyenne. Si les corps intermédiaires perdent de leur importance, le despotisme survient.
- Le régime despotique qui est fondé sur la crainte de celui qui détient un pouvoir sans partage – pour un territoire très vaste.

Contre les abus de pouvoir

Quel est le meilleur des trois ? Aucun ! Le seul qui puisse garantir la paix, la prospérité et le bonheur est celui qui copie le système anglais : la monarchie constitutionnelle – seul le pouvoir arrête le pouvoir. Voilà l'idéal, les pouvoirs sont au nombre de trois :

- Le pourvoir législatif
- Le pouvoir exécutif
- Le pouvoir judiciaire

Ces trois pouvoirs possèdent le droit de statuer et d'empêcher. Leur étroite collaboration, l'un empêchant l'autre qui voudrait statuer contre l'intérêt général, permet d'éviter les abus de pouvoir, et de contribuer au bonheur de tous, quête incessante de Montesquieu. Les lois ainsi produites garantissent la paix, à condition que chacun mette en pratique ce principe : la liberté est le droit de faire tout ce que les lois permettent.

Montesquieu en pensées

- Dans une monarchie bien réglée, les sujets sont comme des poissons dans un grand filet : ils se croient libres, et pourtant, ils sont pris.
- J'appelle préjugé non pas ce qui fait qu'on ignore de certaines choses, mais ce qui fait qu'on s'ignore soi-même.
- Une religion qui peut tolérer les autres ne songe guère à sa propagation.
- Les républiques finissent par le luxe, les monarchies par la pauvreté.
- Le caractère naturel du Français est composé des qualités du singe et du chien couchant.
- Les pays ne sont pas cultivés en raison de leur fertilité, mais en raison de leur liberté.
- Celui qui fait exécuter les lois y doit être soumis.
- La gravité est le bouclier des sots.
- Un mari qui aime sa femme est un homme qui n'a pas assez de mérite pour se faire aimer d'une autre.
- Les mœurs font toujours de meilleurs citoyens que les lois.

Denis Diderot, l'entreprenant

D'excellentes dispositions pour l'étude, mais un tempérament très dissipé ! En plus clair, Denis Diderot est un vrai chahuteur ! Ses maîtres du collège jésuite de Langres où il est né en 1713 vont pourtant devoir supporter son énergie débordante pendant cinq années, de 1723 à 1728, année de son départ pour Paris. Son père rêve d'en faire un ecclésiastique, un chanoine comme son oncle. Voilà pourquoi Denis Diderot, à treize ans, est tonsuré, c'est-à-dire voué à la prêtrise ! À Paris, après quatre ans d'études, il est reçu maître ès arts de l'Université. L'année suivante, étouffant sous la soutane sombre, il s'en débarrasse. Voilà notre homme libre…

Le chahuteur de Langres…

Plus de soutane, plus de revenus assurés. Il faut parer au plus pressé, devenir pendant deux ans, de 1733 à 1735, clerc d'un procureur, puis précepteur des enfants d'un receveur général, puis rédacteur de sermons d'église ! Puis on ne sait trop, ou plutôt, on devine… Sa fille Marie-Angélique nous donne quelques pistes : *Mon père était livré à lui-même, tantôt dans la bonne, tantôt dans la médiocre, pour ne pas dire la mauvaise compagnie !* D'autres pistes plus précises encore nous sont données par Diderot lui-même, il suffit de le lire ! Prenez Jacques le fataliste, ou bien *Le Neveu de Rameau*, vous aurez là un récit détaillé des exploits du chahuteur de Langres. Mais ne cherchez pas à savoir qui est qui et qui fait quoi : Diderot a su dans ses œuvres masquer sa présence avec assez d'astuce pour qu'on ne l'accable jamais de quelque faute gaillarde – au fait, dans l'un de ses romans, pourquoi situe-t-il donc une maison de passe fictive dans la rue qu'il a réellement habitée ?…

L'Encyclopédie : un travail d'équipe

L'extraordinaire aventure de l'*Encyclopédie* va mobiliser Diderot pendant plus de vingt ans ! C'est la grande affaire de sa vie, une entreprise qui va passionner toute l'Europe.

Rendez-vous café de La Régence

Dans la rue où habite Diderot en 1742, vit une belle lingère. Elle ne résiste pas longtemps au charme du chahuteur. L'année suivante, les voilà mariés, contre la volonté du père de Diderot qui l'a fait enfermer dans un couvent alors qu'il allait lui demander son consentement – couvent d'où il s'est échappé en sautant par la fenêtre ! Cette année 1742 est aussi celle d'une rencontre capitale, au café de la Régence – allez-y, c'est 8 rue Baillet à Paris, le café est toujours ouvert ! Diderot s'y trouve face à un jeune homme de trente ans qui tient sous son bras une sacoche d'où il sort des liasses de papier couvertes de signes étranges. Il s'agit d'une nouvelle méthode de notation musicale. Le jeune homme se dit genevois, il donne des leçons de musique et compose ce qu'il appelle des opéras-tragédies. Son nom ? Jean-Jacques Rousseau… Les deux hommes sympathisent.

Les Pensées au feu !

Que faire quand on ne s'appelle pas Montesquieu, et qu'on décide de consacrer sa vie à l'écriture sans posséder châteaux ou dots, sans l'aide de qui que ce soit ? Traduire de l'anglais un *Essai sur le mérite et la vertu*, le publier. Bien maigre rapport. Écrire en quelques jours et publier anonymement des *Pensées philosophiques* ? Soit, mais le Parlement, choqué par le matérialisme et par l'athéisme qui y sont développés, les condamne au feu ! Que faire maintenant ? Pourquoi ne pas accepter la proposition de l'abbé de Gua de Malves qui suggère la réécriture des articles qui seraient mal traduits d'une encyclopédie anglaise : le *Dictionnaire des arts et sciences* ?

Qui est Jean Le Rond ?

Proposition acceptée le 15 juin 1746. Diderot est assisté de Jean Le Rond – fils naturel de la marquise de Tencin et du chevalier des Touches, abandonné à sa naissance sur les marches de l'église Saint-Jean-Le-Rond, recueilli par la femme d'un vitrier, Madame Rousseau chez qui il vit jusqu'à l'âge de quarante-sept ans ; grand spécialiste des mathématiques, philosophe, Jean Le Rond, plus connu sous le nom de d'Alembert… L'abbé de Malves trouve finalement la tâche trop importante. Il en informe le libraire à l'origine du projet – Le Breton –, et se fait remplacer par Diderot et d'Alembert qui prennent la direction de l'*Encyclopédie*.

Le tableau des connaissances humaines

Quelle entreprise cette encyclopédie ! Dans le premier projet, seule la traduction du dictionnaire anglais de Chamber et Harris en *Dictionnaire des sciences, arts et métiers* est prévue. Diderot décide d'y ajouter des augmentations. Ces augmentations vont devenir l'essentiel de l'ouvrage. Son plan est simple : il veut faire le tableau général et historique des connaissances humaines. Des spécialistes, savants et artistes sont chargés de la rédaction des articles importants. L'un des premiers à qui il fait appel est le jeune homme du café de La Régence… Jean-Jacques Rousseau ! Puis viennent Quesnay, le physiocrate – sûr que l'avenir du monde est dans l'agriculture – et chirurgien de Louis XV, Turgot qui écrit les articles *Étymologie* et *Existence*, Buffon, le naturaliste, Voltaire, puis le philosophe Condillac, bien d'autres encore, et bien sûr, Jean Le Rond d'Alembert !

DANS L'INTIMITÉ

À Vincennes !

Imprudent Diderot ! Il s'avise de publier, en juillet 1749, alors que l'*Encyclopédie* se met doucement sur les rails, sa *Lettre sur les aveugles à l'usage de ceux qui voient*. Dans cette œuvre, il affirme son athéisme, sa foi dans le matérialisme : le monde n'est fait que de matière, la vertu n'a pas besoin de Dieu ni de la religion. En août, les jésuites, le Parlement se ruent sur le livre, le condamnent au feu, et envoient son auteur en prison, dans le donjon de Vincennes ! Le responsable du lieu juge ainsi son pensionnaire : *C'est un jeune homme qui fait le bel esprit et se fait trophée d'impiété, très dangereux ; parlant des saints Mystères avec mépris* !… Diderot est très affecté par ce coup du sort, et son éditeur davantage encore. Le prisonnier reçoit la visite de d'Alembert. Rousseau se décide aussi à aller le voir, et, en chemin, reçoit l'illumination qui va conduire toute sa philosophie : l'homme est corrompu par les sciences et le progrès (autrement dit : c'était bien mieux avant…). Les démarches de l'éditeur aboutissent le 3 novembre 1749 : Diderot, amer, est libéré et court se remettre à la tâche.

L'Encyclopédie en chiffres

Et l'argent pour conduire l'entreprise ? Diderot y a pensé, et l'éditeur aussi – surtout ! Les méthodes utilisées sont rationnelles, modernes – on ne fait pas mieux aujourd'hui ! L'opération prend la forme d'une souscription. Les acheteurs vont donc avancer l'argent à l'éditeur avant la parution des livres. Mais comment faire connaître le projet ? C'est tout simple : un prospectus détaillé est envoyé à des acheteurs potentiels (8 000) – aujourd'hui, on appelle cette opération un envoi en nombre ou un mailing. Sur la dernière page du prospectus, figurent les conditions de vente :

- Dix volumes sont prévus, dont deux de planches. (Diderot engage le dessinateur Goussier.)
- La souscription se détaille ainsi : 60 livres en acompte ; 36 livres à la réception du premier tome (prévue pour le mois de juin 1751) ; 24 livres pour chacun des tomes suivants, le délai entre deux tomes étant de six mois ; 40 livres pour le VIIIe volume et les deux tomes de planches ; le total de la dépense s'élève à 280 livres. Si l'acheteur n'est pas souscripteur, il lui en coûtera 372 livres.
- Le tirage est de 4 250 exemplaires – 4 100 en souscription, et 150 pour les libraires.

À mourir de rire...

Le taux de réponses positives aux 8 000 prospectus ferait rêver n'importe quel éditeur aujourd'hui : 50 % ! Les 4 000 souscripteurs vont donc recevoir leurs volumes les uns après les autres. Mais ce qui suit peut rendre malade de rire les mêmes éditeurs d'aujourd'hui : le plan du contenu est si vaste ou si flou dans ses prévisions qu'on s'aperçoit, au VIIe volume, que l'*Encyclopédie* n'en est qu'à la lettre G !... Il faut dire que les éditeurs ont tant de soucis qu'ils en oublient ce genre de détails. En effet, dès la parution du premier tome, en 1751, la réaction des jésuites a été très vive : ils identifient presque à chaque page de l'ouvrage des thèses antichrétiennes, des plagiats d'ouvrages existant déjà – le *Dictionnaire de Trévoux* –, des hérésies de toutes sortes, si bien que le Conseil du roi ordonne que les deux premiers volumes de l'Encyclopédie soient supprimés !

L'Encyclopédie interdite !

Grâce à Madame de Pompadour, Diderot peut malgré tout continuer son œuvre discrètement. Mais en 1757, les critiques se déchaînent et montrent les auteurs de l'*Encyclopédie* comme une armée en marche contre la religion, la morale et le gouvernement ! Le tome VII paraît cependant. Nouvelle attaque en 1759 : le Parlement demande qu'une commission de théologiens, d'avocats et de savants examine l'*Encyclopédie*. Évidemment, la conclusion ne se fait pas attendre : l'impression et la distribution de l'ouvrage sont interdites ! Astucieux, Diderot va alors proposer de rembourser les souscripteurs par l'envoi de volumes de planches, ce qui est fait. Le sort lui est favorable en 1762 : les jésuites, ses plus ardents adversaires, sont expulsés du royaume pour une affaire de banqueroute !

UNE ANECDOTE

Diderot en larmes

Diderot pleure ! Diderot est au désespoir en ce début de novembre 1764 ! Il vient d'ouvrir un tome de l'*Encyclopédie* ; cherchant un renseignement, il ne l'a pas trouvé. Pourtant, il est certain de l'avoir écrit. Il en cherche un autre, puis un autre, parcourt aussi les articles de ses collaborateurs… Horreur : l'éditeur, afin de ne pas encourir les foudres de la censure a procédé à de larges coupes ! Diderot, en sanglots de rage, lui écrit : *Vous m'avez mis dans le cœur un poignard que votre vue ne peut qu'enfoncer davantage. Vous m'avez lâchement trompé… Vous avez massacré ou fait massacrer par une bête brute le travail de vingt honnêtes gens qui vous ont consacré leur temps, leur talent et leurs veilles… A-t-on jamais ouï parler de volumes clandestinement mutilés, tronqués, hachés, déshonorés par un imprimeur ? Mon œuvre, vous l'avez châtrée, dépecée, mise en lambeaux, sans jugement, sans ménagement et sans goût ! Vous nous avez rendus stupides et plats !*

Cette malheureuse aventure ne se reproduira pas, même si beaucoup d'œuvres de Diderot ne sont publiées que longtemps après sa mort – le *Rêve de d'Alembert*, par exemple, où il expose par la bouche de son ami sa théorie très moderne de l'évolution des espèces ; ou bien le *Paradoxe* sur le comédien, où il démontre que l'acteur, pour exceller dans son art, ne doit pas épouser les sentiments de son personnage, mais seulement les jouer. Beaucoup de manuscrits de Diderot seront retrouvés… en Russie, Catherine II, la despote éclairée, ayant acheté la bibliothèque de son écrivain préféré !

Qu'en reste-t-il ?

L'impression de l'*Encyclopédie* se poursuit à l'étranger, malgré toutes les décisions d'interdiction. La livraison des derniers volumes de textes et de planches s'effectue dans la discrétion, jusqu'en 1772. Que reste-t-il aujourd'hui de ce *Dictionnaire raisonné des sciences, des arts et des métiers*, l'*Encyclopédie* ? Presque rien pour ce qui concerne la nature des connaissances ; Diderot sait qu'elles sont toujours en mouvement, forment un organisme, ou, comme il l'écrit : un corps qui ne meurt point. Diderot n'ignore pas que tout est à écrire de nouveau, sans cesse, puisque les arts, les sciences et les métiers évoluent de jour en jour. Pourtant, lorsqu'on ouvre un volume de planches aujourd'hui, rien n'y est ennuyeux : on se laisse emporter dans une scène de labours, on entre dans un moulin à vent au pied duquel le dessinateur a même représenté le meunier et la meunière ! On entre dans un atelier de confection, on suit le minutieux travail des petites mains. Et puis dans d'autres volumes, on lit un article signé Montesquieu, ou Voltaire, ou Rousseau, et on se prend avec eux à tout espérer de la science et du progrès…

« Le Neveu de Rameau »

Vous êtes au seuil d'un monument de tendresse, d'ironie et de cynisme. Vous en poussez la porte sans bruit. Et voici les premiers mots que vous entendez :

Qu'il fasse beau...

Qu'il fasse beau, qu'il fasse laid, c'est mon habitude d'aller sur les cinq heures du soir me promener au Palais-Royal. C'est moi qu'on voit, toujours seul, rêvant sur le banc d'Argenson. Je m'entretiens avec moi-même de politique, d'amour, de goût ou de philosophie. J'abandonne mon esprit à tout son libertinage. Je le laisse maître de suivre la première idée sage ou folle qui se présente, comme on voit dans l'allée de Foy nos jeunes dissolus marcher sur les pas d'une courtisane à l'air éventé, au visage riant, à l'œil vif, au nez retroussé, quitter celle-ci pour une autre, les attaquant toutes et ne s'attachant à aucune. Mes pensées, ce sont mes catins.

Alors ? Êtes-vous tenté de poursuive la visite ? Vous avez répondu oui, voici, pour vous, la suite de l'œuvre la plus attachante de Denis Diderot, et peut-être de toute la littérature française : Le Neveu de Rameau ! Vous avez répondu non, vraiment ? Non, c'est impossible ! Et puis n'insistez pas : personne ne vous croira !

Votre nouvel ami : Le Neveu de Rameau

Si le temps est trop froid, ou trop pluvieux, je me réfugie au café de la Régence ; là je m'amuse à voir jouer aux échecs. Paris est l'endroit du monde, et le café de la Régence est l'endroit de Paris où l'on joue le mieux à ce jeu. […] Un après- dîner, j'étais là, regardant beaucoup, parlant peu, et écoutant le moins que je pouvais ; lorsque je fus abordé par un des plus bizarres personnages de ce pays où Dieu n'en a pas laissé manquer. C'est un composé de hauteur et de bassesse, de bon sens et de déraison. […]

Ce personnage, c'est le neveu du compositeur Jean-Philippe Rameau, Jean-François. On l'appelle Rameau le fou, il est né avec mille dons de toutes sortes qu'il exploite comme il le veut, quand bon lui semble. Diderot qui l'a bien connu le met en scène dans ce dialogue étonnant entre *Lui* (Rameau) et *Moi* (Diderot). Publié d'abord dans une traduction allemande de Goethe (1805), il n'est connu en France, dans sa version originale, trouvée par hasard chez un bouquiniste, qu'en 1890. Quelques pas avec lui encore, et puis filez à la bibliothèque ou à la librairie : il vous y attend !

Il arpente les Champs-Élysées

Triste ou gai, selon les circonstances. Son premier soin, le matin, quand il est levé, est de savoir où il dînera ; après dîner, il pense où il ira souper. La nuit amène aussi son inquiétude. Ou il regagne, à pied, un petit grenier qu'il habite, à moins que l'hôtesse ennuyée d'attendre son loyer, ne lui en ait redemandé la clef ; ou il se rabat dans une taverne du faubourg où il attend le jour, entre un morceau de pain et un pot de bière. [...] Si la saison est douce, il arpente toute la nuit, le Cours ou les Champs-Élysées. Il reparaît avec le jour, à la ville, habillé de la veille pour le lendemain, et du lendemain quelquefois pour le reste de la semaine.

De 1762 à 1772, Diderot a offert sa page au Neveu de Rameau, jusqu'à ce que sonne la cloche de l'Opéra… (lisez jusqu'à la fin, vous saurez tout !)

« Jacques le Fataliste »

Comment s'étaient-ils rencontrés ? Par hasard, comme tout le monde. Comment s'appelaient-ils ? Que vous importe ? D'où venaient-ils ? Du lieu le plus prochain. Où allaient-ils ? Est-ce que l'on sait où l'on va ? Que disaient-ils ? Le maître ne disait rien ; et Jacques disait que son capitaine disait que tout ce qui nous arrive de bien et de mal ici-bas était écrit là-haut.

Jacques et son maître

Vous venez de lire les premières lignes de l'œuvre la plus étonnante, la plus énigmatique et limpide à la fois, la plus distrayante, la plus attachante de Denis Diderot. Il commence à l'écrire en 1765, l'année qui suit les trahisons de Le Breton. Six ans plus tard, elle fait cent vingt-cinq pages. En 1783, elle en totalise presque trois cents ! Cette œuvre qui ne semble pas terminée fait de son auteur non plus l'homme d'affaires de l'*Encyclopédie*, non plus l'auteur du roman érotique *Les Bijoux indiscrets* (1748), mais un compagnon de route puisqu'on s'y découvre voyageur de grand chemin, accompagné d'un étrange narrateur, de Jacques et de son maître. D'où viennent-ils ? Où vont-ils ? Que nous importe… Le voyage est en même temps le pays ! On va, on vient, on s'arrête dans les auberges, on dort à la belle étoile.

Vous n'en reviendrez pas !

Et puis le narrateur nous emporte dans son vertige, nous désarçonne : « *Vous voyez, lecteur, que je suis en beau chemin, et qu'il ne tiendrait qu'à moi de vous faire attendre un an, deux ans, trois ans, le récit des amours de Jacques, en le séparant de son maître et en leur faisant courir à chacun tous les hasards qu'il me plairait. Qu'est-ce qui m'empêcherait de marier le maître et de le faire cocu ? d'embarquer Jacques pour les îles ? d'y conduire son maître ? de les ramener tous les deux en France sur le même vaisseau ? Qu'il est facile de faire des contes ! Mais ils en seront quittes l'un et l'autre pour une mauvaise nuit, et vous pour ce délai.* » Lecteur ! Ah ! ce narrateur qui manipule son monde, cisèle ses dialogues vifs et drôles, parsème ses pages de petits relais pleins de connivence : Jacques, et tes amours ?... Tout est écrit là-haut… Courez, trouvez *Jacques le Fataliste*, ouvrez sa porte qui donne sur la vôtre, et partez ! Adieu, vous n'en reviendrez pas !

Le Fils et le Père en scène

Entre le ridicule où la comédie plonge ses personnages et la solennité hiératique de la tragédie, Diderot tente un moyen terme : le drame bourgeois. Plus de dénouement à tiroirs ou de coups de théâtre, mais l'exposition de tableaux où apparaît la vérité d'une situation, où le naturel l'emporte. Voilà la théorie. La pratique, ce sont deux pièces qu'on ne peut plus jouer aujourd'hui tant on s'y laisse aller à la sensiblerie – le critique La Harpe souligne que les personnages ne savent pas y faire autre chose que conjuguer le verbe pleurer... Parfois, cependant, dans *Le Père de Famille* (1761) ou dans *Le Fils naturel* (1771) passent des accents de vérités, engloutis cependant sous des phrases qui font tout sur la scène, sauf grimper au rideau...

Le grand amour de Denis

Elle meurt le 22 février 1784. Diderot ne lui survit que cinq mois. Il s'éteint – comme son père s'était éteint – assis dans son fauteuil, le 31 juillet. Leurs immortelles amours ont laissé leur trace en des lettres passionnées.

Le rêve des plus sages

Sophie ! Sophie Volland ! La grâce et la beauté, l'intelligence, la finesse, la douceur, la gaieté, et cette égalité d'humeur qui fait la noblesse du cœur. Sophie, le grand amour de Denis ! Ils se connaissent en 1755. Elle ne se mariera pas, demeurant fidèle à son grand homme, malgré leurs brèves rencontres clandestines, deux fois par semaine, quelquefois pendant quelques jours, dans la propriété familiale de Sophie – dont la mère fait tout pour séparer les amants ! Tout cela ne mérite pas de commentaire autre qu'un silence de connivence, émerveillé, le respect de ces grandes amours de l'ombre qui font rêver même les plus sages, jamais aussi sages qu'ils ne le pensent.

Ô ma Sophie...

Voulez-vous un extrait de l'une des cinq cents cinquante lettres que Denis a envoyées à Sophie – celles de Sophie sont perdues ? Voici : *Ô ma Sophie, il me resterait donc un espoir de vous toucher, de vous sentir, de vous aimer, de vous chercher, de m'unir, de me confondre avec vous, quand nous ne serions plus. S'il y avait dans nos principes une loi d'affinité, s'il nous était réservé de composer un être commun ; si je devais dans la suite des siècles refaire un tout avec vous ; si les molécules de votre amant dissous venaient à s'agiter, à se mouvoir et à rechercher les vôtres éparses dans la nature ! Laissez-moi cette chimère. Elle m'est douce. Elle m'assurerait l'éternité en vous et avec vous.* (le 15 octobre 1759)

Tout voir en peintures

Si vous cherchez, dans l'*Encyclopédie*, l'article *Beau*, vous lirez du Diderot. En effet, dès 1750, Diderot s'intéresse à l'art, et décide d'écrire ses impressions, ses jugements après la visite d'expositions de peinture. Il y ajoute des théories qu'il ne manque pas de bâtir à partir de ses observations. Tout cela fournit de nombreux articles qui seront publiés dans un supplément de l'encyclopédie destiné aux abonnés dans les cours d'Europe : *La Correspondance littéraire* – c'est une revue manuscrite. Ainsi, les lecteurs peuvent-ils imaginer les chefs-d'œuvre qu'ils ne peuvent contempler – ou du moins, ils en comprennent le sujet, car Diderot ne s'attarde point tant sur la technique que sur les thèmes abordés. La représentation elle-même manque souvent de précision et, parfois, si on compare le commentaire du tableau au tableau lui-même, on constate que tout y est à l'envers, ou d'une autre couleur… Qu'importe, Diderot inaugure ainsi une activité aujourd'hui très en vogue : la critique d'art.

Fragonard, Bach, Mozart…

En France, le voluptueux Jean-Honoré Fragonard (1732-1806) peint *Le Verrou* ; Jean-Baptiste Greuze représente *L'Accordée de village*, pour le plus grand plaisir de Diderot qui s'en fait l'écho dans sa correspondance littéraire. François Boucher (1703-1770) peint sa *Jeune femme nue*, Watteau (1684-1721) son *Gilles* – autoportrait, à deux années de sa mort – et Chardin (1699-1779) son *Château de cartes*. En Italie, Canaletto (1697-1768) nous fait rêver avec *La Pointe de la douane*, à Venise. En musique, en France, Jean-Philippe Rameau (1683-1764) compose *Les Indes galantes*, François Couperin (1668-1733) ses *Leçons de ténèbres*, pendant qu'en Allemagne, Jean-Sébastien Bach (1685-1750) déploie son génie inégalable – *la Messe en si*, les *Passions*… En Autriche, Wolfgang-Amadeus Mozart (1756-1791) nous offre des siècles de ravissement – *La Flûte enchantée*, *Les Noces de Figaro* (d'après la pièce de Beaumarchais), *Don Juan*…

Voltaire et son arsenal

Voltaire : agressif, malicieux, généreux, homme d'affaires, écrivain, auteur dramatique, poète, boursicoteur, commerçant, bâtisseur, justicier, hypocondriaque, dupé, rossé, trompé, trompeur, bougon, boudeur, vaniteux, méprisant, sournois, amusant, spirituel, bref, un grand homme si semblable, pourtant, à tout le monde…

Prise de bec...

Évidemment, quand on s'appelle Voltaire, on ne se laisse pas marcher sur les pieds, on a de la repartie, et de la bonne ! Avec tous les risques que cela suppose si on fait face à un Rohan-Chabot, grand seigneur au grand mépris qui dégringole – forcément – d'une petite cervelle... Action !

François-Marie et Adrienne

Décembre 1725. Nous sommes au théâtre. La pièce est terminée. Dans les couloirs qui conduisent aux loges, voici la meilleure actrice du moment : Adrienne Lecouvreur. Et puis voici son amant : François-Marie Arouet ; c'est un être au regard vif, aux lèvres minces, au nez long et fin. Adrienne est fascinée par ce petit homme qui écrit si vite, si brillamment. Elle qui a pour (autre...) amant le maréchal de Saxe – futur vainqueur de Fontenoy (1744), s'est prise d'amour ou d'un sentiment qui en est proche pour François-Marie qu'elle sent menacé à cause des audaces de son comportement, de son écriture.

Étourdissant !

Le maréchal de Saxe ne rechigne jamais à intervenir pour faire sortir de l'embarras le trublion qui a déjà séjourné à la Bastille pendant près d'un an, en 1717, pour avoir écrit des vers contre le Régent – celui-ci, peu rancunier, a quand même accordé une pension au persifleur à sa sortie de prison ! C'est qu'on l'admire, cet Arouet le jeune ! On le sait capable d'une étourdissante virtuosité en écriture. Nul ne l'égale ! Il vous trousse une pièce si facilement, vous écrit une épigramme dans la minute et, surtout, est capable de vous exécuter d'une phrase. Justement, observez bien ce qui va se passer : Adrienne est dans sa loge, se repose. À ses côtés, François-Marie. Tous deux devisent tranquillement lorsque surgit un prince de sang, tout froufroutant de dentelles.

Rohan tout froufroutant...

Ce froufroutant, ce n'est pas n'importe qui – il est chevalier de Rohan-Chabot – mais on le sait capable de n'importe quoi – il n'a pas inventé l'eau chaude... Il fait la cour à Adrienne – très entourée décidément ! –, et voudrait remplacer Arouet dans le cœur de la belle. Arouet, ou Voltaire. Car depuis quelque temps, le jeune et brillant auteur qui, à trente et un ans, est presque le poète officiel de la cour – trois de ses pièces ont été jouées au mariage du roi Louis XV, la reine elle-même le couvre de mots affectueux —, a décidé de ne plus s'appeler Arouet, mais Voltaire. Et le chevalier qu'Arouet ne salue pas – un crime ! – connaît l'existence de cette chrysalide onomastique. Avec un mépris estampillé Grand Siècle, la lippe ironique et le ton blessant, il lui demande : *Arouet ?... Voltaire ?... Enfin, avez-vous un nom ?... Vous êtes qui ?...*

LE SAVIEZ-VOUS ?

Révolte et vitriol : Voltaire

Cinquième enfant d'une famille dont deux enfants sont morts en bas âge, Voltaire a un frère plus âgé que lui – Armand, futur moine janséniste qu'il hait de toute son âme – et une sœur, la future Madame Mignot, mère de la future Madame Denis, dite *La Grosse* (!), nièce qui ne laissera pas insensible son petit oncle à la belle plume… Voltaire, mais, d'où vient donc ce pseudonyme où passent, comme un étrange et terrible message subliminal, les lettres du mot *révolte*, celles aussi de *vitriol*… Chez les jésuites de Louis-le-Grand où il fait ses études, François-Marie écrit ainsi, en capitales, son nom sur ses livres : AROVET L.I. (Aro*U*et *Le Jeune* : le U, à l'époque, à la forme du V, et le J, celle du I). Observez bien ces lettres majuscules, mélangez-les, autrement dit, faites ce qu'Arouet a composé : une anagramme. Avez-vous trouvé ? Oui : AROVET L.I. donne VOLTAIRE ! Astucieux, n'est-ce pas ? Pur hasard, vous diront certains qui prétendent que Voltaire est le nom d'une terre que possédait la mère de l'auteur, Marguerite d'Aumart, en Poitou. Et Voltaire, qu'en dit-il, lui ? Rien, aucune mention concernant ce choix, dans aucune de ses œuvres ! Vous êtes donc libre de croire qui vous voulez, comme vous voulez. Comme Voltaire…

On se calme !

Qu'eussiez-vous répondu, vous, si vous aviez été à sa place ? Un bredouillement penaud, sans doute. La flèche qui sort de la bouche d'Arouet est conservée dans la littérature comme on expose les armes qui ont vaincu les bêtes féroces : *Voltaire ! Je commence mon nom, vous finissez le vôtre !* Dans le mille ! La vanité du chevalier est si gravement blessée qu'il a un réflexe de… bête féroce : la violence ! Il lève son bras que prolonge sa canne et s'apprête à frapper Arouet qui a dégainé son épée ! Adrienne s'interpose, s'évanouit, et les sauve d'un règlement de comptes qui eût forcément terni la scène ! On se calme ! Mais, le chevalier va se venger, lâchement : quelques jours plus tard, alors que Voltaire dîne à l'hôtel de Sully, on l'appelle, quelqu'un veut lui parler à l'extérieur. Il sort. C'est alors qu'une bonne douzaine des hommes de Rohan lui donnent du bâton, comme on en donnerait à un chien qu'il faut dresser. Rohan se tient dans son carrosse, regarde la scène et rit à s'étouffer !

La chute

Dès le lendemain, Voltaire, tout estropié dans son honneur et dans sa chair, fait savoir au chevalier de Rohan qu'il veut régler l'affaire en duel, il commence même à prendre des leçons d'escrime. Peuh !… Un chevalier ne se bat pas contre un roturier ! Voltaire est arrêté et emprisonné à la Bastille. Quelques jours plus tard, il est libéré à la condition de partir pour l'Angleterre, en exil. Quelle chute ! Voltaire a tout perdu ! Et lorsqu'il débarque en Angleterre, c'est pour apprendre la faillite des deux banquiers chez lesquels une partie de sa fortune est placée. Il apprend aussi la mort de sa sœur, et la captation de sa part d'héritage par son frère Armand, moine... Voltaire pleure, enrage ! Ces mauvais coups du sort vont forger en lui une obsession : lutter contre l'injustice et les inégalités, par tous les moyens – il s'en était plutôt bien accommodé jusqu'alors...

Les Lettres philosophiques

L'Angleterre devient, pour Voltaire, une sorte d'immense université où il acquiert un savoir qu'il se propose d'enseigner à la France entière et à ceux qui la gouvernent, dès son retour...

Of course !

Reçu quasiment comme un prince à la cour de Londres – ce qui lui plaît infiniment – Voltaire est introduit dans la meilleure société du temps ; il loge chez un homme d'affaires qui l'initie aux placements juteux dans le commerce maritime – celui qui consiste, par exemple, à rafler sur les côtes africaines une main d'œuvre bon marché déportée vers l'Amérique... L'Angleterre l'émerveille : c'est l'antithèse de la France. Il observe le système politique, analyse l'économie, découvre la tolérance religieuse. Pendant presque trois ans, il s'imprègne de la culture d'Outre-Manche, y publie en 1728 ses *Lettres anglaises*, en anglais, *of course*, car une édition en français lui aurait interdit tout espoir de retour sur sa terre natale. Lorsqu'il revient en France, presque clandestinement, en 1729, il n'a qu'une hâte : répandre en France les idées nouvelles, celles qui feraient éclater la chape d'autorités de toutes sortes sous laquelle étouffe le pays !

À l'attaque !

Il fallait s'y attendre : les vingt-quatre *Lettres anglaises* sont publiées en France en 1734 sous le nom de *Lettres philosophiques*. Qu'y peut-on lire ? Des attaques à bout portant contre le pouvoir, la religion, le clergé, contre tout ce qui opprime ou entrave, tous ceux qui s'opposent au progrès. Les contrastes y sont développés de façon percutante :

- La France est gouvernée par un despote, un monarque qui dicte sa loi. Les Anglais, eux, ont décapité le despotisme et le roi, en 1649 ! Le Parlement contrôle le pouvoir afin d'empêcher ses dérives.
- La France est figée dans la religion catholique qui donne tous les jours des leçons d'intolérance en refusant le progrès des sciences et des consciences. Plus de cent religions différentes cohabitent dans la concorde générale en Angleterre !
- La noblesse française est conservatrice, méprisante avec le peuple, oisive, ennemie du commerce, jalouse de ses privilèges. En Angleterre, de quelque origine qu'ils viennent, les marchands sont rois et enrichissent le pays ; les paysans vivent dans l'aisance ; l'impôt est justement réparti.

- Et la philosophie ? Toute avancée de la pensée est bloquée en France par des conceptions spiritualistes à sens unique. L'Angleterre permet l'épanouissement des théories de Bacon et de sa méthode expérimentale, de Locke qui a déjà écrit une sorte de déclaration des droits de l'homme, de Newton, le génie des sciences.
- Le théâtre ? Shakespeare, voilà la vérité ! Et la France devrait s'en inspirer.
- D'ailleurs, la France devrait s'inspirer de tout ce qui se fait en Angleterre, l'île de la Raison – qui ne donne pas du bâton…

La fuite en Champagne

Évidemment, les *Lettres philosophiques* ne plaisent pas du tout, non pas aux Français, mais à ceux qui les dominent ! Voltaire doit d'enfuir d'urgence en Champagne, à Cirey, en compagnie d'Émilie du Châtelet, l'ancienne maîtresse du duc de Richelieu – auquel appartient Cirey… À Paris, les *Lettres philosophiques* sont brûlées en public par la main du bourreau ! Émilie redoute que François-Marie se laisse aller à quelque nouvelle attaque encore plus périlleuse qui mettrait sa vie en danger, son maigre corps sur la roue, en place de Grève : elle le convainc de s'intéresser à la science – elle en est passionnée – et installe à Cirey une sorte de petit laboratoire où ils étudient la nature du feu, puis les forces motrices. Ils présentent le résultat de leurs expériences à l'Académie des sciences, qui ne donne pas suite… Voltaire continue d'écrire pour le théâtre : sa pièce *Zaïre* qui met en scène une jeune fille au cœur partagé entre l'amour et la religion est jouée à Paris en 1732, et remporte un succès considérable : Voltaire est appelé le nouveau Corneille…

Voltaire à Cirey

En 1738, Madame de Graffigny est invitée à Cirey. Durant son séjour, elle écrit des lettres à ses proches, croquant sur le vif un étonnant Voltaire : il n'aime que le luxe, possède des dizaines de tableaux de valeur, des diamants, des meubles et des porcelaines de grand prix, une vaisselle d'argent ! Il choisit avec grand soin ses vêtements qu'il achète fort cher. Lorsqu'il se met à table, un valet uniquement à son service se tient debout derrière sa chaise. Son humeur est changeante, il est susceptible, boudeur, impatient, coléreux, toujours se plaignant de quelque douleur, se croyant mourant… Il ne s'inquiète que de ses rivaux en écriture, surveille de près toute critique les concernant, se réjouit si elles sont mauvaises, sombre dans le désespoir si elles ignorent ses créations ! Tendu, nerveux, cyclothymique, tel est Voltaire qui, à longueur de journée, boit du café…

Zadig, Micromégas

Les sciences, oui ! Pour faire plaisir à Émilie… Car l'écriture est la grande, la seule passion de Voltaire. À Cirey, il rédige les *Éléments de la philosophie de Newton* (1738), il compose d'autres pièces de théâtre : *Alzire, Mahomet, Mérope*, il écrit les *Discours sur l'Homme*, prépare ce qui sera son grand œuvre : *Le Siècle de Louis XIV*. Il commence l'*Essai sur les mœurs et l'esprit des Nations*. En 1740, il se rend à Berlin où il rencontre Frédéric II de Prusse avec qui il correspond depuis quelques années. En 1748, il publie son premier conte philosophique.

L'Académie française, enfin !

Frédéric II tente de le brouiller avec la cour de France afin d'en orner la sienne. Mais Voltaire est plus sensible aux appels de ses anciens amis à Versailles, qui lui commandent un divertissement pour le mariage du dauphin. Cela signifie une rentrée en grâce auprès d'un pouvoir qui se méfiait de lui. Cela signifie un grand destin, peut-être, à la cour, des honneurs de toutes sortes. Et ces honneurs ne tardent pas : l'élection à l'Académie française (1746) – il a cinquante ans. De plus, la marquise de Pompadour qui l'apprécie parvient à le faire nommer historiographe du roi. Ainsi peut-on lire sous la plume de celui qui, dans les Lettres philosophiques n'avait pas de mots assez durs pour la royauté française : *Si Dieu envoyait sur terre un ministre de sa volonté céleste pour réprimer nos abus, il commencerait par faire ce qu'a fait Louis XV*. Voilà ce qui s'appelle une belle palinodie !

UNE ANECDOTE

Voltaire amoureux de Mademoiselle Malcrais

En 1732, paraissent dans le journal *Le Mercure* des pièces de vers habilement composées, et qui témoignent d'une sensibilité si délicate qu'on se met immédiatement à imaginer le beau visage de sa signataire : Mademoiselle Malcrais de La Vigne. Mais la belle ne se montre pas, continue ses envois et finit par enflammer les cœurs de ces messieurs lecteurs que sont Voltaire, et quelques dizaines d'autres ! Voltaire lui écrit des vers qu'il publie dans *Le Mercure*, lui racontant sa vie, les spectacles qu'il va voir… Tout Paris sait qu'il y a anguille sous roche, des noms circulent ! Jusqu'au jour où Mademoiselle Malcrais de La Vigne annonce sa visite à Paris. Grand émoi dans la place ! On se prépare, on se pomponne, on se parfume… Voltaire est en première ligne, rayonnant – et fort amoureux ! Soudain, la voici ! Euh… Le voici ! Mademoiselle Malcrais de La Vigne est un homme ! Ce petit farceur vient d'un port breton – Le Croisic – et s'appelle Desforges-Maillard. Un gigantesque fou rire secoue Paris, tandis que Voltaire, contrit, humilié, se venge en déclarant misérables les vers de ce Desforges… De cette amusante histoire, Piron a tiré une comédie : *La Métromanie* (1738).

La grosse Madame Denis...

Incorrigible Voltaire ! Il ne peut s'empêcher de dépasser les bornes au-delà desquelles, à la cour de Versailles, il est dangereux de s'aventurer. Par exemple, il s'affiche ouvertement avec Madame du Châtelet, alors que Monsieur du Châtelet croise dans les parages. Un aristocrate, à l'époque, pouvait laisser ainsi sa femme aux bons soins d'un amant, et lui-même avoir plusieurs maîtresses, mais il fallait que tout cela fût discret. Voltaire ne l'est pas. Émilie du Châtelet plaît à d'autres hommes, notamment à un doux poète : Saint-Lambert. Voltaire devient alors – tout en conservant Émilie – l'amant de sa propre nièce, la grosse Madame Denis ! Cela fait désordre. Il continue pourtant à faire jouer ses pièces qui remportent quelque succès : *Sémiramis* (1748), *Nanine* (1749), *Oreste* (1750), *Rome sauvée* (1752). Il publie *Le Siècle de Louis XIV* (1751).

Zadig, Micromégas

Et puis voici qu'il inaugure un nouveau genre : le conte philosophique. Il publie d'abord *Zadig* (1748). On y suit l'initiation d'un jeune homme, *Zadig*, qui apprend, au cours d'expériences variées, heureuses ou douloureuses, ce que peuvent être le bonheur, le bien, le mal, la destinée. Les chapitres s'y succèdent sans autre lien qu'un exotisme qui permet des allusions détournées à l'actualité du temps. En 1752, à la façon de Jonathan Swift (1667-1745) qu'il a fréquenté en Angleterre et dont il a lu le *Gulliver*, critique habile de la société anglaise (Tiens ! Elle n'est donc pas parfaite ?), Voltaire met en scène un géant, Micromégas, qui arrive sur la terre, la trouve tellement en désordre qu'il se demande si elle est habitée, et découvre finalement des explorateurs qui reviennent tout fiers des découvertes qu'ils ont faites sur cette planète de vanité. Évidemment, on cherche dans ce conte les cibles visées, et – comme dans *Zadig* – on en trouve sans peine !

UNE ANECDOTE

Voltaire s'évanouit

Émilie du Châtelet aime ailleurs... À Voltaire, elle réserve son esprit, cette intelligence si vive qu'il adore, et l'érudition qui les conduit dans d'interminables conversations – Émilie approuve Leibniz, mais Voltaire, Newton ! L'ailleurs d'Émilie, c'est Saint-Lambert : à lui l'intelligence du corps ! Cette intelligence va produire son fruit : un enfant qui naît et meurt en 1749, emportant aussi la vie de sa mère, le 10 septembre. Lorsqu'on l'annonce à Voltaire qui s'apprête à entrer dans la chambre d'Émilie, il s'évanouit. Les jours suivants, il regagne Paris, comme habité de folie. Dans ce qui fut leur maison, il crie, des nuits durant, ce prénom qui ne répond plus : Émilie !

Des alliances étrangères

Lorsque paraissent *Le Siècle de Louis XIV* et *Micromégas*, Voltaire se trouve en Prusse. Depuis longtemps, Frédéric II lui faisait sa cour en la lui offrant. La mort d'Émilie a tant ébranlé Voltaire qu'il est parti pour Potsdam. Il y est arrivé le 10 juillet 1750. Quel accueil : Frédéric lui a offert la Grand Croix de l'Ordre du Roi, vingt mille livres de pension, le titre de chambellan, d'autres titres encore, à n'en plus finir, c'est du délire ! Les soupers sont des fêtes interminables, surtout des fêtes de l'esprit, bien sûr ! Frédéric connaît les goûts de son hôte illustre : il fait donc jouer ses pièces sur les scènes de Potsdam, il demande même à ses frères d'interpréter des rôles. Voltaire, un roi de Prusse bis ?

Voltaire, l'instituteur de Frédéric

Point du tout : le roi Frédéric II demeure le roi, et même un peu roi des filous… Car Frédéric se pique d'écrire de la poésie. Et, s'il célèbre tant son invité, c'est qu'il attend de lui une tâche bien précise : celle d'un bon instituteur qui corrigerait les vers de son élève promis, lui, à un grand avenir de poète dans l'Europe des siècles à venir ! Hélas, Voltaire s'en aperçoit rapidement. Et puis, une querelle contre le savant Maupertuis, président de l'Académie de Berlin, tourne au désavantage de Voltaire qui, pour ne rien arranger, s'est lancé dans une sombre affaire de spéculation sur des fonds allemands !

Aux trousses du fuyard

Les relations entre les deux hommes se gâtent : plus de soupers fins, de conversations où chacun tente de briller plus que l'autre, plus d'honneurs, de titres, de croix… Voltaire rend ses breloques, ses parchemins, s'en va, emportant sous son bras un plein cahier des poésies de son élève, maladroites, naïves, et qu'il compte publier dans toute l'Europe pour le ridiculiser ! Hélas, le ridicule, c'est le fuyard qui le subit : les sbires de Frédéric, lancés aux trousses de l'instit', le rattrapent à Francfort et lui flanquent une correction – sous les yeux de la grosse Madame Denis – avant de repartir avec le florilège de guimauve !

Jamais la gêne…

Où aller ? La France ne veut plus de lui – Paris, plutôt… L'Allemagne non plus, après l'affaire de Prusse et de Francfort. Voltaire décide alors d'acheter le domaine de Saint-Jean, près de Genève, qu'il appelle *Les Délices* ; il achète une autre propriété près de Lausanne, puis dans cette même ville, une grande maison – ce n'est jamais la gêne financière pour Voltaire... Il s'y installe en 1755 – avec qui ? avec la grosse Denis !. Mais les autorités genevoises prennent ombrage d'un article tendancieux qu'il écrit pour l'*Encyclopédie*. Il revend tout et s'établit dans le canton de Gex, sur le territoire français, tout près de la frontière suisse, en 1760, à Ferney.

ALLONS PLUS LOIN

Candide : tout va pour le mieux !

Le plus connu des contes de Voltaire demeure *Candide ou l'optimisme*, objet de tant de commentaires timidement balbutiés lors des oraux de bac ! Ce conte a été écrit aux Délices de Saint-Jean, et publié en 1759. Candide a appris de son précepteur Pangloss que tout va pour le mieux dans le meilleur des mondes. Mais un jour, il est chassé du château allemand où il est accueilli, pour avoir conté fleurette à Cunégonde, la fille du baron ! Le meilleur des mondes va alors lui apparaître bien sinistre, injuste et sauvage. Candide se fait rosser (tiens donc !) ; il est témoin des horreurs de la guerre, apprend que le château où il vivait est détruit, que tous ceux qu'il y connaissait sont morts, même Cunégonde ; il arrive à Lisbonne où un séisme détruit la ville (tout va pour le mieux…), où l'Inquisition le condamne à être fessé (encore !), tandis que Pangloss est pendu. Il retrouve cependant Cunégonde, qui, en réalité, avait échappé à la mort. Ils partent pour l'Amérique.

Là, Cunégonde étant convoitée par le gouverneur de Buenos Aires, Candide doit s'enfuir en compagnie d'un valet : Cacambo. Chez un jésuite du Paraguay, Candide qui veut plus que jamais épouser Cunégonde, rencontre le frère de celle-ci, hostile au mariage. Que fait Candide ? Il le tue – il a déjà tué deux prétendants de sa belle ! Candide et Cacambo vont découvrir ensuite le pays des Oreillons anthropophages, celui de l'Eldorado à l'inimaginable richesse. On les trouve plus tard au Surinam, en France, en Angleterre, à Venise, en Turquie, à Constantinople… Enfin réunis, Candide, Cunégonde, Pangloss (ressuscité !) et Martin, un philosophe, se retrouvent en une métairie. Candide apprend d'un Turc que le travail éloigne de nous trois grands maux : l'ennui, le vice et le besoin. Il en conclut : il faut cultiver notre jardin.

En général, à la fin de ce long conte, tout le monde a saisi qu'au moyen d'une ironie fort appuyée, Voltaire nous fait comprendre que tout va pour le pire, ce qui n'est guère rassurant…

Lettres capitales

Voltaire a tellement écrit, tellement tenté de remuer les consciences, tellement provoqué les pouvoirs en place – et particulièrement le pouvoir absolu en France – qu'il est célèbre dans l'Europe entière. Une Europe qui tente de s'affranchir des jougs anciens, de transformer ses dirigeants en hommes de bien, lucides, éclairés – d'où cet insolite oxymore (opposition de termes) : despote éclairé… La France, elle, demeure fermée à toute tentative d'évolution, arc-boutée sur ses structures féodales, jusqu'à la Révolution ! Ferney, les *Délices* de Ferney. De toutes les capitales d'Europe, des lettres écrites par les souverains, les princes, les grands, y arrivent chaque jour. Voltaire passe des heures, des jours à répondre à toutes ces missives. Il accueille aussi d'éminents personnages qui associent utilement leur prestige au sien, comptant sur un effet démultiplicateur – déjà, la stratégie de l'image ! L'écriture ? Il ne cesse d'y penser, de publier…

- À la suite de l'affaire Calas, il écrit le *Traité sur la Tolérance* (1762).
- En 1764 paraît le *Dictionnaire philosophique portatif* dont les cibles sont la métaphysique, le fanatisme, la théologie. Ses grands principes politiques concernant l'État, le gouvernement, les lois, y sont exposés.
- En 1765, est publié la *Philosophie de l'Histoire* ; en 1770, neuf volumes de questions sur l'*Encyclopédie*.
- Il ne cesse de publier jusqu'à sa mort.

Il était un petit homme

Dimanche, onze heures du matin, domaine de Ferney. Regardez qui passe : un petit homme maigre, légèrement voûté, richement vêtu, il marche à petits pas, suivi comme son ombre par ses deux gardes-chasse qui portent, raides comme des triques, leur fusil à l'épaule, et marchent en automates !

Le temps, c'est de l'argent !

Ce petit homme va entrer dans l'église qu'il a lui-même fait construire, à ses frais. D'ailleurs, tout, ici, appartient à ce marcheur aux pas menus : les châteaux, les terres, les fermes, les animaux, les bâtiments de toutes sortes, et ce taureau reproducteur dont il est très fier, et ce semoir-charrue dont se servent ses paysans ! Voyez aussi cette construction : elle abrite une fabrique de montres où travaillent des dizaines d'ouvriers, fabrique que le petit homme aux gardes automates a décidé d'installer pour créer de l'emploi – les montres de Ferney se vendent fort bien dans toute l'Europe, et produisent, à chaque seconde, de précieux bénéfices – le temps n'est-il pas de l'argent ?...

Monsieur Jourdain ?

Voyez aussi ce jeune garçon recueilli dans la propriété : c'est Florian (le petit homme l'appelle Florianet…), un vague cousin qui écrira plus tard, dans une de ses fables, *Le Grillon : Pour vivre heureux, vivons caché*. Le petit homme aux automates aime faire le clown, imiter le singe, pirouette, cacahouette – on en est même gêné, parfois… Il aime aussi faire le bien. Il aime se montrer faisant le bien. Il bâtit, à Ferney, une petite société où il devient une sorte de féodal, soucieux de bien imiter les vrais seigneurs. Alors, avez-vous trouvé le nom de ce riche passant aux gardes-chasse, de ce patriarche qui vit à Ferney de 1760 à 1778, et fait passer le village de 50 à 1 500 habitants ?… Ce petit homme, ce grand homme : Monsieur Jourdain ? Non : Voltaire !

L'affaire Calas

L'injustice ! Voltaire la combat dès qu'il le peut – hélas pour Jean Calas, hélas pour le jeune chevalier de La Barre, qui meurent dans d'atroces souffrances, il n'intervient qu'après… Mais Sirven va être sauvé ! Voici ces trois affaires qui ont bouleversé l'opinion à cette époque, et continue encore de bouleverser ceux qui en prennent connaissance :

- **L'affaire Sirven, 1760**

  Le 16 décembre 1760, Élisabeth, la fille de Pierre-Paul Sirven, notaire à Castres et huguenot disparaît. Le 3 janvier 1762, trois enfants découvrent son cadavre au fond d'un puits. Les Sirven sont accusés de l'y avoir précipitée ! Condamnés par contumace, ils s'enfuient en Suisse et font appel à Voltaire qui va obtenir la cassation de leur jugement en 1771.

- **L'affaire Calas, 1761**

  À Toulouse, ville majoritairement catholique, le commerçant protestant Jean Calas, est accusé d'avoir tué son fils, le 13 octobre 1761, sous prétexte qu'il voulait abjurer le protestantisme. Or, les circonstances de la mort du fils Callas disculpent son père qui va pourtant être condamné à mort et exécuté sur la roue, place Saint-Georges à Toulouse, le 10 mars 1762 ! Voltaire reprend alors toute l'enquête, démontre que Callas était innocent et le fait réhabiliter en 1765.

- **L'affaire du chevalier de La Barre, 1764**

  Un jeune chevalier de dix-neuf ans meurt sur le bûcher après qu'on lui a arraché la langue et coupé le poing. Pourquoi ? Parce qu'il ne se serait pas découvert au passage d'une procession, parce qu'il aurait chanté des chansons impies, parce qu'il est surtout victime d'un coup monté par un prétendant de sa tante, abbesse à Abbeville ! Parce que, aussi, on a trouvé chez lui le *Dictionnaire philosophique* de Voltaire. Après son exécution, Voltaire prend sa défense, tente d'obtenir sa réhabilitation, mais n'y parvient pas.

Une poésie qui vient du fiel

Un petit différend avec un critique ? Une querelle avec un marquis, un comte, un baron ? Un contentieux avec Jean Fréron ? Vite : Voltaire sort son encrier, y verse sa mixture de fiel, d'acide et de poisons divers pour âme coupable de lèse-Voltaire. Il y trempe sa plume… Am, stram, gram, voici une épigramme – petit poème satirique, ironique –, puis en voici une autre. En voudriez-vous mille qu'il vous les trousse, là, devant vous, comme sortant de son chapeau, pourvu qu'ils crucifient, pourvu qu'ils assassinent. On le dit malicieux, mais on sait bien qu'il dépasse les bornes, et même si c'est la loi du genre, quand il prend tous ses ennemis pour des sots, il en fait trop ! Ainsi Jean Fréron, fondateur de l'*Année littéraire* critique Voltaire dans sa revue. Bientôt il apprend la suspension de son journal par Louis XV – suspension obtenue par Voltaire, vexé ! Fréron est alors victime d'une crise cardiaque qui va le laisser diminué. Voltaire avait placé, au préalable, cette fameuse banderille, venimeuse à souhait, mais qu'on aime citer, pour le plaisir…

Contre Fréron

L'autre jour, au fond d'un vallon,
Un serpent piqua Jean Fréron.
Que pensez-vous qu'il arriva ?
Ce fut le serpent qui creva.

Sur Lefranc de Pompignan

Voltaire déteste Lefranc de Pompignan depuis que celui-ci, dans son discours de nouvel élu à l'Académie française se permet de critiquer les Encyclopédistes... Pourtant, lorsque Voltaire cherchait des alliances pour rentrer en grâce à la cour, il ne ménageait pas ses louanges à Lefranc... C'en est bien fini :

Savez-vous pourquoi Jérémie
A tant pleuré pendant sa vie ?
C'est qu'en prophète il prévoyait
Qu'un jour Le Franc le traduirait.

Sur l'estampe

Un peintre nommé Le Jay vient de représenter sur une estampe Voltaire et deux autres auteurs dont Fréron – encore ! – et La Baumelle qui a le tort de ne pas aimer la pièce du maître : *La Henriade*. Commentaire du Maître :

Le Jay vient de mettre Voltaire
Entre La Baumelle et Fréron :
Ce serait vraiment un calvaire,
S'il s'y trouvait un bon larron.

Quai Voltaire...

Depuis le temps qu'il en rêvait... Voltaire, enfin, revoit Paris !

Voltaire tout nu...

La gloire de Voltaire gomme ses mesquineries, son caractère irascible, ses placements financiers dans des commerces infâmes – pour lui le seul infâme qui soit, c'est le clergé, la religion, logés d'ailleurs dans cette formule : Écrasons l'infâme ! Madame Necker, femme de lettres suisse, femme du banquier et ministre de Louis XVI Jacques Necker, ne voit dans Voltaire qu'un vieillard plein de bonté, de lucidité, un infatigable apôtre de la liberté. Avec les beaux esprits de l'époque, à Paris, elle lance une souscription afin que soit élevée une statue à l'homme illustre ! Rousseau verse deux louis… La statue, commandée à Pigalle, est bientôt dévoilée. Horreur : le philosophe est représenté tout nu ! Elle reste à l'atelier… L'original, lui, n'a qu'une envie : revenir à Paris, profiter enfin de sa gloire dans la ville où il est né.

Quai des Théâtins

Louis XV, son ennemi, étant mort, le rêve se réalise : le 10 février 1778, Voltaire fait une entrée triomphale dans un Paris longuement préparé à l'événement. On a tout prévu : le carrosse peint en bleu, décoré d'étoiles d'or ; la réception officielle, avec le dévoilement d'un buste promis à la postérité ; la représentation d'une pièce de théâtre écrite spécialement par l'auteur – on a prévu aussi des dizaines de spectateurs bien placés dans la salle et qui applaudissent à tout rompre toutes les dix secondes… ; on a préparé des dizaines d'audiences privées, chez le marquis de Villette qui accueille le patriarche, au premier étage de son domicile, quai des Théâtins à Paris – depuis, *quai Voltaire* ; y avez-vous remarqué la plaque commémorative fixée au mur ? Le grand Benjamin Franklin vient même faire bénir son fils par le chantre de la liberté à l'américaine !

Je meurs en adorant Dieu

Mais Voltaire a quatre-vingt-quatre ans. Tant d'émotions avivent l'urémie dont il souffre. Il en meurt dans la nuit du 30 au 31 mai 1778, après avoir prononcé, dans les jours précédents cette phrase aux trois quarts apaisée (le dernier quart, la superstition, cristallise tout son reste de haine) : *Je meurs en adorant Dieu, en aimant mes amis, en ne haïssant pas mes ennemis, en détestant la superstition*. La suite de l'histoire est étonnante : Voltaire, étant excommunié, ne peut être enterré en terre chrétienne à l'intérieur de Paris…

UNE ANECDOTE

Dors-tu content, Voltaire ?

Le 31 mai 1778, l'entrée de Voltaire dans le monde des morts se fait d'une façon incroyable : l'abbé Mignot, neveu de Voltaire, à qui le curé de Saint-Sulpice vient de refuser la sépulture, fait venir des embaumeurs. Après avoir débarrassé le cadavre de ses organes intérieurs, ils l'installent, comme un pantin, sur le siège d'un carrosse. Au milieu de la nuit, l'abbé Mignot prend place à côté de ce Voltaire vide. Le cocher fouette les chevaux. L'attelage sillonne les rues désertes, arrive à la porte nord de Paris qui est une sorte de poste frontière à l'époque. Au gardien qui lui demande qui l'accompagne, l'abbé Mignot répond que c'est un vieil oncle qui dort… On croit déjà entendre Alfred de Musset qui écrit, cinquante-cinq ans plus tard, dans *Rolla*, cri anti-voltairien : *Dors-tu content Voltaire ? Et ton hideux sourire / Voltige-t-il encore sur tes os décharnés ?*

Un cénotaphe

La porte de Paris franchie, le cœur du petit grand homme est porté à part à l'abbaye de Scellières, près de Troyes. Le corps embaumé va à Ferney. Le 11 juillet 1791, dans l'enthousiasme populaire, il revient à Paris où il est installé au Panthéon. En 1871, le tombeau est ouvert, les restes dispersés. Certains sont récupérés – mais, sont-ce les bons ?... Aujourd'hui, c'est donc plutôt un cénotaphe (un tombeau vide) devant lequel on passe, dans la crypte réservée aux grands hommes (et aux grandes femmes) par la patrie reconnaissante !

Ombres et lumière

Lisez ! Vous allez sans peine découvrir les pensées lumineuses du patriarche de Ferney, mais aussi certaines qu'il serait préférable d'oublier…

- Les Français sont malins, et sont grands chansonniers. – *Satires.*
- Il me paraît essentiel qu'il y ait des gueux ignorants. – *Lettre*, 1766.
- Le paradis terrestre est où je suis. – *Le Mondain.*
- L'univers m'embarrasse, et je ne puis songer / Que cette horloge existe et n'ait point d'horloger. – *Les Cabales.*
- Il n'est permis qu'à un aveugle de douter que les blancs, les nègres, les albinos, les Hottentots, les Lapons, les Chinois, les Amériques ne soient des races entièrement différentes. – *Essai sur les mœurs et l'esprit des nations* – 1756.
- Le plus sûr est de n'être sûr de rien. – *Singularités de la Nature.*
- Les femmes sont comme les girouettes : elles se fixent quand elles se rouillent. – *Le Sottisier.*
- Il est à propos que le peuple soit guidé et non pas qu'il soit instruit. – *Lettre*, mars 1766.
- Il vaut mieux hasarder de sauver un coupable que de condamner un innocent – *Zadig ou la Destinée*
- Il n'y a point de hasard. – *Zadig ou la Destinée.*
- La politique a sa source dans la perversité plus que dans la grandeur de l'esprit humain. – *Le Sottisier.*
- Si Dieu n'existait pas, il faudrait l'inventer. – *Le Pour et le Contre.*
- Dieu n'a créé les femmes que pour apprivoiser les hommes. – *L'Ingénu.*

CHEZ NOS VOISINS

Daniel Defoe

En Angleterre, Daniel Defoe (1660-1731) publie son Robinson Crusoé en 1719, d'après le récit de l'aventure réellement arrivée à l'Écossais Alexander Selkirk – après un naufrage, il avait été abandonné seul sur une île de l'archipel Juan Fernandez, au large du Chili.

Jean-Jacques Rousseau en son état

Une dernière (de Voltaire) pour la route (vers Rousseau) ? Voici : *J'ai reçu, Monsieur, votre nouveau livre contre le genre humain ; je vous en remercie ; vous plairez aux hommes à qui vous dites leurs vérités, et vous ne les corrigerez pas. Vous peignez avec des couleurs bien vraies les horreurs de la société humaine dont l'ignorance et la faiblesse se promettent tant de douceurs. On n'a jamais employé tant d'esprit à vouloir nous rendre Bêtes. Il prend envie de marcher à quatre pattes quand on lit votre ouvrage. Cependant, comme il y a plus de soixante ans que j'en ai perdu l'habitude, je sens malheureusement qu'il m'est impossible de la reprendre. Et je laisse cette allure naturelle à ceux qui en sont plus dignes, que vous et moi.*

À bas la civilisation !

On n'a jamais employé tant d'esprit à vouloir nous rendre bêtes… Mais qu'a donc écrit Jean-Jacques Rousseau pour lire cette phrase assassine dans une lettre qu'il vient d'ouvrir, un matin de 1755 ? Pauvre Jean-Jacques ! Lui si doux, si sensible, lui qui croit déjà que la terre entière lui en veut, qui sombre dans des crises de neurasthénie que sa compagne, Thérèse Levasseur, aggrave sans s'en rendre compte en marmottant sa rubrique quotidienne des ragots du quartier ! Jean-Jacques prend tout pour lui : on le surveille, on le menace ! Et puis ça passe. Il retrouve son monde à lui, cette exaltation si particulière qui l'a fait courir en sautant d'aise dans les prairies suisses, à la lisière des grands bois, en criant son amour envers l'Être suprême – qui, s'il existe, s'est peut-être lui-même inquiété d'un aussi singulier hommage à ressorts…

Le premier de ses malheurs

Pauvre Jean-Jacques ! A-t-il donc été choisi par quelque cruel génie du mauvais hasard pour que ses épaules supportent toute la misère du monde ? Peut-être ! Lui-même semble le croire, l'écrit même dans le livre de son œuvre la plus attachante – les *Confessions*, commencées en 1765 : *Je coûtai la vie à ma mère, et ma naissance fut le premier de mes malheurs*. Cette naissance a lieu à Genève, le 28 juin 1712. Genevois, les Rousseau ? Pas tant qu'on pourrait le penser : la famille paternelle est originaire de Montlhéry, près de Paris, où vivait, en 1549, l'ancêtre de Jean-Jacques, qui émigre à Genève pour rejoindre Calvin.

DANS L'INTIMITÉ

Les chansons de Suzon

Une fièvre puerpérale emporte Suzanne Bernard, la mère de Jean-Jacques. Isaac est désespéré. Dans son berceau, le nouveau-né vit ses dernières heures, ou du moins celles que lui ont accordées les médecins, sûrs que l'enfant va suivre sa mère au tombeau. Seule Suzon conserve l'espoir, tante Suzon, la sœur d'Isaac : elle entoure le petit moribond de tant d'affection, jour et nuit, qu'il revient à la vie. Elle ne cesse de lui chanter à l'oreille mille chansons douces, et, en suçant son pouce, Jean-Jacques sourit... C'est le premier émerveillement de sa vie. Il grandit. Deux grandes passions vont le conduire : l'écriture, et la musique. La première nous laisse une philosophie, les Confessions, les Rêveries. La seconde, des opéras avec leurs grands airs, comme des petites chansons. Les chansons de Suzon...

François Rousseau, le frère

Le père de Jean-Jacques, Isaac, exerce à Genève la profession d'horloger, secondé par sa femme, Suzanne Bernard, épousée en 1703. Leur premier fils, François, est né en 1705. Isaac le déteste, le frappe, le met au cachot et le fait même conduire en maison de correction au motif qu'il s'est livré au libertinage ! François Rousseau s'enfuit de la maison paternelle à dix-sept ans. Il ne donnera jamais de ses nouvelles. Personne ne sait ce qu'il est devenu. Jean-Jacques devient alors un peu le fils unique, le fils aimé de son père qui prend grand soin de son éducation, du moins jusqu'en 1722, année de son départ pour Nyon, en raison d'une mésentente avec les autorités genevoises. Jean-Jacques n'a alors que dix ans.

Troublantes fessées...

Le frère d'Isaac Rousseau, Gabriel, est nommé tuteur de Jean-Jacques. Il l'envoie, en compagnie de son fils Abraham, en pension chez le pasteur Lambercier, à Bossey. Jean-Jacques y reçoit de la main trentenaire de Mademoiselle Lambercier, sœur du pasteur, deux troublantes fessées... Retour à Genève. Jean-Jacques se laisse aller un temps aux douceurs d'amours naissantes, mais un greffier atrabilaire et un violent graveur chez lesquels il a été placé en apprentissage le ramènent à la réalité la plus triviale : celle du mépris et des coups qu'il reçoit ! Il devient même une sorte de petite frappe qui vole, ment et dissimule, en oublie tout son latin et glisse sur la pente de la délinquance ! Un soir, il décide de prendre la route, de s'enfuir de Genève !

ALLONS PLUS LOIN

Confessions d'un malandrin…

Jean-Jacques Rousseau est un conteur. Ouvrez les *Confessions*. Dans le livre premier, vous allez entrer dans l'inénarrable narration de ses exploits du temps Lambercier, ou bien de l'époque Ducommun ! Chez Lambercier – outre les voluptueuses fessées mentionnées ci-dessus, vous allez suivre les aventures des deux cousins qui décident de détourner l'eau d'arrosage d'un noyer. Chez Ducommun, vous serez témoin d'un étonnant vol d'asperges. Dans le livre second, vous saurez enfin qui est le coupable du vol du ruban… Sachez déjà que ce n'est pas la petite Marion qui en a tant pleuré !

Jeune, belle, une gorge enchanteresse…

Seize ans, la route et la vie devant lui, et d'infinies perspectives de liberté ! Mis à part qu'il faut trouver où se restaurer… Les infinies perspectives de liberté mesurent exactement huit kilomètres, deux lieues au bout desquelles Jean-Jacques frappe à la porte du presbytère de Confignon. Le prêtre l'accueille, le nourrit, le loge, et l'envoie chez Madame de Warens à Annecy, afin qu'il abjure son protestantisme et devienne aussi bon catholique que cette femme récemment convertie. Le dimanche 21 mars 1728, dimanche des Rameaux, c'est le choc : Jean-Jacques, qui croyait aller à la rencontre d'une vieille dévote, tombe nez à nez avec une jeune créature de vingt-quatre ans fort séduisante, au teint éblouissant, à la gorge enchanteresse ! Hélas, elle doit l'envoyer à l'office des catéchumènes (les apprentis catholiques) à Turin, afin d'opérer dans les formes la conversion prévue.

Maman !… Oui, Petit ?…

À Turin, Jean-Jacques devient catholique. Libéré du catéchuménat, quasiment vagabond, il exerce quelques petits métiers, puis décide de faire le tour du monde avec un ami genevois. Un tour du monde qui n'excède pas quelques lieues, car les pieds sont nus et les estomacs vides ! Où aller ? Chez Madame de Warens !… Jean-Jacques y revient en 1729. Elle l'envoie au séminaire. Il en ressort quelques mois plus tard. On devine aisément où il retourne. Tendresse débordante et mutuelle… Il l'appelle *Maman*, elle l'appelle Petit. Elle le place auprès d'un maître de chapelle qu'il accompagne à Lyon après que celui-ci s'est fâché avec un chantre. Mais à Lyon, Maman lui manque…

Tant de candeur…

Il revient de nouveau à Annecy : elle est partie pour Paris ! Il part pour Fribourg, passe par Lausanne, atteint Neuchâtel où il devient l'interprète d'un faux archimandrite grec (supérieur d'un monastère), mais véritable escroc italien. À Genève, l'ambassadeur de France ne sévit pas contre l'interprète Jean-Jacques qui s'est fait berner par le moine malhonnête. Il s'intéresse à tant de candeur hybridée à l'excellence d'une intelligence et d'un cœur hors mesure. Il lui donne de quoi aller à Paris… à pied ! Il en revient, dépité, toujours à pied. Madame de Warens l'attend dans sa nouvelle maison, à Chambéry.

Ménage à trois…

Lorsqu'il s'établit à Chambéry, auprès de madame de Warens, en 1731, Jean-Jacques est aux anges ! Mais soudain, quelques-uns de ces anges partent en vrille… : il s'aperçoit que le valet du lieu, Claude Anet, rend toutes sortes de services à Maman… Jean-Jacques se console en donnant des leçons de musique à de très jolies jeunes filles. Mais Maman veille et, peut-être un peu jalouse, décide de ne plus voir en lui le Petit : elle le considère comme un homme, tout simplement, avec toutes les conséquences que cela suppose. Claude Anet n'en prend point ombrage. Et Jean-Jacques rappelle dans les *Confessions*, ce temps, pour lui, béni : *Ainsi s'établit entre nous une société sans autre exemple sur la terre.* C'est-à-dire un ménage à trois, société point si rare que cela paraît-il, sur cette même terre…

Charmantes Charmettes !

Le vrai bonheur débarque dans la vie de Jean-Jacques en même temps que Madame de Warens emménage dans la nouvelle maison qu'elle a achetée en 1735, tout près de Chambéry : *Les Charmettes*. Près de quatre années durant, il va se laisser guider en tout par Maman qui lui indique la voie la plus sûre pour parfaire sa culture : celle qui conduit à sa bibliothèque ! Jean-Jacques et Françoise-Louise (joli prénom, n'est-ce pas, que celui de Madame de Warens, vous le découvrez pour la première fois…) se promènent dans la nature, exultant d'allégresse au contact des bois, des sous-bois, des fougères… bref, ils rentrent souvent de promenade le regard encore troublé d'avoir joui et jubilé des beautés de la nature.

Françoise-Louise et le fils du portier…

Un jour de 1737, le bonheur connaît un répit : une sorte de tempête s'élève dans le sang de Jean-Jacques – ce sont ses propres termes –, il croit alors être atteint d'un polype au cœur, qu'il va faire soigner à Montpellier. Six mois plus tard, il revient aux *Charmettes*. Hélas, le bonheur se met de nouveau en arrêt d'activité pour convenances personnelles, car Françoise-Louise s'est laissée attendrir – et endormir… – par un jeune homme, fils du portier du château voisin ! Cette fois, Jean-Jacques n'accepte pas le partage. Il part pour Lyon où il devient précepteur des enfants du grand prévôt qui n'est autre que le frère du grand savant Condillac !

Sans le sou !

Mais Lyon lui paraît triste sans… Françoise-Louise qu'il ne parvient pas à oublier. En 1741, sans enthousiasme, elle le voit revenir. Il se met alors au travail avec l'intention de faire fortune. Comment ? En inventant un nouveau système de notation pour la musique. Il part pour Paris le présenter à l'Académie des sciences qui le refuse ! Vous rappelez-vous qui il rencontre alors, au café de la Régence ? Mais oui, Diderot – retournez un peu plus haut… Il rencontre aussi le musicien Rameau, Marivaux, Fontenelle. De quoi vit-il, vivote-t-il plutôt, à Paris ? De leçons de musique, mal payées, irrégulières. Jean-Jacques est sans le sou !

Dupin, une femme et des enfants

Jean-Jacques, et ses amours ? Devenu secrétaire chez les Dupin – Dupin est fermier général, son épouse fille naturelle du banquier Samuel Bernard –, il tombe amoureux de la maîtresse de maison qui ne lui cède pas mais lui obtient un poste auprès de l'ambassadeur de France à Venise. Jean-Jacques y demeure un peu moins d'un an, de septembre 1743 à août 1744. À son retour, il retrouve sa place chez les Dupin, puis, en 1745, se met en ménage avec Thérèse Levasseur, une jolie lingère simplette et presque illettrée. Cette union étonne son entourage, étonne encore tous ceux qui parcourent sa vie et s'attendent à y trouver la lumineuse compagne capable de comprendre, de soutenir intellectuellement cet homme qu'on sent si dérouté parfois. Après tout, s'il choisit Thérèse, c'est qu'elle lui apporte ce qu'il attend, même si elle lui donne ce qu'il n'attend pas : des enfants…

LE SAVIEZ-VOUS ?

Quoi ? L'auteur de l'Émile ? Oui !…

La mise en ménage avec Thérèse Levasseur en 1745 est suivie, en 1746, du premier enfant, aussitôt abandonné aux Enfants-Trouvés. Quoi ? L'auteur de l'*Émile* ?… Oui ! Et dès l'année suivante, pour reprendre les termes de Rousseau : même inconvénient, et même expédient ! Thérèse qu'il présente comme sa gouvernante, sa tante, et même comme sa sœur – entre eux, aucune étincelle d'amour… – enfantera de nouveau, trois fois. Trois nouveaux enfants abandonnés. Rousseau prétend qu'il ne pouvait pas agir autrement. Certains l'excusent en disant qu'à l'époque, c'était une pratique courante. Certes. Une autre pratique, plus courante encore, humaine, consiste à les aimer, à les élever…

Les dîners encyclopédistes

On n'a jamais employé tant d'esprit à vouloir nous rendre bêtes… Toujours pas d'explication pour cette méchante phrase de Voltaire ! Patience, nous arrivons bientôt ! En 1748, Dupin introduit Rousseau chez Louise Tardieu d'Esclavelles marquise de La Live d'Épinay – en plus court : Madame d'Épinay, femme d'un fermier général. Elle lui fournit les moyens de vivre décemment, lui fait rencontrer les encyclopédistes avec lesquels il va dîner une fois par semaine. Diderot lui confie la rédaction de tous les articles concernant la musique. Et puis, en plein été 1749, Diderot est envoyé en prison, à Vincennes ! Pourquoi ? Vous ne vous en souvenez déjà plus ?...

Jean-Jacques bondit comme un cabri !

Imaginez Jean-Jacques sur le chemin qui conduit à Vincennes. Nous sommes mi-octobre 1749. Il a décidé de rendre visite à Diderot qui supporte mal sa privation de liberté malgré les livres qu'il a emportés. Le journal Mercure de France en main, Rousseau marche, s'arrête, lit un peu, s'assoit, repart. Et soudain, le voyez-vous ?... On le dirait frappé de stupeur ! Il porte sa main à son front, puis bondit comme un cabri, lance en l'air son journal ! A-t-il gagné à quelque loterie royale ? Non, il vient simplement de lire la question posée au concours de l'Académie de Dijon, question que voici : " Si le progrès des sciences et des lettres a contribué à corrompre ou à épurer les mœurs ". Et, mieux qu'un gros lot, plus que la richesse, voici que sa réponse à cette question va connaître une fortune qui ne se démentira plus : non, le progrès des sciences et des lettres n'a pas épuré les mœurs ; oui, il les a corrompues !

Tout le monde est gentil

Diderot accueille en sa prison un Rousseau dans un état d'exaltation indescriptible. Il l'encourage à concourir pour le prix de l'Académie de Dijon – à moins que ce ne soit lui, ainsi que l'affirme sa fille, qui lui suggère la réponse à la question… Rousseau concourt et remporte le prix. Son texte est publié. On se l'arrache tant les idées développées sont nouvelles ! Jean-Jacques est célèbre ! Mais quelles sont donc ces idées ? Il les réaffirme et les développe de nouveau, en 1755, dans son essai philosophique : *Discours sur l'origine et les fondements de l'inégalité entre les hommes*. Les voici :

L'homme est bon

- L'homme est naturellement bon. (Si vous ne le croyez pas, tout l'édifice Rousseau s'effondre !)
- L'homme des origines, selon Rousseau, est une vraie force de la nature. Il utilise ses gros bras pour chasser, pêcher, ses petites mains pour cueillir des fraises des bois, la nature généreuse lui offre en abondance tout ce dont il a besoin.
- Il n'est pas agressif pour deux sous ! Dès qu'il rencontre un de ses semblables, il le fuit, habité seulement par la pitié. Certes, il y a des hommes bien portants, d'autres moins, il y a des beaux, il y a des laids, mais cela importe peu puisque, ne vivant pas en groupes, l'inégalité, l'injustice n'existent pas !

Tout ce que j'ai enclos est à moi !

- Bientôt, pourtant, vient la nécessité de stabiliser les familles. On crée des groupes. Et le chef de groupe construit un enclos pour mettre sa famille à l'abri.
- Du cœur de cet enclos, il crie à qui veut l'entendre : Tout ce que j'ai entouré est à moi ! La propriété privée vient de naître, et avec elle, tous les malheurs du monde !
- Les injustices se multiplient, les inégalités aussi. Afin de rendre possible l'existence en société, les hommes sont alors obligés de passer un contrat qui entérine ces situations désastreuses.

Les lois, le despote et ses esclaves

- Les hommes délèguent le pouvoir à des magistrats afin de faire respecter des lois qui dégénèrent au profit des possédants.
- Dernier stade : le despotisme ! Le pouvoir absolu utilise alors les sciences et les arts pour asservir les peuples, corrompre les âmes, substituer à la vertu le mensonge et les apparences.
- Le peuple esclave aimant son esclavage devient un peuple policé.

DANS L'INTIMITÉ

La petite commission

Toute sa vie, Jean-Jacques souffre d'une malformation congénitale de la vessie qui provoque, selon ses termes, une rétention d'urine presque continuelle. Il supporte cette gêne jusqu'à trente ans, mais elle s'accentue au point de le faire souffrir de crises néphrétiques qui nécessitent l'intervention des médecins et de leurs sondes. Il souffre jusqu'à son dernier jour, et de plus en plus, de cette infirmité. Elle lui joue de mauvais tours : à la suite de la représentation fort réussie de son opéra, *Le Devin du Village*, apprécié du roi qui en chante le lendemain – avec la voix la plus fausse du royaume – les grands airs, Jean-Jacques est invité à Versailles – c'est Monsieur de Cury qui lui en fait la commission. Il ne s'y rendra pas. Ce refus de l'invitation royale, et de la pension confortable qu'il eût reçue, ne fut pas compris dans son entourage. L'explication de cette défection se trouve dans les *Confessions* : craignant que son fréquent besoin d'uriner le rende ridicule, Jean-Jacques avait préféré fuir la cour.

Le Contrat social : un CDI pour le peuple

La critique de ce qui existe est effectuée dans le *Discours sur l'origine et les fondements de l'inégalité entre les hommes*. On reproche alors à Rousseau de ne rien proposer qui permette de construire une nouvelle société, plus juste. Il faudrait, en quelque sorte, une révolution copernicienne en politique : que le peuple devienne souverain et que le despote obéisse au peuple ! C'est chose faite avec son nouvel ouvrage de philosophie politique, publié en 1762 : *Du contrat social.*

La nouvelle société

L'homme est né libre, et partout il est dans les fers ! Voilà ce que dit Jean-Jacques. Cette puissante antithèse, sans nuances, facile à comprendre, et dépourvue de toute autre analyse, constitue son point de départ. Que faire ? Retourner à l'état de nature ? Impossible ! Il faut donc imaginer un nouvel homme, une nouvelle façon de vivre en société. Mais encore, Jean-Jacques ? *Trouver une forme d'association qui défende et protège de toute la force commune la personne et les biens de chaque associé, et par laquelle chacun, s'unissant à tous, n'obéisse pourtant qu'à lui-même, et reste aussi libre qu'auparavant. Tel est le problème fondamental dont le Contrat social donne la solution.*

Les termes du contrat

Voyons maintenant cette solution, proposée dans *Du Contrat social*, paru en 1762 :

- Le peuple se forme en corps politique autour d'une idée : celle de la force, celle du paternalisme, ou celle de Dieu. Aucune de ces idées n'est la bonne. La seule qui vaille est le contrat social.
- Le contrat social est une convention passée entre tous les membres du peuple : un pour tous, tous pour un ! L'objectif de chacun, c'est de servir l'intérêt commun, de tendre vers l'égalité.
- Les moyens pour atteindre l'égalité : limitation des fortunes, suppression du luxe qui corrompt et excite la convoitise.
- Qui est alors le souverain ? C'est le corps politique, le peuple ! De lui, émane la volonté générale qui cherche le bien commun du corps social – ne pas confondre avec la volonté de tous qui n'est que l'addition des intérêts privés.
- Les lois sont élaborées selon la volonté générale.
- Les lois ne sont pas appliquées par le peuple, mais par les gouvernants qu'il s'est choisis.
- Les gouvernants obéissent au peuple. S'ils tentent d'appliquer des lois pour leur propre intérêt, ils sont destitués.
- Quelle est la meilleure forme de gouvernement ? Ni la démocratie, ni l'aristocratie, ni la monarchie, mais la république ! La république souveraine… le premier pas vers 1789 !

LE SAVIEZ-VOUS ?

Rousseau : oui à la peine de mort !

C'est pour n'être pas la victime d'un assassin qu'on consent à mourir si on le devient. En clair, Jean-Jacques ? *Tout malfaiteur attaquant le droit social devient par ses forfaits rebelle et traître à la patrie.* Et puis encore, Jean-Jacques ? *Qui veut conserver sa vie aux dépens des autres doit la donner aussi pour eux quand il le faut. Quand le prince dit au citoyen que sa mort est utile à l'État, il doit mourir.* Donc, Jean-Jacques, vous dites clairement que *quand on fait mourir un coupable, c'est moins comme un citoyen que comme ennemi.* Bref, pour vous, Jean-Jacques, la peine de mort doit être appliquée dans toute sa rigueur ! Hum…

L'Émile : les cahiers au feu

Éduquer ! Quelle tâche difficile ! Jean-Jacques va s'y mettre, comme tout le monde. Mais surtout parce qu'on lui demande d'illustrer sa théorie du retour à la nature. Va-t-il conduire cette expérience avec ses enfants ? Non, il s'en est débarrassé. Il se prive ainsi de la précieuse expérience des parents qui apprennent l'humilité et révisent au quotidien leurs idéaux, à la lumière de leurs défaites ! Mais suivons Jean-Jacques qui publie en 1762 son traité d'éducation : Émile.

ALLONS PLUS LOIN

Fièvres naturelles

Certes, la vision de l'éducation par Jean-Jacques Rousseau peut inquiéter, voire effarer. D'ailleurs, lui-même, à la fin de sa vie avouait que son programme était inapplicable et il recommandait qu'on ne le lût plus ! Mais, grâce à lui, l'enfant existe enfin. On se penche sur ce qu'il ressent, sur ce qu'il est, on s'inquiète de ses goûts, on l'observe, on l'écoute, toutes attitudes qui, auparavant, disparaissaient sous des habitudes d'éducation qui tenaient du dressage pour animaux sauvages. En ce sens, il invente la pédagogie moderne, son regard gouverne encore les sciences de l'éducation aujourd'hui. On a heureusement fait la part des choses. On s'est gardé d'appliquer à la lettre ses conseils. Pourtant, certains l'ont fait. Certaines aussi : des mères, à Paris, allèrent jusqu'à promener nus leurs tout petits enfants sous la pluie, en plein vent, par grands froids, afin de les endurcir au contact de la nature, ainsi que le conseillait le grand maître Rousseau ! L'expérience se solda par une montée en flèche des décès d'enfants en bas âge, victimes de fièvres et fluxions diverses… Une conséquence de l'éducation par la nature, tout à fait… naturelle !

La nature pour institutrice

Jean-Jacques imagine un enfant fictif qu'il appelle Émile. Cet enfant est riche, noble et bien né. Première étape : afin que son jugement ne soit pas perverti par la volonté de trop lui en apprendre, on ne lui apprend rien, on ne lui dit rien ou presque, car l'abondance de mots qu'il ne comprend pas peut le perturber. Seule la nature avec laquelle il est en contact – il est nécessaire de posséder une grande propriété – lui sert d'institutrice. La nature est garante du meilleur équilibre qui soit – même la nature qui porte en elle et répand sans prévenir la peste et le choléra, Jean-Jacques ?

Une audace inquiétante

La première éducation est négative. Le précepteur se tient en retrait, il observe seulement l'enfant qui découvre tout par lui-même. Rien ne doit être dit ou fait qui constituerait l'embryon de préjugés ou d'habitudes. Ainsi, dit Rousseau, *l'enfant deviendra entre vos mains le plus sage des hommes, et en commençant par ne rien faire, vous aurez fait un prodige d'éducation.* Il ajoute – on peut penser qu'il se laisse aller à l'exaltation, sinon, on peut s'inquiéter… : *si vous pouviez amener votre élève, sain et robuste à l'âge de douze ans sans qu'il sût distinguer sa main droite de sa main gauche, dès vos premières leçons, les yeux de son entendement s'ouvriraient à la raison.* Diable ! Voilà de l'audace ! Supprimées les classes maternelles, supprimé le CP, les CE, CM1 et CM2 ! Et le collège ? À la trappe !

On supprime tout !

Supprimés, les livres ! Il n'en est point besoin ! Supprimées les fables de La Fontaine : les enfants n'y comprennent rien ; et la morale de ces fables, à bien y regarder, est perverse ! Que peut-on supprimer encore, Monsieur l'inspecteur Rousseau ? Tout ! Les cahiers ? Au feu ! Et les maîtres ? Au milieu ! Les maîtres qui ne cessent de *tancer, corriger, réprimander, flatter, menacer, promettre, instruire, parler raison.* Comment agir alors, Monsieur Rousseau ? Réponse : *prenez le contre-pied de l'usage, et vous ferez toujours bien* (*Émile*, livre II).

Comment obtenir un bel animal ?

Revenons à la pratique avec notre Émile qui, de cinq à douze ans, éduque ses sens et ses organes au contact de la nature, exerce sa propre raison de la façon la plus parfaite qui soit, et découvre par lui-même les principes de tous les savoirs.

- Point besoin d'apprendre à lire, cela se fera bien assez tôt, si l'enfant le désire !
- En revanche, il lui faut pratiquer beaucoup d'exercices physiques, il court, il galope, il s'emplit les poumons de grand air.
- Sa nourriture est simple, il en use à satiété, son développement physique est harmonieux.
- Ainsi, il devient, selon les termes de Rousseau, un bel animal.

Un seul livre suffit !

De douze à quinze ans, Émile possède un jugement des plus performants puisqu'il n'a jamais été perturbé ni déformé par les vieilles barbes de pédagogues répressifs, ni même par ses parents qui se sont bien abstenus de lui donner quelque éducation que ce soit ! Le miracle, c'est que l'Émile de Rousseau est plein d'une ardeur de savoir qu'il va lui-même satisfaire, car il est devenu un observateur hors-pair, et ses facultés logiques ont atteint un niveau de performances inimaginable ! Veut-il lire ? Un seul ouvrage peut lui suffire ; *Robinson Crusoé*, par exemple, qui illustre parfaitement les bienfaits de l'énergie naturelle !

Tu seras menuisier, mon fils !

Attention : il n'est pas question de s'égarer dans une culture qui ne servirait qu'à fanfaronner dans les salons ! Émile doit apprendre un métier. De toutes les occupations qui peuvent fournir la subsistance à l'homme, celle qui le rapproche le plus de l'état de nature est le travail des mains, affirme maître Rousseau. En réalité, il conseille qu'Émile apprenne un métier, non pour le métier lui-même, mais pour vaincre les préjugés qui – déjà – s'attachent à la pratique d'un métier manuel – les nobles se gardent bien d'en exercer un ! Donc, Émile sera menuisier. De quinze à vingt ans, il naît à la vie morale. Un soir, il sent au plus profond de lui naître le sentiment religieux en voyant le soleil qui se couche et devant lequel il s'agenouille – le créateur vient de l'éblouir ! Les femmes ? Émile va épouser une jeune fille parfaite, élevée comme il l'a été : Sophie.

ALLONS PLUS LOIN

Je sens, donc j'existe

Au milieu du livre IV, Émile quitte la scène pour laisser la place à un jeune protestant qui vient de se convertir au catholicisme – suivez mon regard qui s'arrête sur le Rousseau de l'année 1729... Il y rencontre un vicaire savoyard. Rousseau révèle, dans les *Confessions*, que ce vicaire a vraiment existé, et qu'il lui a emprunté sa vision de l'évidence. Que dit ce vicaire ? Rien de ce que la philosophie propose ne peut satisfaire l'esprit. L'être humain n'existe pas par sa pensée mais par sa faculté de percevoir par les sens. Au *Je pense donc je suis* de Descartes, peut donc être substitué le *Je sens, donc je suis* !

Et que sent-on ? Qu'il existe une force qui meut l'univers et anime la nature, que le monde est gouverné par une volonté puissante et sage. La religion de Rousseau – le déisme – est naturelle, point besoin de textes, de cultes avec leurs ministres, point de pape ou de pope ! La sensation intime qu'il existe une puissance supérieure suffit. Il nomme cette puissance l'Être suprême – un Être suprême qui fera un passage remarqué à Paris, en 1794, invité sur l'autel de la terreur par Robespierre...

Les Confessions : les promotions du moi

Chassé, pourchassé, et même lapidé ! Pauvre Rousseau ! On l'accuse de vouloir tout détruire : l'éducation, la religion, la société, les pouvoirs en place, la monarchie. Il représente à lui tout seul une menace de fin du monde! Pourtant, il n'a pas terminé son œuvre. Ce qui en constitue la part la plus lisible aujourd'hui – les *Confessions* – va être livrée aux salons de l'époque dans l'indifférence. Les *Confessions* constituent la première véritable autobiographie. C'est le début des grandes promotions du moi…

De la gîte dans la raison

C'est à Montmorency, à partir de 1756, invité par Madame du Châtelet, qu'il a écrit *La Nouvelle Héloïse*, le *Contrat social*, l'*Émile* ; elle l'a installé à la lisière d'une forêt, dans une maison solitaire : l'Ermitage. Il y a oublié la race humaine, dit-il. Il retrouve cette race, en 1762, concentrée dans le Parlement, tout crocs dehors, écumante de rage, et qui condamne au feu ses livres ! Paris, Genève, et tant d'autres villes devenues hostiles, Jean-Jacques accepte l'invitation du philosophe Hume qui le convie chez lui, en Angleterre. Mais Jean-Jacques n'est plus Jean-Jacques : sa raison donne de la gîte ! Tant de persécutions, d'incompréhensions lui font voir des ennemis partout. Hume lui-même est du complot ! Jean-Jacques en est sûr ! Il a entendu qu'il prononçait de mystérieuses paroles, la nuit ; il lui ouvre son courrier ! Bref, il faut rentrer en France au plus vite, ce qu'il fait en 1767.

Et cet homme, ce sera moi

Jean-Jacques ne perd jamais l'habitude d'écrire, même au plus fort de ses crises de neurasthénie. En 1767, il termine le sixième tome de ses Confessions – publiées longtemps après sa mort –, œuvre dont on peut dire qu'elle inaugure l'autobiographie moderne, l'écriture de soi. En voici les premières lignes :

Je forme une entreprise qui n'eut jamais d'exemple et dont l'exécution n'aura point d'imitateur. Je veux montrer à mes semblables un homme dans toute la vérité de la nature ; et cet homme ce sera moi.

Moi seul. Je sens mon cœur et je connais les hommes. Je ne suis fait comme aucun de ceux que j'ai vus ; j'ose croire être fait comme aucun de ceux qui existent. Si je ne vaux pas mieux, au moins je suis autre. Si la nature a bien fait ou mal fait de briser le moule dans lequel elle m'a jeté, c'est ce dont on ne peut juger qu'après m'avoir lu.

Des balades au grand air

Lire les *Confessions* est la plus agréable promenade qu'on puisse faire en compagnie de Jean-Jacques Rousseau. Son portrait d'homme peint exactement d'après nature tient ses promesses. Il est sincère et touchant, drôle, plein de tendresse, d'ironie pour lui-même, il ne s'excuse rien, mais s'absout parfois sans grandes façons ; on l'imagine écrivant le sourire aux lèvres ou la larme à l'œil, jamais insensible. Sa phrase donne à l'esprit le plaisir des balades au grand air. Voilà pourquoi, les *Confessions* terminées, on passe sans attendre aux *Rêveries d'un promeneur solitaire*, rédigées entre 1776 et 1778. Rousseau a décidé d'entretenir le lecteur des pensées et rêveries qui le traversent lorsqu'il fait ses *Promenades dans Paris*, au nombre de dix – la dernière n'étant pas terminée.

Assailli par les mouches

Dans ses *Rêveries*, Rousseau continue de disserter sur le bonheur, la morale, la religion, la bonté, la solitude, l'amour du prochain. Mais il nous entraîne aussi sur la Butte Montmartre, nous fait partager ses angoisses lorsqu'il constate encore une fois qu'une mouche le suit, ces mouches qui le harcèlent : les mouchards du lieutenant de police, vêtus de noir et chargés de le surveiller ; du moins, c'est ce qu'il croit. Car son esprit se laisse encore emporter dans le délire, par bouffées difficiles à combattre. Il loge alors rue Plâtrière – aujourd'hui, rue Jean-Jacques Rousseau.

DANS L'INTIMITÉ

Thérèse et le jeune valet

Thérèse Levasseur devient Madame Jean-Jacques Rousseau le 29 août 1768, à Bourgoin, entre Lyon et Grenoble. Mais ce mariage est plutôt insolite : Jean-Jacques qui se croit traqué à son retour d'Angleterre s'est réfugié dans cette petite ville où il présente d'abord Thérèse comme sa sœur. Puis il invite un jeune avocat et son cousin à les suivre dans une chambre où il leur dit la vérité : il vit heureux depuis vingt-cinq ans avec cette femme qu'il veut épouser. Voici le témoignage de l'avocat : *Rousseau nous pria d'être témoins de l'acte le plus important de sa vie. Prenant la main de la jeune femme présente, il parle de l'amitié qui les unissait ensemble depuis 25 ans et de la résolution où il était de rendre ces liens indissolubles par le nœud conjugal... Nous passâmes au banquet de noces. Le nouvel époux fut gai pendant tout le repas, chanta au dessert deux couplets qu'il avait composés pour son mariage.* C'est, en quelque sorte, le premier mariage civil... Thérèse, après la mort de Jean-Jacques en 1778, se laisse conter fleurette par le valet des Girardin, Jean-Henri Bally – elle a cinquante-six ans, il en a trente-quatre. Elle l'épouse, s'installe au Plessis-Belleville où elle meurt en 1801.

Vous avez compris pourquoi

On vient le voir de partout, et de fort loin. Ses ressources sont minces. Il copie de la musique, il joue de l'épinette, Thérèse reprise son linge. Leur repas est accompagné d'un verre de vin, puis d'une demi-bouteille, et puis, la bouteille entière parfois ne suffit pas. Jean-Jacques a depuis longtemps renoncé à apprendre à Thérèse à lire l'heure au cadran de la grande horloge qu'ils voient de leur fenêtre. Le temps passe. Le 20 mai 1778, Jean-Jacques accepte l'invitation du marquis de Girardin – un de ses admirateurs – qui lui offre de se retirer auprès de lui, dans sa propriété d'Ermenonville. Le 2 juillet à onze heures du matin, après avoir herborisé avec le fils de son hôte, Jean-Jacques meurt d'une attaque d'apoplexie. Il est inhumé dans la propriété du marquis, sur l'île des Peupliers. Transféré au Panthéon en octobre 1794, il fait face, dans la crypte, à celui qui lui écrivit un jour : On *n'a jamais employé tant d'esprit à vouloir nous rendre bêtes*… (maintenant, vous avez compris pourquoi !)

Rousseau en pensées

- On dirait que mon cœur et mon esprit n'appartiennent pas au même individu. – les *Confessions*.
- Il n'y a pas de véritable action sans volonté. – *Émile*.
- La foi de beaucoup d'hommes est une affaire de géographie. – *Émile*.
- Un amour affamé ne se nourrit point de sermons. – *La Nouvelle Héloïse*.
- L'homme n'est point fait pour méditer mais pour agir. – *Correspondance*.
- Les lois sont toujours utiles à ceux qui possèdent et nuisibles à ceux qui n'ont rien. – *Du Contrat social*.
- Riche ou pauvre, puissant ou faible, tout citoyen oisif est un fripon. – *Émile*.
- La nature a fait l'homme heureux et bon, mais la société le déprave et le rend misérable. – *Rousseau jugé par Jean-Jacques*.
- La conscience est la voix de l'âme, les passions sont la voix du corps. – *Émile*.
- La raison fait l'homme, mais c'est le sentiment qui le conduit. – *Émile*.
- Malheur à qui n'a plus rien à désirer ! Il perd pour ainsi dire tout ce qu'il possède. On jouit moins de ce qu'on obtient que de ce qu'on espère et l'on n'est heureux qu'avant d'être heureux. – *La Nouvelle Héloïse*.

Les Lumières des salons

Au XVIIe siècle, les salons sont réservés à la préciosité, au libertinage, à la légèreté. Au XVIIIe siècle, on y invite les idées ! On a foi en la science, on y participe à des discussions passionnées sur l'avenir politique, économique. On commente les ouvrages qui proposent une nouvelle vision du rapport entre les gouvernants et les gouvernés. Le monde demeure à découvrir : on écoute les savants géographes, des expéditions pour le bout du monde se préparent. Au salon de Madame du Deffand, on rencontre Fontenelle qui rend compréhensibles les sciences, on croise Montesquieu qui développe son *Esprit des lois*… Un peu plus loin, rue Saint-Honoré, on peut être reçu chez Madame Geoffrin, où font halte les mêmes, ou bien encore d'Alembert, le spécialiste des équations différentielles. Chez Julie de l'Espinasse, on croise Turgot, Condillac qui réfléchit sur le langage, Condorcet… Et puis, on lit Voltaire, on lit Rousseau, l'Encyclopédie de Denis Diderot, Beaumarchais et son *Figaro*. Les esprits s'exaltent. Condorcet affirme sa *confiance dans les progrès de l'esprit humain*. Les lumières de la raison commencent à montrer la voie de l'avenir. La croisade pour tous les savoirs est commencée. Première bataille prévue : la Révolution !

Chapitre 13

Le rideau s'ouvre

Dans ce chapitre :

- Marivaux vous invite à la comédie de l'amour
- La justice et la liberté s'invitent sur scène

Les hésitations du cœur qui s'ignore en état de légitime conquête font les délices des spectateurs des pièces de Marivaux. Ces enjeux du sentiment sont concurrencés par un théâtre d'idées où se développe une critique acérée des inégalités sociales qui annonce l'esprit de la Révolution.

L'amour marivaude

Marivauder. Si vous cherchez la définition de ce verbe dans le dictionnaire, vous allez trouver ceci : *tenir, échanger des propos d'une galanterie délicate et recherchée*. La galanterie, qu'est-ce ? Toujours selon le dictionnaire, il s'agit de l'empressement inspiré par le désir de conquérir une femme. Vous voilà informé : les personnages des pièces de Marivaux (1688-1763) – dont vous connaissez déjà les romans – tiennent et échangent des propos dictés par leur empressement de conquérir une femme. Et les femmes ? Ne sont-elles point empressées de conquérir un homme, dans les pièces de Marivaux ? Bien sûr que si…

« La surprise de l'amour »

En 1722, Marivaux fait jouer *La Surprise de l'amour* par la troupe des comédiens italiens de Luigi Riccoboni, originaire de Parme d'où le Régent l'a fait venir en 1716. Madame de Maintenon avait chassé en 1697 les comédiens italiens, ayant cru se reconnaître dans le personnage d'une fausse prude, interprété devant elle… Les Parisiens ne s'en étaient pas consolés. Dès leur retour, les Italiens se trouvent en concurrence avec le Théâtre-Français – la Comédie-Française. Les comédiens du Théâtre-Français qui, la plupart du temps, interprètent des tragédies, jouent avec affèterie, aiment donner à leur déclamation un ton grandiloquent. Les Italiens sont naturels, enjoués ; ils savent aussi donner au discours de leur personnage toute la finesse, la délicatesse prévue par l'auteur. Voilà pourquoi Marivaux confie à la troupe de Riccoboni sa *Surprise de l'amour*.

Inconstants et inconsistants, les hommes…

Je ne veux plus faire l'amour ! Voilà ce qu'affirme, haut et fort, Lélio, au début de *La Surprise de l'amour*. Ne plus faire l'amour, c'est – à l'époque – ne plus entretenir avec les femmes le commerce de la parole, ne plus se laisser aller aux délices de conversations qui pourraient ouvrir sur des perspectives plus intimes – ce qu'on appelle aujourd'hui faire l'amour ! Lélio a été blessé dans son cœur par une femme infidèle, il a trouvé un refuge, une thébaïde, à la campagne. Son valet, Arlequin, à qui est arrivé la même mésaventure, l'y a suivi. Tout près, vit une comtesse. Et cette comtesse méprise les hommes, les trouve inconstants et inconsistants.

Les secrets du cœur

Or, Jacqueline, servante de Lélio, et Pierre, jardinier de la comtesse, voudraient se marier. Ils craignent que leurs projets soient contrariés par les relations désastreuses que leurs maître et maîtresse entretiennent avec l'amour ! Arlequin, qui a pour un temps partagé l'opinion de Lélio, se laisse peu à peu gagner par les stratégies conquérantes de la délicieuse Colombine, suivante de la comtesse. Tous deux vont travailler à guider la comtesse et Lélio vers les recoins les plus secrets de leur cœur, où se trouve tapi le sentiment amoureux. Ainsi, Lélio et la comtesse se révèlent à la fois à eux-mêmes et mutuellement, une passion sincère qui les surprend, mais comble leur entourage.

« La Double Inconstance »

Un prince est tombé amoureux d'une bergère. Ainsi commence *Le Jeu de Robin et Marion*, en 1284. Vous rappelez-vous : Robin m'aime, Robin m'a ? La jeune paysanne Marion est fidèle jusqu'au bout. Que va faire la bergère dans la pièce de Marivaux : *La Double Inconstance* (1723) ? Enlevée par le prince, Silvia – la bergère – aime Arlequin. Le prince a tout prévu : pour pouvoir épouser Silvia, il lui suffit de rendre infidèle Arlequin sous les yeux de sa bien-aimée. Il invite Arlequin en son château. Arlequin se laisse courtiser par Flaminia, la fille d'un domestique, pendant que Silvia s'éprend d'un officier qu'elle a aperçu, sans vraiment l'identifier. Dans leurs nouvelles amours, Silvia et Arlequin sont retenus par le scrupule lié à l'infidélité. Pourtant, Flaminia plaît de plus en plus à Arlequin, et l'officier – qui n'est autre que le prince – avoue son amour à Silvia. Tout finit bien, puisque cette double inconstance, cette double infidélité ouvre la voie au bonheur de deux nouveaux couples.

ALLONS PLUS LOIN

Les comédies de l'amour

La comédie de mœurs, la comédie de caractère, tout cela, c'est l'affaire de Molière. Marivaux décide de renouveler le genre : à travers des situations aux ressorts identiques, il met en pièces l'amour-propre, en démonte les rouages, traque l'imposture, dévoile la tromperie tout en montrant à ses amoureux – et à ses spectateurs – la voie la plus sûre pour atteindre un certain bonheur. En vingt ans – de 1720 à 1740 – il installe dans le paysage dramatique la comédie de l'amour sans cesse représentée depuis.

« Le Jeu de l'amour et du hasard »

Marivaux confie aux comédiens italiens sa pièce *Le jeu de l'amour et du hasard*.

Lisette et Bourguignon ?

Monsieur Orgon veut marier Silvia, sa fille, avec Dorante. Mais Silvia ne connaît pas Dorante, et Dorante ne connaît pas Silvia ! Afin de mieux observer son futur mari, Silvia se déguise : elle échange ses vêtements avec Lisette, sa servante. Curieusement, Dorante a la même idée : il endosse la livrée de son valet, Arlequin, et prend le nom de Bourguignon. Arlequin devient Dorante. Deux personnages sont au courant de ce travestissement : Monsieur Orgon et son fils.

Le bonheur !

Dès que paraît Bourguignon, Silvia en tombe amoureuse. Mais elle n'ose l'avouer : Bourguignon n'est qu'un domestique… ! Bourguignon est lui aussi séduit par la fausse servante Silvia dont il trouve la conversation pleine de finesse, de distinction. De leur côté, Lisette et Arlequin, ne se déplaisent pas non plus ! Malgré tout, le vrai Dorante tente de plaire à la fausse Silvia, et la vraie Silvia surveille Arlequin ! Bientôt, Bourguignon-Dorante n'y tient plus : il révèle son identité à Silvia-Lisette qui continue à jouer son rôle de servante afin d'éprouver l'amour du jeune homme. Certaine d'être aimée pour sa personne et non pour son rang, Silvia révèle la supercherie que tout le monde prend avec bonne humeur à la fin de ce jeu de l'amour et du bonheur.

Dubois jubile…

En 1737, Marivaux donne une autre comédie : *Les Fausses Confidences*. Un valet, Dubois, y mène la danse : il sert son maître Dorante, bien né mais bien pauvre ! Une série de fausses confidences amène la jeune veuve Araminte, dont Dorante est l'intendant et l'amoureux, à refuser le riche comte Dorimont que lui destine sa mère. Dans le dernier acte, l'amour triomphe : Araminte qui ne voulait pas s'avouer sa passion pour Dorante, dévoile son sentiment. Dubois jubile…

ALLONS PLUS LOIN

Marivaux et les îles d'Utopie

Marivaux traite aussi, à sa façon, le thème de l'île imaginaire où la société change d'habitudes et de repères. Dans *L'Île des Esclaves* (1725), les citoyens de l'Athènes ancienne et leurs esclaves échouent sur une île où ils doivent se plier à une étrange coutume : les esclaves y deviennent maîtres et les maîtres, esclaves ! Cette situation dure jusqu'à ce que les anciens dominants se soient repentis des misères qu'ils ont fait endurer aux anciens dominés. On y retrouve Arlequin qui va humilier son maître Iphicrate. Cléanthis, elle, fait souffrir sa maîtresse Euphrosine. Dans le dernier acte, tout le monde se demande pardon et prend mille bonnes résolutions afin de vivre mieux la relation entre maître et serviteur. Dans *La Colonie* (1729), Marivaux se préoccupe du sort des femmes. Elles cherchent à prendre le pouvoir sur une île dominée par les hommes mais ceux-ci, habilement, les dressent les unes contre les autres ! Le pouvoir demeure aux mains des hommes qui promettent cependant de penser à donner des droits aux femmes…

La liberté de blâmer

Sans la liberté de blâmer, il n'est point d'éloge flatteur. Ainsi parle Figaro, dans une des pièces de Beaumarchais. Ce diable de valet arpente la scène de son existence en délivrant des vérités qui soulèvent les tonnerres d'applaudissements des spectateurs venus le voir, l'entendre. Il n'est pas le premier à prendre ces sortes de libertés qui inquiètent tant le pouvoir. Lesage a mis en pièce les traitants, collecteurs d'impôts aux scandaleux bénéfices. Mercier, moins direct, loue la vertu, le travail. La scène ne se contente plus de conter les amourettes, elle se fait critique.

Pleins feux sur les fripouilles : Turcaret

Vous avez déjà fait connaissance avec Lesage, le Parisien de Sarzeau, auteur du roman picaresque *Gil Blas* (1668-1747). Voici maintenant Lesage le dramaturge !

C'est reparti pour un tour…

Lesage met en scène un ancien laquais, Turcaret, en délicatesse avec l'honnêteté depuis sa plus tendre enfance. Et, depuis ces temps où l'angélisme l'a quitté, il n'a eu de cesse que les bons tours qu'il joue le hissent à un niveau de fortune égale à celle des meilleurs collecteurs d'impôts – ceux qu'on appelle les traitants. Sa femme demeurée en province, il fait le joli cœur auprès d'une baronne qu'il comble de cadeaux. Cette baronne, à son tour, comble de largesses un chevalier qu'elle aime. Ce chevalier n'a qu'un but : ruiner Turcaret ! Il y parvient, ruine aussi la baronne, mais se fait également déposséder par son valet Frontin ! Lequel Frontin conclut la pièce en annonçant : *Voilà le règne de Monsieur Turcaret fini, le mien peut commencer.* La boucle bouclée, c'est reparti pour un tour…

Les traitants maltraités !

Les traitants qui assistent à la première lecture de la pièce avant sa représentation sont atterrés : ils se voient dénoncés, ridiculisés, leurs pratiques malhonnêtes vont être étalées sous les feux de la rampe, leurs turpitudes aussi ! Ils proposent alors une forte somme à Lesage pour qu'il ne fasse pas jouer sa pièce… Celui-ci refuse et, le 14 février 1709, *Turcaret* obtient un immense succès auprès du public. Mais les comédiens sont victimes de menaces anonymes ; la pièce est retirée après sept représentations alors qu'elle a fait chaque soir salle comble ! Lesage en est meurtri. Il va abandonner la comédie satirique pour le théâtre de foire. Mais *Turcaret* poursuit sa route. Peut-être a-t-il déjà fait halte sur une scène près de chez vous. Vous ne l'avez pas su ? On ne vous dit rien ? Renseignez-vous donc un peu ! Allons, il faut y mettre du sien…

« La Brouette du vinaigrier »

Louis-Sébastien Mercier (1740-1814), l'attachant chroniqueur du Paris de l'Ancien Régime au XVIIIe siècle est l'auteur d'une pièce de théâtre, larmoyante à souhait, furieusement attaquée dès sa première représentation, mais qui avait le mérite de mettre en scène… le mérite, et non la naissance : *La Brouette du vinaigrier.* Cette plongée dans le monde des destinées modestes et laborieuses promeut à sa façon l'idée d'une écriture sociale où la vertu est le principal personnage. Selon les spectateurs de l'époque – et les lecteurs d'aujourd'hui –, elle manque d'un ingrédient qui lui eût permis d'être transportée vers les siècles futurs : la critique décapante – il aurait suffi à Mercier d'emprunter un peu de vinaigre à son vinaigrier…

Jullefort lorgne la dot

Monsieur Delomer a une fille qui s'appelle Mademoiselle Delomer – on n'en connaîtra pas le prénom ! Il veut la marier à Monsieur Jullefort, fort intéressé par la dot de la jeune fille. Survient Monsieur Dominique père – on ne connaît pas non plus son prénom, mais ce n'est pas Dominique… Monsieur Dominique est vinaigrier. C'est un honnête commerçant qui parvient à la fin de sa vie de labeur. Monsieur Dominique a un fils, Dominique fils, qui est l'employé de Monsieur Delomer. Depuis l'annonce du mariage de Mademoiselle Delomer, Dominique fils est malade – en réalité, il aime mademoiselle Delomer.

Monsieur Dominique pousse un peu

C'est alors qu'un messager annonce la ruine de Monsieur Delomer. Jullefort, dévoilé, s'enfuit : il n'en avait que pour la dot de la belle ! Dominique fils est tout joyeux : Monsieur Delomer accepte de lui donner la main de sa fille ; mais il est triste de sa ruine et craint que cela ne fasse le malheur du nouveau ménage. Dernière scène de cette pièce : Monsieur Dominique arrive chez les Delomer en poussant une brouette. Et qu'y a-t-il dans la brouette ? Un tonneau rempli de pièces d'or ! Tous s'en vont vider ces pièces dans les coffres de la maison. Et un grand banquet fort joyeux couronne cette pièce fort honnête qui fut fort copieusement sifflée !

« Le Barbier de Séville »

Paresseux comme un âne et travaillant toujours, en butte à mille calomnies, mais heureux dans mon intérieur. Libre au milieu des fers, serein dans les plus grands dangers, n'ayant jamais été d'aucune coterie ni littéraire, ni politique, ni mystique, faisant tête à tous les orages, un front d'airain à la tempête, les affaires d'une main et la guerre de l'autre. N'ayant fait de cour à personne, et partant, repoussé de tous. N'étant membre d'aucun parti et surtout ne voulant rien être, par qui pourrais-je être porté ? Je ne veux l'être par personne… Signé Pierre-Augustin Caron, seigneur de Beaumarchais.

Le fils chassé

Il est né le 24 juin 1732, seul survivant des cinq garçons de la famille, choyé par ses cinq sœurs – Marie-Joseph, Marie-Louise (Lisette), Madeleine-Françoise (Fanchon), Marie-Julie et Jeanne-Marguerite. Aux études, il préfère l'atelier de son père, maître horloger. Dès quinze ans, il prend l'habitude de fréquenter les cabarets du quartier des Halles, tout près de la rue Saint-Denis, sa rue natale. Le père André-Charles Caron supporte difficilement ce fils qui veut toujours avoir le dernier mot, traîne de plus en plus dans les tripots où il fait déjà de galantes rencontres… Un jour de 1749, André-Charles chasse son fils qui doit trouver refuge chez des amis. Leur diplomatie et leur patience conduiront à la réconciliation du père et du fils, mais à la condition que ce dernier dissipé respecte une charte de comportement extrêmement sévère !

L'inventeur volé

Pierre-Augustin rentre dans le droit chemin – ou du moins il se montre plus malin, et dissimule mieux les petites aventures de son quotidien. Assidu au travail, il invente un système d'échappement pour les montres. Tout fier, il l'emporte au célèbre horloger Le Paute. Celui-ci juge la nouveauté si intéressante qu'il court la présenter à l'Académie des sciences, affirmant qu'il en est l'auteur ! Pierre-Augustin rédige alors à la hâte un mémoire qu'il envoie à cette même Académie, où il dénonce, preuves à l'appui, la malhonnêteté de Le Paute. En 1754, l'Académie condamne le fraudeur et couronne Pierre-Augustin qui se fait une solide réputation dans l'horlogerie, au point qu'il a pour meilleur client le roi Louis XV lui-même !

DANS L'INTIMITÉ

Naissance du seigneur de Beaumarchais…

26 novembre 1756. Pierre-Augustin Caron épouse Marie-Catherine Aubertin, veuve Franquet, de dix ans son aînée. Il emménage rue de Braque, chez sa belle-famille. L'année suivante, sa femme hérite d'un petit bois ayant appartenu à un sieur Marchais, de sorte qu'on l'appelle le Bois Marchais. Bois Marchais ? Pierre-Augustin soude les deux mots, démonte la première syllabe, lui assujettit un ressort de son cru, remonte le tout, contemple son ouvrage : Beaumarchais. L'horloger de la rue Saint-Denis ajoute à sa création un rouage essentiel pour circuler dans le grand monde : la particule ! Pierre-Augustin Caron devient le seigneur de Beaumarchais ! Hélas, Marie-Catherine, son épouse, meurt le 30 septembre 1757. Il s'en est fallu d'une semaine pour qu'il puisse hériter de sa fortune. Son seul héritage est le procès que lui fait sa belle-famille, le chassant même de sa demeure. Il va s'installer en novembre rue Basse-du-Rempart (aujourd'hui, boulevard des Capucines et de la Madeleine). C'est là qu'il fait la connaissance du banquier Le Normand d'Étiolles, rencontre capitale qui va, de fil en aiguille, le conduire auprès de l'épouse dudit banquier, devenue la maîtresse de Louis XV : la marquise de Pompadour !

Dans l'intimité des filles du roi…

Beaumarchais est un génie touche-à-tout. Il connaît le tic-tac des horloges, mais aussi celui des métronomes : sa grande passion pour la musique lui permet de devenir maître de musique des filles du roi – Adélaïde, Victoire, Sophie et Louise. Il leur enseigne la harpe dont il vient de perfectionner le mécanisme. Il leur rend aussi de multiples services – on ne sait trop lesquels –, mais, en retour, les quatre filles du roi obtiennent de leur père qu'il visite l'École militaire, fondée en 1751, et qu'entretient le banquier Pâris-Duverney. Celui-ci, fort satisfait d'être reconnu par le pouvoir royal, associe Beaumarchais à ses affaires et fait sa fortune. En 1761, Beaumarchais achète la charge de conseiller secrétaire du roi, charge qui lui confère la noblesse. Le petit Bois Marchais a bien grandi…

Trafic d'esclaves

1764, Beaumarchais est en Espagne. Officiellement, il va venger sa sœur qui a été abandonnée par son fiancé Clavijo – cette histoire inspire à Goethe un drame… : *Clavijo* ! Moins officiellement, les objectifs de Caron de Beaumarchais sont moins sentimentaux. Et pour cause : il est chargé de mettre sur pied un commerce d'esclaves noirs pour les colonies espagnoles, il tente de monter une compagnie d'exploitation de la Louisiane. Dernier point : il doit prendre en charge les fournitures des armées. Tout cela au moyen de sommes considérables dont il est porteur ! Tout échoue pourtant, mais il s'est révélé habile en affaires, possédant de surcroît toutes les qualités et l'efficacité d'un bon agent secret ! L'histoire de sa sœur devient une comédie qu'il écrit et fait représenter en 1767. C'est un échec complet.

Échecs...

Il se remarie en 1768 avec Geneviève-Madeleine Wattebled, veuve du garde général des Menus-Plaisirs à Versailles. Elle possède une immense fortune en rentes viagères – Beaumarchais a toujours lié son destin à des veuves fortunées ; le hasard, sans doute... Il reprend la plume en 1770, écrit un fort mauvais drame, pleurnichard comme ceux de Diderot : *Les Deux Amis*. Échec total ! Échec aussi lorsqu'après la mort de Pâris-Duverney, Beaumarchais tente de récupérer la part de l'héritage qui lui revient par testament. Échec encore lorsque, courtisant l'actrice Mademoiselle Ménard, il se fait rosser en 1773 par le duc de Chaulnes dont elle est la maîtresse. Le duc est emprisonné à Vincennes, Beaumarchais au Fort-l'Évêque ! Échec encore lorsque le conseiller Goëzman qui instruit l'affaire de l'héritage Pâris-Duverney, révèle que l'emprisonné du Fort-l'Évêque a tenté de corrompre Madame Goëzman en lui offrant de l'argent et des montres... L'affaire tourne mal : Beaumarchais, malgré une série de libelles vengeurs qui le rendent célèbre, est ruiné !

ALLONS PLUS LOIN

Figaro, barbier à Séville

D'Espagne, Beaumarchais a rapporté une atmosphère, une couleur, un mouvement, et tout cela tourbillonne gaiement et dangereusement dans *Le Barbier de Séville* : le comte Almaviva est un gentilhomme espagnol, fou amoureux d'une jeune fille, Rosine, promise au vieux docteur Bartolo. Il les suit jusqu'à Séville où il retrouve son ancien valet Figaro. Celui-ci lui promet son aide pour approcher la belle dans la maison où la tient cloîtrée le vieux docteur. Déguisé, Almaviva s'assure que Rosine répond à son amour. Quelques péripéties encore et, avec la complicité d'un vénal Basile, le mariage d'Almaviva et de Rosine a lieu au nez et à la barbe de Bartholo, dans sa propre maison, et avec le notaire qu'il avait dépêché pour épouser sa belle captive !

Triomphe !

1773, c'est aussi l'année où il fait répéter sa nouvelle pièce : *Le Barbier de Séville* – multipliant les attentions pour Mademoiselle Ménard, avec les conséquences que l'on sait... Le 23 février 1775, *le Barbier* – accepté par le censeur Crébillon fils que vous avez déjà rencontré en compagnie de Louis-Sébastien Mercier – est enfin représenté à la Comédie-Française : échec ! Beaumarchais remanie son texte en trois jours et le transforme en chef d'œuvre. Pendant des semaines, le public se presse au théâtre pour entendre et voir un étonnant Figaro qui commence à faire trembler les cloisons sociales, préparant certains effondrements, quatorze ans plus tard ! Rien d'inquiétant pourtant aux yeux de la reine Marie-Antoinette qui adore la pièce au point d'en décider la représentation dans son théâtre du Trianon. Et qui joue le rôle de Figaro ? Le comte d'Artois, frère du roi, futur Charles X ! Et qui joue le rôle de Rosine ? La reine Marie-Antoinette ! Soi-même !...

Pour Pierre-Augustin : Reconnaissance éternelle. Signé : les auteurs dramatiques…

Lorsqu'une pièce de théâtre était acceptée par la Comédie-Française, la majeure partie des bénéfices allait tout droit dans ses caisses, évitant soigneusement les poches des auteurs où ne tombait qu'une misère ! Fort du succès du *Barbier de Séville*, Beaumarchais réclame des comptes aux comédiens, qui ne veulent rien entendre. Il se fâche, puis entame des discussions qui aboutissent à la parution, en août 1780, du *Compte rendu de l'affaire des auteurs dramatiques et des Comédiens-Français.* Conséquence : le 9 décembre de la même année, les droits des auteurs sont fixés par un arrêt du Conseil d'État. La reconnaissance légale du droit d'auteur est entérinée par l'Assemblée constituante, le 13 janvier 1791. La loi précise que la plus sacrée, la plus inattaquable et la plus personnelle de toutes les propriétés est l'ouvrage, fruit de la pensée de l'écrivain. La Société des auteurs et compositeurs dramatiques (SACD) naît officiellement le 7 mars 1829 – aujourd'hui, elle est située rue Ballu, dans le 9e arrondissement, à Paris. Merci, Pierre-Augustin…

L'aide aux insurgents d'Amérique

Cinq ans avant la représentation du *Barbier*, la femme de Beaumarchais est morte brutalement – certaines bonnes langues répandent autour de ce décès, et de celui de la précédente épouse fortunée, certains bruits… complètement infondés ! L'héritage ? Il est en viager ! Il faut bien vivre : Beaumarchais qui a montré son savoir-faire d'agent secret se met au service du roi. Il est envoyé en missions ultra-secrètes en Hollande, en Angleterre, notamment avec le fameux chevalier d'Éon – homme ? femme ? homme-femme ? En 1777, il dispose de sommes importantes pour acheter des bateaux et des armes destinés aux insurgents d'Amérique. Il devient le créancier du Congrès – les sommes qu'il a engagées ne lui seront remboursées que dix ans plus tard… par le roi de France !

Beaumarchais éditeur de malchance

Beaumarchais est un fervent admirateur de Voltaire dont il entreprend l'édition des œuvres complètes en 1780. Cette édition, effectuée à Kehl, en Allemagne, comprend soixante-dix volumes. Elle est terminée en 1790. C'est un gouffre financier ! Il aurait fallu, pour qu'elle fût rentable, des dizaines de milliers de souscripteurs. Malchance : il n'y en eut que deux mille cinq cents…

Une immense demeure

Financier, trafiquant, intrigant, agent secret… auteur dramatique ! Comment Beaumarchais trouve-t-il le temps de tout faire ? Mystère. Son œuvre se poursuit avec *Le Mariage de Figaro*, pièce donnée en lecture à la censure qui la refuse. Elle n'est jouée que le 27 avril 1784, à la Comédie-Française. C'est un triomphe ! Figaro atteint les cœurs de cible de l'époque : la noblesse si jalouse de ses prérogatives, et qui est en train de clore, sans le savoir, des siècles de domination. 1786 : Beaumarchais se remarie avec Marie-Thérèse de Willer-Mawlaz – il vivait avec elle depuis douze ans. L'année suivante, il achète, près de la Bastille, un terrain sur lequel il fait construire une immense et fort luxueuse demeure.

Les fusils de Valmy

En 1789, il est député à la Commune de Paris. Le lendemain du 14 juillet, il pénètre dans la Bastille, à la recherche d'armes – le trafiquant qu'il est a toujours un marché en cours… En 1792, c'est lui qui procure à l'armée révolutionnaire les fusils de Valmy ! Bien peu reconnaissants – et jaloux de son immense demeure, de sa fortune… – les membres du Comité de salut public le considèrent comme suspect. Il doit émigrer. Ruiné encore une fois, il ne rentre en France qu'en 1795. Amer, il meurt en 1799, à soixante-sept ans, bien vite oublié par le Consulat, par l'Empire, par la Restauration, bref, par tous ceux qui supportaient mal que Figaro, l'apôtre de la vraie liberté, pût les regarder en face.

« Le Mariage de Figaro »

Figaro, son mariage est la grande affaire de la fin de l'Ancien Régime ! Louis XVI, après avoir entendu la pièce en lecture s'en méfie : il comprend que le message qu'elle contient est dangereux pour le système aristocratique. Mais la satire de la noblesse plaît tant – même parmi les nobles… – que *Le Mariage de Figaro, ou La Folle Journée* est représenté le 27 avril 1784. Ce jour-là, tout le monde sait qu'un événement d'importance se prépare : l'insolence conquérante va occuper la scène, des vérités vont être portées avec une audace inimaginable par des répliques que beaucoup connaissent déjà par cœur – *Vous vous êtes donné la peine de naître, et rien de plus…*

Une récolte imminente…

Avant le lever du jour, les spectateurs se précipitent vers le théâtre, créant une file d'attente jamais vue ! Les duchesses, les harengères, les marquis et les charretiers y sont traités à égalité ! Lors de la représentation, le public ovationne les répliques, longuement ; des femmes s'évanouissent, d'autres pleurent ; des hommes pâlissent, d'autres s'échauffent. Le lendemain, tout Paris, abasourdi de tant d'audace, se prépare aux nouvelles représentations

– soixante-sept, en 1784, un nombre record à cette époque – pendant que dans les pensées, les cœurs et les esprits, germe la petite graine de l'espoir pour une récolte que chacun sent quasiment imminente…

Figaro se marie

L'intrigue du Mariage de Figaro est assez simple. Ne cherchez pas dans les événements la raison du succès de la pièce. Lisez-la ! Vous verrez au fil des répliques naître le théâtre moderne, celui de la sincérité, celui des idées. Vous voulez quand même savoir ce qui se passe dans *Le Mariage de Figaro* ? Voici : le comte Almaviva est amoureux de Suzanne, la servante de la comtesse Rosine – il l'a épousée dans *Le Barbier de Séville*. Figaro aime aussi Suzanne qui le lui rend bien. Mais l'imprudent valet a contracté auprès de Marceline – une femme légèrement décatie… – une dette de dix mille francs, lui promettant de lui rendre l'argent ou de l'épouser ! Almaviva qui est au courant va tout faire pour obtenir les faveurs de Suzanne qui en avertit la comtesse et Figaro.

LE SAVIEZ-VOUS ?

Sans la liberté de blâmer…

Sans la liberté de blâmer, il n'est point d'éloge flatteur. Vous êtes sûr d'avoir déjà lu cette phrase, quelque part, et ce n'était pas dans la pièce de Beaumarchais ! Où était-ce, alors ? Ah ! vous y êtes : c'était sur la première page d'un quotidien. Et ce quotidien, quel est donc son titre ?... Le voici qui vous revient en mémoire : son titre, mais c'est bien sûr, c'est *Le Figaro* ! Si vous n'aviez pas encore remarqué cette devise sous la bannière de l'un des premiers quotidiens nationaux français, précipitez-vous au kiosque…

Ô femme ! femme ! femme !...

Un jeune page, Chérubin, apporte sa candeur et sa fraîcheur dans cette intrigue qu'il contribue à emmêler pour le déplaisir du comte, contrarié dans son projet. Afin de démasquer le comte, Suzanne décide de se rendre à un rendez-vous nocturne qu'il lui a fixé, mais c'est la comtesse qui prendra sa place, déguisée. Figaro qui n'est pas au courant de l'affaire apprend incidemment la nouvelle du rendez-vous. Désespéré, il croit que son aimée, Suzanne, s'apprête à le trahir. Sa plainte résonne longuement dans la scène III de l'acte V : *Ô femme ! femme ! femme*… Lisez la suite ci-dessous. Tout finit bien : on découvre que… Et puis, après tout, lisez donc aussi toute la pièce, jusqu'à la fin ! Vous ne le regretterez pas !

PLAISIR DE LIRE

Noblesse, fortune, un rang, des places, tout cela rend si fier !

Dans la scène III de l'acte V, Figaro attend, caché, sa bien aimée. Il croit qu'elle va le tromper avec le comte Almaviva, son maître. Il est seul en scène :

Ô femme ! femme ! femme ! créature faible et décevante !... nul animal créé ne peut manquer à son instinct : le tien est-il donc de tromper ?... [...] Non, monsieur le comte, vous ne l'aurez pas... vous ne l'aurez pas. Parce que vous êtes un grand seigneur, vous vous croyez un grand génie !... Noblesse, fortune, un rang, des places, tout cela rend si fier ! Qu'avez-vous fait pour tant de biens ? Vous vous êtes donné la peine de naître, et rien de plus. Du reste, homme assez ordinaire ; tandis que moi, morbleu ! perdu dans la foule obscure, il m'a fallu déployer plus de science et de calculs pour subsister seulement, qu'on n'en a mis depuis cent ans à gouverner toutes les Espagnes. [...] Est-il rien de plus bizarre que ma destinée ? Fils de je ne sais pas qui, volé par des bandits, élevé dans leurs mœurs, je m'en dégoûte et veux courir une carrière honnête ; et partout je suis repoussé ! J'apprends la chimie, la pharmacie, la chirurgie, et tout le crédit d'un grand seigneur peut à peine me mettre à la main une lancette vétérinaire ! – Las d'attrister des bêtes malades, et pour faire un métier contraire, je me jette à corps perdu dans le théâtre : me fussé-je mis une pierre au cou ! [...] Que je voudrais bien tenir un de ces puissants de quatre jours, si légers sur le mal qu'ils ordonnent, quand une bonne disgrâce a cuvé son orgueil ! Je lui dirais que les sottises imprimées n'ont d'importance qu'aux lieux où l'on en gêne le cours ; que sans la liberté de blâmer, il n'est point d'éloge flatteur ; et qu'il n'y a que les petits hommes qui redoutent les petits écrits...

Beaumarchais, *Le Mariage de Figaro*, Acte V, sc. III, 1784

Chapitre 14

La poésie en panne ?

Dans ce chapitre :

- Découvrez les poètes du siècle des Lumières
- Écoutez la voix interrompue d'André Chénier

On pourrait croire la poésie absente, en ce XVIIIe siècle : aucune voix majeure ne s'impose dans le paysage de la rime ! Il faut dire que le Siècle des Lumières ne se prête guère à la promotion du lyrisme personnel. Les forces créatrices se mobilisent pour servir l'idée de progrès, elles se font critiques d'une société injuste qu'il faut réformer. La prose sentimentale et un peu longuette de Rousseau Jean-Jacques n'est absoute que par son Contrat social, vision révolutionnaire et généreuse d'une nouvelle communauté humaine. Quelques poètes, cependant, passent entre les gouttes de l'averse des idées, et parviennent à livrer leur cœur à la postérité. L'autre Rousseau, par exemple ; et surtout Chénier, l'assassiné…

De modestes maîtres

Les grands thèmes, les grandes idées à défendre ne manquent pas, en ce XVIIIe siècle. Pourtant, la poésie se joue en sourdine, servie par de bonnes plumes, sans plus…

Rousseau, l'autre…

Au foyer d'un petit cordonnier parisien nommé Rousseau, naît un petit Jean-Baptiste. Son père décide de lui donner une éducation littéraire de la meilleure qualité. Le petit Jean-Baptiste grandit et commence à écrire des poèmes. Le grand Boileau le remarque et le conseille. Tout concourt à dresser devant le jeune homme une rampe de lancement qui le propulserait rapidement vers la gloire. Hélas, le jeune Rousseau est querelleur ; sa plume est réputée pour la confection d'épigrammes assassines ! Il en compose plus d'une, destinées à ridiculiser son concurrent à l'Académie française : Lamotte-Houdar (ou Houdar de La Motte, auteur du fameux : *L'ennui naquit un jour de l'uniformité.*). L'affaire fait grand bruit, des coups sont échangés. Le Parlement s'en mêle. Et malgré les dénégations de Rousseau – il affirme ne pas être l'auteur des épigrammes – la condamnation tombe : le bannissement. Rousseau s'en va en Suisse, puis à Vienne. Il continue à écrire, s'illustre brillamment dans des genres divers : l'ode, l'épître. Il passe en son siècle pour le plus grand poète lyrique, annonçant les Vigny et Hugo. Il meurt en Belgique, en 1741, amer, pauvre et infirme.

PLAISIR DE LIRE

Stances

Que l'homme est bien, durant sa vie, / Un parfait miroir de douleurs, / Dès qu'il respire, il pleure, il crie / Et semble prévoir ses malheurs. / Dans l'enfance toujours des pleurs, / Un pédant porteur de tristesse, / Des livres de toutes couleurs, / Des châtiments de toute espèce. / L'ardente et fougueuse jeunesse / Le met encore en pire état. / Des créanciers, une maîtresse / Le tourmentent comme un forçat. / Dans l'âge mûr, autre combat, / L'ambition le sollicite. / Richesses, dignités, éclat, / Soins de famille, tout l'agite. / Vieux, on le méprise, on l'évite. / Mauvaise humeur, infirmité. / Toux, gravelle, goutte, pituite, / Assiègent sa caducité. / Pour comble de calamité, / Un directeur s'en rend le maître. / Il meurt enfin, peu regretté. / C'était bien la peine de naître !

Jean-Baptiste Rousseau, *Œuvres*, 1732

Sedaine, tailleur de vers

Étonnants les débuts de Michel-Jean Sedaine dans la vie : né le 4 juillet 1719, orphelin très jeune, il doit travailler pour assurer la subsistance de sa mère. Il devient tailleur de pierre. L'architecte qui l'emploie remarque qu'il utilise son temps libre à la lecture. Le payant mieux, il lui donne le temps nécessaire pour écrire des épîtres qui le font remarquer – dont une célèbre *Épître à mon habit*. Sa carrière littéraire est surtout occupée par la création de vaudevilles, d'un opéra-comique et de drames bourgeois, dont *Le philosophe sans le savoir*,

PLAISIR DE LIRE

Sedaine se souvient…

Arraché chaque jour à l'humble matelas, / Où souvent le sommeil me fuyait quoique las, / J'allais, les reins ployés, ébaucher une pierre, / La tailler, l'aplanir, la retourner d'équerre ; / Souvent le froid m'ôtait l'usage de la voix, / Et mon ciseau glacé s'échappait de mes doigts ; / Le soleil, dans l'été, frappant sur les murailles, / Par un double foyer me brûlait les entrailles.

Michel-Jean Sedaine, *Poésies*, 1760

grand succès à l'époque, admiré de Diderot et de Beaumarchais. Sedaine meurt en 1797, à quatre-vingts ans, laissant, outre ses pièces, de nombreuses poésies.

De Delille à Parny

Delille, Léonard, Gilbert, Parny. Le premier aime les jardins, le deuxième aime une jeune fille enfermée au couvent, le troisième aime la littérature mais vit sans le sou, le quatrième aime son argent, mais se ruine ; tous les quatre laissent une belle œuvre qui ne parvient pas à sortir du siècle où elle est née.

Cultivons nos jardins

À Clermont (Puy-de-Dôme), en 1738, un avocat au présidial, Antoine Montanier, et une jeune aristocrate, Marie Hiéronyme Bérard de Chazelles, défraient la chronique. Leurs amours clandestines sont connues de toute la ville, et portent bientôt leur fruit qui naît le 22 juin 1738. L'enfant est appelé Jacques Delille. Mis en nourrice à Chanonat, il est ensuite envoyé au collège de Lisieux à Paris. Les bons pères le trouvent si doué qu'ils le forment pour l'enseignement. Différentes pièces de poésie et une traduction en vers des *Géorgiques* du poète latin Virgile (70-19 av. J.-C.) le rendent célèbre. Il est élu à l'Académie française, nommé professeur au Collège de France. En 1782, il publie *Jardins, ou l'art d'embellir les paysages*. La didactique et le lyrisme s'y mêlent pour le meilleur effet. L'œuvre plaît au point que Delille est considéré comme le meilleur poète du temps, après Voltaire. Sa célébrité et le respect qui lui est porté lui évitent bien des malheurs pendant la Révolution. Il meurt en 1813.

PLAISIR DE LIRE

Les jardins

Désirez-vous un lieu propice à vos travaux ? / Loin des champs trop unis, des monts trop inégaux, / J'aimerais ces hauteurs où, sans orgueil, domine / Sur un riche vallon une belle colline. / Là, le terrain est doux sans insipidité, / Élevé sans raideur, sec sans aridité. / Vous marchez : l'horizon vous obéit : la terre / S'élève ou redescend, s'étend ou se resserre. / Vos sites, vos plaisirs changent à chaque pas. / Qu'un obscur arpenteur, armé de son compas, / Au fond d'un cabinet, d'un jardin symétrique / Confie au froid papier le plan géométrique ; / Vous, venez sur les lieux. Là, le crayon en main, / Dessinez ces aspects, ces coteaux, ce lointain [...].

Jacques Delille, *Les Jardins*, 1782

Le chagrin d'amour de Nicolas-Germain Léonard

Nicolas-Germain Léonard aimait une jeune fille fort belle. Et cette fort belle jeune fille l'aimait aussi. Leurs parents respectifs n'acceptant pas leur mariage, ils furent séparés. La jeune fille se retira dans un couvent. Elle en mourut de chagrin. Nicolas-Germain Léonard conserve cette douloureuse histoire au fond de son cœur. Elle nourrit sa poésie. Né en Guadeloupe le 16 mars 1744, venu très jeune en France, il publie un roman pastoral, et, en 1775, *Idylles et poésies champêtres*. Remarqué, il poursuit sa carrière civile et littéraire à la Guadeloupe, revient en France, publie son œuvre majeure : *Les Saisons*. Il meurt à l'hôpital de Nantes le 31 janvier 1793, alors qu'il allait de nouveau s'embarquer pour son île natale.

PLAISIR DE LIRE

L'absence

Des hameaux éloignés retiennent ma compagne. / Hélas ! Dans ces forêts qui peut se plaire encor ? / Flore même à présent déserte la campagne / Et loin de nos bergers l'amour a pris l'essor. / Doris vers ce coteau précipitait sa fuite, / Lorsque de ses attraits je me suis séparé : / Doux zéphyr ! si tu sors du séjour qu'elle habite, / Viens ! que je sente au moins l'air qu'elle a respiré. / Quel arbre, en ce moment, lui prête son ombrage ? / Quel gazon s'embellit sous ses pieds caressants ? / Quelle onde fortunée a reçu son image ? / Quel bois mélodieux répète ses accents ? / Que ne suis-je la fleur qui lui sert de parure, / Ou le nœud de ruban qui lui presse le sein, / Ou sa robe légère, ou sa molle chaussure, / Ou l'oiseau qu'elle baise et nourrit de sa main ! –

Nicolas-Germain Léonard, *Les Regrets*, 1782

Nicolas-Florent Gilbert, premier poète maudit

Sans le sou, Nicolas-Florent Gilbert, et doué pour les lettres ! Ce fils de paysan né à Fontenoy-le-Château près d'Épinal, le 15 décembre 1750, fait de bonnes études classiques, tente d'ouvrir une école de littérature à Nancy, arrive à Paris en 1772. Il écrit beaucoup, propose ses poèmes à toutes les académies qui y demeurent indifférentes. Gilbert vit dans une misère noire, se déchaîne contre tous ceux qu'il en juge responsables : les encyclopédistes

PLAISIR DE LIRE

L'adieu à la vie

J'ai révélé mon cœur au Dieu de l'innocence ; / Il a vu mes pleurs pénitents. / Il guérit mes remords, il m'arme de constance ; / Les malheureux sont ses enfants. / Mes ennemis, riant, ont dit dans leur colère : / « Qu'il meure et sa gloire avec lui ! » / Mais à mon cœur calmé le Seigneur dit en père : / « Leur haine sera ton appui. » […] / Au banquet de la vie, infortuné convive, / J'apparus un jour, et je meurs. / Je meurs ; et, sur ma tombe où lentement j'arrive, / Nul ne viendra verser des pleurs. / Salut, champs que j'aimais ! et vous, douce verdure ! / Et vous, riant exil des bois ! / Ciel, pavillon de l'homme, admirable nature, / Salut pour la dernière fois ! / Ah ! puissent voir longtemps votre beauté sacrée / Tant d'amis sourds à mes adieux ! / Qu'ils meurent pleins de jours ! que leur mort soit pleurée ! / Qu'un ami leur ferme les yeux !

Nicolas-Florent Gilbert, Ode tirée des Psaumes XL, 1780

installés et fortunés, les adeptes de Voltaire et, plus généralement, la société qui le rejette. Bientôt, malgré tout, on le remarque. Il obtient des bourses, des pensions, des étrennes, mais, au moment où il pourrait en profiter, il fait une chute de cheval et meurt quelques jours plus tard après avoir avalé, dans une crise de délire, la clé qu'il porte autour du cou !

Éléonore ? Elle est au sud…

Évariste-Désiré de Forges, vicomte de Parny, est né à Saint-Paul, le 6 février 1753, dans la plus fortunée des familles de l'île Bourbon – notre île de la Réunion. Il vient en France faire ses études au collège de Rennes. Il embrasse la carrière militaire, publie ses premiers vers, puis des poésies érotiques. Celle qu'il chante dans ses poèmes (non érotiques…) s'appelle Éléonore. Elle est au sud, dans l'île Bourbon, où il part la retrouver en 1785. Hélas, elle a été mariée par son père à un médecin, et s'en porte à merveille ! Cruellement déçu, Parny revient en France, s'achète, en 1787, d'immenses domaines qui lui garantissent plus de cinquante mille francs de rente. Il se consacre tout entier à son œuvre poétique. Mais la Révolution le ruine. Il connaît la misère, tente, sans y parvenir, de vivre de sa plume. Il meurt le 5 décembre 1814 à Paris, laissant à la postérité les plus belles élégies du XVIIIe siècle.

PLAISIR DE LIRE

Il est trop tard

Rappelez-vous ces jours heureux, / Où mon cœur crédule et sincère / Vous présenta ses premiers vœux. / Combien alors vous m'étiez chère ! / Quels transports ! quel égarement ! / Jamais on ne parut si belle / Aux yeux enchantés d'un amant ; / Jamais un objet infidèle / Ne fut aimé plus tendrement. / Le temps sut vous rendre volage ; / Le temps a su m'en consoler. / Pour jamais j'ai vu s'envoler / Cet amour qui fut votre ouvrage : / Cessez donc de le rappeler. / De mon silence en vain surprise, / Vous semblez revenir à moi ; / Vous réclamez en vain la foi / Qu'à la vôtre j'avais promise : / Grâce à votre légèreté, / J'ai perdu la crédulité / Qui pouvait seule vous la rendre. / L'on n'est bien trompé qu'une fois. / De l'illusion, je le vois, / Le bandeau ne peut se reprendre. / Échappé d'un piège menteur, / L'habitant ailé du bocage / Reconnaît et fuit l'esclavage / Que lui présente l'oiseleur.

Évariste Parny, *Œuvres*, 1808

André Chénier, la voix martyre

Le 25 juillet 1794, au petit matin, la charrette des condamnés stationne à la Conciergerie. La veille, une quarantaine de prisonniers venant des geôles de Saint-Lazare y ont été conduits. Le tribunal révolutionnaire, présidé par le sinistre Fouquier-Tinville, fils d'un riche propriétaire picard, va voir défiler ces hommes et femmes qui sont marchand forain, ex-capitaine de dragons, avocat… Il y a aussi Jean-François Antié, dit Léonard, coiffeur de la reine Marie-Antoinette. Il y a des ex-barons, des ex-marquis, des ex-curés, un ex-commandant de Chandernagor… Et puis, il y a Chénier ! André Chénier !

Pourquoi ?

Chénier a-t-il tué ? A-t-il volé ? A-t-il commis quelque crime odieux pour se retrouver face au bourreau, sur l'échafaud ?

Juges indignes !

Le plus grand poète du XVIIIe siècle, le génie du vers à l'antique, nourri de Tacite et d'Homère, né à Constantinople le 30 octobre 1762, fils de Louis Chénier, consul général de France, et d'Élisabeth Santi-Lomaca – orthodoxe et nourrie de culture grecque –, André Chénier se retrouve devant Fouquier-Tinville et ses acolytes, ignares, cyniques. Des brutes. Chénier les a brocardés dans ses libelles, dans ses articles où il s'étonne que la Révolution assassine ainsi par centaines hommes, femmes, jeunes gens et jeunes filles dont certaines n'ont pas seize ans ! Ils la tiennent, leur revanche, les juges indignes ! Ils ne se privent pas. Chénier ? Condamné à mort. Motif ? C'est un prosateur stérile !

PLAISIR DE LIRE

Avant que de ses deux moitiés, ce vers que je commence…

Comme un dernier rayon, comme un dernier zéphyr / Animent la fin d'un beau jour / Au pied de l'échafaud j'essaie encor ma lyre. / Peut-être est-ce bientôt mon tour. / Peut-être avant que l'heure en cercle promenée / Ait posé sur l'émail brillant, / Dans les soixante pas où sa route est bornée, / Son pied sonore et vigilant; / Le sommeil du tombeau pressera ma paupière. / Avant que de ses deux moitiés / Ce vers que je commence ait atteint la dernière / Peut-être en ces murs effrayés / Le messager de mort, noir recruteur des ombres, / Escorté d'infâmes soldats…

Dans sa prison de Saint-Lazare, André Chénier continue d'écrire les *Iambes*, commencées à Versailles. Il ne les terminera pas.

Ils se récitent des vers

André Chénier entend sa condamnation dans la matinée du 25 juillet 1794. Avec lui, un autre poète attend la mort : Jules-Armand Roucher. Dans la petite pièce où on prépare les condamnés, leur coupant les cheveux qui gêneraient le passage de la lame, ils se récitent des vers. Le col de la chemise largement entaillé, la nuque déjà offerte, ils grimpent dans la première charrette où prennent place une vingtaine d'autres prisonniers. Il est quatre heures de l'après-midi.

Six heures du soir, un bruit mat...

Tout au long du trajet qui les sépare de la place de la Révolution – place de la Concorde – André Chénier récite *Andromaque*, la tragédie de Racine, qu'il connaît par cœur. La légende rapporte qu'il se serait frappé le front, en disant : *Pourtant, j'avais quelque chose là !* Vers six heures, André Chénier gravit l'escalier raide qui aboutit à la plate-forme de l'échafaud. On lui lie les mains. Les aides du bourreau Charles-Henri Sanson le plaquent contre la planche verticale qui bascule sur son pivot central afin que le corps se retrouve à l'horizontale, le cou engagé dans la lunette de la guillotine. Sanson tire la corde qui libère le mécanisme. Il est six heures du soir. Un bruit mat, le couperet est tombé... André Chénier est mort.

ALLONS PLUS LOIN

À deux jours près...

Le 7 Thermidor, an II, Chénier meurt sur l'échafaud. Deux jours plus tard, celui qui ne lui avait jamais pardonné d'avoir condamné la Terreur – Robespierre – est arrêté dans la nuit à l'Hôtel de Ville. Il s'y est réfugié après avoir été mis en minorité à l'Assemblée. Un coup de feu part. Robespierre a-t-il tenté de se suicider ? Est-ce le gendarme Merda qui, comme il l'affirme, a lui-même tiré sur le tyran ? On ne connaîtra jamais la vérité. Ce dont on est sûr, c'est que Robespierre, la mâchoire inférieure brisée, agonise toute la nuit sur une table, épongeant le sang de sa plaie avec des feuilles de papier qu'on lui tend. Le lendemain, lorsqu'il est monté à l'échafaud, on lui enlève un pansement sommaire qui arrache sa mâchoire. Il pousse un cri atroce. À deux jours près, Chénier aurait pu être sauvé. On a dit que son frère, Marie-Joseph, l'auteur des paroles du *Chant du départ – La victoire, en chantant, nous ouvre la carrière...* – pouvait intervenir auprès du tyran pour sauver son frère. On aimerait croire qu'il effectua cette démarche...

Le combattant de la liberté

Chénier est un franc-tireur, jamais affilié à un parti auquel il devrait rendre des comptes, jamais prisonnier d'une idéologie. Chénier est un homme d'action qui est décidé à vaincre ou à périr.

Pauvre, seul et fier

L'art ne fait que des vers, le cœur seul est poète. Tout au long de sa courte vie, André Chénier tente de restituer dans ses vers les états successifs de son âme tourmentée. C'est un solitaire. Il aime vivre à l'écart du monde, discrètement secouru par des amis qui connaissent son génie et lui évitent de sombrer dans le dénuement, tant il manque du nécessaire pour survivre. Un petit emploi de secrétaire à l'ambassade de France à Londres l'exile et le plonge dans une désespérance qui ne se dissipe qu'à ses courts séjours en France. Il retrouve alors sa véhémence naturelle, révolté avant l'heure, rêveur d'un monde nouveau, féroce contre toutes les médiocrités, contre les privilèges et la censure. Il ne comprend pas que d'une tyrannie soit née une autre tyrannie, celle de Robespierre.

Aimez-vous autant les hommes ?

Arrêté lors d'un séjour à Paris, alors qu'il s'était mis à l'abri à Versailles, en douce compagnie, il est emprisonné à Saint-Lazare en mars 1794. Il continue d'y écrire des poèmes, malgré l'interdiction qui lui en est faite. Avec une encre de fortune, sur d'étroites bandes de papier, d'une écriture minuscule, il rédige ses plus beaux vers. Les bandes sont enroulées et dissimulées dans le linge que vient chercher son père. Ainsi est créé le poème *La Jeune Captive*. Cette jeune captive, qui séjourne à Saint-Lazare en même temps que Chénier, s'appelle Aimée de Coigny. Sa famille est originaire de Locronan, en Bretagne. Elle est belle, pleine d'esprit, intelligente et charmeuse. Elle va sauver sa tête, puis tomber dans les bras de si nombreux admirateurs que Napoléon, la rencontrant un jour lui demande avec sa muflerie habituelle : *Aimez-vous*

PLAISIR DE LIRE

La Jeune Captive

L'épi naissant mûrit de la faux respecté ; / Sans crainte du pressoir, le pampre tout l'été / Boit les doux présents de l'aurore ; / Et moi, comme lui belle, et jeune comme lui, / Quoi que l'heure présente ait de trouble et d'ennui, / Je ne veux point mourir encore. /

Qu'un stoïque aux yeux secs vole embrasser la mort, / Moi je pleure et j'espère ; au noir souffle du Nord / Je plie et relève ma tête. / S'il est des jours amers, il en est de si doux ! / Hélas ! quel miel jamais n'a laissé de dégoûts ? / Quelle mer n'a point de tempête ? /

L'illusion féconde habite dans mon sein. / D'une prison sur moi les murs pèsent en vain. / J'ai les ailes de l'espérance : / Échappée aux réseaux de l'oiseleur cruel, / Plus vive, plus heureuse, aux campagnes du ciel / Philomène chante et s'élance. /

Est-ce à moi de mourir ? Tranquille je m'endors, / Et tranquille je veille ; et ma veille aux remords / Ni mon sommeil ne sont en proie. / Ma bienvenue au jour me rit dans tous les yeux ; / Sur des fronts abattus, mon aspect dans ces lieux / Ranime presque de la joie. /

Mon beau voyage encore est si loin de sa fin ! / Je pars, et des ormeaux qui bordent le chemin / J'ai passé les premiers à peine, / Au banquet de la vie à peine commencé, / Un instant seulement mes lèvres ont pressé / La coupe en mes mains encor pleine. /

Je ne suis qu'au printemps, je veux voir la moisson ; / Et comme le soleil, de saison en saison, / Je veux achever mon année. / Brillante sur ma tige et l'honneur du jardin, / Je n'ai vu luire encor que les feux du matin ; / Je veux achever ma journée. [...]

André Chénier (écrit en 1794), *Poésies*

toujours autant les hommes, Madame ? Et Aimée de répondre : *Oui, sire, surtout quand ils sont bien élevés*… La jeune captive meurt en 1820, à cinquante et un ans… Le père d'André Chénier qui a recueilli le poème meurt en 1795, quelques mois après son fils. De chagrin.

Tableau récapitulatif : XVIIIe siècle

- 1715 *Gil Blas de Santillane*. (Lesage.)
- 1721 *Lettres persanes*. (Montesquieu.)
- 1730 *Le Jeu de l'amour et du hasard*. (Marivaux.)
- 1731 *Manon Lescaut*. (Abbé Prévost.)
- 1740 *Mémoires*. (Saint-Simon, début de leur rédaction.)
- 1746-1778 *L'Encyclopédie*. (Diderot.)
- 1747 *Zadig*. (Voltaire.)
- 1759 *Candide*. (Voltaire.)
- 1761 *La Nouvelle Héloïse*. (Jean-Jacques Rousseau.)
- 1762 *Le Contrat social*. (Jean-Jacques Rousseau.)
- 1772 *Jacques le fataliste*. (Diderot, rédaction.)
- 1775 *Le Barbier de Séville*. (Beaumarchais.)
- 1782 *Les Liaisons dangereuses*. (Choderlos de Laclos.)
- 1784 *Le Mariage de Figaro*. (Beaumarchais.)
- 1794 *Iambes*. (Chénier, rédaction.)
- 1796 *Justine ou les Malheurs de la vertu*. (Sade.)

Cinquième partie

Le XIXe siècle : un vrai roman

Dans cette partie…

Après le Siècle des lumières où la raison l'emporte pour imaginer un monde nouveau, voici le XIXe siècle dont la première partie est dominée par le courant romantique dans tous les genres. D'abord lyrique et intimiste, le romantisme devient actif, se rapproche du peuple, projetant de devenir la voix qui prépare l'avenir et s'intègre à l'histoire. Cet enthousiasme se brise sur les barricades de la révolution de 1848 : l'histoire se passera de lui ! La poésie se réfugie alors dans la perfection de la forme avec le Parnasse, ou dans une sorte de mystique symboliste avec le courant baudelairien dans lequel s'inscrivent Verlaine, Rimbaud et Mallarmé, clé de tous les arts du XXe siècle. La création romanesque est marquée par le réalisme de Stendhal et de Flaubert, qui devient, chez Zola, le naturalisme – la démarche scientifique expérimentale est imitée par le romancier.

Chapitre 15

Être Chateaubriand ou Hugo

Dans ce chapitre :

- Voyez se développer le romantisme sous la plume de Chateaubriand
- Devenez l'ami du grand Hugo

Dans ses romans où les émois du cœur sont analysés dans le détail, Jean-Jacques Rousseau a préparé le terrain au mouvement littéraire qui va s'épanouir, après le coup de pouce de Madame de Staël, sous les plumes de Chateaubriand et de Hugo : le romantisme engagé. Chateaubriand, aux sombres envolées lyriques qui rejoignent les nuages plombés de ses orages désirés, tente de faire carrière sous l'Empire, puis sous la Restauration, avec des fortunes diverses. Victor Hugo, après de brillants débuts en littérature, ajoute à ses multiples activités d'écrivain l'engagement politique. Sa volonté de soulager la misère, de préserver le pays du pouvoir aux mains d'un seul homme, lui vaut vingt ans d'exil. Le romantisme brise ses ailes et ses rêves au contact d'une réalité sans pitié.

Embarquons avec le vicomte de Chateaubriand

De Saint-Malo à l'Amérique, de l'Amérique à Saint-Malo, de Paris à Jérusalem, de Buonaparte aux Bourbons… À cheval sur les deux siècles, Chateaubriand est partout. Il cherche sa place dans l'histoire. Elle est surtout dans ses Mémoires…

Voguons vers l'Amérique !

Cheveux au vent, regard perdu dans l'immensité, éléments déchaînés, vagues furieuses qui répondent aux tourments de l'âme prise dans les filets de l'angoisse la plus noire… Voilà l'image du romantisme naissant. En voici maintenant le premier représentant : François René de Chateaubriand.

Sous le grand cacatois

Les nuages sont bas et noirs. Sur le flot qui rumine sa colère, le brigantin Saint-Pierre fait voile vers l'Amérique. Nous sommes en 1791. Le 7 avril, quittant Saint-Malo, le modeste deux-mâts a entamé sa traversée. Nous sommes à mi-chemin. Le capitaine prévoit l'arrivée à Baltimore vers le 11 juillet. Avez-vous remarqué, là-bas, sous le grand cacatois, un jeune homme de gris vêtu qui arpente le pont ? Comme il a l'air soucieux ! Comme il est pâle ! Il est à peine midi, et c'est presque la nuit tant l'orage menace. Des éclairs tracent dans l'air leurs lignes effarées. Et le visage du jeune homme prend le bleu de l'acier !

La pose romantique

Regardez : pendant que les marins vaquent, peu soucieux du petit grain qui va s'abattre, François René – c'est le prénom du jeune homme – en fait toute une affaire ! Il se dirige vers le mât de beaupré. Le vent claque dans le grand foc. François René ne peut aller plus loin – sinon, tout tombe à l'eau… Alors, tourné vers les flots, cheveux au vent, droit dans ses bottes et solennel, il prend la pose ! Avez-vous remarqué le petit coup d'œil qu'il vient de vous lancer, de côté ? C'est qu'il veut s'assurer que tout cela va plaire à la postérité ! Le visage de nouveau tourné vers le paysage de plus en plus noir, miroir du grand chaos ténébreux de son âme inquiète, François René lance aux générations futures la phrase devenue le viatique de tous les romantiques : *Levez-vous vite, orages désirés !*

L'écume des mots

François René de Chateaubriand ! Que de lecteurs il emmène en bateau ! Mais, après tout, personne n'est déçu du voyage, à condition de choisir le bon itinéraire. Son titre ? *Mémoires d'outre-tombe*. Les autres promenades qui vous emmèneront en Amérique, chez les Indiens Natchez, ou bien vous mêleront aux temps des martyrs, réclament beaucoup d'efforts. Elles sont si longues qu'on s'endort… Alors, même si parfois la mémoire de François René raconte n'importe quoi – une rencontre avec George Washington qui n'a jamais eu lieu, un escalier vu en Grèce et qui n'existe plus depuis l'Antiquité… –, la balade a son charme. Comme sur une mer apaisée, on se laisse bercer par la phrase, scintillante de l'écume des mots, heureux de sa cadence, comme une danse, souple, bien sage.

De la révolte à la Révolution

Pas très gaies, les premières années de François René de Chateaubriand : la sombre image du père, les désespérances de l'adolescence, le constant malaise du jeune adulte, la Révolution dangereuse pour tout porteur de particule, tout cela constitue le noir terreau de son credo romantique.

Redorer le blason

François René voit le jour à Saint-Malo, le 4 septembre 1768, par une nuit de tempête. Son père, François Auguste, est armateur. Quel commerce pratique-t-il ? De toutes sortes, notamment celui des esclaves ! François Auguste amasse suffisamment d'argent pour s'acheter, en 1761, le domaine de Combourg et son château. Il satisfait enfin son idée fixe : redorer le blason des Chateaubriand, une lignée dont le prestige se perd dans les temps anciens et dans certains aménagements généalogiques avantageux… En 1770, un voyageur anglais, constatant l'état de misère épouvantable des paysans autour de ce fameux Combourg, se demandera quel peut être le seigneur du lieu qui laisse ainsi croupir ceux dont il possède la terre. En nourrice à Plancoët jusqu'à trois ans chez sa grand-mère maternelle, Madame de Bédée, François René galope sur les grèves de Saint-Malo avec les petites frappes du coin.

Gagner du temps

Fanchin – ainsi l'appellent ses sœurs, sa mère aussi, Apolline de Bédée, lorsqu'elle n'est point trop occupée à ses mondanités – va à l'école élémentaire des sœurs Couppart, puis au collège de Dol. En 1782, il prépare à Rennes l'examen probatoire de garde-marine qu'il doit passer à Brest l'année

PLAISIR DE LIRE

Lucile : tout lui était souci, chagrin, blessure

Lucile était grande et d'une beauté remarquable, mais sérieuse. Son visage pâle était accompagné de longs cheveux noirs ; elle attachait souvent au ciel ou promenait autour d'elle des regards pleins de tristesse ou de feu. Sa démarche, sa voix, son sourire, sa physionomie avaient quelque chose de rêveur et de souffrant.

Lucile et moi nous nous étions inutiles. Quand nous parlions du monde, c'était de celui que nous portions au-dedans de nous et qui ressemblait bien peu au monde véritable. Elle voyait en moi son protecteur, je voyais en elle mon amie. Il lui prenait des accès de pensées noires que j'avais peine à dissiper : à dix-sept ans, elle déplorait la perte de ses jeunes années ; elle se voulait ensevelir dans un cloître. Tout lui était souci, chagrin, blessure : une expression qu'elle cherchait, une chimère qu'elle s'était faite, la tourmentaient des mois entiers. Je l'ai souvent vue, un bras jeté sur sa tête, rêver immobile et inanimée ; retirée vers son cœur, sa vie cessait de paraître au-dehors ; son sein même ne se soulevait plus. Par son attitude, sa mélancolie, sa vénusté, elle ressemblait à un Génie funèbre. J'essayais alors de la consoler, et l'instant d'après je m'abîmais dans des désespoirs inexplicables. […]

Lorsque les deux aiguilles unies à minuit enfantaient dans leur conjonction formidable l'heure des désordres et des crimes, Lucile entendait des bruits qui lui révélaient des trépas lointains. Se trouvant à Paris quelques jours avant le 10 août, et demeurant avec mes autres sœurs dans le voisinage du couvent des Carmes, elle jette les yeux sur une glace, pousse un cri et dit : « Je viens de voir entrer la mort. » Dans les bruyères de la Calédonie, Lucile eût été une femme céleste de Walter Scott, douée de la seconde vue ; dans les bruyères armoricaines, elle n'était qu'une solitaire avantagée de beauté, de génie et de malheur.

Chateaubriand, *Mémoires d'outre-tombe*, 1848

suivante. Mais, à Brest, il se rend compte qu'il n'a aucun goût pour la carrière d'officier de marine. Il revient sans qu'on l'y attende à Combourg où il annonce son intention de devenir prêtre. En réalité, il ne sait pas vraiment ce qu'il veut faire dans la vie et cherche simplement à gagner du temps.

De fertiles désespérances

Son père l'envoie au collège ecclésiastique de Dinan. François René s'y découvre aussi peu doué que pour la marine. Que faire ? Retour sur les terres de Combourg pour deux années d'oisiveté sombre où les états d'âme s'exacerbent. Aux langueurs sans vraie cause succèdent des exaltations sans but. Lucile, la sœur préférée de François René, son aînée de quatre ans, s'associe à cette plongée consentie dans les abysses de l'âme en détresse, indiquant à tous les romantiques qui s'ignorent la voie la plus sûre pour de fertiles désespérances. Voie dangereuse qui trouve son terme en 1804 pour Lucile qui, dans une crise nerveuse, cherche la mort, et la trouve. Son portrait, dans les Mémoires d'outre-tombe (première Partie, Livre Troisième, Chapitre 6), est celui d'un grand tourment intérieur, la mise en mots d'un malaise sans véritable remède.

Fuir là-bas, fuir…

1786. À deux mois de sa mort, le vieux comte François Auguste est las de voir son fils paresser dans les bois environnants. Il lui donne un brevet de sous-lieutenant au régiment de Navarre. Voilà donc François René officier d'infanterie, sans avoir aucun goût pour les armes ! Des congés prolongés lui permettent de séjourner chez ses sœurs mariées, à Fougères ou à Paris – Combourg est fermé depuis la mort du père. La Révolution n'est pas, pour François René, l'occasion de se préparer quelque piédestal pour une future statue de bronze. Au contraire, effrayé par les horreurs commises à Paris, il décide de fuir en Amérique afin d'y assouvir un rêve : observer les dernières tribus de bons sauvages et en tirer la recette du bonheur universel.

« Le Génie du christianisme »

Une longue maturation va donner, en 1802, l'œuvre qui permet à Chateaubriand de se faire connaître enfin du Premier consul, mais aussi du grand public : *Le Génie du christianisme*. Il donne une forme à la fois littéraire et concrète à l'enthousiasme qui accompagne le retour de la religion chassée par les révolutionnaires, grands pratiquants de leur grand Voltaire.

Un poste, des spéculations

Retrouvons François René sur le brigantin Saint-Pierre. Il a rejoint sa cabine. Mais que fait-il, une plume à la main ? Il écrit ! Sans doute des pages admirables pour les générations futures qui découvriront ébahies son génie littéraire… Point du tout : il aligne des chiffres car, sans grande fortune, il a réussi à amasser une petite somme qu'il compte bien faire fructifier en spéculant dans diverses entreprises commerciales – Chateaubriand, le bien né… Il espère aussi obtenir un poste consulaire, grâce à son ami Malesherbes – l'ami des encyclopédistes, courageusement revenu en France défendre Louis XVI, et guillotiné en 1794, pour cette raison. Le 11 juillet 1791, François René fait ses premiers pas en Amérique !

Retour précipité

Rien ne va comme il l'avait espéré : point de poste consulaire, point de juteux placements en vue et, bientôt, plus un sou. Et puis des dettes… Bien sûr, il prend le temps de s'enfoncer dans des paysages qui l'impressionnent pour longtemps, de rencontrer les derniers Indiens Natchez – rescapés d'un massacre de représailles organisé par les Français en 1772. Il racontera tout cela dans ses romans *Atala* et *René*, en tirera des considérations éthiques, philosophiques, religieuses dans *Le Génie du christianisme*, et de fort belles pages dans les *Mémoires d'outre-tombe*. Mais son retour précipité le 10 décembre, de Philadelphie, pour une arrivée en janvier au Havre, n'est pas dicté par l'urgence littéraire. D'ailleurs, écrit-il ? Oui, mais, il vaut mieux éviter de lire ce qu'il a produit en ce temps-là, sauf si on veut préparer un mémoire sur les désastres que peut occasionner l'usage inconsidéré des figures de style, notamment de la métaphore et des Ô d'émotion, qui pallient par leur vacuité circulaire l'absence de vocabulaire…

DANS L'INTIMITÉ

Ô femmes ! femmes ! femmes…

François René l'a lui-même avoué : la grande affaire de sa vie, ce furent les femmes ! Inscrire ici la totalité de ses conquêtes prendrait plusieurs pages, sinon le livre entier. Bien sûr, il y a la femme officielle, Céleste Buisson de La Vigne. Il l'épouse en rentrant d'Amérique, non par choix, mais parce que sa mère croit que cette jeune amie de Lucile va devenir fort riche – il n'en sera rien ! Les autres femmes s'appellent Pauline de Beaumont, madame de Staël, madame de Belloy, Juliette Récamier, madame de Custine, Madame de Noailles, Hortense Allart. Combien d'autres encore ! Par exemple cette fille du pasteur Yves, Charlotte, adolescente de quinze ans qui tombe amoureuse de lui lors de son séjour en Angleterre, et de laquelle, dit-il, il se laisse aimer…

François René en grand danger

En juillet 1792, après la proclamation de la Patrie en danger par les révolutionnaires, François René fuit à Bruxelles, puis à Trèves avec les émigrants parmi lesquels se trouve son frère – guillotiné deux ans plus tard. Incorporé à l'armée des princes, il assiste au siège de Thionville où il est blessé à la jambe. Malade de dysenterie, il croit mourir avant d'arriver, comme un vagabond, à Ostende où il embarque pour Jersey. Il y vit quelque temps chez un oncle, mais on annonce un débarquement français dans l'île. François René fuit en Angleterre où il reste sept ans, vivant dans un grenier, dans la plus noire des misères, donnant ici ou là quelques cours pour survivre. Il écrit aussi. En 1796 paraît son *Essai sur les révolutions* où il cherche dans l'histoire les raisons qui ont pu conduire à la Révolution française. Cet ouvrage le fait connaître dans le milieu des émigrés londoniens.

Touffu, décousu, désordonné : Le Génie

Le 21 avril 1800 un Suisse de Neuchâtel, David Lassagne, débarque à Calais. Observez-le donc, avec ses cheveux au vent, et sur les lèvres un soupçon du mépris aristocrate, le regard qui cherche celui des femmes, et cette façon contenue de désirer toujours des orages… Oui, c'est bien lui ! Il rentre clandestinement, François René, sûr que le Premier consul Bonaparte va prendre des mesures en faveur des immigrés – ce qui est fait. Lassagne redevient Chateaubriand – et se met à écrire une œuvre qu'il sent parfaitement adaptée à l'air du temps : la mode est au retour de la religion. Et puis, le Concordat se profile. Toutes les conditions sont réunies pour publier *Le Génie du christianisme*, ouvrage touffu, décousu, désordonné, mais exalté, plein de pages qui disent que la grandeur d'un peuple ne peut exister sans une grande foi. Ces pages plaisent à Bonaparte. Elles servent son projet : unir et tenir la France par la religion catholique, si pratique pour pénétrer par effraction dans le secret des consciences.

DANS L'INTIMITÉ

S'ils savaient…

Dans la nuit du 31 décembre 1799 au 1er janvier 1800, Chateaubriand termine une première version du *Génie du christianisme* par ces mots : *Seigneur, nous avons senti combien il était inutile de vouloir se défendre de Toi.* Ce genre d'envolée syntaxique vers le ciel et son Tout-Puissant va séduire de nombreux lecteurs, que séduiront aussi les prises de position de l'auteur pour la chasteté, le caractère sacré du mariage. S'ils savaient… François René de Chateaubriant rédige ces chapitres de haute tenue morale dans la chambre de sa maîtresse, Pauline de Beaumont, dans la banlieue de Paris, à Savigny, tout en regardant passer les paroissiens qui se rendent à la messe à laquelle il n'assiste jamais…

Les espoirs déçus

Il en espérait, des honneurs et des hochets, Chateaubriand ! Il en a rêvé, mais Napoléon ne l'a pas fait – ou du moins ne l'a fait que si chichement que l'amour-propre du vicomte en a été marqué comme d'un petit fer rouge, flétri…

Quoi ? C'est tout ?

Au cours d'une réception chez Lucien Bonaparte, en 1803, François René rencontre Napoléon. Celui-ci s'entretient avec l'écrivain du Génie, juge l'homme et lui donne sa récompense : un poste de secrétaire à la légation de Rome. Quoi ? C'est tout ? François René est ulcéré ! Il espérait beaucoup mieux, devenir ministre, accéder aux plus grands honneurs. Il est tellement vexé qu'il offre même ses services au tsar de Russie ! À Rome, il commet les pires bévues et, si son ami Fontanes ne le rejoignait pour lui mettre les points sur les i, il est probable que sa destinée lui eût réservé de fort mauvaises surprises. Le deuil, cependant, peut expliquer ses extravagances : Pauline de Beaumont, sa maîtresse, a voulu revoir son amant avant de mourir de consomption. Et il a recueilli son dernier soupir le 4 novembre 1803. Bonaparte, sur les conseils de Fontanes, donne une nouvelle affectation à Chateaubriand : ministre de la république du Valais ! Une minuscule république… Décidément, on se moque de lui !

ALLONS PLUS LOIN

Atala meurt, René pleure

Le Génie du christianisme comprend deux romans où Chateaubriand illustre ce dont il veut persuader ses lecteurs et surtout son Premier consul : la beauté du christianisme et celle de la nature. C'est dans le cadre enchanteur des rives du Meschacebé que René rencontre le vieil Indien Chactas. Celui-ci lui raconte son histoire : dans sa jeunesse, il a été fait prisonnier par les envahisseurs. Condamné à mort, il est sauvé par une jeune chrétienne : Atala. Tous deux errent longtemps dans la forêt, quasiment nus, avant d'être recueillis par un missionnaire, le père Aubry. Chactas est prêt à se convertir à la religion de celle qu'il aime pour l'épouser. Mais Atala a promis à sa mère de consacrer sa vie à la religion. Malgré son amour pour le jeune homme, elle s'empoisonne pour rester fidèle à sa promesse. Dans le second roman, René, le héros – René… –, s'est marié dans la tribu de Natchez, mais il se réfugie dans les bois pour tenter de soigner sa mélancolie. Quelle en est la cause ? Chactas et un vieux missionnaire le font parler – en réalité, c'est Chateaubriand qui raconte sa vie à Combourg… Ses deux auditeurs lui donnent leur diagnostic : il souffre d'orgueil ! Lui proposent-ils un remède ? Oui : la simplicité ! Il fallait y penser…

Comme on attrape la syphilis…

Avant de quitter l'Italie, il s'en va visiter Naples. De Rome, de Naples, de la campagne italienne, il rapporte des pages de descriptions grandiloquentes, enflammées, qui furent lues à l'époque avec admiration, et qu'on peut découvrir aujourd'hui par curiosité pour leur effervescence romantique, entre l'ébullition et la boursouflure. Il rentre à Paris, s'apprête à partir pour le Valais prendre son nouveau poste. Mais Bonaparte commet l'irréparable le 21 mars 1804 : l'exécution du duc d'Enghien, dans les fossés de Vincennes !

Un duc qui ne comprend rien aux accusations de complot dont on l'accuse, mais qui tombe sous les balles à cause de son sang royal ! À cette lâcheté de Bonaparte, Chateaubriand affirme, dans les Mémoires, qu'il jette sa démission à la face du tyran ! En réalité, il s'excuse auprès de Bonaparte de ne pouvoir prendre son poste en Valais, prétextant une maladie de sa femme... Puis il se rend chez sa maîtresse Delphine de Custine dans le lit de laquelle, dit-il : *Je gagnai – comme on attrape la syphilis dans des draps contaminés – le royalisme que je n'avais pas naturellement.* Belle image, Monsieur le vicomte...

DANS L'INTIMITÉ

Céleste est revenue...

Février 1804 : Chateaubriand revient tranquillement à Paris. Il se dirige vers son logis. Et dès qu'il en a poussé la porte, c'est un déluge d'imprécations féroces qui s'abat sur sa tête échevelée ! Elle est là, elle est venue, elle en avait assez de s'entendre dire qu'elle doit se tenir tranquille à Fougères, pendant que Monsieur, oui, pendant que Monsieur fait le joli cœur à Paris ! Elle crie, elle pleure de rage, elle lui fait une scène de ménage, une scène d'anthologie. Elle. Sa femme ! Laquelle ? La vraie : Céleste Buisson de La Vigne de Chateaubriand. Céleste... La mal nommée. Infernale et acariâtre ! Elle va s'adoucir peu à peu, à mesure que son mari, tempéré par l'âge, fera moins usage de ses outils de séduction. Pour l'instant, elle le surveille, elle est à la maison !

Céleste le suit partout...

Chateaubriand est malheureux. Sa femme le suit partout. Qu'imaginer pour s'en débarrasser ? Un voyage ! Un voyage qu'il ne peut faire qu'en solitaire, évidemment ! L'inspiration ne peut s'accommoder d'une présence matrimoniale et ménagère. L'écrivain est avant tout un être seul ! Tiens donc... Et pourquoi, alors, Madame de Noailles projette-t-elle de partir pour Grenade ? Pourquoi donc François René a-t-il prévu de faire un pèlerinage à Jérusalem, et de revenir par l'Espagne, plus précisément par Grenade ?...

L'itinéraire de Paris à Natalie...

On a compris : le long périple de Chateaubriand en 1806 – Venise, Athènes, Constantinople, la Terre sainte, l'Égypte, et puis l'Espagne – n'est qu'un prétexte, pour saisir des images fortes destinées à sa nouvelle œuvre, *Les Martyrs* – ouvrage qui paraît en 1809, en vingt-quatre livres, et ne connaît aucun succès. Certes. Mais vous avez deviné le prétexte secret, plus motivant : rejoindre la blonde, la superbe Natalie de Noailles à Grenade ! C'est elle qui, renouant avec d'anciennes traditions – rappelez-vous Chrétien de Troyes, Bernard de Ventadour – a suggéré à son beau chevalier aux mèches folles, de rendre à sa dame cet hommage en forme de voyage à périls...

ALLONS PLUS LOIN

Germaine de Staël

Née en 1766, Germaine Necker, fille du banquier du même nom – le ministre de Louis XV – et de Suzanne Curchod, épouse le baron de Staël-Holstein, devenant ainsi Madame de Staël, admiratrice de Jean-Jacques Rousseau. Cette femme de lettres milite très tôt pour une nouvelle littérature. Elle oppose la littérature classique qui s'inspire des modèles grecs et latins, à une conception plus spontanée de l'écriture où les traditions nationales auraient leur place – à la façon des Allemands ou des Anglais. En 1810, elle publie *De l'Allemagne* que Napoléon fait immédiatement détruire ! Il n'apprécie pas que soient ainsi promus ses ennemis. Elle voyage, revient à Paris à la chute de Napoléon, continue de militer pour une littérature à l'allemande et introduit de la sorte l'immense vague romantique en France.

Y est-il vraiment allé ?…

Chateaubriand revient à Paris en 1807, avec cinq mois de retard sur la date prévue – il a dû s'en passer des choses à Grenade… Il racontera son périple dans son ouvrage paru en 1811 : *Itinéraire de Paris à Jérusalem* – qui comporte tant d'inexactitudes et d'approximations, d'emprunts à des récits déjà écrits, que certains se sont demandé s'il avait bien suivi l'itinéraire prévu, l'écourtant pour retrouver plus vite la blonde Natalie… Dès son retour dans la capitale, il se remet à l'écriture. Il publie, dans une annexe du journal le Mercure de France, un article sur les régimes despotiques qu'il a observés pendant son voyage – on y découvre sans peine quelques timides attaques contre le despotisme de l'Empereur.

DANS L'INTIMITÉ

Le grand homme et son chat

La Vallée aux Loups ! Chateaubriand se prend d'une vraie passion pour cette maison qu'il a achetée, dans le hameau d'Aulnay, – à Châtenay-Malabry. Tout le monde l'aide à en aménager le parc, ses amis, ses femmes… Madame de Duras prête sa voiture, Madame de Noailles offre des arbres – et sa douce présence dans les débuts. Des catalpas, des tulipiers, des cèdres de Salomon, sont commandés à Cels et Noisette, les plus grands pépiniéristes de l'époque. Joséphine de Beauharnais fait livrer un magnolia à fleurs pourpres. Le lieu – où est venue s'installer Madame de Chateaubriand – devient si célèbre que des curieux s'en approchent pour tenter d'apercevoir le grand homme qui fait sa promenade avec son chat. Parmi ces curieux, un jeune homme qui avouera plus tard être reparti de la Vallée aux Loups avec un *éblouissement de gloire littéraire dans les yeux*. Son nom : Alphonse de Lamartine…

Je vais sabrer Chateaubriand !

L'affaire de l'article dans le *Mercure* de France devient dans les *Mémoires d'outre-tombe,* une action d'éclat, courageuse et suicidaire car Napoléon, sous la plume de François René, s'écrie, après avoir lu la page : *Je vais faire sabrer Chateaubriand sur les marches des Tuileries !* Brrr, ça fait peur ! En réalité, l'Empereur a fort peu réagi à ce petit article, disant à Fontanes que si son ami recommençait, il ne bénéficierait plus de certains avantages pécuniaires. C'est tout. De plus, le *Mercure de France* n'est pas interdit de parution par la rage impériale comme le prétend Chateaubriand, mais il fusionne avec un autre journal. Enfin, le tyran ne lui impose pas l'exil dans la maison de la Vallée aux Loups, près de Paris : Chateaubriand l'achète lui-même, sur ses propres deniers, pour être tranquille !

Le royaliste à l'œuvre

Selon son propre terme, le vicomte François René de Chateaubriand devient un laquais ! Étonnant avatar dont vous allez découvrir la cause, au fil de la suite de ses aventures…

La triste vengeance

François René rentre dans le rang. Sur la proposition de Napoléon, il est élu à l'Académie française, à une voix de majorité – dans les *Mémoires*, cette voix devient *une majorité écrasante*… Pourtant, il ne peut siéger dans la noble assemblée, ayant refusé de revoir son discours de réception qui contient quelques attaques contre la Révolution – il ne siégera sous la coupole qu'à la Restauration… La Restauration que voici : le 30 mars 1814. François-René profite du départ de Napoléon pour publier un maladroit pamphlet, outrancier et vengeur : *De Buonaparte et des Bourbons*. Louis XVIII, le frère de Louis XVI – un voltairien convaincu – apprécie-t-il cette publication répandue à des milliers d'exemplaires ? Il affirme que ce livre vaudrait à son auteur une armée… qu'il ne lui donne pas, se contentant de le nommer ambassadeur. En Suède !

UNE ANECDOTE

La petite histoire…

L'un des grands projets de Chateaubriand est d'écrire une histoire de France. Il veut apporter à ceux qui la liront une vision exacte et documentée des siècles passés. Il veut aussi que l'ensemble soit porté par une écriture aussi puissante que le souffle épique dont elle témoigne. Il imagine de vastes fresques où son lyrisme ferait des miracles… Hélas, en vingt ans, il n'écrit que vingt pages définitives – un peu plus, peut-être… À ranger dans la petite histoire…

Congédié comme un laquais !

Le bruit des bottes de l'Ogre corse se fait entendre au printemps 1815. François René fuit avec Louis XVIII à Gand, en Belgique. Là-bas, le roi le nomme ministre de l'Intérieur. Retour en France après Waterloo. Les honneurs pleuvent : il est ministre d'État, pair de France, ambassadeur à Berlin, à Londres, à Rome, ministre des Affaires étrangères après avoir fait décider la guerre contre les républicains espagnols, en 1823. Il se vante d'avoir réussi en quelques mois ce que Napoléon n'avait pas gagné en cinq ans. En réalité, c'est le duc d'Angoulême qui conduit l'expédition, remportant la bataille du Trocadéro – la place qui commande l'accès à la baie de Cadix. Fort de ce succès, Chateaubriand tente de renverser le ministre Villèle afin de prendre sa place ! Villèle le *congédie comme un laquais* – termes du congédié qui se venge en écrivant des articles qui conduisent à la chute du « congédiant » Villèle !

Les Mémoires d'outre-tombe

Le dernier acte, le plus important dans la vie de Chateaubriand, va bientôt commencer, celui où il donne la parole, dans ses *Mémoires d'outre-tombe,* au personnage qu'il préfère : lui-même !

Ruiné !

En 1830, Chateaubriand refuse la monarchie de Juillet. Il se consacre à l'écriture. Dans quel état ses finances sont-elles ? Catastrophiques, comme toujours ! En 1818, complètement ruiné, parce que privé de traitement à cause de disgrâces successives, il a dû vendre la Vallée aux Loups. Par la suite, ses fonctions ne lui assurent pas le train de vie qu'il aime mener, il dépense beaucoup plus qu'il ne gagne. Aussi, en 1830, est-il presque acculé à la misère ! Heureusement, Madame Récamier va le secourir, l'entourer d'une tendre affection qui se substitue aux feux de l'amour qui les avait consumés entre 1818 et 1820. Elle organise chez elle, chaque après-midi, une rencontre entre François René qui a dépassé la soixantaine et ses admirateurs, triés sur le volet.

Riche !

Chateaubriand poursuit une œuvre dont il a conçu le projet à Rome en 1803 : écrire ses mémoires. Leur rédaction commence en 1809. Elle va s'accélérer à partir de 1832. Leur titre change : *Mémoires de ma vie* devient *Mémoires d'outre-tombe* – où l'on trouve le petit dièse sépulcral cher au pessimisme romantique. De l'argent, vite ! En voici : les *Mémoires d'outre-tombe,* dont la rédaction est en cours sont vendus à une société d'actionnaires pour deux cent mille francs. De plus, il est accordé à l'auteur une rente viagère annuelle de vingt mille francs. Voilà de quoi vivre un bon moment, la somme est énorme pour l'époque. Par contrat, Chateaubriand demande que son œuvre ne soit publiée qu'après sa mort – que les actionnaires espèrent la plus prompte possible !

UNE ANECDOTE

Nous l'avons échappé belle…

Les *Mémoires, Atala, René, la Vie de Rancé, les Martyrs* (24 volumes !...). Nous avons bien failli être privés de tout cela ! Dans le livre III des *Mémoires d'outre-tombe,* Chateaubriand raconte qu'un jour de désespoir – il souffrait de ce qu'on appelle aujourd'hui la dépression de l'adolescent – il se saisit d'une carabine que son père lui avait donnée, et dont le coup partait tout seul si on en frappait la crosse sur le sol. Il se dirigea vers le bois, tout près du château de Combourg. Là, bien caché dans un fourré, il sort de sa poche trois balles, engage la première dans le canon qu'il met dans sa bouche... Il raconte la suite : *Si le coup part, c'est que le destin veut que je meure ; si le coup ne part pas, c'est que l'instant de ma mort n'est pas encore arrivé. Je frappai trois fois avec violence la crosse contre terre, je réitérai deux fois cette épreuve en tenant toujours le bout du fusil dans ma bouche, et le coup ne partit pas.* La main d'un domestique passant par hasard près du fourré se posa sur son épaule et interrompit ce mauvais jeu qui nous aurait privé de tant d'heures de lecture, d'explications, de commentaires passionnants !

La Vie de Rancé

Chateaubriand prend son temps. Il termine ses *Mémoires* le 16 novembre 1841. Puis il travaille à la biographie de Dominique-Armand Jean Le Boutiller de Rancé, plus connu sous le nom de Rancé, fondateur de l'ordre des trappistes en 1663. En réalité, souvent dans les pages qu'il rédige en méditant sur sa vie, sa mort prochaine, le Rancé qui apparaît possède l'âme de Chateaubriand. Ce livre est celui des ultimes confidences, les plus sincères. Pour la première fois peut-être, il ne ment pas. Il devient attachant : ce n'est plus l'amer royaliste déçu qu'on ne l'honore jamais suffisamment, c'est un vieil homme résigné et sage, et pathétique. *La Vie de Rancé* est publiée en 1844.

Un homme du passé

Chateaubriand ne mourant pas, les actionnaires qui ont acquis les *Mémoires* s'impatientent et décident de les publier en feuilleton dans le journal *La Presse* ! Après de multiples remaniements de son œuvre, Chateaubriand se soumet à ces nouvelles conditions qu'il ne peut refuser, ses moyens financiers sont de nouveaux si réduits… Les *Mémoires d'outre-tombe* sont accueillis sans enthousiasme. Les lecteurs voient dans l'auteur un homme du passé qui a élevé un monument à sa fierté déçue ; ils trouvent excessifs et partiaux les portraits qu'il fait de ses ennemis, et même ceux de ses amis.

Face à la mer !

Perclus de rhumatismes, souffrant cruellement de la goutte, quasiment impotent, souffrant de partout, il demeure lucide et toujours vif d'esprit. Son épouse, Céleste, meurt en 1847. L'année suivante, vient son tour. Lorsqu'on vient lui annoncer, sur son lit de mort, la chute de celui qu'il considérait comme un usurpateur, Louis-Philippe, il répond : *C'est bien fait* ! Il rend son dernier soupir le 4 juillet 1848. Ses funérailles ont lieu à Saint-Malo. Il est enterré sur le rocher du Grand-Bé, comme il l'a souhaité, face à la mer !

La déferlante du siècle Hugo

Hugo ! Quatre lettres répandues dans tout son siècle et dans le monde entier. Voyagez un peu aujourd'hui : vous le rencontrez partout ; dans les contrées les plus reculées, il est là. Ou bien son nom est peint sur un mur, affiché à une devanture, ou vivant dans la mémoire de quelque habitant de ses histoires, lues sur les bancs de toutes les écoles. Et dans la capitale de France, avez-vous remarqué ceci : la façade de Notre-Dame de Paris a la forme d'un H ! Le H de Hugo ?... Certains vont dire que la plus juste rime à Hugo, c'est parano… Il est vrai que parfois, il en fait trop. Mais ce qui peut l'installer pour jamais dans la sympathie de tous ceux qui parviennent à dépasser ses outrances, c'est son humanité profonde, sa générosité, sa sincérité, son courage, sa lutte incessante pour que le peuple soit fier d'être ! Ce n'est pas pour rien que près de deux millions de personnes accompagnèrent son cercueil au Panthéon !

Père et mère d'une légende pour des siècles

Les feuilles d'automne tombent dans la campagne lorsque se rencontrent dans une petite ville des marches de Bretagne un vibrionnant soldat de la République et une jeune fille pleine de sagesse qui en porte le nom : Sophie ! On peut considérer que vient alors de s'écrire la première page hugolienne…

Brutus tue La Perdrix

4 octobre 1795. Le major Brutus Hugo – né à Nancy le 15 novembre 1773 – vient de prendre la tête d'un détachement de soldats républicains qui entre dans la forêt du Gâvre, au nord de Nantes. Une heure plus tard, alors qu'Hugo et ses soldats arrivent au village du Coudray, la fusillade éclate : des *brigands* tentent d'abattre le chef du détachement républicain. La riposte est immédiate : Brutus Hugo, qui a entendu les balles siffler à ses oreilles, supprime lui-même le chef chouan, nommé La Perdrix. Hugo et ses hommes partent ensuite occuper le château de Châteaubriant, à une trentaine de kilomètres. Ils s'y installent le 26 novembre 1795.

Sophie Trébuchet, rue de Couéré

Ce jour-là, dans la rue de Couéré, proche du château, Madame Robin et sa nièce, Sophie Trébuchet, se préparent pour la soirée que donne Julie Ernoul de La Chênelière, leur voisine, qui aime rassembler ses amis jacobins. Sophie a vingt-trois ans. Très cultivée, elle est gracile, sûre d'elle mais discrète, plutôt rêveuse et même secrète. Elle n'a rien de la Vendéenne chevauchant gaillardement à travers les forêts de la région pour le compte des chouans ! Cette légende, née de l'imagination de son célèbre fils, a été prise pour argent comptant par de nombreux écrivains, dont André Maurois.

Sophie et Brutus

Dès que Brutus entre chez Julie Ernoul – Brutus est le nom républicain de Joseph-Léopold Sigisbert Hugo… –, le cœur de Sophie l'informe que cet homme… cet homme… Il vient vers elle. La conversation s'engage. Ils se découvrent des connaissances communes. Par exemple Louise Gandriau que Brutus a rencontrée chez le terrifiant Carrier, presque deux années auparavant. Carrier, le sinistre représentant en mission à Nantes, qui allait lui-même vérifier le fonctionnement de la guillotine sur la place du Bouffay… Carrier qui a fait couper la tête à des jeunes filles qui n'avaient pas quinze ans, à des jeunes garçons de douze ans ! Louise Gandriau, la tante amie de Sophie – elles ont le même âge –, était la maîtresse de Carrier…

Ma Sophie de Châteaubriant…

Ils tombent amoureux l'un de l'autre, mais Brutus doit partir pour Paris. Il écrit à Sophie : *Ma Sophie de Châteaubriant…* Elle lui répond avec flamme. Ils s'avouent leur amour. Elle va le rejoindre. Ils se marient le 15 novembre 1797, à la mairie du 9e arrondissement, à Paris. Un premier enfant naît en 1798 : Abel. Puis un deuxième, en 1800 : Eugène. Un troisième, enfin. Et quel troisième : Victor-Marie, le 26 février 1802, à Besançon. Le médecin qui a pratiqué l'accouchement prévient les parents : leur petit Victor-Marie ne vivra pas vingt-quatre heures… Il va vivre plus de quatre-vingts ans ! Victor lui-même raconte dans *Les Feuilles d'automne* (1831) la journée du 26 février 1802, où il naquit d'un sang breton – celui de Sophie Trébuchet – et lorrain – celui de Brutus.

PLAISIR DE LIRE

Ce siècle avait deux ans…

Ce siècle avait deux ans ! Rome remplaçait Sparte,
Déjà Napoléon perçait sous Bonaparte,
Et du premier consul, déjà, par maint endroit,
Le front de l'empereur brisait le masque étroit.
Alors dans Besançon, vieille ville espagnole,
Jeté comme la graine au gré de l'air qui vole,
Naquit d'un sang breton et lorrain à la fois
Un enfant sans couleur, sans regard et sans voix ;
Si débile qu'il fut, ainsi qu'une chimère,
Abandonné de tous, excepté de sa mère,
Et que son cou ployé comme un frêle roseau
Fit faire en même temps sa bière et son berceau.
Cet enfant que la vie effaçait de son livre,
Et qui n'avait pas même un lendemain à vivre,
C'est moi.

Victor Hugo, *Les Feuilles d'automne*, 1831

Tout faire, tout dire, tout voir !

Vingt-quatre heures à vivre ! Victor Hugo va passer chaque jour de sa vie comme s'il ne lui restait que vingt-quatre heures à vivre : il veut tout faire, tout dire, tout voir avant de partir. Il faut l'imaginer, les yeux écarquillés derrière la vitre des voitures à chevaux qui le conduisent avec sa famille en Corse en 1804, en Italie en 1807. Rome, Naples ! Retour en France en 1809, sans le colonel Brutus, appelé auprès du roi Joseph Bonaparte, à Madrid. Sophie et ses trois enfants s'installent dans l'ancien couvent des Feuillantines. Départ de nouveau, pour l'Espagne, cette fois, en avril 1811 : Brutus y a été nommé général ! Il a demandé que sa femme et ses fils viennent le rejoindre. Audacieux voyage quand on sait que dans l'Espagne rebelle à l'Empire français, on torture, on étripe et on égorge dans les campagnes et dans les villes, tous ceux qu'on peut capturer, et qui viennent de France. L'escorte conduisant à Madrid, Sophie, Abel, Eugène et Victor est particulièrement renforcée, ce qui n'empêche pas les escarmouches.

De l'Espagne…

Victor, à Madrid, passe un an au collège des nobles. Il a neuf ans et ce qu'il voit s'imprime pour toujours dans sa mémoire. Ses pièces de théâtre, beaucoup de ses poèmes, en porteront la marque. Même les meubles qu'il sculpte, les dessins qu'il crée – et qu'on peut voir dans les demeures qu'il a occupées – semblent sortir d'une Ibérie mal remise de ses cauchemars. Le retour à Paris s'effectue en 1812, l'année où la Grande Armée agonise dans les neiges russes. Le ménage Sophie et Brutus connaît aussi son agonie : les deux époux se séparent. Sophie reprend sa vie parisienne aux Feuillantines, souvent évoqué par Victor dans ses poèmes :

… aux Feuillantines

Mes deux frères et moi, nous étions tout enfants. / Notre mère disait : « Jouez, mais je défends / Qu'on marche dans les fleurs et qu'on monte aux échelles. » / Abel était l'aîné, j'étais le plus petit. / Nous mangions notre pain de si bon appétit, / Que les femmes riaient quand nous passions près d'elles. / Nous montions pour jouer au grenier du couvent. / Et là, tout en jouant, nous regardions souvent / Sur le haut d'une armoire, un livre inaccessible. / Nous grimpâmes un jour jusqu'à ce livre noir ; / Je ne sais pas comment nous fîmes pour l'avoir, / Mais je me souviens bien que c'était une Bible (Victor Hugo, *Les Contemplations*, 1856). La Bible ! Autre affluent torrentiel qui coule dans le fleuve de l'imagination hugolienne !

Chateaubriand ou rien !

Je veux être Chateaubriand ou rien ! Le 10 juillet 1816, lorsque le jeune Victor, quatorze ans, écrit ce décasyllabe dans son cahier de vers, la tornade Hugo vient de se mettre en route ! Elle va balayer tout le XIXe siècle, le XXe aussi, et ce n'est pas fini… Brutus, redevenu Joseph-Léopold, tente de l'arrêter en l'enfermant au collège Louis-le-Grand. On y gave Victor de mathématiques. Peine perdue. Certes, Victor est attiré par les inconnues à résoudre, mais elles logent ailleurs que dans les formules algébriques ! En attendant de les énumérer bientôt dans ses carnets d'adulte conquérant, il traduit Virgile, écrit une tragédie, *Irtamène* – il a quinze ans ! En 1817, son poème *Le Bonheur que procure l'étude* obtient la cinquième place au concours de l'Académie française. Il en est à la fois heureux et marri !

UNE ANECDOTE

Le pavillon des infidèles

Si vous passez rue des Feuillantines, à Paris, arrêtez-vous devant le numéro 8 où se trouve une inscription qui rappelle le séjour de la petite famille Hugo en ces lieux de silence et de verdure, à l'époque... En 1621, la congrégation de l'ordre des Feuillants (née à l'abbaye de Feuillans, dans le diocèse de Rieux, près de Toulouse) s'y installe pour un an, avant de laisser la place à des religieuses. *Les Feuillants* devient *Les Feuillantines.* Le couvent est supprimé à la Révolution, acquis par un commerçant, Lalande, qui le transforme en plusieurs lots. Dans les bâtiments qu'occupe la famille Hugo, un pavillon hébergeait les femmes infidèles mises en quarantaine au temps de Louis XIV !

Justement... Sophie, lasse des infidélités de Brutus, se laisse conter fleurette – depuis 1800, déjà... – par le général Lahorie, un royaliste qu'elle cache pendant dix-huit mois alors qu'il est condamné par contumace au bannissement. On a même prétendu que le Général Lahorie – Victor de son prénom – pouvait être le père du petit Victor de Sophie ! Certains calculs cent fois refaits par des spécialistes, en fonction des présences à Paris dudit général, prouveraient que c'est bien... Brutus qui est le père de notre grand homme ! Ouf ! Victor Lahorie finit sa vie devant un peloton d'exécution le 29 novembre 1812, pour avoir trempé dans la conspiration du général Mallet qui avait tenté de prendre le pouvoir en annonçant la mort de l'Empereur.

Le lys sur la cheminée

1818. La tornade renonce à Polytechnique, et, puisqu'il faut bien faire des études, s'inscrit en droit. La plume, elle, ne cesse de tourbillonner. En février 1819, elle rapporte de l'académie des Jeux Floraux de Toulouse un lys d'or pour une ode sur le rétablissement de la statue d'Henri IV. Ce lys d'or, premier trophée, demeurera longtemps accroché au-dessus de la cheminée, dans les différentes demeures hugoliennes. Sophie en est très fière, mais Sophie est malade, très malade. Elle meurt le 27 juin 1821. Victor est désemparé. Il quitte Paris, à pied ! Pendant trois jours, il marche, sans s'arrêter. Où va-t-il ? À Dreux, chez Monsieur et Madame Foucher, les parents d'Adèle à qui il a avoué son amour, deux ans plus tôt. Ils se sont fiancés en secret, malgré l'opposition de Sophie – malgré l'amour fou que ressent pour elle Eugène, le frère de Victor !

ALLONS PLUS LOIN

Qui est donc Bug-Jargal ?

Les frères Hugo rêvent tous les trois de gloire littéraire ! C'est Victor qui anime le trio, Victor jamais en panne d'imagination, toujours enthousiaste – la tornade ! En 1820, les frères Hugo aidés de quelques amis publient le premier numéro de la revue qu'ils viennent de créer : *Le Conservateur littéraire*. À mesure qu'on la feuillette, on lit, à la fin des articles critiques, la signature de Victor – il a rempli presque toutes les pages... Dans le numéro suivant paraît son premier roman : *Bug-Jargal*. C'est l'histoire d'un esclave de Saint-Domingue, Pierrot, amoureux fou de la fille de son maître, la belle et douce Marie qui est fiancée à Léopold d'Auverney. Lors d'une révolte, Pierrot enlève Marie. D'Auverney décide de la retrouver. Il est capturé par les insurgés qui décident de le mettre à mort. Mais Bug-Jargal intervient... Qui est donc *Bug-Jargal* ? Vous le saurez en lisant le célèbre roman de Victor Hugo : *Bug-Jargal*, remanié en 1826. On ne peut tout de même pas tout vous raconter...

Du sang humain pour Han !

Dans un doux soleil d'arrière-saison, le 12 octobre 1822, Adèle et Victor se jurent un amour éternel sous les voûtes de l'église Saint-Sulpice à Paris, chapelle de la Vierge. Le jeune ménage s'installe rue du Cherche-Midi, dans une maison des parents Foucher. La douleur d'Eugène est telle qu'il sombre dans la folie – dans ce qu'on appellerait aujourd'hui un trouble bipolaire chronique. Il doit être interné – il mourra en 1837. Victor en ressent un lourd chagrin, mais il ne cesse d'écrire, de publier : *Odes et Poésies diverses*, puis, en 1823, un nouveau roman : *Han d'Islande*. C'est une histoire terrifiante qui se déroule dans une Islande imaginaire du XVIIe siècle. Le héros éponyme, un bandit, (qui donne son nom à l'ensemble du livre) est davantage un monstre qu'un homme : il vit seul avec un ours et ne boit que du sang humain ! Un jeune chevalier, Ordener, fait appel à lui afin de découvrir des documents qui permettront de libérer la jeune fille qu'il aime, Ethel, prisonnière avec son père faussement accusé par un rival qui a pris sa place de chancelier du royaume. La suite dans le livre !

UNE ANECDOTE

C'est assez mal fagoté !

Le premier recueil de poèmes de Victor Hugo paraît en 1822. C'est Abel, le frère de Victor qui lui en fait la surprise. Il s'empare de ses manuscrits et les emporte au libraire Pélicier qui les imprime. Le recueil *Odes et Poésies diverses*, signé Victor-M Hugo est mis en vente sur l'étalage de Pélicier. Et, bien sûr, envoyé au roi Louis XVIII. Celui-ci prend le livre gris terne entre ses mains, fait la moue et déclare : *C'est assez mal fagoté !* Mais il l'ouvre, le lit – il connaissait déjà l'auteur, l'ayant récompensé en 1820 pour une ode sur la mort du duc de Berry. Les *Odes* lui plaisent : il prélève sur sa propre cassette une pension de 1 200 francs qui va donner un coup d'accélérateur décisif à la tornade hugolienne !

Chronique intime et extime (1)

- 16 juillet 1823 : naissance du premier fils de Victor et Adèle : Léopold. Il est confié au général Hugo et à sa seconde femme, à Blois. Il meurt le 9 octobre.
- 28 août 1824 : naissance de Léopoldine, au nouveau domicile des époux Hugo, 90 rue de Vaugirard.
- Avril 1825 : Victor Hugo est décoré de la Légion d'honneur.
- 9 novembre 1826 : naissance de Charles.
- 1827 : la famille s'installe 11 rue Notre-Dame des Champs (maison disparue depuis le percement du boulevard Raspail) afin de mieux recevoir les amis Balzac, Vigny, Dumas, Musset, Delacroix, le peintre... Le salon porte le nom de *La Chambre au lys d'or* : la récompense obtenue aux Jeux Floraux de Toulouse est accrochée sur la cheminée…
- 29 janvier 1828 : mort du général Joseph-Léopold-Sigisbert Hugo, à Paris.
- 21 octobre 1828 : naissance de François-Victor.
- 28 juillet 1830 : naissance d'Adèle – prénommée comme maman… ; son parrain est Sainte-Beuve.

CHEZ NOS VOISINS

Scott, Dickens, Goethe, Kleist…

L'Écossais Walter Scott (1771-1832) met en scène les aventures du chevalier Ivanohé, dans l'Angleterre du XIIe siècle, plus proche de la légende que de la vérité historique. Lord Byron (1788-1824), John Keats (1795-1821) et Thomas de Quincey (1785-1859) publient leurs œuvres poétiques et romantiques. Charles Dickens (1812-1870) écrit *David Copperfield* et *Oliver Twist*. En Allemagne, Goethe (1749-1832) poète, romancier, auteur dramatique, crée le mouvement Sturm und Drang (tempête et assaut, en réaction contre le rationalisme des Lumières). Il publie, en 1774, *Les Souffrances du jeune Werther* qui influence tout le romantisme français, puis son Faust, que traduit Gérard de Nerval ; Schiller (1759-1805), soutenu par Goethe, publie des drames et poèmes où le sentiment personnel est exalté. Friedrich Hölderlin (1770-1843) écrit une œuvre poétique magnifique, connue après sa mort. Heinrich von Kleist (1777-1811), donne au théâtre *Le Prince de Hombourg*.

La bataille d'Hernani

La comédie ? La tragédie ? Tout cela, c'est fini ! Vive le drame à l'anglaise – ou plutôt, vive le drame à l'Hugo !

Quitter la galère classique !

Hugo la tornade ! Il va déchaîner un ouragan ! Les premiers signes de la perturbation apparaissent en 1827, lorsqu'il prend position dans la querelle qui oppose, pour le genre dramatique, les partisans de la tradition – avec ses comédies, ses tragédies, et la sacro-sainte règle des trois unités – et les progressistes qui ne jurent que par l'école nouvelle, celle du romantisme. Cette prise de position est contenue dans la préface de *Cromwell*, pièce publiée, mais jamais jouée. Et qu'affirme donc Hugo pour que le vent du renouveau souffle déjà si fort que les marbres classiques se fissurent ? Il clame que la règle des trois unités est stupide : il n'y a pas trois unités, il n'y en a qu'une : l'unité d'action. Le vers ? Il doit être franc et loyal, c'est-à-dire qu'il ne s'interdit rien, il passe de l'expression du sublime à celle du grotesque sans transition. Le vers ne doit rien imposer au drame, mais tout recevoir de lui ! Bref, il faut quitter les galères du genre classique, et embarquer vers les temps modernes !

Les trois âges de la poésie, selon Hugo

- L'âge lyrique et son moyen d'expression où passent l'exaltation et l'extase : l'ode. Un exemple : le premier livre de la Bible – la Genèse.
- L'âge antique avec Homère, l'*Iliade* et l'*Odyssée* – le temps des épopées.
- L'âge moderne qui commence avec l'avènement du christianisme. L'homme prend alors conscience de sa dualité : il est formé d'une âme et d'un corps. Celui qui a fourni à cette dualité sa plus parfaite expression, c'est Shakespeare qui a uni dans ses drames les deux éléments fondamentaux de la nature humaine : le tragique et le comique, le sublime et le grotesque.

Hernani, 25 février 1830 : c'est la guerre !

La préface de *Cromwell*, largement répandue, a chauffé à blanc les deux camps : d'un côté les bourgeois qui tiennent à maintenir la tradition classique dans le théâtre, de l'autre la jeunesse romantique qui veut proposer, ou plutôt imposer, le drame façon Shakespeare. Tout est prêt : la mèche – la préface de *Cromwell* –, le pétard – la pièce d'Hugo, *Hernani* – et le tonneau de poudre – la salle de théâtre. L'explosion a lieu le jeudi 25 février 1830. Ce jour-là, c'est la guerre : les troupes d'Hugo sont commandées par les maréchaux Théophile Gautier, Pétrus Borel (1809-1859, poète et romancier) et Auguste Maquet, le futur nègre de Dumas (1813-1886). On y trouve Honoré de Balzac, Hector Berlioz ! Elles sont divisées en dix tribus qui occupent les secondes galeries et le parterre. Leur uniforme : le gilet rouge – surtout celui de Gautier, flamboyant ! Autres signe de reconnaissance : les cheveux longs… L'ennemi ? Le bourgeois chauve, vêtu de noir et perruqué !

Combats au corps à corps

Tout l'après-midi, les troupes s'échauffent la voix dans la salle où va avoir lieu la représentation. À sept heures du soir, la pièce commence enfin. La troupe d'Hugo applaudit à tout rompre dès qu'une audace de versification ou de situation apparaît, celle des bourgeois siffle à s'en rendre sourd ! Des essaims d'insultes s'abattent un peu partout, harcèlent les visages en rage ! On se bat quasiment au corps à corps, les sièges souffrent… Le lendemain, les journaux se déchaînent contre l'œuvre, mais surtout contre cette jeunesse turbulente, cette bohème inquiétante qui soutient un théâtre décadent ! La querelle se poursuit dans les jours qui suivent. Balzac change même de camp, prétendant que le sujet d'Hugo – son ami – est inadmissible ! Et puis les esprits s'apaisent. La pièce est représentée quarante-cinq fois. La victoire est nette dans le camp d'Hugo. Un nouveau genre vient de s'imposer au théâtre : le drame romantique.

ALLONS PLUS LOIN

Vous êtes mon lion superbe et généreux !

Ernani est le nom d'un petit village espagnol qui, en 1811, avait frappé l'enfant Victor Hugo, en route vers Madrid où il allait retrouver son père. L'auteur Hugo donne ce nom à son héros – en lui ajoutant un h. Hernani est un jeune proscrit dans l'Espagne du début du XVIe siècle. Amoureux de la plus belle qui soit – Dona Sol – il ne peut vivre sans elle. Il se cache dans le maquis, mêlé à une bande de brigands. La nuit, il donne rendez-vous à sa belle qui vient le retrouver pour des moments intenses mais brefs. Dona Sol doit épouser un vieil oncle : Ruy Gomez. Un troisième homme est fou amoureux de la belle : Don Carlos – le futur Charles Quint ! *Trois hommes pour une femme*, c'est l'un des sous-titres de la pièce.

Pour corser l'affaire, Ruy Gomez et Hernani trament, chacun dans leur coin, des complots contre Don Carlos, le roi. Celui-ci sauve la vie d'Hernani, Hernani celle de Don Carlos, Ruy Gomez celle d'Hernani, bref, lorsque vous lirez la fin, vous serez ou bien en larmes, ou bien mort de rire… Faites-en l'expérience, vous vous connaîtrez mieux ! L'anecdote rapporte que Mademoiselle Mars qui interprétait Dona Sol n'accepta pas de dire le vers le plus célèbre de la pièce : *Vous êtes mon lion superbe et généreux !* Le mot lion ne passait pas… Elle le transforma ainsi : *Vous êtes Monseigneur, superbe…* Et le vers, ce jour-là, tomba à plat !

« Notre-Dame de Paris »

Un mystère, pour Victor Hugo, cette cathédrale Notre-Dame de Paris où semblent enfouis mille secrets des temps passés, mille âmes et davantage encore… Son roman va naître.

Emmanuel gronde, Victor tremble...

Suivons cet homme au pas décidé, qui vient de quitter le 11 rue Notre-Dame-des-Champs. Il marche à pas rapides, passe devant Saint-Sulpice qu'il regarde à peine – regretterait-il déjà de s'y être marié ? Le voici dans la rue Saint-André-des-Arts, dans celle de la Huchette. Pont-au-Double... Il s'arrête. Elle est là, fidèle au rendez-vous qu'il lui donne presque chaque jour en cette année 1828 : elle, la cathédrale Notre-Dame de Paris ! Regardez-le de face, maintenant, cet homme... Bien sûr, vous l'aviez reconnu, c'est Victor Hugo ! Mais observez son air à la fois soucieux et fasciné, et cette façon étrange dont il regarde les tours, les gargouilles... *Emmanuel* – ainsi Louis XIV a-t-il baptisé la plus grosse cloche de Notre-Dame, treize tonnes, un battant de cinq cents kilos ! Le bourdon gronde. Victor tremble. Il avance, franchit le portail de la cathédrale. Un homme en soutane noire l'approche, lui parle à voix basse : c'est le premier vicaire de Notre-Dame, l'abbé Oegger.

L'antre de Satan ?

Puis voici Charles Nodier, l'écrivain, David d'Angers, le sculpteur, et Delacroix, le peintre. Tous les cinq montent l'escalier jusqu'au sommet des tours d'où ils contemplent le soleil du soir qui descend dans sa forge. Oegger parle à voix basse. C'est un prêtre étrange, un mystique. Victor Hugo ne perd pas un mot de ce qu'il raconte : dans chaque forme, dans chaque pierre, se cache un signe ! La cathédrale n'est pas une masse minérale, c'est un être vivant, un être pensant. Monstre ou prolongement du divin ? Ou bien l'antre de Satan ?... Qui sait ? La nuit vient de tomber. Hugo rentre chez lui, note en hâte ce qu'il a entendu, dans un petit cahier à l'écriture serrée. Il projette d'en faire un roman. Un roman qui raconterait les années 1400, la ferveur de l'époque, la fin du grand Moyen Âge, la cour des Miracles...

La peau d'ours de papa

Le 15 novembre 1828, un contrat est signé avec l'éditeur Gosselin. Hugo doit remettre le manuscrit de son roman *Notre-Dame de Paris* le 15 avril 1829 ! La bataille d'*Hernani* l'en empêche. Le 5 juin 1830, Gosselin demande à Hugo de terminer son roman pour le 1er décembre. La date arrive : seules six pages ont été écrites. Gosselin se fâche. Victor Hugo s'en va acheter une bouteille d'encre, un gros tricot de laine grise qui l'enveloppe du cou jusqu'aux orteils – c'est, pour les enfants Hugo, la peau d'ours de papa... – il se met à l'ouvrage le 1er septembre 1830. Le 15 janvier 1831, le livre est fini ! *Notre-Dame de Paris* commence son incroyable voyage jusqu'à nous, jusqu'à Garou...

Frollo tue Phoebus

Dans le Paris de la fin du XIVe siècle, Esméralda, une jeune bohémienne à la beauté étrange et fascinante, gagne sa vie en dansant sur les places, accompagnée de sa chèvre Djali. L'archidiacre de Notre-Dame, Claude Frollo, tourmenté par la chair, est amoureux d'elle, de même que le sonneur de cloches, l'affreux et difforme Quasimodo. Le monde d'Esméralda, c'est la cour des Miracles où se rassemblent, place de Grève, toute la faune de l'époque, truands et assassins. Esméralda est amoureuse d'un capitaine des archers, Phoebus de Chateaupers. Elle est surprise avec lui par Frollo qui le tue. Esméralda est accusée du meurtre ! La suite dans le livre…

Hugo en œuvres

Le souffle puissant de la tornade Hugo soulève l'enthousiasme à chacune des publications qui jalonnent les années 1830 et 1840 :

En poésie

- 1831 *Les Feuilles d'automne* : les premiers vers en sont : *Ce siècle avait deux ans, Rome remplaçait Sparte…*
- 1835 *Les chants du crépuscule* : quel avenir après la Révolution de 1830 ?
- 1837 *Les Voix intérieures* : sur la première page du livre, le nom du général Hugo qu'on n'a pas jugé utile de graver sur l'Arc de Triomphe avec ceux des généraux d'Empire.
- 1840 *Les Rayons et les ombres : Ô combien de marins, combien de capitaines / Qui sont partis joyeux pour des courses lointaines / Dans ce morne horizon se sont évanouis / Combien ont disparu, dure et triste fortune / Dans une mer sans fond, par une nuit sans lune / Sous l'aveugle océan, à jamais enfouis !*

Pour la scène :

- 1832 *Le Roi s'amuse* : à la cour de François Ier, Triboulet, le fou du roi est soupçonné de garder au secret sa femme et ses enfants. Les courtisans décident de percer ce mystère, mais celle qu'ils croyaient la femme du fou n'est autre que sa fille. La suite… (vous connaissez la suite !)

- 1833 *Lucrèce Borgia* : Gennaro tombe amoureux d'une femme éblouissante. Mais ses amis lui apprennent qui elle est : Lucrèce Borgia (1480-1519), la scandaleuse, l'incestueuse, la terrible, la sœur du non moins terrible César Borgia (1475-1507). Il la repousse alors, mais est condamné à mort. C'est Lucrèce qui choisit la façon dont il va être exécuté. Mais elle va lui révéler un terrible secret… La suite dans le livre.
- 1835 *Angelo, tyran de Padoue* : en 1549, Angelo Malipieri, tyran de Padoue, n'aime pas sa femme Catarina, qui ne l'aime pas non plus ; il est amoureux de la comédienne Tisbé, qui, elle, aime un proscrit : Rodolfo. Homodei, un étrange inconnu, originaire de Venise, entre alors en scène. La suite…
- 1838 *Ruy Blas* : Ruy Blas, orphelin pauvre, est devenu valet de Don Salluste, grand d'Espagne en disgrâce pour avoir séduit une fille d'honneur de la reine. Pour se venger, Salluste fait passer Ruy Blas pour son cousin Don César, et l'introduit à la cour. La reine Maria de Neubourg tombe amoureuse de Ruy Blas, amoureuse d'un valet… La suite…
- 1843 *Les Burgraves* : au temps de l'empereur Barberousse, dans la petite ville de Heppenhef, sur les rives du Rhin, des militaires de haut rang (les burgraves) sèment la terreur dans la région. Barberousse n'aura pas la partie facile pour rétablir l'ordre tant la pièce est sifflée… Hugo, meurtri, décide de cesser d'écrire pour le théâtre.

Les années Juliette

Il y eut Hélène de Troie et Pâris, Tristan et Iseut, Abélard et Héloïse. Grandes et belles amours légendaires ! Il y eut aussi Victor et Juliette. L'écrivain et son amoureuse aux cinquante ans de fidélité. Certains, mal intentionnés, ou très méchants, disent : sa photocopieuse, sachant qu'elle fut employée jour et nuit, à recopier de son Victor les manuscrits !

Mon Toto chéri, mon cher bien aimé…

Bonjour, mon Toto chéri, mon cher bien aimé, bonjour de tous mes vœux, de toutes mes pensées, de toutes mes lèvres et de tout mon cœur. Comment vas-tu ce matin mon petit homme ravissant ? Moi je vais très bien. J'ai dormi comme un sabot et maintenant je suis éveillée comme une portée de souris... Victor Hugo va recevoir plus de vingt mille lettres aussi débordantes d'amour, toutes envoyées par celle qui lui a consacré sa vie : Juliette Drouet. Juliette Gauvain est née à Fougères (Ille-et-Vilaine), en avril 1806 dans une famille d'artisans toiliers. Orpheline, elle est placée dans un couvent à Fougères, avec son frère et ses deux sœurs. Son oncle René Drouet qui s'installe à Paris décide de l'y emmener. En 1816, il la place dans un couvent. Elle en sort en 1821.

Maîtresse de Pradier

Que devient-elle alors, pendant quatre ans ? On possède peu de renseignements sur cette période. Elle réapparaît en 1825, aux côtés du sculpteur Pradier dont elle est devenue la maîtresse. Il donne à la ville de Strasbourg qu'il est chargé de représenter place de la Concorde sous la forme d'une statue, la silhouette et le visage de Juliette (cherchez bien, dans le brouhaha des moteurs, la statue est toujours là…). En 1826, Juliette met au monde Claire, le seul enfant qu'elle aura.

Je suis née au bonheur dans tes bras

Elle commence ensuite une carrière d'actrice à Bruxelles d'abord, puis à Paris. En 1833, Victor Hugo lui confie le rôle de Madame Négroni, dans *Lucrèce Borgia*. Ils deviennent amants dans la nuit du 16 au 17 février, nuit dont Juliette fêtera jusqu'à la fin de sa vie l'anniversaire – chaque année, elle écrit un message dans un petit cahier rouge baptisé par les deux amants *Le livre de l'anniversaire* ; il ne quitte jamais son oreiller. Ainsi, le 17 février 1835, elle écrit à Victor : *le 17 février 1833, je suis née au bonheur dans tes bras.*

Moi j'avais son amour

La fidélité de Juliette est absolue, pendant cinquante ans, jusqu'à sa mort ! Elle va le suivre partout. Elle est sa muse, son inspiratrice, son ange gardien et consolateur. Elle demeure cloîtrée et cachée comme il l'exige, recopiant les manuscrits, toujours dans l'ombre, sans jamais protester – ou presque – supportant tout de Victor, même ses infidélités – elle pardonne en particulier la liaison de son Toto avec Léonie Biard : Victor est pris en flagrant délit d'adultère avec elle le 5 juillet 1845 ; elle est emprisonnée, lui, non… En 1851, Léonie Biard aura la délicate cruauté d'envoyer à Juliette les lettres d'amour que son amant lui avait écrites... Juliette meurt le 11 mai 1883. Elle repose dans le cimetière de Saint-Mandé, aux côtés de sa fille Claire, disparue à dix ans. Sur sa tombe, on peut lire : *Quand je ne serai qu'une cendre glacée / Quand mes yeux fatigués seront fermés au jour / Dis-toi, si dans ton cœur, ma mémoire est fixée / Le monde a sa pensée, moi j'avais son amour.*

Chronique intime et extime (2)

- Victor n'est pas un modèle de fidélité. Il multiplie les aventures, en conduisant plusieurs à la fois. Adèle, de dépit, se laisse courtiser par Charles-Augustin Sainte-Beuve (1804-1869).
- Leur aventure, loin d'être torride, lui permet d'accepter aussi la naissance et l'enracinement dans son quotidien du plus grand amour de Victor : Juliette Drouet.
- 1841 : Victor est élu à l'Académie française. Il s'y était présenté deux fois en 1836, une fois en 1840…
- 1843 : le 15 février, Léopoldine Hugo, dix-neuf ans, épouse Charles Vacquerie, vingt-six ans, admirateur d'Hugo dont il est aussi l'ami. Les deux familles ont sympathisé. Les Hugo et les Vacquerie – riches armateurs havrais – passent leurs étés ensemble à Villequier.

Le bateau chavire : quatre morts

Villequier, 4 septembre 1843. Charles Vacquerie et Léopoldine Hugo, mariés depuis février, décident d'aller voir leur notaire à Caudebec-en-Caux. C'est un prétexte pour essayer le nouveau canot à voile que vient d'acheter Charles. Pierre Vacquerie, capitaine au long cours, et son fils, Arthur, sont aussi du voyage. Huit heures du matin : les quatre promeneurs prennent place dans le canot, mais il manque de stabilité. Charles décide alors de le lester avec de grosses pierres trouvées sur la berge. Il fait beau, le temps est calme, le vent souffle à peine.

À Caudebec, on s'attarde un peu. Le vent se lève. Charles et Léopoldine, Pierre, Arthur, montent dans le canot qui file tranquillement sur la Seine. Soudain, vers treize heures, face au lieu-dit le Dos d'âne, dans une légère courbe du fleuve, une rafale fait gîter le bateau. Les grosses pierres roulent, la gîte augmente. Le bateau chavire. Léopoldine se retrouve sous la coque. Elle ne sait pas nager. Pierre et Arthur coulent à pic. Charles plonge, tente de dégager sa femme, n'y parvient pas. Il plonge de nouveau, peine perdue. Il plonge encore. Il sait que Léopoldine vient de mourir. Alors, cet excellent nageur se laisse couler, volontairement, rejoignant dans la mort celle qu'il aime.

Ne plus serrer jamais les mains qui nous sont chères…

Où est Victor Hugo le jour de la tragédie ? Parti en juillet pour un long voyage en Espagne, avec Juliette, il remonte tranquillement en diligence par le sud-ouest de la France. Il se passe alors quelque chose d'incroyable : dans la nuit du 4 au 5 septembre, alors qu'il ne sait rien du drame, il est envahi d'un sentiment funèbre. L'idée de la mort ne le quitte pas. Au petit matin, il écrit : *Ô mort, mystère obscur, sombre nécessité ! Quoi ? partir sans retour, s'en aller comme une ombre ! / S'engloutir dans le temps, se perdre dans le nombre !/ Faire à tout à la fois les suprêmes adieux / Quoi ! ne plus revenir, ne plus voir les doux yeux / Dont nous sommes la joie et qui sont nos lumières / Ne plus serrer jamais les mains qui nous sont chères…*

La douleur infinie

Le 8 septembre, Victor et Juliette visitent l'île d'Oléron. Ils ne savent toujours rien de la tragédie. L'impression de mort n'a pas quitté Victor qui compare l'île à un grand cercueil couché dans la mer. Le 9 septembre, à trois heures de l'après-midi, après une promenade dans les marais de Rochefort, Victor entre dans une auberge, dans la petite ville de Soubise. Il demande les journaux, s'assoit. Il ouvre *Le Siècle*. La catastrophe de Villequier y est racontée dans le détail. Il lit. Son regard se fige, hagard. Sa vie vient de basculer dans la douleur infinie, dans l'irrémédiable. Il se lève. Il marche sans rien voir. Autour de lui, des rondes de petites filles… Léopoldine… Il tombe dans l'herbe. Il pleure… Plus tard, il écrira : *Oh ! je fus comme fou dans le premier moment, / Hélas ! et je pleurai trois jours, amèrement…*

À Villequier

Chaque année, le 4 septembre, Victor Hugo accomplit le pèlerinage à Villequier, sur la tombe de Léopoldine. Il part du Havre, à pied, où habitaient les Vacquerie, et il arrive le soir à son rendez-vous. Ses années d'exil le priveront douloureusement de cette marche du souvenir. Peut-être – sans doute – connaissez-vous par cœur le poignant poème *Demain dès l'aube* que Victor Hugo écrit à sa fille le 3 septembre 1847. Si vous décidez – c'est votre droit… – de n'en lire qu'un autre, un seul, ouvrez le recueil publié en 1856 : *Les Contemplations*. Vous y verrez, à travers les strophes du poème *À Villequier*, l'image d'un père qui a failli mourir de chagrin, qui surmonte sa douleur, qui se résigne…

Maintenant que Paris, ses pavés et ses marbres…

Voici les quatre premières strophes du poème *À Villequier : Maintenant que Paris, ses pavés et ses marbres, / Et sa brume et ses toits sont bien loin de mes yeux ; / Maintenant que je suis sous les branches des arbres, / Et que je puis songer à la beauté des cieux ; / Maintenant que du deuil qui m'a fait l'âme obscure / Je sors, pâle et vainqueur, / Et que je sens la paix de la grande nature / Qui m'entre dans le cœur ; / Maintenant que je puis, assis au bord des ondes, / Ému par ce superbe et tranquille horizon, / Examiner en moi les vérités profondes / Et regarder les fleurs qui sont dans le gazon ; / Maintenant, ô mon Dieu ! que j'ai ce calme sombre / De pouvoir désormais / Voir de mes yeux la pierre où je sais que dans l'ombre / Elle dort pour jamais…* (Victor Hugo – écrit le 4 septembre 1847 – *Les Contemplations*, 1856)

Demain, dès l'aube…

Demain, dès l'aube, à l'heure où blanchit la campagne,
Je partirai. Vois-tu, je sais que tu m'attends.
J'irai par la forêt, j'irai par la montagne.
Je ne puis demeurer loin de toi plus longtemps.

Je marcherai les yeux fixés sur mes pensées,
Sans rien voir au dehors, sans entendre aucun bruit,
Seul, inconnu, le dos courbé, les mains croisées,
Triste, et le jour pour moi sera comme la nuit.

Je ne regarderai ni l'or du soir qui tombe,
Ni les voiles au loin descendant vers Harfleur,
Et quand j'arriverai, je mettrai sur ta tombe
Un bouquet de houx vert et de bruyère en fleur.

Victor Hugo – écrit le 3 septembre 1847 – *Les Contemplations*, 1856

L'entrée en politique

La politique ! Planche de salut ! Victor Hugo s'y lance à corps perdu. Depuis toujours sensible à la misère – il commence le 17 novembre 1845 un roman intitulé provisoirement *Les Misères*, qui deviendra *Les Misérables* –, nommé pair de France, il prononce son premier discours à la Chambre le 19 mars 1846. Le 5 juin 1848, il est élu député à Paris, à l'Assemblée constituante – Louis-Philippe a abdiqué le 24 février. Le poète Lamartine est alors aux premières loges : il a fait adopter le drapeau tricolore et voter de nombreuses mesures sociales. En décembre, voici, d'Hugo, l'ami d'abord : Louis-Napoléon Bonaparte, élu président de la République avec 74% des voix – Lamartine en recueille 1%... ; puis Louis-Napoléon devient l'ennemi juré, après le coup d'État du 2 décembre 1851 qui lui donne les pleins pouvoirs. Il en use d'abord pour lancer des ordres d'arrestation contre ses opposants, dont Victor Hugo, qui s'enfuit en Belgique, sous un déguisement d'ouvrier. Le 5 août 1852, un violent pamphlet contre le prince-président qui va devenir Napoléon III : *Napoléon le Petit*, est publié à Bruxelles. Il est signé Victor Hugo.

L'exil : Les Châtiments, Les Misérables...

Le 12 août 1852, Victor Hugo s'installe à Marine-Terrace, dans l'île de Jersey. Il y travaille aux sept livres qui vont composer son nouveau recueil de poèmes : *Les Châtiments* – orientés contre le pouvoir absolu que s'est octroyé Napoléon le Petit. Au début de 1855, parce qu'il a protesté contre l'expulsion de quelques-uns de ses compagnons proscrits accusés d'avoir outragé la reine d'Angleterre, Victor Hugo est chassé de Jersey. Il va vivre désormais à Guernesey où il achète, le 10 mai 1856, la propriété d'Hauteville-House. Il va y demeurer jusqu'à la chute de Napoléon III, en septembre 1870.

Chronique intime et extime (3)

- 1853 Constamment hanté par le souvenir de Léopoldine, Victor Hugo tente l'expérience du spiritisme autour de tables tournantes qui mettent prétendument en relation avec l'esprit des disparus.
- 1855 Abel Hugo, frère de Victor, meurt à Paris.
- 1858 Une grave infection – un anthrax – oblige Hugo à interrompre son travail pendant plusieurs mois.
- 1859 Napoléon III invite Victor Hugo à rentrer en France. Il refuse, fidèle à sa déclaration dans « Ultima Verba » : *Si l'on n'est plus que mille, eh bien, j'en suis ! / Si même ils ne sont plus que cent, je brave encore Sylla ; / S'il en demeure dix, je serai le dixième ; / Et s'il n'en reste qu'un, je serai celui-là – Les Châtiments*, Ultima Verba, VII, 16. Il publie la *Légende des siècles*.

- 1861 Il séjourne un mois à Bruxelles où il termine son roman *Les Misérables*, publié dans les mois qui suivent. Le succès est immense.
- 1863 Le 18 juin est publié un livre signé par Madame Hugo : *Victor Hugo raconté par un témoin de sa vie*.
- 1864 François-Victor Hugo achève la traduction des œuvres complètes de Shakespeare.
- 1865 Publication du recueil de poèmes *La Chanson des rues et des bois* – tout le bonheur de la nature au printemps, et de la généreuse nature de Victor…
- 1866 *Les Travailleurs de la mer* – Lethierry, un armateur, promet sa nièce à qui renflouera son navire. Gilliat en est amoureux, mais la belle aime un pasteur…
- 1868 Adèle, la femme de Victor, meurt.
- 1869 Publication du roman *L'Homme qui rit* – le mystérieux Gwynplane est affligé d'une infirmité : son visage, même quand il pleure, exprime le rire ; il aime la délicieuse Dea, mais disparaît. Dea le croit mort…

Vous souvenez-vous ?…

De *La Légende des siècles*, peut-être avez-vous appris, au temps de votre jeunesse folle…

La conscience

Lorsque avec ses enfants vêtus de peaux de bêtes, / Échevelé, livide au milieu des tempêtes, / Caïn se fut enfui de devant Jéhovah, / Comme le soir tombait, l'homme sombre arriva / Au bas d'une montagne en une grande plaine ; / Sa femme fatiguée et ses fils hors d'haleine / Lui dirent : « Couchons-nous sur la terre, et dormons. » / Caïn, ne dormant pas, songeait au pied des monts. / Ayant levé la tête, au fond des cieux funèbres, / Il vit un œil, tout grand ouvert dans les ténèbres, / Et qui le regardait dans l'ombre fixement. / « Je suis trop près », dit-il avec un tremblement. / […] (on se relaie pour masquer cet œil, en vain ; on construit alors une tombe…) Puis il descendit seul sous cette voûte sombre. / Quand il se fut assis sur sa chaise dans l'ombre / Et qu'on eut sur son front fermé le souterrain, / L'œil était dans la tombe et regardait Caïn.
(Victor Hugo, *La Légende des siècles*, 1859)

Ou bien : Booz endormi

[…] Ruth songeait et Booz dormait ; l'herbe était noire ; / Les grelots des troupeaux palpitaient vaguement ; / Une immense bonté tombait du firmament : / C'était l'heure tranquille où les lions vont boire. / Tout reposait dans Ur et dans Jérimadeth ; / Les astres émaillaient le ciel profond et sombre ; /

Le croissant fin et clair parmi ces fleurs de l'ombre / Brillait à l'occident, et Ruth se demandait, / Immobile, ouvrant l'œil à moitié sous ses voiles, / Quel dieu, quel moissonneur de l'éternel été, / Avait, en s'en allant, négligemment jeté / Cette faucille d'or dans le champ des étoiles. (Victor Hugo, *La Légende des siècles*, 1859)

Ou bien : Les pauvres gens

Il est nuit. La cabane est pauvre, mais bien close. / Le logis est plein d'ombre et l'on sent quelque chose / Qui rayonne à travers ce crépuscule obscur. / Des filets de pêcheur sont accrochés au mur. / Au fond, dans l'encoignure où quelque humble vaisselle / Aux planches d'un bahut vaguement étincelle, / On distingue un grand lit aux longs rideaux tombants. / Tout près, un matelas s'étend sur de vieux bancs, / Et cinq petits enfants, nid d'âmes, y sommeillent / La haute cheminée où quelques flammes veillent / Rougit le plafond sombre, et, le front sur le lit, / Une femme à genoux prie, et songe, et pâlit. / C'est la mère. Elle est seule. Et dehors, blanc d'écume, / Au ciel, aux vents, aux rocs, à la nuit, à la brume, / Le sinistre océan jette son noir sanglot… (Victor Hugo, *La Légende des siècles*, 1859) Trouvez la suite si vous voulez. La raconter est trop émouvant…

La faute à Rousseau

Est-ce utile de rappeler les aventures qui se déroulent dans le roman-fleuve de Victor Hugo : *Les Misérables*, que peu de gens ont lu en entier, mais que tout le monde connaît – ou presque – à cause des nombreuses adaptations cinématographiques, ou bien en comédies musicales, pièces de théâtre, chansons, qui en ont été faites… Jean Valjean transforme sa vie d'ancien bagnard – son crime : avoir volé un pain… – en exemple de générosité, de vertu et d'abnégation. Devenu le maire, Monsieur Madeleine, poursuivi par le policier Javert – inoubliable Michel Bouquet dans une version filmée – il rencontre sur son chemin Fantine, une femme perdue qui lui confie sa fille Cosette avant de mourir. Monsieur Madeleine la tire des griffes des sinistres Thénardier. Plus tard, elle tombe amoureuse du jeune et beau Marius. Plus tard encore, en 1832, après les journées de barricades qui suivent les obsèques du général Lamarque, son personnage Gavroche meurt en chantant : *Je suis tombé par terre, c'est la faute à Voltaire, le nez dans le ruisseau, c'est la faute à*… La suite dans le livre – il ne vous reste que quelques pages…

Le triomphal retour

Hugo avait juré qu'il ne reviendrait pas en France avant qu'en parte celui qu'il appelle Napoléon le Petit : Napoléon III. Il a tenu parole ! Le voici de retour en 1870.

Le défenseur des opprimés

La popularité de Victor Hugo est immense lorsqu'il rentre en France. On reconnaît en lui le défenseur des opprimés, le proscrit qui n'a cessé de combattre le pouvoir que s'est accordé un seul homme – Napoléon III –, l'avocat des pauvres, l'infatigable combattant contre la misère. Pendant la Commune, en 1871, Victor Hugo s'exile à Bruxelles où il accueille des communards. Revenu en France, il tente de rentrer dans l'action politique, mais, ne parvenant pas à concilier ses vues progressistes avec la lenteur d'une société qui cherche encore son identité, il abandonne.

Les deuils, le Sénat…

Le mauvais sort s'acharne contre lui dans sa vie privée : son fils Charles meurt subitement, le 13 mars, à Bordeaux. En 1872, sa fille Adèle, qui a vécu un amour malheureux pour un officier anglais, devient folle. Elle est internée à Saint-Mandé où elle mourra en 1915. En 1873, il publie son dernier roman : *Quatre-vingt-treize* – l'épopée de la Révolution française où l'on suit le destin du marquis de Lantenac, de Cimourdain, un prêtre révolutionnaire, et de Gauvain, neveu du marquis, passé dans les rangs du peuple. En décembre 1873, il perd son second fils, François-Victor. Janvier 1876 : retour à la politique. Il est élu sénateur et intervient aussitôt pour que soit votée une loi d'amnistie en faveur des communards. En 1877, il publie la deuxième partie de *La Légende des siècles*, puis l'émouvant *Art d'être grand-père*.

UNE ANECDOTE

Bon anniversaire, Victor !

Le 27 février 1881, tout Paris est en effervescence. Depuis des semaines, on y prépare un événement d'importance : les quatre-vingts ans de Victor Hugo. Il habite alors rue d'Eylau – une bataille prussienne de Napoléon, son idole, en 1807. Dès le matin, les Parisiens et bon nombre de provinciaux – des écoliers, des ouvriers, des gens de toutes conditions – commencent à défiler sous ses fenêtres. Ils font monter vers lui toute leur admiration, toute leur reconnaissance. Ils lui savent gré de leur avoir toujours donné courage dans ses écrits, de les avoir considérés. À la fin de la journée, plus de six cent mille personnes sont passées dans la rue d'Eylau qui, le soir est couverte de fleurs et baptisée aussitôt : avenue Victor Hugo !

Dans le corbillard des pauvres

Après une congestion cérébrale qui le terrasse en 1878, Victor Hugo cesse quasiment d'écrire. Le 11 mai 1883, celle qui l'a toujours aidé, compris, qui l'a connu mieux que personne, qui l'a aimé plus que sa vie, au-delà de tout, Juliette, meurt, à soixante-dix-sept ans. Victor avait écrit : *Sur ma tombe on mettra, comme ma grande gloire : Le souvenir profond, adoré, combattu d'un amour qui fut faute et qui devint vertu.* Le 15 mai 1885, Victor Hugo prend froid. Le lendemain, il est alité avec une forte fièvre qui ne le quitte pas dans les jours qui suivent. Il meurt d'une congestion pulmonaire le vendredi 22 mai, à quatre-vingt-trois ans. Le gouvernement décide de lui faire des obsèques nationales. Son corps est exposé sur un immense catafalque installé sous l'Arc de Triomphe. Plus de deux millions de personnes suivent ses obsèques, le 1er juin. Il est conduit tout droit au Panthéon, dans le corbillard qu'il avait choisi : celui des pauvres.

Hugo vous parle

- La nuit, on pense mieux, la tête est moins pleine de bruit. (*Ruy Blas*.)
- La haine, c'est l'hiver du cœur. (*Les Contemplations*.)
- Le jeune homme est beau, mais le vieillard est grand. (*La Légende des siècles*.)
- C'est l'abbé qui fait l'église ; / C'est le roi qui fait la tour ; / Qui fait l'hiver ? C'est la bise ; / Qui fait le nid ? C'est l'amour. (*La Chanson des rues et des bois*.)
- Je n'ai plus d'ennemis quand ils sont malheureux. (*Carnets*.)
- Depuis six mille ans la guerre / Plaît aux peuples querelleurs / Et Dieu perd son temps à faire / Les étoiles et les fleurs. (*La chanson des rues et des bois*.)
- Oh ! n'insultez jamais une femme qui tombe ! / Qui sait sous quel fardeau la pauvre âme succombe ! (*Les Chants du crépuscule*.)
- Les mots sont les passants mystérieux de l'âme. (*Les Châtiments*.)
- Oh ! l'amour d'une mère ! amour que nul n'oublie ! / Pain merveilleux qu'un dieu partage et multiplie ! Table toujours servie au paternel foyer ! Chacun en a sa part, et tous l'ont tout entier ! (*Les Feuilles d'automne*.)
- Lorsque l'enfant paraît, le cercle de famille / Applaudit à grands cris. Son doux regard qui brille / Fait briller tous les yeux. (*Les Feuilles d'automne*.)
- La musique, c'est du bruit qui pense. (*Fragments*.)
- Je suis une force qui va. (*Hernani*.)
- Ainsi, la paresse est mère. Elle a un fils, le vol, et une fille, la faim. (*Les Misérables*.)
- Être contesté, c'est être constaté. (*Carnets*.)
- C'est ici le combat du jour et de la nuit ! Dernières paroles de Victor Hugo. (à moins que ce ne soit, selon un autre témoin : *Je vois du soleil noir !*)

Sainte-Beuve et la critique

Sur la photo qui illustre les articles qui lui sont consacrés, on le reconnaît à sa grosse tête chauve, à son ventre proéminent, son grand manteau noir, à cette allure qui semble hésiter entre le bourgeois et le prélat... Charles-Augustin Sainte-Beuve est né à Boulogne-sur-Mer le 23 décembre 1804. Après des études de médecine – inachevées – à Paris, il devient journaliste et se spécialise dans la critique littéraire, mettant au point une technique d'interprétation de l'œuvre en fonction des moindres détails de la vie de l'auteur. Ses ouvrages personnels – poésie et roman – n'obtiennent aucun succès. Il poursuit alors son œuvre critique – publiée sous le titre *Les Causeries du lundi* – tout en enseignant à Lausanne, en Belgique, puis à l'École normale supérieure à Paris. Ses jugements sur l'œuvre de Victor Hugo sont plutôt incisifs – il faut dire que ses relations avec le grand maître, et surtout avec la femme de celui-ci, les ont peut-être conditionnés... Sa lecture de Chateaubriand est sans concession, trouvant fort bruyant le deuil de sa jeunesse... Proust désapprouvera la méthode Sainte-Beuve, affirmant que l'œuvre provient d'un autre moi que celui de l'auteur. Sainte-Beuve meurt le 13 octobre 1869.

Chapitre 16

Poésie : le chaud et le froid

Dans ce chapitre :

- Embarquez pour toutes les aventures de la rime romantique
- Comprenez la naissance et le développemment du mouvement parnassien

Les poètes romantiques inventorient avec de troubles délices leurs états d'âme, l'état de leurs pensées, celui de leurs amours, ou les trois à la fois, dans des recueils où domine le *je* analysant le *moi*. La désespérance et le pessimisme sont souvent au rendez-vous qu'on ne leur a pas donné. Les longs épanchements sur les beautés de la nature se font la main sur le cœur, l'autre à la plume, assis devant l'immensité. Statiques, les romantiques ? Pas toujours : ils désirent s'engager dans leur temps, accompagner la marche des idées, et même leur montrer le chemin. Ainsi, on trouve Hugo et Lamartine sur le front de l'action, presque sur les barricades, en 1848 et plus tard ! Stop ! Ceux qui leur succèdent, les poètes Parnassiens, issus du Second Empire muselé, constatant l'échec du romantisme stérile dans son statisme ou son militantisme, décident de ne cultiver que la forme, de chercher la perfection dans la construction. Jusqu'à la prochaine révolution…

Les fortunes de la rime romantique

Chateaubriand et Hugo ne sont pas les seuls dans la grande valse romantique. Les poètes Lamartine et son *Lac*, Vigny et son *Loup*, Musset et ses *Nuits*, Nerval et son air, plongent avec délices dans leur *je* lyrique.

Alphonse, comte de Lamartine

Si on vous dit Lamartine, vous répondez, du tac au tac : *Le Lac !* Et vous n'avez pas tort. C'est ce qui demeure de son héritage dans nos mémoires la plupart du temps scolaires. Pourtant, Lamartine a navigué dans d'autres eaux…

Alphonse le fugueur !

Voyez cet enfant de douze ans qui marche sur la route de Lyon. Voyez à sa gauche : un gendarme ; à sa droite : un gendarme. Ils le tiennent par les épaules. Il ne leur échappera pas ! Cet enfant s'est sauvé la veille de la pension Puppier, ne supportant plus les professeurs, le proviseur, le censeur de malheur ! Le voici revenu devant la grande porte sinistre. L'un des gendarmes frappe. L'autre annonce au portier : *Nous vous le ramenons ! – Qui donc ? – Votre évadé ! – Ah ! Vous l'avez retrouvé ! – Oui, tout seul sur la route, et il est affamé. Préparez-lui des tartines ! Allons, entrez maintenant, Alphonse de Lamartine !...*

Alphonse le séducteur

Alphonse-Marie Louis de Lamartine est né à Mâcon, le 21 octobre 1790, dans une famille de noblesse de robe. Après les dures années de pension à Lyon, puis la poursuite de ses études au collège de Belley, il ne fait rien. Ou du moins, préservé par sa famille d'un engagement dans l'armée de celui qu'on appelle chez les Lamartine l'Usurpateur – Napoléon –, Alphonse vit tranquillement dans la propriété familiale de Milly, jusqu'à la seconde Restauration. Il a alors vingt-cinq ans. Il écrit des poèmes. Il voyage : Rome, Naples. Il séduit des femmes : Henriette Pommier qu'il veut épouser – les parents Lamartine refusent ; une Antoinette et une Graziella en Italie ; une Madame de Pierreclau, née Nina Dezoteux, à Milly – il en a un fils qui meurt en 1841 ; d'autres femmes mariées ; d'autres célibataires. Il compose des tragédies chrétiennes et des élégies.

Alphonse et Julie

Se croyant malade, en octobre 1816, il part en cure à Aix-les-Bains. Évidemment, il y rencontre une femme mariée, Madame Charles, née Julie Bouchaud des Hérettes dont le mari, le physicien Charles, a trente-huit ans de plus qu'elle. Leur idylle dure un mois. Ils se retrouvent à Paris où elle l'introduit dans les milieux littéraires, pendant qu'ils vivent leur passion près du vieux mari qui fait semblant de ne rien voir.... L'année suivante, en août 1817, Lamartine, rentré à Milly, repart pour Aix où il espère retrouver Julie. Mais elle se meurt de phtisie à Paris. Il écrit alors une première version du *Lac*, le poème qui l'a rendu célèbre dans toutes les générations : *Ô temps, suspends ton vol*... Il ne reverra jamais Julie, devenue Elvire dans ses *Méditations* : elle rend son dernier soupir le 18 décembre 1817, en embrassant un crucifix qu'elle fait parvenir à son amant.

Les Méditations d'Alphonse

Lamartine continue d'écrire des poèmes. Il séjourne à Paris en 1819. Il vit une aventure torride avec une Italienne : Léna de Larche. Peu après, il rencontre Miss Birch qu'il épouse le 6 juin 1820. Cette année est celle de la gloire pour le poète : la publication de ses *Méditations poétiques* offre aux lecteurs des pages dont le degré de sincérité surprend et séduit. On a qualifié ces *Méditations* d'acte de naissance de la poésie romantique. Il est vrai que les amateurs de plongée dans les abysses vivent une sorte de disette depuis la production des petits maîtres du XVIIIe siècle. Et la poésie de Chénier n'est pas encore connue !

Le bonheur en Toscane

La renommée de Lamartine s'étend à l'étranger. Pendant dix ans, de 1820 à 1830, le poète mène une carrière de diplomate qui le conduit de Naples en Angleterre, puis à Florence. Il prend régulièrement des congés qu'il passe dans le château de Saint-Point, en Bourgogne, près de Mâcon – son père lui en a fait cadeau ! Il continue d'écrire toutes sortes de méditations diverses, en prose et en vers. En 1821, un garçon naît au foyer – le petit Alphonse – qui meurt un an plus tard. Une fille, Julia, le remplace. De précieuses années de bonheur s'écoulent sous le ciel de Toscane. Lors de son séjour à Paris en 1829, Lamartine rencontre Hugo, Sainte-Beuve. Avec l'appui de Chateaubriand, il est élu à l'Académie française.

ALLONS PLUS LOIN

Les trois cénacles

Si vous passez rue de Sully, à Paris, vous longerez la bibliothèque de l'Arsenal. À l'origine, ce bâtiment faisait partie, depuis Henri II, de l'Arsenal du Roi ; on y entreposait des armes et de la poudre à canon. En 1757, le bailli de l'artillerie y crée une bibliothèque riche de milliers de volumes. Parmi ses conservateurs, on trouve, en 1824, Charles Nodier (1780-1844), auteur de nombreux romans et nouvelles fantastiques *Smarra, Trilby, La Fée aux miettes...* ; il rassemble autour de lui – et de sa fille Marie – les premiers romantiques, créant le premier cénacle du genre – le cénacle est, à l'origine, le lieu où s'est déroulée la Cène, dernier repas du Christ, dans le Nouveau Testament. Ce cénacle romantique accueille Lamartine, Hugo, Vigny, Dumas, Balzac, Musset, Félix Arvers.

En 1827, Hugo jugeant que la poésie doit prendre sa place dans la politique, rompt avec Nodier et crée son propre cénacle, chez lui, rue Notre-Dame-des-Champs. C'est là que se fourbissent les armes pour la bataille d'*Hernani* ! Un troisième cénacle apparaît en 1830 – celui que décrit ironiquement Théophile Gautier dans son roman *Les Jeunes-France* (1833). Ce cénacle s'installe en 1835, impasse du Doyenné où vit Gérard de Nerval. Il rassemble la bohème galante, ou bohème dorée, fortement influencée par le roman noir anglais. L'impasse du Doyenné devient un lieu de fêtes – bals, banquets – et d'excentricités en tout genre : on y boit dans des crânes...

Le malheur à Beyrouth

1830 : Lamartine remet sa démission à Louis-Philippe. Après avoir publié un nouveau recueil de poèmes – *Harmonies poétiques et religieuses*, où figure son célèbre chant d'amour pour la propriété familiale : « Milly ou la terre natale » –, il veut réaliser un vieux rêve : un voyage en Orient, jusqu'en Terre sainte. Juillet 1832 : il embarque à Marseille où la population lui fait un triomphe. Il emmène avec lui sa femme, des amis qui l'admirent, et Julia, sa fille. Elle ne reverra jamais la France : elle meurt à Beyrouth, cinq mois plus tard, le 7 décembre 1832. Lamartine vit un désespoir profond, dont il ne se remettra jamais vraiment. Il écrit sur ce deuil des poèmes bouleversants : *Gethsémani ou la mort de Julia*. Il rentre seul en France. Pendant son absence, il a été élu député de Bergues, dans le Nord. Il va désormais prendre part à la vie politique, sans cesser d'écrire.

Lamartine en œuvres

- 1830 *Harmonies poétiques et religieuses.*
- 1835 *Le Voyage en Orient* – où figure *Gethsémani ou la mort de Julia.*
- 1836 *Jocelyn*, un long poème de neuf mille vers qui raconte le renoncement d'un jeune prêtre pour Laurence, la jeune fille qu'il aime.
- 1838 *La Chute d'un ange* – douze mille vers, en quinze visions, où un ange gardien devenu homme vit mille épisodes malheureux portés par des vers qui le sont tout autant.
- 1839 *Recueillements poétiques.*
- 1847 *L'Histoire des Girondins* – qui obtient un immense succès.

PLAISIR DE LIRE

Milly ou la terre natale

[...] Voilà le banc rustique où s'asseyait mon père, / La salle où résonnait sa voix mâle et sévère, / Quand les pasteurs assis sur leurs socs renversés / Lui contaient les sillons par chaque heure tracés, / Ou qu'encor palpitant des scènes de sa gloire, / De l'échafaud des rois il nous disait l'histoire, / Et, plein du grand combat qu'il avait combattu, / En racontant sa vie enseignait la vertu ! / Voilà la place vide où ma mère à toute heure / Au plus léger soupir sortait de sa demeure, / Et, nous faisant porter ou la laine ou le pain, / Vêtissait l'indigence ou nourrissait la faim ; / Voilà les toits de chaume où sa main attentive / Versait sur la blessure ou le miel ou l'olive, / Ouvrait près du chevet des vieillards expirants / Ce livre où l'espérance est permise aux mourants, / Recueillait leurs soupirs sur leur bouche oppressée, / Faisait tourner vers Dieu leur dernière pensée, / Et tenant par la main les plus jeunes de nous, / À la veuve, à l'enfant, qui tombaient à genoux, / Disait, en essuyant les pleurs de leurs paupières : / Je vous donne un peu d'or, rendez-leur vos prières !

Alphonse de Lamartine, *Harmonies poétiques et religieuses*, 1830 (notez, au passage, le participe présent vêtissant, disparu aujourd'hui, remplacé par vêtant…)

Lamartine, assez de guitare !...

De février à juin 1848, il prend une part active aux temps forts de la Révolution, prenant des décisions dans une sorte d'improvisation généreuse qui en fait l'un des fondateurs de la deuxième République. C'est un remarquable orateur qui espère rassembler sous son nom tous les partis politiques. Sous les acclamations du peuple, il préfère le drapeau tricolore au drapeau rouge. Le même peuple le conspue sans ménagements trois mois plus tard au Palais Bourbon, lui lançant : *Lamartine, assez de guitare ! Ta lyre est cassée !...* Les vingt années qui suivent sont pour le poète des années de gêne financière. Il spécule sur les terres, en poète… Il perd beaucoup d'argent, s'obstine, en perd davantage.

Ruiné, muet...

Il écrit de nouvelles méditations, publie, en 1849, *Les Confidences* – en 1852, il en détache l'épisode qui raconte son aventure avec la belle Napolitaine Graziella ; ce roman, entre la fiction et l'autobiographie, remporte un grand succès. L'Histoire de la Restauration, *L'Histoire des Constituants, L'Histoire de la Turquie, L'Histoire de la Russie* : tout cela est insuffisant pour combler le gouffre financier qu'il a creusé. Il vend la propriété de Milly en 1858. Sa femme – son soutien moral, son seul appui – meurt en 1863. Le gouvernement lui accorde, en 1867, une pension nationale de deux mille cinq cents francs or – ce qui est aujourd'hui une somme considérable – et un chalet à Passy. Peu de temps après, il est victime d'une attaque d'apoplexie, perd la parole et la raison ! À ses côtés, veille sa nièce Valentine qu'il a peut-être épousée en secret. Une seconde attaque emporte le poète, le 27 juin 1869. Il meurt oublié, le regard fixé sur le crucifix d'Elvire.

Lamartine en vers et prose

- La France est une nation qui s'ennuie. (Discours du 10 janvier 1839.)
- Objets inanimés, avez-vous donc une âme / Qui s'attache à notre âme et la force d'aimer ? (*Milly, ou la terre natale*.)
- On admire le monde à travers ce qu'on aime. (*Jocelyn*.)
- Salut, bois couronnés d'un reste de verdure / Feuillages jaunissants sur les gazons épars / Salut, derniers beaux jours ! (*Méditations poétiques*.)
- Borné dans sa nature, infini dans ses vœux / L'homme est un dieu tombé qui se souvient des cieux. (*Méditations poétiques*.)
- Un seul être vous manque, et tout est dépeuplé. « L'Isolement » (*Méditations*.)
- Je suis de la couleur de ceux qu'on persécute. (*Toussaint Louverture*).

Mon âme a son secret…

Vous rappelez-vous qu'en sortant tout à l'heure du cénacle de Charles Nodier, vous vous êtes demandé qui pouvait bien être ce Félix Arvers, remarqué à côté de Musset. Vous auriez pu aussi vous demander qui il regardait… Ainsi, vous eussiez remarqué son trouble lorsque Marie, la fille de Nodier a fait une apparition dans la salle de l'Arsenal – même vous, vous ne l'aviez pas vue ! Arvers en est amoureux fou mais, trop timide, il n'ose rien dire à sa belle. Marie épousera quelqu'un d'autre ! Arvers, tout déconfit, confie à la poésie sa déconvenue, un poème dont vous connaissez sûrement les premiers vers, et que voici en entier. C'est à cette seule création qu'Arvers (1806-1850) doit sa célébrité, alors qu'il est aussi l'auteur de nombreuses pièces de théâtre !

Mon âme a son secret, ma vie a son mystère : / Un amour éternel en un moment conçu. / Le mal est sans espoir, aussi j'ai dû me taire / Et celle qui l'a fait n'en a jamais rien su. / Hélas ! J'aurai passé près d'elle inaperçu, / Toujours à ses côtés et pourtant solitaire, / Et j'aurai jusqu'au bout fait mon temps sur la terre, / N'osant rien demander et n'ayant rien reçu. / Pour elle quoique Dieu l'ait faite douce et tendre / Elle ira son chemin, distraite, et sans entendre / Ce murmure d'amour élevé sur ses pas. / À l'austère devoir pieusement fidèle, / Elle dira, lisant ces vers tout remplis d'elle / « Quelle est donc cette femme ? » et ne comprendra pas.

Félix Arvers, *Mes Heures perdues*, 1830

Alfred, comte de Vigny

L'auteur de *La Mort du Loup* n'a pas laissé parmi ses contemporains l'image de la plus chaleureuse sympathie. Pourtant, ce romantique, champion de la malchance et de la maldonne, écrit des vers sensibles, et parfois nous étonne.

Pas très gai, chez les Vigny…

Chut ! Vous venez d'entrer chez les Vigny, à Paris. Chut ! On ne rit pas, ici ! Ici, tout est grave et sérieux, les mines sont empreintes d'une sorte de deuil. Deuil de l'Ancien Régime où la famille, ruinée par la Révolution, vivait dans l'opulence. Deuil des trois enfants nés avant le petit Alfred, et qui sont morts à cause du mauvais air qu'ils respiraient dans le berceau de la famille, à Loches, a dit le médecin !... Sur ce curieux diagnostic, le père de Vigny a décidé de s'installer à Paris. Pas très gai, le père de Vigny, lugubre, recroquevillé sur les blessures qu'il a reçues pendant la guerre de Sept Ans – entre 1756 et 1763. Il a trente ans de différence avec sa femme, mystique et autoritaire. Chut ! Voici le petit Alfred…

Privé de guerre !

Le petit Alfred est très doué : il suit les cours du lycée Bonaparte – aujourd'hui lycée Condorcet. Il comprend tout, réussit tout, remporte tous les prix ! Ses professeurs sont très contents de lui. Ses camarades le lui font payer cher : il est moqué, ridiculisé parce que son allure manque de virilité. Quel paradoxe pour cet adolescent qui ne rêve que d'aventure militaire – pour égaler papa ! Dans les plaines d'Europe, Napoléon couvre de gloire ses soldats : Alfred lit assidûment le bulletin de la Grande Armée : 1809 : Wagram ; 1812 : la Moskova ; 1813 : Leipzig ; et puis l'apothéose sacrificielle de Waterloo… C'est fini ! Plus de guerres ! Le jeune Alfred qui s'est engagé en 1814 dans les Mousquetaires rouges, à dix-sept ans, n'a eu pour mission que l'accompagnement du roi Louis XVIII dans sa fuite en Belgique, en mars 1815, pendant que l'Aigle, de retour de l'île d'Elbe, volait de clocher en clocher jusqu'aux tours de Notre-Dame…

Témoin d'Hugo

Sous-lieutenant en 1816, dans le 5e régiment d'infanterie de la garde royale, il attend la guerre qui ne vient pas. Il troque l'épée contre la plume, écrit des poèmes, rencontre le tout jeune fondateur de la revue *Le Conservateur littéraire* – allons, vous le connaissez… Victor Hugo ! – qui publie ses premiers textes. (Hugo le demande pour témoin à son mariage, en 1822). Vigny fréquente les salons littéraires à la mode, en compagnie d'Alexandre Dumas, de Lamartine, et d'une certaine Delphine Gay, fort belle, mais qui ne plaît pas du tout à Madame de Vigny !

Le capitaine Vigny en campagne…

Lieutenant en 1822, capitaine en 1823, il est nommé au 55e de ligne de Strasbourg. Il chausse alors ses grandes bottes lyriques de conquérant, tourne le dos aux salons littéraires et s'apprête à entrer en Espagne ; Chateaubriand vient de décider le gouvernement à y envoyer une expédition contre les républicains ! Hélas, le régiment s'arrête à Oloron où il reste cantonné, puis à Pau, jusqu'en 1825. Les lauriers du fort Trocadéro ont été moissonnés par d'autres !

Lydia l'obèse

Vigny se marie en 1825. Qui épouse-t-il ? Delphine Gay ? Non, Madame de Vigny s'y est farouchement opposée – pas riche, cette fille… En revanche, miss Lydia Bunburry, une riche héritière anglaise en villégiature à Pau séduit sa future belle-mère, à défaut de plaire vraiment à son futur mari. Triste union ! Vigny le stoïque en accepte toutes les conséquences : miss Lydia est acariâtre, se moque de ses amitiés littéraires, de ses écrits. Elle devient obèse, souffre d'une étrange maladie nerveuse, demeure presque constamment alitée. Le poète la supportera sans rien dire, jusqu'à ce qu'elle meure… trente-sept ans plus tard !

Alfred rencontre Walter

Petite éclaircie dans la vie de Vigny : il connaît la gloire littéraire en 1826. Cette année-là, paraît son recueil *Les Poèmes antiques et modernes* – où se trouvent les célèbres pièces intitulées *Moïse, Le Cor*. En septembre, son premier roman est publié. Il y raconte l'histoire du conspirateur Cinq-Mars qui complote contre Louis XIII, par amour pour la belle Marie de Gonzague. Cinq-Mars en perdra la tête, à Lyon, sur le billot du bourreau, en compagnie de son ami de Thou. Ce roman est considéré comme le premier vrai roman historique – même si Vigny prend beaucoup de libertés avec l'exactitude des faits rapportés. Il rencontre à Paris son émule anglais, Walter Scott, qui lui dit tout le bien qu'il pense de son roman.

Vigny en pensées

CITEZ L'AUTEUR !

- L'homme a toujours besoin de caresses et d'amour / Il rêvera partout à la chaleur du sein. (*Les Destinées*.)
- Un livre est une bouteille jetée en pleine mer, sur laquelle il faut coller cette étiquette : attrape qui peut. (*Journal d'un poète*.)
- L'espérance est la plus grande de nos folies. (*Journal d'un poète*.)
- Tout homme qui a été professeur garde en lui quelque chose de l'écolier. (*Mémoires*.)
- C'est pour s'entendre dire qu'on est parfait qu'on veut être aimé. (*Cinq-Mars*.)
- La poésie est une maladie du cerveau. (*Stello*.)

Dorval en scènes

1830. Charles X est renversé. Louis-Philippe monte sur le trône. Vigny abandonne pour un temps les traductions de Shakespeare qui ont permis, en France, une meilleure connaissance des œuvres du maître anglais. Son vieux désir de guerre revient : il commande un détachement de la Garde nationale qui s'illustre dans… la répression du mouvement populaire de la fin de 1830 ! Un an plus tard, il revient au théâtre, et devient l'amant de l'une de ses interprètes : Marie Dorval. Leur liaison – qu'ils veulent secrète – fait un tapage qui s'entend encore dans toutes les pages où l'on parle d'eux ! Marie

PLAISIR DE LIRE

Vous rappelez-vous ? J'aime le son du cor…

J'aime le son du Cor, le soir, au fond des bois, / Soit qu'il chante les pleurs de la biche aux abois, / Ou l'adieu du chasseur que l'écho faible accueille, / Et que le vent du nord porte de feuille en feuille. / Que de fois, seul, dans l'ombre à minuit demeuré, / J'ai souri de l'entendre, et plus souvent pleuré ! / Car je croyais ouïr de ces bruits prophétiques / Qui précédaient la mort des Paladins antiques. […] Dieu ! que le son du Cor est triste au fond des bois !

Alfred de Vigny, *Poèmes antiques et modernes*, 1837

est jalouse, superficielle, capricieuse, et surtout infidèle ! Leur rupture aussi fait du bruit : elle intervient après huit années de liaison, au terme d'une ultime scène où Marie ridiculise Alfred en public ! Rideau !

Le loup blessé

Vigny, comme un loup blessé, se retire dans son domaine de Maine-Giraud, en Charente. Il s'y occupe de ses terres, y construit une distillerie de cognac qui lui procure de bons revenus. C'est là qu'il écrit *La Mort du loup, La Maison du berger, Le Mont des Oliviers*... Un petit rêve demeure malgré tout au fond du sombre amant meurtri, du soldat sans guerre, du mari sans amour : l'Académie française ! Il s'y présente quatre fois. Quatre fois, les académiciens se font un devoir d'élire quelqu'un d'autre. Vigny ne plaît pas, il est jugé hautain, trop Ancien Régime, méprisant. Le 8 mai 1845, enfin, il obtient un nombre suffisant de voix pour siéger sous la Coupole. Mais ses malheurs ne sont pas terminés : son discours de réception ne plaît pas. Le comte de Môlé pimente sa réponse de tant de remarques perfides que toute l'assistance se moque du pauvre Alfred !

PLAISIR DE LIRE

Vous rappelez-vous ? La Mort du Loup...

Les nuages couraient sur la lune enflammée / Comme sur l'incendie on voit fuir la fumée, / Et les bois étaient noirs jusques à l'horizon. / Nous marchions sans parler, dans l'humide gazon, / Dans la bruyère épaisse et dans les hautes brandes, / Lorsque, sous des sapins pareils à ceux des Landes, / Nous avons aperçu les grands ongles marqués / Par les loups voyageurs que nous avions traqués. [...]

Le Loup vient et s'assied, les deux jambes dressées / Par leurs ongles crochus dans le sable enfoncées. / Il s'est jugé perdu, puisqu'il était surpris, / Sa retraite coupée et tous ses chemins pris ; / Alors il a saisi, dans sa gueule brûlante, / Du chien le plus hardi la gorge pantelante / Et n'a pas desserré ses mâchoires de fer, / Malgré nos coups de feu qui traversaient sa chair / Et nos couteaux aigus qui, comme des tenailles, / Se croisaient en plongeant dans ses larges entrailles, [...]

Il nous regarde encore, ensuite il se recouche, / Tout en léchant le sang répandu sur sa bouche, / Et, sans daigner savoir comment il a péri, / Refermant ses grands yeux, meurt sans jeter un cri. / J'ai reposé mon front sur mon fusil sans poudre, / Me prenant à penser, et n'ai pu me résoudre / À poursuivre sa Louve et ses fils qui, tous trois, / Avaient voulu l'attendre, et, comme je le crois, / Sans ses deux louveteaux la belle et sombre veuve / Ne l'eût pas laissé seul subir la grande épreuve ; [...]

Hélas ! ai-je pensé, malgré ce grand nom d'Hommes, / Que j'ai honte de nous, débiles que nous sommes ! / Comment on doit quitter la vie et tous ses maux, / C'est vous qui le savez, sublimes animaux ! / À voir ce que l'on fut sur terre et ce qu'on laisse / Seul le silence est grand ; tout le reste est faiblesse. [...] Gémir, pleurer, prier, est également lâche / Fais énergiquement ta longue et lourde tâche / Dans la voie où le Sort a voulu t'appeler, / Puis après, comme moi, souffre et meurs sans parler.

Alfred de Vigny, *Les Destinées*, 1838

Dix personnes aux obsèques

La Révolution de 1848 ne lui apporte que des déconvenues : il pensait être élu en Charente, c'est un échec. Enthousiasmé par le Second Empire, il n'en récolte pourtant aucun bénéfice. Soucieux, malgré tous ses déboires, de l'évolution de la littérature, il encourage la jeune génération, recevant Charles Baudelaire ou Barbey d'Aurevilly. Il n'oublie pas les femmes : à Louise Colet, l'ancienne maîtresse de Flaubert, succède Élisa Le Breton, une admiratrice de dix-neuf ans, puis Augusta Bouvard, même âge, même raison... Le 17 septembre 1863, Alfred de Vigny, oublié, meurt d'un cancer de l'estomac. Une dizaine de personnes assistent à ses obsèques.

Vigny en œuvres

- 1822 *Poèmes.*
- 1824 *Eloa, ou la sœur des anges.*
- 1826 *Poèmes antiques et modernes.*
- 1826 *Cinq-Mars* – roman.
- 1831 *La Maréchale d'Ancre* – drame.
- 1835 *Chatterton* – drame.
- 1835 *Servitude et grandeur militaires* – nouvelles.
- 1864 *Les Destinées* – recueil posthume.

Musset, prince de la Muse

Des alexandrins tirés au cordeau dans le jardin des Muses. La petite graine de l'émotion qui germe, le tout arrosé d'un sanglot. Voici Musset...

Incident place de la Concorde

Un soir de juin 1854, un fiacre tiré par un cheval au petit trot passe sur la place de la Concorde. Soudain, de l'ombre, surgit un individu hirsute qui court vers le marchepied, s'agrippe au montant de la portière et cherche à atteindre la passagère. Celle-ci, tout à coup, reconnaît celui qu'elle a aimé. Instinctivement, elle le repousse, le cheval prend peur et se met au galop. Le fiacre amorce un virage. L'homme lâche prise et roule sur la place, demeure inerte comme un cadavre. Quelque passant peut-être l'entend sangloter dans son ivresse, prononcer le prénom de celle qui vient de passer, celle qu'il a aimée : Louise ! Louise Colet – l'amante de Flaubert, de Vigny, de beaucoup d'autres... Lui, l'épave de la place de la Concorde, c'est Alfred de Musset. De l'Académie française...

Il est riche, il est beau...

Pourquoi une telle chute ? Musset est né le 11 décembre 1810 à Paris. Son enfance est heureuse. Il grandit dans un milieu cultivé. Son père – Donatien de Musset Pathay – écrit une *Histoire de la vie et des ouvrages de Jean-Jacques Rousseau.* La famille vit de 1818 à 1832, l'année de la mort du père, à soixante-quatre ans, au 27 rue Cassette. Alfred possède tous les dons. Ses études au lycée Henri-IV sont brillantes – il obtient le premier prix du concours général de dissertation à dix-sept ans. Il aime la musique, sait dessiner. Il est svelte, il est riche et beau, il aime rire… La vie s'annonce facile. Peut-être l'aurait-elle été s'il avait poursuivi ses études de droit, ou bien celles de médecine, également abandonnées. Pourquoi ? Parce que Musset, comme tout adolescent, a tenté d'ajuster ses premières émotions aux exigences du vers et de la rime. Parce que, remarquant ses dons, son camarade au lycée Henri-IV, Paul Foucher, lui a proposé de faire lire ses premiers textes au mari de sa sœur Adèle…

Tant de virtuosité, tant d'audace...

L'avez-vous reconnu, ce mari d'Adèle ? Oui, c'est Hugo ! Et Hugo ne s'y trompe pas : tant de facilité dans l'écriture, tant de virtuosité, d'audace… Cet Alfred de Musset peut aller loin ! Bien vu, Hugo ! Alfred va même trop loin. Lorsque paraît sa première œuvre en vers, *Les Contes d'Espagne et d'Italie*, fin 1829, la plupart des critiques se déchaînent : a-t-on jamais vu cela, un mélange de tout et n'importe quoi, immoral, outré ! Dans la *Revue française*, on peut lire, à propos de ces contes : *On s'y perd, et il faut bien se séparer de Monsieur Musset, puisqu'il devient tout à fait inintelligible !* Mais, que lui reproche-t-on exactement ? Tout simplement, un ton, une façon d'écrire qui se dégage du romantisme sans le quitter vraiment, qui semble le simuler, et parfois même le singer… Voilà : on sent Musset plein de malice pour ses pairs qui se prennent au sérieux, on le devine plein d'ironie, et surtout – cela ne pardonne pas – plein de génie !

Musset la tendresse

CITEZ L'AUTEUR !

- Les plus désespérés sont les chants les plus beaux, / Et j'en sais d'immortels qui sont de purs sanglots. (*La Nuit de Mai.*)
- L'homme est un apprenti, la douleur est son maître / Et nul ne se connaît tant qu'il n'a pas souffert.
- Poète, prends ton luth, et me donne un baiser. (*La Nuit de Mai.*)
- Le seul bien qui me reste au monde / Est d'avoir quelquefois pleuré. (*Tristesse.*)
- Ah ! frappe-toi le cœur, c'est là qu'est le génie. (*Premières Poésies.*)
- C'était dans la nuit brune / Sur le clocher jauni / La lune / Comme un point sur un i. (*Ballade à la lune.*)

Et vous, Thierry Maulnier ?

Lisez les *Premières Poésies* de Musset, ses *Poésies Nouvelles* : quel art, quelle jubilation ! Son écriture est un bonheur pour peu qu'on abandonne les idées toutes faites sur un certain romantisme, idées fabriquées par exemple par un Thierry Maulnier (1909-1988) qui, dans son anthologie parue en 1939, parle *des grands alignements d'insignifiance sonore de Musset ou de Hugo*, ajoutant : *C'est par imposture, distraction ou malentendu qu'ils sont restés dans l'histoire de la littérature française les types de l'abondance et de la richesse lyrique*. Plus loin, encore, à propos de Musset : *Il a malheureusement écrit aussi Les Nuits* ! Et vous, Monsieur Thierry Maulnier, de Normale sup, qu'avez-vous donc écrit qui nous émeuve encore aujourd'hui, qui nous fasse rêver, qui nous aide à mettre en mots l'énigme de l'amour et du chagrin ?

L'autre Alfred

Pourquoi cette distance dans l'écriture, pourquoi cette désinvolture chez Musset ? Il a cru très tôt à l'amour. Il a cru que la première femme de sa vie serait aussi la dernière, la seule. Hélas, c'était une femme de partage, et lorsqu'il l'a compris, c'est toute sa vie qui a basculé dans la méfiance, la certitude que partout se tapit l'imposture. Des femmes, il en aura des dizaines, davantage même. Il est beau, il le sait, on peut imaginer le reste. Pourtant, des signes annoncent la chute inévitable : Musset, l'insouciant fortuné, fréquente un monde de dandys où il s'étourdit, hanté par ce qu'il doit combattre lorsqu'il sombre en lui-même, qu'il s'absente au monde, et qu'un être effrayant prend sa place. Quel être ? Il suffit de lire celle qu'il a aimée, et qui est témoin d'une de ses crises nerveuses, en pleine nuit, et en pleine forêt : Aurore Dupin, dite George Sand.

L'année George

George Sand ! Musset croit avoir trouvé en elle la femme de sa vie, en 1833. Il croit y déceler ce qu'il cherche depuis toujours : l'intelligence jointe à la fantaisie inspirée. Ils sont amants, cette année-là, fin juillet. Dès le début d'août, Musset est victime de cette terrible crise nerveuse qui effraie tant son amante. En décembre, malgré leur départ pour Venise, ville des grandes amours, leur relation sombre dans les embardées nerveuses d'Alfred, dans ses infidélités, dans celles de George Sand aussi, qui tombe dans les bras du médecin venu soigner son amant d'une fièvre typhoïde, le docteur Pagello. Ils se quittent, se retrouvent en 1834, un mois, puis se séparent définitivement en 1835.

Ô paresseux enfant !

Musset publie, en 1835, la *Nuit de Mai* et la *Nuit de Décembre*, étonnants dialogues entre le Poète et sa Muse ; les mots semblent y rouler comme des pierres sur les parois d'un abîme où terreur et douceur se disputent la place : *Le Poète : Pourquoi mon cœur bat-il si vite ? / Qu'ai-je donc en moi qui s'agite / Dont je me sens épouvanté ? Ne frappe-t-on pas à ma porte ? Pourquoi ma lampe à demi morte / M'éblouit-elle de clarté ? La Muse : Ô paresseux enfant, regarde, je suis belle / Notre premier baiser, ne t'en souviens-tu pas, / Quand je te vis si pâle au toucher de mon aile, / Et que, les yeux en pleurs, tu tombas dans mes bras.* En 1836, paraît son roman : *La Confession d'un enfant du siècle.*

Les malheurs d'Alfred

Dans son roman, *La Confession d'un enfant du siècle*, Musset raconte les rêves et les illusions d'une jeunesse en mal d'aventure et de gloire – Napoléon en a fait des déçus en partant sur l'île de Sainte-Hélène ! Les personnages de Musset s'appellent Octave, un jeune homme amoureux de Brigitte qui finira dans les bras de Smith. Avez-vous deviné qui est Octave ? Oui, bonne réponse ! Et qui est Brigitte ? Vous êtes très fort(e) ! Et enfin, Smith ? Allons, Smith, mais voyons, c'est Pagello…

Julie, as-tu du vin d'Espagne ?

À vingt-huit ans, Musset cesse quasiment d'écrire. La lutte lucide contre la désespérance n'est plus possible. Il lui faut la béquille du vin d'Espagne qu'il demande à des Julie de passage – *Julie, as-tu du vin d'Espagne ? / Hier, nous battions la campagne ; / Va donc voir s'il en reste encor. / Ta bouche est brûlante, Julie ; / Inventons donc quelque folie / Qui nous perde l'âme et le corps.* Il lui faut le courage de vivre quand même, aidé par le bon Hugo qui ne marchande pas, lui, son admiration pour le génie d'Alfred. Il le fait élire à l'Académie française en 1852. Ses pièces de théâtre commencent à être jouées, à être appréciées, admirées. Il est trop tard. Peut-être a-t-il toujours été trop tard pour Musset. Ou trop tôt. La mort, elle, le saisit à son heure, le 2 mai 1857. Trente personnes suivent le corbillard emportant Alfred de Musset au cimetière du Père-Lachaise. Il est enterré, comme il l'a voulu, sous un saule…

Élégie

Mes chers amis, quand je mourrai,
Plantez un saule au cimetière.
J'aime son feuillage éploré ;
La pâleur m'en est douce et chère,
Et son ombre sera légère
À la terre où je dormirai.

Alfred de Musset, *Poésies nouvelles, Lucie*, 1835

Nerval, le ténébreux

Rares poèmes, rares cadences, précieuses rimes, joyaux ! Les poèmes de Nerval confinent au mystère. Sans rien proposer qui le résolve, ils le densifient, voilà le charme…

L'orphelin du Valois

Nerval ne s'appelle pas Nerval. Le nom de son père est Labrunie, celui de sa mère Laurent. Son père, chirurgien, rejoint la Grande Armée de Napoléon en 1808. Avant de partir, Marie, son épouse, met au monde un fils, immédiatement confié à un grand oncle aubergiste, à Mortefontaine, près de Senlis, dans le Valois. En 1810, dans la ville de Glogau, en Silésie, Marie meurt. Le docteur Labrunie conserve ses bijoux, son portrait, mais, quand il revient près de son fils, en 1814, tous ses objets personnels ont disparu dans la retraite de Russie. Gérard de Nerval ne verra jamais le visage de sa mère. Jamais, en lui, l'identité de la femme n'est apparue. Sa vie entière est une quête désespérée, souvent désordonnée, d'une image féminine qui se dérobe, inaccessible.

Le bonheur ! Pas pour longtemps…

Au lycée Charlemagne, Nerval rencontre Théophile Gautier qui devient l'ami fidèle. Vous rappelez-vous les avoir vus tous les deux, en première ligne, dans la bataille d'*Hernani* ? Autre bataille pour Nerval, en 1832 : le défilé des étudiants en colère, qui aimeraient substituer à la bourgeoisie louis-philipparde une république. Nerval est arrêté sans ménagements et enfermé à la prison Sainte-Pélagie ! Il en sort après quelques jours, se dévoue pendant l'épidémie de choléra – il fait des études de médecine. En 1834, il hérite de son grand-père, voyage en Italie, s'installe à Paris, dans un petit hôtel où il reçoit ses amis pour de joyeux soupers, des bals, des fêtes costumées, ou la représentation de comédies des temps passés. Le bonheur ! Pas pour longtemps…

LE SAVIEZ-VOUS ?

Nerval, Laurent, Labrunie

Nerval n'est pas Nerval. Labrunie, son père, Laurent, sa mère, un modeste bien maternel dont il hérite dans son Valois d'enfance – le champ de Nerval qu'on prononce Nerva, à l'époque – tout cela s'hybride, se superpose d'étrange façon : la lettre u et la lettre v sont semblables dans les caractères romains. Regardez le nom Laurent. Ôtez-lui le T, et lisez-le à l'envers : voici le nom Nerval ! Regardez Labrunie, vous y trouvez aussi Nerval, et il vous reste les lettres b et i : bi. Et ce bi signifie deux. Toute sa vie, Nerval a dit : je suis double – désignant ainsi cet être profond, imprévisible et terrifiant qui prend la place de l'autre pendant ses crises de folie. Et puis, Nerva, prononciation de Nerval, c'est aussi l'empereur romain… Qui est-il donc ? Où est le vrai Nerval, où le trouver ? Ouvrez ses œuvres, vous le trouverez dans ses *Chimères*, parmi ses *Filles du Feu* (1853).

Jenny épouse un flûtiste

Aux amis qui viennent se divertir dans son hôtel particulier, se mêle une amie. Gérard en tombe amoureux. Elle s'appelle Jenny Colon, elle est comédienne. Pour elle, il utilise le reste de son héritage afin de fonder un périodique : *Le Monde dramatique*, qui le ruine ! Il vit de l'écriture d'articles pour divers journaux, ne cesse d'envoyer des lettres enflammées à Jenny qui les lit, se laisse attendrir, hésite à répondre à cet amour extrême, et finit par épouser un flûtiste, en 1838 ! Est-ce cette année-là que se lézarde la pensée de Gérard de Nerval, que le présent et le passé commencent à s'y confondre, comme l'amorce d'un exil de la raison ? Rien ou presque n'inquiète ses proches, jusqu'au jour terrible de février 1841 où la folie se cabre en son esprit, comme un cheval fou.

Dans une autre existence, peut-être...

Lorsqu'il revient à la raison, il apprend la mort de Jenny Colon. Il décide de partir en Orient, visite les îles grecques, l'Égypte, le Liban... Le nom de Jenny ne le quitte pas. Colon... Il découvre, en Grèce, l'histoire de Francesco Colonna, qui se fit moine, en des temps anciens, par désespoir d'amour. Colon, Colonna... La rencontre de ces deux noms en son esprit ne peut être l'œuvre du hasard ! Quelque puissance mystérieuse veut entrer en communication avec lui... ou bien quelque absente ! Marie, sa mère ? Jenny son aimée ? Les deux images se fondent à d'autres visages féminins, à d'autres silhouettes, au temps des rondes dans le Valois de l'enfance. Mais en quel temps, à quelle époque ? Dans une autre existence, peut-être...

Angélique, Sylvie, Jemmy...

Articles pour les journaux, composition de livrets d'opéra, rédaction de son *Voyage en Orient*, et d'autres voyages – Hollande, Angleterre, Allemagne, Belgique – occupent la vie de Gérard de Nerval. Ses premières œuvres poétiques et sa traduction de *Faust* en 1827 sont bien loin. En 1832, il a publié quelques poèmes dont *Fantaisie* – si on vous demande un jour une définition de la poésie, répondez en lisant, ou en récitant, *Fantaisie*... Il continue d'en écrire, qui seront publiés en 1853 sous le titre *Petits châteaux de Bohême*, et en 1854 à la fin des *Filles du Feu*, sous le titre *Les Chimères*. *Les Filles du Feu* rassemblent des nouvelles où se croisent dans les temps lointains, et dans le passé de l'auteur, d'étranges visages de jeunes femmes qui semblent n'en composer qu'une seule. Angélique, Sylvie, Jemmy, Octavie ou Émilie – ce sont les titres des nouvelles – échappent au narrateur, et en même temps le recherchent dans d'étranges paysages, d'étranges rondes où il aime se perdre.

PLAISIR DE LIRE

Fantaisie

Il est un air pour qui je donnerais
Tout Rossini, tout Mozart et tout Weber,
Un air très vieux, languissant et funèbre,
Qui pour moi seul a des charmes secrets.

Or, chaque fois que je viens à l'entendre,
De deux cents ans mon âme rajeunit :
C'est sous Louis treize ; et je crois voir s'étendre
Un coteau vert, que le couchant jaunit,

Puis un château de brique à coins de pierre,
Aux vitraux teints de rougeâtres couleurs,
Ceint de grands parcs, avec une rivière
Baignant ses pieds, qui coule entre des fleurs ;

Puis une dame, à sa haute fenêtre,
Blonde aux yeux noirs, en ses habits anciens,
Que dans une autre existence peut-être,
J'ai déjà vue... et dont je me souviens !

Gérard de Nerval, *Odelettes*, 1853

Il est des vers pour qui on donnerait…

Vous venez de feuilleter *Les Chimères*, les *Petits Châteaux de Bohême*. C'est tout ? dites-vous… Oui, ou presque, vous avez parcouru la majeure et la meilleure partie de l'œuvre poétique de Gérard de Nerval, fort mince par le nombre de vers – si on la compare à celle d'Hugo, ou de Lamartine… Mais il est des vers pour qui on donnerait tout Lamartine, et même tout Mozart et tout Weber… Des vers qu'on se répète, qu'on emporte en soi comme un viatique, des vers qui connaissent les sentiers, les raccourcis vers les territoires intimes où la mélancolie trouve sa compagne : *Je pense à toi Myrtho, divine enchanteresse… / La treizième revient… C'est encore la première… Je suis le ténébreux, le veuf, l'inconsolé…*

PLAISIR DE LIRE

El Desdichado

Je suis le Ténébreux, – le Veuf, – l'Inconsolé,
Le Prince d'Aquitaine à la Tour abolie :
Ma seule Étoile est morte, – et mon luth constellé
Porte le Soleil noir de la Mélancolie.

Dans la nuit du Tombeau, Toi qui m'as consolé,
Rends-moi le Pausilippe et la mer d'Italie,
La fleur qui plaisait tant à mon cœur désolé,
Et la treille où le Pampre à la Rose s'allie.

Suis-je Amour ou Phoebus ?... Lusignan ou Biron ?
Mon front est rouge encor du baiser de la Reine ;
J'ai rêvé dans la Grotte où nage la Sirène...

Et j'ai deux fois vainqueur traversé l'Achéron :
Modulant tour à tour sur la lyre d'Orphée
Les soupirs de la Sainte et les cris de la Fée.

Gérard de Nerval, *Les Chimères*, 1854

Rue de la Vieille-Lanterne

Plusieurs fois interné dans la clinique du docteur Blanche en 1853 et 1854, Nerval écrit sa dernière œuvre, *Aurélia*, effectue un voyage en Allemagne, peut-être jusqu'en Silésie où il tente de retrouver la tombe de sa mère. Le 25 janvier 1855, il écrit à sa tante qui l'héberge : *Ne m'attends pas ce soir, car la nuit sera noire et blanche*. Cette nuit-là, la température descend à dix-huit degrés au-dessous de zéro ! Le lendemain matin, 26 janvier, il est retrouvé près du Châtelet à Paris, pendu à une grille dans la rue de la Vieille-Lanterne. Que s'est-il passé ? Peut-être lui a-t-on fermé la porte d'un asile pour vagabonds ? Peut-être l'a-t-on attaqué, maquillant l'agression en suicide ? Peut-être est-ce un accident… Ou bien, au-delà de la mort, un signe, intemporel. Paradoxale présence.

Nerval en ténébreux

- Ô mort, où est ta victoire ? (*Aurélia*.)
- La mélancolie est une chose qui consiste à voir les choses comme elles sont. (*Les Faux-Saulniers*.)
- L'ignorance ne s'apprend pas. (*Les Faux-Saulniers*.)
- Il y a toujours quelque niaiserie à trop respecter une femme. (*Lettre à Jenny Colon*.)
- Que de gens que l'on croit heureux et qui sont au désespoir. (*Confidences de Restif*.)
- Le dernier mot de la liberté, c'est l'égoïsme. (*Paradoxe de la vérité*.)
- Mon pauvre oncle disait : *Il faut toujours tourner sept fois sa langue dans sa bouche avant de parler !* Que devrait-on faire avant d'écrire ?...

DANS L'INTIMITÉ

Vers olorimes

Lisez bien ces deux phrases, à haute voix : *Gall, amant de la reine, alla, tout magnanime, / Galamment de l'arène à la tour Magne, à Nimes* – amusant, non ? Et puis celles-ci : *Dans ces meubles laqués, rideaux et dais moroses, / Danse, aimable laquais, ris d'oser des mots roses !* Les deux premiers vers auraient été écrits par Victor Hugo, mais plus sûrement par un certain Marc Monnier. Les deux autres – on en est certain – ont été composés par Charles Cros. Vous avez là deux exemples de vers olorimes, c'est-à-dire qui riment de partout, à chaque syllabe ! Essayez d'en faire autant ! Pas facile… Plus facile de retenir ce mot : olorime, avec un exemple afférent. Muni de tout cela, vous allez étonner vos amis !

La cage aux mots frivoles : le Parnasse

Assez ! Les romantiques, ça suffit ! Paix dans la strophe, paix dans la page ! Que tout devienne sage et qu'on n'y pleure plus ! Que l'idée militante ne prenne pas pour un arsenal l'atelier de confection d'un poème ! Théophile Gautier (1811-1872) annonce la couleur dans la préface de son roman *Mademoiselle de Maupin*, publié en 1834 : l'ennemi, c'est le romantisme ! Pourtant, il était aux côtés d'Hugo pour la bataille d'*Hernani* en 1830. Mais quatre ans plus tard, il fait sa révolution, il veut imposer sa loi !

Théophile Gautier : Émaux et camées

Le mouvement littéraire qui naît de l'anti-romantisme porte le nom d'une montagne de Grèce dont l'un des sommets était habité par les Muses : le Parnasse. Ainsi, les nouveaux poètes – les Parnassiens – ont le regard tourné vers les sommets de la perfection. Ils ne voient plus le monde qui les entoure, ils n'ont pour lui que mépris. Ils veulent s'élever jusqu'à l'intemporel. Et pour cela, ils s'imposent une rigoureuse discipline d'écriture et d'inspiration. Leurs créations sont publiées dans une revue : Le *Parnasse contemporain*, édité par un libraire-éditeur qui partage leurs convictions – Lemerre. Ces revues sont rassemblées en trois volumes qui paraissent en 1866, 1871 et 1876.

Cahier des charges d'un Parnassien

- Pas de lyrisme personnel, on ne raconte plus sa vie à longueur de rimes.
- Neutralité totale sur le plan politique, sur celui de la morale.
- Choix de sujets exotiques, de périodes du passé, afin d'ignorer le monde moderne, ses excès, ses outrances méprisables !
- Perfection absolue de l'écriture, respect total du vers, de la forme.
- Le poète doit pratiquer l'art pour l'art.

Cheveux longs et gants jaunes

Regardez qui passe dans la rue, regardez ce jeune homme qui lance à droite et à gauche des coups d'œil discrets afin de s'assurer qu'on le voie bien : c'est l'auteur de *Mademoiselle de Maupin* – oui, Théophile Gautier ! Ce qui attire votre regard, ce sont ses gants, des gants jaunes ! Inhabituel et provocateur en ces temps où les mains respectables ne se couvrent que de gris ou de noir. Le noir est la couleur de son pourpoint de velours qu'on porte ordinairement en des teintes claires. Ses longs cheveux tombent en boucles sur ses épaules… Bref, Gautier utilise son apparence pour dire ce qu'il pense ; et tout le monde comprend qu'en bon parnassien, il n'est d'accord avec rien !

Pureté glacée

Gautier, d'abord romantique, a fait partie du cénacle d'Hugo, puis du petit cénacle des Jeunes-France – que vous avez traversé un peu plus haut. Devenu journaliste par nécessité, il se fait critique d'art, jugeant, de sa plume vive et franche, tout ce qui se peint, s'écrit, se sculpte ou se danse pendant la Monarchie de Juillet. En 1852, Gautier le critique s'efface devant Gautier le poète qui publie son œuvre majeure : *Émaux et Camées*. Il y pousse à l'extrême sa théorie de l'art pour l'art débarrassé de toutes les expressions de la sensibilité – mais conserve à la mort mêlée à l'amour une place privilégiée. La perfection qu'on y rencontre semble décrire elle-même sa propre forme en prenant pour prétexte des lieux (*La Mansarde*), des objets (*La Montre*), des êtres (*L'Aveugle*), des situations (*Tristesse en mer*). L'ensemble, d'une élégance et d'une pureté glacées, est admiré par ceux qui privilégient la rigueur, la discipline dans la pratique de tous les genres d'écriture. De nombreux artistes le prendront pour modèle – Leconte de Lisle, Flaubert, Baudelaire…

« Le Roman de la momie »

Gautier, c'est aussi *Le Roman de la momie*, publié en 1858 : au temps où les Hébreux étaient retenus captifs en Égypte, la fille d'un grand prêtre, Tahoser, s'éprend d'un bel inconnu qui passe et repasse sous les fenêtres de son magnifique palais. Lasse qu'il ne la remarque point, elle quitte ses appartements, déguisée en femme du peuple, et devient servante dans la maison de son aimé. Elle apprend ainsi qu'il s'appelle Poeri, qu'il est Hébreu, mais une surprise de taille la désespère : il est déjà marié à une jeune femme d'une beauté sans pareille…Imaginez la suite, ou bien lisez-la dans *Le Roman de la momie !*

« Le Capitaine Fracasse »

Gautier, c'est enfin *Le Capitaine Fracasse*, roman dont l'action se déroule sous Louis XIII, au début du XVIIe siècle – comme dans *Mademoiselle de Maupin*, histoire d'une riche orpheline qui se déguise en homme afin de les mieux connaître, courtisée en même temps par une jeune fille, Rosette, et un jeune homme qui a tout deviné, Albert. Le capitaine Fracasse, c'est le jeune baron de Sigognac qui, après s'être joint à une troupe ambulante, tombe amoureux de la belle Isabelle – le lecteur suit leurs aventures en des pages riches de descriptions de paysages, d'auberges, de villes, de théâtres, vivant reportage sur les temps anciens.

Aloysius Bertrand et *Gaspard de la nuit*

Pendant que Victor Hugo se réjouit de son élection à l'Académie française, en 1841, l'un des plus grands poètes du XIXe siècle meurt de tuberculose, seul, méconnu, dans le dénuement le plus total ! Il s'appelle Louis Bertrand, dit Aloysius Bertrand, né en 1807, dans le Piémont. L'année suivante, grâce à son ami le sculpteur David d'Angers, son unique recueil de poèmes paraît. Il a pour titre : *Gaspard de la nuit, fantaisies à la manière de Rembrandt et de Callot.* Baudelaire le lit et s'en inspire pour composer ses petits poèmes en prose. Mallarmé tient en haute estime le style d'Aloysius Bertrand, plus tard auteur préféré d'André Breton. Voici, d'Aloysius, *Harlem*, dans le livre premier de *Gaspard de la nuit* :

Harlem, cette admirable bambochade qui résume l'école flamande, Harlem peint par Jean Breughel, Peeter-Neef, David Téniers et Paul Rembrandt ;

Et le canal où l'eau bleue tremble, et l'église où le vitrage d'or flamboie, et le stoël où sèche le linge au soleil, et les toits, verts de houblon ;

Et les cigognes qui battent des ailes autour de l'horloge de la ville, tendant le col du haut des airs et recevant dans leur bec les gouttes de pluie ;

Et l'insouciant bourguemestre qui caresse de la main son menton double, et l'amoureux fleuriste qui maigrit, l'œil attaché à une tulipe ;

Et la bohémienne qui se pâme sur sa mandoline, et le vieillard qui joue du Rommelpot, et l'enfant qui enfle une vessie ;

Et les buveurs qui fument dans l'estaminet borgne, et la servante de l'hôtellerie qui accroche à la fenêtre un faisan mort.

Aloysius Bertrand

Leconte de Lisle de la Réunion

Non, les utopies de Charles Fourier ne changeront rien à la société – il veut supprimer toute autorité parentale, rassembler les individus selon leurs passions dominantes au sein de phalanstères, unités sociales mixtes de mille six cents personnes où règne la polygamie ! Non, le romantisme ne changera rien au monde : la conscience artistique et la conscience historique ne s'épouseront jamais ! Il n'est que de voir l'échec de la Révolution de 1848, réprimée dans le sang, récupérée par un prince-président devenu empereur ! Non ! Charles-Marie-René Leconte, dit Leconte de Lisle (1818-1894) est imprégné de toutes ces négations. Il partage les convictions de Théophile Gautier : le romantisme s'est condamné par l'action. Seul demeurent l'art pour l'art, la recherche de la perfection.

Contre l'esclavage

Leconte de Lisle (de l'île de la Réunion, à l'époque, île Bourbon où il est né à Saint-Paul, le 22 octobre 1818) commence ses études en France – Dinan, puis à Nantes, de 1822 à 1832. Il les poursuit à la Réunion, vient à Rennes passer son bac, retrouve son île en 1843, ne supporte pas que son père d'origine bretonne, chirurgien des armées, s'y livre au commerce des esclaves. En 1845, après des voyages en Inde, puis à Sumatra, il revient en France, définitivement. Il milite activement contre l'esclavage : sa famille lui coupe les vivres !

Rugueux, rude, féroce, barbare

Quel refuge après les déconvenues familiales, sociales et politiques ? La poésie, la beauté, mais pas n'importe laquelle. Passionné de grec, Leconte de Lisle est persuadé qu'il faut remonter à l'Antiquité pour découvrir ce qui réunit l'homme et le poète, ce qui permet d'espérer dans les valeurs morales. Il se nourrit aussi de l'histoire des Hébreux, des Égyptiens, des Germains, ressuscitant les principaux épisodes de leur passé douloureux ou conquérant. Trois recueils vont paraître, où il tente de dire les temps où l'homme et la terre étaient jeunes et dans l'éclosion de leur force et de leur beauté. Admiré pour la puissance de ses évocations – dont la réussite tient beaucoup au choix d'un vocabulaire rugueux et enflammé où le féroce et le barbare abondent… – il devient la coqueluche de jeunes artistes aussi divers que Sully Prudhomme, François Coppée, Villiers de l'Isle-Adam, Paul Verlaine, Stéphane Mallarmé. Leconte de Lisle est élu en 1886 à l'Académie française, au fauteuil de Victor Hugo.

PLAISIR DE LIRE

Le petit oiseau est mort

Parnassien peu connu, issu d'un milieu modeste, François Coppée (1842-1908) est pourtant à l'origine du titre d'un livre et d'un film à grand succès. Lisez le poème ci-dessous. Tout étonné(e), vous allez vous exclamer : Ah ! C'est de lui ? Eh oui…

Le soir, au coin du feu, j'ai pensé bien des fois / À la mort d'un oiseau, quelque part, dans les bois. / Pendant les tristes jours de l'hiver monotone, / Les pauvres nids déserts, les nids qu'on abandonne, / Se balancent au vent sur un ciel gris de fer. / Oh ! comme les oiseaux doivent mourir l'hiver ! / Pourtant, lorsque viendra le temps des violettes, / Nous ne trouverons pas leurs délicats squelettes / Dans le gazon d'avril, où nous irons courir. / Est-ce que les oiseaux se cachent pour mourir ?

François Coppée, *Promenades et intérieurs*, 1875

Les trois recueils de Leconte de Lisle

- 1852 Les Poèmes antiques : *Midi, roi des étés, épandu sur la plaine, / Tombe en nappes d'argent des hauteurs du ciel bleu. / Tout se tait. L'air flamboie et brûle sans haleine ; / La terre est assoupie en sa robe de feu…*
- 1862 Les Poèmes barbares : *Le sable rouge est comme une mer sans limite, / Et qui flambe, muette, affaissée en son lit. / Une ondulation immobile remplit / L'horizon aux vapeurs de cuivre où l'homme habite…* (ce sont *Les Éléphants* qui galopent peut-être encore dans votre mémoire…)

- 1884 Les Poèmes tragiques : *Le Temps, l'Étendue et le Nombre / Sont tombés du noir firmament / Dans la mer immobile et sombre...*

PLAISIR DE LIRE

Banville, le ciseleur de saison

Autre parnassien peu connu : Théodore de Banville (1823-1891) aux charmants poèmes qui visent moins la profondeur que la rime parfaite. Banville est un optimiste qui cisèle la simplicité en s'émerveillant de tout, sans grande complication – sur les saisons, par exemple :

Sois le bienvenu, rouge Automne, / Accours dans ton riche appareil, / Embrase le coteau vermeil / Que la vigne pare et festonne. / Père, tu rempliras la tonne / Qui nous verse le doux sommeil ; / Sois le bienvenu, rouge Automne, / Accours dans ton riche appareil. / Déjà la Nymphe qui s'étonne, / Blanche de la nuque à l'orteil, / Rit aux chants ivres de soleil / Que le gai vendangeur entonne. / Sois le bienvenu, rouge Automne.

Théodore de Banville, *Les Cariatides*, 1842

Heredia : Les Conquérants

Heredia de Cuba ! Le parfait ajusteur des hémistiches, l'impeccable régleur du sonnet, le sonneur de rimes, dans la cathédrale des mots, immense, magnifique, et vide...

Silence, on vivisectionne...

Comme un vol de gerfauts hors du charnier natal, / Fatigués de porter leurs misères hautaines, / De Palos de Moguer, routiers et capitaines / Partaient, ivres d'un rêve héroïque et brutal. Vous rappelez-vous ces vers ? Peut-être les avez-vous appris à l'école primaire, ou bien au collège – au lycée, hélas, on n'apprend ni ne dit la poésie, on se contente de la commenter, de la disséquer, de la vivisectionner... Ce vol de gerfauts vous est offert par José Maria de Heredia. Né à La Fortuna, près de Santiago de Cuba, en 1842, Heredia descend de conquistadors espagnols. Il fait ses études en France, retourne auprès de son père, planteur de café, puis se prend d'une telle passion pour Ronsard, Chateaubriand et Hugo qu'il décide de s'établir en France.

Des étoiles nouvelles

Son immense fortune lui permet de se consacrer à l'écriture. Fort bien accueilli par les chefs du mouvement parnassien – dont Leconte de Lisle – il ne publie ses sonnets, chef-d'œuvre de perfection formelle, qu'en revue. En 1893, à la demande pressante d'un éditeur, il les rassemble sous le titre *Les Trophées* (cent dix-huit sonnets) dont la première édition est épuisée en trois heures – un recueil de poèmes qui paraît aujourd'hui met des siècles pour en faire autant… Heredia est élu à l'Académie française en 1895. Il meurt au château de Bourdonné, en Seine-et-Oise, le 3 octobre 1905.

La fin des Conquérants

Voulez-vous la fin du poème *Les Conquérants* ? La voici : *Ils allaient conquérir le fabuleux métal / Que Cipango mûrit dans ses mines lointaines, / Et les vents alizés inclinaient leurs antennes / Aux bords mystérieux du monde Occidental. / Chaque soir, espérant des lendemains épiques, / L'azur phosphorescent de la mer des Tropiques / Enchantait leur sommeil d'un mirage doré ; / Ou penchés à l'avant des blanches caravelles, / Ils regardaient monter en un ciel ignoré / Du fond de l'Océan des étoiles nouvelles.* Et maintenant, apprenez-le ! Récitation dans une semaine…

Sully Prudhomme : Le Vase brisé

Sully Prudhomme (1839-1907) connaît son heure de gloire lorsqu'il publie, à vingt-six ans, son premier recueil : *Stances et poèmes*. Non qu'on s'émerveillât d'un ton nouveau, ou de quelque innovation, mais on se gargarisait d'une petite pièce de cinq strophes où chacun recevait en plein cœur une larmoyante métaphore de vase brisé ! Issu d'un milieu aisé, ingénieur que le travail aux établissements Schneider du Creusot rebute, il consacre sa vie à la poésie, écrit des milliers de vers, est élu à l'Académie française, reçoit le premier prix Nobel de littérature, le 10 décembre 1901… Mais beaucoup considèrent que rien, dans l'abondante production de sa longue vie, n'égale le fameux vase où meurt la fameuse verveine.

PLAISIR DE LIRE

… Il est brisé !

Le vase où meurt cette verveine / D'un coup d'éventail fut fêlé ; / Le coup dut l'effleurer à peine : / Aucun bruit ne l'a révélé. / Mais la légère meurtrissure, / Mordant le cristal chaque jour, / D'une marche invisible et sûre, / En a fait lentement le tour. / Son eau fraîche a fui goutte à goutte, / Le suc des fleurs s'est épuisé ; / Personne encore ne s'en doute, / N'y touchez pas, il est brisé. / Souvent aussi la main qu'on aime, / Effleurant le cœur, le meurtrit ; / Puis le cœur se fend de lui-même, / La fleur de son amour périt ; / Toujours intact aux yeux du monde, / Il sent croître et pleurer tout bas / Sa blessure fine et profonde ; / Il est brisé, n'y touchez pas.

Sully Prudhomme, *Stances et poèmes*, 1865

Chapitre 17

Les crus de la scène

Dans ce chapitre :

- Partagez les déconvenues de Musset au théâtre
- Assistez aux représentations des pièces de Vigny

Pas très optimiste, ce qui se passe sur les planches au XIXe siècle. On y meurt beaucoup. La tornade Hugo a déjà fait plusieurs victimes, ensevelies dans la couleur romantique. Musset et Vigny allongent la liste. Le théâtre de Musset, destiné à être lu, redécouvert aujourd'hui et bien vivant sur la scène, développe des intrigues qui mettent en scène les attentes du cœur ou celles de la cité. Le ton peut être léger, mais le fond demeure tragique. Vigny est encore plus sombre avec sa mise en scène du poète incompris. Noir, bien noir romantisme !

Les déconvenues de Musset

Je suis venu trop tard, dans un monde trop vieux... C'est ce que fait dire Alfred de Musset que vous connaissez déjà, à Rolla, dans ses *Poésies Nouvelles*. Trop tard, Musset, trop vieux, le monde ? Voire... Il imagine du neuf, du neuf pour la scène !

« La Nuit vénitienne »

L'invention de Musset qui s'inspire du drame shakespearien, tient en une pièce limitée à un seul acte : *La Nuit vénitienne*. La représentation a lieu le 1er décembre 1830 – il avait déjà écrit une pièce, *La Quittance du diable*, demeurée dans les cartons à cause des journées révolutionnaires de Juillet. Cette fois, avec *La Nuit vénitienne*, Musset y croit : le public ne peut qu'aimer ce spectacle où le jeune Razzeta aime la jeune Laurette promise à un prince dont elle tombe amoureuse. Razetta, au lieu de se suicider comme il l'avait promis, se laisse entraîner par ses amis, et retrouve la joie de vivre.

Catastrophe : la pièce est sifflée, tout le monde s'en moque. Musset en est meurtri au point de décider qu'il ne fera plus jamais représenter de pièce de théâtre !

« À quoi rêvent les jeunes filles ? »

Il tient parole, Musset : il ne fait plus représenter les pièces qu'heureusement, il écrit. Il prétend qu'on peut très bien trouver du plaisir à lire du théâtre sans que celui-ci soit porté à la scène. Il en donne ainsi, en 1832, le premier tome : *Un Spectacle dans un fauteuil.* On y trouve deux pièces en vers : *La Coupe aux lèvres,* et *À quoi rêvent les jeunes filles*, et un long poème : *Namouna*. Ces œuvres sont précédées d'une préface de l'auteur qui convie le lecteur dans son atelier de poésie, tente de lui faire comprendre les difficultés de la création, et l'entraîne ensuite dans *La Coupe aux lèvres* où un jeune homme, Frank, désespéré, s'apprête à boire la coupe du bonheur auprès de la belle Deidamia. Mais le démoniaque Belcolore surgit, brise la coupe, et emmène Frank afin de le plonger de nouveau dans le vice. Le thème de *Namouna* est presque le même. La deuxième pièce, lyrique et douce, *À quoi rêvent les jeune filles*, présente Ninon et Ninette au seuil de l'amour où les attend Silvio…

« Les Caprices de Marianne »

1833. Musset publie le deuxième tome de son théâtre à lire : *Les Caprices de Marianne*. Dans la ville de Naples, au XVIe siècle, Coelio aime Marianne, l'épouse du soupçonneux juge Claudio. Mais Coelio, trop timide, trop anxieux, n'ose déclarer sa flamme à sa belle. Il préfère se confier à son cousin Octave qui, lui, n'a peur de rien. Octave, repoussé dans un premier temps, accomplit sa mission au-delà de ses espérances puisque Marianne lui avoue qu'elle n'est pas insensible à ses discours… L'honnête Octave s'efface cependant et envoie au rendez-vous qu'il a obtenu, Coelio tout heureux ! Mais le juge Claudio, de plus en plus jaloux, a placé deux spadassins à sa solde sous le balcon de Marianne. Ceux-ci occisent Coelio qui vient d'entendre Marianne lui lancer *Fuyez, Octave ! Octave* est désespéré : il sait que son ami, en mourant, s'est cru trahi. À Marianne qui découvre la substitution et lui offre son amour, il répond : *Je ne vous aime pas ; c'était Coelio qui vous aimait !*

« On ne badine pas avec l'amour »

Attention, préparez-vous au spectacle de la cruauté, de la vanité et du stupide orgueil : Perdican, le jeune homme, rentre en son château après avoir fini ses études. Camille, la jeune fille, rentre du couvent où elle a terminé les siennes. Le père du garçon voudrait marier Camille et Perdican. Mais le jeune homme feint de ne pas croire à l'amour, et la jeune fille, qui rêve de l'homme parfait, feint de croire qu'elle ne le trouvera jamais. Perdican intercepte une lettre où Camille se vante de l'avoir mis au désespoir. Il se venge en courtisant une jeune paysanne, Rosette. Celle-ci comprend bientôt que Camille aime vraiment Perdican, et que cet amour est réciproque. Désespérée, elle se tue. Voilà la triste fin d'un amour bien trop fier, d'un amour bien trop fort pour de petits amants : Camille et Perdican.

Lorenzaccio et son brin d'herbe

Écrite il y a plus de cent soixante-dix ans, la pièce *Lorenzaccio* n'a connu le vrai succès qu'avec Gérard Philipe, dans les années 1950 !

Un bon à rien

Attention – décidément, il en réserve des surprises, Musset ! – vous allez assister à un meurtre ! Le jeune Lorenzo – Lorenzaccio, diminutif méprisant – est le cousin et le compagnon de débauche d'Alexandre de Médicis, le tyran de Florence, allié à l'empereur d'Allemagne et au pape. Le jeune homme qui passe pour un bon à rien, un émotif qui s'évanouit à la seule vue d'une épée, décide de libérer la ville en tuant son cousin, afin que les républicains du

PLAISIR DE LIRE

Lorenzo : il faut que le monde sache qui je suis !

Tu me demandes pourquoi je tue Alexandre ? Veux-tu donc que je m'empoisonne, ou que je saute dans l'Arno ? veux-tu donc que je sois un spectre, et qu'en frappant sur ce squelette (il frappe sa poitrine), il n'en sorte aucun son ? Si je suis l'ombre de moi-même, veux-tu donc que je m'arrache le seul fil qui rattache aujourd'hui mon cœur à quelques fibres de mon cœur d'autrefois ? Songes-tu que ce meurtre, c'est tout ce qui me reste de ma vertu ? Songes-tu que je glisse depuis deux ans sur un mur taillé à pic, et que ce meurtre est le seul brin d'herbe où j'aie pu cramponner mes ongles ? Crois-tu donc que je n'aie plus d'orgueil, parce que je n'ai plus de honte ? et veux-tu que je laisse mourir en silence l'énigme de ma vie ?

Oui, cela est certain, si je pouvais revenir à la vertu, si mon apprentissage du vice pouvait s'évanouir, j'épargnerais peut-être ce conducteur de bœufs. Mais j'aime le vin, le jeu et les filles ; comprends-tu cela ? Si tu honores en moi quelque chose, toi qui me parles, c'est mon meurtre que tu honores, peut-être justement parce que tu ne le ferais pas. Voilà assez longtemps, vois-tu, que les républicains me couvrent de boue et d'infamie ; voilà assez longtemps que les oreilles me tintent, et que l'exécration des hommes empoisonne le pain que je mâche ; j'en ai assez de me voir conspué par des lâches sans nom qui m'accablent d'injures pour se dispenser de m'assommer, comme ils le devraient, j'en ai assez d'entendre brailler en plein vent le bavardage humain ; il faut que le monde sache un peu qui je suis et qui il est.

Alfred de Musset, *Lorenzaccio,* Acte III, sc. 3, 1834

clan Strozzi puissent gouverner. Pressentant que son geste ne servira à rien, il l'accomplit afin de s'accomplir lui-même. Peine perdue : Cosme de Médicis prend le pourvoir, et Lorenzo est assassiné à Venise.

Merci George !

Où Musset va-t-il donc chercher tout cela ? Dans une pièce que George Sand lui a donnée, et qu'il a améliorée, complétée, rendue parfaite lors de leur séjour à Venise. Elle-même a découvert son Lorenzo dans une chronique florentine de Varchi, datant de 1537. La pièce, écrite en 1834, proposée par Paul de Musset, frère d'Alfred, à l'Odéon en 1863, sera refusée par la censure – les censeurs du Second Empire trouvent insupportable de mettre en scène la préparation du meurtre d'un souverain ! Sarah Bernhardt donne enfin à Lorenzaccio son heure de gloire en 1896, et Gérard Philipe le porte au triomphe en 1953.

Vigny, les planches à desseins

Vous souvenez-vous du mariage d'Alfred de Vigny ? Un mariage où sa mère souriait d'aise, pendant que le pauvre marié rêvait encore de celle qu'il avait dû quitter, une jeune fille sans fortune ! Quelle époque ! Vigny ne perd pas tout cependant : son épouse, miss Lydia Bunburry, lui transmet son goût pour Shakespeare, et voilà que Vigny qui a une bonne connaissance de la langue anglaise – et pour cause… – se lance dans la traduction des drames du maître anglais. Il propose *Roméo et Juliette* à la Comédie-Française, en 1827 : refus net, le texte traduit est laborieux dans son souci d'exactitude. *Le More de Venise*, en revanche est joué en 1829. Fort de ce succès, Vigny se dit qu'après tout il pourrait bien devenir Shakespeare, ou rien…

La maréchale exécutée

L'époque Louis XIII étant très à la mode, Vigny y choisit un personnage dont la mort l'impressionne : Léonora Galigaï. Cette Léonora, devenue la confidente de la reine Marie de Médicis après avoir été sa coiffeuse, a épousé Concino Concini, aventurier italien, fort bien en cour lui aussi, et qui exerce une forte influence sur le pouvoir. Nommé maréchal d'Ancre, il suscite tant de jalousie qu'il finira assassiné sur l'ordre du jeune Louis XIII, en 1617, à l'entrée du Louvre. Léonora est décapitée ensuite. Cette vérité historique est traitée avec beaucoup d'approximation par Vigny qui se laisse emporter par son sujet : la maréchale d'Ancre (titre de la pièce) est exécutée avant son mari. Celui-ci trouve la mort sur les lieux où Henri IV a péri, après une sorte de vendetta peu compatible avec le caractère de ses personnages. Bref, tout va tant de guingois dans ce drame qu'il en devient une tragédie pour les recettes du théâtre !

Chatterton et Kitty Bell

Une histoire fort sombre qui s'est déroulée en Angleterre donne à Vigny l'argument d'une pièce qu'il va écrire pour sa fort lumineuse Marie…

Pour Marie Dorval

La Maréchale exécutée par le public, Vigny ne se décourage pas ! Pourquoi ? Sans doute parce que, dans sa vie, est entrée Marie Dorval, et que Marie Dorval – outre ses aventures avec George Sand qui est une femme, rappelons-le – l'a envoûté au point qu'il subit tous ses caprices, ses sautes d'humeur, ses exigences. Il lui offre le rôle majeur dans sa nouvelle pièce : *Chatterton*. Elle y incarne Kitty Bell, une femme mariée à John Bell, un riche marchand. Ce couple héberge dans une petite chambre de sa demeure, un poète pauvre, mais dont le génie est immense : il a écrit des poèmes d'une extraordinaire qualité mais, trop peu confiant en lui, les a attribués à un auteur anglais du XVe siècle, Thomas Rowley. Chatterton aime en secret celle qui connaît son génie : Kitty. Et Kitty aime Chatterton, mais se garde bien de le lui avouer.

LE SAVIEZ-VOUS ?

Chatterton, le vrai

Le véritable Chatterton – Thomas Chatterton – est né en 1752. Ayant appris à lire avec une bible ancienne, il compose en ancien anglais des poèmes qu'il attribue à Thomas Rowley, un moine du XVe siècle. Il confie son manuscrit à un poète confirmé, Horace Walpole, qui est enthousiasmé. Thomas Chatterton lui avoue alors la vérité : Walpole revient sur son jugement et trouve alors les textes fort moyens… Chatterton continue malgré tout à écrire des poèmes, des contes, des essais mais, sans ressources, il se suicide en 1770.

La société de l'argent

On finit par découvrir en Chatterton un véritable poète, tout pourrait s'arranger, mais un article critique traite Chatterton d'imposteur, l'accusant d'avoir copié les créations d'un poète ayant vraiment existé : Rowley ! Chatterton, désespéré, brûle ses manuscrits, puis se suicide ! Et que devient Kitty Bell ? Ne supportant plus la médiocrité du monde, elle se suicide aussi ! Ce drame fort pessimiste – qu'il est préférable d'éviter de voir un dimanche soir, en hiver, après certains programmes télé – montre combien le poète est rejeté par une société dominée par l'argent. Ainsi Vigny parvient-il à son but : mettre sur les planches ses idées, presque son statut. La scène, planches à desseins…

Chapitre 18

Le roman du roman

Dans ce chapitre :

- Le réalisme naît sous la plume de Stendhal
- Balzac construit *La Comédie humaine*.
- Flaubert écrit ses chefs-d'œuvre dans la douleur
- Zola met en application sa théorie naturaliste
- Romans et nouvelles dominent le siècle

Le roman qui s'était cherché au XVIIIe siècle, s'égarant parfois dans un fouillis bavard, s'impose au XIXe siècle. On y suit la destinée de héros précis, déterminés, qui présentent des grands types humains. Le cas Hugo et ses épopées romantiques mis à part, on assiste à la naissance d'un courant qui va trouver son épanouissement avec Flaubert et Zola : le réalisme. Celui qui montre la voie ne va connaître aucun succès de son vivant. Il s'appelle Henri Beyle, et signe ses deux grands romans Stendhal. Balzac nous offre, avec sa *Comédie humaine*, une peinture fidèle des milieux bourgeois de son temps, où mille détails restituent la réalité. Flaubert décide de pousser plus loin le réalisme : il s'efface devant ce qu'il décrit, souhaite n'y laisser aucune trace. Un degré de plus avec Zola : l'individu est le produit de son milieu et de son hérédité, l'auteur n'a plus qu'à recopier. Plus réaliste que le réel, Zola, avec ce qu'il appelle le naturalisme ! Maupassant n'y souscrit que du bout de la plume, lucide lorsqu'il souligne que l'écrivain, quoi qu'on prétende, fait ses choix !

Chapitre 1 : Stendhal hisse les couleurs

Petit homme jovial et génial, Henri Beyle, déçu qu'on ne lise point ses romans signés Stendhal – dont seul Balzac remarque la qualité – se console en prédisant qu'on le lira au XXe siècle. Il ne se trompe pas…

« La Chartreuse de Parme »

Sans doute n'avez-vous jamais imaginé qu'on puisse écrire un roman de la façon qui va vous être rapportée ci-dessous. Et pourtant, c'est vrai…

Je suis prêt, commençons !

4 novembre 1838. Une brume grise couvre Paris. Dans la rue Caumartin, près de la Madeleine, un homme, qui porte sous son bras un gros paquet ficelé, presse le pas. Il s'arrête devant le numéro 8, pousse la porte, emprunte un escalier qui le conduit à l'étage. Il monte lentement, dépose son fardeau, s'éponge le front. Sans frapper, il entre dans un appartement, appelle : *Monsieur ?* Dans la pièce voisine, la voix qui répond est haut perchée, alerte, presque allègre, enjouée ; les mots qui en sortent paraissent de petits ressorts échappés d'une mécanique généreuse, capable de mettre en route les engrenages du monde : *Entrez, entrez, tout est prêt, je suis prêt, commençons !* L'homme entre. En face de lui : Henri Beyle qui, depuis 1817 a choisi de porter le nom d'une ville allemande : Stendhal !

Un toupet postiche

Vous n'avez encore rien vu ! Même si vous êtes surpris de rencontrer ce Stendhal court sur jambes, bedonnant, le crâne vaguement dégarni, mais rehaussé d'un drôle de toupet postiche aussi noir que ses cheveux teints, ce qui se prépare va vous laisser sans voix ! L'homme qui tout à l'heure marchait dans la rue vient de poser sur une petite table le paquet qu'il transportait. Il en défait le ficelage : des feuilles, des centaines de feuilles de papier apparaissent. Il s'assied.

Le 15 mai 1796, le général Bonaparte…

Stendhal tourne en rond, à petits pas, s'arrête, colle son nez à la vitre. Un regard de côté : l'homme – son secrétaire – vient de tremper la plume dans l'encrier, tout est prêt. Stendhal lui dicte : *Chapitre premier, écrivez : Milan en 1796. Le 15 mai 1796, le général Bonaparte fit son entrée dans Milan à la tête de cette jeune armée qui venait de passer le pont de Lodi, et d'apprendre au monde qu'après tant de siècles César et Alexandre avaient un successeur…*

Une dictée de cinquante-deux jours !

Vous n'allez pas le croire : tous les jours, pendant cinquante-deux jours, du 4 novembre 1838 au 26 décembre 1838, Stendhal, cinquante-cinq ans, gesticulant, emporté, songeur, silencieux, exalté, suant, soufflant, infatigable et rayonnant, la voix en farandole, Stendhal dicte son roman à mesure qu'il naît dans son imagination ! Oui, il dicte à son secrétaire, pendant cinquante-deux jours *La Chartreuse de Parme* ! 750 pages en format Poche ! Un texte que vous-même ne parviendriez pas à recopier seulement dans le même temps, alors que lui, Stendhal, crée à mesure qu'il parle ! Voilà : la première surprise Stendhal passée, voyons les autres…

ALLONS PLUS LOIN

To the happy few

La vérité, l'âpre vérité, c'est la devise de Stendhal – et de Danton – épigraphe de son roman : *Le Rouge et le Noir.* Dans *La Chartreuse de Parme*, cette devise court de la première à la dernière ligne. Le héros, Fabrice del Dongo, point trop héros le jour de Waterloo, bataille à laquelle il participe sans rien y comprendre, se retrouve dans le minuscule duché de Parme. Il y fait la connaissance de sa tante, la fort belle duchesse Sanseverina – aimée de tous les hommes, du comte Mosca en particulier. Elle devient amoureuse de son neveu désormais sans idéal puisque, Napoléon parti, la gloire militaire n'est plus possible. Un duel malheureux et des cabales vont le conduire en prison, dans la fameuse tour Farnèse – ne la cherchez pas à Parme, elle est imaginaire… De cette tour, Fabrice tombe amoureux de la fille du gouverneur, Clélia Conti. Par amour, la Sanseverina fait évader Fabrice. Va-t-il retrouver la douce, la tendre Clélia ?… C'est tentant de tout vous raconter, mais il faut savoir résister à la tentation, afin que vous soyez tenté d'aller un peu plus loin ! Voici quand même les derniers mots, détachés de la dernière ligne de texte : *To the happy few.* C'est-à-dire pour un petit nombre d'heureux, heureux d'avoir lu et compris *La Chartreuse de Parme* ! Car Stendhal prétend ne pas écrire pour le vulgaire, le demi-sot, le gros public… Il s'adresse à l'élite, seule capable de le comprendre ! Voilà pour vous l'occasion rêvée d'appartenir enfin à une élite privilégiée : lisez – et faites semblant d'avoir compris et a-do-ré… – *la Chartreuse de Parme* !

Contre les romantiques

Quelle lucidité, quelle justesse dans tout ce qu'écrit Stendhal à propos de ce qu'il voit, de ce qu'il lit… Le romantisme l'irrite, et il le dit sans détour !

Puant d'égotisme, d'égoïsme…

Le 14 décembre 1829, Stendhal vient de lire le dernier livre de Chateaubriand : *L'Itinéraire de Paris à Jérusalem*. Voici ce qu'il en écrit – Stendhal écrit tous les jours, sur tout ce qu'il voit, pense ou imagine – : *Je n'ai jamais rien trouvé d'aussi puant d'égotisme, d'égoïsme, de plate affectation, et même de forfanterie sur de prétendus dangers à la mer, que le début du deuxième volume de l'Itinéraire de Paris à Jérusalem, que j'ai ouvert ce matin, pour avoir une idée du talent de Monsieur de Chateaubriand. Au lieu de faire connaître le pays, il dit je et moi et fait de petites hardiesses de style. Cette plate affectation vide de mérite achève de m'en dégoûter*. C'est direct, c'est coupant comme la bise du nord, c'est du Stendhal ! Mais, attention, Monsieur Stendhal, votre roman, *Le Rouge et le Noir*, celui que vous faites paraître le 13 novembre 1830, à quarante-sept ans, Monsieur Hugo, oui, Victor Hugo vient de le lire…

UNE ANECDOTE

« Pan ! » dans Madame Michoud !

Le numéro de décembre 1827 de *La Gazette des tribunaux* donne le compte rendu du procès suivant qui se déroule aux Assises de l'Isère : le jeune Antoine Berthet, fils de petits artisans, remarqué par le curé de son village pour sa précocité intellectuelle, est envoyé au séminaire d'où il sort à vingt ans, pour raison de santé. Il devient alors le précepteur des enfants Michoud, et l'amant de leur mère ! Les feux de l'amour et le scandale sont étouffés sous la soutane qu'est obligé de prendre le jeune séducteur au grand séminaire de Grenoble. Pas pour longtemps : de nouveau en liberté, il séduit la fille de son nouveau maître, Monsieur de Cordon qui le chasse. Berthet se venge en tirant un coup de pistolet sur son ancienne maîtresse, Madame Michoud, au milieu de l'église, en plein office.

Vous qui allez sûrement lire *Le Rouge et le Noir* de Stendhal – le rouge symbolise la gloire militaire devenue impossible, et le noir la prêtrise ; on dit aussi que Stendhal aurait pensé pour ce titre, au rouge et au noir de la roulette… –, vous allez retrouver cette histoire dont il s'est inspiré pour écrire son roman en 1829. Antoine Berthet y a pour nom Julien Sorel, Madame Michoud est Madame de Rénal et Mademoiselle de Cordon, Mathilde de la Môle. Ne croyez pas qu'ayant lu ce résumé, tout vous est livré ! Vous ne possédez qu'un petit pour cent du roman ! Le reste – 99 % – c'est l'extraordinaire aventure du style stendhalien, sa précision, sa rigueur, sa densité, sa transparente économie – un style sec, selon les critiques, travaillé en lisant le Code civil… – classique, inégalable !

J'ai tenté de lire ça…

Henri Rochefort, écrivain et journaliste, rapporte ces paroles de Victor Hugo, à propos du roman *Le Rouge et le Noir* – attention, c'est expéditif… : *J'ai tenté de lire ça… Comment avez-vous pu aller plus loin que la quatrième page ?* Eh bien, Victor, décocherez-vous quelque autre flèche pour tenter d'abattre

UNE CURIOSITÉ LITTÉRAIRE

Les romantiques ? Des fats littéraires !

Voici un jugement de Stendhal sur Hugo, un jugement qui met en lumière l'idéal de Stendhal : faire de l'écriture une littérature qui pense, s'engage, évite la boursouflure, les fioritures, le superflu, l'égotisme – c'est lui qui invente ce mot ! – et tout ce qui nuit à la clarté, à une esthétique accomplie qui servirait les vertus que commande la République : *Les romantiques sont les gens les plus secs et les plus plats du monde, de vrais fats littéraires. L'un d'eux, Monsieur Hugo, auteur d'un roman célèbre, Han d'Islande, fait des odes à l'imitation de Jean-Baptiste Rousseau. Ses vers sonnent bien et sont adroitement tournés, mais ils ne veulent absolument rien dire ; ils ne contiennent positivement pas la plus petite parcelle d'idée. C'est à cela que leur auteur doit précisément la protection du parti ultra-subalterne, qui ne déteste rien tant que les idées et qui enverrait coucher, si cela était possible, la faculté de penser du peuple français*.

Signé Stendhal !

celui qu'au fond de vous, vous jalousez peut-être, celui qui vous dépasse dans la matière romanesque parce que le pathos que vous suralimentez comme un gros chien de bourgeois, lui, Stendhal, l'a mis dehors, sans ménagement ! Donc, Victor, que dites-vous encore de Beyle-Stendhal ? *Montesquieu reste par ce qu'il écrit. Monsieur Stendhal ne peut pas rester parce qu'il ne s'est jamais douté un instant de ce que c'était qu'écrire*. Mais si, Monsieur Hugo, vous l'avez prononcée, cette énormité ! Allons, ne niez pas ! C'est Monsieur Rochefort, encore, qui nous l'a rapportée…

Henri et les femmes

Stendhal et les femmes, c'est une histoire en cent épisodes, qui ne révèle jamais son petit mystère, même si on ne peut s'interdire de supposer certaines choses écrites par Stendhal lui-même, dans ses romans autobiographiques…

En découdre avec les empesés

Puisque nous sommes bien partis pour remonter dans la vie de Cornichon, de Louis-Alexandre Bombet, de Lisio Visconti, de Mocenigo, de William Crocodile, de Timoléon Dubois, du commandant de bataillon Coste – qui sont-ils tous ceux-là ? un seul et même homme : Henri Beyle, dit Stendhal qui a utilisé des dizaines d'autres pseudonymes encore… Donc, puisque nous sommes bien partis dans votre vie, cher Henri, lisons un peu votre premier roman, *Armance*. C'est, disent les sérieux analystes, une peinture sans concession du monde de la Restauration. Et c'est vrai : l'ironie conduit votre plume qui laisse ses griffures sur le dos de l'aristocratie. D'ailleurs, le sous-titre d'*Armance : ou quelques scènes d'un salon de Paris en 1827*, ne trompe guère sur vos intentions d'en découdre avec les empesés !

Beyle, belles, belles…

Mais, mais, cher Beyle, pour les belles, justement… Votre héros, Octave, soudain riche, préfère la fuite en Grèce – où il meurt – au mariage avec la belle et pauvre Armance. Un traître lui aurait révélé qu'elle l'épousait par intérêt ! Ce héros, cet Octave ne vous ressemble-t-il pas ? N'est-il pas lui aussi victime d'un fâcheux inconvénient mécanique ? Une petite gêne qui conduit un homme à se regarder le nombril – et même un peu plus bas – tout penaud, tout contrit et ratatiné, en présence de la dame de ses pensées ? Et cela juste au moment où les pensées désertent pour passer à d'autres occupations ? Au moment où la dame impatiente n'est plus que l'attente d'un cri ?... Bref, n'êtes-vous pas atteint de l'impuissance sexuelle que vous prêtez si souvent à vos personnages ?

Tu es vieux et laid, mais je t'aime

N'en fut-il pas ainsi, dans votre vie, cher Henri, avec vos maîtresses par dizaines : Mélanie Guilbert, dite Louason, Angéline Bereyter, cantatrice à l'Opéra-Bouffe ? Angéla Pietagrua, à Milan – si longtemps désirée pourtant… ? Métilde, la comtesse Clémentine Curial que vous appelez Menti, et qui vous cacha trois jours dans sa cave… ? Guilia Rinieri qui vous dit – vous avez quand même quarante-sept ans : *Je sais bien que tu es vieux et laid, mais je t'aime !* Elle se marie trois ans plus tard, pas avec vous… Mais votre liaison continue ! Dix ans après, survient votre ultime maîtresse, en 1843 : la mort.

Stendhal en pensées

- On ne se console pas des chagrins, on s'en distrait. (*Armance.*)
- La beauté n'est que la promesse du bonheur. (*De l'Amour.*)
- Il est difficile de ne pas s'exagérer le bonheur dont on ne jouit pas. (*Journal.*)
- Le despotisme frappe le style de bêtise. (*Promenades dans Rome.*)
- Un roman est un miroir qui se promène sur une grande route. (*Le Rouge et le Noir.*)
- L'amour a toujours été pour moi la plus grande des affaires, ou plutôt la seule.
- C'est en Italie et au XVIIe siècle qu'une princesse disait, en prenant une glace avec délices le soir d'une journée fort chaude : Quel dommage que ce ne soit pas un péché ! (*Chroniques italiennes.*)
- Espérons qu'en 1917, l'Europe sera constitutionnelle, seul moyen de résister à l'Amérique. (*Journal.*)
- S.F.C.D.T. : se foutre carrément de tout ! – autre devise de Stendhal, reproduite sous forme de sigle sur de nombreux manuscrits.

Feu le fou d'art

Fou d'Italie, fou d'art, Stendhal publie en 1829 ses *Promenades dans Rome*, guide indispensable pour visiter la ville éternelle, non pour le guidage des pas, mais pour celui de la pensée, de l'étonnement, de l'approche raisonnée des perspectives, pour une lecture des signes qui laissent indifférent le *demi-sot*… En 1838, il fait paraître *Mémoires d'un touriste* – celui qu'il a été en France. En 1840, il publie *Idées italiennes sur quelques tableaux célèbres.* Le 23 avril 1842, alors qu'il travaille à ses nouvelles *Chroniques italiennes*, Stendhal sort se promener. Il arrive rue des Capucines. Au niveau du numéro 24, il s'affaisse, terrassé par une crise d'apoplexie. Un détail : ce numéro 24 de la rue des Capucines – rue Neuve des Capucines à l'époque – est l'entrée de l'appartement qu'occupait le général Bonaparte lorsqu'il se maria le 9 mars 1796. Napoléon Bonaparte, qu'Henri Beyle, commissaire aux approvisionnements, a suivi dans la retraite de Russie, en 1812. Napoléon, le héros de Stendhal !

Stendhal en œuvres

Aucun des livres de Stendhal ne connaît le succès, de son vivant. Il faut attendre le XXe siècle pour qu'on saisisse enfin l'étendue du génie de cet auteur qui déclarait : *J'écris pour des amis inconnus, une poignée d'élus qui me ressemblent : les happy few (Vie de Henry Brulard).* Puis, joueur, il ajoute : *Je mets un billet de loterie dont le gros lot se résume à ceci : être lu en 1935.* Gagné : en 1935, on vous a vraiment découvert, Henri ! Et aujourd'hui, on vous aime !

- 1814 *Vie de Haydn, de Mozart et Métastase.*
- 1817 *Histoire de la peinture en Italie.*
- 1822 *De l'Amour* – essai psychologique où apparaît la notion de cristallisation : de la même façon que, dans les mines de Salzbourg, un rameau sec se couvre de sel et devient méconnaissable, le cœur de l'homme se cristallise par l'imagination et le désir, devenant, lui aussi, méconnaissable.
- 1823 et 1825 *Racine et Shakespeare* – Stendhal y milite pour une révolution romantique indépendante qui prolongerait le Siècle des Lumières.
- 1827 *Armance* – premier roman.
- 1829 *Promenades dans Rome* – guide de la pensée touristique.
- 1830 *Le Rouge et le Noir.*
- 1832 *Souvenirs d'égotisme* – écrit alors que Stendhal est consul à Civitavecchia, près de Rome.
- 1834 *Lucien Leuwen* – roman inachevé.
- 1836 *Vie de Henry Brulard* – autobiographie.
- 1839 *La Chartreuse de Parme.*

Pour les enfants...

Sophie Rostopchine est née à Moscou en 1799, est venue vivre en France en 1817, s'est mariée au comte Eugène de Ségur en 1819, est allée vivre dans l'Orne, en sa propriété des Nouettes, s'est consolée de son statut d'épouse délaissée en écrivant des contes pour ses enfants, ses petits-enfants. Ainsi sont nés *Les Mémoires d'un âne* (1860), *Les Malheurs de Sophie* (1864), trilogie qui comporte aussi *Les Petites filles modèles* et *Les Vacances*. En 1861, paraît *La Sœur de Gribouille*, en 1862 *Les Deux Nigauds*, en 1865 *Jean qui grogne et Jean qui rit*, en 1866, *Le Général Dourakine*, tout cela signé Comtesse de Ségur ! C'est, dans une atmosphère un peu surannée, du bonheur à l'ancienne pour toutes les imaginations. La comtesse de Ségur est morte en 1874.

Chapitre 11 : Balzac, quelle comédie !

Un géant fort gai et fort souriant, une littérature au confluent du regard, de l'esprit et du cœur – du cœur surtout, dominante qui plaît tant aux femmes, l'essentiel du lectorat de Balzac. Il en connaît les moindres attentes, il en dévoile les subtils calculs, les rêves les plus secrets. De qui donc : des femmes ? du cœur ? De l'un et l'autre ensemble ! Indissociables. Il faut dire que Balzac a reçu fort tôt des cours d'amour, et qu'en ce domaine, il n'a jamais quitté l'école…

La statue de bronze

Un géant fort gai et fort souriant… Ce n'est pas ainsi que Monsieur Rodin a vu Balzac, semble-t-il…

Non, Monsieur Rodin…

Monsieur Rodin ! Monsieur Auguste Rodin, non ! Non ! En 1891, vous possédez la confiance de votre ami Zola qui propose votre nom, votre réputation, à la Société des gens de lettres, désireuse d'élever une statue à son fondateur : Honoré de Balzac ! Vous êtes choisi par huit voix contre quatre. Vous promettez de livrer cette statue dix-huit mois plus tard, le 1er mai 1893. Pour la réaliser, vous accumulez des kilos de documentation, vous faites des kilomètres en Touraine, vous relisez même une partie de l'œuvre du maître ! 1893 : rien, sinon l'ébauche d'un Balzac nu et hideux. 1894 : rien ! On met en sûreté l'argent qui vous est dû. 1897 : rien, ou presque… Vous avez bâti un Balzac nu (encore !...) dont on ne peut décemment révéler à quoi il occupe l'une de ses mains ! Vous le recouvrez d'une draperie – voici donc expliquée (à mots couverts) l'étrange posture de l'écrivain sur son socle… Vous dites que vous montrez ainsi le génie de la *Comédie humaine* qui se lève en pleine nuit pour aller écrire une idée qui le hante ? Certes…

Oui, après tout…

Non, Monsieur Rodin, même si votre ami, le poète anglais Aleister Crowley (1875-1947), y trouve une nouvelle idée de la sculpture, même s'il se réjouit que l'image laisse la place à une certaine façon de transmettre la vérité spirituelle, même si, dans le fond de votre jardin, tous les jours devant votre bronze enfin sorti en 1898, on se prosterne – ou se consterne –, même s'il est accueilli dans le métro, station Varenne… Non, Monsieur Rodin, non : votre Balzac est moche ! Ce mouvement d'humeur passé, on peut lui trouver cette faculté exceptionnelle d'exprimer la puissance de l'écrivain, l'exaltation de l'inspiration tournée vers l'infini (quels yeux vous lui avez faits, voyons !), et puis cette imposante présence dans l'intemporel de la création ! Oui, après tout…

L'homme de chair

Mais Balzac, ce n'est pas cette statue-idée. Balzac, c'est la joie de vivre, le regard plein de malice, le verbe abondant, le rire constant sur ses chicots noirs ! Balzac, c'est une bonne bouille toute ronde, un teint très blanc, un cou de taureau, un ventre rebondi, des jambes courtes, de l'approximation dans la netteté des ongles et de l'abondante crinière – mais de la douceur dans la façon d'aimer, une infinie délicatesse dans la confidence et dans l'intimité. Il aime qu'on le remarque, il s'en réjouit comme un enfant ! En 1830, au temps où il se croit fortuné, il achète pour quatre mille francs un cheval et un tilbury, une couverture violette en poil de chèvre avec une couronne brodée d'or ; pour lui un habit bleu à boutons ciselés, des gilets de soie et une canne à pommeau, sertie de turquoise !

UNE ANECDOTE

Balzac dans le fossé !

Cheval, tilbury, habit bleu, gilet de soie, canne... Ce n'est pas tout : Balzac se dit qu'il lui faut aussi un domestique en livrée. Ce sera Jean Leclercq pour qui il commande chez Buisson, son tailleur de la rue de Richelieu, une livrée bleu sombre, un gilet vert aux revers rouges, et un pantalon blanc rayé ! Ce n'est pas tout : il double la surface de son appartement, le fait tapisser de percaline, fait installer une baignoire en marbre dans sa salle de bains, invite tous ses amis pour des dîners où le champagne coule à flots, s'endette jusqu'au cou...

Mai 1831. Une petite promenade en tilbury ? Partons ! La voiture est curieusement faite, trop souple sur ses suspensions, le cheval trop rapide, Balzac trop lourd... Il arrive ce que vous devinez : la voiture verse et Balzac avec ! Oui, voilà notre auteur qui se retrouve dans les orties, et qui se fait très mal : il doit garder le lit pendant un mois, subir des saignées, se soumettre à une diète sévère. Un an plus tard, en juin, alors qu'il aborde à vive allure un virage avec le même tilbury attelé au même cheval, il est encore éjecté et roule dans le fossé ! Cette fois, les contusions sont plus graves, et sa tête a heurté une pierre, il souffre de migraines. Août : il grimpe sur l'impériale d'une diligence pour aller à Aix-les-Bains. La lanière de cuir qu'il agrippe se rompt : voilà quatre-vingts kilos de Balzac par terre ! Dans la chute, sur le marchepied, une tige de fer l'a blessé à la jambe, jusqu'à l'os ! Jamais, heureusement, la main n'est atteinte !

Simplement heureux

Il parle, il parle, Balzac, il raconte ce qu'il vit, ce qu'il voit avec tant de drôlerie que ses interlocuteurs sont subjugués, se laissent aller à sa gaieté qui les contamine, et rient avec lui, rient de bonheur, simplement heureux de rencontrer un être dont le génie s'inscrit aussi dans le cœur. Lorsque, en 1828, il s'en va à Fougères, afin de préparer son roman *Les Chouans*, il est accueilli par le général et la baronne de Pommereul, après un voyage plutôt mouvementé. Elle raconte : *En dépit des malheurs qu'il venait de subir, il n'avait pas été un quart d'heure au milieu de nous, nous ne lui avions pas encore montré sa chambre, et déjà, il nous avait fait rire aux larmes, le général et moi !*

L'ascension des Balssa

Le nom *de Balzac* n'apparaît qu'en 1800, lors du baptême d'une sœur d'Honoré ; il conserve la particule dès le début de sa carrière, cherchant à rattacher son nom au fameux Guez de Balzac avec lequel il n'a aucune parenté.

Des paysans du Tarn

Qui est-il, d'où vient-il, Honoré, pour sourire ainsi à la vie, alors que tant d'autres – comme toujours – lui font la tête ? Les racines de la famille Balssa – et non de Balzac, qui n'est qu'une particule d'emprunt, pour faire bien – sont dans le Tarn. Les Balssa sont des paysans du hameau de la Nougayrié, près de Canezac. Bernard-François, le père d'Honoré, est l'aîné de onze enfants. Remarqué par le curé de son village, il fait de bonnes études, travaille dans le cabinet d'un procureur à Paris, passe dans l'administration royale, puis devient, au temps de la Révolution, directeur des approvisionnements de l'armée.

Deux pères...

À Tours où il a été nommé, il fait la connaissance de Laure Sallambier, fille du directeur des hospices de Paris. Elle a dix-neuf ans. Bernard-François en a cinquante et un. Leur différence d'âge ne les empêche pas de mettre au monde en 1798 Louis-Daniel – qui ne survit pas –, puis Honoré, le 20 mai 1799, Laure, en 1800, Laurence, en 1802. Un petit dernier : Henry, né en 1807, mais le père n'en est point Bernard-François... C'est un ami de la famille, Monsieur de Margonne, propriétaire du château de Saché ! Henry est le préféré de maman Laure, Honoré en souffre dès son jeune âge, jusqu'à la fin de sa vie.

Deux ans pour faire ses preuves

1810. Les Balzac ont déménagé, se sont installés à Villeparisis. Avec Honoré ? Non : il est en pension depuis son plus jeune âge au collège oratorien de Vendôme, où sa mère n'ira lui rendre visite qu'une seule fois ! Il y est remarqué pour sa boulimie de lecture qui provoque, chez cet élève parfois dissipé, une torpeur étrange et inquiétante. Après ses études de droit à Paris, Honoré devient avoué chez un notaire. Pourtant, il sait que son métier, que son génie, c'est l'écriture. Afin qu'il fasse ses preuves, ses parents lui accordent, en 1819, l'année de ses vingt ans, une petite chambre mansardée, rue de Lesdiguières, une modeste pension, et deux années au terme desquelles il doit réintégrer l'étude du notaire si l'écrivain qu'il sent en lui n'était qu'un farceur !

Honoré Lord R'hoone

Honoré se lance à corps perdu dans le métier. Il développe une faculté d'observation exceptionnelle. Ses premiers écrits sont pourtant signés de pseudonymes : il sent la faiblesse de son *Falthurne*, un roman noir, de sa *Sténie*, un roman sentimental, de sa pièce en vers, *Cromwell*, qu'il brûle ! Les deux ans sont écoulés. Il revient à Villeparisis. On lui accorde une rallonge… Honoré devient Lord R'hoone (avez-vous remarqué ? C'est l'anagramme d'Honoré…) qui signe, avec son ami Le Poittevin *L'Héritière de Birague, Jean-Louis, Charles Pointet, Les Deux Hector, La Dernière fée* (1822)… C'est l'époque où il rencontre sa première fée, celle qu'il nomme La Dilecta : Laure de Berny.

DANS L'INTIMITÉ

La première fée

Quarante-cinq ans, neuf enfants, un vieux mari grincheux et de nombreux amants, un père professeur de harpe de la reine Marie-Antoinette, une mère servante, un parrain roi : Louis XVI ! Laure de Berny est la châtelaine de Villeparisis. Elle engage comme précepteur de ses enfants le jeune Honoré qui a vingt-deux ans de moins qu'elle. Honoré et son gros nez, ses grosses joues, ses courtes jambes, toute sa masse, mal taillé… Et pourtant, quel charme dans la parole, dans le regard, dans les mains – admirables, ses mains ! Laure de Berny est amoureuse ! Scandale : des baisers sont échangés, et beaucoup plus parce qu'affinités. La preuve ? Elle lui écrit : *Je t'aime, oui, je t'aime. Tu es pour moi plus que l'air pour l'oiseau, plus que l'eau pour le poisson, plus que le soleil pour la terre, plus que la nature pour l'âme…* Et bien d'autres platitudes usées, toujours les mêmes – mais de circonstance.

Laure quitte son mari, s'installe près de chez Honoré à Paris. C'est elle qui va lui faire connaître le monde de l'aristocratie, décrit avec tant de justesse dans l'univers balzacien ; c'est elle qui va financer la pire de ses entreprises industrielles : une imprimerie, puis une fabrication de caractères de plomb afin d'éditer les œuvres de Molière, La Fontaine, en lettres si minuscules que la faillite est instantanée ! Mais l'ardoise est telle que Balzac va passer sa vie à tenter de rembourser tous ceux qu'il a mis sur la paille – ce qui ne l'empêche pas, au temps de sa réussite, de mener grand train de vie, aménageant somptueusement ses demeures successives, vivant dans le luxe tapageur des parvenus, les huissiers toujours à ses trousses. Le bonheur dure jusqu'en 1832. Très malade, La Dilecta meurt quatre ans plus tard.

Le séducteur

Quel séducteur, Honoré ! En 1825, il fait la connaissance de la duchesse Laure d'Abrantès, veuve d'Andoche Junot, fait duc d'Abrantès par Napoléon – drôle de mari, Andoche Junot, qui se présente un jour à un bal qu'il a organisé à Raguse, vêtu seulement de ses décorations… ; il faut dire qu'une partie de son crâne avait été emportée par une balle, laissant le cerveau quasiment apparent ; il finit par se défenestrer et en mourut. La duchesse d'Abrantès, voulant raconter ses mille souvenirs, et son Andoche disparu, fait appel à Honoré. Huit mois plus tard, elle est dans ses bras ! Honoré va se partager entre ses deux Laure qui acceptent d'être visitées à tour de rôle par ce drôle d'écrivain, toujours de belle humeur, qui écrit plusieurs romans à la fois, en même temps que des articles, et qui tente aussi de s'enrichir au moyen d'affaires périlleuses.

Les premiers succès

Une histoire à vous maintenir en haleine, puis à vous couper le souffle, celle de Marche à terre, dans *Les Chouans*...

1829 : Les Chouans

Vous rappelez-vous Honoré arrivant en 1828 chez les Pommereul à Fougères ? Il y venait pour recueillir une documentation suffisante destinée à un roman historique. Il le termine en 1829. Son titre : *Le dernier Chouan, ou la Bretagne en 1800* – devenu, depuis, *Les Chouans*. L'éditeur Latouche est séduit par l'histoire. Le livre paraît en mars 1829. Hélas, trois mois plus tard, à peine trois cents exemplaires ont été écoulés ! En même temps, il publie aussi un essai psychologique : *La Physiologie du mariage*.

Un gros garçon...

Même insuccès mais, dans les salons à la mode, on commence à parler de lui, on se demande qui décrit si finement les labyrinthes du cœur féminin, qui compose si habilement des romans de passion et de pouvoir – et l'on voit arriver, dans les réceptions, selon le journaliste Antoine Fontaney : ... *un gros garçon, œil vif, gilet blanc, tournure d'herboriste, mine de boucher, air de doreur, ensemble prestigieux !*

Honoré se venge...

1830 : l'énorme machine Balzac est lancée. Il publie un recueil de six récits qui constituent la première pierre de l'édifice plus tard nommé *La Comédie humaine* : *La Vendetta, Gobseck, Le Bal de Sceaux, La Maison du Chat-qui-pelote, Une Double Famille, La Paix du ménage*. La rumeur des salons s'enfle, on achète du Balzac, de plus en plus, on le lit, on s'émerveille de tant d'acuité, de tant de nouveauté dans le genre. Honoré est célèbre ! L'année suivante, *La Peau de Chagrin* le consacre auprès des lecteurs – qui sont surtout des lectrices. Parmi elles, la marquise de Castries qu'il suit jusqu'à Aix-les-Bains – espérant une bonne fortune. Que nenni ! La marquise lui fait sentir son agacement, de telle façon qu'il se venge... au moyen d'un roman : *La Duchesse de Langeais*, l'histoire d'une coquette du faubourg Saint-Germain, imbue de sa noblesse, fière de ses terres, et qui repousse le jeune général de Montriveau, de modeste naissance. La duchesse qui a fui le général va en mourir. Et voilà pour la marquise de Castries !

DANS L'INTIMITÉ

Mais comment fait-il ?

Zulma Carraud, l'amie fidèle, Olympe Pélissier (la future épouse de Rossini), Maria du Fresnay (dédicataire d'Eugénie Grandet), la comtesse Guidoboni-Visconti (avec qui il aura un fils, Lionel-Richard), Caroline Marboury, Claire Brune (déguisée en homme, elle l'accompagne chastement à Rome), Madame de Brugnol... Toutes ont leur place dans le cœur – et parfois dans les bras – d'Honoré. Et pourtant, il ne cesse d'écrire, de rendre des visites, de se documenter, de répondre à des invitations, de fréquenter le monde... Comment fait-il ?

Un élément de réponse peut-être : sa cafetière ! Balzac possède une cafetière singulière, conservée à la maison de Balzac, rue Raynouard, à Paris : un premier étage dont le sommet, en forme de couronne, supporte et réchauffe le pot de café. Trois sortes de grains sont nécessaires pour préparer le mélange qui va enflammer l'imagination d'Honoré : ce sont des Martinique, des Moka et des Bourbon. Il les achète lui-même, dans trois magasins différents ! On estime à plus de cinquante mille le nombre de tasses de café qu'il a dû boire pour mener à bien *La Comédie humaine*. Il lui fallait en consommer de plus en plus afin d'obtenir l'effet d'excitation attendu, accompagné d'effets secondaires imprévus : des maux d'estomac et divers troubles nerveux – tout cela pour nous !...

La journée de Balzac

Attention : la journée de Balzac que vous allez suivre est celle des périodes de création intense – périodes qui se succèdent de façon plutôt rapprochée... Journée est un faux repère pour Balzac, le mot nuit convient mieux à son horaire :

- Minuit : il se fait réveiller ! Il se lève et se vêt d'une sorte de long vêtement blanc, une sorte de froc de moine serré à la taille par une corde.
- Sur sa table, une pile de feuilles de couleur bleu clair et des plumes de corbeau, taillées, prêtes à s'envoler sur la page. Balzac s'assoit, ouvre son carnet de notes, commence à écrire. De minuit à huit heures, nombreuses pauses café...
- 8 h du matin : déjeuner, préparé et apporté par le valet Auguste.
- 8 h 30 : bain chaud d'une heure.
- 9 h : les commissionnaires d'imprimerie viennent apporter les épreuves à corriger.
- 13 h : fin des corrections – à l'imprimerie, il existe un spécialiste de l'écriture de Balzac, une écriture pleine de ratures, illisible, que le correcteur ne peut lire plus d'une heure, sinon, c'est la crise nerveuse...

- 13 h 30 : repas léger, avant un après-midi consacré à l'élaboration de nouvelles intrigues, aux lettres à écrire.
- 18 h : dîner, conversation avec des amis.
- 20 h : coucher. La journée a duré vingt heures !

Histoire des Treize

La Duchesse de Langeais fait partie d'un groupe de trois romans rassemblés sous le titre : *Histoire des Treize*. Balzac y met en scène une sorte de franc-maçonnerie qui règle ses comptes à sa façon. Il y développe aussi des intrigues qui confinent au fantastique, créant des atmosphères aux limites du vraisemblable. Dans le roman *Ferragus*, une femme, Madame Desmarets, rend visite à celui qu'on prend pour son amant et qui n'est autre que son père – Ferragus – assoiffé de vengeance, chef de la secte des Dévorants. Troisième roman : *La Fille aux yeux d'or*. On y découvre les amours féminines de la marquise de San Real, et de Paquita, la fille aux yeux d'or. Balzac tente de donner à son écriture la puissance d'évocation de la peinture. Dans chacun de ces trois romans, on meurt beaucoup par vengeance ou trahison – ce dont l'auteur a été victime en écrivant…

Michelet et son *Histoire*

Un an avant Balzac, en 1798, naît Jules Michelet. Son grand œuvre, c'est l'*Histoire de France,* en dix-sept volumes – le premier paraît en 1833. Cette *Histoire* remarquable de précision est l'œuvre d'un fils du peuple fortement marqué par ses origines modestes, par les convictions républicaines de ses parents, de son précepteur, par leur fidélité à l'esprit de la Révolution de 1789. Pour Michelet, le grand séisme de 1789 est l'aboutissement de tous les espoirs du peuple en marche depuis des siècles afin de se libérer du joug monarchique. Michelet se défend de tout excès romantique, de toute appartenance à une doctrine ; il assure tous ses lecteurs de son objectivité totale. Pourtant, il n'évite pas les envolées exaltées qui l'échauffent lorsqu'il se sent tout près des conventionnels de la Révolution. La Monarchie de Juillet le comble d'honneur, le Second Empire s'en méfie – il doit même quitter Paris et vivre à Nantes de 1853 à 1855. Profondément affecté par la guerre de 1870, par la perte de l'Alsace-Lorraine, et par la Commune, il meurt le 9 février 1874, à Hyères.

Balzac ennuyeux ?

Bien sûr, parfois, on se demande à quel moment une description qui court déjà depuis dix pages, va se terminer… Les romans de Balzac développent un réalisme qui peut conduire à l'ennui. Mais le lecteur demeure le maître de la situation…

Choisir…

Peu à peu, Balzac fait comprendre à son lecteur – et comprend lui-même – qu'il est en train d'écrire le grand livre de la société de son temps où évoluent les grands types humains de toutes les époques, où la ville et la province apparaissent dans leur souci de privilégier toujours l'argent, les affaires, l'intérêt privé, où l'amour suffoque sous la chape des convenances. Mais dire tout cela n'est rien ! Il faut ouvrir les livres de Balzac, s'embarquer dans un roman choisi pour son titre, ou par hasard. Et surtout, il faut en débarquer dès les premiers signes d'ennui.

ALLONS PLUS LOIN

Un système

Tout n'est pas parfait, dans Balzac, tant s'en faut, tout n'est pas écrit de telle sorte qu'on soit tenu en haleine de la première à la dernière page. Il est des descriptions extrêmement longues, ennuyeuses, qui ont rebuté des foules de lecteurs de bonne volonté. Il faut cependant savoir que ces descriptions font partie du système balzacien dont l'objectif est de restituer l'individu à travers tout ce qui le détermine.

Le Lys dans la vallée, inoubliable…

Donc, en cas d'ennui, fermez le roman que vous avez choisi. Mais, immédiatement, cherchez-en un autre dans la production du maître ! Ne restez pas sur un échec, vous perdriez pour jamais l'immense trésor de *La Comédie humaine* ! Vous ne savez trop quoi choisir ? Voulez-vous écouter les confessions du comte Félix de Vandenesse à la comtesse Nathalie de Manerville ? Lors d'un bal, le jeune Félix tombe amoureux d'une inconnue – il ne peut se retenir de lui embrasser l'épaule (aventure véritablement arrivée à Balzac…). Il la retrouve dans un château sur les bords de l'Indre. Elle est mariée au comte de Mortsauf, un grincheux quasi dément.

Les tentations de la chair

Félix se fait aimer de toute la famille, devient le précepteur des enfants de la comtesse (tout cela ressemble furieusement à l'aventure avec Laure de Berny…) qui résiste courageusement aux tentations de la chair (Laure, elle, n'a pas résisté à la tendre chair d'Honoré…). Félix entre au service de Louis XVIII, se promettant de demeurer fidèle à celle qu'il aime. Mais Lady Dudley, une superbe marquise anglaise, entre dans sa vie… Suite et fin dans *Le Lys dans la vallée* !

« La Comédie humaine »

En 1834, Balzac systématise le retour de certains des six cents personnages qu'il a imaginés dans les différents romans de *La Comédie humaine*. Ainsi, Rastignac apparaît-il dans *La Peau de chagrin, Le Père Goriot, La Maison Nucingen, Le Cabinet des antiques, L'Interdiction*. Le frère de Rastignac est le secrétaire de l'évêque de Limoges dans *Le Curé de village*. Ses sœurs se marient dans *La Paix du ménage*. Le projet de Balzac est de saisir à travers tous ces personnages aux destins croisés l'histoire de la société en marche, de s'en faire le copiste, et d'en dégager ce qu'il appelle *les principes naturels* qui gouvernent les sociétés humaines.

Un titre tardif

Le titre lui-même de l'œuvre entière – *La Comédie humaine* – ne date que de 1840 ; il apparaît dans une lettre à un éditeur. La totalité des romans de Balzac est alors classée en trois grandes études, elles-mêmes subdivisées en scènes comprenant chacune plusieurs romans. La liste que vous pouvez consulter ci-dessous ne représente qu'une partie de tous les livres que Balzac avait projeté d'écrire…

Première partie : Étude de mœurs

Scènes de la vie privée : *La Maison du Chat-qui-pelote ; Le Bal de Sceaux ; Mémoire de deux jeunes mariés ; La Bourse ; Modeste Mignon ; Un Début dans la vie ; Albert Savarus ; La Vendetta ; Une Double famille ; La Paix du ménage ; Madame Firmiani ; Étude de femme ; La Fausse Maîtresse ; Une fille d'Ève ; Le Colonel Chabert ; Le Message ; La Grenadière ; La Femme abandonnée ; Honorine ; Béatrix ou les amours forcées ; Gobseck ; La Femme de trente ans ; Le Père Goriot ; Pierre Grassou ; La Messe de l'athée ; L'Interdiction ; Le Contrat de mariage ; Autre étude de femme.*

Scènes de la vie de province : *Le Lys dans la vallée ; Ursule Mirouet ; Eugénie Grandet ; Pierrette ; Le Curé de Tours ; Un Ménage de garçon en province ; L'Illustre Gaudissart ; La Muse du département ; La Vieille Fille ; Le Cabinet des antiques ; Illusions perdues.*

Scènes de la vie parisienne : *Histoire des Treize (Ferragus – La Duchesse de Langeais – La Fille aux yeux d'or) ; Les Employés ; Sarrasine ; Grandeur et Décadence de César Birotteau ; La Maison Nucingen ; Les Parents pauvres (La Cousine Bette – Le Cousin Pons) ; Facino Cane ; Les Secrets de la princesse de Cadignan ; Splendeurs et Misères des courtisanes ; La Dernière Incarnation de Vautrin ; Un Prince de la Bohème ; Les Comiques sérieux ; Échantillons de causeries françaises.*

Scènes de la vie politique : *Un Épisode sous la Terreur ; Une Ténébreuse Affaire ; Le Député d'Arcis ; Marcas.*

Scènes de la vie militaire : *Les Chouans ; Une passion dans le désert.*

Scènes de la vie de campagne : *Les Paysans ; Le Médecin de campagne ; Le Curé de village.*

Deuxième partie : études philosophiques

La Peau de chagrin ; Jésus-Christ en Flandre ; Melmoth réconcilié ; Massimilla Doni ; Le Chef-d'œuvre inconnu ; Gambara ; Balthazar Claes ou la Recherche de l'absolu ; Adieu ; Les Marana ; Le Réquisitionnaire ; El Verdugo ; Un Drame au bord de la mer ; Maître Cornélius ; L'Auberge rouge ; Le Martyre calviniste ; La Confession des Ruggieri ; Les Deux Rêves ; L'Élixir de longue vie ; Les Proscrits ; Louis Lambert ; Séraphita.

Troisième partie : études analytiques

La Physiologie du mariage.

L'étrangère, Ève Hanska...

A-t-elle vraiment aimé Balzac, la belle étrangère, la mystérieuse Madame Hanska ? Et Balzac, comment la jugeait-il, au regard de sa *Dilecta* ? On a l'impression qu'à mesure que les deux amoureux s'approchent, le sentiment se dilue, se dissout lorsqu'ils deviennent amants ! Honoré et Ève, peut-être deux grands enfants...

Une propriété de 21 000 hectares !

Le 28 février 1832, Balzac reçoit une lettre qu'il tourne, retourne : elle vient de l'étranger ! Il l'ouvre : elle est signée... *L'Étrangère*, sans autre précision. L'imagination de l'écrivain part au galop ! Qui est-elle ? Que veut-elle ? Quelle est la couleur de ses yeux ? Bref, il fantasme... Il lui faut attendre quelques mois avant d'apprendre, par de nouvelles lettres, que son étrangère s'appelle Éveline Rzewuska, qu'elle est née en 1801, en Ukraine, qu'elle a épousé – ah, elle est mariée... – en 1819, un comte fortuné : Wenceslas Hanski qui a vingt-deux ans de plus qu'elle. Ils ont eu cinq enfants, un seul a survécu. Elle vit avec lui dans leur château de Wierzchownia, au cœur de leur propriété de vingt et un mille hectares, aux trois mille serfs ! Évidemment, elle dévore les romans français, ceux d'Honoré en particulier !

Bengali est mort !

Ève et Honoré vont se rencontrer à plusieurs reprises en France, en Suisse, s'écrire souvent en déjouant les soupçons du mari qui meurt en 1841. Libre, Éveline hésite pourtant à revenir en France... Aime-t-elle vraiment l'auteur des pages qui la font tant rêver ? N'a-t-elle pas été déçue par la personnalité de son écrivain favori à qui elle reproche sa mise et sa propreté douteuse ! Ève Hanska est délicieuse et délicate. Apprécie-t-elle que celui qui l'appelle sa *chérie louloup* a donné un nom charmant et gazouilleur à quelque partie de son anatomie d'homme : *Bengali* – et qu'il lui en commente ainsi les états de façon à la fois directe et masquée, lui avouant par exemple : *Bengali est mort, reviens vite !* C'est lui, Honoré, qui va partir vers Ève, en Russie, en 1845. Elle donne naissance à leur enfant mort-né, en 1846.

Les blés en feu

À partir de 1848, Honoré séjourne de nouveau chez *chérie louloup* pendant dix-neuf mois, à Wierzchownia. Il est malade, il n'écrit plus. Il croule sous les dettes – l'équivalent de cinq cent mille euros – qu'il n'a jamais réduites, accroissant ses dépenses sans cesse. Par exemple, à Paris, il a fait aménager somptueusement sa maison afin de recevoir Ève comme une princesse ! Pour ne rien arranger, un gigantesque incendie détruit des centaines d'hectares de blé sur les terres d'Ève. Le bénéfice de la récolte aurait hâté le mariage, et le retour en France.

Une crise de goutte pour la mariée...

Honoré ne guérit pas. Le climat ukrainien est trop rude pour lui. Ève comprend que ses jours sont comptés. En février 1850, elle décide de devenir Madame de Balzac. L'union est célébrée dans l'église de Berditcheff, par l'abbé Ozarowski, le 14 mars. Les mariés ne sont pas de toute première jeunesse : Ève, dans la journée, est victime d'une terrible crise de goutte, elle souffre aussi de son arthrite chronique, et Honoré respire difficilement. Mais toutes ses lettres vers la France conservent une franche bonne humeur !

La mort de Balzac

Paris ! Les époux arrivent le 20 mai 1850, dans la soirée, face à la maison d'Honoré, rue Fortunée. Toutes les fenêtres sont éclairées, toutes les portes fermées ! Balzac appelle son domestique, François Munch, mais celui-ci ne

ALLONS PLUS LOIN

Bianchon, Rastignac, Vautrin...

Horace Bianchon ! Celui que Balzac appelle sur son lit de mort est un médecin de fiction qui apparaît dans vingt-neuf romans de la *Comédie humaine*. D'autres grands types humains marquent la création balzacienne : à la fin du *Père Goriot*, lorsque le vieillard fou de ses filles ingrates est enterré, un jeune homme qui incarne l'ambition dévorante, Eugène de Rastignac, lance ce défi à Paris : *À nous deux maintenant !* On le retrouve dans vingt-six romans. Vautrin, le bagnard évadé, incarne le mal, dans les romans balzaciens. Déguisé en abbé espagnol, il exerce un funeste ascendant sur le faible Lucien de Rubempré, dans les *Illusions perdues*. Vautrin, l'homosexuel de la *Comédie humaine*, termine sa carrière en devenant... chef de la police, à l'image de son modèle bien réel : François Vidocq (1775-1857), un fieffé coquin, aussi impudent qu'infâme, selon l'écrivain russe Alexandre Pouchkine.

Peut-être vous rappelez-vous aussi César Birotteau ? Il illustre l'ascension des modestes, de ceux qui se hissent au plus haut degré de la fortune en conjuguant l'astuce, l'opiniâtreté, et la chance. César Birotteau est de ceux-là. D'abord garçon de magasin, il devient le Napoléon de la parfumerie ! Mais des revers financiers le conduisent à la faillite. Il parvient à rembourser tous ses créanciers avant de mourir aussi honnête et candide qu'à ses débuts ! Maintenant, c'est à vous de vous lancer un défi personnel ! Lequel ? Voici une suggestion : pourquoi, entrant dans une librairie, ne clameriez-vous pas, haut et fort, en regardant le rayon Balzac : *À nous deux, maintenant !* On est le Rastignac qu'on peut...

répond pas. Il faut faire venir un serrurier pour découvrir, dans le coin d'une pièce, Munch terrorisé, qui est devenu fou ! Mauvais présage ! La maladie d'Honoré empire dès le lendemain. On pratique toutes sortes de médications, sans résultat. Une hydropisie se déclare. Napoléon III fait demander des nouvelles du malade. Victor Hugo vient lui rendre visite. Honoré le reconduit à petits pas, en faisant à Ève cette recommandation : *Surtout, montre bien tous mes tableaux à Monsieur Hugo !* Début août, Balzac, au plus mal, réclame Bianchon : *Seul Bianchon peut me sauver !* Ce Bianchon est certes médecin, mais seulement dans la *Comédie humaine* ! Balzac meurt le 18 août 1850, à cinquante et un ans.

Une veuve étonnante...

Fort peinée, Ève s'en remet cependant puisque, en 1851, elle tombe dans les bras de Champfleury, un admirateur de son mari qui a vingt ans de moins qu'elle (la même différence d'âge qu'entre Honoré et la *Dilecta* !). Mais Champfleury se lasse bientôt de cette femme exigeante qui veut lui faire terminer en cachette les romans commencés par Honoré ! Il la quitte. Elle trouve auprès du journaliste Charles Rabou davantage de compréhension, puisqu'il accepte d'écrire la dernière partie du roman commencé par Honoré : *Le Député d'Arcis*.

Du pur Balzac...

Rabou écrit aussi *Les Petits Bourgeois* – du pur Balzac... Ève se met également à la tâche et complète *Les Paysans*, signé Balzac ! Rabou la quitte. Elle rencontre le peintre Jean Gigoux qui sera son dernier amant. Elle meurt le 10 avril 1882, au château de Beauregard, à Villeneuve-Saint-Georges. La maison de Balzac, rue Fortunée, est rasée, remplacée par l'hôtel Salomon de Rotschild. Aujourd'hui, la rue Fortunée est devenue la rue Balzac. Au n° 12, une inscription rappelle qu'en ce lieu vécut et mourut l'auteur de la Comédie humaine : Honoré de Balzac !

Balzac en pensées

- L'ennui naquit un jour de l'université. (*Un début dans la vie*.)
- Si une fille aime rarement l'amant de sa mère, une mère a toujours un faible pour l'amant de sa fille. (*La Physiologie du mariage*.)
- Le sort d'un ménage dépend de la première nuit. (*La Physiologie du mariage*.)
- Le lit est tout le mariage. (*La Physiologie du mariage*.)
- La mariage doit incessamment combattre un monstre qui dévore tout : l'habitude. (*La Physiologie du mariage*.)
- Les femmes sont des poêles à dessus de marbre. (*Étude de femme*.)
- Les gens généreux font de mauvais commerçants. (*Illusions perdues*.)
- Les vocations manquées déteignent sur toute l'existence. (*La Maison Nucingen*.)

- Un grand politique doit être un scélérat abstrait, sans quoi les sociétés sont mal menées. (*La Maison Nucingen*.)
- Nous avons tous la prétention de souffrir beaucoup plus que les autres. (*La Peau de chagrin*.)
- Le comptoir d'un café est le parlement du peuple.
- Il faut toujours bien faire ce qu'on fait, même une folie.

Dumas et son oreiller

Trois ans après la naissance de Balzac, cinq mois après celle de Victor Hugo, naît à Villers-Cotterêts, le 24 juillet 1802, Alexandre Dumas. Au seul bruit de ce nom qui évoque la production romanesque la plus importante de l'histoire, à l'actif de la plume d'un seul homme, il est d'usage d'insérer finement dans quelque conversation où il fait halte : *Oui, mais... Une existence entière, même employée du matin au soir à l'écriture, ne suffirait pas pour produire les trois cents romans, les cinquante pièces de théâtre, les centaines d'autres ouvrages les plus divers qu'il a pu composer, les articles...* Bref, disons-le tout net : Dumas avait un nègre !... Oui, et alors ? Tout le monde le sait ! Ce travailleur de l'ombre s'appelait Auguste Maquet. Après avoir raté un doctorat, il rencontre Dumas. Les deux hommes mettent au point leur collaboration : Maquet effectue les recherches en bibliothèque, dans les archives – ou dans les livres de Courtilez de Sandras, les *Mémoires de M. d'Artagnan*, par exemple (1700)... –, Dumas, charpente une intrigue et écrit l'ouvrage. Ainsi naissent les romans historiques que vous connaissez : *Les Trois Mousquetaires* (1844), *Le Vicomte de Bragelonne* (1848), *La Reine Margot* (1845), *Le Comte de Monte*-Cristo (1845)...

À propos de cette suspicion qui plane toujours sur le Dumas exploiteur de plumes de l'ombre – il y en eut, mais fort peu – on peut lui laisser le dernier mot : *On s'est toujours fort inquiété de savoir comment étaient faits mes livres et, surtout, qui les avait faits. Il était si simple de penser que c'était moi que l'on n'en a pas eu l'idée !* Dumas écrit toujours, écrit partout. il possède une extraordinaire puissance de travail. Sa position favorite pour noircir ses pages ? Couché ! Le coude dans l'oreiller, la plume à la main, et la ligne qui se déroule, ininterrompue, presque sans ratures, jusque dans votre imagination où passent Milady, Constance Bonacieux, d'Artagnan... Qu'attendez-vous pour aller les retrouver – ou les découvrir ?...

Dumas père meurt en 1870. Dumas fils (1824-1895) est l'auteur d'un roman à succès : *La Dame aux camélias* (1848) qu'il transforme en pièce de théâtre qui remporte un triomphe dès sa première représentation. Succès qui ne s'est jamais démenti.

Chapitre III : Flaubert le forçat…

Laisser parler le réel, s'appliquer à fournir au lecteur, surtout en fin de paragraphe, des détails vrais. Ne point s'immiscer dans l'histoire, laisser toute la place aux personnages… Ce sont quelques éléments des recettes d'écriture élaborées par Flaubert pour définir ce qu'il pratique avec ce qu'on pourrait identifier comme une sorte de regret : le réalisme. Il se torture et se martyrise pour écrire sa *Bovary*, se met au supplice pour achever *L'Éducation sentimentale* ! Quelle réussite, pourtant, à condition qu'on adhère à son credo…

Le seigneur viking

Un soir de 1840, au théâtre de Rouen, la salle pleine et bourdonnante, attendant le lever du rideau, fit tout à coup silence : un couple venait d'entrer et se dirigeait vers les premiers rangs. Lui paraissait avoir vingt ans, ou un peu plus. Elle, dix-huit, environ. On les regarda comme un spectacle imprévu, impressionnant, comme la fusion parfaite de l'élégance et de la beauté. Lui, haute taille, magnifique chevelure de viking, et l'allure d'un seigneur. Elle, l'image d'une fée nordique, au regard doux et fier, au pas dansant, félin. Tant que dura leur marche, on se tut, afin que des témoins racontent cette apparition, et que beaucoup plus tard, on la recrée, avec des mots… Le couple s'assit. Le bourdonnement de la salle recommença, feutré. Qui est-ce ? On voulait savoir. Et ceux qui savaient s'empressèrent de répondre : C'est Gustave Flaubert, et sa sœur Caroline !...

« Madame Bovary »

Un succès jamais démenti : celui de *Madame Bovary*. Inspirée d'un fait divers, son aventure pitoyable est celle de tant de cœurs et d'âmes en peine… La littérature de Flaubert, comme un miroir !

Achille Cléophas, puis Caroline…

Pleins feux maintenant dans la forge de l'écriture de Flaubert, en 1852. Cette forge, c'est son bureau situé au premier étage de la maison familiale de Croisset – maison dont ne subsiste aujourd'hui qu'un petit pavillon carré, à grandes fenêtres. Caroline, qui a épousé, en 1841, Émile Hamard, est morte, en mars 1846, en mettant au monde sa fille baptisée… Caroline. Deux mois plus tôt, en janvier 1846, Achille-Cléophas, père de Gustave et Caroline, chirurgien en chef de l'Hôtel-Dieu de Rouen, a été emporté par une maladie foudroyante. Entre 1846 et 1848, Gustave a entretenu une correspondance abondante avec sa maîtresse qui est aussi celle de beaucoup d'artistes à Paris : Louise Colet. Et puis ils ont rompu. En 1851, ils ont renoué (toutes…) leurs relations.

La seconde cataracte du Nil

31 janvier 1852. Dix heures. La lumière grise de Croisset semble venir du plus triste des mondes. Gustave s'est installé dans sa forge, dans son bagne, son lieu de torture : son bureau. Il a travaillé, comme il le fait souvent, jusqu'à quatre heures du matin. Bovary ! *Madame Bovary* ! C'est le titre du roman qu'il a décidé d'écrire. Il se rappelle le moment où il a trouvé le nom de son héroïne, tout près de la seconde cataracte du Nil, lors de son voyage en Orient qui a duré de 1849 à 1851. Pourquoi ce voyage ? Parce que les médecins le lui ont conseillé à la suite de sa première crise nerveuse grave, une sorte d'épilepsie qui l'a terrassé en janvier 1844.

Ce sera triste à lire...

Chère Louise, tu n'as point, je crois, l'idée du genre de ce bouquin. Autant je suis débraillé dans mes autres livres, autant dans celui-ci je tâche d'être boutonné et de suivre une ligne droite géométrique. Nul lyrisme, pas de réflexions, personnalité de l'auteur absente. Ce sera triste à lire ; il y aura des choses atroces de misère et de fétidité. Voilà ce qu'écrit Gustave à Louise Colet, en ce matin du 31 janvier 1852. Ce sera triste à lire ! L'idée de ce roman l'ennuie depuis que ses amis Maxime du Camp et Louis Bouilhet la lui ont suggérée, afin qu'il abandonne un lyrisme qu'ils jugent excessif – celui de *La Tentation de saint Antoine*, œuvre lue en trois jours devant lesdits amis consternés... C'est Maxime qui a lancé à Gustave : Et si tu racontais l'histoire de Delamare !

LE SAVIEZ-VOUS ?

L'histoire vraie d'Emma Bovary

Eugène Delamare, ancien élève du père de Gustave, est devenu officier de santé – médecin, sans le titre de docteur en médecine. Veuf d'une femme plus âgée que lui, il a épousé, en secondes noces, la jeune Delphine Couturier. Dès leur installation dans la petite commune de Ry, Delphine, qui rêve de grandes amours, s'éprend de l'aristocrate local. Leur courte liaison se termine de façon humiliante pour la jeune femme qui tombe ensuite dans les bras d'un clerc de notaire, Louis Campion. Mais, toujours insatisfaite, malgré la naissance de sa fille, Delphine dépense des sommes folles en toilettes, en mobilier, jusqu'à sa mort – que sans doute elle se donne –, à vingt-sept ans. Cette histoire, publiée dans les journaux, va devenir, sous la plume de Gustave Flaubert, celle de Madame Bovary.

Journal de création

Un calvaire ! La rédaction du roman *Madame Bovary* est un véritable calvaire pour Gustave Flaubert. On en découvre les principales stations à travers sa correspondance avec sa maîtresse du temps : Louise Colet – celle qui est dans le fiacre, place de la Concorde, lorsqu'une forme titubante surgit de la nuit tombante : Alfred de Musset – vous rappelez-vous ?...

Chienne de chose que la prose !

Gustave s'est mis au travail, le 19 septembre 1851. Et dès les premières lignes, il a senti qu'il lui faudrait du temps, beaucoup de temps avant d'atteindre la dernière. Il se fixe des règles d'écriture extrêmement rigoureuses : *Je veux qu'il n'y ait pas dans mon livre, un seul mouvement, une seule réflexion de l'auteur* (lettre à Louise, le 8 février 1852) ; *Bovary m'ennuie : Cela tient au sujet et aux retranchements perpétuels que je fais* (lettre à Louise, le 13 Juin 1852) ; *Quelle chienne de chose que la prose ! Ça n'est jamais fini ; il y a toujours à refaire. Une bonne phrase de prose doit être comme un vers, inchangeable, aussi rythmée, aussi sonore* (lettre à Louise, 22 juillet 1852).

Je perds un temps incalculable

Je suis, en écrivant ce livre, comme un homme qui jouerait du piano avec des balles de plomb sur chaque phalange (lettre à Louise, 26 juillet 1852) ; *Je perds un temps incalculable, écrivant quelquefois des pages entières que je supprime ensuite complètement, sans pitié* (lettre à Louise, 7 octobre 1852) ; *Je suis gêné par le sens métaphorique qui décidément me domine trop. Je suis dévoré de comparaisons comme on l'est de poux, et je ne passe mon temps qu'à les écraser ; mes phrases en grouillent* (lettre à Louise, 17 décembre 1852) ; *J'ai été cinq jours à faire une page* (lettre à Louise, 15 janvier 1853) ; *Comme je vais lentement ! Et qui est-ce qui s'apercevra jamais des profondes combinaisons que m'aura demandées un livre si simple ? Quelle mécanique que le naturel, et comme il faut de ruses pour être vrai ?* (lettre à Louise 6 avril 1853)

UNE ANECDOTE

Le gueuloir

Chaque phrase de Madame Bovary est testée par Flaubert, testée de façon sonore : dans son bureau, il ne dit pas ce qu'il vient de tracer sur sa page, il le crie, ou plus exactement, selon le terme qu'il emploie lui-même, il le gueule ! D'où ce nom qu'il donne à sa forge d'écriture : le gueuloir ! Ses amis, Albert Le Poittevin – mort en 1848 –, Maxime du Camp et Louis Bouilhet en sont des familiers. Ces deux derniers y ont notamment entendu – gueulée – *La Tentation de saint Antoine* (1849)...

Ce livre me tue !

Dieu ! que ma Bovary m'embête ! J'en arrive à la conviction quelquefois qu'il est impossible d'écrire (lettre à Louise, 10 avril 1853) ; *Ce livre me tue ; je n'en ferai plus de pareils. Les difficultés d'exécution sont telles que j'en perds la tête dans des moments. On ne m'y reprendra plus à écrire des choses bourgeoises* (lettre à Louise, 16 avril 1853) ; *J'ai la gorge éraillée d'avoir crié tout ce soir en écrivant, selon ma coutume exagérée* (lettre à Louise 26 avril 1853) ; *Ce livre, quelque bien réussi qu'il puisse être, ne me plaira jamais. Maintenant que je le comprends bien dans tout son ensemble, il me dégoûte* (lettre à Louise 25 octobre 1853) ; *J'ai un passage de transition qui contient huit lignes, qui m'a demandé trois jours, où il n'y a pas un mot de trop, et qu'il faut pourtant refaire encore, parce que c'est trop lent !* (lettre à Louise, 2 janvier 1854).

Rupture, procès, succès

Flaubert travaille trop ! Louise voudrait le voir plus souvent ! Flaubert refuse. Louise insiste. Flaubert se fâche. Louise décide de venir à Croisset. Non ! Surtout pas ! Maman Flaubert ne le supporterait pas ! La solution ? La rupture ! La dernière lettre de Gustave à Louise, de Louise à Gustave date de 1855. Cette année-là, Flaubert s'installe au 42 boulevard du Temple où il passera quelques mois ou quelques semaines chaque année. En 1856, le roman est terminé. Il commence à paraître en feuilleton dans *La Revue de Paris*, sous le contrôle de l'ami Maxime du Camp qui en supprime certains passages jugés osés. Flaubert en est meurtri.

Il n'en a pourtant pas terminé : la justice, elle aussi, trouve que certaines pages portent atteinte aux bonnes mœurs. Flaubert comparaît au tribunal correctionnel pour outrage à la morale publique et religieuse ! L'avocat Sénart obtient l'acquittement mais, pour Flaubert, le coup est rude. Il décide de ne plus rien écrire – pas pour longtemps : dès septembre 1857, il commence la rédaction de *Salammbô* ! Cependant, le scandale porte ses fruits : les quinze mille exemplaires de *Madame Bovary* sont vendus en quinze jours ! Aujourd'hui, des millions d'exemplaires de *Madame Bovary* sont répandus à travers le monde. Et dans le dictionnaire, avez-vous remarqué ce mot : bovarysme ?...

Ce que j'ai juré, gâché de papier...

J'ai passé deux exécrables journées, samedi et hier. Il m'a été impossible d'écrire une ligne. Ce que j'ai juré, gâché de papier, et trépigné de rage, est impossible à savoir ! J'avais à faire un passage psychologico-nerveux des plus déliés, et je me perdais continuellement dans les métaphores, au lieu de préciser les faits. Ce livre qui n'est qu'en style, a pour danger continuel le style même (lettre à Louise, 23 janvier 1854) ; J'en suis maintenant aux deux tiers. Je ne sais plus comment m'y prendre pour éviter les répétitions. La phrase la plus simple comme « Il ferma la porte », « Il sortit », exige des ruses d'art incroyables. Il s'agit de varier la sauce continuellement avec les mêmes ingrédients (lettre à Louise, le 19 mars 1854).

J'ai vomi tout mon dîner...

Je vais bien lentement. Je me fous un mal de chien. Il m'arrive de supprimer au bout de cinq ou six pages des phrases qui m'ont demandé des journées entières. Il m'est impossible de voir l'effet d'aucune avant qu'elle ne soit finie, parachevée, limée. C'est une manière de travailler inepte, mais comment faire ?

(lettre à Louise, 6 juin 1855.) *Quand j'écrivais l'empoisonnement de Madame Bovary j'avais si bien le goût de l'arsenic dans la bouche, j'étais si bien empoisonné moi-même que je me suis donné deux indigestions coup sur coup, – deux indigestions réelles, car j'ai vomi tout mon dîner* (lettre à Hippolyte Taine, le 20 novembre 1866).

EN PEINTURE, EN MUSIQUE

Les Cribleuses, Les Glaneuses, Tres de mayo…

En France, Jean-Dominique Ingres (1780-1867) peint sa *Grande Odalisque* ; Eugène Delacroix (1798-1863) symbolise *La Liberté guidant le peuple* ; Corot (1796-1875) représente *La Cathédrale de Chartres* ; Gustave Courbet (1819-1877) peint *Les Cribleuses de blé*, mise en scène du quotidien paysan, audacieuse et déplacée pour l'époque. Jean-François Millet (1814-1875) représente *Les Glaneuses*. En Angleterre, William Turner (1775-1851) enflamme ses tableaux avec des couchers de soleil aux teintes vives. En Espagne, Goya (1746-1828) représente l'exécution des insurgés espagnols contre les troupes napoléoniennes : *Tres de Mayo*. En musique, en France, Hector Berlioz (1803-1869) compose la *Symphonie fantastique*. En Allemagne, Richard Wagner (1813-1883) écrit sa *Tétralogie*, et Franz Liszt (1811-1886) *Les Années de pèlerinage*.

L'immense succès de « Salammbô »

Un nouveau roman pour le forçat de la plume, une nouvelle gageure (prononcer ga-ju-re) : faire revivre dans le détail un temps fort lointain : celui de la triomphante Carthage !

Carthage enflamme Gustave

1857. Flaubert qui a juré de ne plus écrire se remet au travail. Lors de son voyage en Orient, il a imaginé faire revivre une civilisation disparue. En 1851, en pleine rue, à Rome, il croise une femme qui l'émeut tant… qu'il décide de la faire revivre sous les traits d'une héroïne de ces temps anciens qu'il commence à traquer dans une documentation surabondante. Après *Madame Bovary*, le voici donc qui se replonge dans les livres d'histoire. Il a choisi d'exhumer un épisode qui se situe à Carthage, après la deuxième guerre punique – Rome contre Carthage – vers 240 av. J.-C. Hélas, il ne trouve rien qui enflamme son imagination dans les volumes qu'il parcourt. Il décide de partir pour Carthage ! En 1858, il est à Alger, puis à Tunis. Il revient à Paris, décide de mener une vie moins recluse, rencontre Baudelaire, Sainte-Beuve, Théophile Gautier, Renan, les frères Goncourt…

Carthage me fera crever de rage !

Tel vous l'avez vu écrivant *Madame Bovary*, tel il est dans son gueuloir pour raconter *Salammbô* ! Et pendant quatre ans ! *Carthage me fera crever de rage* ! écrit-il. Le livre paraît en 1862. C'est un immense succès : les deux mille exemplaires de la première édition sont enlevés en deux jours – malgré la presse, Sainte-Beuve en tête, qui fait la moue devant un texte dont la richesse lexicale surprend. On accuse aussi Flaubert d'obscénité, d'affabulation : on ne croit pas aux sacrifices d'enfants – hélas prouvés depuis.

Plus on en apprend, plus on est content...

Seul Théophile Gautier défend vigoureusement son ami – même s'il pense sans doute, comme on le pense aujourd'hui, que certains passages eussent pu se passer d'un trop grand luxe dans le souci de faire renaître la couleur locale. Que de pages, longues, parfois interminables, qui ralentissent l'action, mais à cette époque, la mode est à Carthage, et plus on en apprend sur cette ville, plus on est content !

ALLONS PLUS LOIN

Salammbô aime Mathô

Salammbô est le nom de la fille du chef carthaginois Hamilcar. Celui-ci a tenté de réprimer la révolte des mercenaires qui n'ont pas été payés, bien qu'ils aient combattu Rome pour le compte de Carthage. Leur chef Mathô, le Libyen, parvient à pénétrer dans le temple ennemi et à voler le voile sacré de la déesse lunaire Tanit dont dépend le destin de la ville. Le grand prêtre Schahabarim demande alors à Salammbô de se rendre au camp des mercenaires, de se donner à Mâtho, puis de le tuer avant de lui reprendre le voile de Tanit. Salammbô obéit mais laisse la vie à celui qu'elle aime désormais : Mathô ! Les combats sont alors favorables aux Carthaginois, mais Mathô sabote leurs aqueducs ! Afin que la pluie tombe, les grands prêtres de la ville décident de pratiquer – ainsi qu'ils le font régulièrement – des sacrifices d'enfants au dieu Moloch. Finalement, Hamilcar, dans un dernier combat est vainqueur. Il accule les insurgés dans un défilé où ils meurent de faim. Mathô capturé est torturé sous les yeux de Salammbô qui en meurt.

« *L'Éducation sentimentale* »

Dans *L'Éducation sentimentale* – comme dans ses autres œuvres –, une seule solution pour voyager de conserve avec l'auteur Flaubert, au milieu de ses personnages et de ses paysages : la traque de l'ironie, partout embusquée...

Cinq cents pages...

Quatre ans ! Quatre années encore de bagne, de gueuloir, de colères, de rage, de sueur, d'insomnies, de migraines, et de progression de ce mal qui lui fait perdre cheveux et dents – la syphilis – afin que naisse *L'Éducation sentimentale*, un roman dans lequel Gustave a décidé qu'il ne se passerait rien. Effectivement, il ne s'y passe rien ! Ce qui rend parfois les cinq cents pages de l'édition de poche longues, longues, longues… Mais, on peut aussi y trouver son bonheur si on accepte de différer jusqu'à l'inachèvement le plus complet l'amour entre deux êtres étrangement distants alors que leur feu intérieur les consume, entre chaleur et brûlure.

Jubilation

À défaut d'autres satisfactions, on peut jouir du spectacle que nous offre l'auteur, témoin des journées de la Révolution de 1848, et qui les restitue avec un luxe de détails que même une caméra se refuserait. Enfin, on peut se glisser plus avant dans l'esprit de Flaubert, comprendre la forme dominante de son écriture, son fonds de commerce : l'ironie. Alors, tout, dans les pages qui lui ont arraché tant de cris, devient jubilation !

La femme de sa vie

Retour en arrière : Trouville, été 1836. Le jeune Gustave Flaubert a quinze ans. Il se promène près du rivage, remarque sur la plage une pelisse rousse à raies noires qu'il déplace un peu plus loin, car la mer monte. Un peu plus tard, dans l'hôtel où il loge, Gustave entend une voix de femme : *Monsieur, je*

PLAISIR DE LIRE

La rencontre

Ce fut comme une apparition. Elle était assise, au milieu du banc, toute seule ; ou du moins il ne distingua personne, dans l'éblouissement que lui envoyèrent ses yeux. En même temps qu'il passait, elle leva la tête ; il fléchit involontairement les épaules ; et quand il se fut mis plus loin, du même côté, il la regarda. Elle avait un large chapeau de paille, avec des rubans roses, qui palpitaient au vent, derrière elle. Ses bandeaux noirs, contournant la pointe de ses grands sourcils, descendaient très bas et semblaient presser amoureusement l'ovale de sa figure. Sa robe de mousseline claire, tachetée de petits pois, se répandait en plis nombreux. Elle était en train de broder quelque chose ; et son nez droit, son menton, toute sa personne se découpaient sur le fond de l'air bleu. Comme elle gardait la même attitude, il fit plusieurs tours de droite et de gauche pour dissimuler sa manœuvre ; puis il se planta tout près de son ombrelle, posée contre le banc, et il affectait d'observer une chaloupe sur la rivière. Jamais il n'avait vu cette splendeur de sa peau brune, la séduction de sa taille, ni cette finesse des doigts que la lumière traversait… Il considérait son panier à ouvrage avec ébahissement, comme une chose extraordinaire.

Quels étaient son nom, sa demeure, sa vie, son passé ? Il souhaitait connaître les meubles de sa chambre, toutes les robes qu'elle avait portées, les gens qu'elle fréquentait ; et le désir de la possession physique même disparaissait sous une envie plus profonde, dans une curiosité douloureuse qui n'avait pas de limites. […] Un long châle à bandes violettes était placé derrière son dos, sur le bordage de cuivre. Elle avait dû, bien des fois, au milieu de la mer, durant les soirs humides, en envelopper sa taille, s'en couvrir les pieds, dormir dedans ! Mais entraîné par les franges, il glissait peu à peu, il allait tomber dans l'eau ; Frédéric fit un bond et le rattrapa. Elle lui dit : – Je vous remercie, monsieur. Leurs yeux se rencontrèrent. – Ma femme, es-tu prête ? cria le sieur Arnoux apparaissant dans le capot de l'escalier.

Gustave Flaubert, *L'Éducation sentimentale*, 1869

vous remercie bien de votre galanterie ! Il se retourne : la femme de sa vie, celle avec laquelle il ne se passera jamais rien, lui apparaît. Elle s'appelle Élisa Schlesinger, c'est l'épouse d'un éditeur de musique parisien.

La vue de votre pied me trouble...

Dans *L'Éducation sentimentale*, elle devient Marie Arnoux. Sur un bateau qui le ramène chez lui, à Nogent, le jeune bachelier Frédéric Moreau (Gustave...) fait sa rencontre. C'est l'un des plus beaux coups de foudre de la littérature ! Plus de quatre cents pages plus loin, elle lui avoue son amour, mais elle est âgée, et leur acte d'amour se limitera à une mèche de cheveux blancs qu'elle lui donne, en souvenir ! Le moment le plus érotique du récit se situe dans l'avant-dernier chapitre : Frédéric ose avouer à Marie Arnoux : *La vue de votre pied me trouble* ! – ne partez pas, ce n'est pas terminé... – euh ! Eh bien si, c'est fini !

« Bouvard et Pécuchet »

Dernière œuvre de Flaubert, inachevée : celle de deux bonshommes irrésistibles, à l'image de ceux qu'on peut connaître, reconnaître, croqués de façon si réalistes.

Triplement frénétique

1872. Qu'allez-vous écrire maintenant, Gustave ? De quel genre d'histoire allez-vous assourdir votre gueuloir ?... *C'est l'histoire de ces deux bonshommes qui copient une espèce d'encyclopédie critique en farce. Vous devez en avoir une idée ? Pour cela, il va me falloir étudier beaucoup de choses que j'ignore : la chimie, la médecine, l'agriculture. Je suis maintenant dans la médecine. – Mais il faut être fou et triplement frénétique pour entreprendre un pareil bouquin !* (lettre à Edma Roger des Genettes, le 19 août 1872.)

Dernier fiel

Ces deux bonshommes s'appellent Bouvard et Pécuchet. Ils sont copistes mais un héritage imprévu leur permet de se retirer à la campagne, dans une propriété où ils veulent développer leurs talents dans les sciences, l'archéologie, l'histoire, la littérature, la politique, la gymnastique, la religion, l'éducation, la philosophie... Autant de plongées en apnée dans un ridicule où ils sombrent, enfoncés par la plume d'un Flaubert qui avoue lui-même vouloir déverser son dernier fiel contre la bêtise. Le livre demeure inachevé.

Tous contes faits...

Enfant, Gustave Flaubert a toujours été impressionné par un vitrail de la cathédrale de Rouen qui représente la légende de saint Julien l'Hospitalier au terrible destin. En 1844, il pense qu'un jour, cette légende pourrait revivre sous sa plume. Trente ans plus tard, sur le conseil de George Sand, il se met à l'écrire...

Saint Julien, Félicité, Hérodias

1875. Terminé, l'écriture ? Non ! Il reste encore à Flaubert de bonnes journées de longues souffrances à vivre. En 1875, il commence, à Concarneau, *La Légende de saint Julien l'Hospitalier* – qui tue par mégarde ses parents… Puis, en 1876, *Un Cœur simple* – il a pris pour modèle celle qui est restée toute sa vie la servante des Flaubert : Julie – Félicité, dans le conte. Enfin, *Hérodias* – Hérode n'apprécie pas que Jean le Baptiste condamne sa liaison incestueuse avec Hérodias, sa nièce. Au cours d'un festin, Salomé, fille d'Hérodias, obtient, pour récompense de ses danses, la tête de Jean. *Les Trois Contes* sont publiés en 1877, bien accueillis par le public et la critique.

Deuils, plaies d'argent et de jambe…

La fin de la vie de Flaubert n'est pas gaie ! D'ailleurs, sa vie entière a été traversée d'épreuves qui ont eu raison, peu à peu, de son humeur farceuse. Même si de précieuses amitiés adoucissent ses jours – celle de la princesse Mathilde, fille de Jérôme Bonaparte, celle de George Sand qui lui reproche d'écrire toujours dans la désolation, celle du grand écrivain russe Ivan Tourgueniev qui lui rend visite – les deuils se succèdent : en 1872, sa mère, puis Théophile Gautier ; en 1876, George Sand. L'année précédente, Ernest Commanville, le mari de sa nièce, a fait faillite. Flaubert est contraint de vendre une de ses fermes, de quitter son appartement à Paris. Il connaît de graves soucis financiers, il va même obtenir une pension de trois mille francs afin de faire face à ses dépenses et à ses dettes. En 1879, il se fracture le péroné. Et le 8 mai 1880, on le retrouve la face dans ses papiers, mort d'une congestion cérébrale. Il était né le 12 décembre 1821.

ALLONS PLUS LOIN

Jules Vallès : À tous ceux qui crèvent d'ennui au collège…

À tous ceux qui crèvent d'ennui au collège ou qu'on fit pleurer dans la famille, qui, pendant leur enfance, furent tyrannisés par leurs maîtres ou rossés par leurs parents, je dédie ce livre. Ces lignes qui ne s'embarrassent pas de périphrases ou de circonlocutions (c'est la même chose) pour attirer le regard du lecteur sur les responsables des ecchymoses dont souffre l'auteur dans son corps et dans son âme, sont signées Jules Vallès. Né en 1832, Vallès s'est raconté dans une trilogie qu'inaugure cette citation à comparaître devant les générations futures. *Jacques Vingtras*, titre de cette trilogie, rassemble trois romans où l'autobiographie ne laisse guère de place à la fiction. Le style qu'on y découvre puise son efficacité dans la phrase et le paragraphe courts, imprégnés de sincérité. On a parfois l'impression d'y entendre de ces fins de sanglots d'enfants, qui hachent leur discours et leur chagrin. Et quand on lit Vallès, on sait que cette interprétation n'est pas déplacée. Sa révolte, son journal *Le Cri du peuple* pendant la Commune (1870-1871) traduisent son désir d'une véritable justice entre les hommes, qui évite la grande pauvreté dont il est issu, couverte par la chape étouffante de toutes les autorités. Vallès est condamné à mort après la Commune. Il doit s'exiler à Londres où il écrit ses trois romans. Il meurt à Paris, le 14 février 1885.

Chapitre IV : George Sand, quel homme !

Lit-on encore George Sand aujourd'hui ? Sans doute, il faut l'espérer, car ce qu'elle a écrit est plein du charme des champs, du chant des petits oiseaux, et de bons sentiments. Évidemment, l'âpreté du quotidien, celle qui dépose au fond des mains des paysans le cal rugueux, et dans leurs bras l'exténuation des journées, n'est point exprimée. Le réalisme est obligé de faire ses choix…

Plus de cent livres !

Elle a beaucoup écrit, George Sand ! Et cela ne plaît pas à tout le monde, à Jules Renard, par exemple…

La vache !

Jules Renard, venez ici, immédiatement ! Ah, vous croyiez qu'on ne vous avait pas vu écrire ce petit papier que vous voulez passer en douce à la postérité ? Et qu'y lit-on ? Une méchanceté, une de ces pointes que vous savez si bien empoisonner ! Allez, au piquet, Jules Renard ! Et les mains derrière le dos, afin qu'il ne vous prenne pas l'envie d'en rajouter ! Ne vous retournez pas ! Ne jetez pas en douce à vos petits camarades écrivains des coups d'œil complices qui aggravent encore votre forfait ! Jules Renard, comment avez-vous pu écrire ceci, à propos de George Sand : *C'est la vache bretonne de la littérature* ! Vous vous croyez drôle ? Certes, elle a beaucoup écrit, beaucoup trop, selon certains, capable de vous boucler un roman en trois jours et trois nuits – quitte à le corriger ensuite pendant trois mois… ! Jaloux, Jules ?

La trilogie champêtre

Soixante-dix-sept romans, dix-huit pièces de théâtre, vingt-six volumes de correspondance, des écrits politiques, critiques, autobiographiques… Qu'en reste-t-il ? Une trilogie de romans champêtres qui assurent à eux seuls aujourd'hui la gloire de George Sand.

- *La Mare au diable* (1846) : Germain, un laboureur, veuf avec trois enfants, s'en va chercher une nouvelle épouse dans le village voisin. Il est accompagné d'un de ses fils et de la jeune paysanne Marie qui se rend dans le même village afin d'y devenir servante de ferme. Déçu par cette nouvelle femme que son père lui avait conseillée, il va découvrir en Marie – déçue elle aussi par le grossier paysan qu'elle sert – l'épouse simple et courageuse dont il rêvait.

- *La Petite Fadette* (1849) : Landry et Sylvinet sont jumeaux. Landry et la petite Fadette, fille méprisée d'une pauvre femme, s'aiment, mais doivent cacher leur amour car Sylvinet pourrait en être jaloux ! Sylvinet découvre tout et s'en va le dire à son père qui refuse d'abord cette union. Puis l'accepte. (c'est tout ? Oui…)
- *François le Champi* (1849) : François est un enfant trouvé, recueilli par une pauvre femme. Une jeune meunière, Madeleine, tyrannisée par sa belle-mère, se prend d'affection pour l'enfant qui grandit, devient un bel adolescent. La maîtresse du meunier, Sévère, fait des avances à François qui les refuse. Quelques manigances de méchants esprits, et le voici exilé dans le village voisin, pour plusieurs années. Il n'oublie pas Madeleine, et revient vers elle pour l'épouser à la mort du meunier.

Une maîtresse femme !

Sandeau, Musset, Pagello, Mérimée, Chopin, et tant d'autres… Une belle galerie que la bonne dame de Nohant eût pu transformer en passionnants portraits, tout en détails, de pied en cap… Aujourd'hui encore, elle aurait un succès fou !

Jules Sandeau

Évidemment, tout le monde sait que George Sand n'a pas mené la vie tranquille de la Madeleine, de la Petite Fadette ou de la petite Marie. Tout le monde a entendu parler de ses liaisons avec des hommes ou des femmes, qui ont tant scandalisé le bourgeois de la Monarchie de Juillet ! Il y eut François Casimir du Devant, saint-cyrien, qu'elle épouse à dix-huit ans – il en a vingt-sept. C'est seulement un bon parti. De ce mariage sans amour naissent deux enfants : Maurice (1823), Solange (1828) – peut-être la fille de l'amant de George : Stéphane de Grandsagne ! Il y eut Jules Sandeau dont elle fait son amant à vingt-six ans – il en a dix-neuf. Ils publient ensemble plusieurs livres. C'est l'époque où elle défraie la chronique avec l'actrice Marie Dorval – leur liaison fait sortir Vigny de ses gonds !

Alfred de Musset et Pagello

En 1833, elle fait la connaissance d'Alfred de Musset ! Leurs amours sont mouvementées. Elle-même raconte le séjour qu'ils effectuent à Florence, puis à Venise où une dysenterie la poursuit, gâchant la relation avec son amant – bientôt aussi malade qu'elle. Ce voyage à Venise, écrit par George Sand, ressemble au pire des cauchemars ! George se console des infidélités et des beuveries d'Alfred dans les bras du bel et bon docteur Pagello. Retour en France. Elle accueille à Nohant le compositeur Franz Liszt et sa maîtresse Marie d'Agoult – non, non, il ne se passe rien entre eux…

UNE ANECDOTE

S'il eût pris la mer, j'aurais pris la montagne…

Lors de leur voyage vers l'Italie, Sand et Musset rencontrent un personnage qui les étonne puis les irrite. Sur le bateau qui les conduit vers Avignon, *il est d'une gaieté folle* selon George Sand, *s'enivre puis danse autour de la table avec ses grosses bottes fourrées, devient quelque peu grossier, et pas du tout joli.* Musset a d'ailleurs laissé un dessin qui confirme l'aspect un peu grotesque de ce danseur éméché qui s'est moqué des illusions du couple sur l'Italie, assurant qu'ils en auraient vite assez ! George Sand ajoute : *Nous nous séparâmes après quelques jours de liaison enjouée mais je confesse que j'avais assez de lui et que, s'il eût pris la mer, j'aurais pris la montagne…* Elle précise encore : *C'est un homme d'un talent original et véritable mais écrivant mal.* Le nom de ce jovial voyageur ? Henri Beyle, dit Stendhal…

Chip-Chip

Et puis voici qu'entre en scène celui que George appelle Chip-Chip ! Qui donc ? Frédéric Chopin soi-même ! Il est tout naturel que George, descendante du roi de Pologne, soit sensible à l'exilé Frédéric, né à Zélazowa-Wola, près de Varsovie ! George prend grand soin de son Chip-Chip aux magnifiques yeux bleus, aux si belles mains, à son mètre cinquante-cinq ! Grand compositeur de petite taille, Chopin va demeurer dans le cœur de George jusqu'à cette dernière lettre qu'elle lui écrit, jusqu'à cette dernière ligne, le 28 juillet 1847 : *Adieu mon ami !* Chopin meurt le 17 octobre 1849 – son cœur, tout imprégné de George, est conservé dans l'église Sainte-Croix de Varsovie, son corps est au Père-Lachaise.

En route pour Nohant !

Après Chopin, George devient sage, fait de son secrétaire, le graveur Alexandre Manceau, son amant, vit le plus souvent à Nohant. Elle y accueille ses amis, divertit les enfants avec son théâtre de marionnettes – fabriquées par son fils Maurice –, se construit peu à peu cette image de la bonne dame de Nohant, écrit sans relâche, et meurt le 8 juin 1876, d'une occlusion intestinale, à soixante-douze ans. Flaubert, Alexandre Dumas fils, le prince Napoléon, et toute la région environnante la conduisent à la dernière demeure qu'elle a choisie : le parc de ce qu'elle appelait sa modeste demeure, le château de Nohant. (de Paris, prendre l'A20, direction Châteauroux, au niveau de Boislarge, prendre à gauche, direction Beaumont. Trente-deux kilomètres encore… Vous y êtes !)

LE SAVIEZ-VOUS ?

Pourquoi Sand ?

George Sand est une femme, contrairement à ce qu'on pourrait penser en lisant son prénom, en découvrant d'elle des gravures où elle est habillée en homme – elle porte un pantalon et fume le cigare –, en trouvant dans les pages de Balzac ce jugement : *George Sand est un homme,* et cet autre dans celles de Flaubert : *Il fallait la connaître comme je l'ai connue pour savoir tout ce qu'il y avait de féminin dans ce grand homme !* Pourtant, elle est bien née femme : Aurore Dupin, au 15 de la rue Meslay, à Paris, le 1er juillet 1804. Son père, aide de camp du prince Murat, meurt en 1808 à la suite d'une chute de cheval. Elle est élevée dans la propriété familiale de Nohant qui appartient à sa grand-mère, fille naturelle du maréchal de Saxe, le vainqueur de Fontenoy, lui-même fils naturel du roi de Pologne – fils naturel de personne... Elle fait ses études dans un couvent, à Paris, jusqu'en 1820. D'où tient-elle ce pseudonyme : Sand ? De Jules Sandeau, son amant en 1830. Elle lui emprunte sa syllabe centrale – lui laissant les deux autres : Jules – eau...

Chapitre V : Zola, le reporter

Lorsque Zola termine sa lecture de tout Balzac, sa décision est prise : il fera mieux ! À vous de décider s'il a réussi !

Une origine vénitienne

Gervaise, dans *L'Assommoir*, se laisse glisser dans la fange, Coupeau en fait autant, les Lantiers glissent aussi... Que de destins qui sombrent chez Zola, comme Venise qui s'enfonce, tout doucement, dans sa lagune...

Rue Saint-Joseph

Le 16 mars 1839, à la mairie du 1er arrondissement, à Paris, François Zola, ingénieur civil, fils de Francesco-Antonio Zolla (avec deux l), officier vénitien – lui-même fils de Carlo Zolla, officier vénitien – épouse Émilie Aubert, fille de Louis-Étienne Aubert, vitrier-peintre originaire de Dourdan. Des gens simples, les Aubert, qui voient d'un bon œil ce mariage entre un homme d'âge mûr – quarante-cinq ans – et leur charmante fille de vingt ans. Ce n'est pas n'importe qui, pour eux, François Zola : il a été reçu par le roi Louis-Philippe à qui il a exposé ses projets de constructions industrielles. Le couple s'installe rue Saint-Joseph. Moins de deux cents ans auparavant, ce lieu n'était encore qu'un cimetière où avaient été portés en terre Molière et Jean de La Fontaine!...

Un petit sourire ?

Les puissantes Mânes des deux grands auteurs lentement évaporées depuis le XVIIe siècle, stagnant sans doute en brumes diffuses par les nuits de pleine lune dans la rue Saint-Joseph, et s'infiltrant sournoisement par les fenêtres mal fermées, ont-elles visité François Zola et sa jeune Émilie, au moment crucial, au milieu de l'été 1839 ? Quand on connaît aujourd'hui la fortune littéraire de celui qui naquit neuf mois plus tard, le 2 avril 1840, on peut supposer qu'il y eut effectivement une influence surnaturelle. Mais, quand on pense à la franche gaieté de Molière, à la malice de La Fontaine, on peut revenir aussi sur cette supposition et la trouver saugrenue : s'il y avait filiation spectrale, il existerait au moins un portrait de Zola où on le voit sourire. Or, il n'en existe pas un, pas un seul ! Zola boude partout !

D'Aix à Paris

Tout aurait pu sourire aux Zola, la réussite, la fortune. Mais l'ingénieur meurt...

Le barrage Zola

On peut lui trouver des excuses. Tout va bien, pourtant, dans les premières années d'Émile. L'ingénieur François Zola projette de faire construire à Aix-en-Provence, un canal et un barrage – qui existent encore aujourd'hui. La famille va s'établir dans la petite ville ensoleillée en septembre 1843. Mais, depuis janvier, l'ingénieur semble fatigué. Son médecin a diagnostiqué une maladie de poitrine. François s'épuise en démarches administratives, en voyages à Paris pour réunir les fonds, et dans l'exploration des sites.

Émile orphelin

Un jour, alors que les ouvriers viennent de donner enfin les premiers coups de pioche dans le vallon de l'Infernet, François prend froid. Il doit partir pour Marseille. Émilie tente de l'en dissuader. Il ne l'écoute pas, passe trois heures dans une diligence glacée. À l'arrivée, il doit s'aliter, victime d'une pleurésie. Émilie le veille, affolée, pendant une semaine. François Zola expire en plein printemps 1847. Le petit Émile, sept ans, est orphelin. Les Zola sont ruinés.

Émile, Paul et Jean-Baptiste

La disparition de François prive Émile d'un père aimé, admiré. Le chagrin de l'enfant est immense, et demeurera intact chez l'adulte. Sa mère le met à la pension Isoard, à Aix. Il y reste jusqu'à douze ans, en 1852. Lorsqu'il en sort, son lit est conservé en gage, pour compenser une dette non payée... Il entre au collège Bourbon à Aix. Il y compose avec Jean-Baptiste Baille qui deviendra polytechnicien, scientifique de haut niveau, et Paul Cézanne – oui, le peintre de la Sainte-Victoire ! – un trio inséparable, admirateur de Lamartine, de Victor Hugo. Les trois complices s'en vont souvent au bord de la vallée de l'Arc. Ils aiment se baigner nus dans la rivière – que de baignades dans la peinture de Cézanne ! –, déclamer des vers dans quelque grotte, ou bien se créer un théâtre de verdure pour jouer leur pièce préférée : *Lorenzaccio*, de Musset !

Le douanier de Paris

Hélas, les amis doivent se séparer : en 1857, les Zola reviennent à Paris. Émile s'inscrit au lycée Saint-Louis. Ses résultats scolaires chutent au point que l'année suivante, il échoue au baccalauréat ! Sa bourse n'est pas reconduite. En septembre, le voici chômeur ! Sa mère n'a plus d'argent. Elle se prive pour Émile qui ne le supporte pas et décide de trouver n'importe quel travail pour survivre. Pendant cinq mois, il attend et trouve enfin un poste de... douanier. Qu'importe ! Le travail n'est pas trop difficile, il occupe ses loisirs à lire les œuvres de celui qu'il admire : Jules Michelet (auteur d'une *Histoire de la Révolution*, de l'*Histoire de France*, de romans, professeur au Collège de France, 1798-1874).

ALLONS PLUS LOIN

Sans Famille...

Contemporain de Zola, cet écrivain publie davantage de romans que lui, est traduit en trente langues, lu dans l'Europe entière et une partie du monde. Mais, de ses soixante-dix romans, un seul est aujourd'hui réédité : *Sans Famille* (1893). Vous avez reconnu son auteur : Hector Malot, né à La Bouille, en Seine-Maritime, le 20 mai 1830, mort le 17 juillet 1907, à Fontenay-sous-Bois. Et vous vous rappelez sans doute, la gorge serrée, le destin de Rémi, l'enfant trouvé, vendu pour quarante francs au Signor Vitalis, le plus grand chanteur d'Italie, devenu vagabond...

Ne le confondez pas avec Henri Bosco (1888-1976) qui décrit sa Provence avec une ferveur ensoleillée dans *L'Ane culotte* (1937), *L'Enfant et la Rivière* (1945), *Le Mas Théotime*, prix Renaudot (1945), *Malicroix* (1948)...

Zola face au réel

L'année 1861 est celle d'une expérience capitale qui va sans doute déterminer la vision du monde qu'il adopte dans tous ses romans : rien n'y est atténué, le réel le plus trivial y côtoie sans complexe les observations les plus délicates. Zola, dans sa page, livre tout. Dans une noce, il décrit la finesse d'une dentelle puis se penche, sans transition, sur la vomissure d'un invité qui a trop bu ! Il semble qu'incessamment, il mime dans sa création l'événement qui l'a dessillé, qui lui a fait entendre l'affreux grincement de la mécanique du monde, son sarcasme.

La fièvre de Berthe

L'affaire est simple : dans une misérable chambre voisine de la sienne, vit et travaille une prostituée, Berthe. Elle tombe malade, a la fièvre, délire. Pris de pitié, le bon Zola, vingt ans, pur et vierge, et bien décidé à le rester par idéal personnel, veille cette femme toute une nuit. Au petit matin, elle est guérie ! Le bon Zola s'apprête à la quitter, mais Berthe veut le remercier. Par quel moyen ? Devinez…

Dehors, Émile !

Émile est atterré ! Tout bon, tout pur qu'il soit, il a perdu son cap moral, lâché le gouvernail, dérivé... Le voici échoué dans les bras de Berthe ! La première femme, s'était-il juré, ce serait la seule, il lui consacrerait toutes ses forces, ses ressources, jusqu'à la mort ! Soit ! Mais, à bien y regarder, Berthe n'est pas de la dernière récolte : son cou est gras, elle souffre d'une sorte de pelade et ses dents se comptent sur les doigts d'une main ! Qu'à cela ne tienne : l'intègre Zola, le bon jeune homme de vingt ans, dévoile à Berthe son projet : il veut la faire sortir de l'enfer qu'elle vit ! Il va tout lui donner – lui qui n'a rien. Il lui propose de redevenir la couturière qu'elle fut. Berthe croit d'abord qu'il plaisante. Mais il insiste. Elle le repousse. Il recommence. Elle lui rit au nez, puis l'insulte et, enfin, le met dehors !

Le filon du vécu

La poésie façon Musset, c'est fini ! Les alexandrins romantiques, terminé ! La littérature où les petites femmes ont un grand cœur, quel mensonge ! Et ces chansons qu'elles égaient de leur silhouette désirable, une escroquerie ! Désormais, le réel, seulement le réel ! Et pour commencer, il raconte son aventure avec Berthe. Tout y est réel ! Ou presque : Berthe y devient Laurence. Zola a trouvé sa voie : il va exploiter le filon de son vécu, le travestissant juste assez pour que les intéressés ne s'y intéressent pas trop, au risque de s'y découvrir dévoilés ! Ce procédé va lui coûter, en 1886, son meilleur ami : Paul Cézanne qui se reconnaît dans le portrait sans concession du peintre Claude Lantier !

Le saviez-vous ?

Cézanne fâché

Paul Cézanne, l'ami qui rompt avec Zola en 1886, après s'être reconnu dans le roman *L'Œuvre*, est issu d'une famille très pauvre, devenue très riche, comme Zola sait si bien en décrire... Louis Cézanne, le père de Paul commence sans un sou, ouvrier dans une fabrique de laine. Puis il travaille dans une chapellerie. Après avoir trouvé deux associés, il monte sa propre affaire de chapeaux : La Maison Martin, Coupin et Cézanne. Le triumvirat se dissout, Louis Cézanne demeure seul maître de l'affaire. Un peu plus tard, il la vend pour acheter, avec un ancien caissier – Cabassol – la seule banque d'Aix. À la mort de Louis Cézanne, en 1886, la banque Cézanne et Cabassol représente une valeur colossale ! Voilà le genre de destin qui fascine Zola ! Tout cela ancré dans le réel, le réel seul !

Un apprentissage sur le terrain

Zola exerce de petits métiers qui vont lui fournir une expérience précieuse pour ses romans futurs.

Chef de publicité

L'écriture ! Zola ne pense qu'à cela ! Sa devise ? *Nulla dies sine linea* – pas un jour sans une ligne ! Entré à la librairie Hachette en 1862, il s'y fait apprécier. On lit dans les journaux les articles qu'il publie, on le sait ami des peintres en vue – Pissarro, et plus tard Monet, Sisley, Manet, Renoir. Peu à peu, le journaliste et l'écrivain l'emportent sur le chef de la publicité qu'il est devenu. En 1866, un an après s'être mis en ménage avec Alexandrine Meley, il quitte Hachette.

Libre !

Le voici libre d'écrire tous les jours autant de lignes qu'il le veut ! Il ne se prive pas. Récits, nouvelles, contes sont déjà sortis de son encrier, ont été publiés dans des journaux, rassemblés en un volume : les *Contes à Ninon* (1864). En 1865, paraît son premier roman : *La Confession de Claude* – en réalité, la confession d'Émile qui raconte ses déconvenues avec Berthe,

ALLONS PLUS LOIN

Hippolyte Taine, Bourget et Zola

Premier prix au concours général de composition française en 1847, Normale sup ensuite, Hippolyte Taine (1828-1893), qui fait figure d'intellectuel indépendant, devient une cible pour les autorités du Second Empire. Il est éloigné de Paris en 1852 pour n'y revenir que dix ans plus tard, profitant d'un assouplissement du régime politique. Il publie de nombreux articles où se manifeste son admiration pour le libéralisme anglais, puis pour l'Italie où il effectue un voyage en 1864. Son œuvre majeure, *Les Origines de la France contemporaine* (1876-1893), comporte plusieurs volumes où il applique à l'histoire ce qu'il prend pour une méthode scientifique, objective et naturaliste. Cette méthode, en réalité, ne fait pas l'économie des partis pris, des jugements moralisateurs et des analyses politiques fortement orientées. Pour écrire l'histoire littéraire, il considère que les individus d'une nation – parmi eux, les auteurs – sont le produit de trois forces primordiales : la race, le milieu, le moment. Régulièrement invité aux dîners des frères Goncourt, il y fait la connaissance de Sainte-Beuve, de Renan et surtout de Zola auquel il communique ses convictions de naturaliste : *On peut considérer L'homme comme un animal d'espèce supérieure qui produit des philosophies et des poèmes à peu près comme les vers à soie font leurs cocons, et comme les abeilles font leurs ruches* (extrait de la préface à l'Essai sur les Fables de La Fontaine, 1853).

Autre disciple de Taine, Paul Bourget s'écarte de la doctrine du maître en publiant des romans psychologiques ou sociologiques (*André Cornélis* (1887), *Terre promise* (1892)). Il réagit ainsi au naturalisme sans âme des romans de Zola, en bon disciple de Benjamin Constant (1767-1830) – jaloux amant de Madame de Staël –, auteur d'essais sur la religion, sur la politique, et surtout d'un roman : *Adolphe* (publié en 1816), bréviaire des premiers romantiques.

devenue Laurence dans la fiction. En 1866, il rassemble en un volume – *Mes Haines* – les critiques littéraires qu'il a écrites pour les journaux.

La naissance des Rougon-Macquart

Vivre de sa plume ? C'est possible pour Zola qui prévoit d'écrire au moins deux romans par an.

Thérèse Raquin, premier succès

Les premières publications d'Émile sont encourageantes, mais ne rapportent pas grand-chose. Il doit faire vivre sa mère, sa compagne – qui ne devient sa femme qu'en 1870. En 1866, il publie un deuxième roman : *Le Vœu d'une morte*. Il s'en vend quelques dizaines d'exemplaires… Heureusement que les journaux lui commandent des romans feuilletons, rémunérés juste ce qu'il faut pour faire bouillir la marmite – selon son expression. 1867 : *Thérèse Raquin*. Enfin ! Il s'en vend suffisamment pour que le mot succès puisse être employé ! Voilà, Zola vient de trouver : il lui suffit d'écrire deux romans par an, lui garantissant chacun trois mille francs, et le tour est joué ! Émilie, sa mère, qui élève des lapins dans le petit jardin de leur modeste maison, aux Batignolles, pourra ajouter du beurre dans les épinards qu'elle sert à Alexandrine !

ALLONS PLUS LOIN

Le naturalisme à Médan

L'écrivain n'est pas un prophète dans son siècle, son rôle ne consiste pas à lancer aux foules de grandes déclarations exaltées si chères aux romantiques ! L'écrivain est un scientifique, un analyste froid, un observateur lucide et soucieux du détail, à l'image de Claude Bernard (1813-1878) dans le domaine de la médecine – c'est le modèle de Zola ! L'écrivain cherche à connaître les lois de la nature et à s'effacer devant elles. Ce sont elles qui conduisent le roman de l'écrivain – voyons, quel nom lui donner si son seul souci est la loi naturelle… – naturaliste. Le terme *naturalisme* apparaît pour la première fois en ce sens en 1877, employé par Zola et les frères Goncourt (c'est Baudelaire qui l'a inventé en 1855, avec une acception voisine).

En 1880, dans la propriété de Médan que Zola vient d'acheter, Maupassant, Huysmans, Céard, Hennique et Paul Alexis se réunissent régulièrement autour du maître des lieux. Afin de lutter contre la littérature revancharde de l'époque, ils décident de publier *Les Soirées de Médan*, un recueil où chacun d'entre eux – Zola compris – a écrit une nouvelle. À cause de leur souci du réel, du détail, des faits, on leur applique le qualificatif de *naturalistes*, ce qu'ils ne cherchaient pas, mais qui promeut le genre… et le recueil de nouvelles où se trouve celle qui eut le plus de succès : *Boule de suif*. Elle était signée Guy de Maupassant !

Histoire naturelle et sociale...

Oui, mais quoi écrire ? Soudain, c'est l'illumination : Émile vient de trouver ! Il va faire la même chose que Balzac, mais en mieux ! Qu'est-ce à dire ? Eh bien voici : ce que Balzac a pensé après avoir écrit ses romans – les rassembler sous un même titre avec retour des personnages – lui, Zola, va le penser avant. Source d'inspiration, la plus vaste et la plus simple qui soit : *L'Histoire naturelle et sociale d'une famille sous le Second Empire*. On y trouvera des ascensions fulgurantes d'hommes d'affaires, des chutes tout aussi vertigineuses, des bourgeois corrompus, sans cœur, des ouvriers dans la misère, nouveaux esclaves de l'ère moderne. Ainsi, le roman va se faire le reflet d'une époque, montrer que le monde n'est qu'une lutte injuste, perpétuelle et cruelle, de forces inégales.

Dix romans prévus

Dès 1868, pendant une conversation avec les frères Goncourt, Zola a ébauché son projet. Il le présente à l'éditeur Lacroix : la famille décrite s'appelle les Rougon-Macquart. La grande nouveauté est de considérer que le capital de qualités et de tares se transmet de génération en génération, et que ce capital est plus ou moins bien géré selon l'environnement familial, les conditions sociales, le métier exercé. Zola a prévu de raconter tout cela en dix romans. Lacroix est séduit. Il vendra d'abord les textes aux journaux, et s'ils ont du succès, les transformera en livres. Un système compliqué de rémunération va conduire l'éditeur à la faillite, en 1872, et l'écrivain aux portes de la saisie, malgré son travail acharné, les centaines d'articles qu'il écrit en plus !

Les succès moyens de la série Rougon-Macquart

L'idée est bonne, mais elle ne fait pas les ventes : jusqu'au sixième volume, les lecteurs ne se ruent pas sur les histoires sorties de la mécanique Zola. La plupart des ventes se situent entre 1 500 et 2 000 exemplaires. Pas vraiment de quoi manger autre chose que du lapin dans la maison des Batignolles…

- *La Fortune des Rougon* (1871) – La paysannerie enrichie fait sa mue et devient petite puis grande bourgeoisie, après le coup d'État de 1851.
- *La Curée* (1872) – La spéculation immobilière va bon train dans les milieux corrompus du Second Empire.
- *Le Ventre de Paris* (1873) – Le monde des Halles !
- *La Conquête de Plassans* (1874) – Le clergé en province, ses ambitions politiques.
- *La Faute de l'abbé Mouret* (1875) – L'abbé Serge Mouret abandonne la femme qui porte leur enfant, mais se rachète par la suite…
- *Son Excellence Eugène Rougon* (1876) – Le monde politique du Second Empire.

Le succès de L'Assommoir, 1877

Le contexte politique va beaucoup compter dans le succès de *L'Assommoir*. Les républicains qui sont en train de reprendre la main y voient une façon d'attirer le regard de la droite sur la misère des pauvres. Mais le scandale est aussi fort que le succès : les républicains trouvent que Zola a eu la main lourde dans sa vision du peuple…

Coup de tonnerre !

1877, coup de tonnerre : le succès est là ! Il débarque presque sans prévenir, dans les journaux, chez les libraires, et surtout par le bouche à oreille ! Zola en demeure comme assommé ! Son *Assommoir* fait un tabac ! C'est l'histoire de Gervaise, dans le Paris populaire de la Goutte d'Or – quartier qui n'était pas vraiment rattaché à Paris, à cette époque. Elle vient de Plassans à Paris, accompagnée d'Auguste Lantier, un ouvrier chapelier – son amant – et de ses deux enfants (Claude, le héros du roman *L'Œuvre* où Cézanne se voit comme dans un miroir, et Étienne, le personnage principal de *Germinal*).

L'assommoir

Lantier l'abandonne, emportant l'argent du ménage. Elle fait face à la situation, courageusement, se laisse courtiser par l'honnête ouvrier zingueur Coupeau. Ils ont une fille qu'ils prénomment Anna, l'héroïne du roman à suivre : *Nana*. Mais Coupeau chute d'un toit, se blesse, et commence à fréquenter *L'Assommoir* du père Colombe ! Dans ce café où trône la monstrueuse machine à fabriquer l'eau-de-vie – l'assommoir – les ouvriers glissent peu à peu dans l'alcoolisme.

UNE ANECDOTE

Le bon Charpentier

Depuis 1872, Zola est édité chez Georges Charpentier. Un nouveau contrat est établi. Mais, conscient du déficit creusé par son ancien éditeur, Zola demande à Charpentier de patienter : il le remboursera. Alors, l'éditeur disparaît devant l'homme généreux, compréhensif, sûr du génie de son auteur. Il fait ses comptes devant Zola et lui annonce qu'il augmente de moitié ses droits d'auteur. Zola est éberlué. Il ressort de chez Charpentier, non seulement sans dette, mais avec dix mille francs en poche !

Résumer, c'est trahir

Gervaise parvient malgré tout à réaliser son rêve : s'acheter une blanchisserie, grâce à l'honnête ouvrier Goujet qui est amoureux d'elle. Mais voici que Lantier revient. Il tourne autour du ménage qui ne tourne plus rond… Maintenant allez dans le roman ! Le résumer ainsi, c'est le trahir. Tout est dans l'écriture de Zola qui restitue avec habileté le langage qu'il est allé pêcher dans le monde de misère qu'il décrit. Tout est dans la somme incroyable de détails qu'il fait se succéder dans une page ! Et puis, l'utilisation du style indirect est si astucieuse qu'on se retrouve au milieu de l'action, on se sent presque la peau moite lorsqu'il nous emmène dans la blanchisserie de Gervaise, on sourit aux soupçons des Lorilleux, on a des haut-le-cœur en voyant Lantier dans son ordure...

LE SAVIEZ-VOUS ?

La mort de Zola : un acte criminel ?

Zola s'attire la haine de tous ceux qui n'acceptent pas sa façon de révéler la misère humaine, de montrer le monde dans ses détails les plus triviaux. Est-ce cela qui l'a tué ? Le 29 septembre 1902, on découvre le couple Alexandrine et Émile inanimés dans leur appartement. Pour Émile, il est trop tard : il a succombé à une asphyxie due au mauvais tirage de la cheminée. Alexandrine est ramenée à la vie. Que s'est-il passé ? Zola a voulu, avant d'aller dormir, allumer un feu qui n'a pas pris, ou du moins qui a couvé toute la nuit. La veille, des ouvriers avaient travaillé sur le conduit d'évacuation. Faut-il croire ce que, depuis, on a appris ? L'un des ouvriers aurait dit, avant de commencer son travail : *On va enfumer le cochon !* La mort de Zola ne serait donc pas accidentelle.

Nana : 50 000 exemplaires en deux jours !

Les Rougon-Macquart devaient être racontés en dix livres. Il y en aura vingt. En 1878 paraît *Une Page d'amour*, roman psychologique qui contraste avec *L'Assommoir* et fait taire ceux qui s'étaient déchaînés contre Zola, l'accusant d'être le prince de l'ordure ! Mais, en 1879, la rumeur précède la parution du nouveau livre de Zola : *Nana*. On sait que c'est la fille de Gervaise dans *L'Assommoir* ; on a compris le système naturaliste de l'écrivain à succès ; on s'attend à tout. On est servi ! Voici le monde de la prostitution ! Zola met la superbe Nana sur le trottoir. Pour elle se suicident des grandes fortunes. Elle parvient à vivre dans le luxe d'un hôtel particulier, mais meurt à dix-neuf ans – Nana, avatar de Berthe... Le premier tirage – cinquante mille exemplaires – est épuisé en deux jours !

Les succès des Rougon-Macquart

- *Pot-Bouille* (1882) – La petite bourgeoisie déploie toute son énergie pour qu'on remarque ce qu'elle possède.
- *Au Bonheur des Dames* (1883) – Octave Mouret, le génie du commerce, crée le premier grand magasin, et toutes les stratégies modernes pour vendre. *Au Bonheur des Dames*, c'est le *Bon Marché*...
- *La joie de vivre* (1884) – Pauline aime Lazare qui l'aime. Mais il épouse Louise...
- *Germinal* (1885) – Le monde de la mine, la misère et l'épuisement de la classe ouvrière, sa révolte réprimée dans le sang.

- *L'Œuvre* (1886) – La difficulté de créer aboutit au suicide.
- *La Terre* (1887) – Les paysans sont attachés à leur terre, comme des bêtes.
- *Le Rêve* (1888) – Angélique, jeune fille pauvre, réalise son rêve : elle épouse un prince charmant.
- *La Bête humaine* (1890) – Jean Gabin qui pilote la Lison et Simone Simon qui a de beaux yeux, ont rendu cette histoire inoubliable…
- *L'Argent* – L'essor du capitalisme, du boursicotage à grande échelle.
- *La Débâcle* (1892) – Les troupes de Napoléon III en débâcle devant les Prussiens, la IIIe République remplace, le 4 septembre 1870, le Second Empire.
- *Le Docteur Pascal* (1893) – Vingtième et dernier volume des Rougon-Macquart, il en donne une sorte de conclusion et se termine sur une note d'espoir.

DANS L'INTIMITÉ

Une page d'amour

1888. Zola connaît la gloire depuis quelques années. C'est l'écrivain le plus lu en France et même en Europe. Lui qui n'avait pas un sou, au temps des civets de la maison des Batignolles, est aussi le plus riche ! Mais sa vie demeure incomplète : sa femme, Alexandrine, ne lui a pas donné d'enfants. En 1888, elle engage une servante, une paysanne pauvre : Jeanne Rozerot. Elle a vingt et un ans. Zola en a quarante-huit. Il va aimer Jeanne dès le premier regard. Elle est fascinée par cet homme dont tout le monde parle. Elle laisse en elle cette admiration se transformer en amour tel que deux enfants vont naître de leur clandestinité passionnée : Denise, en 1889, et Jacques, en 1891. Alexandrine découvre bientôt la double vie de son mari. Sa révolte et son chagrin s'apaisent au fil des années. Après la mort de Zola, elle accepte que ses enfants portent son nom.

Zola et l'affaire Dreyfus, 1898

L'épisode majeur de la vie de Zola se situe au moment de l'affaire Dreyfus.

Aux portes de l'Académie française

Riche et célèbre ! Aux portes de l'Académie française après vingt-quatre refus ! Heureux père et heureux amant. Mari comblé par une femme qui accepte finalement sa situation d'épouse trompée. Tout va bien pour Zola, en cette année 1895. Pourtant, Zola l'honnête, Zola le juste, va compromettre toute sa renommée pour sauver le capitaine Alfred Dreyfus, injustement accusé d'avoir communiqué à l'Allemagne des documents secrets. Traduit devant le tribunal militaire, Dreyfus a été condamné à la dégradation militaire et à la déportation à perpétuité. Le 5 janvier 1895, dans la cour des Invalides, Dreyfus a été dégradé. Le 21, il a embarqué pour l'île du Diable, en Guyane. Zola est indigné.

« J'accuse ! »

Mathieu Dreyfus remue ciel et terre pour sauver son frère ! Trois ans plus tard, les preuves de l'innocence sont réunies. Zola, sollicité, prend sa plume, rédige un article cinglant où il donne le nom des vrais coupables, de hauts responsables de l'armée qui ont agi par antisémitisme. L'article paraît dans *L'Aurore* du 13 janvier 1898 sous le titre de Clemenceau : *J'accuse*. Au terme de deux procès, il est condamné à un an d'emprisonnement et 3 000 francs d'amende alors que le coupable est acquitté ! Couvert d'injures, il doit s'exiler pendant onze mois en Angleterre. Mais la vérité est en marche, et rien ne l'arrête ! Alfred Dreyfus n'est complètement acquitté que le 12 juillet 1906, quatre ans après la mort de Zola.

Jules Verne : soixante-dix romans !

Il s'en passe, des choses en 1850 : c'est l'année de la naissance de Maupassant, celle de la mort de Balzac, et celle de la représentation de la première pièce de théâtre d'un certain Jules Verne, au théâtre de son ami Alexandre Dumas. *Les Pailles rompues*, pièce en un acte et en vers, remporte un succès d'estime. L'étudiant en droit qu'est Verne à cette époque termine sa thèse mais, au lieu de succéder à son père, il poursuit sa carrière littéraire, fait jouer sa nouvelle pièce *Colin-Maillard* qui est représentée quarante fois et bénéficie d'une presse dithyrambique ! Est-ce la gloire ? Pas encore… Jules se passionne pour la science. Il s'entretient avec des chercheurs en physique, en mathématiques et, surtout, en géographie. Afin de faire vivre son épouse Honorine de Viane, jeune veuve mère de deux filles, il devient agent de change. Mais avant de se rendre à la Bourse, il écrit tous les matins pendant quatre à cinq heures. En 1863, il dépose chez l'éditeur Hetzel le manuscrit de *Cinq semaines en ballon*. Hetzel est tellement enthousiasmé par ce qu'il y découvre qu'il propose à Jules Verne un contrat pour quarante romans – il va en écrire soixante-dix –, assorti de conditions financières qu'il ne cesse de revoir à la hausse !

Ainsi vont naître tous les passeports que vous avez déjà utilisés – ou que vous n'allez pas manquer de découvrir – pour vous transporter en d'autres mondes, en d'autres temps, fantastiques : *Le Tour du monde en quatre-vingts jours* (1872), *Vingt mille lieues sous les mers* (1870), *L'Île mystérieuse* (1874), *Michel Strogoff* (1876), *Les Enfants du Capitaine Grant* (1867), *Voyage au centre de la Terre* (1864), *De La Terre à la Lune* (1865)… À partir de 1871, Jules Verne qui était né à Nantes, le 8 février 1828, s'installe à Amiens, en Picardie où il meurt de diabète, le 24 mars 1905.

Chapitre VI : Maupassant, le bel amant

Maupassant ? Le taureau normand ! La formule vient des frères Goncourt, toujours prompts à la caricature, surtout s'il s'agit d'un confrère qui a du succès !

Une jeunesse en Normandie

1868. Étretat. C'est l'été. L'air est doux. Guy de Maupassant, dix-huit ans, se promène en ville. Dans la matinée, il a quitté Les Verguies, la villa où sa mère a trouvé refuge, fuyant un mari déséquilibré, violent. Pourtant, Gustave Maupassant était fou amoureux d'elle au temps si proche encore de leur jeunesse. Il avait demandé en mariage cette jeune fille, Laure Le Poittevin, sœur d'Alfred, l'ami de Flaubert.

Gustave exhume sa particule

Et Laure lui avait répondu : *Je vous épouserai à la condition que vous vous trouviez une particule. Cherchez dans le siècle passé, peut-être que Maupassant s'appelait de Maupassant.* Gustave avait cherché, et trouvé ! Et Laure Le Poittevin était devenue Madame de Maupassant. Mais, avec une particule, ne faut-il point un château ? Ce sera celui de Miromesnil – près de Tourvilles-sur-Arques – qu'achète le couple Maupassant, juste avant la naissance de celui dont Laure sait qu'il deviendra un génie, forcément : Guy, venu au monde le 5 août 1850.

Pour Fanny…

Guy de Maupassant se promène dans Étretat. Il est midi. Dans sa poche, une feuille de papier pliée en quatre, couleur parchemin. Un poème y est soigneusement calligraphié. Un poème d'amour. Dans quelques instants, il changera de poche. Et celle pour qui il l'a écrit le lira sans doute dans la soirée, sous la lampe, en regardant la mer, amoureusement. Tiens, la voici ! Salut plein de douceur, bref échange de paroles. La jeune fille, parisienne, élégante et superbe, est surprise. Elle rougit, prend le papier que lui tend ce jeune homme trapu, à la forte musculature, au regard dangereux. Ils se sont déjà rencontrés, ils se sont parlé. Elle n'imaginait pas que tout irait si vite ! Guy de Maupassant est déjà parti, le cœur battant. Elle le regarde s'éloigner, déplie la feuille, lit : *Pour Fanny…*

Un mensonge en dentelles !

Un chaud crépuscule enveloppe Étretat. Guy de Maupassant n'est pas encore rentré chez sa mère Laure. Il flâne sur le port, pense à Fanny. Soudain, il entend des rires. Il s'approche sans être vu. Cinq ou six jeunes hommes entourent une jeune fille. Et cette jeune fille est en train de leur lire un texte. Et ce texte, Guy le connaît par cœur ! C'est celui qu'il a donné tout à l'heure à

Fanny ! La voix de Fanny soulève jusqu'au ridicule, jusqu'à l'insoutenable, les effets lyriques qu'il a tant soignés. Elle rit, Fanny, à perdre haleine, ravie, au milieu des garçons hilares ! Ce soir-là, le cœur de Maupassant meurt, foudroyé. La femme ! Un mensonge dissimulé dans les dentelles et dans la soie, un être faux, hypocrite, masqué sous des fards ! Guy de Maupassant va désormais transformer toutes les femmes qu'il rencontrera en objets de consommation. Sans aucun scrupule.

La littérature en péril...

Quelques jours plus tard. Guy de Maupassant promène sa peine sur les falaises d'Étretat. Soudain, il aperçoit un homme sur la plage. Et cet homme s'avance vers les flots, puis dans les flots ! Il va tout droit, et la houle commence à le faire tanguer. Il veut mourir ! Guy se met à courir sur un sentier qui le conduit au bas de la falaise, près d'un embarcadère. Des marins ont aussi vu la scène. Il grimpe dans leur barque qui bientôt se trouve près de l'homme qui suffoque. Maupassant plonge. Mais l'homme ne veut pas être sauvé. Tous deux disparaissent sous le flot ! En cet instant, la littérature française court le risque immense de perdre l'un de ses plus grands auteurs – qui n'a encore rien écrit... – et la littérature anglaise court le même risque : celui qui a décidé de se noyer, après une nuit de beuverie, n'est autre que le plus grand poète anglais du XIXe siècle : Charles Swinburne ! Évidemment, l'affaire se termine bien !

Une main d'écorché

Afin de remercier son sauveur, Swinburne emmène Maupassant dans la chaumière de son ami Powell, chaumière qui porte un nom emprunté à la littérature du marquis de Sade : *Dolmancé*. Swinburne et Powell vivent d'étrange façon. Ils prodiguent des marques d'affection ambiguë à un singe qui est retrouvé pendu le lendemain de la visite de Maupassant, le serviteur des deux Anglais en étant fort jaloux... Sur un meuble, traîne, parmi divers ossements, une main d'écorché dont la peau parcheminée, les muscles noircis fascinent et horrifient Maupassant – cette main est celle d'un criminel qui a été supplicié. Ses hôtes remarquent sa surprise, s'en amusent et lui offrent l'objet qui deviendra, en 1875, l'argument de sa première nouvelle : *La Main d'écorché*.

Un maître d'apprentissage : Flaubert

Après avoir obtenu brillamment son baccalauréat en 1868, après s'être engagé lors de la guerre de 1870, Maupassant devient fonctionnaire au ministère de la Marine, puis de l'Instruction publique. C'est un employé de bureau peu assidu, dont la grande affaire demeure l'écriture. Il se croit destiné à la poésie. Le grand ami de sa mère – dont on a même pensé qu'il pouvait être son père... – Gustave Flaubert, le prend sous son aile, corrige ses vers, lui apprend la pratique du réalisme en écriture. Il lui présente

Daudet, Huysmans, la princesse Mathilde, et surtout Émile Zola. Celui-ci demande à Maupassant d'écrire une nouvelle destinée à figurer dans le recueil collectif : *Les Soirées de Médan* (1880). En quelques jours, elle est écrite. Son titre, *Boule de suif.* C'est le début d'une série de chefs-d'œuvre de précision, de concision et de style, le début de dix années de travail acharné, avant la fin. Terrible !

UNE CURIOSITÉ LITTÉRAIRE

Du Maupassant ou du Flaubert ?

Prenez un texte de Guy de Maupassant, un autre de Flaubert. Comparez-les. Cherchez par exemple, à la fin des paragraphes, ce que le maître de Croisset appelle le détail vrai. Observez chez l'un et l'autre l'abondance de ces détails vrais qui proposent au lecteur des images bien plus saisissantes que n'importe quelle illustration. Étudiez le fonctionnement – chez l'un et l'autre – de la conjonction de coordination *et.* Souvent, elle ne coordonne pas grand-chose, elle est là pour clore une séquence, pour donner le signal de la dernière phrase d'un paragraphe qui semble tiré du discours d'un conteur davantage que des rigueurs de la grammaire. Une différence cependant : chez Maupassant, les paragraphes sont plus nombreux, plus courts que chez Flaubert. Et puis, amusez-vous à repérer, dans ses contes et nouvelles, dans ses romans, les rythmes ternaires : des groupes de trois adjectifs, trois noms, trois structures identiques, comme un tic…

« Boule de suif », « Une Vie », « Bel-Ami »…

De trente à quarante ans, Maupassant va écrire sans relâche, nouvelles, romans, poursuivi par les souffrances de la syphilis qui ne lui laisse guère de répit !

Trois cents nouvelles !

Boule de Suif paraît trois mois avant la mort du solitaire de Croisset (le 8 mai 1880) qui peut constater, avant de disparaître, combien son enseignement rigoureux a porté ses fruits. La prose se révèle donc le terrain d'élection de Maupassant. Après avoir publié un recueil de ses poésies, en 1880 – *Des Vers* –, il commence à répondre aux commandes des journaux qui publient des contes et des nouvelles. Entre 1880 et 1890, il en écrit presque trois cents ! Elles sont régulièrement rassemblées en volumes, publiées en alternance avec ses essais, ses romans. Maupassant acquiert une fulgurante célébrité. Ses œuvres, lues dans toute l'Europe, lui rapportent des sommes considérables – sa fortune est la plus importante de l'époque, dans le monde littéraire ! Généreux, il en redistribue une partie à sa mère, dépensière hors mesure, à son frère qui ne trouve pas d'emploi, à ses amis, à ses maîtresses…

DANS L'INTIMITÉ

Les enfants de Maupassant

Maupassant n'a pas eu d'enfants. Du moins officiellement. En réalité, sa descendance doit être au moins aussi importante que celle du Vert Galant (un certain Henri IV…) car l'activité qu'ils ont déployée en ce domaine atteint parfois les trente-cinq heures par semaine… Un véritable métier dont les conséquences, pour Guy de Maupassant, ont la forme de trois visages. Trois visages et trois prénoms : Lucien, né en 1883, Lucienne née en 1884, et Marguerite en 1887. Leur mère, Joséphine, habite Vincennes. Maupassant l'a connue pendant une cure dans la station thermale de Châtelguyon. Bien qu'il ne reconnaisse pas ses enfants, il subvient à leurs besoins et à ceux de Joséphine qui meurt en 1920 – Lucien en 1947, Lucienne en 1949, Marguerite, qui a eu deux filles, en 1951.

Exploits de chasse

Maupassant fuit les lieux à la mode où on le demande, les salons. Il aime la solitude, le canotage. Et lorsqu'il n'est pas seul, ou qu'il ne canote pas, on le trouve en galante compagnie – et même galantes compagnies, au pluriel… ! En ces occasions, fort nombreuses, il aime prouver que sa puissance n'est pas liée à la seule extrémité de sa plume. Flaubert, son presque père – ou plus que père – rapporte, dans sa correspondance, des épisodes fort gaillards et à peine croyables dont il a été le témoin : Maupassant y fait montre de capacités sexuelles hors du commun ! Sinon, quoi d'autre ? Eh bien, il fait construire à Étretat une luxueuse villa qui lui sert de thébaïde pour l'écriture et de départ pour de longues chasses – sa grande passion – dans la campagne environnante.

En voyage !

Accompagné de son valet de chambre et futur biographe, François Tassart, il voyage en Corse, en Algérie – parle d'Alger la Blanche… –, en Tunisie, sur les pas de Flaubert, en Bretagne, en Italie, en Angleterre. Il en rapporte des reportages pour les journaux *Le Gaulois* ou le *Gil Blas*. En 1887, alors que Zola vient de recevoir le précieux ruban de la Légion d'honneur dont il rêvait, Maupassant refuse catégoriquement la Croix, à plusieurs reprises, comme l'avait fait son maître, Flaubert. Mais, soucieux d'offrir à ses livres les meilleures pistes d'envol vers ses lecteurs, il se soucie de plus en plus de leur faire de la réclame – pour parler moderne : de la publicité !

Maupassant en six romans

En sept ans, de 1883 à 1890, Maupassant publie six romans, qui ne représentent qu'une mince part de son activité débordante.

- C'est d'abord, en 1883, *Une Vie* – l'histoire de Jeanne, douce, candide, trompée par son mari Julien, puis rançonnée par son propre fils Paul.
- En 1885, paraît *Bel-Ami* – l'ascension de l'audacieux Georges Duroy dans le milieu du journalisme, de la politique et de la finance ; Duroy qui devient du Roy... aimé et aidé de toutes les dames ; si vous le lisez, ne manquez pas le passage sur les bilboquets !
- 1887 est l'année de *Mont-Oriol* : des amours et des affaires dans une station thermale.
- 1888, *Pierre et Jean* : deux frères se découvrent demi-frères – la préface de ce roman est peut-être plus connue que le roman lui-même ; Maupassant y précise ses convictions concernant le roman, en empruntant davantage au réalisme de Flaubert qu'au naturalisme de Zola.
- En 1889, il publie *Fort comme la mort*, un roman psychologique : un peintre de cinquante ans se rend compte qu'il aime la fille de son ancienne maîtresse.
- Dernier roman achevé, en 1890, *Notre Cœur* : un éventail des différents types humains dans le Paris bourgeois et sous la plume fatiguée de Maupassant.

Un monte-en-l'air...

Il décide de frapper les imaginations en faisant fabriquer une montgolfière qui va rallier Paris à la Belgique. Il faut trouver un nom à ce ballon. Sans hésiter, Maupassant propose : le *Horla* – c'est le titre de son dernier conte fantastique ! Hélas, l'effet n'est pas celui qu'il attendait. Au lendemain de l'exploit, on se moque de lui dans les journaux où il peut lire, par exemple : *Maupassant, un monte-en-l'air...* Maupassant est aussi un va sur l'eau. D'abord en canot, puis, la fortune venue, sur le magnifique voilier qu'il a acquis : le *Bel-Ami* – du nom de son roman. Ce voilier l'emmène en croisière, notamment en Méditerranée.

Baudelaire, Flaubert, Maupassant, tant d'autres...

Le grand drame de Maupassant, celui qui va gâcher une partie de son existence et nous priver de nouveaux contes et des romans qu'il se préparait à écrire, ce drame serait de nos jours soigné en une ou deux semaines. Une ordonnance banale prescrirait deux gélules le matin et deux gélules le soir, d'un dérivé de la pénicilline. Personne ne s'apercevrait que la plus terrible maladie vénérienne est passée par là – celle qui a tué Baudelaire, Flaubert, Daudet, et tant d'autres : la syphilis ! On pensait à cette époque que cette maladie était bénéfique, qu'elle donnait à l'homme une nouvelle vigueur !

D'atroces migraines

La réalité de cette cruelle maladie est tragique : elle peut foudroyer en quelques semaines, ou bien s'endormir et se réveiller sans prévenir, rendant aveugle, ou aphasique, ou fou, ou tout cela à la fois. Pour Maupassant qui l'attrape à vingt-sept ans, la vérole va prendre son temps, lui infliger d'atroces migraines qu'il soigne à l'éther, paralyser l'un de ses yeux, provoquer des hallucinations, le martyriser jusqu'en 1892 où il perd la raison après avoir tenté de se suicider ! Soigné dans la maison de santé du docteur Blanche – qui a déjà tenté de soulager Nerval – il meurt le 6 juillet 1893. Sa tombe se trouve au cimetière Montparnasse, à Paris.

ALLONS PLUS LOIN

Maupassant en recueils

- 1880 *Boule de Suif.*
- 1881 *La Maison Tellier.*
- 1882 *Mademoiselle Fifi.*
- 1883 *Contes de la Bécasse Clair de lune.*
- 1884 *Miss Harriet, Les Sœurs Rondoli, Yvette.*
- 1885 *Contes du jour et de la nuit, Monsieur Parent.*
- 1886 *Toine, La Petite Roque.*
- 1887 *Le Horla.*
- 1888 *Le Rosier de Madame Husson.*
- 1889 *La Main gauche.*

Deux recueils posthumes :

- 1899 *L'Inutile Beauté.*
- 1900 *Le colporteur.*

Maupassant en pensées

CITEZ L'AUTEUR !

- Un baiser légal ne vaut pas un baiser volé. (*Confession d'une femme.*)
- Le baiser est la plus sûre façon de se taire en disant tout. (*Correspondance.*)
- La mort. Que ce mot si court est insondable et terrible. (*Correspondance.*)
- La vie, voyez-vous, ce n'est jamais si bon ni si mauvais qu'on croit. (*Une Vie.*)
- La moindre chose contient un peu d'inconnu. Trouvons-le. (*Pierre et Jean.*)
- La vraie peur, c'est quelque chose comme une réminiscence des terreurs fantastiques d'autrefois. (*La Peur.*)
- De toutes les passions, la seule vraiment respectable me paraît être la gourmandise. (journal le *Gil Blas.*)

Épilogue

De l'indépendance, l'érudition, de l'exotisme, des nouvelles de toutes sortes… Voilà ce qui vous attend dans cet épilogue de la grande histoire du roman au XIXe siècle.

En France avec Anatole

Des romans, des essais, des nouvelles, des recueils de poèmes, des biographies… Quatre-vingt-dix livres ! François-Anatole Thibault, dit Anatole France, né le 16 avril 1844, quai Malaquais, à Paris, a bien mérité le prix Nobel de littérature qui lui a été remis en 1921, trois ans avant sa mort ! Et pourtant, tant dans son travail de critique littéraire que dans les choix qu'il opère pour le troisième tome du Parnasse contemporain, il en oublie, des écrivains ! Et volontairement ! Parce qu'ils ne lui plaisent pas !

Les nouveaux ? Des mystiques !

France fait la moue devant les poèmes de Verlaine, ne comprend rien à ceux de Mallarmé et trouve ceux de Charles Cros médiocres. C'est tout de même énorme, Monsieur Anatole France ! Enfin, vous pensez ce que vous voulez. Et c'est bien là votre force, de penser ce que vous voulez : vous êtes farouchement indépendant, toute votre vie, et si un poète appelé Arthur Rimbaud – que vous écrivez Raimbault – ne vous convient pas, vous le dites, tout simplement, même si ça ne plaît pas ! Tous ces nouveaux créateurs, vous les appelez, avec mépris, des mystiques, vous, l'anticlérical !

Chéri du public

Vous allez être chéri du public à plusieurs reprises : lorsque vous lui offrez *Le Livre de mon ami* (1885), délicieuse évocation du monde de votre enfance – vous y êtes le petit Pierre Nozières ; lorsque vous publiez *Le Crime de*

Renan et son Christ

Le XXe siècle sera poétique, moral et scientifique, ou il ne sera pas ! C'est ainsi qu'on peut – à peu près – résumer les convictions d'Ernest Renan, né à Tréguier, en Bretagne, en 1823, et mort à Paris en 1892. À partir de 1845, sans perdre la foi, il désire étudier les fondements historiques du christianisme. Il étudie les langues sémitiques, dirige des fouilles en Syrie, et publie, en 1863, *La Vie de Jésus*, premier volume de l'*Histoire des origines du christianisme*. Son succès est immense, en France et dans l'Europe entière. Renan y présente un Christ bien réel dans son quotidien vécu, un être de chair qui prend le pas sur une essence divine pourtant conservée. Thuriféraires (admirateurs) et contempteurs (adversaires) ne manquent pas de se faire connaître à un Renan sûr de sa ligne de conduite. Son style s'investit avec bonheur dans son livre le plus attachant : *Souvenirs d'enfance et de jeunesse* (1883).

Sylvestre Bonnard (1881), un Bonnard plein de bonté dans les mystères qu'il élucide, et dont le crime est bien anodin… ; lorsque vous proposez, dans *La Rôtisserie de la reine Pédauque* (1893), la philosophie indulgente et permissive de l'abbé Jérôme Coignard ! Il y a, dans votre écriture une telle indépendance, une telle jubilation malicieuse qu'on ne vous en veut pas si vous n'appréciez pas Rimbaud ! Après tout, ce n'est vraiment pas obligatoire…

En route avec Huysmans

Lire Joris-Karl Huysmans, c'est effectuer un voyage dans la luxuriance du vocabulaire, dans les mots rares qui sonnent entre eux comme un insolite et riche carillon.

L'écriture !

Voulez-vous être plus qu'étonné, éberlué par un style d'une élégance, d'une perfection sans égales – pour une histoire sans véritable progression, mais quel bonheur de lecture ! Ouvrez *À Rebours* ! Vous allez y être accueilli par un étrange personnage, Des Esseintes, un jeune homme que tout dégoûte, un

PLAISIR DE LIRE

Le latin, selon Des Esseintes

La langue latine, telle qu'elle fut pratiquée à cette époque que les professeurs s'obstinent encore à appeler le Grand Siècle ne l'incitait guère. Cette langue restreinte, aux tournures comptées, presque invariables, sans souplesse de syntaxe, sans couleurs, ni nuances ; cette langue, raclée sur toutes les coutures, émondée des expressions rocailleuses mais parfois imagées des âges précédents, pouvait, à la rigueur, énoncer les majestueuses rengaines, les vagues lieux communs rabâchés par les rhéteurs et par les poètes, mais elle dégageait une telle incuriosité, un tel ennui qu'il fallait, dans les études de linguistique, arriver au style français du siècle de Louis XIV, pour en rencontrer une aussi volontairement débilitée, aussi solennellement harassante et grise.

Entre autres le doux Virgile, celui que les pions surnomment le cygne de Mantoue, sans doute parce qu'il n'est pas né dans cette ville, lui apparaissait, ainsi que l'un des plus terribles cuistres, l'un des plus sinistres raseurs que l'Antiquité ait jamais produits ; ses bergers lavés et pomponnés, se déchargeant, à tour de rôle, sur la tête de pleins pots de vers sentencieux et glacés, son Orphée qu'il compare à un rossignol en larmes, son Aristée qui pleurniche à propos d'abeilles, son Énée, ce personnage indécis et fluent qui se promène, pareil à une ombre chinoise, avec des gestes en bois, derrière le transparent mal assujetti et mal huilé du poème, l'exaspéraient. […]

Il est juste d'ajouter que si son admiration pour Virgile était des plus modérées et que si son attirance pour les claires éjections d'Ovide était des plus discrètes et des plus sourdes, son dégoût pour les grâces éléphantines d'Horace, pour le babillage de ce désespérant pataud qui minaude avec des gaudrioles plâtrées de vieux clown, était sans borne.

Joris-Karl Huysmans, *À Rebours,* 1884

bourgeois qui condamne tout ce qu'il a appris, tout ce qu'il a vécu, tout ce qui existe. Ce n'est que ça, dites-vous ? Non, plus que Des Esseintes, plus que le roman lui-même, c'est un auteur qu'on rencontre, un magicien qui vous emporte avec presque rien, sinon l'essentiel : son écriture ! Joris-Karl Huysmans est né le 5 février 1848.

Remarqué par Zola

Il ne se passe rien d'extraordinaire dans la vie de Huysmans, descendant par son père d'artistes hollandais. Joris-Karl s'appelle en réalité Georges-Charles Marie. C'est un petit fonctionnaire qui va publier ses premiers livres à compte d'auteur. Zola le remarque. Le voici un intime du maître. Il fait partie du groupe des cinq qui publie le recueil *Les Soirées de Médan*. Il publie, en 1881 *En Ménage*, en 1882 *À Vau-l'eau*, romans où l'on trouve l'auteur à toutes les pages, en célibataire ratatiné. *À Rebours*, en 1884, impose Des Esseintes dans son rôle de prince du dégoût de luxe. *Là-bas*, 1891, traduit l'inquiétude liée au surnaturel – Huysmans s'est quasiment cru possédé ! Une trilogie présente ensuite son retour à la lucidité, et son apaisement dans la religion : *En Route* (1895), *La Cathédrale* (1898), *L'Oblat* (1903). Huysmans meurt le 12 mai 1907.

En mer avec Loti

Un personnage étonnant, ce Julien Viaud, dit Pierre Loti. Grand voyageur, fantasque, excessif, ambigu, bizarre. Il faut dire que, dans la famille, on donne parfois dans l'exceptionnel : Jean Viaud, l'oncle de Julien, était le mousse de *La Méduse* qui s'échoua au large du Sénégal, et à partir duquel on construisit le fameux radeau, peint par Géricault. Le petit mousse Jean Viaud mourut à quatorze ans, de fièvres, au Cap-Vert.

Une longue liste d'œuvres

En 1891, Émile Zola se présente pour la vingtième fois à l'Académie française. Il n'obtient aucune voix ! Toutes se sont portées comme une volée de moineaux sur le candidat Julien Viaud, plus connu sous le nom de Pierre Loti. Loti, à quarante et un ans, devient le benjamin de l'illustre assemblée ! Loti ! Quarante-deux ans de service dans la marine, dont vingt ans en mer ! Vingt années qu'il aurait pu passer à contempler la mer, le déroulement infini de sa lame, mais Loti n'a qu'une passion : écrire. La liste de ses œuvres est impressionnante. Quand on la parcourt, cependant, on se rend compte que

LE SAVIEZ-VOUS ?

Viaud est bien Loti

Julien Viaud, né à Rochefort, le 14 janvier 1850, devient Pierre Loti à Tahiti, en 1872. Loti, en tahitien, signifie rose. Ainsi le baptise une suivante de la reine Pomaré, femme de Pomaré V, le dernier roi de Tahiti. *Le Roman d'un spahi*, publié en 1881, est le premier signé Pierre Loti.

n'apparaissent qu'un titre ou deux lorsque son nom est cité : *Aziyadé*, son premier roman, publié en 1879, et *Pêcheurs d'Islande*, paru en 1886. Le reste, près de quarante ouvrages, ne recueille plus la faveur des lecteurs.

Le goût de l'exotisme

Le succès de Loti en son temps est étroitement lié à la mode de l'exotisme qui saisit les lecteurs de la fin du XIXe siècle – leur regard s'est tourné vers ces pays lointains que Jules Ferry a fortement conseillé de coloniser afin de placer des capitaux, et de soulager le pays des déclassés et des marginaux… Les titres de Loti disent assez combien il répond à l'imagination voyageuse des acheteurs d'aventures : *Les Trois Dames de la Kasbah* (1884), *Fantôme d'Orient* (1892), *Le Matelot* (1893), *Les Derniers Jours de Pékin* (1902), *L'Inde sans les Anglais* (1903), *Un Pèlerin d'Angkor* (1912), *La Turquie agonisante* (1913), etc.

ALLONS PLUS LOIN

Yann a plu

Du port de Paimpol, les pêcheurs appelés les Islandais partent chaque saison vers le Nord afin de ramener la morue. Gaud, la fille d'un riche commerçant, a vécu à la ville et rentre dans le petit port afin d'aider son père. Un pêcheur pauvre mais fort courageux, Yann, lui plaît infiniment. Elle en tombe amoureuse. Il semble ne rien voir de la passion muette que lui porte la jeune fille dont le père meurt. Les deux jeunes gens se rencontrent dans la lande, et finissent par s'avouer leur amour. Leur bonheur ne dure qu'une semaine : Yann part pour la pêche et ne reviendra pas. Telle est la triste histoire de *Pêcheurs d'Islande* ! Cette fois, vous savez tout !

La caverne d'Ali-Baba

L'homme Loti est singulier. Il adore se travestir, ses meubles sont remplis de toutes sortes de vêtements exotiques. Il organise de grandes fêtes à thème. Le 12 avril 1888 est par exemple consacré à Louis XI. Loti s'est vêtu d'un surcot violet à revers d'hermine. Il a fait construire et installer un dais magnifique sous lequel il siège, royal – et ressemblant : de Louis XI, il possède la petite taille et la minceur ! Cette fête se déroule dans sa maison de Rochefort, une sorte de caverne d'Ali-Baba ou de palais des Mille et une nuits, tant les objets et la décoration évoquent un Orient dont il est le familier. Il a même installé, dans l'un de ses salons, une sorte de mosquée ! Les repas qu'il fait servir à ses amis sont pantagruéliques, spécialement préparés par des maîtres-queux venus de Paris… Bref, Loti aime se donner en spectacle, se divertir d'une idée qui l'obsède : celle de la mort qui le saisira le 10 juin 1923, à Hendaye.

Mérimée, Barbey, Villiers, Daudet : quelles nouvelles ?

La nouvelle se porte bien, au XIXe siècle. Il faut dire que les journaux qui sont tirés à plusieurs millions d'exemplaires (eh oui ! la télévision n'existait pas…), en sont grands consommateurs !

« La Vénus d'Ille »

Dans une petite ville du Roussillon, Alphonse de Peyrehorade, le matin de son mariage, passe au doigt d'une statue de bronze représentant Vénus, sa bague d'époux, afin de pouvoir disputer une partie de jeu de paume. La partie terminée, il veut reprendre son anneau : impossible ! La main de la statue de bronze s'est refermée ! Le soir, il raconte ce mystère au narrateur... Nous sommes en plein milieu d'une nouvelle de Prosper Mérimée (1803-1870), spécialiste du genre, auteur également de *Matéo Falcone*, de *Carmen*, de *Colomba*, de *Tamango*, de l'*Enlèvement de la Redoute*… Mérimée, inspecteur général des monuments historiques, a notamment sauvé de la ruine la ville de Carcassonne. Ami de Stendhal, il est aussi auteur de romans. Donc la Vénus de bronze a refermé sa main et gardé l'anneau nuptial du jeune marié ! Le soir des noces, l'époux va rejoindre son épouse dans la chambre nuptiale. C'est alors qu'il se passe quelque chose d'incroyable, qui va vous marquer à vie, c'est certain ! Quoi donc ? C'est dans *La Vénus d'Ille*. (éditions de poche à un prix dérisoire…)

« Les Diaboliques »

Un narrateur prend pension chez de bons bourgeois dont il remarque aussitôt la fille d'une beauté à damner un saint ! Le narrateur n'étant pas un démon, il tombe sous le charme étrange de cette jeune fille – Alberte – qui vient le rejoindre dans sa chambre sans un mot chaque nuit… Mais une terrible surprise l'attend ! La vôtre ne l'est pas moins, vous qui allez devoir lire la suite dans *Les Diaboliques*, un recueil de nouvelles qui confirment leur titre, publié en 1874 par Jules Barbey d'Aurevilly (1808-1889), auteur aussi étrange que certaines de ses pages – sur son bureau, par exemple, on trouve des bouteilles d'encre de différentes couleurs adaptées à ses humeurs et à ses textes ; il se promène vêtu d'une longue et célèbre redingote noire, serrée à la taille, boit plus que de raison, se ruine complètement, puis hérite d'une fortune, attaque férocement tous ceux qui écrivent, sauf Balzac et Baudelaire. Dandy et mondain, il est surnommé le Connétable des lettres.

« Contes cruels »

Relevé des ventes du roman Isis d'Auguste de Villiers de l'Isle-Adam, publié en 1862 : vingt-quatre exemplaires en vingt-quatre ans ! Et pourtant, Théodore de Banville y avait remarqué *la griffe du génie* – elle fait mal ! Villiers de l'Isle-Adam n'a jamais de chance. Il est tôt ruiné, cherche à épouser une riche héritière. Le mariage sur le point de se conclure, l'affaire fait toujours naufrage. Il écrit des pièces qui n'ont aucun succès, des poèmes qui n'ont pas de lecteurs, d'autres romans – *L'Ève future* (1886) – qui demeurent lettres mortes. Il rassemble ses nouvelles fantastiques – qui semblent inspirées de Poe – dans un recueil intitulé *Contes cruels* paru en 1883, suivi des *Nouveaux Contes cruels* en 1888. On y trouve près d'une dizaine de textes avec des échafauds. Forcément : Villiers est fasciné par les exécutions capitales, il n'en manque presque jamais le spectacle alors public !... Villiers termine sa vie misérablement, en compagnie d'une servante tout aussi misérable qui lui donne un fils bien portant (quand même !) Né en 1838, Villiers est mort en 1889.

« Le Petit Chose »

Alphonse Daudet ! *Le Curé de Cucugnan, Les Trois Messes basses, La Chèvre de Monsieur Seguin, L'Élixir du Révérend Père Gaucher, L'Arlésienne*... Tout cela vous reconduit sans doute vers vos années d'école primaire, vers ce temps où vous lisiez, émerveillé par le soleil de Provence, *Les Lettres de mon Moulin* ! Elles furent publiées en 1869, signées Alphonse Daudet, mais chaque page en avait été revue, relue, corrigée par Julie Allard, épouse Daudet, elle-même auteur de romans sous le pseudonyme de Karl Steen. Chaleureusement accueillies par le poète Frédéric Mistral (1830-1914) – ardent défenseur de la langue occitane, le gallo-roman méridional, auteur du poème *Mireille* dont s'inspire Charles Gounod pour son opéra du même nom (1864) – ces *Lettres de mon Moulin* occultent souvent la meilleure part de Daudet : son œuvre romanesque. En effet, il faut avoir lu, une ou plusieurs fois dans sa vie, *Le Petit Chose* (1868) pour comprendre comment on peut transformer la douleur d'être en résignation amusée, mieux encore, en faire sourire, et même rire ! Voilà tout l'art de Daudet : finesse et tendresse, délicatesse que vous retrouverez dans *Les Contes du lundi* (1873), dans *Jack* (1876), *Le Nabab* (1877)... N'oubliez pas l'irrésistible *Tartarin de Tarascon* (1872) !

Le Renard et Lepic

Jules Renard n'a pas laissé une œuvre abondante, mais elle demeure importante – comme demeure essentielle, la lecture de son *Journal*.

Boîtes à outils : le Journal

Jules Renard, ce Maupassant de poche ! On dira de lui qu'il était le premier des petits écrivains ! Jugement sévère, et même cruel. Mais qui donc a pu écrire cette formule à l'emporte-pièce ? Forcément un habitué du genre. Voulez-vous connaître son nom, afin de visiter son atelier ? Vous allez y trouver des pointes d'humour – attention, elles peuvent blesser ! –, des détourne-vice, des formules pince-sans-rire, à river le clou, des clés de petits mystères ; le tout rassemblé dans des boîtes à outils que vous pourrez ouvrir dès que vous avez besoin de démonter un de vos adversaires, ou bien de briser certains tabous.

Poil de Carotte ? Livre incomplet, mal composé...

Le nom, dites-vous ? Le nom de cet auteur dont les boîtes à outils portent le nom de Journal ? Eh bien avant de vous le donner, voici un indice : il écrit encore *Poil de Carotte est un mauvais livre incomplet, mal composé, parce qu'il ne m'est venu que par bouffées* ; ou bien ceci : *À chaque instant Poil de Carotte me revient. Nous vivons ensemble, et j'espère bien que je mourrai avant lui.* Poil de Carotte ? Mais c'est bien sûr ! Celui qui traite Renard de *Maupassant de poche*, c'est... Renard lui-même, qui ne s'épargne guère ! Pas plus qu'il ne ménage les autres ou bien la vie qui l'insupporte, ou bien le grand succès qui ne vient pas, le livre qui se dérobe. Lisez tout cela dans son Journal, le meilleur de son œuvre, loin devant *Poil de Carotte !*

Poil de Carotte et Madame Lepic

Poil de Carotte ! Un surnom qui annonce la couleur ! Madame Lepic joue les sadiques contre le pauvre cadet de ses trois enfants. Un roux ! Malheureuse et triste elle-même, elle contamine son entourage – sauf Monsieur Lepic, le père, sans doute vacciné contre les crises de morosité. Poil de Carotte tente d'être aimé, d'aimer, mais toutes ses navigations à vue vers la tendresse font naufrage dans le ridicule. Alors il résiste, il louvoie, il ment. Et il survit. Comme a survécu Jules Renard, né le 22 février 1864, à Châlons-sur-Mayenne, mort le 22 mai 1910, à Paris.

Renard en pensées

CITEZ L'AUTEUR !

- Les bourgeois, ce sont les autres.
- C'est une question de propreté : il faut changer d'avis comme de chemise.
- La clarté est la politesse des hommes de lettres.
- On n'est pas heureux : notre bonheur, c'est le silence du malheur.
- On finit toujours par mépriser ceux qui sont trop facilement de notre avis.
- Que de gens ont voulu se suicider et se sont contentés de déchirer leur photographie !
- L'ironie ne dessèche pas, elle lutte contre les mauvaises herbes.
- Il y a des amis, il n'y a pas de vrais amis.
- L'homme est un animal qui a la faculté de penser quelquefois à la mort.
- C'est étonnant, cette manie des gens qui ont réussi à Paris, de conseiller aux autres de rester en province.

Alphonse Allais, à se tordre…

Contemporain de Jules Renard, né à Honfleur, le même jour et la même année qu'Arthur Rimbaud (20 octobre 1854) qu'il n'a jamais rencontré – c'eût pourtant été salutaire au grand Arthur, bien sombre dans son enfer – Alphonse Allais nous a laissé le plus bel héritage qui soit, celui du sourire. En voici quelques déclencheurs que vous pouvez intégrer dans votre mémoire vive, celle qui intervient dès que vous tombez dans la compagnie pesante d'une mémoire terne :

- Quand on ne travaillera plus les lendemains des jours de repos, la fatigue sera vaincue.
- Il est toujours avantageux de porter un titre nobiliaire : être « de quelque chose » ça pose un homme, comme être « de garenne » ça pose un lapin.
- Il y a des moments où l'absence d'ogres se fait cruellement sentir.
- Le comble de l'erreur géographique : croire que les suicidés sont les habitants de la Suisse.
- Le comble de la distraction en se réveillant le matin : ne pas penser à ouvrir ses yeux.
- Il faut prendre l'argent où il est : chez les pauvres. Bon, d'accord, ils n'ont pas beaucoup d'argent, mais il y a beaucoup de pauvres…
- Entendu de mes propres yeux : – C'est étonnant comme les frères Lyonnet se ressemblent ! – Oui, surtout Anatole.
- La mer est salée parce qu'il y a des morues dedans. Et si elle ne déborde pas, c'est parce que la Providence, dans sa sagesse, y a placé aussi des éponges.

On ne plaisante pas avec la mort…

Alphonse Allais – auteur de *À se tordre* (1891), *Vive la vie* (1892), *Amours, délices et orgues* (1898), *Captain cap* (1902) – plaisante avec tout, sauf avec la mort : le vendredi 28 octobre 1905, il annonce à ses amis que le lendemain, il sera mort. On ne le prend pas au sérieux. On a tort. Le samedi 28, au petit matin, la mort est au rendez-vous…

Chapitre 19

La poésie s'éclate

Dans ce chapitre :

- Cueillez *Les Fleurs du mal*, avec Baudelaire le symboliste
- Suivez Verlaine et Rimbaud dans les coulisses de leurs créations
- Devenez un mardiste de Stéphane Mallarmé, l'hermétique

Le romantisme ? Trop doux, trop lyrique, élégiaque, excessif. Déjà, les parnassiens ont réagi contre ses débordements, ne cultivant que la forme parfaite ! Mais certains parnassiens – la jeune génération – se contentent difficilement de ces formes vides. Il faudrait les meubler, mais dans un goût nouveau, inédit. Utiliser le symbole, par exemple, pour tout dire. Et donner à l'écriture une esthétique nouvelle, faite de hardiesses discrètes… Voilà comment apparaît, dans les poèmes de Baudelaire ce qu'on appellera beaucoup plus tard – le mot est de Jean Moréas – le symbolisme. Comme on a toujours besoin de tiroirs à style, le symbolisme en devient un qui rassemble – ou enferme… – Baudelaire, Verlaine, Rimbaud, Mallarmé et quelques autres, avant qu'au XXe siècle, après le mouvement Dada, naisse le surréalisme.

Les cent romans de Baudelaire

Cent romans ? Non ! Baudelaire n'a écrit aucun roman ! À peine une nouvelle ! Son héritage est bien plus important.

On se bat, carrefour de Buci

Attention, vous venez d'entrer dans une zone de l'histoire où même les poètes portent fusil !…

Pourtant, il était là…

Paris. Venez, venez ! Frayez-vous un passage à travers les bus, les voitures, et les boulets de canon bardés de sacs sur leurs rollers. Un peu de paix, rue Saint-André-des-Arts. Un peu de pas encore, nous y voici ! Carrefour de Buci.

Cherchez bien. Vous ne voyez rien ? Il n'est plus là ? Fermez les yeux alors, adossez-vous à quelque mur. Toujours rien ? Pourtant, il était là, c'est sûr, il y a environ cent soixante ans… Vous y êtes, maintenant ? Jeudi 24 février 1848. La veille, sous une pluie diluvienne, on s'est battu partout dans la capitale, afin que le ministre de Louis-Philippe, Guizot, démissionne, et que le peuple souffre moins. Et que revienne la République !

Le monde va changer !

À neuf heures du soir, boulevard des Capucines, alors que la troupe était harcelée de jets de pierres par les émeutiers, un coup de feu est parti, on ne sait trop d'où il venait. Les soldats ont cru à un signal, ils ont ouvert le feu : on a compté cinquante-deux morts, des hommes de tous âges, des femmes, des adolescents. Leurs corps ont été chargés sur des charrettes, et toute la nuit, dans un Paris lugubre et tendu, on a entendu ce cri : *On égorge le peuple ! On égorge le peuple !* Au petit matin, Charles Baudelaire qui a peu dormi est sorti dans la rue, comme la veille, comme l'avant-veille. Pour lui, ce qui se passe est inespéré : le monde va enfin changer ! Fini les grosses fortunes et les petites gens, fini l'injustice, et le mépris, les lois, les hiérarchies ! Il y croit, Charles Baudelaire. Et ce jeudi matin 24 février 1848, le voici – c'est lui que tout à l'heure vous avez été invité à attendre…

Un lézard debout…

Regardez-le ! Quel étonnant personnage ! Observez sa façon d'avancer, méfiante, saccadée, comme si chaque pas était une victoire sur le vide ou le vertige. On dirait un lézard debout, qui marche. Carrefour de Buci, les bagarres ont fait rage, la veille. Des barricades ont été construites. Huit heures du matin. Déjà une foule d'émeutiers s'exalte, chante des *Marseillaise,* des *Chant des Girondins* – écrit par Dumas, hymne de l'imminente deuxième République.

Il faut aller fusiller le général Aupick !

À deux pas, rue Mazarine, une armurerie ! L'un des premiers qui en forcent la vitrine porte autour du cou un foulard rouge, sur la tête un chapeau, son costume sombre est impeccable. Et il a mis ses gants blancs, immaculés ! Dans l'armurerie, il prend le plus beau des fusils à deux coups, le plus neuf, et une cartouchière de cuir jaune qui n'a jamais servi. Il sort, se précipite au sommet de la barricade et crie : *Il faut aller fusiller le général Aupick !* Le général Aupick, c'est le commandant de la place de Paris. Mais c'est aussi son père !...

Une enfance heureuse

Un vieux monsieur se promène dans les allées du jardin du Luxembourg, tenant par la main un enfant aux yeux vifs : c'est le petit Charles Baudelaire, et son père, le vrai…

Caroline et François

Aupick, le beau-père, plutôt. Le vrai père de Charles, François Baudelaire, est né le 17 juin 1759. Après des études au séminaire, il est devenu prêtre, en 1784. En 1793, il abandonne la soutane, se marie en 1797 à Rosalie Janin, devient veuf en 1814. Il abandonne alors ses responsabilités au Sénat, se retire rue Hautefeuille et se déclare peintre. Chez ses amis, les Pérignon, Caroline n'a pas encore de mari, à vingt-cinq ans, en 1819. François Baudelaire en a alors soixante. Une idée folle lui traverse la tête : et s'il demandait la main de Caroline ? Pas si folle, l'idée : Caroline accepte, ses parents sont ravis. Le mariage a lieu le 9 septembre 1819 et, le 9 avril 1821, Caroline donne naissance à un garçon : Charles-Pierre, baptisé le 7 juin à Saint-Sulpice.

Caroline et Jack

L'enfance du petit Charles est heureuse : sa mère l'aime, son père l'adore. Il l'emmène faire de longues promenades au jardin du Luxembourg, façonne patiemment son langage au fil de leurs stations devant les statues, devant des massifs de fleurs. Le petit Charles s'imprègne doucement de la beauté du monde. Et de sa cruauté, brutalement : le 10 février 1827, François Baudelaire, le père aimé, le père artiste, meurt. Deux ans plus tard, Caroline épouse un militaire : le commandant Jack Aupick. Il a fait les campagnes de l'Empire, a été décoré de la Légion d'honneur, a servi sous la Restauration et se prépare à assumer de nouvelles et importantes responsabilités. Le coup est rude pour le petit Charles. Mais il s'efforce de ne rien montrer. Aupick, muté à Lyon, y emmène sa famille. Malgré l'ennui qu'il y ressent, le petit Charles tente de rapporter de bons résultats du collège.

Le général et le poète

Charles Baudelaire, d'élève sage se transforme en adolescent imprévisible, que tout semble ennuyer.

Exclu de Louis-le-Grand !

Retour à Paris en 1836. Aupick est promu chef d'état-major. Charles, à quinze ans, entre au lycée Louis-le-Grand. Les appréciations de ses maîtres sont inquiétantes : il travaille mollement alors qu'il a tout pour réussir. Il n'a pas de tenue dans son caractère, il est désordonné, inégal dans son travail, il manque de vigueur et de rigueur ! Et puis, il se dissipe, au point qu'il est renvoyé du lycée. Entré en cours d'année externe à Saint-Louis, il décroche de justesse son baccalauréat. Le 12 août 1839, Caroline, la mère de Baudelaire, est aux anges : son fils lui apprend son succès, et son mari est promu général de brigade !

Monsieur, je vais avoir l'honneur de vous étrangler !

Il faut fusiller le général Aupick ! Ce cri lancé sur les barricades par Charles en 1848 n'est pas le premier du genre : lors d'un dîner qui rassemble de nombreuses personnalités, presque dix ans auparavant, Charles, vexé par une réflexion du militaire, se précipite sur lui, en lui déclarant : *Monsieur, je vais avoir l'honneur de vous étrangler !* On l'en empêche à temps… Aupick, depuis, se méfie de ce beau-fils imprévisible qui en prend à son aise après son bac, fréquentant de loin les cours de droit, mais de fort près les prostituées. Louchette, par exemple, qui lui inspire son premier poème… baudelairien, brûlant de réalisme – chanté beaucoup plus tard, par Serge Reggiani : *Je n'ai pas pour maîtresse une lionne illustre*.

PLAISIR DE LIRE

Je n'ai pas pour maîtresse…

Je n'ai pas pour maîtresse une lionne illustre :
La gueuse, de mon âme, emprunte tout son lustre ;
Invisible aux regards de l'univers moqueur,
Sa beauté ne fleurit que dans mon triste cœur.
[…]

Vice beaucoup plus grave, elle porte perruque.
Tous ses beaux cheveux noirs ont fui sa blanche nuque ;
Ce qui n'empêche pas les baisers amoureux.
De pleuvoir sur son front plus pelé qu'un lépreux. […]

Si vous la rencontrez, bizarrement parée,
Se faufilant, au coin d'une rue égarée,
Et la tête et l'œil bas comme un pigeon blessé,
Traînant dans les ruisseaux un talon déchaussé,

Messieurs, ne crachez pas de jurons ni d'ordure
Au visage fardé de cette pauvre impure
Que déesse Famine a par un soir d'hiver,
Contrainte à relever ses jupons en plein air.

Cette bohème-là, c'est mon tout, ma richesse,
Ma perle, mon bijou, ma reine, ma duchesse,
Celle qui m'a bercé sur son giron vainqueur,
Et qui dans ses deux mains a réchauffé mon cœur.

Charles Baudelaire, *Poèmes divers*, 1861

Vers les îles

Caroline s'inquiète : Charles dépense de plus en plus d'argent, ne fait rien d'autre que des vers, de temps en temps, et fréquente de plus en plus une bohème louche dont elle craint le pire. Elle en parle au militaire qui prend une décision : Charles ira faire un séjour à Calcutta, en passant par l'île Bourbon et l'île Maurice. Exécution ! Charles obéit ; il embarque à Bordeaux, sur le Paquebot-des-Mers-du-Sud, le 9 juin 1841. Pendant le voyage, les marins capturent un oiseau aux ailes immenses : un albatros. Sur le pont, ils s'amusent à le malmener sous les yeux de Charles qui, fou de rage, se précipite sur eux, les roue de coups de poing, de pied, jusqu'à ce que le capitaine intervienne – ainsi est né dans la violence, l'idée du poème *L'Albatros*, écrit peu de temps après.

PLAISIR DE LIRE

L'Albatros

Souvent, pour s'amuser, les hommes d'équipage
Prennent des albatros, vastes oiseaux des mers,
Qui suivent, indolents compagnons de voyage,
Le navire glissant sur les gouffres amers.

À peine les ont-ils déposés sur les planches,
Que ces rois de l'azur, maladroits et honteux,
Laissent piteusement leurs grandes ailes blanches
Comme des avirons traîner à côté d'eux.

Ce voyageur ailé, comme il est gauche et veule !
Lui, naguère si beau, qu'il est comique et laid !
L'un agace son bec avec un brûle-gueule,
L'autre mime, en boitant, l'infirme qui volait !

Le Poète est semblable au prince des nuées
Qui hante la tempête et se rit de l'archer ;
Exilé sur le sol au milieu des huées,
Ses ailes de géant l'empêchent de marcher.

Charles Baudelaire, *Les Fleurs du mal*, 1857

Invivable, méprisant, odieux

Île de la Réunion, île Maurice. Baudelaire est reçu par des amis du général qui font tout ce qu'ils peuvent pour le mettre en confiance. Charles, lui, n'a qu'une idée : rentrer en France ! Il se rend si désagréable, il est si bizarre – si baroque, disent ses hôtes – que le capitaine du bateau chargé de l'emmener à Calcutta décide de le rapatrier au plus vite en France ! Charles est ravi ! Le capitaine envoie à Aupick une longue lettre où il énumère tous ses griefs contre ce garçon de vingt ans, invivable, méprisant, odieux, bref, asocial en langage d'aujourd'hui. Quelque temps après son retour à Paris, il fait parvenir à Emmeline de Carcenac, la superbe épouse de celui qui l'a accueilli à l'île Maurice, le poème *À une dame créole*.

Jeanne, la chère indolente

Dès son retour en France, Baudelaire comparaît devant le petit tribunal de Caroline et Jack : que va-t-il faire de sa vie ? Il expose son plan : ses capacités d'écrivain sont telles qu'il est capable d'écrire, voyons… au minimum cent romans. Et des romans d'une qualité telle que les écrivains du siècle passé paraîtront bien fades à côté de lui ! En attendant, il écrit des poèmes qu'il pourra aussi publier. Soit ! On lui accorde une certaine liberté. Il emménage dans un petit appartement dans lequel ses amis découvrent bientôt celle qui ne cessera de le tromper pendant les quinze années de leur liaison : Jeanne Duval. La peau d'ébène, la chevelure, la démarche de cette comédienne fascinent Charles. Elle est présente, belle, obsessionnelle, dans les pages les plus brûlantes des *Fleurs du mal* ! Voulez-vous la rencontrer ? Lisez *Le Serpent qui danse*…

PLAISIR DE LIRE

À une dame créole

Au pays parfumé que le soleil caresse,
J'ai connu, sous un dais d'arbres tout empourprés
Et de palmiers d'où pleut sur les yeux la paresse,
Une dame créole aux charmes ignorés.

Son teint est pâle et chaud ; la brune enchanteresse
A dans le cou des airs noblement maniérés ;
Grande et svelte en marchant comme une chasseresse,
Son sourire est tranquille et ses yeux assurés.

Si vous alliez, Madame, au vrai pays de gloire,
Sur les bords de la Seine ou de la verte Loire,
Belle digne d'orner les antiques manoirs,

Vous feriez, à l'abri des ombreuses retraites,
Germer mille sonnets dans le cœur des poètes,
Que vos grands yeux rendraient plus soumis que vos noirs.

Charles Baudelaire, *Les Fleurs du mal,* 1857

PLAISIR DE LIRE

Le Serpent qui danse

Que j'aime voir, chère indolente,
De ton corps si beau,
Comme une étoffe vacillante,
Miroiter la peau !

Sur ta chevelure profonde
Aux âcres parfums,
Mer odorante et vagabonde
Aux flots bleus et bruns,

Comme un navire qui s'éveille
Au vent du matin,
Mon âme rêveuse appareille
Pour un ciel lointain. […]

À te voir marcher en cadence,
Belle d'abandon,
On dirait un serpent qui danse
Au bout d'un bâton. […]

Comme un flot grossi par la fonte
Des glaciers grondants,
Quand l'eau de ta bouche remonte
Au bord de tes dents,

Je crois boire un vin de Bohême,
Amer et vainqueur,
Un ciel liquide qui parsème
D'étoiles mon cœur !

Charles Baudelaire, *Les Fleurs du mal,* 1857

Une misérable pension

L'argent ! Qu'est-ce que l'argent ? Charles l'ignore complètement, il reste si peu de temps entre ses doigts… Depuis sa majorité, en 1842, il a pu bénéficier de l'héritage paternel : il est riche. Il dépense sans jamais compter, commence à vendre terres et autres biens pour payer ses dettes, pour subvenir aux besoins de tous ceux qui gravitent autour de lui, au point que, le 24 août 1844, un conseil de famille se réunit à l'initiative du général. Objectif : mettre Charles sous tutelle. Exécution ! Du jour au lendemain, Charles qui vivait dans l'insouciance se retrouve avec une misérable pension, l'équivalent d'un petit salaire ! Que faire ? Les cent romans prévus ? Il ne parviendra à écrire que deux nouvelles d'à peine cent pages : *Le Jeune Enchanteur* (1846) et *La Fanfarlo* (1847). Collaborer à des journaux, voilà la solution ! Rubrique arts. Baudelaire s'y révèle un critique visionnaire, au goût sûr.

La passion Edgar Poe

La publication des critiques en volumes ne nourrit pas son homme, surtout si cet homme ne parvient pas à maîtriser ses dépenses ! Charles en vient même à menacer de mettre fin à ses jours. Il fait une tentative de suicide, après avoir laissé une longue lettre d'adieu à sa mère, mais ne se blesse que superficiellement, avec un petit couteau. Il survit. La publication de quelques feuilletons dans les journaux, de quelques poèmes dans les revues, lui assure quelques revenus. Et puis voici que survient, en 1847, l'une des grandes affaires de sa vie : la découverte des œuvres d'Edgar Poe. Tous les poèmes, toutes les nouvelles qu'il aurait aimé écrire se retrouvent sous ses yeux ébahis ! Il décide de traduire en français cette œuvre étrange dont il juge le style *au-dessus du vulgaire*. Deuxième découverte, en cette année 1847 : l'actrice Marie Daubrun qui le fascine, qu'il aime.

DANS L'INTIMITÉ

Les dîners chez madame Sabatier

4 rue Frochot. Là se retrouvent les artistes le dimanche. Ils viennent dîner chez une femme dont la beauté est exceptionnelle et les dons multiples – elle est peintre, miniaturiste, cantatrice à la voix enchanteresse : Apolline Sabatier. Chez elle viennent Nerval, Flaubert, Berlioz, Manet, Barbey d'Aurevilly, les frères Goncourt. Et Charles Baudelaire ! Charles qui, peu à peu, devient amoureux d'Apolline – un peu canaille, s'il faut en croire les mauvaises langues des deux Goncourt… Elle reçoit des poèmes anonymes qui célèbrent sa grâce, sa beauté, et qui lui trouvent un charme mystérieux. Mais qui donc est-ce ?, se demande Apolline qui n'a pas de mal à trouver la réponse. Charles est tout heureux, peut-être tout surpris qu'elle réponde à sa passion, qu'elle la partage. Bonheur éphémère : Apolline aime ailleurs, mais demeure une amie. Le dernier amant de madame Sabatier – Savatier en réalité, mais Apolline trouvait que cela sonnait un peu *savate*… – s'appelle Sir Richard Wallace. Il a hérité de l'immense fortune de son père. Et savez-vous à quoi elle va servir ? À construire, dans Paris, les fontaines vertes qui portent son nom : les fontaines Wallace !

Traduction conjointe...

Il faut fusiller le général Aupick ! Baudelaire descend bien vite de sa barricade, le 24 février 1848 : même si c'est un autre poète, Lamartine, qui distribue les rôles provisoires, le monde ne va pas changer, il y aura des très riches encore, des très pauvres, des lois et des injustices – et le commandant Aupick, qui sera nommé gouverneur militaire de Paris, va vivre jusqu'en 1857. Baudelaire, en 1850, est tout à Poe. Il publie cependant un écrit personnel, en 1851 : *Du Vin et du Hashish*. Le 12 mars 1856 paraît enfin la traduction complète des *Histoires extraordinaires* d'Edgar Poe. Charles n'y a pas travaillé tout seul : en bas de chez lui se trouve un limonadier anglais... Lorsque Charles sent qu'un mot résiste au passage d'une langue à l'autre, il descend immédiatement trouver le brave homme qui le dépanne. Il descend même très souvent...

PLAISIR DE LIRE

Harmonie du soir – *à Madame Sabatier*

Voici venir les temps où vibrant sur sa tige
Chaque fleur s'évapore ainsi qu'un encensoir ;
Les sons et les parfums tournent dans l'air du soir ;
Valse mélancolique et langoureux vertige !

Chaque fleur s'évapore ainsi qu'un encensoir ;
Le violon frémit comme un cœur qu'on afflige ;
Valse mélancolique et langoureux vertige !
Le ciel est triste et beau comme un grand reposoir.

Le violon frémit comme un cœur qu'on afflige,
Un cœur tendre, qui hait le néant vaste et noir !
Le ciel est triste et beau comme un grand reposoir ;
Le soleil s'est noyé dans son sang qui se fige.

Un cœur tendre, qui hait le néant vaste et noir,
Du passé lumineux recueille tout vestige !
Le soleil s'est noyé dans son sang qui se fige...
Ton souvenir en moi luit comme un ostensoir !

Charles Baudelaire, *Les Fleurs du mal,* 1857

Les Fleurs du mal : « Piteux, c'est piteux ! »

Où sont les romans que Baudelaire avait prévu d'écrire ? Seuls ses poèmes rassemblés forment un livre qui le désespère par sa minceur...

Le titre d'Hippolyte Babou

Piteux, c'est piteux ! Baudelaire compte et recompte les pages de son recueil de poèmes. Il trouve que son œuvre est bien mince. Évidemment, par rapport aux cent romans prévus, c'est peu, mais sait-il, Charles, qu'un seul de ses poèmes vaut à lui seul plus qu'un roman ? Sait-il qu'il se prépare une belle gloire (posthume…) ? Il faut trouver un titre. Abandonné, l'ancien projet : *Les Lesbiennes*. Abandonné aussi : *Les Limbes*. Un ami, Hippolyte Babou, suggère alors un de ces titres de la grande famille des antithèses, toujours séduisants, et qui donnent à l'esprit le petit vertige de l'indécis : *Les Fleurs du mal*. Adopté !

Coco mal perché

L'éditeur et ami fidèle Poulet-Malassis – Charles le surnomme affectueusement : Coco mal perché… –, sis rue de Buci (près du carrefour…), met en vente mille exemplaires des *Fleurs du mal*, le 25 juin 1857. Sur la première page, on peut lire cette dédicace : *Au poète impeccable, au parfait magicien ès lettres françaises, à mon très cher et très vénéré maître et ami : Théophile Gautier, avec les sentiments de la plus profonde humilité, je dédie ces fleurs maladives. C. B.* Attention : si vous ne voulez pas vous attirer les foudres de Charles, ne parlez pas de ses *Fleurs du mal* comme d'une simple succession de poèmes ! Le livre est pensé comme une progression quasi romanesque, comme la légende terrible et tendre des abysses de l'âme. C'est ce qu'il revendique dans une lettre à Alfred de Vigny : *Le seul éloge que je sollicite pour ce livre est qu'on reconnaisse qu'il n'est pas un pur album et qu'il a un commencement et une fin.*

Condamné !

Dès le 5 juillet 1857, la presse se déchaîne : comment peut-on publier un livre de poèmes contenant de telles obscénités, une telle immoralité ? Le journaliste du *Figaro* trouve insoutenable la lecture du *Reniement de saint Pierre*, de *Lesbos*, des *Femmes damnées* – lisez-les pour vous faire une idée des largeurs de l'esprit de ce journaliste, vous allez rire… L'affaire se corse : la direction de la sûreté publique saisit le parquet du délit d'outrage à la morale ! Voici Baudelaire et son éditeur devant le tribunal ! Ils sont condamnés pour outrages aux bonnes mœurs le 20 août, et doivent payer 300 et 200 francs d'amende – ce jugement ne sera cassé qu'en 1949 ! Baudelaire est mortifié. Pourtant, il travaille à la nouvelle édition des *Fleurs du mal*, d'où seront absentes les pièces condamnées, publiées plus tard dans le recueil sous le titre *Épaves*.

ALLONS PLUS LOIN

Le juste regard du bon Hugo

Vos Fleurs du mal rayonnent et éblouissent comme des étoiles. Continuez ! Je vous crie bravo de toutes mes forces à votre vigoureux esprit. Une des rares décorations que le régime actuel peut accorder, vous venez de la recevoir. Ce qu'il appelle sa justice vous a condamné au nom de ce qu'il appelle sa morale. C'est une couronne de plus. Je vous serre la main, poète !

Flaubert de son côté ne marchande pas son enthousiasme non plus : *J'ai d'abord dévoré votre volume d'un bout à l'autre comme une cuisinière fait d'un feuilleton, et maintenant, depuis huit jours, je le relis vers à vers, mot à mot, et franchement, cela me plaît et m'enchante. Vous avez trouvé le moyen de rajeunir le romantisme. Vous ne ressemblez à personne, ce qui est la première de toutes les qualités.*

Éditions des Fleurs du mal (1857)

Cinq parties se succèdent, dans la première édition, rigoureusement titrées et composées.

- Spleen et idéal
- Fleurs du mal
- Révolte
- Le vin
- La mort

Édition des Fleurs du mal (1861)

Voulez-vous savoir ce qui effarouchait tant les tartuffes du Second Empire ? Lisez, dans une édition récente, les poèmes suivants : *Le Léthé – Les Bijoux – Femmes damnées – Lesbos – À celle qui est trop gaie – Les Métamorphoses du vampire*. Voici le plan de la deuxième édition (1861), après le procès perdu. Il comporte une partie supplémentaire, pour un classement modifié.

- Spleen et idéal : *Homme libre, toujours tu chériras la mer…*
- Tableaux parisiens : *Andromaque, je pense à vous…*
- Le vin : *Le regard singulier d'une femme galante…*
- Fleurs du mal : *Mon cœur, comme un oiseau, voltigeait tout joyeux…*
- Révolte : *Ô toi le plus savant et le plus beau des anges…*
- La mort : *Nous aurons des lits pleins d'odeurs légères…*

PLAISIR DE LIRE

La mort des amants

Nous aurons des lits pleins d'odeurs légères,
Des divans profonds comme des tombeaux,
Et d'étranges fleurs sur des étagères,
Écloses pour nous sous des cieux plus beaux.

Usant à l'envi leurs chaleurs dernières,
Nos deux cœurs seront deux vastes flambeaux,
Qui réfléchiront leurs doubles lumières
Dans nos deux esprits, ces miroirs jumeaux.

Un soir fait de rose et de bleu mystique,
Nous échangerons un éclair unique,
Comme un long sanglot, tout chargé d'adieux ;

Et plus tard un Ange, entr'ouvrant les portes,
Viendra ranimer, fidèle et joyeux,
Les miroirs ternis et les flammes mortes.

Charles Baudelaire, *Les Fleurs du mal,* 1857

Crénom !

La syphilis que Baudelaire a contractée aux environs de ses vingt ans évolue lentement. En mars 1866, elle le rend aphasique !

Les Petits poèmes en prose

Baudelaire continue de visiter les salons de peinture, d'écrire des critiques pour survivre, pour faire face à de graves problèmes financiers. Il publie également une étude sur Richard Wagner, le compositeur allemand (1813-1883). Après avoir lu *Gaspard de la nuit*, d'Aloysius Bertrand, il compose des poèmes en prose où il met en scène son univers urbain. *Le Figaro* et *La Presse* en publient quelques-uns en 1862. Ils ne seront publiés en volume qu'en 1869 sous le titre : *Petits poèmes en prose* ou *Le Spleen de Paris*. Déçu par la France, par ses contemporains, Baudelaire décide de s'exiler en Belgique afin d'y trouver un public qu'il espère neuf, et attentif à son originalité. Hélas, aux conférences qu'il donne, n'assistent que quelques personnes qui bâillent ! Baudelaire se déchaîne alors, injustement, contre les Belges !

La chute à Namur

Charles souffre horriblement. La syphilis qu'il a contractée dans sa jeunesse évolue rapidement. Ses migraines sont si douloureuses qu'il est obligé de s'entourer la tête de linges imbibés de solutions apaisantes. Il avale toutes sortes de pilules pour calmer ses douleurs névralgiques. Le 14 mars 1866, invité par le beau-père de son ami Félicien Rops, à Namur, il visite l'église Saint-Loup. Soudain Félicien et Poulet-Malassis qui l'accompagnent, le voient qui tombe sur les dalles de pierre alors qu'il contemplait une sculpture. Il se relève mais marche à petits pas, ne parle presque plus. Ramené à Paris, il est bientôt transporté, à demi paralysé, chez les sœurs de l'institut Saint-Jean. Son vocabulaire s'est réduit à un seul mot : *Crénom !*

Une fortune intacte

Crénom ! C'est l'abréviation du blasphème suprême, pour les religieuses : Sacré nom de Dieu ! Aussi, demandent-elles à être débarrassées du blasphémateur !... Dans la maison de santé du docteur Duval, rue du Dôme, près de l'Étoile, il va se laisser mourir peu à peu, assisté par sa mère, et Poulet-Malassis qui apprend effaré que son ami a vécu dans la misère alors qu'il lui reste une fortune intacte, mais bloquée par le conseil judiciaire, volonté de feu le militaire ! Sainte-Beuve, Leconte de Lisle, Nadar, son ami le photographe, Édouard Manet viennent lui rendre visite. Après avoir demandé l'assistance d'un prêtre, il meurt le 31 août 1867, à quarante-six ans. Peu de monde à ses obsèques dans le cimetière Montparnasse. On y remarque cependant la présence d'un certain Paul Verlaine…

Isidore Ducasse, comte de Lautréamont, génie…

Un long jeune homme mince, à la mèche rebelle qui lui barre le visage, aux cheveux longs, au teint pâle, arpente les rues de Paris pendant qu'on porte en terre Baudelaire. Ce jeune homme – le comte de Lautréamont, pseudonyme d'Isidore Ducasse – tient sous son bras des livres de Dante, de Rabelais, dont il ne se sépare jamais. Il est né à Montevideo, en Uruguay, le 4 avril 1846. À l'âge de quatorze ans, il s'est montré si insupportable envers son entourage que son père a décidé de l'envoyer faire des études en France. Il a pu ainsi prendre ses distances par rapport aux jésuites qui l'ont fait souffrir.

À Tarbes, à Pau, puis à Paris, il substitue peu à peu à l'étude des mathématiques qui le passionnent, la lecture, du matin au soir, et puis l'écriture. Il s'enferme pour mener à bien son sacré bouquin – ainsi appelle-t-il *Les Chants de Maldoror* qui paraissent quelques semaines avant sa mort mystérieuse, dans le dénuement et la solitude, en 1870, à Paris. Léon Bloy (1846-1917), auteur de *La Femme pauvre*, déclare en lisant *Les Chants de Maldoror* : Lautréamont est un fou. En 1910, Valery Larbaud (auteur de *Fermina Marquez*, en 1911), Léon-Paul Fargue (1876-1947), poète surréaliste, et surtout Max Jacob affirment, eux : Lautréamont est un génie ! À votre tour, en le lisant, de vous faire une opinion. Un petit conseil cependant : faites confiance à Max…

Tout l'or de Verlaine et Rimbaud

Qu'ils en ont fait couler de l'encre, ces deux-là, et pas de la plus pure ! S'ils s'étaient retournés sur la route qui les conduisait à Bruxelles, ils auraient aperçu, comme un fantôme aux cent mille têtes, les curieux et les voyeurs, seulement intéressés par leur fuite scandaleuse ! Pas un seul voyant – sauf lui ! Bien sûr, on peut s'intéresser à la vie peu commune de Verlaine et Rimbaud. C'est même nécessaire si on veut approcher leur mystère. Mais l'essentiel est la lecture de leurs poèmes, et leur signification en nous, le commerce intime qu'on entretient avec eux, qui nous révèle ce qu'on n'attend plus. En route !

Fugue en sol étranger

À pied, ils sont partis, vers le nord, vers le gris du ciel. S'il y avait eu du grand bonheur dans leurs pas, n'auraient-ils pas choisi le soleil, l'Italie ?…

Jean, attelle ton cheval !

Nuit du lundi 8 au mardi 9 juillet 1872. On tambourine contre une porte, dans une petite rue de Charleville : *Jean, mon frère, j'ai avec moi deux prêtres de mes amis qui ont besoin de ton office ! Lève-toi, et attelle la bête de l'Apocalypse !* Le père Jean, loueur de voitures, s'habille, ouvre sa porte, et reconnaît son ami Paul-Auguste Bretagne, commis d'administration – et farouche anticlérical… –, accompagné de drôles de paroissiens : deux hommes dont les yeux brillent étrangement à la lueur de sa lampe, deux regards de diables, oui ! Le père Jean attelle son cheval, fait monter les deux voyageurs dans la voiture souple sur ses deux grandes roues à moyeux fins. Sans un mot, ils disparaissent sous la capote grise, s'assoient sur la banquette de moleskine, déploient sur leurs genoux la couverture qui leur est tendue… Vive la liberté !

Tant de violence, tant de beauté…

Bretagne qui les a distraits depuis le matin dans les cafés de Charleville leur a donné pour tout viatique une guitare, une vieille montre en argent et une pièce de deux francs. La liberté, la vraie, ne s'embarrasse guère de bagages ! Fouette, père Jean ! Ceux que tu emmènes dans ta voiture vers la Belgique ont fui Paris la veille. Ne cherche pas à connaître leur parcours, leurs raisons. Caché sous ta capote grise, dans la nuit, ils se croient protégés, hors d'atteinte, si douillettement bercés dans leur grand secret. Pourtant, chaque instant de leur vie désormais est appelé à être connu du monde entier ! Pourquoi ? Parce qu'ils emportent en eux un trésor universel qu'ils ne pourront pas s'empêcher d'étaler sous les yeux de la postérité ravie : la poésie ! Mais ces deux-là, si riches qu'ils soient, laissent derrière eux tant de violence, tant de beauté, que parfois, on ne sait trop ce qu'on doit en penser…

La vengeance d'Arthur

Le plus grand, celui qui fait au moins 1,80 m, front haut et barbe folle, les yeux toujours scintillants de quelque excès d'absinthe, c'est Paul Verlaine. Son compagnon – 1,68 m –, longue veste et pipe à la main, le pantalon trop court sur ses chaussettes de tricot bleues, c'est Arthur Rimbaud. Si vous voulez connaître la suite de leur aventure, ou du moins ce qu'elle recèle de passionnel – car vous avez deviné que ces deux-là sont deux amants en fuite – lisez la vengeance d'Arthur. Elle se trouve dans le livre de rage somptueuse qu'il a écrit dans le grenier de la ferme familiale de Roche. Ouvrez ce livre – *Une saison en enfer* (1873) –, allez au chapitre *Délires*. Voyez-vous le sous-titre ? *Vierge folle* ? La Vierge folle, c'est Verlaine. Et au-dessous, voyez : *L'époux infernal*. C'est Rimbaud ! Ne vous attendez pas à une narration ! Nous sommes ici en poésie : de ligne en ligne, le réel brisé envoie plus de feux qu'un diamant.

Paul, le studieux

Le 30 mars 1844, Paul Verlaine est né à Metz, du capitaine Nicolas-Auguste Verlaine, et d'Élisa Dehée. L'enfant ne souffre pas des fréquents changements de garnison du père ; il est aimé, choyé par sa mère. En 1851, les Verlaine s'installent à Paris. À neuf ans, le petit Paul est interne à l'institution Landry, rue Chapsal. À partir de 1855, il suit les cours du lycée Bonaparte (Condorcet, depuis). C'est un élève studieux qui donne entière satisfaction à ses maîtres et comble ses parents. Tout va pour le mieux dans le meilleur des petits Paul ! Puis vient la classe de quatrième où tout se fissure dans l'esprit de l'adolescent, qui laisse s'infiltrer partout le doute, le questionnement sur l'utilité d'être, pierre angulaire de toute démarche d'écriture. À quatorze ans, le petit Paul, grandi trop vite, laisse la place à un adolescent inquiet qui écrit de sombres poèmes sur la mort.

ALLONS PLUS LOIN

Cros la malchance

Deux ans avant Verlaine, naît Charles Cros. Quelle malchance dans la vie, ce Charles Cros. Né en 1842, dans l'Aude, il maîtrise le latin, le grec, l'hébreu, l'italien l'allemand, et le... sanskrit ! En 1877, il présente à l'Académie des sciences le phonographe qu'il vient d'inventer. Le pli renfermant sa communication n'est même pas ouvert ! Huit mois plus tard, Edison, l'Américain, présente la même invention, et recueille la gloire! Cros imagine aussi un télégraphe automatique, le principe de la photographie couleur... Puis il rencontre Verlaine, Rimbaud, et leur absinthe infernale ! Il publie en 1873 un recueil de poèmes qui passe complètement inaperçu : *Le Coffret de santal*. Les recueils qui suivent n'obtiennent guère d'audience. Charles Cros vit la nuit, fait partie d'un groupe de joyeux lurons qui fonde le cabaret *Le Chat noir*. En 1888, il meurt dans la misère. Lisez ses œuvres, elles méritent beaucoup mieux, beaucoup plus que quelque citation dans quelque anthologie.

Arthur, le caïd

Le 20 octobre 1854, Arthur Rimbaud est né à Charleville, du capitaine Frédéric Rimbaud et de Vitalie Cuif. C'est le deuxième des cinq enfants du couple – Frédéric, né en 1853 ; Vitalie-Marie, 1857, morte en bas âge ; Vitalie-Jeanne, 1858 ; Isabelle 1860. Après la naissance d'Isabelle, les époux Rimbaud

UNE ANECDOTE

J'ai faim !

En 1869, les professeurs de Rimbaud décident de le présenter au concours général de l'Académie de Douai qui rassemble tout le nord de la France. Le concours se déroule à Charleville, le 2 juillet 1869. L'épreuve unique – de latin – dure de six heures du matin à midi. Les élèves – dont Arthur – s'installent à leur table et commencent à composer sur ce thème laconique : Jugurtha ! Tous les candidats se précipitent sur leur copie, feuillettent leur dictionnaire de prosodie latine, soufflent, suent, tandis qu'Arthur ne fait rien. Rien de rien ! Le surveillant s'approche de lui vers neuf heures, sûr qu'il va abandonner. Il lui demande si tout va bien. Arthur répond : *Non ! J'ai faim !* Le surveillant l'emmène alors se restaurer. Arthur engouffre deux énormes tartines et demande à revenir à sa place. Il est dix heures. Le surveillant hésite, puis accepte. Alors, stupéfait, il voit Arthur qui prend sa plume, écrit, écrit sans rature, sans consulter son dictionnaire de prosodie, sans relever la tête, écrit en vers latins, jusqu'à midi pile. Tranquillement, pendant que ses camarades, rouges d'efforts surhumains, écrivent leurs dernières lignes, il remet sa copie, et s'en va, les mains dans les poches. Le résultat est connu quelques jours plus tard. Le premier, loin devant les autres candidats, c'est Arthur !

se séparent ; Vitalie Cuif va régner en mère exigeante et autoritaire sur sa petite tribu. À huit ans, Arthur entre à l'institution Rossat, puis, à onze ans, au collège municipal de Charleville. C'est un personnage, le jeune Arthur ! Toujours premier en classe, il étonne ses camarades et ses professeurs par son savoir, mais aussi par son indépendance, son aplomb. Ses dons sont exceptionnels. Il fascine – notamment Georges Izambard, professeur de rhétorique à Charleville en 1870, qui ouvre sa bibliothèque à Arthur, lui permettant de lire les parnassiens, Hugo.

Verlaine, l'homme des tavernes

Promenez-vous rue Saint-André-des-Arts, à Paris. Faites halte près de la porte du café *Le Procope*. Attendez un peu. Fermez les yeux. Imaginez-le, lui, Verlaine, qui sort, poussé dehors, titubant sur ses longues jambes, mais toujours la poésie au cœur, et le vers au bord des lèvres…

Les sanglots longs…

Lorsque Paul passe son baccalauréat en 1862, il n'a quasiment pas travaillé depuis quatre années ! Il obtient pourtant son diplôme – dans les mêmes conditions que Baudelaire – de justesse ! En revanche, il se sait poète, depuis sa découverte des *Fleurs du mal* – il a déjà écrit *Chanson d'automne* : *Les Sanglots longs / Des violons / De l'automne / Blessent mon cœur / D'une langueur / Monotone*… (octobre 1862). Il s'inscrit à la faculté de droit, mais n'en suit guère les cours. En revanche, on le connaît dans toutes les tavernes du Quartier latin ! Il en sort souvent, le soir, titubant, hilare, mais agressif parfois, sans raison.

PLAISIR DE LIRE

Mon rêve familier

Je fais souvent ce rêve étrange et pénétrant
D'une femme inconnue, et que j'aime, et qui m'aime,
Et qui n'est, chaque fois, ni tout à fait la même
Ni tout à fait une autre, et m'aime et me comprend.

Car elle me comprend, et mon cœur, transparent
Pour elle seule, hélas ! cesse d'être un problème
Pour elle seule, et les moiteurs de mon front blême,
Elle seule les sait rafraîchir, en pleurant.

Est-elle brune, blonde ou rousse ? – Je l'ignore.
Son nom ? Je me souviens qu'il est doux et sonore
Comme ceux des aimés que la Vie exila.

Son regard est pareil au regard des statues,
Et, pour sa voix, lointaine, et calme, et grave, elle a
L'inflexion des voix chères qui se sont tues.

Paul Verlaine, *Poèmes saturniens,* 1866

Pour l'amour d'Élisa

1863 : il commence à publier des poèmes dans *La Revue du progrès moral*… Il rencontre Banville, Heredia, Coppée. Ses vacances se passent à *L'Écluse*, chez sa cousine, Élisa Moncomble. Elle est mariée mais la relation qu'elle entretient avec Paul est trouble. Il en est amoureux. C'est elle qui paie l'édition de son premier recueil : *Les Poèmes saturniens* (1866). On y trouve une ardeur poétique heureuse parfaitement canalisée par les réflexes parnassiens, le bonheur d'écrire, et la certitude que ces poèmes sont adressés à une destinataire dont le nom est tu. Le sonnet *Mon rêve familier* fait partie de cette première livraison.

Arthur la révolte

Visage fermé sur les photos, pas un sourire, on dirait que ses lèvres se soudent pour retenir les mots prisonniers. Sa poésie ? Tout intérieure ! Peut-être l'implosion du verbe…

Fuir la mère Rimb'

1870. C'est la guerre ! Des soldats un peu partout ! Frédéric, le frère d'Arthur se laisse griser par la musique militaire et emboîte le pas aux troupes qui vont à la rencontre des Prussiens ! Plus rien ne fonctionne, les lycées ferment. Vitalie – la mère Rimb' ainsi que l'appelle son fils… – emmène ses enfants en promenade sur le bord de la Meuse, le 29 août. Une idée s'empare d'Arthur : fuir ! Il veut connaître Paris, y devenir journaliste ! Discrètement, il s'éclipse, s'en va jusqu'à la gare, prend le train sans billet, se fait arrêter à

PLAISIR DE LIRE

Ma bohème

Je m'en allais, les poings dans mes poches crevées ;
Mon paletot aussi devenait idéal ;
J'allais sous le ciel, Muse ! et j'étais ton féal ;
Oh ! là ! là ! que d'amours splendides j'ai rêvées !

Mon unique culotte avait un large trou.
– Petit-Poucet rêveur, j'égrenais dans ma course
Des rimes. Mon auberge était à la Grande-Ourse.
– Mes étoiles au ciel avaient un doux frou-frou

Et je les écoutais, assis au bord des routes,
Ces bons soirs de septembre où je sentais des gouttes
De rosée à mon front, comme un vin de vigueur ;

Où, rimant au milieu des ombres fantastiques,
Comme des lyres, je tirais les élastiques
De mes souliers blessés, un pied près de mon cœur !

Arthur Rimbaud, (écrit en 1870), *Poésies,* 1895

Paris, est enfermé à la prison de Mazas ! Le dévoué Izambard s'occupe de son rapatriement. Arthur récidive, tente de travailler pour un journal, échoue, revient chez la mère Rimb' qui veut lui faire retrouver le chemin de l'école. Pas question ! Le voici sur la route…

En stop charrette…

En stop charrette, il se rend à Paris où il est affecté au corps des francs-tireurs, dans les rangs des communards. Que se passe-t-il alors ? On ne sait trop. Dans un poème énigmatique, il crie son dégoût de l'armée et s'empresse de rentrer à Charleville, début mai, par le même moyen de locomotion qu'à l'aller : le stop charrette ! Mais Charleville, c'est le pire des ennuis, et cet ancien professeur, Izambard, qui l'a pourtant secouru, c'est le roi des conformistes ! Arthur le lui écrit, cruellement, sans détour, dans une fameuse lettre où éclate sa révolte totale. Autre fameuse missive, celle qu'il envoie à Paul Demeny, poète de Douai : la *Lettre du voyant*, une sorte de manifeste – de fiel et de haine pour un certain romantisme – où il expose sa thèse sur les nouvelles voies possibles en poésie.

PLAISIR DE LIRE

Je est un autre

À Georges Izambard

Maintenant, je m'encrapule le plus possible. Pourquoi ? Je veux être poète, et je travaille à me rendre Voyant : vous ne comprendrez pas du tout, et je ne saurais presque vous expliquer. Il s'agit d'arriver à l'inconnu par le dérèglement de tous les sens. Les souffrances sont énormes, mais il faut être fort, être né poète, et je me suis reconnu poète. Ce n'est pas du tout ma faute. C'est faux de dire : Je pense : on devrait dire : On me pense. – Pardon du jeu de mots. – Je est un autre. Tant pis pour le bois qui se trouve violon, et nargue aux inconscients, qui ergotent sur ce qu'ils ignorent tout à fait.

Le 13 mai 1871.

À Paul Demeny

Je dis qu'il faut être voyant, se faire voyant. Le poète se fait voyant par un long, immense et raisonné dérèglement de tous les sens. Toutes les formes d'amour, de souffrance, de folie ; il cherche lui-même, il épuise en lui tous les poisons, pour n'en garder que les quintessences. Ineffable torture où il a besoin de toute la foi, de toute la force surhumaine, où il devient entre tous le grand malade, le grand criminel, le grand maudit, – et le suprême Savant ! – Car il arrive à l'inconnu ! – Puisqu'il a cultivé son âme, déjà riche, plus qu'aucun ! Il arrive à l'inconnu ; et quand, affolé, il finirait par perdre l'intelligence de ses visions, il les a vues ! Qu'il crève dans son bondissement par les choses inouïes et innommables : viendront d'autres horribles travailleurs ; ils commenceront par les horizons où l'autre s'est affaissé !

Le 15 mai 1871.

Paul instable

Vous l'avez vu tout à l'heure, sortant en titubant du Procope. Voici peut-être l'origine de ses dérives…

Choc violent

Élisa, la cousine de Paul, attend un enfant. L'accouchement se passe mal, elle meurt en quelques jours d'une fièvre puerpérale. Paul se rend chez elle, il la croit seulement malade. Lorsqu'il arrive à L'Écluse, le convoi funèbre se met en marche vers le cimetière ! C'est un choc terrible ! Sa réaction l'est tout autant : il scandalise le village entier par une ivresse permanente et tapageuse de trois jours ! En 1869, lors des obsèques de sa tante Grandjean, à Palisseul, se produit le même scandale. Verlaine ne peut s'empêcher de glisser dans l'alcool. L'absinthe a bientôt sa faveur ! Elle déclenche chez lui des crises de fureur. Au cours de l'une d'elles, il tente d'étrangler sa mère !

« La Bonne Chanson »

Comment stabiliser le caractère de ce fils irascible ? Une seule solution, pense madame Verlaine : le mariage ! Justement, Paul vient de demander la main de Mathilde Mauté, seize ans – il en a vingt-cinq. Et les Mauté qui se font appeler Mauté de Fleurville, sont enchantés de cette union avec un poète dont on parle beaucoup. Et puis, Mathide aussi est une artiste : elle écrit de belles choses, joue du piano… Le mariage est célébré le 11 août 1870, à l'église Notre-Dame de Clignancourt. Dans la corbeille de la mariée, le nouveau recueil de Paul : *La Bonne Chanson*.

PLAISIR DE LIRE

La lune blanche…

La lune blanche
Luit dans les bois ;
De chaque branche
Part une voix
Sous la ramée…

Ô bien-aimée.

L'étang reflète,
Profond miroir,
La silhouette
Du saule noir
Où le vent pleure…

Rêve, c'est l'heure.

Un vaste et tendre
Apaisement
Semble descendre
Du firmament
Que l'astre irise…

C'est l'heure exquise.

Paul Verlaine, *La Bonne Chanson*, 1870

Arthur chez Paul

Venez, chère grande âme, on vous appelle, on vous attend… Arthur a reçu cette réponse de Paul Verlaine à qui il a envoyé ses poèmes. Il est ravi. Il accourt ! Paul Verlaine ! Il rêve de rencontrer cet homme qui a osé écrire un alexandrin à césure enjambante – la coupure de l'alexandrin à la sixième syllabe est en plein milieu d'un mot : *Et la tigresse épouvantable d'Hyrcanie* ! Arthur arrive chez les Verlaine le 10 septembre 1871. Déception ! Il croyait trouver un poète audacieux, prêt à refaire le monde. Il trouve un petit bourgeois sans grande volonté, qui semble dominé par sa mère et sa femme. L'invité Arthur n'est pas du genre à cacher sa pensée complètement révoltée. Il se comporte si désagréablement chez les Verlaine qu'il faut l'évacuer d'urgence vers un autre logement. C'est Paul qui s'en charge. Paul, dès leur première rencontre, a été fasciné par Arthur !

DANS L'INTIMITÉ

Violente absinthe

Mathilde attend un enfant. Le 30 octobre 1871, quelques jours avant sa naissance, Verlaine, qui rentre d'une beuverie d'absinthe avec Rimbaud, ne supporte pas les reproches de sa femme, la jette au bas de son lit et tente de l'étrangler. Elle s'enfuit. Verlaine, dégrisé le lendemain est atterré : il écrit une lettre de pardon à Mathilde qui revient et donne naissance à leur fils Georges. D'autres scènes de violence abominables vont être subies par Mathilde et même par le petit Georges ! Jusqu'à ce que Paul et Arthur s'enfuient…

Les années d'enfer

Se pouvait-il qu'Arthur et Paul ne se rencontrassent point ? L'emploi de ce subjonctif imparfait un peu baroque ne doit pas vous empêcher d'imaginer ce qui eût pu se passer si l'un et l'autre avaient suivi des chemins séparés. Mais, est-ce vraiment utile ?...

Insupportable Arthur !

C'est le début des ennuis ! Partout où il passe, Arthur provoque, agresse, insulte ! Il veut tout changer, mettre en application sa doctrine du voyant, faire table rase de ce qui existe, regrette que tous les monuments de Paris n'aient pas été rasés lors de la Commune ! Un soir, il tente même d'assassiner un poète qui ne lui plaît pas ! Il fait peur ! Mais lorsqu'on lit ce qu'il écrit, il éblouit ! Son poème *Le Bateau ivre* dépasse de mille coudées toute la production du moment. Quelles ressources possède ce génie ! Ce démon !

La fuite

En attendant, il continue de dérégler consciencieusement ses sens, et se rend si insupportable qu'il doit rentrer à Charleville au début de mars 1872. Il revient à Paris, déclenche une telle mésentente entre les époux Verlaine qu'il décide de partir définitivement. Paul le suit. Et les voici qui arrivent, au matin du 8 juillet, à Charleville. Le soir, ils sont tous deux blottis l'un contre l'autre, dans la voiture du père Jean !

Romances sans paroles

Après avoir passé la frontière, il s'en vont à pied à Bruxelles, y vivent quelque temps, puis s'embarquent pour l'Angleterre. C'est la première fois qu'ils voient la mer. Arthur est fort impressionné ! À Londres, ils tentent de vivre en donnant des cours. Paul est harcelé par les incessantes visites d'huissiers qui viennent tenter de régler son divorce. Les relations entre les deux fuyards se tendent. Les proscrits de la Commune qui vivent à Londres regardent de travers ces poètes louches, se moquent d'eux. Rimbaud n'écrit plus, Verlaine si peu. Il complète le recueil *Romances* sans paroles, qui paraîtra en 1874. On y découvre des *Paysages belges, Charleroi, Bruxelles, Malines*, et puis des titres anglais : *Birds in the night* – *Green*, surtout, comme le rêve d'un retour à la simple tendresse de la femme aimée.

PLAISIR DE LIRE

Green

Voici des fruits, des fleurs, des feuilles et des branches,
Et puis voici mon cœur qui ne bat que pour vous.
Ne le déchirez pas avec vos deux mains blanches,
Et qu'à vos yeux si beaux l'humble présent soit doux.

J'arrive tout couvert encore de rosée
Que le vent du matin vient glacer à mon front.
Souffrez que ma fatigue à vos pieds reposée,
Rêve des chers instants qui la délasseront.

Sur votre jeune sein laissez rouler ma tête
Toute sonore encore de vos derniers baisers ;
Laissez-la s'apaiser de la bonne tempête,
Et que je dorme un peu puisque vous reposez.

Paul Verlaine, *Romances sans paroles*, 1874

Un revolver, calibre 7 mm...

Juin 1873. Rien ne va plus en Angleterre. Les deux amants se séparent, se retrouvent à Bruxelles pour un dernier acte à deux balles. Pitoyable et terrible. Verlaine attend sa mère afin qu'elle l'accompagne à Paris, pour une tentative de réconciliation avec Mathilde. Rimbaud décide que, lui aussi, ira à Paris. Verlaine tente de l'en dissuader. Rimbaud s'obstine : personne n'a d'ordre à lui donner ! Dans la petite chambre qu'ils occupent, l'orage gronde. Le 10 juillet, Verlaine sort à six heures du matin. Il fait les cent pas devant une armurerie qu'il a repérée la veille. Dès l'ouverture, il achète un revolver de calibre 7 mm. Il s'en va ensuite dans un café pour faire le plein d'alcool et de courage. En cachette, il place une à une les balles dans le barillet. Le voici de retour dans la chambre où Rimbaud se repose. Rimbaud toujours décidé à partir pour Paris.

Pan ! Pan !...

Alors, Verlaine lève le bras, vise son ami, presse la détente. Deux fois. Madame Verlaine, arrivée la veille de Paris, et qui attend son fils dehors, accourt. Elle découvre Rimbaud, la main en sang, et Paul, hébété, sur le lit. Il tend son revolver à Arthur, lui demande de le tuer… Madame Verlaine prend les choses en main, conduit tout le monde à l'hôpital où les médecins acceptent sans sourciller la version de l'accident, lors du nettoyage de l'arme. Retour à l'hôtel. Départ pour la gare. Rimbaud est toujours du voyage ! Alors, en arrivant près de la gare, Verlaine devance sa mère et Arthur, sort son revolver. Arthur prend peur, avise un policier. Tout le monde au poste ! Un mois plus tard, le tireur est condamné à deux ans de prison qu'il effectue à Bruxelles, puis à Mons.

Un chapelet aux pinces...

Lorsqu'il sort de sa prison, le 16 janvier 1875, Verlaine emporte dans son bagage le manuscrit d'un recueil de poèmes qui paraîtra en 1881. Tout imprégnés de sa foi retrouvée, d'un lyrisme haletant, d'une spiritualité exaltée, ils sont parcourus par un Rimbaud cynique lors des retrouvailles des deux hommes à Stuttgart, le 14 février – Arthur espère trouver dans cette ville une place de précepteur. Plus tard, Rimbaud écrit à l'un de ses amis : *Verlaine est arrivé l'autre jour ici un chapelet aux pinces… Trois heures après, on avait renié son Dieu, et fait saigner les 98 plaies de N.S. Il est resté deux jours et demi.*

« Jadis et Naguère »

C'est fini, les deux amants infernaux ne se reverront plus. Paul enseigne en Angleterre, en France, se prend d'affection pour l'un de ses élèves, Lucien Létinois, en 1880 – Lucien qui meurt de la typhoïde en 1883. Il continue d'écrire, publie en 1884 *Les Poètes maudits* – Rimbaud (nommé *l'homme aux semelles de vent…*), Mallarmé, Corbière – ainsi qu'un nouveau recueil de poèmes : *Jadis et Naguère*. L'absinthe est toujours son enfer, sa démence, et cette violence qui précipite ses mains criminelles vers ceux qu'il aime. Il frappe encore sa mère, si souvent qu'il doit être emprisonné en 1885.

Verlaine en œuvres

- 1866 *Poèmes saturniens.*
- 1869 *Fêtes galantes.*
- 1874 *Romances sans paroles.*

- 1881 *Sagesse.*
- 1884 *Jadis et Naguère.*
- 1884 *Les Poètes maudits.*
- 1888 *Amour.*
- 1889 *Parallèlement.*
- 1890 *Dédicaces.*
- 1891 *Bonheur – Chanson pour elle.*
- 1892 *Liturgies intimes.*
- 1893 *Odes en son honneur.*
- 1893 *Élégies.*
- 1894 *Dans les limbes.*
- 1896 *Chair.*

Paul et son fils Georges

Verlaine sort de prison. Il devient vagabond et commence à fréquenter les hôpitaux afin d'y faire soigner ses nombreux ulcères aux jambes. Sa production s'affaiblit. Il publie cependant quelques recueils, s'acoquine avec des femmes légères – Philomène, puis Eugénie – donne des conférences en Belgique, où il apparaît quasiment éteint, pose sa candidature à l'Académie française, bénéficie d'une petite pension grâce à l'action charitable de plus de trente artistes et écrivains. Il reçoit un jour de 1895 une lettre de son fils Georges, apprenti horloger en Belgique. Georges souhaite rencontrer son père. Verlaine est tout ému, mais n'a pas d'argent pour le faire venir à Paris. Le 8 janvier 1896, Paul Verlaine meurt à Paris, à cinquante-deux ans – son fils Georges mourra le 2 septembre 1926, à cinquante-cinq ans, à moitié amnésique, alcoolique, sans postérité.

UNE CURIOSITÉ LITTÉRAIRE

Ah ! Ces Goncourt…

En août 1894, Verlaine est élu prince des poètes par les lecteurs du Journal. Au début de l'été 1895, la ville de Nancy donne le nom du poète à l'une de ses rues. On le lit, on l'admire, on l'installe tout vivant sur le piédestal de la gloire. Mais cet enthousiasme n'est pas unanime… Ainsi, on peut lire, dans *Le Journal* du 27 janvier 1895 : *On a le goût de la vie malpropre ! Quels sont en effet, en ce moment, les trois dieux de la jeunesse ? Ce sont Baudelaire, Villiers de L'Isle-Adam, Verlaine ; certes trois hommes de talent, mais un bohème sadique, un alcoolique, un pédéraste assassin !* Avez-vous deviné qui sont les deux mauvaises langues, auteurs de ces propos ? Les frères Goncourt, bien sûr…

Avatars d'Arthur

Des voyages à n'en plus finir ! Presque le tour du monde, et tous les dangers de la terre. Quelle aventure, Arthur !

Le déserteur, l'ouvrier

Et Arthur, qu'est-il devenu, depuis la rencontre de Stuttgart, alors qu'il revenait d'un séjour à Londres, avec le poète Germain Nouveau (1851-1920) ? Suivons-le – si nous le pouvons… : 1876, Vienne, Paris, la Hollande où il s'engage dans l'armée. En août, il arrive dans l'île de Java. Il déserte. 1877 : on le trouve en Suède, en Norvège, puis… à Rome ! 1878 : l'Allemagne, puis Chypre où il est responsable d'une équipe d'ouvriers dans une carrière. 1879 : retour en France à cause d'une fièvre typhoïde. 1880 : Chypre, dans la même carrière. Il s'en va jusqu'à Aden, puis s'installe au Harar, en Abyssinie, revient à Aden. Il y fait du commerce. Partout le poursuit sa réputation d'homme difficile à vivre, et qui devient violent, pour une remarque qu'on lui fait, pour un rien.

Le commerçant, le trafiquant

Écrit-il ? Oui : à sa famille ! Bien plus qu'à travers les commentaires sur l'œuvre de Rimbaud, c'est dans cette correspondance – *Les Lettres du Harar* – qu'on découvre Arthur. Il y est le souffrant, sans cesse inquiété par quelque maladie ; l'économe qui compte ses sous, en fait état à sa mère qu'il charge d'effectuer des placements divers ; le chef de magasin de la Maison Mazeran, Vianney, Bardey et Cie ; le commerçant voyageur ; le géographe qui explore la province d'Ougadine – ses travaux seront publiés par la Société de géographie – ; le trafiquant d'armes berné par le roi Ménélik qui lui règle une somme dérisoire…

Sur son petit cheval dans le Harar

Arthur le souffrant encore, et toujours ! Jamais un rayon de bonheur, une éclaircie, quelque sourire, rien que la vie sans joie, les dangers, les fièvres, l'inquiétude sur sa situation par rapport à l'armée s'il rentre en France – il

Dans l'intimité

La mort d'Arthur

24 avril 1891 : *Je suis étendu, la jambe bandée, liée, reliée, enchaînée, de façon à ne pouvoir la mouvoir. Je suis devenu un squelette : je fais peur. Mon dos est tout écorché du lit ; je ne dors pas une minute. Et ici, la chaleur est devenue très forte.* Dans cette lettre, Rimbaud qui est encore à Aden, s'apprête à partir pour Marseille. Il souffre de la même maladie que celle qui a emporté sa sœur Vitalie, en 1875 : une synovite, ou hydarthrose. Son genou est enflé, sa jambe est énorme. À Marseille, le 25 mai, il est amputé. Isabelle, sa sœur, le rejoint. En juillet, Arthur revient près de Charleville. De retour à Marseille le mois suivant, il espère repartir pour le Harar, mais doit être de nouveau hospitalisé. Après trois mois d'atroces souffrances, il meurt le 10 novembre 1891, à dix heures du matin.

est terrorisé par l'idée qu'on puisse le jeter en prison pour désertion ! Dans ce Rimbaud-là, plus de provocateur, le prince de la plume a troqué ses rêves contre un petit cheval qui gravit, haletant, les reliefs du Harar ; l'homme des mauvaises affaires ne cesse de faire ses comptes, aligne ses millions dans sa tête, conseille à sa sœur d'épouser un bon ingénieur, bien établi, qui lui rapportera du bel et bon argent ! Faire fortune : l'obsession de Rimbaud ! Par l'écriture, par l'aventure : échec. Sa vraie fortune est celle des vrais artistes : posthume.

Arthur en œuvres

- *Poésies complètes* (publiées en 1895) – Vous y trouverez *Le Dormeur du Val, Le Buffet, Les Assis, Le Bateau ivre : Ô que ma quille éclate ! Ô que j'aille à la mer !...*
- *Une saison en enfer* (1873).
- *Illuminations* (1886). Le titre, selon Verlaine, est le mot anglais *Illuminations* (gravures coloriées) Cette série de notations, d'émotions poétiques et personnelles était sans doute destinée à entrer dans une œuvre plus ample, qui n'a jamais vu le jour.
- *Vers nouveaux* (1886). Les poèmes qu'on y trouve ont été composés par Rimbaud avant la fuite avec Verlaine. Ce sont ses derniers vers.

ALLONS PLUS LOIN

Péguy et les Cahiers de la Quinzaine

En 1873 – l'année de la parution d'*Une saison en enfer* – le 7 janvier, naît Charles Péguy, à Orléans. De milieu modeste, élevé par sa mère et sa grand-mère qui rempaillent des chaises, il fait de brillantes études qui le conduisent à Normale sup. Il y écrit son premier livre qui se vend à... un seul exemplaire ! Après avoir lutté pour la révision du procès d'Alfred Dreyfus, il fonde, en 1900, *Les Cahiers de la Quinzaine* dont paraîtront deux cent vingt-neuf numéros où sont publiées la plupart de ses œuvres : *Le Mystère de la charité de Jeanne d'Arc* (1910) ; *Victor-Marie, comte Hugo* (1911) ; *L'Argent* (1912) ; *Le Porche de la deuxième vertu* (1912) ; *Le Mystère des saints Innocents* (1912) ; *La Tapisserie de sainte Geneviève et de Jeanne d'Arc* (1913) ; *La Tapisserie de Notre-Dame* (1913). Il meurt lors des premiers combats en 1914, le 5 septembre, à Villeroy, en Seine-et-Marne.

Mallarmé délivre l'art

On se plaît à trouver dans l'œuvre de Mallarmé la source de tout ce qui irrigue les arts du XXe siècle et les siècles à venir, en modernité. Pourtant, rien de moins audacieux, en apparence, que ce petit homme discret, professeur d'anglais, et génie poétique.

Hermétisme ?

Hermétique, Mallarmé ? Hermétique vient du nom du dieu grec Hermès. C'est le maître des arts, de la science des nombres et de celle des signes. On l'appelle Hermès le trismégiste – trois fois grand. Tout cela convient merveilleusement à Mallarmé, si justement hermétique !

Au seuil du mystère

Vous voici sur le seuil de la poésie mallarméenne. Vous allez y entrer de plain-pied en lisant *Ses purs ongles très haut…* (eh oui ! plain-pied et non plein pied !). Mais attention, une surprise vous attend : les mots qui sont les meubles de la phrase ont été disposés de façon si étrange, si peu rationnelle, que vous allez éprouver une sorte de malaise. Vous allez chercher à poser votre raison sur quelque assise syntaxique bien ferme, afin de tout comprendre. Mais rien de stable ne vous assure de la sécurité du sens. Tout bascule… Foin de commentaire : entrez dans le poème !

PLAISIR DE LIRE

Ses purs ongles très haut…

Ses purs ongles très haut dédiant leur onyx,
L'Angoisse, ce minuit, soutient, lampadophore,
Maint rêve vespéral brûlé par le Phénix
Que ne recueille pas de cinéraire amphore

Sur les crédences, au salon vide : nul ptyx,
Aboli bibelot d'inanité sonore,
(Car le Maître est allé puiser des pleurs au Styx
Avec ce seul objet dont le Néant s'honore.)

Mais proche la croisée au nord vacante, un or
Agonise selon peut-être le décor
Des licornes ruant du feu contre une nixe,

Elle, défunte nue en le miroir encor
Que dans l'oubli fermé par le cadre, se fixe
De scintillations sitôt le septuor.

Stéphane Mallarmé, *Vers et prose*, 1893

?…

Alors ? Quelle surprise, n'est-ce pas ? Avez-vous réussi à comprendre ce sonnet ? Non ? rassurez-vous ! L'auteur lui-même ne l'a pas compris ! Comment ? Oui, vous avez bien lu : l'auteur n'a jamais donné la clé de son mystérieux texte, pour la bonne raison qu'elle n'existe pas – lui-même le confirme au début d'une lettre à son ami Cazalis : *Le sens de mon poème, s'il en a un…* ! Mais est-ce possible d'écrire quelque chose qu'on ne comprend pas soi-même ?

Le paradoxe du néant

Bien sûr, si c'est ce qu'on recherche, si on veut donner à travers un sonnet l'idée que les mots peuvent se suffire à eux-mêmes dans la grande entreprise esthétique, sans avoir toujours à rendre des comptes au réel, à l'identifiable.

Ce poème de Mallarmé est totalement gratuit. Il ne doit rien aux indices que le visible organise afin que nous lui donnions le sens unique qu'il nous suggère. Les images s'y installent en miroirs, deviennent des perspectives multipliées à l'infini où l'idée se dissout dans le paradoxe d'un néant palpable.

Mallarmé fait l'ix

Une première version de ce sonnet aux rimes en *ix* est écrite par Mallarmé – qui avait prévenu ses amis de son projet, les informant qu'il possédait déjà trois rimes en *ix*, et que pour la quatrième, il avait pensé à *ptyx* : il leur demandait de vérifier l'existence du mot, précisant qu'il serait heureux qu'il n'existât point ! Lorsque Mallarmé remet le poème à son ami Cazalis qui le lui avait demandé pour un recueil avec eaux-fortes, celui-ci lui écrit : *Ton sonnet est très bizarre ! Plaira-t-il ? Non, bien certainement ; mais c'est ton honneur de fuir les goûts du populaire !* Cazalis le lit, le relit, recommence, fait appel à un ami, Emmanuel des Essarts. Tous deux, après maints efforts, s'avouent vaincus : ce sonnet n'a pas de sens !

Le sonnet qui tue !

Un soir, chez Leconte de Lisle, en présence de nombreux poètes qui tour à tour lisent leurs textes, Mallarmé dégaine son sonnet qui tue (le sens…) ! Il le lit. Le silence est total. *Ses purs ongles très haut…* produit une telle densité de vide qu'on se croit au seuil du néant. Sûr de son effet, Mallarmé parcourt, de son regard malicieux, l'assemblée silencieuse à la fois séduite et consternée ! Il sait que son sonnet est unique au monde et va le demeurer. Personne n'ose demander au maître le début du commencement d'une explication – qu'est-ce donc que ce ptyx, par exemple ?…

Puisqu'il n'y en a pas…

Une semaine plus tard, Leconte de Lisle invite le poète chez lui, parle de tout et de rien, et pose enfin la question qui lui brûle les lèvres : *Ce ptyx, cher ami, c'est sans doute un piano, instrument odieux, je le sais, à votre tempérament,*

EN PEINTURE, EN MUSIQUE

Impression, soleil levant…

La peinture prend un tournant décisif avec Claude Monet qui expose *Impression, soleil levant*, en 1874, dans l'atelier du photographe Nadar (1820-1910) – d'où le nom impressionnisme. Paul Cézanne (1839-1906) peint *La Montagne Sainte-Victoire*, Edgar Degas (1834-1917) *Les Repasseuses*. Édouard Manet (1832-1883) choque son époque en offrant au public le fameux *Déjeuner sur l'herbe, et Olympia*. Berthe Morisot (1841-1985) peint *Le Berceau*, Paul Signac 1863-1935), *L'Entrée du port de Marseille*, Pierre-Auguste Renoir (1841-1919) *Le Bal du Moulin de la Galette*, Paul Gauguin (1848-1903) *Femmes de Tahiti*, Vincent Van Gogh (1853-1890) *La Nuit Étoilée*, Georges Seurat (1859-1891) *Un dimanche à l'île de la Grande-Jatte*, Toulouse-Lautrec (1864-1901) *La Toilette*. En musique, Claude Debussy (1862-1918) obtient le Grand prix de Rome avec la cantate *L'Enfant prodigue*.

que vous avez voulu désigner dans les deux premiers vers de votre deuxième quatrain ? La réponse de Mallarmé éclaire toute sa création, la situe au-delà des codes, l'institue langage unique, inimitable : *Moi ? nullement, mon cher maître, j'avais seulement besoin d'une rime à Styx ; n'en trouvant pas, j'ai créé un instrument de musique nouveau : or, c'est bien clair, le ptyx est insolite, puisqu'il n'y en a pas ; il résonne bien, puisqu'il rime ; et ce n'en est pas moins un vaisseau d'inanité, puisqu'il n'a jamais existé !* Extraordinaire Mallarmé !

L'affamé d'azur

Mallarmé ne connaît guère d'îlots de grand bonheur dans sa vie. Des deuils, des séparations, et un amour bien tiède pour la femme qui partage ses jours…

Paresseux et chahuteur !

Stéphane Mallarmé ? Étienne pour l'état civil ! Sa vie commence le 18 mars 1842, à Valvins, en Seine-et-Marne. Son père, Numa, est sous-chef à l'administration des Domaines. Sa mère meurt, il n'a pas cinq ans. Stéphane et Maria, sa sœur, sont placés chez les grands parents maternels après le remariage de Numa. En 1852, Stéphane entre à l'école des frères des écoles chrétiennes à Passy. C'est un élève paresseux et chahuteur. Il est renvoyé de l'établissement trois ans plus tard. Il suit alors son père qui vient d'être nommé à Sens. Stéphane y est pensionnaire au lycée impérial lorsque, en 1857, il apprend la mort de sa sœur Maria. Ce deuil l'abat. Il ne survit qu'en lisant, en calligraphiant les poètes qu'il aime – il rédige ainsi une anthologie de près de dix mille vers : *Glanes*. Il écrit ses premiers poèmes, marqué par l'influence de Hugo et Musset et rassemblés sous le titre *Entre deux murs*.

Maria ne comprend pas…

Il découvre Baudelaire en 1860, l'année où il fait ce qu'il appelle ses premiers pas dans l'abrutissement, c'est-à-dire dans un morne travail de fonctionnaire. Il décide alors d'aller vivre en Angleterre avec celle qu'il a rencontrée – et qu'il y épouse le 10 août 1863 – Maria Gerhard, Allemande, de sept ans son aînée. En septembre de la même année, il obtient son certificat d'aptitude à enseigner l'anglais. Son premier poste : Tournon, en Ardèche. L'azur du sud rend fertile la création de Mallarmé. Chaque poème créé est donné en lecture à Maria, sans résultat : elle ne comprend pas les pages exigeantes de son mari, elle le lui dit, il en souffre. Certains vers en portent la marque dans son œuvre (*Don du poème*…) – et même, peut-être, une grande partie de son œuvre qui dit l'impossibilité de communiquer, où il rêve d'un ailleurs. Le 19 novembre 1864, naît sa fille Geneviève.

PLAISIR DE LIRE

Don du poème

Je t'apporte l'enfant d'une nuit d'Idumée !
Noire, à l'aile saignante et pâle, déplumée,
Par le verre brûlé d'aromates et d'or,
Par les carreaux glacés, hélas ! mornes encor
L'aurore se jeta sur la lampe angélique,
Palmes ! et quand elle a montré cette relique
À ce père essayant un sourire ennemi,
La solitude bleue et stérile a frémi.
Ô la berceuse, avec ta fille et l'innocence
De vos pieds froids, accueille une horrible naissance
Et, ta voix rappelant viole et clavecin,
Avec le doigt fané presseras-tu le sein
Par qui coule en blancheur sibylline la femme
Pour des lèvres que l'air du vierge azur affame ?

Stéphane Mallarmé, *Vers et prose*, 1893

Panne blanche

Mallarmé commence une tragédie : *Hérodiade*, qu'il ne terminera pas – elle y devient, dans son œuvre, le poème illustrant parfaitement le symbolisme, tout en ouvrant les portes de l'impressionnisme. Il commence aussi *L'Après-midi d'un faune* dont il donne en lecture une première version à Théodore de Banville. Cette évocation d'un animal mythique, aux grandes oreilles et tout poilu, rêvant des nymphes légères qu'il fait naître par la puissance des mots, ne plaît pas à Banville. Mallarmé se remet au travail, veut continuer *Hérodiade*, mais, atterré, il constate que son inspiration ne répond plus. Pendant quatre ans, le mot se refuse, la phrase se dérobe, la page demeure blanche ! Le poète y fait l'expérience unique du sens par l'absence, la découverte du néant.

DANS L'INTIMITÉ

Monsieur Mallarmé enseigne tout, sauf l'anglais…

Lorsqu'il commence son métier d'enseignant à Tournon, Mallarmé se repent peut-être de ses chahuts homériques à Passy, car ses élèves lui mènent la vie dure ! Il est obligé, parfois, de construire un rempart au moyen de ses livres afin de n'être point atteint de projectiles ! Les parents s'en mêlent, ne comprenant pas qu'un professeur payé par l'État se permette de composer des poèmes auxquels ils ne comprennent rien. Ils craignent pour leur progéniture ! Un jour, entrant en classe, Mallarmé trouve inscrit au tableau l'un de ses vers : « Je suis hanté ! L'azur ! L'azur ! L'azur ! » ; en même temps, il reçoit une volée de projectiles !

Un inspecteur venu évaluer le pédagogue Mallarmé écrit dans son rapport : *Monsieur Mallarmé enseigne tout, sauf l'anglais…* Il est muté l'année suivante à Besançon. Qu'importe ! L'important, c'est que le professeur n'étouffe pas le poète. Celui-ci est bien vivant, on constate sa présence jusque dans les appréciations qu'il rédige pour ses tortionnaires : leur syntaxe est, elle aussi, torturée…

La naissance du symbolisme

Le symbolisme ! Voici que le mot naît enfin sous la plume d'un journaliste du *Figaro*, en 1886 ! Il est bien temps : l'essentiel de ce qui le représente a été écrit !

Donc, Igitur...

Après avoir lu Descartes, Mallarmé parvient à vaincre de nouveau *le vide papier que la blancheur défend*. Il commence un conte qu'il ne terminera pas (décidément, c'est l'homme sans fin...) ; ce conte porte un titre étrange, celui d'une conjonction latine : *Igitur* – qui signifie *donc* – ; *Igitur* est le personnage du conte, qui cherche à retrouver les origines de l'acte d'écriture, lequel acte ressortit au hasard comparable à celui d'un coup de dés qu'il ne lance pas... Bref, c'est assez compliqué, complication multipliée encore par la composition de la suite de ce conte. Elle a pour titre *Jamais un coup de dés n'abolira le hasard*. C'est un long poème sans ponctuation, étrange, dont la disposition typographique devient aussi signifiante que les mots eux-mêmes.

Huysmans, Verlaine...

Publiées dans différentes revues, toutes ces créations qui se refusent à l'interprétation immédiate et ordinaire commencent à créer l'image d'un Mallarmé mystérieux, à l'écriture étonnamment dense, majestueuse et solennelle, sans autre objet que la célébration du mot. Il s'installe à Paris en 1871, l'année de la naissance de son fils Anatole. La crise d'écriture est terminée. Mais sa production s'effectue toujours dans la parcimonie. Ceux qui guettent la moindre de ses lignes s'appellent Huysmans, Verlaine... Celui-ci consacre Mallarmé dans son ouvrage paru en 1883 : *Les Poètes maudits* ; celui-là en fait le poète préféré de son héros, des Esseintes.

Le manifeste du symbolisme

Une nouvelle manifestation d'art était donc attendue, nécessaire, inévitable. Cette manifestation, couvée depuis longtemps, vient d'éclore [...] Nous avons déjà proposé la dénomination de symbolisme comme la seule capable de désigner raisonnablement la tendance actuelle de l'esprit créateur en art. Cette dénomination peut être maintenue.

Il a été dit au commencement de cet article que les évolutions d'art offrent un caractère cyclique extrêmement compliqué de divergences : ainsi, pour suivre l'exacte filiation de la nouvelle école, il faudrait remonter jusqu'à certains poèmes d'Alfred de Vigny, jusques à Shakespeare, jusqu'aux mystiques, plus loin encore. Ces questions demanderaient un volume de commentaires ; disons donc que Charles Baudelaire doit être considéré comme le véritable précurseur du mouvement actuel ; M. Stéphane Mallarmé le lotit du sens du mystère et de l'ineffable ; M. Paul Verlaine brisa en son honneur les cruelles entraves du vers que les doigts prestigieux de M. Théodore de Banville avaient assoupli auparavant. Cependant le Suprême enchantement n'est pas encore consommé : un labeur opiniâtre et jaloux sollicite les nouveaux venus.

Jean Moréas, *Le Figaro*, samedi 18 septembre 1886.

La table des mardistes

Depuis 1871, Mallarmé enseigne au lycée Fontanes (Condorcet) – il sera nommé à Jeanson de Sailly en 1884. À partir de 1880, il réunit chaque mardi, à son domicile, 89 rue de Rome, les artistes de l'époque – autour de la table des mardistes, visible au musée Mallarmé de Vulaines-sur-Seine, le poète y avait loué une maison au hameau de Valvins. Ces mardis le propulsent chef de file du symbolisme que Jean Moréas définit dans le Figaro du 18 septembre 1886.

« Le Livre »

Paul Valéry est un fidèle des mardis de Mallarmé. Il y écoute, béat d'admiration, son poète de prédilection s'exprimer avec cette voix qui étonnait ses contemporains, rauque, comme étouffée. Poète, Mallarmé, mais encore professeur : son temps et son énergie sont engloutis par les devoirs du pédagogue dont l'heure de la retraite sonne le 6 janvier 1894. Il lui reste quatre années à vivre. Il meurt le 9 septembre 1898, devant son médecin, d'un spasme de la glotte. En 1957, sont publiées sous le titre *Le Livre*, les notes que Mallarmé avait accumulées tout au long de sa vie afin d'en faire une œuvre. Notes étranges, difficiles à comprendre ; projet où le bizarre et le grandiose se mêlent, laissent perplexe… Un ptyx, en quelque sorte !

PLAISIR DE LIRE

Le sais-tu, Méry ?…

Elle inspire à Zola le personnage de Nana, à Marcel Proust celui d'Odette Swann : Anne-Rose Louviot, dite Méry Laurent (1849-1900) rassemble autour d'elle les plus belles plumes et les pinceaux les plus habiles des trente dernières années du XIXe siècle. Elle inspire aussi à Mallarmé – amoureux… – son plus tendre sonnet :

O, si chère de loin …

O si chère de loin et proche et blanche, si
Délicieusement toi, Méry, que je songe
À quelque baume rare émané par mensonge
Sur aucun bouquetier de cristal obscurci

Le sais-tu, oui ! pour moi voici des ans, voici
Toujours que ton sourire éblouissant prolonge
La même rose avec son bel été qui plonge
Dans autrefois et puis dans le futur aussi.

Mon cœur qui dans les nuits parfois cherche à s'entendre
Ou de quel dernier mot t'appeler le plus tendre
S'exalte en celui rien que chuchoté de sœur

N'était, très grand trésor et tête si petite,
Que tu m'enseignes bien toute une autre douceur
Tout bas par le baiser seul dans tes cheveux dite.

Stéphane Mallarmé, (écrit en 1886), *Poésies*, 1913

Deux poètes, un ton au-dessus

Ils vont vous étonner, Corbière et Laforgue. Dans le grand concert poétique du XIXe siècle, ils ont décidé de jouer à leur façon.

Corbière et sa Rapsode

Le héros de Joris-Karl Huysmans – des Esseintes – découvre Tristan Corbière, dans *À Rebours* : *D'autres poètes l'incitaient encore à se confier à eux : Tristan Corbière, qui, en 1873, dans l'indifférence générale, avait lancé un volume des plus excentriques, intitulé* : Les Amours jaunes. *Des Esseintes qui, en haine du banal commun, eût accepté les folies les plus appuyées, les extravagances les plus baroques, vivait de légères heures avec ce livre où le cocasse se mêlait à une énergie désordonnée, où des vers déconcertants éclataient dans des poèmes d'une parfaite obscurité.* Peu de bonheur dans la vie de Corbière, né en 1845, près de Morlaix. De santé fragile, mené à la dure par sa famille, tôt atteint de tuberculose, il vit misérablement ses jours et ses amours entre Cannes, Roscoff, l'Italie et Paris. Il publie en 1873, aux frais de son père, auteur lui-même, son recueil de poèmes : *Les Amours jaunes*, à cinq cents exemplaires. Personne n'en remarque alors l'originalité, le ton neuf, unique. Sept ans après sa mort survenue à Morlaix en 1875, on le découvre enfin. On continue de le découvrir aujourd'hui. Ainsi, vous qui allez lire, pour commencer, le flamboyant cantique des éclopés mystiques : *la Rapsode foraine !*

Place Fargue

Parmi les mardistes de Mallarmé, Léon-Paul Fargue (1876-1947). Après que Bergson (1859-1941, philosophe auteur de *Matière et mémoire*, 1896 ; *La Pensée et le mouvant*, 1934) lui déconseille de se présenter à Normale sup, il s'essaie à la peinture, à la musique, puis à la poésie qui devient son viatique et son vecteur pour traverser de long en large Paris qu'il découpe en quartiers dans ses poèmes. Humour et mélancolie conduisent sa plume, tendresse aussi. Des kiosques, des squares, des odeurs et de petits hôtels. Fargue porte en son cœur la capitale reconnaissante qui a donné son nom à une place située à la frontière commune de trois arrondissements, station de métro Duroc.

Laforgue et sa Leah Lee

On a fait un mauvais procès à Jules Laforgue : dans sa courte vie – il est mort de tuberculose à vingt-sept ans –, certains ont cru déceler, à travers ses poésies, l'influence marquée de Tristan Corbière ! Quelle idée ! Quand on lit Laforgue, on ne rencontre que du Laforgue ! Le léger, le désabusé, le tendre et l'ironique Laforgue, le poète sans cesse au bord du vide, mais qui donne le change, multiplie les dialogues, les exclamations, les interrogations, crée des cadences nouvelles, des strophes qui se moquent des codes. Il est né en 1860, à Montevideo. Sa famille revenue en France, il va se retrouver à Paris où il fréquente le milieu littéraire, publie ses premiers poèmes. En 1881, il devient lecteur de français à Berlin auprès de l'impératrice Augusta – grand-mère du futur Guillaume II (1859-1941), dernier empereur d'Allemagne. Il y rencontre une jeune anglaise, Leah Lee, le parfait amour. Jules meurt en août 1887, Leah lui survit seulement quelques mois.

PLAISIR DE LIRE

Sonnet de printemps

Avril met aux buissons leurs robes de printemps
Et brode aux boutons d'or de fines collerettes,
La mouche d'eau sous l'œil paisible des rainettes,
Patine en zig-zag fous aux moires des étangs.

Narguant d'un air frileux le souffle des autans
Le liseron s'enroule étoilé de clochettes
Aux volets peints en vert des blanches maisonnettes,
L'air caresse chargé de parfums excitants.

Tout aime, tout convie aux amoureuses fièvres,
Seul j'erre à travers tout le dégoût sur les lèvres.
Ah! L'illusion morte, on devrait s'en aller.

Hélas ! j'attends toujours toujours l'heure sereine,
Où pour la grande nuit dans un coffre de chêne,
Le destin ce farceur voudra bien m'emballer.

Jules Laforgue, *Premiers poèmes,* 1880

Tableau récapitulatif : XIXe siècle

- 1802 *Le Génie du christianisme* – Chateaubriand
- 1820 *Méditations poétiques* – Alphonse de Lamartine
- 1826 *Poèmes antiques et modernes* – Alfred de Vigny
- 1830 *Le Rouge et le Noir* – Stendhal
- 1830 *Hernani* – Victor Hugo
- 1835 *Le Père Goriot* – Honoré de Balzac
- 1835 *Les Nuits* – Alfred de Musset
- 1837 *Contes* – Prosper Mérimée
- 1850 *Les Mémoires d'outre-tombe* – François-René de Chateaubriand
- 1854 *Les Chimères* – Gérard de Nerval

- 1857 *Les Fleurs du mal* – Charles Baudelaire
- 1857 *Madame Bovary* – Gustave Flaubert
- 1862 *Les Misérables* – Victor Hugo
- 1869 *Les Chants de Maldoror* – Lautréamont
- 1873 *Une Saison en enfer* – Arthur Rimbaud
- 1877 *L'Assommoir* – Émile Zola
- 1881 *Sagesse* – Paul Verlaine
- 1883 *Une vie* – Maupassant

Sixième partie

Le XXe siècle : cent ans d'expériences

Dans cette partie…

À l'insouciance de la Belle Époque, au début du siècle, succède l'horreur d'une guerre qui ébranle la conscience collective, les certitudes individuelles. Des romans-fleuves naissent du souci d'analyser la société afin de lui trouver de nouveau un sens, pendant que le temps perdu trouve son interprète de génie : Marcel Proust. La poésie qui s'est libérée de ses cadres traditionnels à la fin du XIXe siècle, acquérant une nouvelle puissance lyrique, laisse place, après la guerre, à une forme de mise en cause du langage, de toute forme de création. L'urgence d'un art nouveau conduit au dadaïsme, au surréalisme qui investit à peu près toutes les formes d'écriture, influence une grande partie des créateurs. En réaction apparaît une littérature engagée qui illustre des idéologies politiques et des opinions philosophiques parfois contradictoires. La Seconde Guerre mondiale, l'impuissance de l'écriture à combattre ce nouveau cortège d'horreurs modifient les cadres de la création : on traduit dans les antipièces, dans le nouveau roman, le sentiment de l'absurde, l'inutilité de l'engagement. Puis reviennent les grands lyriques, les raconteurs, alors que le très populaire roman policier compte ses fidèles par centaines de milliers.

Chapitre 20

Les trois coups

Dans ce chapitre :

- Distrayez-vous avec le théâtre de boulevard
- Devenez un sujet du roi Ubu
- Rassemblez cinquante ans de pièces à convictions, de Claudel à Anouilh

Après la légèreté du théâtre de boulevard où le bourgeois aime voir ses petites misères, ses petites trahisons mises en scène, après la grosse farce dérangeante d'Ubu, voici un théâtre qui place en son centre des convictions religieuses, morales, pleines de solennité, d'étrangeté parfois, ou d'humanité. Voici Claudel, Montherlant, Pagnol, Giraudoux, Cocteau et sa Machine, Artaud et son double, Anouilh et son *Antigone*…

Des actes à la légère

Bourgeois et distrayant, provocateur et hilarant, le théâtre joue les miroirs d'une société qui aime s'y retrouver ou assister au spectacle de la transgression de son langage et de ses codes.

« Le Boulevard du crime »

Point de vrais crimes, rassurez-vous, sur le Boulevard du même nom, seulement de la comédie…

De la Madeleine à la République

La porte refermée sur le XIXe siècle, que diriez-vous d'une promenade sur les Grands Boulevards, qui joignent, à Paris, la Madeleine à la République ? Agréable, n'est-ce pas ? Depuis que Louis XIV a décidé de supprimer les anciens remparts pour en faire des cours plantées de plusieurs rangées d'arbres, les Parisiens ont toujours aimé s'y détendre, y trouver, au XVIIIe siècle, des saltimbanques, des montreurs de marionnettes, des estrades pour des mimes, des comédiens, des boutiques de toutes sortes, et puis des cafés.

Miroir bourgeois

Au XIXe siècle, de chaque côté des Grands Boulevards, des immeubles s'élèvent en même temps que des fortunes ; la promenade s'embourgeoise. Les estrades provisoires ont fait place depuis longtemps à des théâtres. L'argument ou le dénouement des pièces qu'on y a jouées d'abord étant le meurtre ou l'assassinat, le boulevard du Temple fut surnommé le *Boulevard du crime* ! On joue aussi des vaudevilles. Ce théâtre de boulevard – joué dans les salles qui bordent les Grands boulevards – plaît au bourgeois. Il trouve sur scène les coulisses de sa vie privée, s'y contemple dans des hardiesses à sa mesure, et toutes sortes de petitesses…

LE SAVIEZ-VOUS ?

Les chansons du val de Vire

Dans le petit val de Vire, au XVe siècle, on chante et on danse, comme partout en France, entre deux guerres contre l'Anglois… Mais les chansons du val de Vire ont un je-ne-sais-quoi de plus guilleret, de malicieux. Elles circulent dans toute la France, véhiculées par les cœurs gais et par de petits livrets qui en portent l'air et les paroles. Plus tard, au XVIIIe siècle, on trouve ces chansons – ou bien d'autres – insérées dans des pièces de théâtre. On appelle alors ces pièces des « pièces en vaudevilles », puis des « vaudevilles ».

Ce genre évolue au XIXe siècle, pour aboutir à la comédie légère, où se succèdent sur un rythme endiablé les quiproquos, les coups de théâtre, les bons mots, avec des amants, des maris, des épouses et des maîtresses dont le suspense des chassés-croisés fait mourir de rire sans jamais tuer personne – ainsi, dans *Un chapeau de paille d'Italie*, d'Eugène Labiche (1815-1888), maître du genre. Le théâtre de boulevard devient un grand consommateur de vaudevilles au début du XXe siècle, avec Feydeau, notamment – *La Dame de chez Maxim, Feu la mère de Madame, Occupe-toi d'Amélie, Le Dindon*…

Toute nue avec Feydeau !

S'il n'est pas le plus long, le plus construit, le vaudeville en un acte de Feydeau : *Mais n'te promène donc pas toute nue* porte en tout cas le titre le plus aguicheur, le plus enjoué de presque toute la littérature… Vite, entrons dans le salon où elle se trouve !

On voit tout à travers…

Dans le salon du député Ventroux, Clarisse – Mme Ventroux – passe et repasse en tenue légère, vêtue seulement d'une chemise de nuit à travers laquelle on la voit *comme dans du papier calque*. Pourtant, elle porte sur la tête un chapeau et aux pieds ses bottines. Son mari lui reproche ses extravagances, lui rappelant qu'elle se promène quasiment toute nue devant leur fils, ou devant Joseph, leur domestique. On frappe. C'est M. Hochepaix, maire de Moussillon-les-Indrets et adversaire de M. Ventroux, qui vient plaider une requête de ses administrés. Alors qu'il vient de s'asseoir dans le salon, qui donc apparaît ? Clarisse, presque toute nue encore !

Le théâtre de Courteline

Les casernes, les bureaux, la bourgeoisie sont l'univers de Georges Courteline (25 juin 1858-25 juin 1929). Son œuvre principale, *Boubouroche*, d'abord nouvelle publiée en 1892 puis pièce de théâtre en deux actes en 1893, met en scène un bourgeois qui vit en toute quiétude jusqu'au jour où le voisin de la veuve qu'il entretient – Adèle – lui révèle qu'elle le trompe. Boubouroche se précipite chez Adèle qui le persuade tranquillement qu'il a tort, même lorsqu'il découvre un jeune homme dans le placard... Il écrit aussi *Messieurs les ronds-de-cuir* (1893), satire du monde des fonctionnaires, puis d'autres pièces à succès : *Un client sérieux* (1896), *Le commissaire est bon enfant* (1899), *Monsieur Badin* (1897), *La Paix chez soi* (1903)...

La suite... au théâtre !

Ventroux se met en colère. Soudain, une guêpe pique la partie la plus charnue de Clarisse... Elle demande à son mari de sucer la plaie afin de retirer le dard ! Il refuse et s'isole dans la pièce voisine avec Hochepaix. Le médecin est appelé. C'est alors qu'arrive Romain de Jaival, journaliste au Figaro. Il vient interviewer Ventroux pour sa campagne politique. Clarisse le reçoit et le prend pour le médecin... Pour connaître la fin, précipitez-vous maintenant dans le théâtre le plus proche où se joue ce Feydeau inoubliable : *Mais n'te promène donc pas toute nue* !...

DANS L'INTIMITÉ

Feydeau paie cher

Georges Feydeau la gaieté, Feydeau la malice et les phrases qui font mouche meurt fou, à cinquante-huit ans, le 5 juin 1921 – il était né en 1862. Pourtant Feydeau l'auteur a connu la gloire et la fortune – surtout par son mariage avec la belle Marianne Carolus-Duran qui lui apporte une dot considérable. Mais Feydeau ne parvient à dissiper son mal de vivre qu'en jouant, toujours et partout : il fréquente les champs de courses, les tripots mal famés, les cercles mondains où l'on perd des fortunes aux jeux de cartes, il joue au chemin de fer, à la roulette, à la bourse... Il perd tant d'argent que sa femme demande le divorce afin de préserver sa propre fortune. Il fuit le domicile conjugal, s'installe dans un hôtel, est condamné à payer une pension alimentaire, attrape la syphilis... Dernier acte avant la mort : la folie ! Feydeau la gaieté, la malice, qu'il a bien cher payées !

Edmond Rostand de Bergerac

Edmond Rostand, l'auteur de *Cyrano de Bergerac*, pièce en cinq actes d'amour, est né à Marseille un 1er avril 1868.

Taches blondes

De toi je me souviens de tout, j'ai tout aimé ! / Je sais que l'an dernier, un jour, le douze mai / Pour sortir le matin, tu changeas de coiffure / J'ai tellement pris pour clarté ta chevelure / Que, comme lorsqu'on a trop fixé le soleil / On voit sur toute chose ensuite un rond vermeil / Sur tout, quand j'ai quitté les feux dont tu m'inondes / Mon regard ébloui pose des taches blondes... Voilà le genre d'irrésistibles tirades que vous allez rencontrer si vous assistez à la représentation de la pièce d'Edmond Rostand, *Cyrano de Bergerac*, ou si vous la lisez, la relisez jusqu'à la connaître par cœur (tant elle est faite pour lui...).

Tant d'amour...

Edmond Rostand (1868-1918) ne s'est pas embarrassé de vérité historique en mettant sur scène Cyrano, que vous avez déjà rencontré au XVIIe siècle. La situation est de pure invention : Cyrano, sensible et plein d'esprit, est laid, il a un nez fort long. Il aime sa magnifique cousine Roxane qui tombe amoureuse d'un jeune homme fort beau mais bête : Christian de Neuvillette. Cyrano va proposer à Christian, sous forme de lettres et de déclarations dans l'ombre, l'esprit qui lui manque pour conquérir la belle. Le duo fonctionne parfaitement jusqu'à ce que Christian meure au siège d'Arras où est allée le rejoindre Roxane, enflammée par les lettres d'amour (de Cyrano, mais elle l'ignore...) qu'elle a reçues. La fin a fait couler à la fois l'encre fielleuse des critiques – qui l'ont trouvée invraisemblable – et les larmes des spectatrices émues qui n'imaginaient pas qu'on pût donner tant d'amour !

Et bien moins que demain...

Représentée pour la première fois en 1897, *Cyrano de Bergerac* remporte un triomphe qui ne s'est jamais démenti depuis. La pièce est devenue un film en 1990, avec Gérard Depardieu, Anne Brochet, Jacques Weber – réalisé par Jean-Paul Rappeneau. On y retrouve les morceaux de bravoure qui illustrent le panache à la française, fait de déclarations qui semblent sortir d'un clairon sonnant la charge pour un rien... Vous rappelez-vous, par exemple, la célèbre tirade des nez ?... Edmond Rostand fait ensuite jouer *L'Aiglon* (1900), avec Sarah Bernhardt – « ... *Et nous, les petits, les obscurs, les sans-grades / Nous qui marchions fourbus, crottés, malades...* » – puis *Chanteclerc* (1910), qui est un échec total. Il meurt le 2 décembre 1918, à Paris. Il avait pour épouse la poétesse Rosemonde Gérard (1871-1953), dont il écouta toujours les judicieux conseils de femme – c'est elle qui a écrit, dans son recueil *Les Pipeaux* : « *Car vois-tu, chaque jour, je t'aime davantage / Aujourd'hui plus qu'hier, et bien moins que demain.* »

Du nez…

Ah ! non ! c'est un peu court, jeune homme !

On pouvait dire… Oh ! Dieu !… bien des choses en somme…

En variant le ton –par exemple, tenez :

Agressif : « Moi, monsieur, si j'avais un tel nez,

Il faudrait sur-le-champ que je me l'amputasse ! »

Amical : « Mais il doit tremper dans votre tasse

Pour boire, faites-vous fabriquer un hanap ! »

Descriptif : « C'est un roc !… c'est un pic !… c'est un cap !

Que dis-je, c'est un cap ?… C'est une péninsule ! »

Curieux : « De quoi sert cette oblongue capsule ?

D'écritoire, monsieur, ou de boîtes à ciseaux ? »

Gracieux : « Aimez-vous à ce point les oiseaux

Que paternellement vous vous préoccupâtes

De tendre ce perchoir à leurs petites pattes ? »

Truculent : « Ça, monsieur, lorsque vous pétunez,

La vapeur du tabac vous sort-elle du nez

Sans qu'un voisin ne crie au feu de cheminée ? »

[…]

Edmond Rostand, *Cyrano de Bergerac*, 1897

Alfred Jarry : Ubu Roi

L'ombre d'un Rabelais, déclencheur du meilleur et du pire des rires, plane dans cette pièce que certains appellent *une pochade* et que d'autres trouvent géniale.

Une chronique de Charles Morin

C'est une étrange histoire que celle d'Ubu Roi. Son auteur, d'abord, n'est pas son auteur, tout en l'étant. En effet, lorsque Alfred Jarry, né à Laval en 1873, arrive au lycée de Rennes en 1888, il voit pour la première fois M. Hébert, professeur de physique, la légende de l'établissement tant il se fait chahuter. Cette légende a déjà plusieurs années, rédigée par les élèves dans une chronique où le père Hébert – tantôt père Ébé, père Ébance, père Ébouille… – est ridiculisé. La plus réussie des chroniques est rédigée par Charles Morin, en 1885. Intitulée *Les Polonais*, elle transforme Hébert en roi de Pologne, grotesque et dérisoire. Henry Morin, frère de Charles, donne à Jarry cette version. Celui-ci en transforme un peu la trame, change certains noms, en ajoute d'autres, et voici née la plus grosse farce moderne du théâtre contemporain : *Ubu Roi* – Jarry a un peu plus de quinze ans lorsqu'il met un point final aux cinq actes.

DANS L'INTIMITÉ

Jarry devient Ubu

Lorsque la pièce *Ubu Roi* est jouée pour la première fois, le 10 décembre 1896, au Théâtre de l'Œuvre, le « Merdre » inaugural et qui revient cent fois dans la bouche d'Ubu déclenche un fameux chahut dans la salle de spectacle – vengeance d'Hébert ?... La pièce est jouée devant un public ébahi, devant des journalistes boudeurs qui rendent compte de leur mauvaise humeur dans les journaux du lendemain. De ce jour, Jarry commence à se fondre dans son personnage. Il adopte une diction saccadée, ne répond plus qu'à travers un personnage qu'il se compose, proche d'un certain Ubu, distant, agressif et bizarre. Il continue d'écrire pièces et romans qui ne connaissent pas le succès. L'inventeur de la pataphysique, du décervelage et des Paralipomènes meurt à trente-quatre ans, d'excès d'alcool et de dépit, le 1er novembre 1907.

Le langage en son royaume

On se croirait dans du Rabelais : les mots enflent, explosent, le maître de la *pompe à phynances* se frotte la *giborne*, *cornegidouille* ! Ubu, ancien roi d'Aragon, est l'officier de confiance du roi Venceslas. Sa femme, peu satisfaite de cette situation, le pousse à prendre le pouvoir, mais, stupide et poltron, il échoue et avoue au roi la conspiration qu'il a conduite. Le roi, cependant, meurt dans un attentat, ainsi que toute sa famille. Ubu devient roi de Pologne ! Il supprime les nobles en les faisant passer par la *trappe à nobles*, s'empare de leurs biens, supprime aussi les financiers, les magistrats, crée un impôt sur les mariages, un autre sur les décès… Ensuite, mille aventures de guerre surviennent, qui se terminent dans une grotte. Rien n'est dit cependant. L'aventure véritable est celle du langage qui subvertit ses codes, bâtit son propre royaume, celui de la démesure, d'une liberté qui peut séduire, qui peut faire peur.

Des pièces de conviction

Claudel et ses versets, Montherlant et sa trouble gravité, Pagnol et sa bonhomie, Giraudoux et ses audaces, tous quatre si convaincants. Vous avez le choix des convictions…

Claudel, ses odes, son soulier…

Toujours par monts et par vaux, par trains et par bateaux, en Amérique (1893), en Chine (1894), en Belgique (1904), en Chine encore (1906) ; puis voici Prague (1909), Francfort (1911), Hambourg (1913), Rome (1915), Rio

(1917), Copenhague (1919), Tokyo (1921), Washington (1927), Bruxelles (1933)… Comment peut-on aller si loin, partir si souvent, revenir si peu ?... Il suffit d'être né le 6 août 1868 à Villeneuve-sur-Fère en Tardenois dans l'Aisne, d'aller à l'école chez les sœurs, puis au lycée Louis-Le-Grand où l'on rate la première partie de son baccalauréat en 1883, pour la réussir en 1885. Ensuite, on fait une école de sciences politiques, puis on passe le petit concours du ministère des Affaires étrangères, on est reçu premier et, tout content de voir du pays, on devient pendant quarante-sept ans diplomate au service de la France ! Ah ! Il faut aussi s'appeler Paul, Paul Claudel, uniquement !

Le second pilier, à l'entrée du chœur…

Croyant chez les sœurs, incroyant après avoir lu des philosophes rationalistes, Paul Claudel va vous faire vivre en direct sa conversion définitive. Paul, c'est à vous : *Le 25 décembre 1886, je me rendis à Notre-Dame de Paris pour y suivre les offices de Noël. […] Coudoyé et bousculé par la foule, j'assistai, avec un plaisir médiocre, à la grand-messe. Puis, n'ayant rien de mieux à faire, je revins aux vêpres. Les enfants de la maîtrise en robes blanches et les élèves du petit séminaire de Saint-Nicolas-du-Chardonnet qui les assistaient, étaient en train de chanter ce que je sus plus tard être le Magnificat. J'étais moi-même debout dans la foule, près du second pilier à l'entrée du chœur, à droite du côté de la sacristie. Et c'est alors que se produisit l'événement qui domine toute ma vie.*

LE SAVIEZ-VOUS ?

L'ode à Franco

Pendant la dernière guerre, Claudel s'en va à Alger, où sa présence ne semble pas désirée. Il rentre alors en France, dans son château de Brangues, en Isère, où il voit d'un bon œil la révolution nationale du maréchal Pétain. Claudel n'en est pas à son coup d'essai pour les sympathies ambiguës : la guerre d'Espagne lui avait inspiré une *Ode à Franco*, où son vers si solennel, si imposant dit-on, ne s'investit pas dans la plus élevée des créations artistiques…

Une révélation ineffable

Mille excuses pour cette rupture de la ligne (de conduite…) dans le reportage. Voici la suite : *En un instant, mon cœur fut touché et je crus. Je crus, d'une telle force d'adhésion, d'un tel soulèvement de tout mon être, d'une conviction si puissante, d'une telle certitude ne laissant place à aucune espèce de doute que, depuis, tous les livres, tous les raisonnements, tous les hasards d'une vie agitée n'ont pu ébranler ma foi, ni, à vrai dire, la toucher. J'avais eu tout à coup le sentiment déchirant de l'innocence, de l'éternelle enfance de Dieu, une révélation ineffable.*

LE SAVIEZ-VOUS ?

Camille, sœur de Paul

Paul Claudel est le frère de Camille Claudel, dont vous pouvez admirer les œuvres au musée Rodin, rue de Varennes, à Paris – des œuvres superbes de grâce, de finesse, de légèreté. Née en 1864, elle est l'élève de Rodin, en 1883. Elle devient sa maîtresse, mais ne supplantera pas dans sa vie sa compagne Rose Beuret. Auguste Rodin abandonne Camille, qui ne s'en remettra jamais. Devenue folle en 1906, elle meurt en 1943.

Du vers au verset

Cette foi plus forte que tout, Claudel va l'inscrire dans toutes ses œuvres dramatiques ou poétiques. Sa vie sentimentale qui n'est pas de tout repos se mêle aux premières fictions qu'il crée – sa première femme s'enfuit avec un autre homme, comme le fait le personnage Ysé, dans le *Partage de midi*. Ses œuvres par la suite, qu'elles mettent en scène le Moyen Âge – *La Jeune Fille Violaine* – ou l'Espagne du XVIe siècle – *Le Soulier de satin* –, bénéficient toutes d'une vision fondée sur la foi, où se mêlent le don, le pardon, la transfiguration par l'élévation de l'âme. Sa poésie est marquée par l'emploi d'un vers ample, qui ne se soucie plus du nombre des syllabes de la métrique classique, et confine au verset biblique. Le mercredi 23 février 1955, Paul Claudel meurt alors qu'il recopiait une phrase du prophète Isaïe.

CHEZ NOS VOISINS

García Lorca, Kafka, Joyce, Orwell

Ami du génial peintre et graveur Salvador Dalí (1904-1989), du cinéaste Luis Buñuel (1900-1983), Federico García Lorca naît en 1898. Dans ses œuvres poétiques et théâtrales, il célèbre sa terre andalouse et donne à l'Espagne les plus belles pages de sa littérature. Au début de la guerre d'Espagne, le 19 août 1936, il est arrêté par les troupes franquistes, et fusillé.

Brûle mon œuvre après ma mort. C'est l'ultime souhait que Franz Kafka formule à son ami Max Brod, qui se garde bien de le faire ! Heureusement pour le patrimoine mondial de l'écrit ! Les œuvres de l'écrivain tchèque d'expression allemande, connues du grand public dans les années cinquante, font aujourd'hui partie des grands classiques de la littérature : *Le Procès* (1925), *Le Château* (1926) mettent en scène avec un humour étonnant l'absurdité de la condition humaine.

L'Irlandais James Joyce révolutionne la narration avec son *Ulysse* (1922). L'Anglais George Orwell publie en 1949 son roman *1984*, prophétique à court terme…

Giraudoux et ses antiquités

Brillant, Giraudoux ! Il jongle avec les mythes comme ces joueurs de balles qui émerveillent petits et grands, suspendus dans le défi à la pesanteur du temps. Jeu dangereux parfois, qui laisse sur la touche les esprits auxquels manque le dernier étage de la pensée, celui qui touche au ciel et permet de prendre l'indispensable recul sur tout en général, sur soi en particulier.

L'ascension

1850 : Des petits paysans de Haute-Vienne, les Giraudoux, donnent naissance à un fils qui devient en 1880 percepteur de Bellac. Le percepteur se marie et donne pour prénom à son fils, né en 1882, celui de La Fontaine et de Racine : Jean. Giraudoux, très bon élève, boursier au lycée de Châteauroux, élève au lycée Lakanal en 1900, à Paris, passionné de culture antique et germanique, entre à l'École normale supérieure en 1903, devient précepteur d'une famille princière en Allemagne en 1905, commence à écrire des contes, des critiques littéraires, passe le concours des chancelleries, devient diplomate… L'ascension Giraudoux s'interrompt : le sergent de Bellac se bat en Alsace, en Champagne, aux Dardanelles. Il est blessé trois fois. 1921 : de nouveau la diplomatie, au Portugal, aux États-Unis. Et puis des romans, entre la désinvolture et le désenchantement, où la ligne ne cherche rien d'autre que la fantaisie, comme une thérapie.

En scène avec Jouvet

La vraie carrière littéraire de Giraudoux commence avec la rencontre de Louis Jouvet (1887-1951), pour lequel il adapte, sous forme de pièce de théâtre, l'un de ses romans : *Siegfried*. Cette pièce, représentée en 1928, connaît un succès triomphal, rompant avec la vacuité lassante du théâtre de boulevard. Dans *Siegfried*, on réfléchit ! On se demande comment il se fait qu'un Français, devenu amnésique lors de la Première Guerre et recueilli par une jeune fille en Allemagne, devienne un bon Allemand ; et comment va se terminer la démarche de Geneviève, l'ancienne fiancée de ce jeune homme – Siegfried… Giraudoux propose ensuite à son public des pièces où il exploite les thèmes antiques, germaniques ou contemporains, à sa façon, avec l'humour pour étendard, et tous les risques que cela suppose.

Giraudoux en pièces

- 1928 *Siegfried* – Comment être en même temps français et allemand.
- 1929 *Amphitryon 38* – Alcmène se joue de Jupiter, qui s'est déguisé en Amphitryon, son mari.
- 1931 *Judith* – C'est par amour, selon Giraudoux, qu'elle tue Holopherne, et non pour son peuple !
- 1933 *Intermezzo* – Un spectre effraie la belle Isabelle en Limousin…

- 1935 *La guerre de Troie n'aura pas lieu* – variations pleines de légèreté, d'humour et de gravité sur une guerre très ancienne et une autre toute proche.
- 1937 *Électre* – Reprise du mythe antique de la vengeance.
- 1939 *Ondine* – Traitement dramatique d'un conte de l'Allemand La Motte-Fouqué.
- 1942 *L'Apollon de Bellac.*
- 1943 *Sodome et Gomorrhe* – Le couple humain qui se déchire.
- 1945 *La Folle de Chaillot* – La lutte contre les technocrates et les profiteurs.

La mort de Giraudoux

La carrière diplomatique de Giraudoux le conduit à travers le monde jusqu'en 1939. Il est alors nommé commissaire à l'information et se prononce contre la guerre. Il est mis à la retraite en 1941. Il meurt le 31 janvier 1944. De quelle façon ? La version officielle parle d'un empoisonnement alimentaire. Mais, plus tard, le poète Louis Aragon propose la sienne : *Giraudoux a été assassiné par la Gestapo. Pourquoi ? Pas seulement parce que c'est le plus français de nos écrivains, mais certainement aussi pour son activité résistante gardée très secrète et que, pour ma part, j'avais devinée durant le dernier entretien que je devais avoir avec lui cinq jours avant sa mort.*

Tout Giraudoux en une et quelques citations

- Narsès : *Comment cela s'appelle-t-il, quand le jour se lève, comme aujourd'hui, et que tout est gâché, que tout est saccagé, et que l'air pourtant se respire, et que tout est perdu, que la ville brûle, que les innocents s'entretuent, mais que les coupables agonisent, dans un coin du jour qui se lève ?* – Le mendiant : *Cela a un très beau nom. Cela s'appelle l'aurore* – *Électre* (1937)
- Un seul être vous manque et tout est repeuplé – *La guerre de Troie n'aura pas lieu.*
- Le privilège des grands, c'est de voir les catastrophes d'une terrasse – *La guerre de Troie n'aura pas lieu.*
- Servir ! C'est la devise de tous ceux qui aiment commander – *Siegfried.*
- Dieu n'a pas prévu le bonheur pour ses créatures, il n'a prévu que des compensations – *Intermezzo.*

Cocteau et sa Machine

Cocteau ? Quel Cocteau ? L'ami d'Apollinaire, de Max Jacob, de Reverdy, de Modigliani, de Picasso, de Proust, d'Anna de Noailles et de tant d'autres ? Le poète précoce, éblouissant ? Le peintre ? Le musicien – qui collabore avec les compositeurs Erik Satie et Darius Milhaud ? Le cinéaste – *L'Éternel Retour* (1943) ; *La Belle et la Bête* (1945) ; *Orphée* (1950) – inoubliable Jean Marais ! L'essayiste, le romancier ? L'homme de théâtre ? Bref, le génie ! Il a tout fait, Cocteau (1889-1963), avec tant d'élégance, tant d'esprit, de facilité ! Il nous laisse une œuvre qui est encore à découvrir, ou du moins à mieux considérer qu'elle ne l'est aujourd'hui – exigeante et forte sous des apparences parfois superficielles. Ses pièces de théâtre mêlent une poésie inspirée et originale à des hardiesses qui ont pu surprendre – et qui ne demandent encore qu'à surprendre aujourd'hui, pourvu qu'on les sorte de l'oubli où l'on est en train de les installer !

Jean Cocteau et ses succès à la scène

- 1924 *Les Mariés de la tour Eiffel* – *Ici*, dit Cocteau, *je renonce à un système, j'allume tout* (la pièce effectivement est allumée...).
- 1934 *La Machine infernale* – le mythe d'Œdipe revu en beauté.
- 1938 *Les Parents terribles* – chassé-croisé d'amours où le père et le fils aiment la même femme, en l'ignorant...
- 1946 *L'Aigle à deux têtes* – Stanislas, un anarchiste royal, et une reine d'esprit anarchiste s'unissent en un aigle à deux têtes...
- 1952 *Bacchus* – un jeune homme, Hans (l'idiot du village pas si idiot qu'il n'en a l'air...) est élu Bacchus, détenant les pouvoirs absolus pendant huit jours.

ALLONS PLUS LOIN

Radiguet, journaliste de quinze ans...

Cocteau reçoit un jour de 1918 la visite d'un jeune journaliste de... quinze ans, que lui envoie Max Jacob : Raymond Radiguet, né le 18 juin 1903. Cocteau comprend immédiatement que cet adolescent, pris d'une sorte de rage de lecture et qui a abandonné ses études, est un génie de l'écriture. Radiguet commence en 1920 la rédaction de son roman *Le Diable au corps*, qui paraît aux éditions Grasset au début de 1923, après une campagne publicitaire sans précédent. C'est un triomphe, malgré le sujet abordé qui choque certains lecteurs, au lendemain de la guerre – les amours d'un adolescent et de la femme d'un soldat parti au front. Hélas, Raymond Radiguet, qui a écrit un second roman – *Le Bal du comte d'Orgel* –, est atteint d'une fièvre typhoïde dont il meurt le 12 décembre 1923, à vingt ans. Il avait aussi écrit une pièce de théâtre – *Les Pélicans* – et publié ses poèmes sous le titre *Les joues en feu*.

Pagnol et sa trilogie marseillaise

Tu es un grand élégiaque, dans le genre de Racine ou d'Alfred de Musset. Ce que tu peux faire, c'est une tragédie, genre Bérénice, *avec une belle histoire d'amour*. Cette phrase est rapportée dans le quatrième tome des souvenirs de Marcel Pagnol : *Le Temps des amours* (1977). Et qui donc lui a donné ce conseil avisé, alors qu'il se désolait de ne pouvoir mener à son terme l'écriture d'une pièce sur… Napoléon ? C'est Albert Cohen lui-même ! Le grand Albert Cohen, le meilleur ami de Pagnol, à Marseille où ils se sont rencontrés en 1909, à quatorze ans. Pagnol a écouté le conseil, et laissé à la postérité de belles histoires d'amour, à sa façon.

Sur le Vieux-Port

Marseille. Promenez-vous sur le Vieux-Port. Écoutez, ils sont encore là : Marius, Fanny, César… Présent aussi, celui qui a installé autour de leur table, sans qu'ils s'en rendent compte, des projecteurs de théâtre ou des caméras : Marcel Pagnol, né à Aubagne, le 28 février 1895. Après ses études à Marseille – baccalauréat de philosophie, mention assez bien –, il devient professeur de collège, puis de lycée. Il écrit des tragédies, obtient, en 1925, un poste au lycée Condorcet à Paris, est introduit dans les milieux littéraires, fait représenter une première pièce au théâtre de la Madeleine : *Les Marchands de gloire*. Peu de clients pour ces *Marchands* qui font faillite… L'année suivante, *Jazz* ne fait pas recette non plus. Pagnol décide alors de consacrer tout son temps à l'écriture et d'investir dans la tendresse, l'humanité, la bonhomie, le pittoresque, tout cela sous l'azur marseillais, entre les appels du large et ceux du cœur…

ALLONS PLUS LOIN

La trilogie marseillaise

Distribution des rôles : Raimu (Jules Muraire : Rai-mu…) : César ; Pierre Fresnay : Marius ; Fernand Charpin : Panisse ; Orane Demazis : Fanny ; Alida Rouffe : Honorine ; Paul Dullac : Escartefigue ; Pierre Asso : M. Brun… La scène se passe sur le Vieux-Port à Marseille. Marius, le fils de César, est fasciné par les bateaux qui accostent tout près du café de son père, et repartent vers le bout du monde. L'amour que lui porte Fanny, la petite marchande de coquillages qui se donne à lui, est moins important que sa soif d'aventure : il part ! C'est la fin du cinquième acte de *Marius*. Lorsque le rideau s'ouvre sur Fanny, on apprend ce qu'on avait deviné : elle attend un enfant de Marius ! Pour préserver son honneur, elle accepte d'épouser Panisse. Marius revient : il aime toujours Fanny… Que va-t-il se passer dans le dernier volet de la trilogie, *César* ? Lisez-le ou regardez-le au cinéma, mis en scène par Pagnol soi-même ! Vous ne serez pas déçu !

Pagnol et le cinéma

Marius, Fanny, César. Ces trois histoires constituent la trilogie marseillaise de Pagnol. Les deux premières sont écrites pour la scène, la troisième pour le cinéma, la grande passion de l'enfant d'Aubagne, qui y achète, en 1932, vingt-quatre hectares de garrigues afin d'y faire son Hollywood ! Il y tourne *Joffroi* (1933), *Angèle* (1934), *Merlusse* (1935), *César* (1936). Il adapte à l'écran le roman de Jean Giono : *Regain* (1937). En 1946, il est élu à l'Académie française. Après avoir écrit ses souvenirs d'enfance, refusés par les grands éditeurs, il les confie aux éditions Pastorelly à Monte-Carlo : *La Gloire de mon père* (1957), *Le Château de ma mère* (1957), *Le Temps des secrets* (1960) deviennent d'énormes succès de librairie – les deux premiers ouvrages sont adaptés au cinéma par Yves Robert, en 1990. Deux autres œuvres de Marcel Pagnol – *Jean de Florette et Manon des Sources* – sont aussi portées à l'écran par Claude Berri, en 1986, avec un beau trio d'acteurs : Montand, Depardieu, Auteuil. Marcel Pagnol est mort à Paris, le 18 avril 1974.

Royaumes de Montherlant

Une écriture impeccable pour un tourment profond. L'exploration des bonheurs interdits, le refuge tactique dans les forteresses de la morale, de la misogynie… Montherlant en ses royaumes !

Don Ferrante et le mal

Dans le Portugal d'autrefois, le vieux roi don Ferrante, las de tout, fait venir son fils Pedro afin de lui présenter l'épouse qu'il lui a choisie : dona Bianca. Mais Pedro ne la regarde même pas. Il refuse de l'épouser. Son père se met en fureur. Il apprend bientôt la cause de ce refus : Pedro a épousé en secret dona Inès de Castro, et elle attend un enfant de lui ! Don Ferrante décide alors de la faire mettre à mort, non que cette exécution soit indispensable, mais elle représente le mal dans lequel il se complaît. Comment se termine cette pièce ? À vous de le découvrir en lisant ou en allant voir *La Reine morte*, d'Henry Millon de Montherlant, né à Paris, le 21 avril 1896.

Le troupeau des jeunes filles

Montherlant, c'est aussi la tétralogie – quatre volumes – *Les Jeunes Filles* : Costals, un écrivain en vue, séduit celles qui l'admirent et l'approchent. Le portrait de l'homme est celui du prédateur lâche et menteur ; la femme représente la proie consentante, que Montherlant, féroce misogyne, bombarde d'épithètes dévalorisantes. Elle apparaît moralement et physiquement inférieure à l'homme. Elle implore quasiment sa protection, se complaît dans le sentimentalisme, dans la plainte incessante, la séduction ;

Henry et Louis

1907. Voyez-vous ce jeune garçon dans la cour de l'école de Saint-Pierre de Neuilly ? Il va être attaqué par quelques autres qui en veulent peut-être à son goûter, à ses billes ou ses osselets. Un autre garçon a remarqué leur manège. Il s'approche, massif déjà, et la menace sur le visage – en même temps, ce regard de feu… Le menacé est sauvé, son protecteur l'entoure de ses bras affectueux. Ce n'est pas la première fois qu'on les voit ainsi, faisant face à la bêtise du monde. Il sont forts, ensemble, ces deux-là, dans la cour de Saint-Pierre de Neuilly : le plus grand, Henry de Montherlant, et le petit, Louis Aragon.

elle se fond dans le troupeau de ses semblables, imitant tout de celles qui l'entourent ! Tout cela compose une fresque bien sombre qui séduit cependant des millions de lecteurs, proies ou prédateurs…

Lueurs inquiétantes

Regardez un portrait de Montherlant : pas gai, n'est-ce pas ? On dirait qu'il s'efforce de donner un visage à la rigueur morale, l'austérité quasi monacale, à l'ascèse qu'il voudrait vivre. Mais regardez-le dans les yeux, maintenant : ils possèdent l'éclat des braises de l'enfer – lueurs inquiétantes, donnant à ceux qui se sentent attirés vers les jeunes êtres à la fois le goût de la mort et l'insoutenable plaisir de la conquête.

La ville dont le prince est Montherlant

Montherlant écrit, en 1951, son chef-d'œuvre pour la scène : *La Ville dont le prince est un enfant*. L'action se déroule au collège d'Auteuil : l'abbé de Pradts déploie une énergie trouble à séparer André Servais, seize ans, brillant élève, de Serge Sandrier, quatorze ans, à cause de leur amitié excessive. Ce thème des amitiés particulières revient dans le plus long des romans de Montherlant : *Les Garçons* (1969). On y retrouve de jeunes adolescents, leurs pactes de fidélité, des abbés, un collège… Le 21 septembre 1972, à seize heures, Montherlant écrit : « Je deviens aveugle, je me tue. » Il se tire une balle de revolver dans la bouche.

Michel Mohrt, de la Bretagne au Nouveau Monde

Voulez-vous mieux connaître Montherlant ? Lisez *Montherlant, homme libre*, ouvrage publié en 1943, et signé Michel Mohrt. Cet académicien (depuis 1985) est né en Bretagne, à Morlaix, en 1914. Après ses études au collège Saint-Louis de Brest, puis à la faculté de droit de Rennes, il devient avocat. Au début de la Seconde Guerre mondiale, le sous-lieutenant Mohrt se bat dans les Alpes. Il devient ensuite avocat à Marseille puis s'envole pour le Nouveau Monde, où il va passer cinq ans, y enseignant la littérature française. À partir de 1952, il dirige la collection des littératures anglo-saxonnes dans une grande maison d'édition parisienne. Auteur de nombreux romans et essais, il a reçu le grand prix de l'Académie française en 1962 pour *La Prison maritime*, un récit aux mille rebondissements, qui vous conduira notamment dans un château irlandais où vous serez témoin de la belle histoire d'amour entre l'orphelin breton Hervé et la troublante Cécilia… Puis vous reprendrez la mer sur le bien nommé *Roi Arthur*, vers d'autres aventures…

Artaud et son double

Toute la vie d'Artaud (1896-1948) est une course haletante entre la souffrance, la folie et le génie. Bien malin qui peut, avec certitude, annoncer l'ordre d'arrivée.

La cruauté nécessaire

Antonin Artaud ! Quelle tête ! Comme un signe extérieur de terreur, l'idéogramme innervé de la douleur. Artaud a souffert d'une méningite dans son enfance. Depuis, son cerveau est comme une ruine somptueuse, habitable, où son drame personnel se joue, en même temps qu'il donne au théâtre des perspectives insoupçonnées, ce qu'il appelle le théâtre de la cruauté. Attention : il ne s'agit pas de la cruauté dont sont capables les hommes les uns envers les autres, encore moins de celle qui pourrait être représentée sur la scène ; il s'agit surtout d'un théâtre difficile pour celui qui le joue – la cruauté est *celle beaucoup plus terrible et nécessaire que les choses peuvent exercer contre nous*.

Ma pensée m'abandonne

En 1931, lors de l'Exposition coloniale, Artaud découvre dans le théâtre balinais une partie de ce qu'il cherche : les corps y parlent, sans le souci des mots qui, dit-il, paralysent. Il crée alors un drame élisabéthain (qui se déroule au temps d'Élisabeth Ire d'Angleterre, au XVIe siècle) : *Les Cenci*. Écrit, mis en scène et joué par lui-même en 1935, il y mêle aux mots des cris, des gestes, des mouvements, comme un éclatement de la pensée à travers le corps. Évidemment, cette avant-garde passe mal. Artaud quitte l'Europe.

En 1924, il écrivait à Jacques Rivière, qui avait refusé de publier ses poèmes dans les revues de la NRF : *Je souffre d'une effroyable maladie de l'esprit. Ma pensée m'abandonne à tous les degrés. Depuis le fait simple de la pensée, jusqu'au fait extérieur de sa matérialisation dans les mots. Il y a donc quelque chose qui détruit ma pensée.*

DANS L'INTIMITÉ

Artaud chez Thiéfaine

En novembre 1947, Artaud enregistre une pièce radiophonique : *Pour en finir avec le jugement de Dieu*. Si vous décidez de l'écouter, préparez-vous à découvrir un texte, certes, mais aussi une voix. Une voix étrangement perchée, pointue, comme l'incantation d'un grand sorcier chevrotant, mêlée de rugissements, d'une scatologie proférée de stupéfiante façon. Entendre Artaud, c'est le comprendre, le saisir dans la vibration profonde de l'errance de son être. En voulez-vous un échantillon ? Écoutez le dernier enregistrement du chanteur Hubert-Félix Thiéfaine, intitulé *Défloration 13*. Artaud y est vivant…

Du Mexique à Ivry

Artaud part pour le Mexique, chez les Indiens Tarahumaras. Il participe à la consommation rituelle d'un champignon hallucinogène : le peyotl, espérant que son esprit va subir le choc qui le révélera enfin à lui-même. Hélas ! Rien ne se passe. Au contraire, Artaud revient plus malade encore. Il part alors pour l'Irlande, à la recherche du secret des anciens druides. Là-bas, dans le dénuement complet, il est arrêté pour vagabondage ! Rapatrié en France, il est interné, soigné aux électrochocs qui achèvent de plonger son esprit dans l'abîme. Des rémissions lui permettent de continuer à développer sans relâche ses théories sur le théâtre, des idées sans doute trop hardies ou trop neuves pour être exploitées telles quelles, mais qui ont ouvert à la dramaturgie des voies où peuvent s'épanouir aujourd'hui les créations scéniques les plus audacieuses. Le 5 mars 1948, l'infirmière de l'hôpital d'Ivry découvre Antonin une chaussure à la main, nu, étendu dans sa chambre, mort pendant la nuit.

Artaud en œuvres

- 1938 *Le Théâtre et son double.*
- 1945 *Les Tarahumaras.*
- 1947 *Van Gogh ou le Suicidé de la société.*
- 1947 *Artaud le Mômo.*

ALLONS PLUS LOIN

Roussin et le bonheur

Entracte ! Avec André Roussin (1911-1987). Pour ce Marseillais, auteur et metteur en scène, rien de plus distrayant que le théâtre de boulevard, qui fonctionne à l'infidélité conjugale ! Le public raffole de ses pièces où les répliques font mouche, où l'observation des travers de la bourgeoisie est pleine d'une acuité savoureuse (*La Petite Hutte*, 1947 ; *Lorsque l'enfant paraît*, 1951 ; *Le Tombeau d'Achille*, 1960). Point de plongée dans les noirs abysses de la désespérance chez Roussin ! Au contraire, de la légèreté, de l'humour, du rire, bref, du bonheur !

De l'Anouilh

Giraudoux est son idole ! Mais, trop timide, il n'ose l'aborder. Il n'ose rien, Anouilh (1910-1987), sauf l'essentiel : écrire.

Sa petite moustache, ses petites lunettes...

Monelle, acceptez-vous pour époux Jean ?... Oui ! Et vous, Jean, acceptez-vous pour épouse Monelle, ici présente ? Oui ! La scène se passe à Paris, fin 1932. Avez-vous remarqué, parmi ceux qui assistent à ce mariage d'amour, l'acteur Louis Jouvet ? Heureusement qu'il est là : les jeunes mariés sans le sou n'ont aucun meuble. Jouvet a décidé de leur donner ceux qui ont servi à la représentation de *Siegfried*, de Giraudoux, où il tenait le premier rôle – Giraudoux, l'idole de Jean Anouilh que vous aviez forcément reconnu grâce à sa petite moustache, à ses petites lunettes, à son petit sourire, à sa grande timidité. Évidemment, si vous racontez cette histoire, on vous dira : *Mais allons ! Tout le monde sait bien que c'est une légende ! Et alors ?* pourrez-vous répondre, *il y a des légendes qui sont parfaitement exactes ! Qui sait ?...*

Secrétaire de Jouvet

Giraudoux, donc, est une véritable révélation pour Anouilh, né à Bordeaux en 1910. Autre révélation : la lecture de la pièce de Cocteau : *Les Mariés de la tour Eiffel*. La rencontre de ces deux textes fondateurs pour l'œuvre d'Anouilh a lieu alors qu'il n'a pas dix-huit ans. Il vit à Paris, passe des heures à traîner sur la butte Montmartre avec un camarade et passe son bac sans conviction. Sa grande passion, désormais, c'est le théâtre. Pourtant, il faut vivre. Pendant deux ans, il travaille dans une agence de publicité, puis devient le secrétaire de Louis Jouvet qui, hélas, ne perçoit pas dans le jeune homme timide qui est à son service le fou de théâtre avec lequel il aurait pu travailler.

PLAISIR DE LIRE

Un jardin qui ne pense pas encore aux hommes...

Antigone est à l'origine une pièce de Sophocle (496-406 av. J.-C.). Fille d'Œdipe et de Jocaste qui sont morts après s'être découverts fils et mère, elle refuse d'obéir au nouveau roi de Thèbes, son oncle Créon. Polynice et Étéocle, les frères d'Antigone, sont morts dans un combat fratricide. Créon juge Polynice traître à sa patrie ; il interdit qu'il ait une sépulture. Antigone brave cet interdit, au risque de mourir pour avoir désobéi à la loi... La pièce d'Anouilh, qui reprend le mythe d'Antigone, s'ouvre sur une magnifique évocation de l'aube.

LA NOURRICE *D'où viens-tu ?*

ANTIGONE *De me promener, nourrice. C'était beau. Tout était gris. Maintenant, tu ne peux pas savoir, tout est déjà rose, jaune, vert. C'est devenu une carte postale. Il faut te lever plus tôt, nourrice, si tu veux voir un monde sans couleurs.*

LA NOURRICE *Je me lève quand il fait encore noir, je vais à ta chambre, pour voir si tu ne t'es pas découverte en dormant et je ne te trouve plus dans ton lit !*

ANTIGONE *Le jardin dormait encore. Je l'ai surpris, nourrice. Je l'ai vu sans qu'il s'en doute. C'est beau un jardin qui ne pense pas encore aux hommes.*

LA NOURRICE *Tu es sortie. J'ai été à la porte du fond, tu l'avais laissée entrebâillée.*

ANTIGONE *Dans les champs, c'était tout mouillé, et cela attendait. Tout attendait. Je faisais un bruit énorme toute seule sur la route et j'étais gênée parce que je savais bien que ce n'était pas moi qu'on attendait. Alors j'ai enlevé mes sandales et je me suis glissée dans la campagne sans qu'elle s'en aperçoive... [...] Et il n'y avait que moi dans toute la campagne à penser que c'était le matin. C'est merveilleux, nourrice. J'ai cru au jour la première aujourd'hui.*

Jean Anouilh, *Antigone*, 1942 (si vous ne devez, dans votre vie, lire qu'une seule pièce de théâtre, lisez *Antigone*, jusqu'au bout ! Elle ne vous quittera plus...).

Le succès, enfin !

1932, l'année de son mariage, Anouilh fait représenter sa première pièce. Il a vingt-deux ans. Les critiques sont bonnes, mais la marmite est vide… Elle continue de l'être pendant les cinq années suivantes, malgré la représentation de deux autres pièces : *Mandarine*, en 1933, et *Y'avait un prisonnier*, en 1935. En 1937, le metteur en scène Georges Pitoëff met en scène la nouvelle œuvre d'Anouilh : *Le Voyageur sans bagages*. C'est le succès, enfin ! Et pour longtemps, avec *Le Bal des voleurs* (1938), *Antigone* (1942), *Roméo et Jeannette* (1946) – interprétée par Michel Bouquet, dont le nom est associé à de nombreux succès d'Anouilh –, *L'Invitation au château* (1947), *Colombe* (1951), *L'Alouette* (1952), *Pauvre Bitos ou le dîner de têtes* (1956), où il dénonce violemment les procès de la Libération, *Becket ou l'honneur de Dieu*, etc.

Évasions réussies

Notre belle morale, notre chère liberté, votre sale bonheur… Voilà trois des cibles favorites d'Anouilh. Tout ce qui est figé, tout ce qui est proposé comme modèle par l'idéal bourgeois l'horripile. L'innocence, la pureté, l'amour sont flétris par les nécessités du quotidien, par l'inscription dans la comédie sociale. Une solution : l'évasion par la fantaisie, l'humour, la poésie. Mais toujours demeure chez Anouilh un fond pessimiste : les êtres unis pour le meilleur demeurent liés à leur passé, pour le pire ; l'argent vampirise toute liberté, tout désir et toute action ; l'idéal se dissout dans la nécessité et ses compromissions. Malgré ses thèses sombres, Anouilh demeure attachant et tendre ; la poésie de son écriture transfigure ses visions négatives de la grande prison du monde – en ce sens, toutes ses pièces sont des évasions réussies.

Anouilh en pièces

Jean Anouilh a classé ses pièces – noires, roses, brillantes, grinçantes, costumées. Certes, dans chacune d'elles on trouve une dominante qui justifie ce classement, mais toutes contiennent, plus ou moins, tous les adjectifs de chacune des rubriques…

- Les Pièces noires (*L'Hermine, Le Voyageur sans bagage, La Sauvage, Eurydice, Antigone-Jezabel, Roméo et Jeannette*)
- Les Pièces roses (*Le Bal des voleurs, Le Rendez-Vous de Senlis, Léocadia*)
- Les Pièces brillantes (*Colombe, La Répétition ou L'Amour puni*)
- Les Pièces grinçantes (*Ardèle ou La Marguerite, Pauvre Bitos ou Le Dîner de têtes, Ornifle ou Le Courant d'air*)
- Les Pièces costumées (*L'Alouette, Becket ou L'Honneur de Dieu, La Foire d'empoigne*)

PLAISIR DE LIRE

« Moi, je veux tout, tout de suite… »

Créon tente de convaincre Antigone de se soumettre à ses lois. Antigone refuse…

CRÉON *la secoue. Te tairas-tu, enfin ?*

ANTIGONE *Pourquoi veux-tu me faire taire ? Parce que tu sais que j'ai raison ? Tu crois que je ne lis pas dans tes yeux que tu le sais ? Tu sais que j'ai raison, mais tu ne l'avoueras jamais parce que tu es en train de défendre ton bonheur en ce moment comme un os.*

CRÉON *Le tien et le mien, oui, imbécile !*

ANTIGONE *Vous me dégoûtez tous, avec votre bonheur ! Avec votre vie qu'il faut aimer coûte que coûte. On dirait des chiens qui lèchent tout ce qu'ils trouvent. Et cette petite chance pour tous les jours, si on n'est pas trop exigeant. Moi, je veux tout, tout de suite, – et que ce soit entier – ou alors je refuse ! Je ne veux pas être modeste, moi, et me contenter d'un petit morceau si j'ai été bien sage. Je veux être sûre de tout aujourd'hui et que cela soit aussi beau que quand j'étais petite – ou mourir.*

Jean Anouilh, *Antigone*, 1942

Chapitre 21

La voie aux chapitres (1)

Dans ce chapitre :

- Visitez la Sologne et les amours perdues avec Alain-Fournier
- Embarquez-vous dans les romans-fleuves du début du siècle
- Bienvenue dans la cathédrale du temps, avec Marcel Proust

Après une mystérieuse aventure dans la Sologne et ses étangs, le roman devient fleuve, explore les méandres de la société bourgeoise aux prises avec ses convictions et avec la folie qui s'empare de l'Europe au début du siècle. En même temps, surgit en pleine mer intérieure, dans l'océan des souvenirs, l'immense construction proustienne, voyages dans l'infini de soi, passé retrouvé, rebâti, vécu à la façon d'un présent différé, incroyable machine narrative !

La campagne et les fleuves

Alain-Fournier, profondément marqué par une aventure amoureuse qui ne trouve pas son aboutissement, transpose sa vie et la prolonge dans une fiction au charme mystérieux, dans la Sologne des grands parcs, des étangs et des châteaux. Romain Rolland, Roger Martin du Gard et Jules Romains publient ensuite des romans-fleuves ; des centaines de personnages y deviennent les témoins des espoirs et des malheurs du début du siècle.

« Le Grand Meaulnes », Alain-Fournier

Une jeune fille sans nom, très belle ; un domaine mystérieux ; une grande fête costumée. Cela ne vous rappelle rien ?... Un livre lu peut-être pendant votre adolescence rêveuse ; livre à relire, ou à découvrir puisque l'adolescent rêveur, vous le sentez bien, vit toujours en vous…

Gros plan

Plan général : le Grand Palais, à Paris. Gros plan : l'affiche sur laquelle on lit le titre de l'exposition en cours : Le Salon de la Nationale. Plan moyen : l'escalier du Grand Palais. Gros plan : la descente de l'escalier – on ne distingue que les deux chaussures d'un homme qui ralentit le pas, s'arrête… Plan moyen : une jeune fille, magnifique, blonde, élancée et élégante, descend aussi l'escalier – on devine qu'elle se sent regardée, on la voit qui tourne son visage, qui cherche un regard. Gros plan : chevelure souple et brune, visage masculin, équilibré, harmonieux, sur lequel affleure la pensée, air ébloui, presque ahuri ; le jeune homme qui s'est figé, sur les marches, fixe la jeune femme magnifique. Plan général : la jeune fille continue de descendre l'escalier, mais plus lentement ; le jeune homme la suit…

Henri et Yvonne

Le jeune homme s'appelle Henri ; la jeune fille, Yvonne, mais ils ne savent encore rien l'un de l'autre. Il la suit Cours-la-Reine, puis jusqu'à l'embarcadère du pont Alexandre-III. Elle prend le bateau à roue de l'époque. Il le prend aussi. Elle s'arrête au pont de la Tournelle, se dirige vers son domicile, boulevard Saint-Germain. Il la suit toujours, à distance. Elle franchit la grande porte d'un immeuble cossu. Il… non ! Il s'arrête à temps. Mais il sait maintenant où elle demeure. Chaque jour, il revient devant l'immeuble. Le 10 juin, il aperçoit son visage derrière une fenêtre. Elle sourit. Le 11 juin, alors que depuis l'aube il l'attend devant sa porte, elle sort, enfin, un missel à la main. Elle va monter dans le tramway. Il s'approche d'elle, lui dit simplement : *Vous êtes belle !* – ah ! mesdames, laissez un peu cette ligne en repos, fermez les yeux, et rêvez…

L'enfant de La Chapelle

Elle se dirige vers l'église Saint-Germain-des-Prés. Il attend la fin de la messe (persévérant, amoureux fou, c'est la femme de sa vie, vous l'avez compris !). Elle accepte qu'il l'accompagne jusqu'au pont des Invalides. Ils ont une *grande, belle, étrange et mystérieuse conversation*. Hélas ! La jeune fille est fiancée, elle s'appelle Yvonne de Quiévricourt, et elle va épouser le mari que son père lui a choisi : un médecin de marine. Un an plus tard, le jeune homme guette Yvonne sur le Cours-la-Reine. Elle ne vient pas. Le jeune homme ne va cesser de vivre dans le souvenir de cette rencontre. Ce jeune homme est né le 30 octobre 1886, à La Chapelle-d'Angillon, dans le Cher. Il a fait ses études à Paris, préparé sans le réussir le concours d'entrée à Normale sup – Yvonne dans ses pensées… –, est devenu militaire, journaliste, romancier… Un seul grand roman dans sa vie : celui de son amour perdu : *Le Grand Meaulnes* – publié en 1913, en lice pour le prix Goncourt, mais battu par un Nantais, Marc Elder (1884-1933), pseudonyme de Marc Tendron, conservateur au château des ducs.

DANS L'INTIMITÉ

Yvonne, mariée, deux enfants…

Huit ans après la rencontre sur les marches du Grand Palais, Alain-Fournier et Yvonne de Quiévricourt, devenue Yvonne de Vaugrigneuse, se retrouvent pour une unique conversation, grâce à la sœur de la jeune femme, Jeanne. Yvonne est mère de deux enfants. On ne sait rien des mots qu'ils échangent. Alain-Fournier vit alors des amours orageuses avec Simone, la femme de Claude Casimir-Perier dont il est le secrétaire. Il a vécu auparavant quelques aventures, autant d'échecs. Heureux seulement dans la rencontre qui a guidé sa courte vie.

« *Je pars content.* »

Le 22 septembre 1914, dans une clairière, près de Saint-Rémy-la-Calonne, dans la Meuse, vingt et un soldats tombent nez à nez avec un détachement allemand. Les armes crépitent, arrachent l'écorce des arbres, déchirent les feuilles. Une balle atteint au front le jeune homme du Grand Palais, l'enfant de La Chapelle-d'Angillon. Il tombe, mort. Il avait écrit à sa sœur, au début de la guerre : *Je pars content*. Il avait écrit à son ami Jacques Rivière : *Quelque chose désespérément me réclame, et toutes les routes de la terre m'en séparent*. Il est enterré dans une fosse commune. En 1991, on découvre sa plaque de militaire sur les lieux de sa mort. On creuse. Ses restes apparaissent, comme ceux de ses compagnons. Il est inhumé aujourd'hui dans le cimetière militaire de Saint-Rémy-la-Calonne.

ALLONS PLUS LOIN

La mort d'Alain-Fournier

Une fois debout, j'aperçois l'ennemi à genoux dans un fossé recreusé qui sépare un taillis de la clairière dans laquelle nous sommes. Tandis que je bondis, mon œil note tel ou tel camarade qui, sans un autre mouvement, laisse tomber son fusil et s'écrase sur le sol, la face en avant… L'ennemi est à quarante mètres, nous nous arrêtons. Je trouve l'abri, derrière un hêtre, deux camarades s'approchent du même hêtre, tous deux s'écroulent, sur mon dos, sur mes pieds. Ce que je pense : « Ils » me gênent pour tirer, changer de place !… Les balles passent trop près, j'entends une voix éperdue crier « Maman », c'est le sous-lieutenant Imbert, probablement blessé à mort, je vois le capitaine de Gramont tirer à coups de revolver sur les casques à pointe, il ne crie plus, il doit être touché. Je n'entends plus les coups de revolver que tirait à trois mètres de moi le lieutenant Fournier ; je cherche mon chef, il gît à terre sans bouger. Il est mort. Je tire toujours sur la crête qui borde le fossé car je ne vois plus les ennemis…

Récit du sergent Baqué, compagnon d'armes du lieutenant Alain-Fournier, le 22 septembre 1914.

Entrez dans le mystère

Maintenant, fermez ce livre. Ouvrez le roman intitulé *Le Grand Meaulnes*. S'il ne fait pas partie de votre bibliothèque, allez l'acheter ou l'emprunter, toutes affaires cessantes. Lisez-le, lentement, prenez votre temps. Laissez les matins de Sologne s'emparer de vous, entrez dans le domaine mystérieux où se donne une fête étrange, et voyez cette jeune fille, si belle… Yvonne de Galais – mais vous savez bien, vous, que c'est Yvonne de Quiévricourt, et qu'elle a vraiment existé. Lisez, jusqu'à la fin, *Le Grand Meaulnes*. Et puis un jour, si vous gravissez les marches du Grand Palais, arrêtez-vous, fermez les yeux ; ils sont là, encore, tous deux. La jeune femme blonde, élancée, magnifique, et le jeune homme ébloui : Henri-Alban Fournier, dit Alain-Fournier.

ALLONS PLUS LOIN

Valery Larbaud, Ramón Gómez de la Serna

Quand on naît, et qu'on est propriétaire des sources des eaux Larbaud-Saint-Yorre, à Vichy, on est assuré de ne pas connaître les misères d'un Aloysius Bertrand ou d'un Lautréamont, ou de tout autre poète ou écrivain dont les jours ont pu devenir des cauchemars à cause du manque d'argent. Valery Larbaud, né en 1881, va pourtant mourir quasiment ruiné ! Qu'est donc devenue sa fortune ? Elle a navigué sur les paquebots de luxe, dans le monde entier, dans les voitures de luxe, dans les compartiments feutrés des trains pour les destinations les plus rares, et les plus chères. Alors, que retient-on de Valery Larbaud ? Une poésie qui se laisse bercer par des cadences comparables à celles des versets claudéliens, une passion pour les lettres anglaises et pour le poète espagnol Ramón Gómez de la Serna (1888-1962), dont certains vers nous furent servis régulièrement lors du bulletin météo par le journaliste Michel Cardoze – bonne idée peu suivie depuis. Et puis, Larbaud, c'est surtout *Fermina Marquez* (1911), roman qui met en scène les émois, puis le désespoir d'un jeune adolescent face à une jeune Péruvienne – Fermina – qui semble ne rien entendre à l'amour, puis… Ce roman est toujours en vente dans les rayons des bonnes librairies !

« Jean-Christophe », Romain Rolland

On ne lit plus Romain Rolland (1866-1944), ou si peu ! Pourquoi ? Est-ce parce que son roman-fleuve, *Jean-Christophe* – publié entre 1903 et 1912, en dix volumes –, est trop touffu ? Est-ce parce que son style est plat comme une route de plaine, où son héros, de temps en temps, fait du vélo ? Est-ce parce que ce Jean-Christophe, né dans une petite ville de Rhénanie, au milieu d'une famille où l'on fait de la musique de père en fils – comme chez les Beethoven – ne répond plus aux horizons d'attente du lecteur d'aujourd'hui ? Est-ce parce que l'auteur a trop tendu sa volonté moralisatrice ? Est-ce parce que cet ancien de Normale sup, passionné de culture germanique et indienne, pacifiste convaincu, s'est contenté de penser, sans jamais agir vraiment ? Son œuvre est pourtant considérable : des dizaines de romans – dont *Colas Breugnon*, roman paysan qui déplaira souverainement au public de l'idéaliste Jean-Christophe –, des pièces de théâtre, des essais, des biographies – celle de Beethoven, entre autres. Alors, pourquoi ne le lit-on plus ? Tentez de le faire, vous connaîtrez peut-être la réponse !

« Les Thibault », Roger Martin du Gard

Le style de Roger Martin du Gard est une création maison : il n'emprunte à personne, crée son cahier des charges qui précise que l'auteur doit disparaître complètement derrière l'action, les personnages. Voilà un credo peut-être poussé un peu loin, car Martin du Gard a quasiment disparu de la circulation…

La forme dialoguée

Martin du Gard, c'est une vie entière consacrée à l'écriture. D'abord une découverte du roman *Guerre et Paix* de Tolstoï, et puis cette certitude que le roman est la forme suprême d'un art qu'il faut renouveler. Martin du Gard effectue une première tentative qui échoue. Incapable de conduire à son terme un petit roman retraçant la vie d'un curé de campagne, il consulte des neurologues… Né à Neuilly-sur-Seine en 1881, à l'abri du besoin pour plusieurs siècles au moins, il décide que seule la campagne peut lui fournir la tranquillité nécessaire pour gouverner sa plume. *Jean Barois* est son premier roman. Il y essaie une nouvelle technique d'écriture : la forme dialoguée, où s'insèrent de courts paragraphes de liaison narrative. Le public et la critique ne le suivent pas.

Martin du Gard en pensées

Citez l'auteur !

- C'est toujours l'inlassable médiocrité de la femme qui l'emporte.
- Ce qui vieillit une œuvre, ce qui la démonétise, ce que la postérité laisse tomber, c'est justement ce à quoi l'auteur attachait le plus de prix.
- Il y a deux façons d'être spirituel : par l'esprit qu'on met dans ce que l'on dit, et par celui qu'on met dans sa manière de le dire.
- Je ne peux pas admettre la violence, même contre la violence.
- La loi morale, c'est nous qui l'avons faite ; ce n'est pas nous qui avons été faits par elle.
- La pensée ne commence qu'avec le doute.
- Mourir en laissant une œuvre, ce n'est plus mourir autant.
- Où qu'il soit, où qu'il aille, l'homme continue à penser avec les mots, avec la syntaxe de son pays.
- Une femme, surtout devant un homme, joue toujours un rôle.

Prix Nobel de littérature

Roger Martin du Gard se consacre alors à la rédaction de son grand œuvre : *Les Thibault*, un roman- fleuve en douze volumes. Les premiers sont consacrés à l'opposition entre Antoine et Jacques, les deux frères Thibault ; les autres volumes développent la fièvre guerrière qui s'empare du monde à l'issue de la crise politique et sociale du début du siècle. L'écriture demeure fondée sur le dialogue. Martin du Gard, hanté par sa propre présence dans le récit, tente de s'en effacer afin de rendre plus vraie son histoire. Son grand souci est de faire ressemblant, en tuant s'il le faut, le style qui peut dévoyer le récit ! L'œuvre dont la rédaction s'étale sur vingt ans, de 1920 à 1940, constitue un remarquable document humain. Martin du Gard reçoit en 1937 le prix Nobel de littérature. Il commence alors à voyager, continue d'écrire, publie en 1951 des *Notes sur André Gide*, qui fut son ami intime pendant près de quarante ans. Martin du Gard meurt le 22 août 1958, à Bellême, dans l'Orne.

LE SAVIEZ-VOUS ?

Le premier Livre de Poche

Savez-vous que c'est en 1953 qu'a été publié le premier Livre de Poche, lancé par Henri Filipacchi, secrétaire général de la librairie Hachette ? Aujourd'hui, quatorze mille titres existent dans le catalogue de ces grandes œuvres à petit prix vendues à plus d'un milliard d'exemplaires depuis ce fameux premier Livre de Poche dont vous ne connaissez toujours pas le titre. Le voici… Auparavant, il faut vous préciser que l'auteur en est Pierre Benoit (oui, sans accent circonflexe sur le i, exception qui ne concerne que l'écrivain, ou ceux qui n'aiment pas porter de chapeau, le pape Benoît XVI se conformant à la règle en usage…). Pierre Benoit (1886-1962) a écrit des romans au nombre de pages identique, dont le nom des héroïnes commence par un A – Antinea, Angelica, Aurore… Une même phrase revient à la même page dans chaque histoire ; bref, Benoit s'amuse en même temps qu'il passionne son lecteur qui peut aller voir au cinéma plusieurs de ses œuvres – *L'Atlantide*, par exemple. Auteur de plus de quarante romans, Pierre Benoit a été élu à l'Académie française en 1931.

Jules Romains, ça vous gratouille ?

Jules Romains, c'est *Knock*, c'est Louis Jouvet, c'est Parpalaid, c'est Saint-Maurice… Pas seulement, vous allez voir…

Louis-Henri-Jean Farigoule

Romain Rolland, un roman-fleuve de dix volumes. Martin du Gard, douze volumes. Qui dit mieux ? Oui, vous, Louis Farigoule ? Qui êtes-vous, Louis Farigoule ? D'abord, je m'appelle Louis-Henri-Jean Farigoule – puis Jules Romains, un pseudonyme qui devient mon nom légal. Je suis né à Saint-Julien- Chapteuil, dans la Haute-Loire, le 25 août 1885 – l'année de la mort de

Victor Hugo. Mon père, instituteur, s'installe avec toute sa petite famille à Paris. Je suis un très bon élève qui passe brillamment le concours de Normale sup. J'enseigne ensuite la philosophie à Brest, puis à Laon. En 1911, je m'installe à Paris. 1914 : la guerre. Je suis mobilisé dans le service sanitaire. En 1918, je décide de me consacrer à la littérature. Mon idée dominante, mon vecteur, ma croyance et ma foi, mon obsession, ma marotte ? L'unanimisme !

Knock et le malade malgré lui

Knock ! On dirait une onomatopée, l'annonce onomastique d'une idée qui va frapper ! La voici : le Dr Knock rachète la clientèle d'un bon vieux médecin, le Dr Parpalaid, installé en pleine montagne, dans le village de Saint-Maurice. Lorsqu'il arrive dans ce village où il doit prendre ses fonctions, le Dr Knock se rend compte que ses bénéfices seront bien maigres, le Dr Parpalaid ayant depuis toujours laissé faire la nature plutôt qu'appliqué ses connaissances en médecine… Knock commence par donner des consultations gratuites. Il persuade alors les bien-portants qu'ils sont malades. Peu à peu, presque tout Saint-Maurice vit dans l'inquiétude que soigne à grand renfort d'ordonnances – au grand plaisir du pharmacien – un Knock dont la réputation s'étend bien au-delà du village… L'unanimisme a fait son œuvre : le village de Saint-Maurice a fait confiance, comme une seule âme, à l'âme damnée de Knock.

Qu'est-ce que l'« unanimisme » ?

L'unanimisme ! Ce mot, que j'ai moi-même forgé dans ma petite forge à mots, vient de *una*, en latin, *une*, et de *anima*, en latin aussi, *âme*. Donc, *unanimisme* signifie : *une seule âme* – je vise à exprimer dans ce que j'écris les états d'âme collectifs qui se manifestent pour le meilleur ou pour le pire. C'est sur quoi reposent mes œuvres, notamment les vingt-sept volumes de mon roman-fleuve *Les Hommes de bonne volonté*. Je ne peux vous le raconter en détails, lisez-le ; je pense que la peinture de la vie française entre 1908 et 1933 ne vous décevra pas ! Et puis je me suis appliqué pour vous offrir un style clair, pur et limpide.

Jouve, incandescent

Fervent adepte de l'unanimisme de Jules Romains, le poète Pierre Jean Jouve (1887-1976) s'en détache pour composer une œuvre poétique qui comprend plus de vingt-cinq recueils où son tourment de la chair, de la faute, est porté à l'incandescence. Il fait siens les thèmes favoris de la psychanalyse, sans toutefois lui associer sa démarche d'écriture. Jouve est aussi un auteur de romans où apparaissent les mêmes luttes entre Eros et Thanatos (l'amour et la mort). C'est enfin un critique qui commente avec beaucoup de finesse et de profondeur les œuvres de Mozart (1756-1791) ou de Alban Berg (1885-1935).

Amusant, n'est-ce pas ?

En général, on dit que je n'ai pas trop mal réussi ! On m'a élu à l'Académie française le 4 avril 1946. Et je suis mort le 14 août 1972, après avoir publié près de cent livres ! Voilà, vous savez tout. Ah, non, j'oubliais ! Mon plus grand succès, c'est au théâtre que je l'ai remporté, avec *Knock ou Le Triomphe de la médecine*. Vous avez certainement vu cette pièce à la télévision ! Mais si, on y entend Louis Jouvet poser cette question : *Ça vous gratouille, ou ça vous chatouille* ? Amusant, n'est-ce pas ?

EN PEINTURE, EN MUSIQUE

Picasso, Chagall, Ravel, Gershwin

Henri Rousseau, dit le Douanier (1844-1910), expose *La Carriole du père Juniet* ; Henri Matisse (1869-1954) peint *Les Toits de Collioure*; Picasso (1881-1973) vit sa période bleue jusqu'en 1904, puis sa période rose jusqu'en 1906 et entre dans l'art moderne avec *Les Demoiselles d'Avignon* – il crée avec Braque le cubisme en 1911, peint *Guernica* en 1937. Utrillo (1883-1955) peint *Le Passage Cottin à Montmartre* ; Amedeo Modigliani (1884-1920), *Nu accroupi*; Marc Chagall (1887-1985), *Moi et le village* (et le plafond de l'Opéra, en 1963, à la demande de Malraux). Kandinsky (1866-1944) est l'un des grands initiateurs de l'art abstrait. En musique, Gabriel Fauré (1865-1924) compose son *Requiem* ; Maurice Ravel (1875-1937), *Le Boléro*; Arnold Schoenberg (1874-1951), *Pierrot lunaire*; Igor Stravinski (1882-1971), *Le Sacre du printemps.* Aux États-Unis, George Gershwin (1898-1937) écrit et joue sa *Rhapsody in Blue* (1924).

Marcel Proust, l'Écrivain

Un univers, une planète, un autre monde. Comment y accéder ? Suivez la ligne souple, sinueuse, qui descend au fil de la page. Proust est votre guide dans sa cathédrale du temps !

L'enfant et la mort

Neuf ans, et déjà l'expérience d'une proximité avec le néant, un soir de promenade paisible où l'asthme dont souffre l'enfant Marcel devient une menace de tout instant…

Bravo, Gide !

L'écriture de Proust est la plus artiste que je connaisse. Par elle, il ne se sent jamais empêché. Je cherche le défaut de ce style, et ne puis le trouver. Je cherche ses qualités dominantes, et ne puis les trouver non plus ; il n'a pas telles ou telles qualités, il les a toutes. Si déconcertante est sa souplesse que tout autre style auprès du sien paraît guindé, terne, imprécis, sommaire, inanimé. Voilà qui est bien vu, André Gide ! Bravo ! N'oubliez pas quand même que vous reçûtes un jour, alors que vous étiez lecteur chez Gallimard, cher André, un manuscrit signé Marcel Proust, et que vous prétendîtes n'y rien comprendre, alors, vous le refusâtes !... Il faut croire que la finesse, la subtilité, la délicatesse, l'humour, l'ironie, la rosserie parfois, bref, le génie de Marcel Proust vous avaient échappé ! Vous vous empressâtes de les reconnaître lorsque *Du côté de chez Swann* parut chez Grasset, aux frais de l'auteur ! Il était temps...

Cet enfant, Marcel...

Marcel Proust est né le 10 juillet 1871, dans la maison de son grand-oncle maternel, Louis Weil, à Auteuil, 96, rue La Fontaine. Ne la cherchez pas, elle a aujourd'hui disparu ! Son père, Adrien Proust, originaire d'Illiers-Combray, près de Chartres – le Combray des romans de Marcel –, est devenu médecin après avoir commencé ses études au séminaire. Il épouse une jeune fille d'origine alsacienne : Jeanne Weil. La Commune fait rage à Paris, en mai 1871. Un soir qu'Adrien Proust rentre chez lui, une balle tirée par un insurgé l'atteint à la jambe. Jeanne, en apprenant cet événement, est saisie d'une telle frayeur que l'enfant qu'elle met au monde le 10 juillet en portera les stigmates toute sa vie. Cet enfant, c'est Marcel...

Le temps presse

Marcel maladif, Marcel fragile pour qui le printemps devient la plus triste des saisons : les pollens libérés par les fleurs dans les premiers beaux jours provoquent chez lui de terribles crises d'asthme. À neuf ans, alors qu'il rentre d'une promenade au bois de Boulogne avec ses parents, il étouffe, sa respiration ne revient pas... Son père le voit mourir ! Un ultime sursaut le sauve. Voilà maintenant la menace qui plane sur l'enfant, sur l'homme plus tard : la mort peut le saisir dès le retour du printemps, à la fin d'une promenade, n'importe quand, si une crise d'asthme est trop forte ! Marcel effectue pourtant son service militaire au 76e régiment d'infanterie, à Orléans. Revenu à la vie civile, il suit des cours à la Sorbonne et dans un institut libre de sciences politiques. Tout cela n'est rien. Ce qu'il sait, ce qu'il sent, c'est qu'il est écrivain, et que le temps presse.

UNE ANECDOTE

Proust fait ses premières armes...

Le premier livre que fait paraître Marcel Proust en 1896 a pour titre *Les Plaisirs et les Jours.* C'est un recueil de textes variés où son art se montre plein de promesses. Il est pourtant reçu sévèrement par la critique. Notamment par Jean Lorrain – écrivain sans succès, réputé pour la férocité de ses portraits, de ses jugements. Il en dit tant de mal qu'il se retrouve au petit matin sur un pré, un pistolet à la main. Face à lui, un pistolet à la main aussi : Marcel Proust ! Heureusement, tout se termine sans blessures, mais pas sans tristesse pour l'auteur, qui fait ainsi ses premières armes dans le dur métier de génial styliste !

La cathédrale du temps

À la recherche du temps perdu est une construction impressionnante, fascinante, où deux cents personnages se croisent, évoluent, et semblent, à chaque page, inviter le lecteur à les rejoindre.

Bourgeois et aristocrates

Marcel Proust fréquente le monde bourgeois et l'aristocratie. Il accumule ainsi le matériau nécessaire à la construction de son œuvre : une conscience plonge en elle-même, recueille tout ce que le temps vécu y a laissé intact, et se met à reconstruire, à donner vie à ce qui fut ébauches et signes. Lent et patient travail de déchiffrage, comme s'il fallait en tirer le plan nécessaire et unique d'un genre qui n'a pas de précédent, qui n'aura pas de descendance : celui d'une cathédrale du temps. Pourtant, rien du gothique répétitif dans cette recherche, rien de pesant, de roman – rien du roman non plus, pas d'intrigue, d'exposition, de nœud, de dénouement.

ALLONS PLUS LOIN

Proust, avant Gaudi…

Proust offre à la littérature ce que le génial Gaudí y Cornet (1852-1926) a créé plus tard pour l'architecture ; sa *Sagrada Familia* à Barcelone est une aventure sans pareille dans l'histoire des bâtisseurs ; elle se poursuit dans une sorte de temps parallèle, plus circulaire que linéaire. Le dernier chapitre du dernier volume de la *Recherche* a été écrit immédiatement après le premier chapitre de l'œuvre entière ; entre les deux, Proust nous invite dans son cercle.

Les paperolles…

La première pierre, la première phrase de l'œuvre entière est posée en 1907 – *Longtemps, je me suis couché de bonne heure*… La dernière phrase existe-t-elle ? Pas vraiment : c'est le lecteur qui la choisit, jugeant qu'elle clôt une recherche interne, la plongée dans une atmosphère du faubourg Saint-Germain ou bien à travers Sodome et Gomorrhe, dans *Les Intermittences du cœur* – premier titre envisagé. Pendant quinze années, dans sa chambre tapissée de liège, portes fermées, Proust écrit, ne cesse de modifier, de retrancher, d'ajouter en collant sur les pages initiales les fameuses paperolles que l'imprimeur redoute…

Deux cents personnages !

Plus de deux cents personnages vont vivre sous la plume de Proust, couvrant quatre générations, de 1840 à 1918. Peut-on alors comparer la *Recherche* à *La Comédie humaine* de Balzac, et aux *Rougon-Macquart* de Zola ? Sans doute pour ce qui est de l'ampleur de l'œuvre, mais le traitement des personnages y est radicalement différent, ainsi que le précise Jean-François

Revel, proustien passionné : dans *La Recherche, les personnages sont importants parce qu'on les voit souvent, au lieu d'apparaître souvent parce qu'ils sont importants.*

« Longtemps, je me suis couché de bonne heure… »

Longtemps, je me suis couché de bonne heure. Parfois, à peine ma bougie éteinte, mes yeux se fermaient si vite que je n'avais pas le temps de me dire : « Je m'endors. » Et, une demi-heure après, la pensée qu'il était temps de chercher le sommeil m'éveillait ; je voulais poser le volume que je croyais avoir dans les mains et souffler ma lumière ; je n'avais pas cessé en dormant de faire des réflexions sur ce que je venais de lire, mais ces réflexions avaient pris un tour un peu particulier ; il me semblait que j'étais moi-même ce dont parlait l'ouvrage : une église, un quatuor, la rivalité de François Ier et de Charles Quint. Cette croyance survivait pendant quelques secondes à mon réveil ; elle ne choquait pas ma raison, mais pesait comme des écailles sur mes yeux et les empêchait de se rendre compte que le bougeoir n'était plus allumé. Puis elle commençait à me devenir inintelligible, comme après la métempsycose les pensées d'une existence antérieure ; le sujet du livre se détachait de moi, j'étais libre de m'y appliquer ou non ; aussitôt, je recouvrais la vue et j'étais bien étonné de trouver autour de moi une obscurité, douce et reposante pour mes yeux, mais peut-être plus encore pour mon esprit, à qui elle apparaissait comme une chose sans cause, incompréhensible, comme une chose vraiment obscure. Je me demandais quelle heure il pouvait être ; j'entendais le sifflement des trains qui, plus ou moins éloigné, comme le chant d'un oiseau dans une forêt, relevant les distances, me décrivait l'étendue de la campagne déserte où le voyageur se hâte vers la station prochaine ; et le petit chemin qu'il suit va être gravé dans son souvenir par l'excitation qu'il doit à des lieux nouveaux, à des actes inaccoutumés, à la causerie récente et aux adieux sous la lampe étrangère qui le suivent encore dans le silence de la nuit, à la douceur prochaine du retour.

Marcel Proust, *Du côté de chez Swann*, 1913

Prix Goncourt 1919

En 1913, paraît le premier tome de l'œuvre *Du côté de chez Swann*. L'année suivante, le 30 mai, Proust perd son secrétaire et ami, Alfred Agostinelli, dans un accident d'avion. Ce deuil, surmonté par l'écriture, traverse certaines des pages les plus émouvantes et les plus pures de *La Recherche*. En 1919, *À l'ombre des jeunes filles en fleurs*, deuxième tome de l'œuvre, obtient le prix Goncourt. Il ne reste plus à Proust que trois années à vivre. Il écrit, ne cesse d'écrire, élaborant dans le silence de sa chambre de liège ces phrases admirables en spirales ou en volutes qui forent la mémoire jusqu'à l'insécable noyau de l'émotion. Voilà le génie proustien : le style, l'absolu d'une élégance insoupçonnée dans la langue française avant lui, et cette allure inimitable que tant d'apprentis ont tenté d'imiter, demeurant apprentis…

La petite madeleine…

Un passage obligé et délicieux : celui de la petite madeleine, fondant vecteur vers le passé.

Un délicieux viatique

On me lira, oui, le monde entier me lira, et vous verrez, Céleste, rappelez-vous bien ceci : Stendhal a mis cent ans pour être lu, Marcel Proust en mettra à peine cinquante ! Ainsi parle Marcel Proust à sa fidèle servante Céleste. Il ne se trompe pas. Dans les années cinquante, on prend vraiment conscience de l'immensité de son héritage, de l'originalité de sa quête. On se transmet, comme un délicieux viatique, la fameuse petite madeleine – une biscotte dans la première version du texte… – qui, plongée dans le thé et portée à la bouche, fait surgir tout Combray dans la mémoire du narrateur. Cette petite madeleine fait, dans ces années cinquante, une entrée triomphale dans le langage pour désigner les univers personnels que peut ressusciter une saveur, une sensation de nouveau éprouvée.

PLAISIR DE LIRE

La petite madeleine

Il y avait déjà bien des années que, de Combray, tout ce qui n'était pas le théâtre et le drame de mon coucher n'existait plus pour moi, quand un jour d'hiver, comme je rentrais à la maison, ma mère, voyant que j'avais froid, me proposa de me faire prendre, contre mon habitude, un peu de thé. Je refusai d'abord et, je ne sais pourquoi, me ravisai. Elle envoya chercher un de ces gâteaux courts et dodus appelés petites madeleines qui semblent avoir été moulés dans la valve rainurée d'une coquille de Saint-Jacques. Et bientôt, machinalement, accablé par la morne journée et la perspective d'un triste lendemain, je portai à mes lèvres une cuillerée du thé où j'avais laissé s'amollir un morceau de madeleine. Mais à l'instant même où la gorgée mêlée de miettes de gâteau toucha mon palais, je tressaillis, attentif à ce qui se passait d'extraordinaire en moi. Un plaisir délicieux m'avait envahi, isolé, sans la notion de sa cause. […] Je bois une seconde gorgée où je ne trouve rien de plus que dans la première, une troisième qui m'apporte un peu moins que la seconde. Il est temps que je m'arrête, la vertu du breuvage semble diminuer. Il est clair que la vérité que je cherche n'est pas en lui, mais en moi. […] Je demande à mon esprit un effort de plus, de ramener encore une fois la sensation qui s'enfuit. […]

Et tout d'un coup le souvenir m'est apparu. Ce goût, c'était celui du petit morceau de madeleine que le dimanche matin à Combray (parce que ce jour-là je ne sortais pas avant l'heure de la messe), quand j'allais lui dire bonjour à sa chambre, ma tante Léonie m'offrait après l'avoir trempé dans son infusion de thé ou de tilleul. […] Aussitôt la vieille maison grise sur la rue, où était sa chambre, vint comme un décor de théâtre, s'appliquer au petit pavillon donnant sur le jardin, qu'on avait construit pour mes parents sur ses derrières (ce pan tronqué que seul j'avais revu jusque-là) ; et avec la maison, la ville, depuis le matin jusqu'au soir et par tous les temps, la place où on m'envoyait avant déjeuner, les rues où j'allais faire des courses, les chemins qu'on prenait si le temps était beau. […] Tout Combray et ses environs, tout cela qui prend forme et solidité, est sorti, ville et jardins, de ma tasse de thé.

Marcel Proust, *Du côté de chez Swann*, 1913

Proust en œuvres

Titre général des sept romans : *À la recherche du temps perdu*

- 1913 *Du côté de chez Swann* – l'enfance du narrateur à Combray et à Paris (Swann et sa femme Odette sont des amis de la famille ; un épisode est consacré à l'histoire de ce couple, racontée à la troisième personne).
- 1919 *À l'ombre des jeunes filles en fleurs* – le héros découvre la mer et l'amour (Albertine, notamment, promesse de tourments...).
- 1920 *Le Côté de Guermantes I* – Les Verdurin et leurs prétentions intellectuelles de bourgeois.
- 1921 *Le Côté de Guermantes II* – La découverte de l'aristocratie du faubourg Saint-Germain.
- 1922 *Sodome et Gomorrhe I, Sodome et Gomorrhe II* (année de la mort de Marcel Proust).
- 1923 *La Prisonnière* (publié par son frère Robert Proust et Jacques Rivière).
- 1925 *Albertine disparue.*
- 1927 *Le Temps retrouvé.*

Œuvres posthumes

- *Jean Santeuil* (roman) ; *Pastiches et mélanges ; Contre Sainte-Beuve* (Proust s'élève contre la théorie de Sainte-Beuve qui associe étroitement l'œuvre et la vie de l'écrivain) ; *Lettres*.

Mort, Proust ?

En 1922, Marcel Proust tombe malade, victime d'un refroidissement. Le médecin consulté lui ordonne du repos, lui prescrit des médicaments. Mais Proust ne veut entendre parler ni de l'un ni des autres : il corrige son prochain roman : *Albertine disparue* ! Et ces corrections l'absorbent tout entier. Il a la fièvre, mais ne veut pas garder le lit. Toujours debout, du matin au soir et une partie de la nuit, malgré les supplications de Céleste, il va mourir à la tâche, après avoir confié son œuvre à son frère Robert Proust et à Jacques Rivière – éditeur chez Gallimard, beau-frère d'Alain-Fournier. Le 18 novembre 1922, Marcel Proust s'est probablement glissé dans les lignes où il nous avait fait vivre la fin de l'un de ses personnages : l'écrivain Bergotte. Il a dû quitter le monde ainsi, emportant avec lui le petit pan de mur jaune qu'on ne peut plus contempler, dans le tableau de Vermeer, sans penser à lui. Ainsi vivant...

PLAISIR DE LIRE

La mort de Bergotte

Mort à jamais ? Qui peut le dire ? Certes, les expériences spirites pas plus que les dogmes religieux n'apportent de preuve que l'âme subsiste. Ce qu'on peut dire, c'est que tout se passe dans notre vie comme si nous y entrions avec le faix d'obligations contractées dans une vie antérieure ; il n'y a aucune raison dans nos conditions de vie sur cette terre pour que nous nous croyions obligés à faire le bien, à être délicats, même à être polis, ni pour l'artiste athée à ce qu'il se croie obligé de recommencer vingt fois un morceau dont l'admiration qu'il excitera importera peu à son corps mangé par les vers, comme le pan de mur jaune que peignit avec tant de science et de raffinement un artiste à jamais inconnu, à peine identifié sous le nom de Vermeer. Toutes ces obligations, qui n'ont pas leur sanction dans la vie présente, semblent appartenir à un monde différent, fondé sur la bonté, le scrupule, le sacrifice, un monde entièrement différent de celui-ci, et dont nous sortons pour naître à cette terre, avant peut-être d'y retourner revivre sous l'empire de ces lois inconnues auxquelles nous avons obéi parce que nous en portions l'enseignement en nous, sans savoir qui les y avait tracées – ces lois dont tout travail profond de l'intelligence nous rapproche et qui sont invisibles seulement — et encore ! — pour les sots. De sorte que l'idée que Bergotte n'était pas mort à jamais est sans invraisemblance [...] " Petit pan de mur jaune avec un auvent, petit pan de mur jaune. " Cependant il s'abattit sur un canapé circulaire ; aussi brusquement il cessa de penser que sa vie était en jeu et, revenant à l'optimisme, se dit: " C'est une simple indigestion que m'ont donnée ces pommes de terre pas assez cuites, ce n'est rien. " Un nouveau coup l'abattit, il roula du canapé par terre, où accoururent tous les visiteurs et gardiens. Il était mort.

Marcel Proust, *La Prisonnière*, 1923

De Chardonne à Blondin

Les relations entre l'homme et la femme dans leur vie quotidienne, leurs différends, les dérives de leurs sentiments, tout cela délimite les territoires intérieurs explorés par Jacques Chardonne, territoires dont l'extension pratiquée par ses admirateurs couvre les chemins vers un romantisme désenchanté, un passé conjugué à tous les temps de la nostalgie.

Chardonne, le roman du couple

En 1921, paraît aux éditions Boutelleau le roman *L'Épithalame*. Les membres du jury Goncourt sont enthousiastes et s'apprêtent à le couronner de leur prix annuel. Hélas, on se rend compte que l'auteur de ce roman, Jacques

Chardonne, s'appelle en réalité Jacques Boutelleau – né en 1884 – et qu'il est propriétaire de la maison d'édition du même nom – rachetée à Pierre-Victor Stock ! Qu'importe ! La presse enthousiaste fait un triomphe à *L'Épithalame*, qui est, pour Chardonne, le début d'une série d'ouvrages où est analysée la vie de couple : le divorce dans *Le Chant du bienheureux* (1927), l'illusion sentimentale dans *Eva* (1930), la mort de l'être aimé dans *Claire* (1931), l'amour-passion dans *Romanesques* (1938) – Chardonne est le nom d'une petite ville de Suisse où Boutelleau séjourne pendant la Première Guerre mondiale après avoir été réformé. Retiré à La Frette (Val-d'Oise) après la guerre, il continue de publier : *Chimérique* (1948), *Vivre à Madère* (1953), *Demi-jour* (1964). Chardonne meurt le 30 mai 1968.

Dans le sillage chardonnien

Ils sont plusieurs que fascine Jacques Chardonne, ou qui sont influencés par son style, ses idées, sa passion pour une certaine façon d'écrire, et ses détestations…

Morand et l'ermite de La Frette

L'ermite de La Frette, Jacques Chardonne, entretient une abondante correspondance avec Paul Morand (1888-1976), dont le précepteur de classe terminale fut… Jean Giraudoux ! Attaché d'ambassade, ami de Proust, Paul Morand publie d'abord des nouvelles, puis des romans dont *L'Homme pressé* (1941), au style éblouissant. Sa traversée de la Seconde Guerre passe par Vichy. Révoqué de son poste d'ambassadeur à Berne à la Libération, il vit en exil jusqu'en 1953. Rentré en France, il publie *Hécate et ses chiens* (1954), *La Folle amoureuse* (1956), *Nouvelles d'une vie* (1965). Il est élu à l'Académie française en 1968.

Déon, le nomade européen

L'écrivain Bernard Frank, né en 1929, publie, en 1952 un article remarqué dans la revue de Sartre *Les Temps modernes*, dont la deuxième partie du titre fait florès dans le monde littéraire : *Grognards et hussards* – Mauriac le grognard et Nimier le hussard. *Les Hussards* sont nés : dans le sillage de Roger Nimier, ils s'appellent Michel Déon, Antoine Blondin, Jacques Laurent (1919-2000, prix Goncourt 1971, avec son roman *Les Bêtises*). Déon, né en 1919, fait ses études à Paris, puis à Monaco où son père est le conseiller du prince. Ses activités pendant la Seconde Guerre mondiale le transforment en nomade européen après la Libération. Comme tous les Hussards, il s'en prend à l'existentialisme de Sartre et milite pour une nouvelle forme de littérature, qu'il illustre en publiant de nombreux romans aux héros désenchantés, nostalgiques : *Les Poneys sauvages*, prix Interallié 1970, *Un taxi mauve*, grand prix du roman de l'Académie française en 1973 – Académie française où il est élu en 1978.

Blondin et ses bons tours

S'il a tant aimé le Tour de France qu'il couvrait pour le journal *L'Équipe*, c'est peut-être parce qu'il y voyait l'allégorie de sa vie : la descente vertigineuse compensée par une montée en danseuse où se conjuguent l'effort et la légèreté. Antoine Blondin (1922-1991), c'est aussi l'échappée en solitaire, devant tous ceux que lestent les convenances et les laborieux savoir-faire. Lui, Blondin, vous trouve un titre au coin du bar, vous trousse un texte entre deux canons ; ses phrases font mouche à tous les coups ! Il écrit des livres pleins de sincérité, d'humour et de tendresse : *Les Enfants du Bon Dieu* (1952), *Un singe en hiver* (1959), *Monsieur Jadis* (1970). Il écrit aussi des préfaces, notamment celles des œuvres de Paul Verlaine. On peut y lire : *Chez Verlaine, l'homme descend du songe et tend à y retourner*. N'est-ce pas qu'on a envie de l'accompagner, Antoine Blondin, dans sa façon de rêver !

Chapitre 22

La voie aux chapitres (2)

Dans ce chapitre :

- Laissez-vous guider dans la géographie des passions
- Visitez l'immense entreprise de Jean-Paul Sartre

Le héros de roman est invité chez Gide, Mauriac, Bernanos, Malraux, Céline, Camus, poursuit une quête du sens à travers les doutes existentiels, les tourments spirituels, l'engagement dans l'action politique ou l'indifférence au monde.

Géographie des passions

Le héros de roman se cherche à travers l'acte gratuit que lui propose Gide, les tourments de la conscience où il s'enlise chez Mauriac ou Bernanos, le dépaysement dans la nature de Colette ou Giono, l'aventure héroïque chez Malraux, le désespoir cynique chez Céline ou l'indifférence au monde chez Camus.

Gide et son abyme

Vous rappelez-vous Gertrude, l'héroïne du roman de Gide – *La Symphonie pastorale* –, incarnée par Michèle Morgan à l'écran, dans les années cinquante ? Vous rappelez-vous la fin du film ? L'avez-vous comparée à la fin du roman ? Qu'en pensez-vous ? Ce n'est pas un exercice scolaire, c'est seulement l'invitation à réfléchir sur le grand Gide de cette *Symphonie*, puis sur l'œuvre tout entière, monumentale.

Les châteaux de sa mère

Gide ! Le personnage. Un acteur majeur de la vie littéraire ou, comme le dit Malraux – à moins que ce ne soit l'essayiste André Rouveyre –, *le contemporain capital* ! Faut-il, comme Sainte-Beuve, lier étroitement l'écrivain à sa propre existence afin d'en expliquer les œuvres ? Faut-il, comme Proust, s'insurger contre cette approche, et n'étudier l'œuvre qu'en elle-même, issue d'un moi profond, différent du moi agissant ? Les deux, sans doute… Gide, né le 22 novembre 1869, est l'enfant unique de Paul Gide, professeur de droit, originaire d'Uzès, protestant, et de Juliette Rondeaux, née à Rouen, dont la famille possède maints châteaux – lieux de vacances évoqués dans *Si le grain ne meurt* (1924).

Cinq cents exemplaires en dix ans…

L'enfant Gide est intelligent, s'ennuie à l'école ; l'adolescent se construit une solide culture littéraire ; le jeune homme écrit, publie son premier livre à compte d'auteur : *Les Cahiers d'André Walter*, en 1891. Deux ans plus tard, il part en voyage pour l'Afrique, en compagnie d'un ami. Il en revient adulte, transformé : il a découvert sa nature profonde, son identité. Elle s'épanouit dans un livre qui paraît en 1897 : *Les Nourritures terrestres*. Livre confidentiel d'abord : Gide, parvenu au faîte de sa gloire, aimait rappeler qu'il ne s'en vendit, en dix ans, que cinq cents exemplaires…

Gide en pensées

- Le monde ne sera sauvé, s'il peut l'être, que par des insoumis. – *Journal*.
- Je n'aime pas les hommes, j'aime ce qui les dévore. – *Prométhée mal enchaîné*.
- Dans un monde où chacun se grime, c'est le visage nu qui paraît fardé. – *Correspondances*
- C'est parce que tu diffères de moi que je t'aime ; je n'aime en toi que ce qui diffère de moi. – *Les Nourritures terrestres*.
- Quand un philosophe vous répond, on ne comprend plus du tout ce qu'on lui avait demandé – *Paludes*.
- Ce qui échappe à la logique est le plus précieux de nous-même. – *Journal*.
- Les bourgeois honnêtes ne comprennent pas qu'on puisse être honnête autrement qu'eux. – *Les Faux-Monnayeurs*.
- Inquiéter, tel est mon rôle. – *Les Faux-Monnayeurs*.

Prix Nobel de littérature 1947

La gloire vient ensuite : Gide écrit pour libérer la littérature de son carcan moral, de ses cadres traditionnels ; Gide agit contre le colonialisme, pour le pacifisme – il est présent au Congrès mondial pour la paix, en 1932 . Gide voyage en Afrique, en URSS – d'où il revient déçu. C'est l'écrivain actif dans son époque, l'artiste du progrès que couronne le jury Nobel en 1947. Quatre ans plus tard, le 19 février 1951, il meurt d'une congestion pulmonaire. Voici la dernière phrase qu'il a écrite : *Ma propre position dans le ciel, par rapport au soleil, ne doit pas me faire trouver l'aurore moins belle*. Voici ses dernières paroles : *J'ai peur que mes phrases ne deviennent grammaticalement inexactes… C'est toujours la lutte entre le raisonnable et ce qui ne l'est pas…* Voici venu le temps pour vous de (re)découvrir Gide !

Gide en œuvres

- 1891 *Les Cahiers d'André Walter* – Les premiers pas, les premières pages de Gide. Le personnage, André Walter, meurt fou à vingt ans.
- 1897 *Les Nourritures terrestres* – Ménalque enseigne la ferveur à Nathanaël ; Gide offre un bréviaire à une jeunesse en mal d'idéal.
- 1899 *Prométhée mal enchaîné* – Le héros de la mythologie est transporté dans notre époque. Il s'assied à la table d'un café, écoute Coclès et Damoclès…
- 1902 *L'Immoraliste* – Après une jeunesse austère, Michel épouse Marceline, mais sous le soleil d'Afrique, il se découvre… Roman presque autobiographique.
- 1909 *La Porte étroite* – Alissa aime Jérôme, mais se détache de lui pour des raisons mystiques.
- 1914 *Les Caves du Vatican* – Le pape est-il emprisonné dans les caves du Vatican ? Pour le savoir, Lafcadio vous offre son acte gratuit : un meurtre !
- 1919 *La Symphonie pastorale* – Gertrude, la jeune aveugle, aime le pasteur qui l'a sauvée de sa condition misérable. Mais elle retrouve la vue…
- 1924 *Si le grain ne meurt* – Livre de tous les souvenirs.
- 1925 *Les Faux-Monnayeurs* – Édouard écrit un roman. Son titre ? *Les Caves du Vatican*… C'est le roman d'un roman, la fameuse *mise en abyme* (expression de Gide).

Duhamel et son Salavin

Médecin comme son père, Georges Duhamel, né le 30 juin 1884 à Paris, obtient le prix Goncourt en 1918, avec *Vie des martyrs* et *Civilisation*. Il crée ensuite le personnage de Salavin qui traverse nombre de ses œuvres, s'élevant contre les excès de l'époque, contre la civilisation mécanique, contre le manque de courage, le manque de respect, et même contre ses propres insuffisances et carences qu'il décrit avec une modestie amusée. Il écrit aussi, entre 1933 et 1944, une œuvre imposante, en dix volumes : *Chronique des Pasquier*, Mémoires imaginaires où se trouve mise en scène la classe moyenne luttant contre tous ses soucis en général, ses problèmes d'argent en particulier. Secrétaire perpétuel de l'Académie française à partir de 1944, Georges Duhamel écrit encore de nombreux ouvrages – essais, poèmes, pièces de théâtre. Il meurt le 13 avril 1966, à Valmondois, en Seine-et-Oise.

L'ingénu génie nu : Colette

Sulfureuse et candide, audacieuse, trompée et trompeuse, et puis bien installée, à vie, dans son fauteuil de l'académie Goncourt, grande prêtresse des lettres derrière les fenêtres de son appartement du Palais-Royal. Royale Colette…

Sido, la mère

Dès qu'on prononce, en littérature, ce nom : Colette, on dirait qu'il y en a qui n'en sont pas très fiers – c'est qu'elle a montré son derrière, et que cela ne se fait pas, dans un pays où tout ce qui touche aux appas se suggère, ne se dévoile pas, même si, souvent, c'est plus pervers… Adèle Eugénie Sidonie Landoy – Sido, pour sa fille – perd, en 1865, son premier mari. Quelques mois plus tard, elle épouse… son amant, capitaine unijambiste et pensionné, Jules Joseph Colette. Ils ont deux enfants : Léo, né en 1866, et Sidonie Gabrielle, née le 28 janvier 1873, à Saint-Sauveur-en-Puisaye. La jeunesse de Sidonie est heureuse.

Claudine

À vingt ans, Sidonie-Gabrielle prend pour nom unique Colette. Elle s'en va vivre à Paris, avec celui qu'elle a épousé : Henry Gauthier-Villars, dit Willy – un séducteur qui n'hésitera pas à se promener avec ses deux femmes aux bras : Colette et une actrice appelée Polaire. Willy le scandaleux, qui a l'habitude de faire travailler pour lui une troupe de tâcherons de l'écriture, sous-payés, demande à Colette de se mettre à écrire ses souvenirs d'enfance. Plus tard, elle avouera qu'elle n'avait aucune envie de le faire, mais qu'elle dut obéir. Elle écrit trois livres que Willy publie sous son nom : *Claudine à Paris* (1901), *Claudine en ménage* (1902), *Claudine s'en va* (1903). Il prétend les avoir reçus d'une certaine… Claudine.

ALLONS PLUS LOIN

Vinca, Phil et la dame en blanc…

Phil a seize ans, Vinca en a quinze. Leurs années d'enfance commencent à descendre, main dans la main vers le fond de leurs souvenirs heureux, laissant la place au malaise de l'adolescence, à ses incertitudes : Phil ne regarde plus Vinca comme une enfant ; Vinca s'amuse à tenir à distance Phil, joue la coquette. Bref, les deux adolescents se cherchent, s'aiment sans le savoir. Un jour, Phil rencontre une mystérieuse dame vêtue de blanc qui lui demande son chemin. Elle l'invite chez elle… Vous êtes cordialement invité(e) à suivre la suite des aventures de Phil et de la dame en blanc en lisant le roman de Colette : *Le Blé en herbe*, publié en 1923, et devenu, en 1954, un film réalisé par Claude Autant-Lara, avec Edwige Feuillère et Pierre-Michel Beck. Donc, Phil et la dame en blanc viennent d'entrer dans la chambre…

L'académie Goncourt

Mais Colette bientôt s'émancipe, se sépare de Willy en 1906, et montre qu'elle aussi est experte en matière de scandale – c'est à cette époque qu'avec son amie Mathilde de Morny, surnommée Missy, elle montre ce que vous savez. Elle continue d'écrire, manque de quelques voix le Goncourt, épouse Henry de Jouvenel en 1912, donne naissance à une fille – « Bel Gazou » – en 1913, devient directrice littéraire du journal de son mari – *Le Matin* –, publie *Chéri* en 1920, *Le Blé en herbe* en 1923. Elle rencontre son futur troisième époux, Maurice Goudeket, en 1925, l'épouse en 1935, doit s'immobiliser en 1943, souffrant d'arthrose, est élue à l'académie Goncourt en 1945, en devient la présidente en 1949, est promue grand officier de la Légion d'honneur en 1953, meurt le 3 août 1954, est inhumée au Père-Lachaise le 7 août, après des obsèques nationales.

ALLONS PLUS LOIN

Transporteur de bonheur

Toutes les œuvres de Colette sont imprégnées d'une certaine vision des êtres, de la nature et des bêtes. Une vision composée d'un tiers d'observation, d'un autre de sensation, le dernier étant celui de l'exaltation qui contamine les deux premiers. Cette cuisine donne aux pages de l'amoureuse bourguignonne l'allure d'un grand jardin plein de verdure et de sève, où les animaux sont des rois, et les êtres des transporteurs de bonheur – il ne tient qu'à vous de le devenir, Colette recrute toujours…

François Mauriac, il était une foi…

Qui vit sans folie n'est pas si sage qu'il le croit. Cette maxime de La Rochefoucauld, avec ses sous-entendus d'interdits transgressés d'autre façon, peut servir de bannière à la procession des œuvres de Mauriac…

Doux Jésus !

On raconte qu'un jour, dans les années cinquante, un écrivain fort à la mode assistant à une soirée mondaine rencontra François Mauriac. Cet écrivain à la mode venait de publier un livre sur le Christ, et ce livre se multipliait comme des petits pains… Évidemment, des droits d'auteur fort substantiels tombant dans son escarcelle, cet écrivain fort à la mode avait offert à son épouse un superbe manteau de fourrure. Fort cher. Madame et son manteau accompagnaient Monsieur l'écrivain lors de ladite soirée. Mauriac s'approcha d'elle alors, la salua. Puis, admiratif, il effleura la riche fourrure, en disant : *Doux Jésus !*…

Au nom du Seigneur...

On raconte qu'un autre soir, pendant un dîner, après le départ de la veuve de Paul Claudel, il s'était exclamé : *Mon Dieu, qu'elle a dû être laide !* Allons Mauriac, c'est fini ? Non, et pour notre plus grand plaisir… Ne l'a-t-on pas entendu dire un jour : *C'est bon de faire la haine, ça détend, ça repose*. Ou bien, à propos de Lamartine : *Ce sublime dadais de Lamartine*… Et puis ceci, sur Jean-Paul Sartre : *Sartre ? Incurablement inoffensif !* Attention, François Mauriac, voici maintenant la réponse du berger à la bergère : *Dieu n'est pas un artiste. Monsieur Mauriac non plus*. Signé Jean-Paul Sartre, qui se fend de cette autre pensée pétillante : *Mauriac, l'eau bénite qui fait pschitt !...* Terminons en beauté avec le malicieux portrait qu'en fait Philippe Bouvard : *Je regrette de l'avoir si peu connu car il était, paraît-il, d'une méchanceté qui n'avait d'égale que sa foi. Il crucifiait tous les contemporains qui lui tombaient sous la main. Mais au nom du Seigneur !*

UNE ANECDOTE

Mon Malagar

En 2001, paraissait un livre signé Lucienne Sinzelle, alias Nénette : *Mon Malagar*. Un récit terrible, celui de la petite-fille des ouvriers agricoles au service des Mauriac, au château de Malagar : les Sinzelle vivent à quatre dans un deux pièces sans électricité, sans eau, sans chauffage. Des guenilles plutôt que des vêtements. Pas un sou. Et cet incessant travail physique de l'esclave intemporel. La mère est usée à trente ans. Le père boit et finit par violer sa fille. Lulu, le fils, est intelligent, doué pour les études. On eût pu, charitablement, s'en soucier. On ne le fit pas. Lulu était tout juste bon pour devenir le vacher qui se désespéra et mourut à vingt-cinq ans. Nénette joue avec un garçon de son âge qui s'échappe du château : Monsieur Jean. Jean Mauriac, le fils de François. C'est lui qui va aider Nénette, presque soixante ans plus tard, à raconter son Malagar, si loin de la gloire de son maître François.

Un homme de conviction

François Mauriac est né à Bordeaux le 11 octobre 1885. Son enfance se déroule dans le château de Malagar, cœur du vignoble paternel. En 1907, après une licence de lettres, il décide de vivre à Paris afin qu'y éclose sa vocation d'écrivain. Pendant quarante-cinq ans, il va publier des romans où l'homme, la femme, sans cesse tiraillés entre Dieu et diable, s'efforcent de faire bonne figure. Dans les années trente, il s'engage politiquement, dénonce la montée du fascisme, condamne la guerre d'Espagne. Entre 1939 et 1945, il choisit le camp de la Résistance, s'oppose aux hommes de Vichy, aux *excès de leurs prosternations humiliées*. Chroniqueur au *Figaro*, à *L'Express*, Mauriac se montre un homme de conviction dans ses blocs-notes hebdomadaires. Le romancier passe alors au second plan, mais publie en 1969 une dernière fiction qui comporte – comme tous ses romans – beaucoup d'éléments autobiographiques : *Un adolescent d'autrefois*. François Mauriac, entré à l'Académie française en 1933, a reçu le prix Nobel de littérature en 1952.

Mauriac en œuvres

- 1922 *Le Baiser au lépreux* – Noémie épouse un homme disgracié qui meurt de tuberculose. Sa gloire est de lui rester fidèle.
- 1923 *Genitrix* – Fernand Cazenave épouse Mathilde, contre le gré de sa mère. Mathilde meurt, mais son souvenir désorganise l'existence de ceux qui lui survivent.
- 1925 *Le Désert de l'Amour* – Les violents désirs du Dr Courrèges.
- 1927 *Thérèse Desqueyroux* – Elle empoisonne son mari qui survit et lui pardonne, par pitié.
- 1932 *Le Nœud de vipères* – Un vieil avare achève sa vie dans la foi.
- 1933 *Le Mystère Frontenac* – Une famille unie, sans véritable mystère…
- 1936 *Les Anges noirs.*
- 1940 *Le Sang d'Atys* – Poème.
- 1941 *La Pharisienne* – Brigitte Pian, une femme acariâtre et mauvaise, se rachète à la fin de sa vie.
- 1951 *Le Sagouin* – Guillou, l'enfant de Galéas de Cernès et de Paule, entraîne son père dans la mort pour fuir sa gorgone de mère.
- 1969 *Un adolescent d'autrefois* – Tous les thèmes de Mauriac dans une coda attachante.

ALLONS PLUS LOIN

Barbusse, Bataille, Foucault, Derrida…

Henri Barbusse (1873-1935) publie en 1908 un roman qui fait scandale : *L'Enfer.* Son héros loue une chambre d'hôtel et s'aperçoit qu'il peut tout voir et tout entendre dans les deux chambres contiguës à la sienne. Barbusse fait la Grande Guerre et en revient avec un roman : *Le Feu, Journal d'une escouade*, qui obtient le prix Goncourt en 1917 – sa peinture très réaliste de l'horreur ne lui attire pas que des éloges ! Devenu pacifiste, il s'en va vivre dans la Russie de Lénine où il meurt à Moscou, en 1935. Beaucoup plus scandaleuses que *L'Enfer* de Barbusse : les œuvres de Georges Bataille (1897-1962) ! Il y développe ce qu'il appelle *l'expérience intérieure*, qui prend la forme de voyages au bout des possibles alliant la jouissance et la souffrance – ce qu'il nomme *joie suppliciante.* Sa philosophie oppose l'idéologie capitaliste de l'économie à celle de la dépense primitive et libératrice. Cette dépense s'effectue dans toutes les directions – avec, pour Bataille, une prédilection pour l'érotisme dans toutes ses perversions. Les idées de Bataille ont fondé un courant qu'illustrent des écrivains comme Michel Foucault (1926-1984), auteur, notamment, de l'excellent *Les Mots et les Choses* (1966), ou comme Jacques Derrida (1930-2004), dont Franz-Olivier Giesbert explique ainsi l'idée de la *déconstruction*, omniprésente dans ses écrits : *La* déconstruction, *c'est prendre une idée, une institution ou une valeur et en comprendre les mécanismes en enlevant le ciment qui la constitue. Au-delà de cette expression, qui peut intriguer ou faire fuir, c'est un philosophe qui peut aider à la compréhension de la société.*

Georges Bernanos fait le Malin

L'existence de Bernanos ressemble par moments à un calvaire aux cent stations. Blessé dans son corps, dans son cœur, toujours à court d'argent, et la page blanche comme une terreur, la foi comme une hantise qui malmène tous ses personnages…

Un étrange voyageur

Voyez-vous cet homme penché sur sa feuille blanche dans un compartiment du train qui file vers Bar-le-Duc ? C'est un inspecteur d'assurances qui va rendre des comptes à son patron. Approchez-vous : ce ne sont pas des colonnes de chiffres qu'il aligne, ce sont des mots – et chaque phrase qu'il écrit semble lui coûter d'infinies souffrances. Tout à l'heure, au buffet de la gare, attendant le prochain train, il sera assis à une table, écrivant encore. Écrivant quoi ? Des histoires sombres où, par exemple, l'abbé Donissan est suivi dans la campagne par un étrange voyageur. Ce voyageur, c'est Satan ! Brrr… Si vous ne le croyez pas, allez voir le film qu'en a tiré Maurice Pialat – sans doute vous rappelez-vous avoir vu quelque jour à la télévision ce cinéaste toujours de belle humeur… Donc, Satan apparaît dans le film de Pialat tiré du roman de Bernanos : *Sous le soleil de Satan*, publié en 1926. L'abbé Donissan est joué par Depardieu – dans un seul sens du terme, celui que vous voulez… Le film reçoit la Palme d'or au Festival de Cannes, sous les sifflets du public !

DANS L'INTIMITÉ

Cannes

Bernanos fut toute sa vie un passionné de moto. Pourtant, en juillet 1933, près de Montbéliard, il est victime d'un grave accident : sa machine lui broie une jambe. Il doit rester des mois immobilisé. Peu à peu, il recommence à marcher à l'aide de cannes dont il ne pourra plus se séparer, les fixant à l'aide de courroies sur… les nouvelles motos qu'il va continuer de piloter, sans rancune !

Jeanne… d'Arc

Bernanos, qui est né le 20 février 1888 à Paris et mort le 5 juillet 1948, croit pouvoir vivre de sa plume après le succès de *Sous le soleil de Satan*. Mais il ne parvient pas à surmonter une certaine gêne financière qui le poursuivra toute sa vie. Il peine à élever les six enfants qui naissent de son union avec Jeanne, son épouse, descendante du frère de… Jeanne d'Arc ! Il tente de vivre mieux aux Baléares, au Brésil où il devient vacher. Puis en Tunisie. Sans succès. Revenu en France, il refuse d'entrer à l'Académie française ; il refuse cinq fois la Légion d'honneur.

Je souris…

En 1936, il approuve le soulèvement franquiste, mais s'indigne des massacres de pauvres gens et soutient ensuite les républicains. Du Brésil où il vit en 1940, il soutient de Gaulle et s'élève contre la collaboration pétainiste. Il revient en France pour y soigner un cancer du foie, après son séjour en Tunisie où il a écrit les *Dialogues des Carmélites* (les derniers instants de religieuses qui sont guillotinées à la Révolution). Francis Poulenc en tire un opéra en 1957. Bernanos reçoit, la veille de sa mort, la visite de Malraux, qui rapporte dans ses *Antimémoires* l'une des dernières phrases de l'écrivain : *Vous voyez, je souris…*

Jouhandeau, Léautaud, Green, Malet

Guéret, dans la Creuse. Une boucherie, celle des Jouhandeau. Une boulangerie, celle de la tante des Jouhandeau. Une jeune fille qui sort du Carmel pour y retourner dès que la phtisie qu'on craignait se sera éloignée. Et puis un jeune garçon qui sort de la boucherie paternelle où il s'ennuie, se dirige vers la boulangerie, mais fait halte auprès de la jeune fille qui l'attend, chaque jour à la même heure, près de l'église. Elle lui donne quelques livres où elle a placé des marque-pages. Le jeune garçon, après une courte conversation, court chez sa tante, les livres sous le bras. Il grimpe dans la chambre qu'elle lui a réservée, et se met à lire saint Augustin, saint Thomas d'Aquin, des extraits des Saintes Écritures… Il est temps de vous révéler que le jeune garçon s'appelle Marcel Jouhandeau, qu'il est né en 1888, à Guéret, mort à Rueil-Malmaison, en 1979. Sa vie ? Celle d'un passionné de l'écriture, qui va publier de nombreux romans où il raconte la petite vie des petits-bourgeois de Chaminadour (1938). Ces nouvelles caustiques et drôles rapportent par le menu les épisodes quotidiens de la méchanceté, de la mesquinerie, à… Guéret (que tout le monde reconnaît derrière Chaminadour !). Jouhandeau se plaît à dire qu'il n'a jamais quitté sa ville – même s'il a consacré sa vie à son métier de professeur de sixième, à Passy. Il publie une vingtaine de romans où il fait confidence au lecteur de ses difficultés à concilier l'amour pour sa femme et ses amitiés masculines.

Jouhandeau a pour ami en écriture Paul Léautaud (1872-1956), dont le *Journal littéraire* est un bréviaire pour tous ceux qui veulent s'initier au vitriolage en littérature… Jouhandeau fréquente aussi Julien Green (1900-1998), auteur de plus de cinquante ouvrages – dont *Mont-Cinère* (1926) –, élu à l'Académie française en 1971. À la même époque, Léo Malet (1909-1996) écrit sa série *Nestor Burma*, devenue des téléfilms où Guy Marchand incarne le fameux inspecteur qui parcourt les arrondissements de Paris afin d'y résoudre les énigmes criminelles les plus tarabiscotées !

Vertiges de labours : Giono

Peut-être le seul écrivain qui ait pu vivre son destin national en dehors de Paris. Et encore… Certains ne connaissent de lui que cette Provence qui n'existe que dans ses livres et concluent que, finalement, c'est l'auteur d'une région. L'adjectif *régionaliste* est si proche, et si pratique, lorsqu'on en reste aux apparences. Giono, né en 1895 – la même année que Pagnol, Vaché, Cohen –, c'est pourtant l'amour de la terre. Planétaire.

Toc toc…

1911. Vous habitez Manosque, en Provence. Il fait beau, le ciel est bleu, le soleil brille, les cigales chantent – ou plutôt font *cri cri cri cri*. Il est trois heures de l'après-midi. Vous venez de vous installer dans une chaise longue, au tissu blanc et brique. *Cri cri cri cri* – c'est finalement un peu énervant, les cigales. *Cri cri cri, toc toc, cri cri, toc toc…* Tiens, on a frappé, deux fois ! Vous vous levez, en maugréant. Vous ouvrez la porte, et vous découvrez un petit jeune homme bien en joues, au regard noir, sûrement le descendant d'un Piémontais émigré ; il vous apporte un papier de votre banque, la banque de Manosque.

Qui était-ce ?

Vous signez le papier que vous tend le jeune coursier qui vient de faire *toc toc*. Vous lisez son nom : Jean Giono. Oui ! Vous avez devant vous le jeune Jean Giono ! Il vient d'arrêter ses études, qu'il ne reprendra pas, car son père, cordonnier, est gravement malade. Lui donnerez-vous une petite pièce ? Oui ? Jean Giono la prend, il est tout content, et repart vers son destin. Il ne sait pas encore qu'il est un grand écrivain !

Un style surgi de la terre

La guerre arrive. Giono est mobilisé. Il se bat à Verdun, y perd ses meilleurs amis, est commotionné par un obus, gazé. La haine de toute guerre, quelle qu'elle soit, s'installe en lui. En 1920, il épouse celle qu'il aime depuis 1914 : Élise Maurin, une jeune enseignante qui lui donne deux filles : Sylvie et Aline. Jean Giono publie son premier roman, *Colline*, en 1929. C'est une histoire très simple : dans un village de Provence, le vieux Janet perd un peu la raison et semble attirer sur le village une série de malheurs. Jaume, qui fait face à la situation avec calme, décide alors de tuer Janet avec l'aide des villageois, afin que tout redevienne calme. Mais Janet – heureusement – meurt avant… Si l'éditeur parisien Grasset publie ce texte, ce n'est évidemment pas pour l'histoire racontée ; c'est pour le style qui s'y déploie. Une écriture pure et quasiment désaltérante, une source de fraîcheur, de naïveté parfois, une générosité dans les mots qui prennent chair, qui semblent sortir de la terre, en être nourris.

Giono en pensées

- Le poète doit être un professeur d'espérance – *L'Eau vive*.
- Quand les mystères sont très malins, ils se cachent dans la lumière – *Ennemonde*.
- L'homme, on a dit qu'il était fait de cellules et de sang. Mais en réalité, il est comme le feuillage. Il faut que le vent passe pour que ça chante – *Que ma joie demeure*.
- Les jours sont les fruits, et notre rôle est de les manger – *Rondeur des jours*.
- La richesse de l'homme est dans son cœur. C'est dans son cœur qu'il est le roi du monde. Vivre n'exige pas la possession de tant de choses – *Les Vraies Richesses*.

Le royaume des utopies

Désormais, sans quitter Manosque – sauf pour quelques brefs séjours à Paris –, Giono ne va plus cesser d'écrire des romans. Il commence par la *Trilogie de Pan* : *Colline, Un de Baumugnes, Regain*. Il publie aussi des nouvelles, des essais et des pièces de théâtre. La guerre de nouveau éclate. Giono le pacifiste ne peut rien faire contre le rouleau compresseur de l'envahisseur. Son attitude apparemment attentiste – alors qu'il est en contact avec des résistants, abrite des maquisards – lui vaut des ennuis à la Libération. L'ancien de Verdun en devient aigri ; ses personnages perdent leur bonté naïve, certains se laissent aller à la haine, à la médiocrité, les belles rédemptions au souffle lyrique ont regagné le royaume des utopies. Giono meurt dans la nuit du 8 au 9 octobre 1970, d'une crise cardiaque.

Giono en œuvres

- 1928 *Colline* – La source tarie, le village va-t-il mourir ?
- 1929 *Un de Baumugnes* – Amédée vient en aide à l'amour du gars de Baumugnes pour Angèle qui a fauté…
- 1930 *Regain* – Le village d'Aubignane va-t-il disparaître ? Panturle en est le dernier habitant. Il découvre Arsule, l'amour…
- 1930 *Solitude de la pitié* – Vingt nouvelles de la terre.
- 1931 *Le Grand Troupeau* – Livre d'un pacifiste qui a connu l'horreur de Verdun.
- 1932 *Jean le Bleu* – À Manosque, à mi-chemin de l'autobiographie et du roman.
- 1935 *Que ma joie demeure* – Du rêve de bonheur à la désillusion, avec un mystérieux Boby et Jourdan, le paysan.
- 1947 *Un roi sans divertissement* – Développement de la pensée de Pascal. Un roi sans divertissement est un homme plein de misère, autour du personnage de Langlois.

- 1951 *Le Hussard sur le toit* – Une histoire d'amour et de choléra sous Louis-Philippe, en Provence.
- 1970 *L'Iris de Suse* – Le dernier roman de Giono au titre énigmatique ; il s'agit d'un petit crochet d'os qui clôt la voûte crânienne des oiseaux…

ALLONS PLUS LOIN

Genevoix le naturaliste

Reçu premier à Normale sup en 1911, Maurice Genevoix reçoit le prix Goncourt en 1925, pour *Raboliot*, un roman hérité du naturalisme de Zola, où la Sologne sert de cadre au drame qui se joue entre un braconnier et un gendarme. Entre Normale sup et le prix Goncourt, il y a la guerre ! Maurice Genevoix, né le 29 novembre 1890, à Decize, dans la Nièvre, la raconte dans de nombreux ouvrages où son témoignage d'homme des tranchées, gravement blessé à la bataille de la Marne, combattant à Verdun, est rapporté sans effusion, sans excès, copié de l'horreur. Après *Raboliot*, il publie de nombreux autres romans, tous animés de sa passion pour la nature, pour les arbres, les cours d'eau, les brumes matinales, les animaux qui la traversent, pour les gens modestes, les humbles vies. Maurice Genevoix, élu en 1946 à l'Académie française, en a été le secrétaire perpétuel, de 1958 à 1973. Il est mort le 8 septembre 1980, en Espagne.

Saint-Exupéry, le jardinier

Si je suis descendu, je ne regretterai absolument rien. La termitière future m'épouvante. Et je hais leurs vertus de robots. Moi, j'étais fait pour être jardinier. Telles sont les dernières phrases écrites par le commandant Antoine de Saint-Exupéry, dans une lettre retrouvée sur son bureau, au matin de sa disparition. Trente millions d'exemplaires de son œuvre majeure, *Le Petit Prince*, ont été vendus dans le monde, en cent soixante traductions.

Mystérieux chagrin

Le Petit Prince a traversé presque toutes les enfances heureuses qui furent à l'écoute de l'institutrice ou de la maman, sûres de lire un conte pour enfants puisqu'on y trouve des animaux et des fleurs qui parlent, des planètes-jouets, et surtout cet enfant venu d'ailleurs, à la pureté désarmante, au chagrin mystérieux. Plus tard, lorsqu'on a quitté l'enfance heureuse et qu'on relit *Le Petit Prince*, on comprend que ce peut être aussi un conte pour enfants, mais que seuls les adultes sont capables d'en saisir la portée symbolique. La rose, ses épines et ses caprices, les personnages devenus des petites planètes résignées, le renard pédagogue dans le théâtre des humains, c'est mille chemins nouveaux qu'on identifie parce qu'on les a déjà parcourus. Et puis vient le temps des relectures tardives, surprenantes parce qu'on trouve encore dans l'aventure du Petit Prince la trace de ce qu'on a pu être, ou voulu être. On se retrouve sur son chemin, jusqu'au bout, jusqu'à sa fin, bouleversante et simple.

LE SAVIEZ-VOUS ?

Écrivain, inventeur, mathématicien

Saint-Exupéry a publié *Courrier Sud* (1929), *Vol de nuit* (1931), *Terre des hommes* (1939), *Pilote de guerre* (1942), *Lettre à un otage* (1943), *Le Petit Prince* (1943), *Citadelle* (œuvre posthume, 1948). L'écrivain était doublé d'un inventeur de génie, détenteur d'une quinzaine de brevets pour l'aviation. C'était aussi un excellent mathématicien.

31 juillet 1944

Né en 1900, à Lyon, Saint-Exupéry vit ses deux échecs aux concours d'entrée à l'École navale et à l'École centrale comme des drames dont il se remet en décidant de devenir pilote d'avion. Il travaille alors pour Didier Daurat – le Rivière de son roman *Vol de nuit* (1931, prix Femina) –, chez Latécoère. Responsable des premiers long-courriers, il est nommé à Cap-Juby, au Maroc, puis à Buenos Aires. Devenu ensuite reporter pour *Paris-Soir*, il voyage en Russie, en Espagne. Il revient en 1937 à l'aviation, assure la liaison Casablanca-Tombouctou. Il commence la guerre en 1939, mais est démobilisé en 1940, atteint par la limite d'âge. Il part alors pour New York, mais, en 1943, se fait engager dans les forces aériennes françaises. Il effectue des missions de reconnaissance. Le 31 juillet 1944, à 8 h 45, il s'envole de la base de Bastia-Borgo pour un survol des Alpes. À 15 heures, on l'attend. Il ne reviendra pas. L'épave de son Ligthning P38 a été découverte au large de Marseille à la fin de l'année 2003.

Saint-Exupéry en pensées

CITEZ L'AUTEUR !

- Adieu, dit le renard. Voici mon secret. Il est très simple : on ne voit bien qu'avec le cœur. L'essentiel est invisible pour les yeux. – *Le Petit Prince.*
- Ce qui embellit le désert, c'est qu'il cache un puits, quelque part. – *Le Petit Prince.*
- Il est bien plus difficile de se juger soi-même que de juger autrui – *Le Petit Prince.*
- On ne connaît que les choses qu'on apprivoise […] Tu es responsable de ce que tu as apprivoisé – *Le Petit Prince.*
- Le langage est source de malentendu – *Le Petit Prince.*
- C'est tellement mystérieux, le pays des larmes – *Le Petit Prince.*
- L'intelligence ne vaut qu'au service de l'amour – *Pilote de guerre.*

- Aimer, ce n'est pas se regarder l'un l'autre, c'est regarder ensemble dans la même direction – *Terre des hommes*.
- La saveur du pain partagé n'a pas d'égale.

CHEZ NOS VOISINS

Pendant ce temps, chez nos voisins

En Autriche, Stefan Zweig (1881-1942) publie de nombreux romans, nouvelles et essais, où apparaissent son esprit de tolérance et son humanisme, sa passion pour le freudisme, les grands écrivains. Désespéré par les progrès et les ravages du nazisme, il se suicide en 1942. En Italie, Primo Levi (1919-1987), l'un des derniers survivants du camp d'extermination d'Auschwitz-Birkenau en janvier 1945, témoigne des atrocités commises par les nazis dans les dix-sept bouleversants chapitres de son livre *Si c'est un homme*.

Aymé le paysan, Nimier le hussard…

Marcel Aymé et Roger Nimier, issus de milieux fort différents, produisent des œuvres également fort différentes qui ont cependant un point commun : rassembler des milliers de spectateurs devant le grand écran… Dans le sillage de Nimier, on trouve Haedens et Nourissier.

« Le Passe-Muraille »

Il est passé presque sans transition de sa campagne de Joigny (Yonne) à la butte Montmartre, dont il est devenu, derrière ses lunettes noires, *le paysan* – lui-même se qualifie ainsi ! Marcel Aymé (1902-1967) a d'abord écrit des romans où il évoque sa campagne natale : *Brûlebois* (1927), *La Table-aux-crevés* (1929), *La Jument verte* (1933) – ce roman est devenu un film, en 1959, réalisé par Claude Autant-Lara, avec Bourvil, Francis Blanche, Yves Robert, Georges Wilson, Achille Zavatta… Parmi ses nouvelles, *Le Passe-Muraille* est également adapté à l'écran en 1951, avec un Bourvil très en forme qui joue le rôle de l'excellent Dutilleul au don singulier : il passe à travers les murs ! Marcel Aymé publie aussi les *Contes du chat perché*, de 1934 à 1958, destinés selon lui aux enfants de quatre à soixante-quinze ans.

« Ascenseur pour l'échafaud »

Marcel Aymé avait pour ami Roger Nimier (1925-1962) – condisciple de Michel Tournier au lycée Pasteur à Paris. Nimier – dont le père est l'inventeur de l'horloge parlante – fait des études de philosophie, publie son premier roman en 1948 – *Les Épées* –, enchaîne les succès – *Le Hussard bleu* (1950), *Les Enfants tristes* (1951), *Histoire d'un amour* (1953). Devenu le chef de file de ceux qu'on a appelés les Hussards pour leur refus de la littérature d'idées, il travaille pour le cinéma, écrit les dialogues du film de Louis Malle, *Ascenseur pour l'échafaud* (1957) – c'est la première apparition de l'expression *nouvelle vague*. Très actif à la NRF, il poursuit son activité de romancier, mais, le 27 septembre 1962…

DANS L'INTIMITÉ

L'Aston Martin s'écrase contre un mur

L'écrivain Roger Nimier s'est tué vendredi soir en voiture, à l'âge de trente-six ans, sur l'autoroute de l'Ouest. Dans son Aston Martin qui s'est écrasée à très grande vitesse sur le parapet du pont qui enjambe le carrefour des RN 307 et 311, à La Celle-Saint-Cloud, avait pris place la jeune romancière Sunsiaré de Larcône, vingt-sept ans, qui est morte elle aussi.

La voiture, qui roulait à plus de cent cinquante à l'heure en direction de la province, se trouvait sur la gauche de la chaussée, lorsqu'elle vira brusquement à droite en amorçant un freinage à mort . Elle faucha sept énormes bornes de béton avant d'aller s'écraser contre le parapet du pont… Nimier avait eu déjà une Jaguar et une Delahaye. Ses voitures étaient ses jouets préférés. Il en parlait longuement. Il écrivait à leur propos. Dans un de ses livres, il décrit un accident d'auto.

Journal du Dimanche du 30 septembre 1962.

Haedens, Nourissier

Joyeux Hussard, amoureux du rugby et du foie gras, entre Paris et Toulouse, écrivain du bon plaisir, Kléber Haedens (1913-1976) cumule justesse et jubilation pour le bonheur des lecteurs de *L'École des parents* (1937), *Salut au Kentucky* (1947) ou *L'Été finit sous les tilleuls* (Interallié, 1966). Hussard, François Nourissier, né en 1927 ? Excellent critique, en tout cas, aux phrases parfois discrètement ambiguës… Romancier aussi, Nourissier. Un peu dépité par lui-même lorsqu'il se commente ! Coquetterie de critique qui prévient ainsi le retour de flamme ou sincérité d'un artiste qui se tient humblement au seuil de la postérité ? Allez savoir – et si vous voulez savoir, lisez *L'Eau grise* (1951), *Les Orphelins d'Auteuil* (1956), *Le Corps de Diane* (1957)… *À défaut de génie* (2001).

Malraux à flots

Qu'il était impressionnant, Malraux, lorsqu'il apparaissait sur le petit écran qui tout à coup semblait s'agrandir, tout savoir, tout dire ! L'impression est identique lorsqu'il nous embarque avec ses personnages dans l'Orient des révoltes…

De la chair d'homme…

21 mars 1927. Minuit et demi. Tchen tenterait-il de lever la moustiquaire ? Frapperait-il au travers ? L'angoisse lui tordait l'estomac ; il connaissait sa propre fermeté, mais n'était capable en cet instant que d'y songer avec hébétude, fasciné par ce tas de mousseline blanche qui tombait du plafond sur un corps moins visible qu'une ombre, et d'où sortait seulement ce pied à demi incliné par le sommeil, vivant quand même – de la chair d'homme. La seule lumière venait du building voisin : un grand rectangle d'électricité pâle, coupé par les barreaux de la fenêtre dont l'un rayait le lit juste au-dessous du pied comme pour en accentuer le volume et la vie. Quatre ou cinq klaxons grincèrent à la fois. Découvert ? Combattre, combattre des ennemis qui se défendent, des ennemis éveillés ! (André Malraux, *La Condition humaine*, 1933 © Gallimard).

Complètement flou !

Tchen va prendre son temps, plusieurs pages encore, et puis son poignard s'abat sur le trafiquant d'armes. Tchen vole ses papiers, et l'aventure commence ! Il faut dire que, au début de ce roman de Malraux, *La Condition humaine* (prix Goncourt 1934), la situation n'est pas très claire. On doit relire pour tout comprendre, revenir en arrière, ou bien se résoudre à trouver une documentation sur la situation de la Chine en 1927. Pourquoi une révolution va-t-elle y éclater ? Et le Kuomintang, qu'est-ce ? Et puis, cette concession internationale, aux frontières un peu floues dans la ville de Shangai, qui abrite-t-elle ? Pourquoi ? Mille questions sans réponse ! Mais est-ce vraiment important ? La machine romanesque est lancée. On comprend l'essentiel : des hommes luttent pour la liberté ; on se range à leurs côtés.

Héros de Malraux

Les héros de Malraux semblent tous assumer un destin qui les place dans une situation de lutte constante. Ils substituent au rêve, la conquête ; au discours, l'action. Ils assument jusqu'au bout leurs choix, jusqu'à leur dernière tentative pour vaincre, pourvu que celle-ci soit inscrite dans un projet de libération, qu'elle contribue à redéfinir la condition humaine, en crise dans le monde occidental. Ils semblent développer le programme contenu dans cette phrase, écrite par celui qui les crée : *L'homme n'est pas ce qu'il est, il est ce qu'il fait.*

L'épicerie de Bondy

Le baron de Clappique, Kyo, le chef des révolutionnaires, sa compagne, May, et puis Gisors, n'est-ce pas que tous ces personnages renaissent dans votre mémoire si vous avez lu le livre – si vous ne l'avez pas lu, courez l'acheter tout de suite, ouvrez-le sans attendre d'être revenu chez vous, évadez-vous !… Malraux vous emporte dans son flot de mots, d'images. Malraux, c'est un torrent qui déferle dans tous les domaines qu'il traverse. Il est né à Paris, le 3 novembre 1901. Après la séparation de ses parents, il s'installe dans l'épicerie de sa grand-mère, à Bondy. Dans ses *Antimémoires* (1971), il écrit : *Presque tous les écrivains que je connais aiment leur enfance, je déteste la mienne*. Voilà pour la grand-mère et son épicerie ! Passionné de littérature, il commence à se bâtir une culture personnelle qui va s'enrichir d'autant plus rapidement qu'on refuse de l'inscrire au lycée Condorcet, en 1918. À dix-sept ans, le voici libre !

Mauvaises affaires

Malraux se spécialise dans les livres rares, fréquente les milieux littéraires, rencontre Jean Cocteau, Raymond Radiguet, Max Jacob, Pierre Reverdy et les peintres Vlaminck, Derain, Léger… En 1920, il devient directeur littéraire des éditions du Sagittaire. L'année suivante, il épouse Clara Goldschmidt, dont il place la fortune en Bourse. Son choix ? Les valeurs mexicaines, qui devraient, selon lui, multiplier par dix leur valeur initiale. Hélas, elles sont divisées par cent ! Clara et André sont ruinés ! La solution pour s'en sortir ? L'aventure ! Une aventure risquée : il s'agit d'aller prélever des bas-reliefs d'un temple cambodgien – l'art khmer le passionne – et de les revendre très cher en Europe. Et la fortune est rebâtie en un clin d'œil et une croisière. Hélas ! – de nouveau… – l'initiative d'André tourne à la catastrophe : le couple est arrêté à la frontière cambodgienne, le 24 décembre 1923.

DANS L'INTIMITÉ

Malraux courage !

Malraux, c'est une aventure humaine exaltante, des engagements, des actions parfois irréfléchies, mais toujours une générosité sincère. Malraux, c'est aussi une vie privée agitée : Clara Goldschmidt, sa première femme, est remplacée par Josette Clotis. La poétesse Louise de Vilmorin traverse aussi quelques années de son existence. En 1948, il épouse la femme de son demi-frère : Madeleine. Les deuils, les tragédies ne l'épargnent pas : au début de 1944, ses deux frères, Claude et Roland, résistants, sont arrêtés et exécutés. Le 12 novembre de la même année, Josette Clotis meurt accidentellement, les jambes broyées par un train ; en 1961, ses deux fils, Vincent et Gauthier, dix-huit et vingt ans, sont tués dans un accident de voiture, en Bourgogne. Remarquable de courage, il se relève toujours et continue d'agir – il devient une sorte de conseiller international dans les dernières années de sa vie. Il meurt d'une congestion pulmonaire, le 23 novembre 1976.

Clara sauve André

Clara rentre en France après avoir bénéficié d'un non-lieu. André ne quitte les prisons de Phnom Penh qu'en octobre 1924, grâce à une pétition lancée par Clara. Le couple repart pour l'Orient, en Indochine. Il y fonde un journal d'opposition afin de défendre les droits des Annamites employés par les

Européens. Fin 1925, le journal est muselé ! Au cours des sept années qui suivent, les voyages en Orient ou en Proche-Orient alternent avec d'intenses périodes d'écriture.

Malraux en pensées

- Toute civilisation est hantée, visiblement ou invisiblement, par ce qu'elle pense de la mort – *Antimémoires*.
- On ne voit vieillir que les autres – *Les chênes qu'on abat…*
- On trouve toujours l'épouvante en soi, il suffit de chercher assez profond. Heureusement, on peut agir – *La Condition humaine*.
- J'ai appris qu'une vie ne vaut rien, mais que rien ne vaut une vie – *Les Conquérants*.
- Le Christ est un anarchiste qui a réussi, c'est le seul – *L'Espoir*.
- La culture ne s'hérite pas, elle se conquiert – *Oraisons funèbres*.
- L'individu s'oppose à la collectivité, mais il s'en nourrit – *Le Temps du mépris*.

Commandant d'escadrille

Profondément antifasciste, Malraux s'engage en juillet 1936 aux côtés des républicains espagnols. Il commande l'escadrille des aviateurs étrangers volontaires. Celle-ci est dissoute six mois plus tard. Malraux tente alors d'obtenir de l'aide pour les républicains en effectuant une tournée de conférences aux États-Unis. En 1940, il participe à la drôle de guerre dans une unité de chars. Fait prisonnier, il s'évade. Il attend 1944 pour s'engager dans la Résistance. En septembre, il prend le commandement de la brigade Alsace-Lorraine.

Malraux – de Gaulle, pour la vie !

En août 1945, Malraux et de Gaulle se rencontrent. La fascination est réciproque et ne connaîtra pas d'éclipse. Le général nomme Malraux ministre de la Culture, dans son éphémère gouvernement (novembre 1945 à janvier 1946), puis lui confie de hautes responsabilités au sein du Rassemblement du peuple français (RPF). Lorsque de Gaulle devient président de la République en 1958, Malraux est nommé ministre d'État, chargé des Affaires culturelles – il crée les maisons de la culture. Désormais, il apparaît sur toutes les estrades destinées à solenniser un événement : on sait que sa voix, dont il pilote à vue les embardées lyriques, va tétaniser les foules : *Entre ici, Jean Moulin, avec ton terrible cortège…*

Les quatre œuvres majeures de Malraux

- 1928 *Les Conquérants* – À Canton, en 1925, les révolutionnaires chinois veulent ruiner l'impérialisme anglais.
- 1930 *La Voie royale* – prix Interallié – L'aventure des bas-reliefs, romancée…

- 1933 *La Condition humaine* – prix Goncourt – À Shanghai, l'aventure des révolutionnaires qui assument le sublime et le tragique de leur condition.
- 1937 *L'Espoir* – La guerre civile espagnole.

ALLONS PLUS LOIN

Leiris, *L'Âge d'homme*

Six mois avant Malraux, le 20 avril 1901, naît Michel Leiris. Ses premiers textes publiés sont des poèmes surréalistes. Il collabore ensuite avec Georges Bataille, puis devient archiviste d'une mission ethnographique en Afrique (Dakar, Djibouti). Dans le même temps, il se fait explorateur de lui-même, ethnographe de sa propre personne intérieure. Son œuvre la plus importante, *L'Âge d'homme*, paraît en 1939. C'est une autobiographie d'un genre complètement nouveau, sans autre construction que celle du hasard des souvenirs. Il y inventorie avec une honnêteté et une précision à la fois touchantes et déconcertantes tout ce qui fait sa vie, dans les moindres détails, même les plus inavouables. Cette démarche doit tout à sa volonté d'en passer par la psychanalyse pour loger, dissoudre dans les mots le malaise profond qui ne le quitte pas. Mais ce procédé ne libère rien en lui. Tout au plus acquiert-il une lucidité à laquelle doit alors s'ajouter un courage de tous les instants pour continuer à vivre – le risque d'en finir menace, au point qu'en 1957 il cède à cette tentation qui lui vaut deux jours de coma, expérience ensuite abondamment commentée. Jusqu'à sa mort, en 1990, Leiris joue sa vie sur sa page, se met en mots, en vient à affirmer que tout n'est que mots. Après *L'Âge d'homme*, lisez *La Règle du jeu*, qui comprend quatre tomes : *Biffures* (1948), *Fourbis* (1955), *Fibrilles* (1966) et *Frêles bruits* (1976). Leiris deviendra votre expérience intérieure.

Sauver Calet

Pourquoi a-t-on oublié Calet ? Comment se fait-il qu'une des œuvres les plus attachantes de la littérature française, les plus sensibles, ait lentement dérivé vers les berges des bouquinistes qui lui permettent d'exister encore ? Bien sûr, chez les bons libraires, les vrais, vous trouvez Calet. Calet qui attend, qui vous attend…

Bourlingueur du cœur

Petits bonheurs, petits malheurs, grands livres d'humanité profonde, de sensibilité ; et cette façon cynique et tendre de prendre la vie pour ce qu'elle est : *un petit mot d'une syllabe, presque un soupir*… Voilà Henri Calet – Raymond Barthelmess –, né à Paris, le 3 mars 1904 ! Son premier roman, *La Belle Lurette*, paraît en 1935. Bien loin des sommes ambitieuses publiées par ses contemporains, loin des romans à thèse, des festivals d'idées, Calet est l'arpenteur de la solitude héroïque, collectionneur de petits métiers, bourlingueur du cœur. De Hollande, de Belgique, de Suisse, d'Italie, d'Afrique, d'Amérique, il revient toujours à Paris, glaneur d'instants qu'il publie dans des articles pour des journaux et périodiques. Sans tapage, il écrit, il espère le partage.

Calet en œuvres

- 1935 *La Belle Lurette* – roman.
- 1947 *Trente à quarante* – nouvelles.
- 1948 *Tout sur le tout* – essai autobiographique.
- 1951 *Les Grandes Largeurs* – récit (balades parisiennes).
- 1950 *Monsieur Paul* – roman.
- 1952 *Le Grand Voyage* – roman.

Un cynisme bien élevé

Mais toujours les voix qui s'enflent transforment en silence le discret. Calet n'est pas de ceux qui claironnent ; sa musique est la mesure de l'intime et de ses accidents ; sa clé est celle du doute. Il griffe, il bouscule, il écrase tout ce qui ment, toutes les hypocrisies, avec une amabilité infinie. C'est un bien élevé du cynisme, qui vitriole avec charité. Pourquoi Calet n'est-il pas lu aujourd'hui ? Il est urgent de le rejoindre dans les pages où il attend, les mains pleines de présents, pour vous. C'est plus qu'un conseil : c'est une demande. Faites-le, maintenant. Sa descendance, sa parenté d'écriture est rare. Il faut être riche d'une lucidité désenchantée pour aller de conserve avec lui dans les rues de la vie. Aujourd'hui, Pierre Drachline, avec *Une enfance à perpétuité* (2002), ou Ingrid Naour, avec *Les Lèvres mortes* (2001), avancent à sa hauteur, dans les utiles contre-allées de l'évidence. Henri Calet est mort au soleil, à Vence, le 14 juillet 1956.

Calet en pensées

- Ne me secouez pas, je suis plein de larmes (sa dernière phrase).
- Ce n'est pas ma faute si, en écrivant, mon stylo se transforme en scalpel.
- On vit très bien sans avenir.
- Ma vie est difficile parce que j'ai horreur du mensonge.

Les écrivains et la guerre

La Seconde Guerre mondiale est présente dans le roman de Jean-Louis Bory (1919-1979) *Mon village à l'heure allemande* – où la lâcheté des habitants d'une petite ville ordinaire est dénoncée –, dans le roman de Jean Cayrol (1911-2005) *Je vivrai l'amour des autres*, prix Renaudot 1947 – un ancien déporté y renaît à la vie –, dans *Week-end à Zuydcoote* de Robert Merle (1908-2004) – où sont mises en scène la campagne militaire puis la Débâcle de 1940.

- Je n'ai pas peur des mots ; ce sont les mots qui ont peur de moi.
- Cette affaire était décousue, du commencement à la fin, depuis A jusqu'à Zut.

Céline hisse le styliste

Un styliste ! Voilà ce que Louis-Ferdinand Destouches, dit Céline, désirait que les générations futures retinssent de lui. Lorsque vous aurez lu le *Voyage*, vous déciderez.

Tout va bien ?

Est-ce que tout va bien ? Votre moral est-il au beau fixe ? Ne souffrez-vous pas en ce moment de quelque carence qui vous plongerait dans une mélancolie légère, dans une petite tristesse de fin de saison ? Non ? Bien ! Vous pouvez donc embarquer pour un petit *Voyage au bout de la nuit.* Attention : vous qui entrez dans cette œuvre, abandonnez tout espoir ! L'humanité y est plus que noire, avare, mesquine, cruelle, laide, lâche, sale, malodorante, molle, hideuse, hypocrite, vicieuse, abjecte… Il est encore temps de quitter le navire si vous ne supportez pas le tangage des adjectifs qui roulent d'un bord à l'autre ! Sinon, tenez bon le bastingage. Nous sommes en vue du continent Céline, Louis-Ferdinand Céline !

Miteux, chassieux, puceux…

La race, ce que t'appelles comme ça, c'est seulement ce grand ramassis de miteux dans mon genre, chassieux, puceux, transis, qui ont échoué ici poursuivis par la faim, la peste, les tumeurs et le froid, venus vaincus des quatre coins du monde. Ils ne pouvaient pas aller plus loin à cause de la mer. C'est ça, la France, et puis, c'est ça les Français. […] Arthur, l'amour, c'est l'infini à la portée des caniches, et j'ai ma dignité, moi ! que je lui réponds […] Moi, d'abord, la campagne, faut que je le dise tout de suite, j'ai jamais pu la sentir, je l'ai toujours trouvée triste, sous ses bourbiers qui n'en finissent pas, ses maisons où les gens n'y sont jamais et ces chemins qui ne vont nulle part. […] L'attendrissement sur le sort, sur la condition du miteux… (Louis-Ferdinand Céline, *Voyage au bout de la nuit*, 1932 © Gallimard).

Qu'est-ce qui vous a pris ?...

Et ce n'est qu'un début, un échantillon, un florilège fuligineux, un… Et voilà, on s'y coule, dans le Céline, dans sa syntaxe en mitrailleuse, dans les phrases qu'il vous dégoupille sous le nez, avec des éclats de vérité qui font mal, et qu'on garde dans sa chair, dans son cœur, jusqu'à la fin du combat. Ah, Céline ! Louis-Ferdinand Destouches, né le 27 mai 1894 à Courbevoie, vous qui avez grandi dans une boutique de dentellerie, passage Choiseul à Paris, vous qui vous engagez, en 1912 pendant trois ans, dans la cavalerie, vous qui, à vingt ans, en 1914 marchez au pas jusqu'aux tranchées, y êtes blessé, près d'Ypres, vous qui êtes démobilisé en 1915, qui séjournez au Cameroun pour une compagnie forestière, qui devenez conférencier à la mission Rockefeller, mais qu'est-ce qui vous a pris ?...

« Voyage au bout de la nuit »

Qu'est-ce qui vous a pris, Louis-Ferdinand Céline, vous qui reprenez vos études en 1919, devenez médecin en 1923, soutenez votre thèse de doctorat sur la vie et l'œuvre de Philippe Ignace Semmelweis, chirurgien hongrois du XIXe siècle persécuté par ses collègues parce qu'il veut les faire se laver les mains avant d'opérer ; vous qui voyagez aux États-Unis, au Canada, avant d'ouvrir un cabinet à Clichy, de l'abandonner pour un dispensaire où vous luttez contre l'ennui en commençant à écrire ; vous qui publiez, en 1932, *Voyage au bout de la nuit*, chez Denoël, qui ratez de deux voix le Goncourt, obtenez le Renaudot ; vous qui jetez à la face des besogneux de la plume – des *vacanceux*, comme vous dites – ce roman (le *Voyage*) qui braille de partout, comme une révolution de grognons, avec des lignes en slogans qui parlent à tout le monde, un livre qui met en rage parce qu'il marche dans la rue tout seul, les mains dans les poches, en sifflotant…

ALLONS PLUS LOIN

Ma rancune s'évanouissait

Louis-Ferdinand Destouches, dit Céline, voici, qui vous concernent, quelques lignes de l'excellent Jean-Louis Bory (1919-1979) : *L'outrance dans les thèses, l'impudence dans les arguments me paraissaient haïssables, je les haïssais donc. Avec application je me fermais les oreilles et le cœur au lyrisme satanique des pamphlets. Devant ce Pierrot-Arlequin à la mesure de notre planète, à la fois athlète et saltimbanque, sanglotant et rageur, pitoyable et grotesque, admirable et odieux, je n'accepterai plus que de me blesser aux éclats de son mauvais rire. Mais que j'ouvre* le Voyage, Mort à crédit *– ou, plus tard,* D'un château l'autre *ou* Nord *–, ma rancune s'évanouissait.*

Jean-Louis Bory

Pas de pitié

Voyage au bout de la nuit, un livre qui rend jaloux – ou qui fascine, comme Aragon et Triolet qui le traduisent en russe ! Louis-Ferdinand Céline, vous qui poursuivez dans votre enfance votre balade pleine de rancœurs en publiant *Mort à crédit* (1936), vous y faites pleuvoir sur vos lignes – innovation stylistique – mille et mille points de suspension, bientôt mêlés aux points d'exclamation – de sorte que, dans vos dernières œuvres, l'on croira que vous écrivez une sorte de morse !... Mais qu'est-ce qui vous a pris, dites, qu'est-ce qui vous a pris, Louis-Ferdinand Céline, de publier, en 1938, *Bagatelles pour un massacre* ? Pourquoi ? Non, Louis-Ferdinand Céline, non ! Votre antisémitisme éructant, votre fureur, votre folie, c'est – pour qui aime votre *Voyage au bout de la nuit* – un coup de poignard dans le dos, en traître, et de l'effroi, de la terreur. Pas de pitié.

Quelque chose d'étrange

Vous fuyez, en 1944, à Sigmaringen ; vous êtes incarcéré à Copenhague. Vous rentrez en France en 1956 ; vous ouvrez un cabinet à Meudon. Votre compagne, Lucette Almanzor, donne des cours de danse au premier étage de votre maison. Vous ne monterez jamais jusqu'à ce premier étage, jamais. Vous aviez quelque chose d'étrange, Louis-Ferdinand Céline, si délabré dans vos dernières années. Vous êtes mort à Meudon, le 1er juillet 1961.

CHEZ NOS VOISINS

En Amérique, en Allemagne, en Angleterre, en Italie

Aux États-Unis, John Dos Passos, né à Chicago (1896-1970), publie son roman majeur *Manhattan Transfer* en 1925 ; Francis Scott Fitzgerald (1896-1940) fait paraître *Gatsby le magnifique*, et Ernest Hemingway (1899-1961), *Pour qui sonne le glas*, en 1940, *Le Vieil Homme et la mer*, en 1952. Tous les trois font partie d'un groupe d'écrivains étasuniens des années trente, désenchantés par leur pays et que l'écrivain Gertrude Stein (1874-1946) nomme la *lost generation*. William Faulkner (1897-1962), publie *Le Bruit et la Fureur*, en 1929. Passionné par l'œuvre de Faulkner, l'écrivain colombien Gabriel García Márquez, né en 1928, publie *Cent ans de solitude*, en 1967. Au Mexique, le poète et essayiste Octavio Paz, ami de l'écrivain et révolutionnaire russe Victor Serge (1890-1947) et de l'écrivain surréaliste Benjamin Petter (1899-1959), fait paraître *Liberté sur parole*, en 1960. L'Argentin Jorge Luis Borges (1899-1986) publie *Fictions*, en 1944. En Allemagne, Bertolt Brecht (1898-1956) fait jouer sa pièce *Mère Courage et ses enfants*, en 1939. En Angleterre, William Golding (1911-1993), prix Nobel de littérature en 1983, publie *Sa majesté des mouches*, en 1954, porté à l'écran par Peter Brook, en 1963. En Italie, Cesare Pavese (1908-1950) fait paraître son étrange roman *Le Bel Été*, en 1949, quelques mois avant de se donner la mort.

L'Étranger, né Camus

Étrange destin que celui de Camus, qui semble avoir préparé ou annoncé dans chacune des phrases de son œuvre le hasard de sa propre fin.

Dépêche

Tiens, pour changer, pourquoi n'achèteriez-vous pas le journal *Le Monde*, en ce mercredi 6 janvier 1960 ? C'est fait ? Il fait froid, un vent vif cingle vos joues. Vous entrez dans un café. Vous vous asseyez sur la banquette de moleskine rouge sombre. En attendant le garçon, vous ouvrez votre journal, et vous n'en croyez pas vos yeux ! Vous lisez : *Lundi 4 janvier 1960. Route Nationale numéro 5, entre Sens et Fontainebleau : Albert Camus est tué dans la Facel Vega conduite par Michel Gallimard. Il avait quarante-trois ans*. Albert Camus, mort ? Mais, comment, que s'est-il passé ? C'est tellement absurde, oui, absurde. Et vous vous rappelez : l'absurde ! Le thème de prédilection d'Albert Camus. Son roman, *L'Étranger*… Cette première phrase que vous connaissez par cœur : *Aujourd'hui, maman est morte. Ou peut-être hier, je ne sais pas…*

Meursault tue

L'Étranger ! Meursault qui se raconte, qui décrit sa vie monotone à Alger. On le dirait étranger à tout, rien n'a de prise ou d'emprise sur lui, pas même l'amour de Marie qu'il rencontre au lendemain de l'enterrement de sa mère. Tout lui est égal. Il est absent de sa propre scène, du théâtre de ses jours. Et puis voici qu'une bagarre éclate sur la plage. Le pistolet de celui qu'il défend, Raymond Sintès, se retrouve dans ses mains. La bagarre terminée, Meursault s'en va, puis revient sur les lieux : il croit voir une lame briller dans le soleil, alors il tire, trois fois, quatre fois. Meursault vient de tuer. Son procès a lieu.

DANS L'INTIMITÉ

L'article du *Monde*

C'est vers 14 h 15 que s'est produit sur la route nationale numéro 5, à vingt-quatre kilomètres environ de Sens, entre Champigny-sur-Yonne et Villeneuve-la-Guyard l'accident qui a coûté la vie à Albert Camus. La voiture, une Facel Vega, se dirigeait vers Paris. L'écrivain était à l'avant, à côté du conducteur M. Michel Gallimard. D'après les premiers témoignages, la puissante automobile qui roulait à une très vive allure – 130 kilomètres à l'heure selon certains – a brusquement quitté le milieu de la route, toute droite à cet endroit, pour s'écraser contre un arbre à droite de la chaussée. Sous la violence du choc la voiture s'est disloquée. Une partie du moteur a été retrouvée à gauche de la route, à une vingtaine de mètres, avec la calandre et les phares. Des débris du tableau de bord et des portières ont été projetés dans les champs dans un rayon d'une trentaine de mètres. Le châssis s'est tordu contre l'arbre. D'après les premières constatations de la gendarmerie, l'accident aurait été provoqué par l'éclatement d'un pneu gauche, mais cette version n'est pas encore confirmée. Il n'est pas impossible que le conducteur ait eu un malaise.

Journal Le Monde, 6 janvier 1960.

Il est condamné à mort. Alors il s'éveille à la vie, se révolte face à l'absurde. Il est sûr d'avoir été heureux, puisqu'il l'est encore. Mais il est bien tard. Car l'absurdité est au pouvoir, partout : l'innocent Meursault est devenu un meurtrier sans raison, par hasard, sans le vouloir. Il va subir la peine de mort, autre absurdité. Mort, Camus…

La conscience de l'absurde

Vous lisez sa brève biographie : Albert Camus est né à Mondovi, en Algérie, le 7 novembre 1913. Son père, Lucien Camus, ouvrier agricole meurt à la guerre, en 1914. Sa mère, Catherine Sintes, une jeune servante d'origine espagnole ne sait pas écrire et s'exprime avec difficulté. Elle s'installe dans un des quartiers pauvres d'Alger, Belcourt. Grâce à l'aide de l'un de ses instituteurs, M. Germain, Albert Camus obtient une bourse et peut ainsi poursuivre ses études. Mais, atteint de tuberculose, il ne peut passer l'agrégation de philosophie. Journaliste à *Alger-Républicain*, puis à *Paris-Soir*, il milite dans les rangs de la Résistance dès 1942. C'est l'année de *L'Étranger* et du *Mythe de Sisyphe* – un essai où l'absurde entre dans la conscience rationnelle comme une donnée fondamentale de la vie.

Camus en pensées

CITEZ L'AUTEUR !

- J'ai une patrie : la langue française – *Carnets*.
- La passion la plus forte du XXe siècle : la servitude – *Carnets*.
- Il n'y a pas d'amour sans désespoir de vivre – *L'Envers et l'Endroit*.
- L'homme est du bois dont on fait les bûchers – *L'État de siège*.
- La vraie générosité envers l'avenir consiste à tout donner au présent – *L'Homme révolté*.
- La mort n'est rien. Ce qui importe, c'est l'injustice – *La Peste*.
- L'absurde, c'est la raison lucide qui constate ses limites – *Le Mythe de Sisyphe*.

Il est en l'air !

La rencontre de Jean-Paul Sartre et de Camus, en 1944, est pleine de promesses. Sartre écrit de son nouvel ami qu'il est *l'admirable conjonction d'une personne et d'une œuvre*. Bien ! Mais lorsque Camus publie, en 1951, *L'Homme révolté* où il condamne le marxisme qu'il accuse de totalitarisme, l'équipe de la revue des *Temps modernes* se déchaîne. Jean-Paul Sartre qui la dirige écrit : *Camus n'est ni de droite, ni de gauche, il est en l'air !* Les démêlés entre les deux hommes agitent durablement le petit monde germanopratin (c'est-à-dire de Saint-Germain-des-Prés, cœur de la vie littéraire, à Paris). Ils ne se réconcilieront pas.

ALLONS PLUS LOIN

Des héros ordinaires

En 1947, Camus publie son deuxième roman : *La Peste*. Il s'agit d'une chronique fictive, tenue par le Dr Rieux, sur la propagation de l'épidémie de peste à Oran, dans la décennie des années 40. Le lecteur comprend ainsi, dès les premières pages, que la peste n'est pas la peste, c'est l'allégorie du nazisme qui a commis ses ravages en Europe et de toutes les oppressions politiques. Point d'ostentation, point de héros brillants, magnifiques dans *La Peste*, seulement des héros ordinaires, c'est-à-dire des hommes qui ne marchandent pas leur générosité, qui servent des idéaux à la portée de tout le monde : la paix au quotidien, le bonheur. Le succès du roman – en France et à l'étranger – ne s'est jamais démenti.

L'étrange Clamence

La crise algérienne atteint Camus au plus profond de ses racines ; il écrit sa douleur dans de nombreux articles qui paraissent dans *L'Express*. À Alger, il lance un appel à la réconciliation, que personne ne veut entendre. Est-ce cette surdité du monde qui le conduit à publier *La Chute* ? Cette œuvre, qui prend la forme d'un récit, demeure énigmatique : un narrateur, Clamence, réfugié dans la géographie concentrique d'Amsterdam semble vouloir

ALLONS PLUS LOIN

Grenier, Guilloux, Guéhenno, Mac Orlan

Albert Camus a pour professeur, à Alger, Jean Grenier (1898-1971), né à Paris, mais élevé à Saint-Brieuc d'où sont originaires ses parents. C'est là que Grenier fait la rencontre d'un autre jeune Briochin : Louis Guilloux (1899-1980). Celui-ci, fils de cordonnier, publie en 1927 *La Maison du peuple*, une histoire de solidarité entre ouvriers guettés par la misère. Ce livre émeut un autre fils de cordonnier, grand universitaire, normalien et écrivain : Jean Guéhenno (1890-1978), né à Fougères. Les deux hommes se lient d'une amitié indéfectible. Autre ami sûr de Guilloux : André Malraux. Le chef-d'œuvre de Louis Guilloux, *Le Sang noir*, paraît en 1935 ; il rate de peu le Goncourt, ce qui ne l'empêche pas d'obtenir un succès international. On y découvre un personnage étonnant : le professeur de philosophie Cripure – qui tire son surnom de la déformation de la *Critique de la raison pure*, en *Cripure de la raison tique*… Cet être rejeté de tous sert de révélateur à l'abjection du monde. Ses aventures sont conduites par la plume généreuse, tendue et magnifique d'un Louis Guilloux, toujours bouleversé par les déshérités. En 1949, il obtient le prix Renaudot avec son roman *Le Jeu de patience*.

Contemporain de ces trois Bretons, Pierre Mac Orlan (1882-1970 – Mac Orlan est le pseudonyme de Dumarchey) naît à Péronne, connaît la misère noire à Montmartre. Puis il s'y fait des amis : Max Jacob, Apollinaire, Carco, Dorgelès, Picasso, Vlaminck. Il y rencontre celle qui devient son épouse pour… cinquante-deux ans ! Il y écrit *Le Quai des brumes* (1927), devenu en 1938 le film à succès que tout le monde connaît !

démonter toute la construction idéologique de l'auteur lui-même. Le cynisme et l'ironie qui se mêlent à sa virtuosité langagière atteignent, par ricochet, le lecteur, qui se sent impliqué dans cette réflexion, étourdi, désarçonné.

Œuvre utile

Pour l'ensemble d'une œuvre qui met en lumière, avec un sérieux pénétrant, les problèmes qui se posent de nos jours à la conscience des hommes, tels sont les termes employés par le jury Nobel pour justifier l'attribution de son prix de littérature à Albert Camus, en 1957. C'est la gloire suprême. Tout le monde – ou presque… – congratule Camus, mais Camus est amer. Il aurait préféré que ce prix fût décerné à son ami, son maître, celui qu'il admire : André Malraux ! Vous êtes toujours assis sur la banquette de moleskine rouge sombre, dans le café où vous vous êtes réfugié pour fuir la bise d'hiver. Le garçon ne vous a pas encore servi. Votre regard se perd à travers la vitre dépolie qui filtre la lumière pâle. Soudain, une phrase vous revient, une phrase lue dans *Le Mythe de Sisyphe*, qui vous avait marqué : *Ce qui vient après la mort est futile…* Camus, mort ? Non : ses phrases sont vivantes ! Et toute son œuvre, utile…

CHEZ NOS VOISINS

Elle s'appelait Anne Frank…

Il faut que je résume l'histoire de ma vie, quoi qu'il m'en coûte.

Mon père, le plus chou des petits papas que j'aie jamais rencontrés, avait déjà trente-six ans quand il a épousé ma mère, qui en avait alors vingt-cinq. Ma sœur Margot est née en 1926, à Francfort-sur-le-Main en Allemagne. Le 12 juin 1929, c'était mon tour. J'ai habité Francfort jusqu'à l'âge de quatre ans. Comme nous sommes juifs à cent pour cent, mon père est venu en Hollande en 1933 […] À partir de mai 1940, c'en était fini du bon temps, d'abord la guerre, la capitulation, l'entrée des Allemands, et nos misères, à nous les Juifs, ont commencé. Les lois antijuives se sont succédé sans interruption et notre liberté de mouvement fut de plus en plus restreinte. Les Juifs doivent porter l'étoile jaune ; les Juifs doivent rendre leurs vélo ; les Juifs n'ont pas le droit de prendre le tram ; les Juifs n'ont pas le droit de circuler en autobus, ni même dans une voiture particulière; les Juifs ne peuvent faire leurs courses que de trois heures à cinq heures ; les Juifs ne peuvent aller que chez un coiffeur juif ; les Juifs n'ont pas le droit de sortir dans la rue de huit heures du soir à six heures du matin […]

L'auteur de ces lignes s'appelle Anne Frank. Elle a treize ans lorsque, le 12 juin 1942, elle commence à écrire son journal intime – elle lui donne le prénom affectueux d'une confidente imaginaire : Kittie. La famille Frank, qui vit à Amsterdam, est cachée par des amis, au deuxième étage d'une maison qui comporte une fausse porte de placard. Pendant deux ans, Anne confie à Kittie les menus événements de sa vie au quotidien, les difficultés de cette captivité dans un espace confiné. L'adolescente grandit, mûrit, réfléchit à tout ce qu'elle sait du monde, tente de comprendre… Mais, le 4 août 1944, la cachette est découverte par les nazis à la suite d'une dénonciation. La famille Frank est emmenée au camp de concentration de Bergen-Belsen – entre Hambourg et Hanovre. Margot, la sœur d'Anne, meurt la première, du typhus. Anne meurt quelques semaines avant la libération du camp. Seul Otto, son père, survit. Il découvre, à Amsterdam, le journal de sa fille, le fait publier. Il a ému aux larmes des millions de lecteurs. Vous, peut-être. Sinon, vous, sans tarder…

Camus en œuvres

- 1942 *L'Étranger* – Meursault se révolte contre l'absurde condition humaine.
- 1942 *Le Mythe de Sisyphe* – Essai où Sisyphe, sans son rocher, est heureux…
- 1944 *Caligula* – Dans cette pièce en quatre actes, Caligula, l'empereur, devient cruel pour faire comprendre à ses sujets leur destinée de mortel.
- 1947 *La Peste* – Roman où Rieux lutte contre la propagation d'un mal terrible.
- 1951 *L'Homme révolté* – Un essai où sont attaqués les totalitarismes.
- 1956 *La Chute* – Un récit où le cynisme de Clamence laisse perplexe.
- 1957 *L'Exil et le Royaume* – Des nouvelles dont les personnages paraissent en exil d'eux-mêmes.

Premier en philo : Jean-Paul Sartre

Des romans, des essais, des pièces de théâtre, des milliers d'articles, un engagement politique de tous les instants, une lumineuse philosophie, dans l'héritage d'un Pic de la Mirandole, une intelligence inépuisable doublée d'un petit sourire à la vie, la bonne humeur d'un bon vivant… Sartre, tel qu'en lui-même…

La peinture sur soi

Vous ne savez par où entrer chez Sartre ? Par la porte, tout simplement, celle qu'il a ouverte sur son enfance, dans *Les Mots* (1963).

L'oncle d'Albert…

Mon petit élève – pardonnez à un grand-père – est naturellement prodigieusement intelligent en toute chose ! Je cherche ce qu'il pourrait devenir dans la vie. Pas mathématicien, bien que fils de polytechnicien. Ce qui caractérise son genre d'aptitude, c'est la parole. Il ne rêve qu'aventures et poésie, mais ce sont là facteurs bien inutiles en ce XXe siècle. Batailleur et éloquent, il y a là, hélas, tout au plus de quoi faire un avocat ou un député ! En attendant, il se porte bien et a le plus heureux caractère du monde : il chante toute la journée… Cette lettre est signée Charles Schweitzer – oncle d'Albert Schweitzer. Et de qui donc ce grand-père heureux et comblé parle-t-il ? De Poulou ! Son petit-fils Poulou !

Bienvenue chez Poulou !

Vous ne connaissez pas Poulou ? Vous brûlez d'envie d'en savoir davantage sur ce petit prodige qui vous séduit par sa gaieté, son intelligence et son énergie si prometteuse ? Eh bien, il vous attend ! Chez son grand-père et sa grand-mère, Charles et Louise Schweitzer, en compagnie de sa mère, Anne-Marie. Et de son père ? Non : Poulou, né en 1905, n'a pas connu son père, Jean-Baptiste, originaire de Thiviers, dans le Périgord. Jean-Baptiste Sartre, bachelier en lettres et en sciences, trois fois lauréat au concours général, polytechnicien, enseigne de vaisseau, est mort en 1906, des suites d'une maladie contractée en Cochinchine. Maman Anne-Marie a décidé alors de vivre chez ses parents, avec Poulou.

Les intimes de Sartre

Attention ! Vous êtes arrivé chez Poulou, chez les Schweitzer. Vous venez de pousser la porte, doucement. L'inscription que vous y avez lue – *Les Mots* – vous a intrigué(e). Deuxième surprise : ce n'est pas Poulou qui vous accueille, c'est un homme adulte, pas très grand, des lunettes toutes rondes, la pipe à la bouche, le regard vif, plein de cette intelligence malicieuse qui désamorce toute fatuité, toute vanité. Sa voix s'élève, claire et vive en vous, comme la confidence faite à un intime. D'ailleurs, vous faites partie de ses intimes, de ses centaines de milliers d'intimes : ses lecteurs. La visite des lieux de sa mémoire est commencée. Vous l'entendez dire : *J'étais un enfant, ce monstre que les adultes fabriquent avec leurs regrets.* Diable ! Il n'y va pas de main morte, Poulou !

ALLONS PLUS LOIN

Et la femme, alors ?

L'humanisme ! L'homme ! C'est de l'homme qu'il est toujours question sous la plume de Sartre ! Et la femme, alors ? La femme ? La voici : elle s'appelle Simone de Beauvoir. Lorsque, en 1929, Sartre est reçu premier à l'agrégation de philosophie, après un parcours brillant à Normale sup, la deuxième place est occupée par celle qu'il a rencontrée trois années auparavant : Simone de Beauvoir ! Elle illustre pour le sexe auquel elle appartient la philosophie de son compagnon, appliquant l'idée qu'une essence de la femme soumise et moins intelligente que l'homme n'existe pas. La femme n'est pas une esclave – c'est le thème de son essai : *Le Deuxième Sexe* (1949).

Au sein de l'existentialisme, elle fonde le féminisme militant, accordant une place essentielle à l'engagement au quotidien. Elle en donne l'exemple par une vie d'action et de conviction. En 1954, le prix Goncourt couronne son roman : *Les Mandarins*. Elle a également écrit : *Le Sang des autres* (roman, 1945) ; *Mémoires d'une jeune fille rangée* (essai-autobiographie, 1958) ; *La Force de l'âge* (essai-autobiographie, 1960) ; *La Force des choses* (essai-autobiographie, 1963) ; *Une mort très douce* (récit sur la mort de sa mère, 1964) ; *Tout compte fait* (essai-autobiographie, 1972) ; *La Cérémonie des adieux* (essai-autobiographie,1981). Simone de Beauvoir meurt le 14 avril 1986.

Les chemins de la liberté

Détrompez-vous : Poulou n'a jamais été Poulou ! Sans doute a-t-il toujours été Jean-Paul, Jean-Paul Sartre que vous avez reconnu, non seulement par la pipe et les petites lunettes, mais par cette phrase enlevée, élégante et dense, qui vaut plus que mille pages d'une laborieuse étude de mœurs. Évidemment, si l'on relit la lettre de Charles Schweitzer, on peut être surpris de tant de décalage entre les observations attendries du grand-père et le jugement sans appel du petit-fils. Mais peut-on reprocher à Sartre d'être devenu l'adulte lucide qui nous plaît tant, d'être sorti victorieux de toutes les duperies nécessaires, de nous montrer la voie qui sauve, les chemins de la liberté – titre d'un cycle sartrien publié entre 1945 et 1949 ?

Des économies d'essence

Inviter l'homme à se construire, le persuader qu'il choisit sa route, qu'il est responsable de son destin. Tâche difficile après des siècles où le contraire fut enseigné. Et pourtant, pari gagné !

« L'existence précède l'essence. » Certes...

Sans complaisance, n'est-ce pas, les deux cents pages de son autobiographie – *Les Mots* – publiée en 1963 dans la revue qu'il a fondée, *Les Temps modernes*, et en 1964 en volume. On veut ensuite tout savoir, tout lire, ou tout relire de celui qui marque de sa pensée, de sa présence militante, le cœur du XXe siècle, le philosophe majeur du temps présent, des siècles à venir, celui qui a donné en une formule la clé de la liberté humaine : *l'existence précède l'essence*. Vous contemplez cette clé et vous ne trouvez pas la serrure ? Autrement dit, elle vous paraît obscure !

Le refus du Nobel

C'est tout simple, pourtant : l'essence, c'est une sorte de matrice d'où vous pourriez sortir, vous, homme ou femme, conforme à un modèle déterminé auquel vous vous résignez d'appartenir, abandonnant toute idée de liberté. Pour Sartre, aucune essence ne détermine l'individu, ne l'oriente dans ses comportements : il est libre par rapport au monde, par rapport à lui-même. Il est responsable de son destin ; chacun de ses actes doit être une manifestation de sa liberté, et non une soumission à un modèle (Sartre refuse, en 1964, le prix Nobel de littérature ; il ne veut pas adhérer à un modèle qui rejoint l'essence). L'homme est le produit de son existence, et non celui d'une essence antérieure ou extérieure (détenue par un Dieu créateur, par exemple). Voilà pourquoi Sartre écrit que *l'existence précède l'essence*. Est-ce plus clair maintenant ? Si c'est le cas, vous venez de comprendre en quelques lignes ce qu'est l'existentialisme. Bravo !

L'existentialisme est un humanisme

Tentons de monter une marche supplémentaire dans l'édifice sartrien : en plaçant l'homme responsable de lui-même au centre de son existence, en lui donnant une liberté qu'il veut à la fois pour lui-même et pour les autres, l'existentialisme opère la même révolution dans la conscience que celle qui a existé au XVIe siècle dans l'art. Et comment cette révolution s'appelait-elle ? Vous devez vous le rappeler : vous l'avez lu dans la deuxième partie (déjà oubliée ?) : *l'humanisme* – cela vous revient, maintenant ! Voilà pourquoi Sartre a donné ce titre à une conférence qu'il prononce en 1946, afin de répondre aux attaques de ceux qui l'accusent de désespérer l'homme : *L'existentialisme est un humanisme* – n'est-ce pas qu'on se sent intelligent, quand on a compris cette petite phrase ? On a envie de l'expliquer à tout le monde...

Aron, Nizan

Jean-Paul Sartre a pour camarades de promotion, à Normale sup, Raymond Aron (1905-1983) et Paul Nizan (1905-1940). Raymond Aron est un sociologue et un philosophe qui croise le fer avec Sartre (métaphoriquement, bien sûr, mais leurs dissensions sont parfois telles qu'on les imagine prêts à se rendre sur le pré...), jugeant que celui-ci s'enferme dans l'idéologie marxiste. Aron, rédacteur en chef de *La France libre* auprès du général de Gaulle, à Londres, jusqu'en 1944, est un atlantiste qui promeut la pensée libérale. Paul Nizan, dont l'œuvre brève est composée de romans autobiographiques (*Aden Arabie*, 1931 ; *La Conspiration*, 1938), se montre un digne héritier de Vallès ; il fait de sa vie un combat permanent pour ses idées, quittant brusquement et avec fracas le parti communiste lors de la signature du pacte germano-soviétique, en 1939. L'année suivante, lors d'un engagement contre les troupes allemandes, il est tué près de Dunkerque.

« La Nausée » à Thiviers ?

Dans le premier roman de Sartre, l'action se déroule au Havre. Pourtant, ne serait-ce pas Thiviers, le berceau de la famille paternelle ?

Premier roman

Donc j'étais tout à l'heure au Jardin public. La racine du marronnier s'enfonçait dans la terre, juste au-dessous de mon banc. Je ne me rappelais plus que c'était une racine. Les mots s'étaient évanouis et, avec eux, la signification des choses, leurs modes d'emploi, les faibles repères que les hommes ont tracés à leur surface. J'étais assis, un peu voûté, la tête basse, seul en face de cette masse noire et noueuse entièrement brute et qui me faisait peur. Et puis j'ai eu cette illumination. Ça m'a coupé le souffle. Jamais, avant ces derniers jours, je n'avais pressenti ce que voulait dire « exister ». Ce que vous venez de lire, c'est une page du journal d'Antoine Roquentin, le héros du premier roman de Sartre : *La Nausée*. Un roman qui est pour l'auteur une sorte de premier amour, car il affirme longtemps après l'avoir publié en 1938 : *Dans le fond, je reste fidèle à une chose, c'est à* La Nausée.

UNE ANECDOTE

Trouver un bon titre…

Melancholia. Tel est le premier titre du roman que Sartre remet à son éditeur, en 1936. Celui-ci, Gaston Gallimard, demande alors à l'auteur d'effectuer des coupes et d'atténuer le vitriolage de l'image de la bourgeoisie ! Ce qui est fait. Et puis, il faut trouver un autre titre. Sartre propose alors : *Les Aventures extraordinaires d'Antoine Roquentin*, un bandeau précisant sur la couverture : *Il n'y a pas d'aventures.* Gaston Gallimard fait la moue. Il cherche, lui aussi, et finalement trouve : ce sera *La Nausée*, la nausée qu'éprouve Roquentin lorsqu'il découvre l'acuité de sa propre existence, de celle des choses…

Le Havre ou Thiviers ?

La rédaction du roman s'étend sur presque sept années. Sartre commence à l'écrire au Havre où il est nommé professeur, en 1931. Il le continue à Berlin, en 1934, et le termine à Paris. On y découvre l'angoisse croissante de Roquentin, le héros, qui, à travers une perception distante des choses, fait l'expérience de sa propre existence. Le journal qu'il tient, consignant ses moindres faits et gestes, ses rencontres dans Bouville (Le Havre ou le Thiviers paternel ?) est celui d'une conscience qui se transforme presque en substance opposée à un monde de plus en plus incertain. Cette conscience qui repousse les mots ne conserve des choses que des images quasiment sans nom. Roquentin semble glisser vers la folie.

« Le Nouvel Observateur », « Libération »…

Sartre participe à la fondation de l'hebdomadaire *Le Nouvel Observateur* et au lancement du journal *Libération*. Il compte de plus en plus d'admirateurs, de lecteurs. Parmi eux, le général de Gaulle lui-même…

On n'arrête pas Voltaire !

Mobilisé en 1940, Jean-Paul Sartre est fait prisonnier au début de l'été. Il s'évade du camp de Trèves en 1941. Revenu à Paris, il écrit deux pièces de théâtre et un essai philosophique : *L'Être et le Néant* (1943). La scène, les voyages, les engagements révolutionnaires et politiques occupent sa vie lorsque la paix revient. En 1960, il signe le Manifeste des 121 sur le droit à l'insoumission – la guerre d'Algérie se poursuit. Sur les Champs-Élysées, des manifestations contre le philosophe s'organisent, des slogans sont scandés, notamment celui-ci, lourd de menaces : *Fusillez Sartre !* Le général de Gaulle, à qui est rapportée cette injonction réplique : *On n'arrête pas Voltaire !*

Fidèle à son éthique

Jusqu'à sa mort, le 15 avril 1980, Jean-Paul Sartre ne cesse de *s'engager aux côtés* de ceux qui luttent pour leurs droits, pour la liberté. Il contribue à la fondation de l'hebdomadaire *Le Nouvel Observateur*, en novembre 1964, au lancement de *Libération*, le 22 mai 1973. Directeur de *La Cause du peuple*, en 1970, journal interdit, il va jusqu'à le distribuer lui-même dans la rue ! Jusqu'à son dernier souffle, Sartre, l'humaniste, est fidèle à son éthique. Des dizaines de milliers de personnes suivent le convoi funèbre qui le conduit, le 19 avril 1980, au cimetière du Montparnasse.

Sartre en pièces

- 1943 *Les Mouches* – Oreste conquiert sa liberté par un individualisme excessif.
- 1944 *Huis clos* – Trois personnages vivent un huis clos éternel après leur mort. Ils jugent les autres et sont jugés par les autres – l'enfer, c'est les autres !
- 1948 *Les Mains sales* – Un jeune bourgeois, Hugo, doit tuer un chef révolutionnaire, mais ce chef devient un héros. Hugo va être jugé…
- 1951 *Le Diable et le Bon Dieu* – Dans l'Allemagne de la Renaissance, l'affrontement du bien et du mal.
- 1953 *Kean* – Sartre adapte la pièce d'Alexandre Dumas père.
- 1959 *Les Séquestrés d'Altona* – Un officier nazi fait face à son passé de tortionnaire.

ALLONS PLUS LOIN

Cioran, ou le pessimisme

Faites toujours une petite place à Cioran dans vos lectures. Émile Michel Cioran (1911-1995), né en Roumanie, philosophe-écrivain de langue française, penseur organique ainsi qu'il se définit lui-même. Cioran, dans ses œuvres et ses aphorismes, mélange le cynisme et la désespérance, la résignation et le pessimisme le plus profond. Pourtant, on le sait proche d'une lucidité implacable, proche d'une vérité pas toujours bonne à lire… Lisez quand même *Précis de décomposition* (1949), *La Tentation d'exister* (1956) et des emporte-pièce de ce genre : *l'histoire des idées est l'histoire de la rancune des solitaires,* ou bien : *il n'est qu'un esprit lézardé pour avoir des ouvertures sur l'au-delà,* ou bien : *la musique est le refuge des âmes ulcérées par le bonheur.* Vous le constatez, avec Cioran, on ne s'ennuie jamais…

Chapitre 23

Tours de vers

Dans ce chapitre :

- Entrez dans l'ère nouvelle de la poésie
- Comprenez le mouvement surréaliste
- Faites votre place dans le nouveau lyrisme

Il n'était pas facile de sortir de quatre cents ans de versification codée, surveillée, mesurée, à la syllabe près, avec ses sonorités obligatoires qui ont souvent tordu la pensée, et lui ont même mis parfois la tête à l'envers ! Bien sûr, on a perdu la cadence rassurante, cousine de la musique – certains l'ont conservée, maîtrisée –, on a quitté la scansion. Qu'a-t-on gagné ? Une forme de liberté qui ne s'apprécie que si l'on aime plus que les vers : la poésie !

Une évasion réussie

Quitter les habits anciens qui gênent aux entournures, se libérer de la rime à tout crin et de l'alexandrin et, même si on les conserve, se montrer dans tous les cas plus élevé que la doctrine ; faire comprendre enfin que le sonnet ne garantit rien, pas plus que la ballade, et que quatre quatrains ne font pas un poème ! Mais alors, où est la poésie, qu'est-ce que la poésie ? Elle est là, qui ne claironne pas sa présence en scansions académiques, mais bien présente chez tous les libérés du mètre, ceux qui ont limé leurs barreaux de vers, et réussi leur évasion…

Apollinaire ou le poème sans points : décoiffant !

Sous le pont Mirabeau… Pourquoi la musique des mots d'Apollinaire demeure-t-elle si longtemps après ses vers ? C'est un mystère. Et les mystères aiment le demeurer.

En prison !

Mille métiers, Guillaume Apollinaire (né Wilhelm Apollinaris de Kostrowitzky, le 26 août 1880, d'une mère polono-italienne et d'un père officier italien qui ne le reconnaît pas) ; journaliste, directeur de revue, critique d'art, auteur de romans lestes (*Les Onze Mille Verges*, en 1907). Sa première prose poétique, *L'Enchanteur pourrissant*, date de 1909. En 1911, à la suite d'un vol commis au Louvre, il est emprisonné à la Santé ! Quelques jours plus tard, il est reconnu innocent.

Délicieux tangage

Ébranlé par cette affaire, il trouve refuge dans sa propre poésie, celle qu'il écrit depuis 1898. Il en fait un recueil qui est publié sous le titre *Alcools*. Lors de la correction des épreuves, hésitant sur la ponctuation, il décide de la supprimer, complètement ! L'absence de cloisons dans les phrases provoque, à chaque instant, un délicieux tangage du sens, une sorte de pure poésie, un nouveau langage au-delà des mots. 1914 : Apollinaire s'engage. Il est atteint, en 1916, par un éclat d'obus et doit être trépané. Revenu à Paris, il y meurt le 9 novembre 1918, à trente-huit ans, de la grippe espagnole.

Des femmes...

Il y eut, à Stavelot où il séjourne pendant l'été 1899, Mareye – Marie Dubois. Il y eut, à son retour à Paris, Linda la Zézayante. Il y eut, en 1902, la gouvernante anglaise des filles de la vicomtesse de Milhau, en Allemagne où il est devenu précepteur : Annie Playden. Mais Annie s'effraie de l'amour furieux que lui porte Guillaume ; elle préfère prendre ses distances. C'est pour elle qu'il écrit, en 1903, l'un des plus beaux poèmes d'amour de la langue française, le plus court : *L'Adieu. J'ai cueilli ce brin de bruyère / L'automne est morte souviens-t'en / Nous ne nous verrons plus sur terre / Odeur du temps brin de bruyère / Et souviens-toi que je t'attends*. Il y eut, en 1907, Marie Laurencin, rencontrée grâce à l'ami Picasso. Mais Guillaume aime trop Marie, il la veut pour lui, et que personne ne l'approche, ne la regarde. Jaloux Guillaume, attention, elle va te quitter… Voilà, c'est fait, en 1912 – ainsi est né *Le Pont Mirabeau* !

Lou, Madeleine, Jacqueline

1913 : conférences sur le cubisme, vacance du cœur. 1914 : voici Louise de Coligny-Châtillon. Amour- passion. Pour elle, il écrit le fameux poème acrostiche *Lou* (la première lettre de chaque vers compose un mot qu'on lit verticalement) : *Le soir descend / On y pressent / Un long destin de sang*. Mais Lou soudain a peur du loup Guillaume, de son amour volcanique, imprévisible, possessif. Elle le quitte. C'est la guerre. Guillaume s'est engagé. Dans les tranchées, il ne cesse d'écrire, des poèmes, des nouvelles rassemblées dans le recueil *Le Poète assassiné*, publié en 1916. L'année précédente, il a rencontré dans un train Madeleine Pagès, qu'il demande en mariage, tout en continuant de penser à Lou. Après sa trépanation, il rompt avec Madeleine. Le 15 avril 1918, il publie ses *Calligrammes* – poèmes dont la disposition des mots épouse l'image évoquée. Le 2 mai, il épouse Jacqueline Kolb. Le 11 novembre, c'est l'armistice ! Tout Paris chante et danse, pendant que, discrètement, on porte en terre Apollinaire.

PLAISIR DE LIRE

Le Pont Mirabeau

Sous le pont Mirabeau coule la Seine
Et nos amours
Faut-il qu'il m'en souvienne
La joie venait toujours après la peine

Vienne la nuit sonne l'heure
Les jours s'en vont je demeure

Les mains dans les mains restons face à face
Tandis que sous
Le pont de nos bras passe
Des éternels regards l'onde si lasse

Vienne la nuit sonne l'heure
Les jours s'en vont je demeure

L'amour s'en va comme cette eau courante
L'amour s'en va
Comme la vie est lente
Et comme l'Espérance est violente

Vienne la nuit sonne l'heure
Les jours s'en vont je demeure

Passent les jours et passent les semaines
Ni temps passé
Ni les amours reviennent
Sous le pont Mirabeau coule la Seine

Vienne la nuit sonne l'heure
Les jours s'en vont je demeure

Guillaume Apollinaire, *Alcools*, 1913.

« Amers » de Saint John Perse

Saint John Perse a joué un rôle important sur la scène politique, mais pas à la façon d'un Ronsard qui désirait que la France se regardât à travers sa poésie ! Saint John Perse a composé en dehors du temps les pages d'une aventure intérieure plus dense que n'importe quelle épopée, un univers qui se parcourt les yeux fermés.

Pierres précieuses

Disons qu'il fait nuit, que nous nous glissons dans le sommeil. D'étranges mondes s'ouvrent. Ne craignez rien : nous venons d'entrer dans le rêve ! Tout y est mêlé : la terre et les mots se sont rejoints. Nous parvenons dans un lieu à la fois immense et secret – soigneusement délimité, pourtant. On nous apprend que c'est un terrain d'élection de la pensée, que mille gisements riches de mots précieux y sont dispersés. Nous comprenons bientôt que notre voyage nous a conduits en terre de poésie. Il suffit de se pencher un peu pour que les mots précieux apparaissent, brillent comme des feux, s'accordent dans tous les sens, comme sur une portée aux mille clés. Voici un gisement qu'on dirait d'émeraude ; c'est peut-être l'entrée de l'éternité. En voici deux autres, de rubis et de saphir. Couleurs qui pourraient s'appeler Baudelaire ou Verlaine ou Rimbaud. Un peu plus loin, l'ultime, le pur et l'éclatant : tous ces mots en diamants, vous vous penchez… Éveil en sursaut ! Entre vos mains, ouvert, le recueil Éloges de Saint John Perse. *La Gloire des Rois*. Vous lisez Chanson…

PLAISIR DE LIRE

Anna de Noailles et son *Cœur innombrable*

Marcel Proust, Paul Valéry, Anatole France, Jean Cocteau ont une amie commune qui sort de l'ordinaire : elle est roumaine par son père, grecque par sa mère, vit son enfance sur les rives du Bosphore, à Paris, au bord du lac de Genève. Elle s'appelle Anne-Élisabeth de Brancovan. À vingt ans, elle épouse le comte Mathieu de Noailles.

En 1901, elle publie son premier recueil de poèmes : *Le Cœur innombrable*. On y trouve l'amour de la nature, la hantise romantique de la mort, tout cela inscrit dans des vers de facture classique. Aussitôt, elle devient la vedette du Paris mondain. Son succès ne se dément pas au cours des décennies suivantes, où elle publie aussi nouvelles et romans.

Première femme commandeur de la Légion d'honneur, elle a pour ami de cœur l'écrivain Maurice Barrès (1862-1923, auteur de *La Colline inspirée*) ; leur correspondance a été publiée en 1983. Anna de Noailles meurt le 30 avril 1933, à Paris.

L'automne

Voici venu le froid radieux de septembre :
Le vent voudrait entrer et jouer dans les chambres ;
Mais la maison a l'air sévère, ce matin,
Et le laisse dehors qui sanglote au jardin.

Comme toutes les voix de l'été se sont tues !
Pourquoi ne met-on pas de mantes aux statues ?
Tout est transi, tout tremble et tout a peur ; je crois
Que la bise grelotte et que l'eau même a froid.

Les feuilles dans le vent courent comme des folles ;
Elles voudraient aller où les oiseaux s'envolent,
Mais le vent les reprend et barre leur chemin
Elles iront mourir sur les étangs demain [...]

Anna de Noailles, *Le Cœur innombrable*, 1901

PLAISIR DE LIRE

Chanson

Mon cheval arrêté sous l'arbre plein de tourterelles, je siffle un sifflement si pur, qu'il n'est promesses à leurs rives que tiennent tous ces fleuves. (Feuilles vivantes au matin sont à l'image de la gloire)...

Et ce n'est point qu'un homme ne soit triste, mais se levant avant le jour et se tenant avec prudence dans le commerce d'un vieil arbre, appuyé du menton à la dernière étoile, il voit au fond du ciel de grandes choses pures qui tournent au plaisir.

Mon cheval arrêté sous l'arbre qui roucoule, je siffle un sifflement plus pur... Et paix à ceux, s'ils vont mourir, qui n'ont point vu ce jour. Mais de mon frère le poète, on a eu des nouvelles. Il a écrit encore une chose très douce. Et quelques-uns en eurent connaissance...

Saint John Perse, *Anabase*, « Chanson : Mon cheval s'est arrêté sous l'arbre plein de tourterelles... », 1911

Saint Léger Léger...

Marie-René-Alexis Saint-Léger – Saint John Perse est un pseudonyme – est né le 31 mai 1887 en Guadeloupe, île qu'il quitte à douze ans pour suivre sa famille qui s'installe à Pau. Après de brillantes études, il publie son premier recueil *Éloges* en 1911, sous le nom de Saint-Léger Léger (Léger étant son nom de famille). En 1914, il réussit le concours des Affaires étrangères. Sa carrière de diplomate commence. Il est en poste en Chine avant de devenir le bras droit d'Aristide Briand dans les années trente. Pendant la guerre, il s'exile aux États-Unis. De retour en France, il croule sous les honneurs, reçoit en 1960 le prix Nobel de littérature. Il meurt le 20 septembre 1975, à quatre-vingt-huit ans.

Saint John Perse en œuvres

- 1911 *Éloges.*
- 1924 *Anabase.*
- 1944 *Exil, Pluies, Neige, Poèmes à l'Étrangère.*
- 1946 *Vents.*
- 1957 *Amers.*
- 1960 *Chronique.*
- 1962 *Oiseaux.*
- 1971 *Chant pour un équinoxe.*
- 1973 *Nocturne.*

Verhaeren, Maeterlinck, Saint-Pol Roux, Jammes

Le 27 novembre 1916, un voyageur fait un faux pas sur le quai de la gare de Rouen. Il glisse, tombe sous le train, et perd la vie. Cette mort tragique est celle du poète belge d'expression française Émile Verhaeren. Il était né en 1855. Son œuvre la plus importante, *Les Villes tentaculaires* (1895), lui avait apporté une renommée européenne. En voici un extrait :

Les toits semblent perdus / Et les clochers et les pignons fondus, / Dans ces matins fuligineux et rouges, / Où, feu à feu, des signaux bougent. / Une courbe de viaduc énorme / Longe les quais mornes et uniformes ; / Un train s'ébranle immense et las [...]

Contemporains de Verhaeren, Maurice Maeterlinck (1862-1949) et Henri de Régnier (1864-1936) écrivent une poésie délicate et sensible (*Un petit roseau m'a suffi / Pour faire frémir l'herbe haute / Et tout le pré / Et les doux saules* [...] Régnier).

Paul Roux, dit Saint-Pol Roux (1861-1940), laisse une poésie symboliste, aussi étrange que le lieu où il s'était établi : le manoir de Coecilian, près de Camaret – c'est là que, dans la nuit du 23 au 24 juin 1940, un soldat allemand tue sa servante, blesse grièvement sa fille Divine et s'acharne contre lui qui doit être hospitalisé à Brest, où il meurt le 18 octobre de la même année.

Francis Jammes (1868-1938) est un enfant du Béarn, un adulte du Pays basque. Attaché à son terroir au point de ne le quitter qu'une fois pour accompagner Gide en Algérie, il fait de ses poèmes des asiles de simplicité pour les choses et les animaux – il est l'auteur, notamment, d'une étonnante *Prière pour aller au paradis avec les ânes*, qui fait partie de son recueil le plus remarqué : *De l'Angélus de l'aube à l'Angélus du soir* (1898). Jammes est le dédicataire de la seconde Ballade de Paul Fort (1872-1960), auteur des *Ballades françaises*, dans une prose familière et simple.

Max Jacob, 24 février 1944...

Voulez-vous une idée des antipodes, en poésie ? Vous rappelez-vous Chatterton, mis en scène par Vigny, poète incompris, désespéré ? Maintenant imaginez Max Jacob : vous avez devant vous l'antithèse de Chatterton. Max est drôle ; il est joyeux ; il joue avec les mots ; il vous accueille à sa table avec son petit sourire plein d'humanité – un poète au quotidien, comme il en faudrait cent et mille, loin de la morgue et du mépris dont se parent les paons fiers de leur plume, loin de toute vanité. Max, allez vite le retrouver !

« Heureux crapaud ! »

Le 24 février 1944, à la sortie de l'église de Saint-Benoît-sur-Loire, la Gestapo arrête un homme, celui qui vient de servir la messe – il la sert depuis 1936, l'année de son installation définitive dans le village. En 1942, il a été obligé de porter l'étoile jaune : *Jadis, personne ne me remarquait dans la rue. Maintenant, les enfants se moquent de mon étoile jaune. Heureux crapaud ! Tu n'as pas d'étoile jaune !* Voilà ce qu'a écrit cet homme qu'arrête la Gestapo – texte qui paraît l'année suivante, dans le recueil *Derniers poèmes en vers et en prose*. En 1942, son beau-frère, Lucien Lévy, est mort au camp de Compiègne, ainsi que sa sœur Julie-Delphine. Son frère Gaston a été déporté à Auschwitz, en 1943. Il y est mort. Janvier 1944 : sa sœur Myrté-Léa et son mari meurent aussi en déportation.

La devanture d'un bijoutier

Max ! Max Jacob ! Il est jeté en prison, transféré au camp de Drancy. Il tombe gravement malade. Il pourrait être soigné, sauvé. Ses conditions de détention ne lui laissent aucune chance. Il meurt le 5 mars au matin. Il est inhumé, conformément à sa volonté, dans le cimetière de Saint-Benoît-sur-Loire. Ainsi a disparu, victime de la barbarie, le poète le plus original de la langue française, le plus indépendant, celui qui a tracé seul sa route, ne se réclamant d'aucun mouvement, créant le sien, sans demander qu'on le suive, unique ! Pendant que les surréalistes surévaluent Rimbaud, Max le regarde en face, lucidement : Rimbaud, pour lui, c'est la devanture d'un bijoutier, ce n'est pas le bijou ; le poème en prose est un bijou. Et pan dans le mythe Rimbaud ! Max va être mis en quarantaine par les graves thuriféraires de l'inquiétant Rimbaud. Tant mieux ! Max adore rire, s'amuser avec les mots. Il va s'en donner à cœur joie !

Max en œuvres

- 1912 *Œuvres burlesques et mystiques de frère Matorel, mort au couvent de Barcelone.*
- 1917 *Le Cornet à dés.*
- 1919 *La Défense de Tartuffe.*
- 1921 *Le Roi de Béotie.*
- 1922 *Filibuth ou La Montre en or.*
- 1931 *Poèmes de Morven le Gaélique.*

Tiens ! Un ange passe...

Mais, au plus fort de toutes ses facéties, il n'oublie pas l'événement majeur qui a fait basculer sa vie dans la foi la plus totale, la plus solide. Irréversible ! Forcément : Dieu lui est apparu, sur le mur de sa chambre, au 7 rue Ravignan, sous la forme d'un ange ! Cela se passe le mercredi 22 septembre 1909, vers quatre heures de l'après-midi ! Eh oui ! Max le farceur ne rit plus : le voici choisi par la plus haute instance spirituelle afin de témoigner ! Il le fait avec tant de zèle que certains mettent en doute ce qu'il raconte. Pourtant, il donne des détails : l'ange était vêtu d'une longue robe de soie jaune clair, ornée de parements bleu clair. On a vu mieux comme assemblage de couleurs, mais qu'importe ! L'apparition le transporte ; il se convertit au christianisme, est baptisé sous le nom de Cyprien – Picasso est son parrain !...

PLAISIR DE LIRE

Max, né le ?...

Max Jacob est né à Quimper, le 12 juillet 1876. Féru d'astrologie, ayant constaté que ce jour lui était maléfique, il affirmait qu'il était né le 11 juillet, jour plus favorable à son destin ! Voici *La Guerre*, poème en prose tiré du *Cornet à dés* :

Les boulevards extérieurs, la nuit, sont pleins de neige ; les bandits sont des soldats ; on m'attaque avec des rires et des sabres, on me dépouille : je me sauve pour retomber dans un autre carré. Est-ce une cour de caserne, ou celle d'une auberge ? que de sabres ! que de lanciers ! il neige ! on me pique avec une seringue : c'est un poison pour me tuer ; une tête de squelette voilée de crêpe me mord le doigt. De vagues réverbères jettent sur la neige la lumière de ma mort.

Max Jacob, *Le Cornet à dés*, 1917

Max attend son heure

Sa poésie est celle du jeu avec les mots. Il excelle dans l'art de trouver dans les sonorités des signes qu'il utilise comme passerelle vers d'autres mots, créant ainsi des images étranges, inattendues et pittoresques. Qu'elle soit en vers ou en prose – il est devenu, avec *Le Cornet à dés*, le maître incontesté du poème en prose – , son écriture surprend toujours, parce qu'elle devient, dès les premiers mots, l'invitation à prendre d'utiles distances avec le sens ordinaire, rationnel, convenu. C'est ailleurs que demeure sa vérité. Chacune de ses envolées magnifiques fait penser à celles que crée, en peinture, son contemporain Marc Chagall. Chagall justement honoré, admiré aujourd'hui. Pendant que Max attend toujours son heure...

Les « Stèles » de Segalen

Le rare en poésie, l'intense, le dense, l'au-delà du sens, l'arrivée dans quelque contrée de la sensibilité encore vierge – étonnement de ne l'avoir point identifiée encore –, c'est Segalen. Lisez *Stèles*...

Le troisième, le premier...

Octobre 1914. Bordeaux. Un restaurant non loin du port. Trois hommes. Ils sont attablés et se parlent. On ne sait rien de leurs phrases perdues, mais on devine, dans leur regard, l'espace, l'espace sans fin. L'un d'eux, c'est le Guadeloupéen, Alexis Léger, pas encore Saint John Perse ; l'autre, c'est celui qui stationna au niveau du second pilier, près du chœur, dans la cathédrale Notre-Dame, le 25 février 1886, tout à coup empli de bonne foi ! Et le troisième ? Ah, le troisième, c'est peut-être le premier, sûrement, le plus élevé vers le mystère que tous les trois chassent avec leurs armes à répétition : les mots. Ce troisième, ce premier, c'est Victor Segalen.

« Les Immémoriaux »

Segalen est né à Brest, le 14 janvier 1878. Médecin de marine – sa thèse porte sur les névroses d'écrivains –, il part pour Tahiti en 1903. Gauguin vient d'y mourir. Segalen est frappé par la débâcle du sacré dans la civilisation maorie, au profit d'une mystique d'emprunt, inadaptée, sans relief et sans joie : celle des colonisateurs. C'est le thème de son premier roman : *Les Immémoriaux*, publié en 1907, sous le pseudonyme de Max Anély. Segalen découvre ensuite la Chine, l'immensité qui le descelle de toutes ses limites d'Occidental habitué aux frontières géographiques, aux limites intérieures.

Lire « Stèles »

La Chine ! Aux confins de soi. Segalen s'y découvre à la fois identifié et perdu par les extrêmes : le présent, le passé, l'ici et l'ailleurs, la transparence et l'opaque, bref, tout ce qui ravit son être inquiet, livré depuis toujours au mystère. Ainsi naît le recueil *Stèles*. Segalen a trouvé sa voix, et son chemin. D'autres œuvres suivent : *Peintures*, en 1916, où sont décrites et recréées par les mots des illustrations taoïstes. Un roman posthume, *René Leys* (1922). Le 21 mai 1919, Victor Segalen, revenu en France, est trouvé mort au pied d'un arbre, dans la forêt du Huelgoat, *Hamlet* à la main. Ce n'est probablement pas un suicide, mais un appel. Y répondre, c'est lire *Stèles*.

PLAISIR DE LIRE

Sans marque de règne

[...]

Attentif à ce qui n'a pas été dit ; soumis par ce qui n'est point promulgué ; prosterné vers ce qui ne fut pas encore,

Je consacre ma joie et ma vie et ma piété à dénoncer des règnes sans années, des dynasties sans avènement, des noms sans personnes, des personnes sans noms,

Tout ce que le Souverain-Ciel englobe et que l'homme ne réalise pas.

Que ceci donc ne soit point marqué d'un règne ; — ni des Hsia fondateurs ; ni des Tcheou législateurs ; ni des Han, ni des Thang, ni des Soung, ni des Yuan, ni des Grands Ming, ni des Tshing, les Purs, que je sers avec ferveur.

Ni du dernier des Tshing dont la gloire nomma la période Kouang-Siu, —

Mais de cette ère unique, sans date et sans fin, aux caractères indicibles, que tout homme instaure en lui-même et salue.

À l'aube où il devient Sage et Régent du trône de son cœur.

Victor Segalen, *Stèles*, 1912

Paul Valéry : « Le Cimetière marin »

Si vous n'avez jamais lu *Le Cimetière marin* de Valéry en entier, courez-y ! C'est sa carte d'identité...

Les Grassi et les Valerj

Clé. Avez-vous entendu ? *Clé*... Cette fois, aucun doute, vous l'avez entendu, vous aussi. *Clé... clé... clé*... Un sourire d'ange éclaire, identique, le visage de la mère et celui de l'enfant. Un an, ou un peu plus, et déjà le premier mot. Le mot clé ! Elle sourit encore à son petit Paolo, Fanni Grassi ! Ses plus lointains ancêtres, les Lugnani, vivaient à Venise au XIVe siècle. Elle a épousé en 1861 Barthélemy Valery. Les Valéry sont originaires de Bastia. D'ailleurs, il faudrait écrire non pas Valéry, mais Valerj. Les Valerj ! Une lignée de rudes marins qui conservent la mémoire du plus illustre d'entre eux : Vittorio Valerj, un homme au caractère de feu, qui participa à la bataille de Lépante le 7 octobre 1571. Il était aux côtés de Miguel de Cervantès, l'auteur de Don Quichotte, lorsque celui-ci eut le bras gauche emporté par une arquebusade !

Où est Paolo ?...

Paolo ! Paolo ! Fanni, affolée, crie : *Paolo !... Barthélemy, as-tu vu Paolo ? Il a disparu !... Oui, disparu !* Barthélemy cherche, court ; Fanny le suit. Ils vont vers le bassin du jardin public de Sète – ils habitent tout près, 65, Grande-Rue. *Paolo !*... Il est là, Paolo ! Son petit corps flotte entre deux eaux, mais ses mains cherchent encore à s'accrocher, cherchent la main de Fanni. C'est celles de Barthélemy qu'elles rencontrent, et ses bras qui le serrent, le réchauffent, lui redonnent la vie ! Paolo a failli mourir. Fanni n'aurait pas survécu. Paolo, c'est plus que sa vie. Et c'est aussi un peu la nôtre...

Le vent se lève !...

Notre vie, celle de Paolo ? Oui : imaginez que, hélas, Barthélemy arrive trop tard ! Eh bien, dans nos mémoires, rayon Beautés de la langue, étagère Poésie, tiroir secret des Émotions vives, case de velours des Cimetières marins : le vide ! Paolo, ne dites pas que vous ne l'avez jamais rencontré : Paul ! Allons, Paul Valéry ! Voulez-vous de lui une phrase connue ? Voici : *Le vent se lève !... Il faut tenter de vivre !* Ou bien : *La mer, la mer toujours recommencée.* Ou bien : *Nous entrons dans l'avenir à reculons*... Et puis ces poèmes : *Aurore, Au platane, Cantique des colonnes (Douces colonnes, ô / L'orchestre de fuseaux ! / Chacun immole son / Silence à l'unisson...), L'Abeille, Les Pas*...

« La nuit de Gênes »

Paul Valéry, c'est l'intellectuel de la grande famille des poètes, celui qui intimide, non par la quantité de ses vers – ils sont finalement peu nombreux – mais par leur qualité mystérieuse. D'aucuns diront : forcément, Valéry a fréquenté Mallarmé plusieurs années, puis écrit quelques poèmes remarqués. Il a dû apprendre du grand maître de l'hermétisme quelques recettes, y ajouter ses ingrédients, et voilà, le tour est joué ! Point du tout ! Bien sûr, Valéry a aimé se trouver dans la sphère des jeunes poètes reçus par Mallarmé – il en a sans doute écouté les conseils. Mais il se passe un événement incroyable dans sa vie : dans la nuit du 4 au 5 octobre 1892 – ce qu'il a appelé *la nuit de Gênes* –, il décide de rompre avec la littérature, de refuser sa sensibilité à la poésie, de consacrer sa vie aux mathématiques !

Gide veille...

Et c'est ce qu'il fait, Valéry ! Plus un seul vers – mais une pratique de l'écriture quotidienne, pendant deux ou trois heures, jusqu'à la fin de sa vie ; des milliers de pages publiées en 1957, après sa mort, sous le titre *Cahiers*. Il devient, au début des années 1900, secrétaire du directeur de l'agence Havas, se marie avec Jeannine Gobillard, la nièce de Berthe Morisot (peintre, 1841-1895). Ses enfants naissent, grandissent. Tout pourrait alors se ranger dans la continuité répétitive d'une petite vie bourgeoise. Mais Gide veille ! Et Gaston Gallimard aussi ! En 1912, ils demandent à Valéry de réunir ses premiers poèmes – si peu nombreux – afin d'en publier le recueil. Valéry accepte, décide d'écrire une vingtaine de vers supplémentaires. Quatre ans plus tard, ce ne sont pas vingt vers que Valéry remet à Gide, c'est un chef- d'œuvre : *La Jeune Parque*.

Valéry célèbre !

La Jeune Parque, publiée en 1917, étonne, fascine. Un tel langage semble issu d'une perfection formelle qui dépasse tout ce qui s'est écrit jusqu'alors. Et Valéry n'a pas écrit son dernier vers ! Il récidive trois ans plus tard avec un nouveau chef-d'œuvre : *Le Cimetière marin* (1920). Et puis voici le recueil où se trouvent *Aurore, Au platane, Cantique des colonnes, L'Abeille, Les Pas*… : *Charmes*. C'est fait : Valéry est célèbre dans le monde entier.

Comblé d'honneurs

La densité de son écriture, sa forme plus que parfaite, la certitude qu'elle recèle un mystère qui confine au sacré, tout cela contribue à faire du poète l'être différent qu'on se plaît à couronner de tous les lauriers possibles, à couvrir d'honneurs – l'Académie française en 1925, la présidence du Pen Club. Il donne des conférences un peu partout, en France, à l'étranger. Sa diction chantante, son léger zozotement ravissent tous ceux qui sont persuadés d'être en présence d'une espèce de médium entre le pur esprit et les êtres ou les choses.

Valéry, après avoir pris position contre Pétain lors de la Seconde Guerre mondiale, s'éteint le 20 juillet 1945, emportant, parmi ses mots, le tout premier : la clé, devenue celle de son mystère.

À Dada, le surréalisme !

Détruire les tiroirs du cerveau, proposer une autre lecture du réel, reconstruire après avoir tout détruit, langage, idées qui sont des vieilles lunes… Voilà le programme *dada*, au curieux nom de comptines pour enfant, comme une régression, pour s'approcher des sons premiers. Breton s'y intéresse, mais rencontre Vaché l'indifférent au monde, la première pierre de son surréalisme. Tout recopier de ces zones inconnues qui sont en nous et se déposent sur le papier si on les laisse franchir nos propres frontières… Éluard et Aragon comprennent tout cela, mais le tempèrent…

L'idée ? C'est à Tristan…

Rendez-vous à Zurich, au café Terrasse. On va vous expliquer Dada…

Samuel Rosenstock

Mardi 8 février 1916. Zurich. Depuis août 1914, la jeunesse européenne continue de s'enterrer vivante dans les tranchées de la guerre. Le comble de l'horreur est à venir : Verdun. Bardés de poignards, de fusils, de baïonnettes, les grenades en main, des soldats de vingt ans se préparent à s'entretuer. Aberration totale, absurdité ! Folie ! Où sont donc passés l'intelligence humaine, l'esprit, tout ce qui élève l'être, tente de le distraire de sa misère terrestre, de son instinct de bête féroce ? Point de tranchées à Zurich. La guerre n'est pas entrée en Suisse. Mais, au café Terrasse, on se rassemble autour de Samuel Rosenstock. Il dit son horreur des fusils, des canons, son impuissance dans la spirale de la démence collective. Il veut agir, dénoncer la monstruosité du conflit, au moyen de la seule arme dont personne ne s'est encore servi : la dérision dans l'art.

« Je détruis les tiroirs du cerveau »

Autour de Samuel Rosenstock, ce mardi 8 février 1916, au café Terrasse de Zurich, on décide d'agir, de transformer l'art en unité militante, de lui confier le rôle de dénoncer l'ordre existant qui a produit la désolation du massacre général. Quel nom donner à ce mouvement ? Un dictionnaire est posé sur la table. Samuel se saisit d'un coupe-papier, le glisse au hasard entre les pages, ouvre… Dada ! le premier mot qui vient d'être lu, au hasard, dans ce dictionnaire ouvert donne son nom au mouvement à la tête duquel on trouve non plus Samuel Rosenstock, mais Tristan Tzara, pseudonyme de… Samuel Rosenstock – né le 16 avril 1896, à Moinesti, en Roumanie. Dans le manifeste de son mouvement, Tzara écrit : *Je détruis les tiroirs du cerveau et ceux de l'organisation sociale.*

Flamme seule…

Toutes les formes d'art vont être concernées par Dada – Marcel Duchamp, en peinture, va installer une belle paire de moustaches sous le nez de la Joconde… Tzara met sa thèse en œuvre dans son écriture : sa poésie est faite de lettres choisies au hasard, de syllabes au milieu desquelles apparaît, de temps en temps, un mot identifiable. Ainsi, le langage est détruit afin que sombre le monde ancien. Deuxième étape : la genèse nouvelle. Troisième : la renaissance de l'homme, qui redevient conscient du poids du monde. Arrivé à Paris en 1919, Tzara va d'abord rencontrer un écho favorable auprès du groupe des surréalistes – André Breton, Louis Aragon, Philippe Soupault. Mais l'attitude antilittéraire qu'il préconise l'isole. Fidèle à ses idées, il s'engage aux côtés des républicains pendant la guerre d'Espagne. Il publie ensuite, jusqu'à sa mort, le 24 décembre 1963, à Paris, de nombreux ouvrages qui viennent illustrer de façon pathétique le plus beau de ses vers : *Flamme seule je suis seul.*

Chapeau, Breton !

Un doctrinaire, Breton, qui n'a cessé d'écrire sur le surréalisme, oubliant de se livrer plus souvent à des séances d'écriture automatique qui nous eussent persuadés que la voie qu'il ouvrait pouvait conduire vers les plus fertiles contrées de la poésie… Hélas, cette écriture automatique demeure délicate. Essayez : prenez une feuille blanche, laissez-vous aller pendant une heure. Relisez... Hum ! Certes… Pas facile, la poésie !

« Bourgeois repu »…

André Breton ! André Ier, pape du surréalisme, irremplaçable, sans successeur ! Forcément : pendant toute sa vie, il n'a cessé d'exclure ceux qui n'appliquaient pas à la lettre son bréviaire surréaliste : Tzara, qui dit haïr la littérature, Eluard et Aragon qui préfèrent la révolution marxiste, ou bien Artaud et sa quête d'une métaphysique dans l'art – Artaud, vexé, qui traite Breton de *bourgeois repu* ! André Breton est né à Tinchebray, dans l'Orne, le 18 février 1896. Sa famille s'installe dans la banlieue nord de Paris. Il fréquente l'école communale de Pantin, puis le collège Chaptal. La guerre éclate alors qu'il est étudiant en médecine. Dans les hôpitaux situés à l'arrière du front, il devient attaché aux services psychiatriques. C'est alors qu'il va faire une rencontre capitale, celle de Jacques Vaché.

Jacques Vaché et l'« umour » sans « h »

Vaché est né le 7 septembre 1896 à Lorient. Blessé de guerre soigné à l'hôpital de Nantes, il fascine Breton par sa tranquille conviction de l'inutile, par sa pratique constante d'un *umour* (oui, Vaché l'écrit sans la lettre *h*) qui condamne la littérature, l'art en général. Vaché semble l'avatar d'un Jarry qui aurait enfin quitté la caricature d'Ubu, prêchant avec ferveur, et par l'exemple, l'indifférence au monde. Vaché meurt le 6 janvier 1919 – excès d'opium ou suicide ? Sans doute les deux à la fois.

Dictée de la pensée

Breton rencontre aussi Guillaume Apollinaire, *un être hagard, le lyrisme en personne*. Ces parrainages ont préparé Breton à l'envol : avec Aragon et Soupault, il fonde la revue *Littérature*, où est publié le premier texte surréaliste : *Les Champs magnétiques*. L'*écriture automatique*, inspirée à la fois de la rencontre de Freud et de la poésie de Rimbaud, y devient la source de toute création surréaliste – l'expression est d'Apollinaire, mais dans une acception différente de celle de Breton qui la définit ainsi : *Automatisme psychique pur par lequel on se propose d'exprimer, soit verbalement, soit par écrit, soit de toute autre manière, le fonctionnement réel de la pensée. Dictée de la pensée, en l'absence de tout contrôle exercé par la raison, en dehors de toute préoccupation esthétique ou morale.*

ALLONS PLUS LOIN

La marquise sortit à cinq heures…

Dans le Manifeste du surréalisme, Breton condamne la description dans l'écriture. Tout ment, dit-il dans la description, tout est au service de l'auteur qui veut s'emparer de la conscience du lecteur, le conduire où il le désire. De plus, il nous apprend la méfiance – ou le mépris – de Valéry pour le genre narratif – Valéry qui lui confie : *En ce qui me concerne, je me refuserai toujours à écrire « La marquise sortit à cinq heures »…*

Nadja abandonnée

Des brouilles, des exclusions ! Breton est un pape sévère : il excommunie ceux qui dévient du dogme, qui passent leur écriture en mode manuel après avoir déconnecté le pilote automatique… En 1926, il rencontre Nadja, une femme étrange qu'il définit ainsi : *un génie libre, quelque chose comme un de ces esprits de l'air que certaines pratiques de magie permettent momentanément de s'attacher, mais qu'il ne saurait être question de se soumettre*. Le récit que lui inspire celle qui se déclare l'âme errante rend compte de leurs pérégrinations dans le hasard qui conduit inéluctablement à la folie : Nadja est condamnée à l'asile ! Breton n'ose pas affronter l'image de la déraison, il abandonne Nadja – personnage bien réel qui s'appelait Léona-Camille-Ghislaine D., née en 1902 et morte dans un asile d'aliénés en 1941.

Le Mexique, les États-Unis

En 1938, Breton, qui a quitté le parti communiste, se rapproche du trotskisme dont il visite, à Mexico, le fondateur : Trotski ! Revenu en France, Breton est mobilisé en 1939. Il décide de partir pour les États-Unis, en 1941.

Là-bas, le surréalisme se développe autour d'artistes tels que Marcel Duchamp, Max Ernst, Yves Tanguy, Matta. En 1946, dans une France en quête d'une culture aux valeurs renouvelées, il devient le repère de toute une jeunesse qui se met à suivre les nouveaux enchantements qu'il propose par la fréquentation de Rimbaud, Lautréamont ou Sade. André Breton meurt à Paris, le 28 septembre 1966.

Breton en œuvres

- Poésies : *Les Champs magnétiques* (1920) ; *Clair de terre* (1923) ; *Signe ascendant* (1942) ; *Poèmes* (1948).
- Prose : *Nadja* (1928) ; *L'Amour fou* (1935).
- Ouvrages théoriques : *Manifeste du surréalisme* (1924) ; *Second Manifeste du surréalisme* (1929), *Qu'est-ce que le surréalisme ?* (1934) ; *Troisième Manifeste du surréalisme* (1943).

ALLONS PLUS LOIN

Pieyre de Mandiargues et Breton

Un point commun entre Breton et Pieyre de Mandiargues (1909-1991) : le Mexique, lieu d'inspiration. Un deuxième point commun : le prénom – André. Un troisième point commun : le surréalisme. Une différence fondamentale : Pieyre de Mandiargues développe la sensualité, expose des fantasmes où l'insolite le dispute à l'inquiétant, où le sang irrigue les lignes qui frôlent des étals de bouchers… Il publie des romans – dont *La Marge*, prix Goncourt 1967 –, des poèmes – *Dans les années sordides* (1948) –, des nouvelles – dans le recueil *Le Musée noir* (1946), on rencontre une petite fille qui s'enfuit de chez ses parents et se réfugie dans la bergerie de celui qui la regarde dangereusement grandir ; on voit un narrateur qui rencontre une femme mystérieuse à *l'immense chevelure mouvante*, alors qu'il regarde un attirail d'objets insolites dans une vitrine du passage Pommeraye à Nantes… ; on se promène près du parc Monceau à Paris… ; et toujours survient la femme aux pouvoirs inquiétants, qui transforme l'homme en victime, le vampirise. Vous êtes prévenu ! Trop tard ?…

Chapeau, Paul Eluard !

On l'aime, Paul Eluard, parce qu'il aime, parce qu'il a aimé, et qu'il en a laissé la trace écrite dans des poèmes qui peuvent toujours servir… Servir à dire ce que vous n'osez pas dire à qui vous aimez… Servir à rêver…

Séparez-les !

Vendredi 6 juillet 1923, théâtre Saint-Michel à Paris… Mais quel est ce bruit de coups ? D'où viennent ces cris ?… Séparez-les ! Vite ! Ne les laissez pas se battre ainsi ! Regardez : il y en a déjà un qui a l'œil poché, l'autre dont la lèvre saigne ! Et vous ne faites rien ! Vous demeurez en retrait, de peur de prendre un mauvais coup ! Il est vrai qu'ils se battent si bien que, si on les sépare, ils pourraient s'en prendre au larron pacifiste qui les empêche de vider leur querelle. Mais de quoi donc s'agit-il, et surtout de qui ?

Dada est au tapis

À votre gauche : Eugène Grindel, dit Paul Eluard (du nom de sa grand-mère maternelle), né à Saint-Denis, le 14 décembre 1895. À votre extrême gauche, tendance anarchiste : Tristan Tzara, que vous connaissez déjà – celui qui détruit *les tiroirs du cerveau* ! Et pourquoi donc Eluard et Tzara se battent-ils ? Parce que la provocation anarchiste du mouvement dada ne plaît pas du tout au pape André Breton. Il a donc envoyé quelques-uns de ses cardinaux, chanoines et protonotaires apostoliques ramener à la raison les déviants, en pleine représentation d'une pièce du papa de Dada : Tzara ! Fin de round : vainqueur ? Paul Eluard ! Le mouvement dada – peu solide sur ses bases – est au tapis !

La belle Helena

Que recueille-t-il, Paul, lorsqu'il rentre chez lui ? Helena Dmitrievna Diakonova, sa femme – il l'appelle Gala, pour faire plus court – va-t-elle lui tomber dans les bras, éblouie parce que son chevalier des temps modernes a terrassé le dragon dadaïste ? Point du tout ! Entre Gala et Paul, il y a ce qu'on appelle familièrement de *l'eau dans le gaz* : rien ne va plus dans le couple. Ah ! il est bien loin, le temps où le jeune Eugène Grindel écrivait des poèmes à la jeune et belle Russe Helena, pendant leur séjour au sanatorium de Clavadel, en Suisse ! Depuis, Paul a été mobilisé, en 14, il a connu l'horreur des champs de bataille, qui ne le quittera plus. Il a épousé Gala en 1917 ; leur fille, Cécile, est née en 1918. Il a rencontré Soupault, Breton, Aragon, fondé avec eux le groupe surréaliste. Jusqu'à cette bagarre. Jusqu'à ce départ…

PLAISIR DE LIRE

On ne peut me connaître

On ne peut me connaître
Mieux que tu me connais
Tes yeux dans lesquels nous dormons
Tous les deux
Ont fait à mes lumières d'homme
Un sort meilleur qu'aux nuits du monde
Tes yeux dans lesquels je voyage
Ont donné aux gestes des routes
Un sens détaché de la terre
Dans tes yeux ceux qui nous révèlent
Notre solitude infinie
Ne sont plus ce qu'ils croyaient être

On ne peut te connaître
Mieux que je te connais.

Paul Éluard, *Les Yeux fertiles*, 1936

Capitale de la douleur

Oui : Paul Eluard, sans prévenir, disparaît. Il file à l'anglaise vers Marseille, en mars, à la veille de la parution de son livre *Mourir pour ne pas mourir*. Tout le monde le cherche, personne ne sait où il est. Est-il mort ? Non : au bout de quelques semaines, il envoie de ses nouvelles. Il est en Asie, où Gala, accompagnée du peintre Max Ernst, va le retrouver. Tous les trois rentrent en France, Paul n'est plus fâché !... 1928 : il rassemble alors ses poèmes et les publie sous le titre : *Capitale de la douleur* – sans doute le meilleur de sa création. Son couple bat toujours de l'aile, et bientôt s'écrase en catastrophe : Gala a rencontré le génie des génies, l'homme à la moustache dressée comme deux pinceaux en mal de couleurs : Salvador Dalí – que Breton transforme par anagramme en Avida Dollars… Gala s'en va vivre avec lui – et ses dollars !

Liberté

Paul survit, rencontre la très jolie Maria Benz, une Alsacienne qu'il surnomme Nusch. Il publie en 1932 *La Vie immédiate* ; en 1934, *La Rose publique* ; en 1936, *Les Yeux fertiles*… Pendant la Seconde Guerre mondiale, il devient le poète de la Résistance, écrit le poème *Liberté*, que les avions anglais parachutent dans les maquis. La guerre finie, il est célébré, couvert d'honneurs, mais son bonheur prend fin avec la mort soudaine de Nusch, victime d'une congestion cérébrale. Terrassé par la douleur, Eluard pense au suicide, mais se relève, continue à écrire. Il épouse sa dernière compagne, Dominique, en 1951, lui dédiant son dernier et superbe recueil : *Le Phénix*. Paul Eluard meurt le 18 novembre 1952, d'une crise cardiaque, à cinquante-sept ans.

PLAISIR DE LIRE

Liberté

Sur mes cahiers d'écolier / Sur mon pupitre et les arbres / Sur le sable sur la neige / J'écris ton nom

Sur toutes les pages lues / Sur toutes les pages blanches / Pierre sang papier ou cendre / J'écris ton nom

Sur les images dorées / Sur les armes des guerriers / Sur la couronne des rois / J'écris ton nom

Sur la jungle et le désert / Sur les nids sur les genêts / Sur l'écho de mon enfance / J'écris ton nom

Sur les merveilles des nuits / Sur le pain blanc des journées / Sur les saisons fiancées / J'écris ton nom

Sur tous mes chiffons d'azur / Sur l'étang soleil moisi / Sur le lac lune vivante / J'écris ton nom

Sur les champs sur l'horizon / Sur les ailes des oiseaux / Et sur le moulin des ombres / J'écris ton nom […]

Et par le pouvoir d'un mot / Je recommence ma vie / Je suis né pour te connaître / Pour te nommer / Liberté.

Paul Eluard, *Au rendez-vous allemand*, 1945

Aragon, ton Elsa…

Souriant, Aragon, sur la plupart des photos qui le montrent en compagnie. Et même s'il ne sourit pas, quelque chose de lumineux, d'inspiré, émane de son visage. Image de sa poésie.

Frère et sœur ?

Automne 1908. Deux femmes viennent de conduire à l'école, pour la rentrée des classes, un enfant de onze ans. Vous les avez vues : toutes deux ont embrassé cet enfant qu'elles appellent Louis. Vous avez aussi compris que la plus jeune des femmes est sa sœur. En effet, une jeune mère lui a demandé : *Comment va votre petit frère aujourd'hui ?* L'autre femme, entre deux âges, doit être sa mère. En effet, le petit Louis l'a quittée en lui disant *Au revoir maman !* Tout est clair, il n'y a rien là qui puisse fournir des indications sur l'identité de cet enfant sans histoire ! Eh bien détrompez-vous ! Voici maintenant qu'arrive, 12, rue Saint-Pierre, à Neuilly – le domicile des deux femmes, elles viennent d'y entrer – un homme portant beau, quasiment septuagénaire, et qui a l'air d'un préfet de police.

Louis Andrieux

D'ailleurs, c'est le préfet de police de Paris – ou plutôt l'ancien. Il est entré dans la maison – la porte n'étant pas fermée, vous aussi, vous êtes entré. Et là, stupeur : le vieux monsieur que vous aviez peut-être pris pour le mari de la dame entre deux âges, se dirige vers la jeune femme, la prend dans ses bras, lui donne un baiser de mari, et disparaît avec elle dans une chambre ! Vous voulez savoir… Eh bien, cet homme s'appelle Louis Andrieux. Il a été lié à Gambetta ; son passé politique est important. En 1896, il a rencontré une jeune fille dont il est tombé amoureux fou : Marguerite Toucas. Elle avait vingt-trois ans ; lui, cinquante-sept. L'année suivante, leur fils est né.

Nous te coupons les vivres !

Louis Andrieux, installé dans la vie, avec femme, enfants et honneurs, a décidé que le nom de famille de ce fils de l'amour commencerait par un A, comme Andrieux, et que ce serait Aragon, une province d'Espagne où il avait été en poste. Il a décidé aussi que sa mère se ferait passer pour sa sœur, alors que sa grand-mère se déclarerait sa mère ! Ce qu'elles ont fait. Jusqu'en 1917, lorsque Louis, qui a bien grandi, est parti à la guerre. Elles lui ont tout dit. Louis est parti pour les tranchées. Il a bien failli en mourir : envoyé au front, à Couvrelles, il est enseveli trois fois sous la terre projetée par des obus. Mais il est revenu, Louis. Il a terminé ses études de médecine. Et puis il a décidé de tout abandonner pour devenir poète ! *Non*, a dit sa famille : *nous te coupons les vivres !*

Aragon en œuvres

- 1926 *Le Paysan de Paris* – Promenade et méditation lyrique dans un Paris qui se transforme.

- 1933 *Les Cloches de Bâle* – Au début du siècle, la jeune Catherine défend les droits de la femme.
- 1936 *Les Beaux Quartiers* – Édmond et Armand Barbentane dans le Paris de 1913.
- 1941 *Le Crève-Cœur* – poèmes.
- 1942 *Les Yeux d'Elsa* – poèmes.
- 1945 *Aurélien* – L'amour contrarié entre Bérénice, mariée, et Aurélien.
- 1958 *La Semaine sainte* – L'aventure de Théodore pendant les Cent jours.
- 1959 *Elsa* – poèmes.
- 1963 *Le Fou d'Elsa* – poèmes.
- 1965 *La Mise à mort.*

La femme de sa vie

Aragon est secouru par Breton. Les deux hommes se sont connus en 1917. Ils ont jeté les bases du surréalisme en 1919, publié leurs premières œuvres, lutté contre le mouvement dada, tenté de faire évoluer leur mouvement vers la révolution totale. Mais, en 1930, Aragon déclare que le surréalisme n'est

PLAISIR DE LIRE

Les yeux d'Elsa

Tes yeux sont si profonds qu'en me penchant pour boire
J'ai vu tous les soleils y venir se mirer
S'y jeter à mourir tous les désespérés
Tes yeux sont si profonds que j'y perds la mémoire

À l'ombre des oiseaux c'est l'océan troublé
Puis le beau temps soudain se lève et tes yeux changent
L'été taille la nue au tablier des anges
Le ciel n'est jamais bleu comme il l'est sur les blés

Les vents chassent en vain les chagrins de l'azur
Tes yeux plus clairs que lui lorsque une larme y luit
Tes yeux rendent jaloux le ciel d'après la pluie
Le verre n'est jamais si bleu qu'à sa brisure
[...]

J'ai retiré ce radium de la pechblende
Et j'ai brûlé mes doigts à ce feu défendu
Ô paradis cent fois retrouvé reperdu
Tes yeux sont mon Pérou ma Golconde mes Indes

Il advint qu'un beau soir l'univers se brisa
Sur des récifs que les naufrageurs enflammèrent
Moi je voyais briller au-dessus de la mer
Les yeux d'Elsa les yeux d'Elsa les yeux d'Elsa

Louis Aragon, *Les Yeux d'Elsa*, 1942

qu'une forme d'idéalisme bourgeois ! Ces mots sont ceux du militant communiste qu'est devenu Aragon. Ce communisme se double d'un lien sentimental avec l'URSS : il a rencontré la femme de sa vie, une admiratrice aux yeux magnifiques, Elsa Kagan, séparée de son mari, l'officier français André Triolet – elle signera ses œuvres (*Roses à crédit*, par exemple, roman publié en 1959) Elsa Triolet. Elsa Kagan est la sœur de Lili Brik, compagne du grand poète russe Vladimir Maïakovski (1893-1930).

Aragon, Ferrat

Aragon fait de nombreux voyages en URSS. Lorsque la guerre éclate en 1939, il est mobilisé, fait prisonnier. Il s'évade, devient un résistant actif, tout en continuant de publier des recueils de poèmes, des romans. En 1959, paraît l'un des sommets de sa création poétique : *Elsa* – que vous devez absolument découvrir : lisez surtout *Les Yeux d'Elsa*, mesdames ; jamais vous ne lirez plus beau texte dédié à la femme aimée – messieurs, vous pouvez toujours en apprendre certains passages par cœur, on ne sait jamais, ça peut servir… Écoutez aussi la magnifique mise en musique des poèmes d'Aragon par le chanteur Jean Ferrat – le plus beau des mariages entre la musique et la poésie !

PLAISIR DE LIRE

Que serais-je sans toi

Que serais-je sans toi qui vins à ma rencontre.
Que serais-je sans toi qu'un cœur au bois dormant.
Que cette heure arrêtée au cadran de la montre.
Que serais-je sans toi que ce balbutiement.

J'ai tout appris de toi sur les choses humaines.
Et j'ai vu désormais le monde à ta façon.
J'ai tout appris de toi comme on boit aux fontaines
Comme on lit dans le ciel les étoiles lointaines.
Comme au passant qui chante, on reprend sa chanson.
J'ai tout appris de toi jusqu'au sens du frisson.

J'ai tout appris de toi pour ce qui me concerne.
Qu'il fait jour à midi, qu'un ciel peut être bleu
Que le bonheur n'est pas un quinquet de taverne.
Tu m'as pris par la main, dans cet enfer moderne
Où l'homme ne sait plus ce que c'est qu'être deux.
Tu m'as pris par la main comme un amant heureux.

Qui parle de bonheur a souvent les yeux tristes.
N'est-ce pas un sanglot que la déconvenue
Une corde brisée aux doigts du guitariste
Et pourtant je vous dis que le bonheur existe.
Ailleurs que dans le rêve, ailleurs que dans les nues.
Terre, terre, voici ses rades inconnues.

Louis Aragon, *Que serais-je sans toi*, (mis en musique par Jean Ferrat).

Robert Desnos, son pélican

Des poèmes pour les petits et pour les grands, pour les avant, pour les maintenant. Desnos, pour tous les temps.

Surréaliste

Un poète peut-il être employé dans une droguerie ? Oui ! Et vendeur en publicité ? Oui ! Et secrétaire d'un journaliste mondain ? Bien sûr, s'il est né à Paris le 4 juillet 1900, s'il écrit des poèmes particulièrement appréciés du grand Breton, lequel grand Breton écrit à son propos – à propos de qui, au fait ? Mais de Robert Desnos, voyons ! Vous ne l'aviez pas encore deviné ? Donc, le grand Breton, dans le *Journal littéraire* du 5 juillet 1924, écrit ceci : *Le surréalisme est à l'ordre du jour et Desnos est son prophète*. Ce n'est pas un mince compliment – cependant, Desnos, ensuite, se détache du surréalisme ! Voulez-vous savoir maintenant ce que pense de Desnos Antonin Artaud ?

L'avis d'Artaud

Eh bien voici : *Je sors bouleversé d'une lecture des derniers poèmes de Desnos. Les poèmes d'amour sont ce que j'ai entendu de plus entièrement émouvant, de plus décisif en ce genre depuis des années et des années. Pas une âme qui ne se sente touchée jusque dans ses cordes les plus profondes, pas un esprit qui ne se sente ému et exalté et ne se sente confronté avec lui-même. Ce sentiment d'un amour impossible creuse le monde dans ses fondements et le force à sortir de lui-même, et on dirait qu'il lui donne la vie. Cette douleur d'un désir insatisfait ramasse toute l'idée de l'amour avec ses limites et ses fibres, et la confronte avec l'absolu de l'Espace et du Temps, et de telle manière que l'être entier s'y sente défini et intéressé. C'est aussi beau que ce que vous pouvez connaître de plus beau dans le genre, Baudelaire ou Ronsard.*

Terezín, en Tchécoslovaquie

Si maintenant vous n'êtes pas en train de refermer ce livre pour aller chercher dans votre bibliothèque ou chez un libraire, ou bien où que vous vouliez, un recueil de poèmes signé Robert Desnos, c'est que, sans doute, vous avez fermé les yeux et que vous vous êtes rappelé ses poèmes appris à l'école. Et vous tentez d'en retrouver toutes les paroles, de vous redire ses *Chantefables* et ses *Chantefleurs*. Donnons un petit coup de pouce à votre mémoire défaillante : *Le capitaine Jonathan, / Étant âgé de dix-huit ans, / Capture un jour un pélican / Dans une île d'Extrême-Orient. / Le pélican de Jonathan, / Au matin, pond un œuf tout blanc / Et il sort un pélican / Lui ressemblant étonnamment. / Et ce deuxième pélican / Pond, à son tour, un œuf tout blanc / D'où sort, inévitablement, / Un autre qui en fait autant. / Cela peut durer pendant très longtemps / Si l'on ne fait pas d'omelette avant*. Et maintenant, vous rappelez-vous que Robert Desnos est mort en déportation, au camp de Terezín, en Tchécoslovaquie, le 8 juin 1945 ? Cela, ne l'oubliez jamais.

ALLONS PLUS LOIN

Reverdy, Supervielle

Quand les feux du désert s'éteignent un à un / Quand les yeux sont mouillés comme des brins d'herbe / Quand la rosée descend les pieds nus sur les feuilles / Le matin à peine levé / Il y a quelqu'un qui cherche / Une adresse perdue dans le chemin caché... Ces quelques vers, extraits du recueil *Sources du vent* (1929), sont signés Pierre Reverdy, né en 1889, à Narbonne, qui a fréquenté les artistes du Bateau-Lavoir, à Montmartre, a pratiqué avant la lettre un surréalisme admiré par Breton et qui a influencé Eluard, Aragon. Profondément marqué par l'atmosphère de religiosité qu'il a vécue dans son enfance, il se retire à trente-sept ans, à l'abbaye de Solesmes, où il meurt à soixante et onze ans, en 1960, après avoir publié plusieurs dizaines de recueils de poèmes.

Connaissez-vous *L'Homme de la pampa* ? C'est le titre d'un roman fantastique paru en 1923 sous le nom de Jules Supervielle. Lorsque vous lirez ce poète – également romancier – , conservez en mémoire que, né à Montevideo, en Uruguay, il fut orphelin à huit mois, qu'il fut élevé par un oncle et une tante, et qu'il n'apprit la vérité qu'à l'âge de neuf ans ! Il ne s'est jamais remis de cette révélation qui lui fait percevoir avec trop d'acuité, à l'âge où il faut se construire, la béance du néant, de la mort. Il vit tantôt en Uruguay, tantôt en France, où il rencontre Jules Laforgue, qui lui conseille de se soigner à l'humour. Ainsi paraît le recueil *Poèmes de l'humour triste*, en 1919. Supervielle va écrire de nombreux récits et poèmes jusqu'à sa mort, le 16 mai 1960, à Paris.

À travers chants

Voici des chants, pour tous les temps, sur tous les tons. Cendrars, Michaux, Ponge, Prévert, Char, Guillevic, Cadou. Tous ont écrit pour vous !

Cendrars, la folle aventure

Pour Cendrars, l'écriture et l'aventure riment à la perfection...

L'apiculteur

Quel voyageur, Cendrars ! Cendrars qui ne s'appelait pas Cendrars, mais Frédéric Sauser, né à La Chaux- de-Fonds, en Suisse, en 1887. Son pseudonyme est la contraction de *braise* et de *cendres*. Il suit ses parents à Naples, puis en Égypte, en Angleterre. Fatigué du carcan et de la surveillance familiale, il fugue définitivement. Il traverse l'Allemagne, où il fait la rencontre de l'étrange personnage Rogovine. Et puis le voici en Russie, en 1904. Il s'installe à Saint-Pétersbourg, repart sur les routes : Arménie, Perse, Chine...

banlieue de Paris, où il s'occupe d'apiculture ! Londres : il y rencontre Charlie Chaplin, devient jongleur. En 1909, il convoie des émigrants polonais de Hambourg aux États-Unis.

Cendrars en œuvres

- 1912 *Les Pâques à New York.*
- 1913 *La Prose du Transsibérien et la petite Jehanne de France.*
- 1925 *L'Or* – roman.
- 1926 *Moravagine* – roman.
- 1945 *L'Homme foudroyé* – récits, poèmes, nouvelles.
- 1946 *La Main coupée* – récits, poèmes, nouvelles.
- 1948 *Bourlinguer* – récits, poèmes, nouvelles.

« Les Pâques à New York »

La nuit de Pâques, en 1912, à New York, il écrit son éblouissant poème *Les Pâques à New York*, d'une seule traite, sans une rature ! Paris, de nouveau ! Rencontre d'Apollinaire, des deux Delaunay et de Modigliani. 1914, c'est la mobilisation. Cendrars part à la guerre, où il perd le bras droit en 1915, en

PLAISIR DE LIRE

La Prose du Transsibérien (début)

En ce temps-là j'étais en mon adolescence
J'avais à peine seize ans et je ne me souvenais déjà plus de mon enfance
J'étais à 16 000 lieues du lieu de ma naissance
J'étais à Moscou, dans la ville des mille et trois clochers et des sept gares
Et je n'avais pas assez des sept gares et des mille et trois tours
Car mon adolescence était si ardente et si folle
Que mon cœur tour à tour brûlait comme le temple d'Éphèse ou comme la Place Rouge
de Moscou quand le soleil se couche.
Et mes yeux éclairaient des voies anciennes.
Et j'étais déjà si mauvais poète
Que je ne savais pas aller jusqu'au bout.
Le Kremlin était comme un immense gâteau tartare croustillé d'or,
Avec les grandes amandes des cathédrales, toutes blanches
Et l'or mielleux des cloches...
Un vieux moine me lisait la légende de Novgorode
J'avais soif
Et je déchiffrais des caractères cunéiformes
Puis, tout à coup, les pigeons du Saint-Esprit s'envolaient sur la place
Et mes mains s'envolaient aussi, avec des bruissements d'albatros
Et ceci, c'était les dernières réminiscences
Du dernier jour
Du tout dernier voyage
Et de la mer. [...]

Blaise Cendrars, *La Prose du Transsibérien et la petite Jehanne de France*, 1913

Champagne. Édition, cinéma l'occupent jusqu'en 1924, où il part pour le Brésil. Il effectue aussi des séjours en Argentine, au Paraguay, au Chili, avant de se fixer à Aix-en-Provence, puis à Paris, où il meurt le 21 janvier 1961. Il laisse de nombreux recueils de poèmes, des romans, des essais.

Michaux, ses choix, ses shoots

Je vous écris d'un pays lointain. De quel pays ? De quel exil, Henri Michaux ? Le titre de cette œuvre, publiée en 1937, n'est-il pas celui de tous vos livres ? Que vous vous trouviez en Amérique du Sud, en Turquie, en Extrême-Orient ou bien tout près de vos amis – si rares –, vous écrivez toujours d'un univers situé aux confins de vous-même, où vous êtes seul. Vous êtes né le 24 mai 1899, à Namur en Belgique – mort à Paris, le 19 octobre 1984. Vous avez été naturalisé français à cinquante-cinq ans. Votre vie ? L'incessante quête de l'au-delà des signes, la volonté de trouver les voies de l'infini – l'ami et l'ennemi –, par tous les moyens. Surtout par l'ivresse mescalinienne, que vous privilégiez. Qu'ils sont étranges, les dessins que vous rapportez de ces voyages. On dirait les petits pas que laissent sur une plage les amants qui se quittent : leur formidable histoire est ailleurs, en eux seuls, intransmissible. Peintre, poète, chroniqueur de l'ailleurs (*Ecuador*, 1929 ; *Un barbare en Asie*, 1932), infatigable découvreur de signes et de continents à la dérive, on aime vous suivre, parce qu'on sait que vous débarquez, à vos frais, du plus lointain de nous-mêmes.

PLAISIR DE LIRE

Le Grand Combat

Il l'emparouille et l'endosque contre terre ;
Il le rague et le roupète jusqu'à son drâle ;
Il le pratèle et le libucque et lui barufle les ouillais ;
Il le tocarde et le marmine,
Le manage rape à ri et ripe à ra.
Enfin, il l'écorcobalisse.
L'autre hésite, s'espudrine, se défaisse, se torse et se ruine.
C'en sera bientôt fini de lui ;
Il se reprise et s'emmargine... mais en vain
Le cerceau tombe qui a tant roulé.
Abrah ! Abrah ! Abrah !
Le pied a failli !
Le bras a cassé !
Le sang a coulé !
Fouille, fouille, fouille,
Dans la marmite de son ventre est un grand secret.
Mégères alentour qui pleurez dans vos mouchoirs ;
On s'étonne, on s'étonne, on s'étonne
Et on vous regarde,
On cherche aussi, nous autres, le Grand Secret.

Henri Michaux, *Qui je fus*, « le grand combat », 1927.

Les choses de Ponge

Il fallait y penser : l'humble description de ce qui tombe sous la main tombe sous le sens. Partout, la poésie, partout, les mots, même dans un cageot…

Moi aussi !

Emporté par un enthousiasme compréhensible face à ces vies de créateurs, de thaumaturges du verbe (de *thaumatourgos*, en grec : *le faiseur de miracles*), séduit par la possibilité de figurer, vous aussi, dans une histoire de la littérature dans cent ans, ou moins, ou plus, heureux que l'on y raconte vos premières quenottes, ou bien le fier exil que vous subîtes volontairement sur un iceberg à la dérive pour y régler froidement vos comptes avec la société qui ne comprend pas votre génie, vous venez de vous dire : *Moi aussi ! Moi aussi, je vais écrire une œuvre poétique inoubliable ; on va se l'arracher dans les gares ! Des manifestations de libraires auront lieu près des entrepôts des distributeurs toujours en rupture de stock ! Des émeutes de lecteurs frustrés de ne pouvoir me lire éclateront sur les Champs-Élysées…*

Regardez ce cageot…

Stop ! Qu'allez-vous donc écrire ? Ce que je vais écrire ? Euh… rien de plus simple, regardez ce cageot par exemple – mais non, pas la jeune fille qui passe, le cageot en bois, là, qui contenait des patates ! Eh bien, je vais en faire un poème, bien réaliste, bien concret ; les plus humbles choses vont devenir de petits chefs-d'œuvre sous ma plume ! J'adopte ce parti pris, oui, *Le Parti pris des choses* ! Quel bon titre ! Voilà, je suis célèbre, je suis riche, je suis le plus grand p…. ! *Sssssssstop !* C'est fait ! Comment cela, c'est fait ? Oui : un poète a déjà eu cette idée, toute simple, de donner asile aux choses dans ses lignes sans prétention : Francis Ponge !

Ne dire que ce que l'on veut dire

Francis Ponge naît à Montpellier, le 27 mars 1899 ; meurt à Bar-sur-Loup, le 6 août 1988. Après ses études au lycée Malherbe, à Caen, il est admissible à Normale sup, mais décide de ne pas dire un seul mot à l'oral ! Il écrit ses premiers textes, se lie aux surréalistes, se marie, entre aux messageries Hachette. Résistant pendant la guerre, il devient professeur à l'Alliance française, de 1952 à 1964. La dernière partie de sa vie est consacrée aux colloques et conférences. Loin des acrobaties du surréalisme auquel il a tourné le dos, Ponge précise, dans *Proêmes* (1948), que l'art poétique consiste à *ne dire que ce que l'on veut dire*. Les métaphores et les comparaisons, les effusions de toutes sortes sont inutiles : les objets, les choses s'y dénaturent. Il faut suivre leur structure, se les concilier en respectant les mots qui les servent.

Le poème monomot ?…

Jean-Paul Sartre voit en Ponge un grand poète. Philippe Sollers et son groupe *Tel Quel* en font l'un des auteurs majeurs de la poésie contemporaine. Mais consolez-vous : même si Ponge a réalisé votre rêve, votre carrière d'auteur n'en est pas compromise pour autant ! En effet, tout est à inventer, tous les jours, en écriture ! Pourquoi ne tenteriez-vous pas, par exemple, le poème monomot – c'est simple, rapide et comparable à ce qui a fait la fortune du génial peintre Yves Klein (1928-1962) : le tableau monochrome ! Revenons à Ponge… Voulez-vous quelques titres du *Parti pris des choses* ? En voici : *L'Huître, La Cruche, Le Pain, Le Savon, L'Orange, L'Appareil du téléphone, Le Cageot…*

PLAISIR DE LIRE

Le Cageot

À mi-chemin de la cage au cachot la langue française a cageot,

simple caissette à claire-voie vouée au transport de ces fruits qui de la

moindre suffocation font à coup sûr une maladie.

Agencé de façon qu'au terme de son usage il puisse être brisé sans

effort, il ne sert pas deux fois. Ainsi dure-t-il moins encore que les denrées

fondantes ou nuageuses qu'il enferme.

À tous les coins de rues qui aboutissent aux halles, il luit alors de

l'éclat sans vanité du bois blanc. Tout neuf encore, et légèrement ahuri d'être

dans une pose maladroite à la voirie jeté sans retour, cet objet est en somme

des plus sympathiques – sur le sort duquel il convient toutefois de ne s'appesantir longuement.

Francis Ponge, *Le Parti pris des choses*, 1942

Prévert fait le Jacques

Voici un poète qui parle comme tout le monde ! Point de recherches alambiquées, de tournures abstruses, de phrases absconses : le poème accueille pour la première fois les tons qui n'osent sortir dans la compagnie des livres… Jacques Prévert, ou le record des ventes dans un genre où l'on espère plutôt se faire voler ses livres…

« Embrassez-moi ! »

T'as de beaux yeux, tu sais ! Quai des Brumes, Jean Gabin vient d'approcher son visage de celui de Michèle Morgan, ou plutôt Jean, le craquant déserteur de l'armée coloniale, domine de son mâle visage la délicieuse frimousse de Nelly, l'orpheline sous le charme – à moins que ce soit Jean Moncorgé qui conduit de sa poigne de camionneur la séduction de la jeune actrice Simone Roussel, sait-on jamais… Bref : *T'as de beaux yeux, tu sais !* Déjà, vous avez prononcé à voix basse la réplique de l'abandon, lâchée dans un souffle d'ivresse par Nelly : *Embrassez-moi !* Savez-vous qui est l'auteur de ce fameux: *T'as de beaux yeux ?* Malgré la sobriété de la description des yeux de la jeune orpheline et la remarquable économie de lexique, c'est un poète, et pas n'importe lequel : Jacques Prévert !

« Le Quai des Brumes »

C'est Jacques Prévert aussi qui a conseillé à Michèle Morgan de se vêtir d'un imperméable bien ficelé à la ceinture et de mettre sur sa tête un béret, l'ensemble étant fort seyant. Pourquoi donc Jacques Prévert se trouve-t-il sur les plateaux de cinéma avec les plus grands noms de l'époque ? Tout simplement parce qu'il est scénariste ou co-scénariste des plus grands films des années 30 et 40 : *Le Crime de Monsieur Lange*, de Jean Renoir (1935) ; *Le Quai des Brumes* (1938), d'après le roman de Pierre Mac Orlan ; *Le jour se lève* (1939) ; *Les Visiteurs du soir* (1941) ; *Les Enfants du paradis* (1944). Et la poésie, alors ? Elle vient, elle vient…

ALLONS PLUS LOIN

Barbara

Jacques Prévert est né le 4 février 1900, à Neuilly-sur-Seine, dans un milieu de petite bourgeoisie – André Prévert, son père, travaille dans une compagnie d'assurances, puis à la mairie du VIe arrondissement de Paris. Six ans plus tard, naît son frère Pierre dont il se sentira toujours très proche. Les deux frères collaborent pour plusieurs films – notamment *L'affaire est dans le sac* (1932), *Paris la belle* (1959). En 1949, Pierre Prévert dirige un cabaret rue de Grenelle : La Fontaine aux Quatre-Saisons. Mouloudji y chante ; Boris Vian aussi. Une jeune fille de dix-neuf ans vient un jour y proposer ses chansons. Elle s'appelle Monique Serf. Vous la connaissez : dans votre mémoire, plane son magnifique *Aigle noir*… Barbara (1930-1997) !…

Barbara, c'est aussi le titre d'un poème de Jacques Prévert, chanté par Yves Montand : *Rappelle-toi Barbara*…

Poésie générale !

En 1945, Prévert rassemble les poèmes qu'il a écrits depuis des années, sous le titre *Paroles*. Dès la parution du recueil, les ventes de *Paroles* s'envolent, mais les écrits restent dans les mémoires. En effet, Prévert écrit dans une langue qui parle à tous les passants de n'importe quelle rue. Enfin la poésie est à la portée du jardinier, du boucher, du contrôleur, du médecin, de l'avocat, des jeunes ou des vieux – et même du cancre ! À la complication surréaliste, aux recommandations alambiquées d'un Breton, à la table sacrée du poète solennel, Prévert a préféré les recettes de tous les jours, et le comptoir du café ! Et la recette fonctionne à merveille, sous les yeux d'un Breton sans doute envieux de ce succès ! Breton que Prévert avait égratigné en quittant le groupe surréaliste : *Hélas, je ne reverrai plus l'illustre pallotin du monde occidental qui confondit le désespoir et le mal de foie, la Bible et les chants de Maldoror…*

Les roses qu'il aimait

Langage unique en son genre, jamais imité – cela se verrait trop –, mélange de tendresse, de gouaille, d'ironie féroce, de chagrin aussi et de lumière sans fard, les poèmes de Prévert continuent d'être lus, étudiés, appréciés par toutes les générations. *Paroles* s'est vendu à plus de deux millions d'exemplaires depuis sa parution ! Prévert est aussi l'auteur de chansons – *Les Feuilles mortes, Les enfants qui s'aiment*... – interprétées par les plus grandes voix : Juliette Gréco, Catherine Sauvage, Germaine Montero, Cora Vaucaire, Édith Piaf, Les Frères Jacques, Mouloudji, Serge Reggiani, Yves Montand, Tino Rossi... Celui qui en écrit la musique est un jeune Roumain venant de Budapest, que Prévert a découvert en 1934 : Joseph Kosma (1905-1969). Jacques Prévert est mort le 11 avril 1977, à Omonville-la-Petite, dans la Manche, où se trouve sa tombe sur laquelle fleurissent les roses qu'il aimait.

Poèmes de Char : habits à merveilles

Char, c'est le capitaine Alexandre, au temps de la Résistance, chef de la Section atterrissage-parachutage dans les Basses-Alpes. Le poète continue cependant l'œuvre déjà commencée et poursuivie jusqu'en 1988.

Des loups !

Un enfant. Un enfant de dix ans, sur les pentes herbeuses du mont Ventoux. Il garde ses moutons. Ou plutôt les moutons que lui a confiés le paysan qui l'a recueilli. Lui, l'enfant trouvé, nommé Magne, prénommé Charles, afin que tout cela fasse Charlemagne, pour rire un peu ! Petit bonhomme de dix ans, tout seul avec son troupeau. En ce temps-là, les loups rôdent encore. Ils ont senti la chair fraîche sous la laine épaisse, ils ont faim ! Soudain, là-bas, le petit Charlemagne voit deux espèces de gros chiens gris- noir. Pas des chiens ! Des loups !

Charlemagne plâtrier

Les loups ont saisi à la gorge un mouton et l'emportent déjà dans la forêt. Le petit Charlemagne est terrifié : son maître va encore le battre. Alors, il décide de s'enfoncer dans une grotte. Il y passe toute la nuit. Au matin, un homme le découvre : c'est le propriétaire de la carrière de plâtre où s'est réfugié Charles. Pris de pitié, de tendresse, l'homme offre à l'enfant de travailler pour lui. Charlemagne devient plâtrier, pour la vie.

« Ralentir travaux »

Vous vous demandez ce que vient faire cette histoire dans le chapitre poésie ! Eh bien, ce jeune Charlemagne a grandi, s'est marié, a eu un fils qui est devenu directeur de la plâtrière – abrégeant le nom de son père Charlemagne en Char… Vous l'avez compris : René Char, le grand poète, est le petit-fils de Charlemagne ! René Char est né le 14 juin 1907, à L'Isle-sur-la Sorgue. Après des études de commerce, il commence à écrire des poèmes, rencontre, à Paris, les fondateurs du mouvement surréaliste. Avec Breton et Eluard, il compose un recueil : *Ralentir travaux*, publié en 1930.

Capitaine Alexandre

À partir de 1940, il entre dans la Résistance sous le nom du capitaine Alexandre, chef de la Section atterrissage-parachutage Région 2 dans le département des Basses-Alpes. Après la Libération, il collabore aux *Cahiers d'art*, à d'autres revues, rencontre les peintres Matisse, Braque, Nicolas de Staël, Picasso, Giacometti. Sa poésie, étonnamment dense, défi constant à l'évidence trompeuse, à l'illusion, offre à travers l'alliance rare d'images simples des perspectives où l'essentiel fait souvent l'économie des lenteurs du sens. René Char est mort à Paris, le 9 février 1988.

PLAISIR DE LIRE

Allégeance

Dans les rues de la ville il y a mon amour. Peu importe où il va dans le temps divisé. Il n'est plus mon amour, chacun peut lui parler. Il ne se souvient plus ; qui au juste l'aima ?

Il cherche son pareil dans le vœu des regards. L'espace qu'il parcourt est ma fidélité. Il dessine l'espoir et léger l'éconduit. Il est prépondérant sans qu'il y prenne part.

Je vis au fond de lui comme une épave heureuse. À son insu, ma solitude est son trésor.

Dans le grand méridien où s'inscrit son essor, ma liberté le creuse.

Dans les rues de la ville il y a mon amour. Peu importe où il va dans le temps divisé. Il n'est plus mon amour, chacun peut lui parler. Il ne se souvient plus ; qui au juste l'aima et l'éclaire de loin pour qu'il ne tombe pas ?

René Char, *Fureur et mystère*, 1968

L'ébéniste du sens : Guillevic

Est-ce qu'un inspecteur de l'Économie nationale peut aussi être un poète ? Oui, à condition qu'il s'appelle Eugène Guillevic et qu'il soit né en 1907 à Carnac, près de la mer, dans le Morbihan. Très proche d'Éluard pendant la dernière guerre, il lui dédie *Exécutoire*, en 1947, après avoir publié, en 1942, son œuvre la plus connue : *Terraqué*. On y trouve une poésie toute simple, dépouillée de tout artifice, aux vers courts, écrite pour maîtriser l'inquiétante étrangeté des choses. Pour ses vingt recueils, il a reçu le grand prix de poésie de l'Académie française en 1976 et le grand prix national de poésie en 1984. Son œuvre est traduite en plus de quarante langues, dans une soixantaine de pays.

PLAISIR DE LIRE

Le Temps

Le temps qui peut changer
le nuage en nuage
Et le roc en rocaille,

Qui fait aussi languir
Un oiseau dans les sables

Et réduit au silence
De l'eau pure tombée
dans l'oubli des crevasses,

Le temps existe,
À mi-chemin.

Guillevic, *Exécutoire*, « Le temps qui peut changer,... », extrait de *Le temps*, 1942

Cadou, l'infiniment doux

Cadou ! Le nom lui-même semble une réserve de poésie. Inépuisable !

Attention, danger !

Pour la première fois, il faut vous mettre en garde : attention, danger ! Danger pour vous, pour ceux qui vous entourent ! Danger pour tout : danger Cadou ! Pourquoi ? C'est tout simple : dès le premier vers, vous allez partir en son pays, dans son univers, on ne vous rattrapera plus ! On aura beau vous chercher, tourner autour de vous, tenter de dessiner votre profil ancien : plus rien ! Mais alors, qu'êtes-vous devenu, c'est inquiétant ! Suivons-vous ! Ah ! Voici la trace de votre lecture initiale : *Ils sont venus au jour prédit par le prophète / Dans leur gangue de l'enfance / Les soleils matinaux dévissaient les serrures/[...]* Vous étiez là quand on vous a vu pour la dernière fois, à l'entrée du recueil *Brancardiers de l'aube*, publié en 1937. Quoi ? Cadou est né le 15 février 1920, à Sainte-Reine-de-Bretagne, en Brière ? Il n'avait donc que dix-sept ans lorsque parut *Brancardiers de l'aube* ? Oui ! Incroyable, n'est-ce pas ! Il n'y a pas que Rimbaud… Poursuivons-vous.

« Années-lumière »

Tiens, vos traces, ici ! Vous avez traversé les *Forges du vent* (1938) – *Qu'importe le nom des vivants / Et l'oiseau bleu ou les menaces / J'ai là au fond de ma besace / Le doigt bénévole du vent*–, *Retour de flamme* (1939), *Années-lumière* (1939). Vous vous êtes arrêté, ne le niez pas, 5, quai Hoche– c'est là qu'il a vécu, qu'il a failli mourir, pendant la guerre, sous un bombardement : *La nuit / La ville morte / Et la clé sur la porte / Les malles closes / Derrière ce mur tant de choses / Qu'on n'emporte pas : Tout ce qui perce encore le plafond / La trace chaude de mon front / Sur la vitre mouvante / Les douze coups de l'épouvante / Entre le ciel et moi / Et la lune qui règle la marée des toits*… Dix-neuf ans, Cadou, et l'or des mots qui tombe entre ses doigts – depuis sept ans, sa mère est morte ; son père, très malade, garde le lit, quai Hoche ; Cadou trie le courrier à la gare de Nantes.

PLAISIR DE LIRE

J'ai toujours habité

J'ai toujours habité de grandes maisons tristes
Appuyées à la nuit comme un haut vaisselier
Des gens s'y reposaient au hasard des voyages
Et moi je m'arrêtais tremblant dans l'escalier
Hésitant à chercher dans leurs maigres bagages
Peut-être le secret de mon identité
Je préférais laisser planer sur moi comme une eau froide
Le doute d'être un homme Je m'aimais
Dans la splendeur imaginée d'un végétal
D'essence blonde avec des boucles de soleil
Ma vie ne commençait qu'au-delà de moi-même
Ébruitée doucement par un vol de vanneaux
Je m'entendais dans les grelots d'un matin blême
Et c'était toujours les mêmes murs à la chaux
La chambre désolée dans sa coquille vide
Le lit-cage toujours privé de chants d'oiseaux
Mais je m'aimais, ah ! je m'aimais comme on élève
Au-dessus de ses yeux un enfant de clarté
Et loin de moi je savais bien me retrouver
Ensoleillé dans les cordages d'un poème.

René Guy Cadou, *Les Visages de la solitude*, 1946, © Éditions SEGHERS

Les mots de Max

Vous êtes passé par ici : *Morte-saison* (1940). Cette année-là, c'est la rencontre majeure à Saint-Benoît-sur-Loire : Max Jacob ! Max fait les questions et les réponses : *Tu crois en Dieu, Bien sûr ? Non, ne me réponds pas : tous les enfants perdus croient en Dieu... J'ai prié pour toi au chemin de Croix : « Mon Dieu ayez pitié de René-Guy Cadou qui ne sait pas que ses vers sont le meilleur de vous ! »* Chut !... On vous entend, vous devez tout juste sortir des *Bruits du cœur* (1941) : *Ô mort, parle plus bas on pourrait nous entendre / Approche-toi encore et parle avec les doigts / Le geste que tu fais dénoue les liens de cendres / Et ces larmes qui font la force de ma voix / Je te reconnais bien c'est ton même langage / Les mains que tu croisais sur le front de mon père / Pour toi j'ai délaissé les riches équipages / Et les grands chemins bleus sur le versant des mers [...]*

Chaque feuille en tombant me rappelait ton pas

Un petit drame : *Lilas du soir* (1942). Les personnages en sont l'aveugle, la table, les voix, le mur, la main et la fenêtre. Étonnante puissance lyrique des dialogues ! Auriez-vous déjà atteint *La Vie rêvée ?* Vous avez dû croiser Hélène : elle est dans la vie de René-Guy depuis le 17 juin 1943 : *Je t'atteindrai Hélène / À travers les prairies / À travers les matins de gel et de lumière / Sous la peau des vergers / Dans la cage de pierre / Où ton épaule fait son nid / Tu es de tous les jours / L'inquiète la dormante / Sur mes yeux / Tes deux mains sont des barques errantes / À ce front transparent / On reconnaît l'été / Et lorsqu'il me suffit de savoir ton passé / Les herbes les gibiers les fleuves me répondent / Sans t'avoir jamais vue / Je t'appelais déjà / Chaque feuille en tombant / Me rappelait ton pas / La vague qui s'ouvrait / Recréait ton visage / Et tu étais l'auberge / Aux portes des villages.*

ALLONS PLUS LOIN

Hélène

Hélène Cadou, née à Mesquer, en Loire-Atlantique, est l'auteur d'une œuvre poétique importante. Son écriture raffinée, élégante, cerne, dans l'économie des mots, le mystère du visible : *Entre deux toits / Le bleu / Comme un appel de colombe / La lucarne / Seul regard / Pour toute une vie / Qui rêve de sa vacance.* Auteur d'une vingtaine d'ouvrages, elle se consacre aujourd'hui au Centre René-Guy-Cadou, à Nantes et au musée de la Maison d'école, à Louisfert en Poésie. L'acteur Daniel Gélin, Véronique Vella de la Comédie- française y sont venus lire et chanter Cadou.

Louisfert en poésie

Ah ! Vous voici enfin ! Vous êtes rejoint *dans la campagne bleue* où vit Cadou. Tous les regards suivant les lignes de ce livre vous entourent. Profitons-en pour visiter les lieux : nous sommes à Louisfert, à deux pas de Châteaubriant, où se sont rencontrés les parents d'Hugo. Entrons dans la maison d'école où l'instituteur Cadou vient de terminer sa journée de cours. Il est cinq heures. Il monte lentement les marches qui conduisent à son bureau dont la fenêtre donne sur *la ruée des terres*. Hélène a préparé le feu dans la cheminée. Cadou s'assied. À ses pieds, le chat Orphée, puis le chien Zola (*la bête humaine*, dit Cadou...). Dix heures du soir : le poème est là. Hélène l'écoute, éblouie, témoin quotidien du miracle de l'écriture.

Un bruissement d'eau claire sur les cailloux...

Maintenant, vous connaissez le bon danger, l'utile, l'indispensable danger Cadou ! Bienvenue dans le monde tendre et doux qu'il a créé. Voici ses chevaux et ses forêts, ses *trains qui n'assurent plus la correspondance pour toutes les petites gares ombragées sur le réseau de la souffrance* (*Nocturne*), les remises de ses châteaux, ses lys et ses étables, et puis tous ses amis qui s'assoient à sa table. Et puis voici ses dernières lignes, ses derniers vers, sous le titre *Tout amour : Ô père ! J'ai voulu que ce nom de Cadou demeure comme un bruissement d'eau claire sur les cailloux...* Cadou a quitté son enveloppe terrestre le 21 mars 1951, jour du printemps, à trente et un ans. Allez, maintenant qu'on vous a rattrapé, maintenant que vous savez tout, rejoignez vos semblables peut-être un peu moroses, et parlez-leur de quelque danger doux et fou, le danger Cadou…

Chapitre 24

Depuis 1950, la scène

Dans ce chapitre :

- Découvrez le théâtre de l'absurde
- Jouez avec les mots en compagnie de Tardieu, d'Obaldia
- Laissez-vous provoquer par Adamov, Genet, Arrabal

La scène devient un lieu d'expérimentations. Artaud avait ouvert la voie. Beckett et Ionesco y déclinent l'absurde pendant que Tardieu et Obaldia s'amusent avec les mots. Adamov s'effraie du monde des trusts qui se met en place. Genet libère de toute bienséance le discours de ses personnages, approche au plus près certaines réalités, jusqu'au trivial. Arrabal, l'excessif en tout genre, pratique une sorte de poésie de la provocation…

Coups de théâtre

Une exposition, une progression dramatique à travers des scènes ficelées en actes au nombre de trois, quatre ou cinq… Trop contraignant, pour Beckett et Ionesco ! Toutes ces règles emprisonnent les idées, le langage. Ils leur tournent le dos. Leurs personnages se retrouvent sans objectif véritable, déroutés et déroutants, sur une scène que le rationnel a désertée. Ainsi apparaît à travers les créations de ces deux dramaturges l'image de l'absurdité de l'existence. Leur théâtre est celui de l'absurde.

Les salles d'attente de Beckett

Sachez-le : Godot ne viendra pas ! D'ailleurs, devait-il venir ? On ne le sait trop. L'important, c'est qu'il reste où il est, et que soit mise en scène l'attente désespérée du sens.

Doutes, déroutes, désespoirs...

Pauvre Beckett pauvre ! En 1938, à Paris, Samuel Beckett, né à Dublin (1906-1989), se demande s'il va pouvoir manger matin, midi et soir. Les petits travaux de traduction qu'il effectue ne nourrissent pas son homme ! Pendant l'Occupation, il participe à la Résistance. Poursuivi par la Gestapo en 1942, il doit se réfugier en zone libre. Après la Libération, il fait la rencontre de Jérôme Lindon, qui publie aux Éditions de Minuit sa trilogie romanesque (il écrit directement en français) : *Molloy* (1951) ; *Malone meurt* (1951) ; *L'Innommable* (1953). N'y cherchez pas d'intrigue, suivez simplement le *je* dans ses quêtes, ses doutes, ses déroutes, reflets de tous les échecs, celui du dialogue, celui de l'amour ; triomphe de la haine, du désespoir – pour lire Beckett, il vaut mieux traverser une période où l'on se trouve excessivement optimiste...

Beckett en œuvres

- 1951 *Molloy* et *Malone meurt* – romans.
- 1953 *En attendant Godot* (théâtre) ; *L'Innommable* (roman).
- 1957 *Fin de partie* – théâtre.
- 1963 *Oh les beaux jours* – théâtre.
- 1964 *Comédie* – théâtre.
- 1967 *Têtes-mortes* – roman.
- 1980 *Compagnie* – roman.
- 1982 *Catastrophe et autres dramaticules* – théâtre.

Vladimir et Estragon, un arbre...

Route à la campagne, avec arbre. Soir. Estragon, assis sur une pierre, essaie d'enlever sa chaussure. Il s'y acharne des deux mains, en ahanant. Il s'arrête, à bout de forces, se repose en haletant, recommence. Même jeu. Entre Vladimir. Estragon (renonçant à nouveau) : Rien à faire. Vladimir (s'approchant à petits pas raides, les jambes écartées) : Je commence à le croire. Vous venez de lire le début de la plus célèbre pièce de Beckett : *En attendant Godot* (1953). Plus loin apparaissent deux autres personnages : Pozzo, qui tient Lucky en laisse. Godot, toujours annoncé, n'apparaîtra pas. Étrange pièce, connue dans le monde entier ! Pour les uns, elle exprime l'absurdité de la condition humaine; pour les autres, c'est essentiellement une pièce comique qui prend pour objet le langage. La vérité ? Allez voir la pièce, ou lisez-la : votre vérité vaut bien toutes les autres !

« La Cantatrice » sauve Ionesco

Chaque soir, le petit théâtre de la Huchette – quatre-vingt-huit places –, ouvre ses portes pour que soit jouée une pièce décoiffante : *La Cantatrice chauve*…

« La Cantatrice chauve »

En 1950, Ionesco, qui veut apprendre l'anglais, achète une méthode Assimil. Il l'ouvre et découvre le monde insolite des exemples qui se succèdent sans aucun lien logique. Il s'empresse d'en faire une pièce de théâtre à sa façon et la fait présenter au metteur en scène Nicolas Bataille par une amie : Monica Lovinesco. Bataille accepte de monter la pièce. Elle est représentée le 16 mai 1950, au théâtre des Noctambules. Le succès est mitigé. Reprise en 1957, au théâtre de la Huchette, suivie de La Leçon – où se trouve mis en scène un professeur dictateur –, elle fait un triomphe. Ionesco devient le chef de file du théâtre de l'absurde avec cette anti-pièce (sous-titre de *La Cantatrice chauve*).

UNE ANECDOTE

Trou de mémoire…

L'Anglais sans peine est le titre de la pièce qu'Eugène Ionesco présente au metteur en scène Nicolas Bataille. Celui-ci désire changer ce titre, trop proche de *L'Anglais tel qu'on le parle*, de Tristan Bernard. Plusieurs propositions sont faites, aucune n'est convaincante. Or, un jour de répétition, l'acteur qui joue le capitaine des pompiers a un trou de mémoire : il transforme la cantatrice *très blonde* en cantatrice *chauve* ! Ionesco, dans la salle, se lève d'un bond, s'écrie : *C'est le titre !* Depuis, il n'a pas changé…

Quinze mille représentations

Vous êtes invité maintenant chez les Smith, dans les environs de Londres. Ils attendent les Martin. *L'intérieur bourgeois est anglais, la soirée anglaise. Monsieur Smith dans son fauteuil et ses pantoufles anglais, fume sa pipe anglaise et lit un journal anglais, près d'un feu anglais. Il a des lunettes anglaises, une petite moustache grise anglaise*… Bref, à travers les premières indications scéniques de *La Cantatrice chauve*, représentée depuis quarante-huit ans sans interruption – oui, quarante-huit ans, plus de quinze mille représentations, au théâtre de la Huchette, rue de la Huchette, à Paris ! – l'action se passe de commentaires… Comment expliquer ce succès ? Mystère ! Peut-être que *La Cantatrice chauve* est la seule pièce où le langage est mis en scène sans l'ombre d'une idée. Et la course débridée des mots en liberté, sans la laisse de la logique, repose la machine à produire du sens – et démarre celle du non-sens où la vie se dissout ; allégorie de l'entrée dans la mort où se fracture l'alliance des mots et des choses, où se consomme le grand divorce, où tout se délite.

Paris-Bucarest

Ionesco est mort le 28 mars 1994. Il était né le 13 novembre 1909 (et non en 1912, comme il l'affirmait afin de mieux correspondre à l'image de jeune chef de file de l'absurde…) à Slatina, en Roumanie, de père roumain et de mère française. Il passe son enfance en France. Ses parents divorcent. Son père, reparti en Roumanie, y réclame ses enfants. Eugène fait ses études de lettres à l'université de Bucarest. 1938 : il est de retour en France. La guerre le reconduit en Roumanie. Après la Libération, installé à Paris, il obtient sa naturalisation. Après le succès de *La Cantatrice chauve*, en 1957, il écrit de nombreuses autres pièces. Il est élu à l'Académie française en 1970.

Ionesco en œuvres

- 1952 *Les Chaises* – Des vieillards attendent des invités invisibles avant l'arrivée d'un étrange orateur.
- 1953 *Amédée ou Comment s'en débarrasser* – Un cadavre envahit peu à peu la demeure de Madeleine et d'Amédée…
- 1959 *Rhinocéros* – Dans une petite ville, tout le monde succombe à la *rhinocérite* – métaphore du totalitarisme –, sauf Bérenger.
- 1962 *Le roi se meurt* – Un roi se meurt…
- 1972 *Macbett* – Version Ionesco de la pièce de Shakespeare.

Les mots en jeu

Qu'est-ce que le langage ? Les mots sont-ils aussi graves que les idées qu'ils transportent ? Peuvent-ils devenir aussi légers que des sourires sans rime ni raison ? Jean Tardieu et René de Obaldia répondent à ces questions. À leur façon…

Léger et rare : deux Tardieu

Bruit sourd dans l'escalier. Comme un poids mou qui dévale les marches. Plus rien. Et soudain, un cri : Jean ! Un cri de femme, un cri de mère ! Elle quitte la pièce où elle se trouve, regarde l'escalier : là, en bas, le petit corps de son enfant, recroquevillé ! Elle descend, approche son visage du sien, l'appelle – pas de réponse ! Pendant plusieurs jours, le petit Jean demeure inconscient. Puis le voici qui revient à la vie, à la parole. Est-ce bien lui ? Est-ce bien le petit Jean Tardieu, né le 1er novembre 1903 à Saint-Germain-de-Joux, dans l'Ain ? Sans doute… À moins que soit né à ce moment précis l'auteur dramatique le plus délicieusement inquiétant de la langue française, – lisez, ou allez voir *Monsieur Monsieur* (1951), vous comprendrez pourquoi. Quels sont les thèmes de Tardieu ? La perte de l'identité, des situations où tout bascule dans l'irréel, le fantastique, les pouvoirs du langage – tout cela pourrait presque se rattacher à la chute dans l'escalier... Le 27 janvier 1995, la mort – peut-être – vient chercher l'homme de radio, le poète, l'auteur dramatique, le veilleur des doutes, le grand petit Jean...

Tardieu en œuvres

- 1954 *Une voix sans personne.*
- 1951 *Monsieur Monsieur.*
- 1951 *Un mot pour un autre.*
- 1952 *Les Amants du métro.*
- 1955 *Théâtre de chambre.*
- 1960 *Poèmes à jouer.*
- 1962 *Conversation-sinfonietta.*
- 1990 *On vient chercher Monsieur Jean* – autobiographie.

Les sassafras d'Obaldia, le « Tchin-Tchin » de Billetdoux

On s'amuse beaucoup en lisant René de Obaldia, né en 1918, à Hong-Kong, d'un père panaméen et d'une mère française. On s'amuse tout autant en assistant à la représentation de ses pièces de théâtre. Il faut dire que les mots qu'il emploie se retrouvent souvent... à contre-emploi. Utilisés dans une entreprise qui peut paraître légère – des parodies de grandes œuvres ou de grands genres –,, ils conduisent avec humour et malice à installer le lecteur en position d'observateur par rapport au langage lui-même. Ces mots, qui s'amusent entre eux dans la parodie d'une pièce de Shakespeare, *Le Général inconnu* (1964) ou bien dans la drôle de pièce *Du vent dans les branches de sassafras* (1965), ne sont-ils pas les mêmes que ceux de la solennité, de la gravité ou de la componction ? Dans le sillage de l'écriture surréaliste, René de Obaldia délivre un message où la plus jubilatoire des fantaisies renforce – sans jamais l'exclure – la prudence et la lucidité nécessaires face aux mots qui se laissent si facilement emprisonner par les idées. Même démarche dans les pièces de François Billetdoux (*Tchin-Tchin*, 1959 ; *Comment va le monde, Môssieur ? Il tourne, Môssieur !* 1964) qui semble se jouer des mots, s'installer et installer, avec délices, les spectateurs dans l'irrationnel – mais jamais sans raison...

La société au pilori

Contester la société qui malmène les hommes et la pensée, c'est aussi le rôle que le théâtre des années cinquante et soixante s'assigne, sous trois signatures engagées, celles d'Adamov, de Genet et d'Arrabal.

Adamov et la Machine à sous

Autour d'une machine à sous, dans le café de Mme Duranty, se démène toute une galerie de personnages pris dans la dynamique infernale de l'envie ou du rendement. Étudiants, aventuriers, oisifs, tous semblent fascinés par cette machine, rouage essentiel du trust que possède un autre personnage appelé *Le Vieux*. Cette parabole du monde moderne pris dans la folie de l'argent, intitulée *Le Ping-Pong*, est représentée pour la première fois en 1955. Elle est signée Arthur Adamov (1908-1970). Originaire du Caucase, Adamov a passé sa vie en France, exprimant au moyen de la scène sa vision pessimiste d'un monde incapable de communication, pris dans la spirale de la rentabilité à tout prix.

De Genet, débat

Lorsque la pièce *Les Paravents* est jouée pour la première fois, on est en 1965, et jamais le nom de Genet n'aura été prononcé avec tant de passion. Notamment pour une certaine scène dans ladite pièce. Scène que vous découvrirez sans doute un jour, si votre curiosité…

Petit voleur !

Jean Genet a commencé à travailler à dix ans ! *Pauvre enfant !* direz-vous. Oui, mais vous ne connaissez pas son petit métier de petit garçon : petit voleur… Holà ! C'est facile d'accuser un enfant. Avez-vous des preuves ? Aucune… Seulement ce qu'on en rapporte ici et là. Ici on le voit coupable, et là, innocent. Seule certitude : Jean Genet est né le 19 décembre 1910 d'une mère gouvernante qui l'abandonne sept mois plus tard à l'Assistance publique. Il se retrouve dans un village du Morvan. Son instituteur remarque ses dons exceptionnels : Genet revient à Paris. Il travaille dans l'imprimerie, puis chez un compositeur aveugle. De nouveau, il est question de vol. Cette fois, les preuves sont accablantes : il est placé sous surveillance judiciaire. Il s'engage dans l'armée, déserte, voyage, libre – entre de courtes incarcérations pour toutes sortes de motifs.

« Brûlez ce livre ! »

En 1943, sortant de prison où il a écrit des poèmes et un roman, Genet rencontre Jean Cocteau, qui le lit, l'écoute, est pris d'une sorte de vertige face à ce personnage à la fois scandaleux et génial. À ses amis, Cocteau parle de la *bombe Genet*. Paul Valéry, à qui Cocteau a donné le roman *Notre-Dame des Fleurs* à lire, s'empresse de donner ce conseil : *Brûlez ce livre !* Genet est de nouveau emprisonné, pour vol. À son procès, Cocteau lui évite l'emprisonnement à vie pour récidives multiples, le présentant comme le plus grand écrivain de l'époque moderne ! Genet est libéré le 14 mars 1944. Il ne retournera plus en prison.

Des mots de gros calibre...

Jean-Paul Sartre lit *Notre-Dame des Fleurs*. Le brûle-t-il ? Certes non ! Il aide à sa publication et fait paraître des extraits d'autres œuvres de Genet dans sa revue *Les Temps modernes*. Genet commence alors une carrière d'auteur dramatique. Mais si vous décidez d'aller voir du Genet ou d'en lire, ne vous attendez pas à de subtils marivaudages ou de pures envolées lyriques qui font défaillir le cœur... Chez Genet, les mots du plus gros calibre vous visent à bout portant, explosent, et vous gardez longtemps leur odeur de poudre et de mort.

Malfrat ou génie ?

Dans *Les Paravents*, pièce aux cent personnages, qui met en scène la guerre d'Algérie, les répliques sont armées jusqu'aux dents, et certaines scènes vous laisseront horrifié ou admiratif ! Et vous pourrez donner votre avis lorsqu'un débat prendra pour sujet Genet : malfrat ou génie, ? créature d'enfer ou saint ? – Jean-Paul Sartre opte pour le saint dans son essai publié en 1952 : *Saint Genet, comédien et martyr* ! Non, non, vous n'en saurez pas plus ! Si vous voulez mériter votre Genet, courez le chercher où il se trouve : en librairie ou dans les salles de spectacle. Toute glose serait superfétatoire (c'est-à-dire superflue, mais superfétatoire, avec sa cascade de petites syllabes, est plus drôle et vous donne l'air intelligent...).

Jean Genet en œuvres

- 1942 *Condamné à mort* – roman.
- 1944 *Pompes funèbres* – roman.
- 1946 *Notre-Dame des Fleurs* – roman.
- 1947 *Miracle de la rose* – roman.
- 1947 *Les Bonnes* – théâtre.
- 1949 *Haute surveillance* – théâtre.
- 1949 *Le Journal d'un voleur* – roman.
- 1956 *Le Balcon* – théâtre.
- 1958 *Les Nègres* – théâtre.
- 1965 *Les Paravents* – théâtre.

Arrabal, provocateur, tendre et cruel

Fils spirituel de Beckett, mais enfant meurtri d'une Espagne en guerre civile qui condamne son père à mort – un père qui disparaît après s'être évadé de prison –, Fernando Arrabal, né en 1932, veut que le théâtre devienne une fête démesurée. Il multiple les effets sonores, développe l'espace scénique au moyen de l'expression corporelle, transforme à l'envi un même personnage. Le mélange du profane et du sacré produit ce qu'il appelle le *Théâtre Panique*. Arrabal aime provoquer, mettre en scène une violence à laquelle il donne les limites nécessaires qui laissent le spectateur au seuil d'une salutaire réflexion. Il aime la fête et le rêve, la tendresse et la cruauté. Bref, la vie. Il vous reste maintenant à devenir le spectateur du *Cimetière des voitures* (1958, devenu un film en 1981), du *Jardin des délices* (1969) et de *Sur le fil* (1975). Ou bien à lire son dernier essai : *Le Divin Houellebecq*, paru en juin 2005, au Cherche Midi.

Chapitre 25

Les fortunes du roman (1)

Dans ce chapitre :

- Observez les différentes directions dans lesquelles s'engage la narration
- Suivez les étapes du nouveau roman
- Faites le point sur le roman policier

Les voies nouvelles de la narration

Le lyrisme puissant de Julien Gracq – voix quasi unique dans la littérature française – marque de sa perfection le milieu du XXe siècle. Parfois imité, jamais égalé, il demeure pour beaucoup une référence, un idéal. Autre écriture qui laisse admiratif, celle de Marguerite Yourcenar, à la phrase aussi polie et pure que la forme d'un marbre antique. Après la lecture de leurs œuvres, un peu de fantaisie et d'humour ne messiéront point (du verbe *messoir*...), avec Vian, Queneau et Perec...

Gracq : « Le Rivage des Syrtes »

J'ai choisi un pseudonyme, lorsque j'ai commencé à publier, parce que je voulais séparer nettement mon activité de professeur de mon activité d'écrivain. Ce pseudonyme n'avait dans mon esprit aucune signification. Je cherchais une sonorité qui me plaise, et je voulais, pour l'ensemble du nom et du prénom, un total de trois syllabes. Ainsi, de Louis Poirier est né Julien Gracq...

Contre Sartre

Lundi 3 décembre 1951. Le jury Goncourt proclame le résultat de son vote à bulletins secrets : le lauréat s'appelle Julien Gracq. Son roman *Le Rivage des Syrtes* a été tiré à sept mille exemplaires. Ceux qui l'ont lu ont retrouvé avec délices l'écriture envoûtante de ce normalien, agrégé d'histoire et de géographie, né le 27 juillet 1910 à Saint-Florent-le-Vieil, dans le Maine-et-Loire.

Professeur au lycée Claude-Bernard, à Paris, il a étonné, l'année précédente, en publiant avec le soutien d'Albert Camus un pamphlet contre les auteurs engagés, contre les idées des existentialistes (bref, contre Sartre) : *La Littérature à l'estomac*. Il y dénonce le rôle néfaste des critiques, celui des jurys qui attribuent des prix... Aussi, attend-on avec un plaisir amusé sa réponse.

Non !

Non ! C'est non ! Gracq refuse le prix Goncourt, forcément ! Qu'importe : les ventes s'envolent ! À la fin de décembre, plus de cent mille exemplaires du *Rivage des Syrtes* ont gagné le grand large de l'imaginaire. Les lecteurs se laissent bercer par ce poème de trois cents pages, dense, intense, qui, par moments, devient roman : dans la république d'Orsenna, depuis trois cents ans, la guerre a cessé contre le Farghestan voisin. Mais aucun traité de paix n'a été signé. Un jeune homme, Aldo, y est envoyé en observateur.

Comme en exil...

Si vous décidez de l'accompagner, soyez prévenu : certains, qui avaient cru lire un livre de plus, n'en sont toujours pas revenus ! Sauf par obligation, comme en exil, impatients de rejoindre le continent d'inquiétude, dans la géographie de l'attente. Parfois, ils n'en retrouvent plus le chemin. Alors ils sont très malheureux et doivent se contenter de livres ordinaires, comme d'eau et de pain sec – bien sûr, tout cela est fortement exagéré, mais si vous décidez de lire Gracq, il faut quand même vous méfier... Personne n'est revenu indemne du Rivage des Syrtes.

Gracq en œuvres

- 1938 *Au château d'Argol* – roman.
- 1945 *Un beau ténébreux* – roman.
- 1948 *Le Roi pêcheur* – théâtre.
- 1950 *La Littérature à l'estomac* – pamphlet.
- 1951 *Le Rivage des Syrtes* – roman, prix Goncourt refusé par l'auteur.
- 1958 *Un balcon en forêt* – récit.
- 1970 *La Presqu'île* – nouvelles.
- 1980 *En lisant, en écrivant* – critique.
- 1985 *La Forme d'une ville.*
- 1992 *Carnets du grand chemin.*

CHEZ NOS VOISINS

Kundera, Semprún, contre le totalitarisme

Milan Kundera, né à Brno, en Tchécoslovaquie, opposant au régime politique mis en place en son pays en 1948, perd son emploi à Prague ; ses livres sont interdits. Autorisé à émigrer en France en 1975, il y enseigne à l'université de Rennes, y publie de nombreux ouvrages, dont *L'Insoutenable légèreté de l'être*, qui substitue au réalisme et aux idéologies une réflexion poétique sur l'existence. En 1981, Kundera a acquis la nationalité française. Son dernier livre, paru en avril 2005, qui traite de l'art du roman, a pour titre *Le Rideau*. En Espagne, Jorge Semprún, né en 1923, rescapé du camp de concentration de Buchenwald en Allemagne pendant la Seconde Guerre mondiale, ministre de la Culture en 1988, dénonce à travers ses œuvres la privation de liberté, les régimes totalitaires qui y conduisent. Son essai biographique *L'Écriture ou la vie* (1994) remporte un succès considérable. En avril 2005, il publie, en collaboration avec Dominique de Villepin – nommé Premier ministre le 31 mai 2005 –, un essai : *L'Homme européen.*

Yourcenar : Hadrien, Zénon

La Grèce, l'Italie, l'Europe centrale… Marguerite Yourcenar a beaucoup voyagé. Elle aimait dire que, ainsi, elle faisait le tour de sa prison…

Première femme à l'Académie française

Évidemment, on devrait trouver Marguerite Cleenwerck de Crayencour – devenue, par passage à l'anagramme de son Crayencour : Yourcenar – dans la rubrique des écrivains francophones, puisqu'elle est belge, qu'elle a enseigné pendant une grande partie de sa vie aux États-Unis. Mais il s'est passé un événement majeur dans sa vie et dans notre Académie française : elle a été la première femme à siéger sous la Coupole ! Ce qui n'est pas rien : si les statuts de l'Académie française, élaborés au temps de Richelieu, ne précisaient pas que les académiciens dussent être des hommes exclusivement, c'est que jamais, dans l'esprit du Cardinal, n'avait germé l'idée que les membres de la noble assemblée pussent un jour être des femmes !

Patience et labeur

Et pourtant si : le 6 mars 1980, Marguerite Yourcenar, née le 8 juin 1903 à Bruxelles – d'un père français appartenant à une vieille famille du Nord et d'une mère belge –, devient une immortelle. Elle a de quoi ! Lisez *Alexis ou Le Traité du vain combat* (1929) ou bien *Mémoires d'Hadrien* (1951) ou bien *L'Œuvre au noir* (1968) : la recette Yourcenar, faite d'un mélange d'érudition, de poésie, de philosophie et de rigueur, demeure inimitable, car elle use d'un ingrédient qu'on peine à identifier. Certains pensent qu'il s'agit du génie ; d'autres sont sûrs qu'il ne peut s'agir de cela, car, le possédant, ils écriraient facilement du Yourcenar... Alors, c'est autre chose. Peut-être le bon sens, celui d'avoir considéré l'écriture comme un véritable artisanat, fait de patience et de labeur. Marguerite Yourcenar est morte d'un accident vasculaire cérébral le 18 décembre 1987, à l'hôpital de Bar Harbour, non loin de sa maison de Petite Plaisance, sur l'île des Monts-Déserts, aux États-Unis.

Mots des Vian, Queneau, Perec

Tous les trois sont inventeurs de génie. Ils prennent les mêmes mots que ceux dont vous vous servez au quotidien, ou que les autres romanciers utilisent, et ils en font un montage si particulier qu'on en reste charmé, ébahi ou fasciné !

Avant quarante ans...

Il sait tout faire, Boris Vian ! Il est ingénieur, joueur de *trompinette*, parolier, chanteur, poète, chroniqueur de jazz et, surtout, romancier unique en son genre, inimitable, surprenant. Il publie, en 1946, *J'irai cracher sur vos tombes*, sous le pseudonyme de Vernon Sullivan – Vian prétend être le traducteur de ce mystérieux écrivain américain. Le scandale est immense. Il faut dire que les personnages de l'histoire sont le racisme, la violence et une sexualité brutale, peu en vogue à cette époque. Davantage exercice de style qu'œuvre engagée, ce roman, victime d'un malentendu, est suivi de fables fantastiques imprégnées d'une poésie tendre et désenchantée. La farandole des mots éblouit, mais au-delà on entend la bouleversante certitude de l'auteur : la mort ne se fera pas attendre. *Je mourrai avant quarante ans*, disait-il. Il meurt à trente-neuf ans, le 23 juin 1959, pendant la projection du film *J'irai cracher sur vos tombes*.

Vian en œuvres

- 1945 *Vercoquin et le Plancton.*
- 1946 *J'irai cracher sur vos tombes.*
- 1947 *L'Écume des jours.*
- 1950 *L'Herbe rouge.*
- 1953 *L'Arrache-Cœur.*

Queneau

Queneau vous salue bien ! Raymond Queneau, le créateur de l'OuLiPo (l'*Ouvroir* de Littérature Potentielle, destiné à créer de nouvelles formes poétiques et romanesques), le mathématicien qui vous bâtit son roman *Le Chiendent* avec la rigueur d'une démonstration ; le farceur des *Fleurs bleues*, où les mots s'amusent comme des petits fous ; l'inventeur d'un personnage épatant qui commence par se demander : *Doukipudonktan* !... (Zazie, jamais dans le métro) ; le premier directeur de la prestigieuse collection de la Pléiade ; l'auteur des *Exercices de style* – 1947 – (rappelez-vous : cent fois le même récit, en cent styles différents) ; le poète fou de *Cent mille milliards de poèmes*, qui fournit un sonnet avec vers interchangeables, de sorte qu'il faudrait des siècles pour les lire tous en entier… ; le parolier ; le dialoguiste ; l'attachant Queneau, infiniment. Né le 21 février 1903, au Havre ; mort le 25 octobre 1976, à Neuilly-sur-Seine.

PLAISIR DE LIRE

Les « Sarrasins de Corinthe »…

Le vingt-cinq septembre douze cent soixante-quatre, au petit jour, le duc d'Auge se pointa sur le sommet du donjon de son château pour y considérer, un tantinet soit peu, la situation historique. Elle était plutôt floue. Des restes du passé traînaient encore çà et là, en vrac. Sur les bords du ru voisin, campaient deux Huns ; non loin d'eux un Gaulois, Eduen peut-être, trempait audacieusement ses pieds dans l'eau courante et fraîche.

Raymond Queneau, *Les Fleurs bleues*, 1965

Perec

Jamais il n'a existé, jamais il n'existera de plus grand maître des mots, de plus grand magicien des lettres elles-mêmes que le diabolique George Perec ! Mais comment a-t-il fait pour écrire tout un roman sans la lettre *e* ? Pas un seul e en plus de deux cents pages ! Et pourtant, l'histoire tient en haleine – *La Disparition* (1969). Vous savez sans doute ce qu'est un palindrome : un mot qui peut se lire dans les deux sens, par exemple *Laval*, ou bien *Erdre*, ou *Anna*, ou *Ésope reste ici et se repose* – amusant, n'est-ce pas ?… Eh bien Perec en écrit un de trois pages ! Oui, trois pages qui peuvent se lire dans les deux sens ! Ne parlons pas de ses mots croisés, de tous les jeux qu'il pratique avec une vertigineuse virtuosité, en magicien des consonnes et voyelles. Parlons de *Les Choses* (1965), où est mise en scène la société de consommation ; parlons de *Je me souviens* (1978), exercice de mémoire, brillant et attachant ; parlons de *La Vie mode d'emploi* – roman –, son chef-d'œuvre, immeuble sans façade pour mille et une vies ! Né le 7 mars 1936 à Paris, George Perec, dont le père est mort au front en 1940 et dont la mère a disparu à Auschwitz, a quitté les mots et les choses le 3 mars 1982, à Ivry.

PLAISIR DE LIRE

Cherchez le *e*...

Un marin nantuckais immortalisait un combat colossal qui, par trois fois, opposait Achab au grand Cachalot blanc, à Moby Dick. Moby Dick ! Son nom glaçait jusqu'aux plus forts, un frisson convulsif parcourut l'octogonal tillac. Moby Dick ! L'animal d'Astaroth, l'animal du Malin. Son grand corps blanc qu'un vol d'albatros partout, toujours, accompagnait, faisait, aurait-on dit, un trou au mitan du flot, un noyau blanc sur l'horizon azur, qui vous fascinait, qui vous attirait, qui vous horrifiait, trou sans fond, ravin blanc, sillon fulgurant d'un courroux virginal, couloir qui conduisait à la mort, puits vacant, profond, lacunal, vous aspirant jusqu'à l'hallucination, jusqu'au tournis ! Huis blanc d'un Styx plus noir qu'aucun goudron, tourbillon blafard du Malström ! Moby Dick ! On n'y faisait allusion qu'à mi-voix. « Signons-nous », disait parfois un bosco pâlissant. L'on voyait plus d'un marin murmurant tout bas un « dominus vobiscum ».

George Perec, *La Disparition*, 1969

Du nouveau dans le roman

Le roman où se développe une idéologie, c'est fini. Ou du moins, les auteurs des années cinquante tentent de mettre fin à ce qu'ils considèrent comme une dérive du genre, soumise à des impératifs plus politiques qu'artistiques. Ils vont offrir un nouveau pacte de lecture, de nouveaux enjeux qui parfois deviennent jeu…

Sarraute, l'amie d'Enfance

D'elle, on se rappelle la voix tranquille et douce, le bon visage au regard pénétrant, la façon calme d'expliquer aux plus sceptiques le nouveau roman. D'elle, on ne se sépare jamais. Elle est toujours présente sur le chemin de l'étonnement lorsqu'on découvre, ravi, sa prose simple, claire, inimitable.

Quelque chose d'unique

PLAISIR DE LIRE

J'étais assise, encore au Luxembourg, sur un banc du jardin anglais, entre mon père et la jeune femme qui m'avait fait danser dans la grande chambre claire de la rue Boissonade. Il y avait, posé sur le banc entre nous ou sur les genoux de l'un d'eux, un gros livre relié… il me semble que c'étaient les Contes d'Andersen. Je venais d'en écouter un passage… Je regardais les espaliers en fleurs le long du petit mur de briques roses, les arbres fleuris, la pelouse d'un vert étincelant jonchée de pâquerettes, de pétales blancs et roses, le ciel, bien sûr, était bleu, et l'air semblait vibrer légèrement… et à ce moment-là, c'est venu… quelque chose d'unique… qui ne reviendra plus jamais de cette façon, une sensation d'une telle violence qu'encore maintenant, après tant de temps écoulé, quand, amoindrie, en partie effacée, elle me revient, j'éprouve… mais quoi ? quel mot peut s'en saisir ? pas le mot à tout dire « bonheur » qui se présente le premier […] (Nathalie Sarraute, *Enfance*, 1983).

Une autre écriture

Retrouvez cette page dans Enfances, de Nathalie Sarraute, et vous saurez quel terme elle a choisi pour définir cette sensation heureuse enfouie dans sa mémoire, mais revenue à sa conscience lorsqu'elle se raconte dans cette œuvre intime et attachante que vous ne quitterez pas avant la dernière ligne. L'œuvre de Nathalie Sarraute est fondée sur la perception de l'infime, l'exploration de la sensation où l'être cèle la source de ses vérités. Créatrice du nouveau roman, avec Claude Simon, Butor et Robbe-Grillet, elle sait donner la souplesse nécessaire aux innovations mises en œuvre afin que l'écriture n'égare pas le lecteur. Avec intelligence et finesse, elle parvient à faire adopter d'autres démarches d'écriture qui diffèrent de la linéarité narrative, de la science du portrait et de l'intrigue. Son apport à la littérature mondiale est considérable. Née le 18 juillet 1902 à Ivanovo-Voznessensk en Russie, Nathalie Sarraute a vécu quatre-vingt-dix-neuf ans.

Simon, Butor, Robbe-Grillet

Les années cinquante sont marquées par l'apparition du nouveau roman : on y supprime tout ce qui se rapporte à la narration traditionnelle. Le personnage et l'intrigue tendent à disparaître, on brouille la chronologie, on opère sans prévenir des retours en arrière, on répète à l'envi des passages entiers. Est-ce encore du roman, ce nouveau roman ? Une mode, en tout cas, créée et suivie par Claude Simon, Michel Butor, Alain Robbe-Grillet…

Simon

En 1985, la France découvrait, ébahie, qu'elle comptait parmi ses écrivains un certain Claude Simon, quasiment inconnu des Français, mais que les jurés du Nobel avaient lu, aimé passionnément – eux ! –, au point de lui attribuer le prix Nobel de littérature ! Choc dans l'opinion qui se disait lettrée : on court dans les librairies, on achète discrètement *L'Herbe* (1958), ou *La Route des Flandres* (1960), ou *Le Palace* (1962), ou *Les Géorgiques* (1981)… Plus rien, tout a été vendu. Alors on ne sort plus ! On attend les réimpressions. Et lorsqu'on a pu enfin découvrir Claude Simon, on s'en va porter la bonne nouvelle : c'est génial !

Quel style !

Vraiment génial ! Vous devriez le lire. Bien sûr, au début, c'est déroutant, les phrases sont longues comme la guerre, les paragraphes prennent un temps fou pour revenir à la ligne, mais quelle densité, quelle cadence, quelle originalité, quel style ! Si votre enthousiasme compréhensible et justifié vous est inspiré par *La Route des Flandres* et son héros, Georges, ouvrez Les *Géorgiques* : vous y retrouvez, dans le tableau que Georges admirait, un personnage qui se met à revivre… Né à Tananarive le 10 octobre 1913, Claude Simon – qui obtint le prix Médicis en 1967 pour son roman sans points ni virgules, sans chapitres : *Histoire* – est mort le mercredi 6 juillet 2005, à Paris

Michel Butor vous dit « vous »

Vous avez mis le pied gauche sur la rainure du cuivre, et de votre épaule droite, vous essayez en vain de pousser un peu plus le panneau coulissant… Michel Butor, né en 1920, vient d'innover, lorsqu'il écrit cette première phrase de son roman *La Modification* (1957). Qui donc est ce *vous* ? Est-ce vous, lecteur ? Est-ce le vous de l'auteur ? Est-ce la projection du narrateur ? C'est en tout cas ce dont on parle en premier si, d'aventure, *La Modification* s'installe dans la conversation. À croire qu'il n'y a rien d'autre… Pourtant si ! Voici l'histoire : le narrateur s'en va à Rome retrouver sa maîtresse avec qui il veut vivre une vie nouvelle, mais en cours de route il fait demi-tour et rentre chez sa femme. Tout cela en plus de trois cents pages. Vous voyez bien qu'il y a quelque chose !... Passé, présent, avenir, tout cela peut passionner si l'on souscrit à la minutie du montage descriptif, attentif au moindre détail – donnée fondamentale du nouveau roman.

Bravo, Robbe-Grillet !

N'avez-vous jamais remarqué, dans le regard d'Alain Robbe-Grillet, une espèce de lueur malicieuse qui semble guetter son lecteur, juger de l'effet produit par une technique d'écriture à nulle autre pareille, et qui pourrait devenir prodigieusement irritante si l'on ne se disait gravement : *tous les grands spécialistes en nouveau roman s'accordent à penser que Robbe-Grillet est une sorte de pape de ce courant novateur des années 50* – et vous, petit lecteur, vous restez muet devant le pape Alain Ier .

« Je vous ai bien eus ! »

Mais vous avez parfaitement le droit de trouver que Robbe-Grillet exagère lorsqu'il se met à décrire pendant des pages et des pages, pendant tout un roman, des salons, des chambres, des bureaux, des poignées, des portes, des gommes, des plantations de bananiers, des fenêtres, des… *Suffit, Robbe-Grillet !* On a l'impression que parfois il nous dit, de ses yeux malins : *Je vous ai bien eus !* Et si c'était cela, finalement, la victoire du nouveau roman : l'expérience brute de la lecture sans le truchement de la fiction, la découverte d'une amitié différente pour les mots, non plus esclaves, mais compagnons du sens. Finalement, Robbe-Grillet – né en 1922 –, bravo !

EN PEINTURE, EN MUSIQUE

Boulez, Pollock, Frida Kahlo

En France et en musique, Pierre Boulez, né en 1925, donne à la musique sérielle son œuvre majeure : *Le Marteau sans maître* (1955). Aux États-Unis et en peinture, Jackson Pollock (1912-1956) crée le *dripping* – projection de couleurs sur la toile posée à même le sol. Andy Warhol (1928-1987) illustre le pop art en multipliant des représentations photographiques dont il modifie contours et coloris. Au Mexique, Frida Kahlo (1907-1954) et Diego Rivera (1886-1957) élaborent une œuvre puissante et engagée. En Belgique, René Magritte (1898-1967) conjugue dans ses toiles le réalisme et le surréalisme pour des effets surprenants.

Le retour des raconteurs

Le nouveau roman plaît à un certain lectorat, mais le grand public adore qu'on lui raconte des histoires, de famille, de science-fiction, d'amour, de guerre, de passion… qu'importe, pourvu qu'il y ait une structure qui permette à l'imagination de s'évader de ses prisons. Kessel nous emporte dans les tourbillons de l'aventure ; Bazin va mettre en scène sa mère ; Barjavel, ses peurs ; Duras, ses amours ; Tournier, ses mythes ; Sagan, ses virées ; Sollers, ses femmes… Partons pour le voyage !

Joseph Kessel et Maurice Druon

Un personnage, Kessel ! Toujours entre deux avions, entre deux dangers, toujours engagé, une vie intense, un vrai roman ! Et puis son neveu, Maurice Druon, qui est aussi – le saviez-vous ? – l'arrière-neveu du merveilleux et malchanceux Charles Cros…

L'affection dangereuse

Voulez-vous être étonné ? Prenez en main le roman de Joseph Kessel (1898-1979) *Le Lion*, paru en 1958. C'est l'histoire incroyable, en partie véridique, d'une petite fille européenne, Patricia, qui recueille un lionceau orphelin dans la réserve naturelle du Kenya dirigée par son père John Bullit. Le lionceau – King – devient un lion qui retourne bientôt dans la savane. Patricia ne peut rompre le lien d'affection dangereuse qui l'unit au fauve. Elle lui rend visite presque tous les jours, à l'insu de sa mère terrifiée par ce qui pourrait arriver – mais avec la complicité de son père. Le narrateur, dans le roman de Kessel, gagne la confiance et l'amitié de la petite fille, qui décide un jour de l'emmener dans la savane, à la rencontre de King. L'émotion est à son comble lorsque la main de cet homme touche le mufle menaçant de King, l'animal sauvage !

ALLONS PLUS LOIN

Henri Troyat, plus de cent livres…

La liste des œuvres d'Henri Troyat pourrait à elle seule faire l'objet d'un petit livre… ou presque. En effet, Lev Tarassov, né en 1911, devenu après l'émigration de sa famille russe, Henri Troyat en France, publie depuis tant d'années que le nombre de ses livres dépasse la centaine. On y trouve des cycles romanesques – l'histoire de la Russie en est le thème essentiel –, des nouvelles, des essais, des biographies, le tout dans un style qui plaît au plus grand nombre ; les fidèles de Troyat se comptent par centaines de milliers. En 1938, son cinquième roman, *L'Araigne*, obtient le prix Goncourt.

Plusieurs de ses œuvres ont été portées à l'écran, notamment *La Neige en deuil* (1952), devenu *The Mountain*, avec Spencer Tracy. Ce roman est inspiré de la première grande catastrophe aérienne civile dans le massif du Mont-Blanc, le 3 novembre 1950 : un Lockheed L-749 Constellation d'Air India International, le *Malabar Princess*, assurant la liaison Bombay-Londres via Le Caire et Genève s'écrase sur les rochers de la Tournette, à 4 600 mètres d'altitude ; aucun des quarante passagers et des membres d'équipage ne survit à la catastrophe. Le célèbre guide René Payot trouve la mort à la tête d'une caravane de secours dépêchée sur les lieux du crash. Troyat imagine que deux frères, habitants du hameau des Vieux-Garçons au pied du mont Blanc, escaladent secrètement la montagne. Ils atteignent l'épave. Le plus jeune, Marcellin, veut détrousser les morts, trouver l'or que transportait l'avion. L'autre, Isaïe, tente de sauver une Indienne qui respire encore. Devenus soudain ennemis, Marcellin et Isaïe s'affrontent au sommet de la montagne. La suite dans le roman, ou dans le film – dont la fin est différente de celle du livre. Henri Troyat a été élu à l'Académie française en 1959. En avril 2005, il a publié une volumineuse biographie d'Alexandre Dumas.

John Bullit et son fusil…

Était-ce là l'étonnement promis ? Non, le voici : comptez combien de pages ont préparé cette rencontre incroyable ; puis comptez combien de pages vous séparent de la fin du roman… C'est le même nombre ! Kessel a situé cet épisode capital en plein milieu de son récit, à la ligne près, quasiment au mot près ! Une telle maîtrise de l'architecture narrative est rare en littérature. Mais ne vous arrêtez pas en si bon chemin. Patricia est convoitée par un jeune homme de la tribu Masaï, un morane qui doit tuer un lion pour devenir un homme. Et quel lion a-t-il choisi de combattre ? King, le King adoré de Patricia ! L'affrontement va avoir lieu ! Évidemment, John Bullit n'est pas loin, avec son fusil… Lisez jusqu'à la fin, ne retenez pas vos larmes !

« Ami, entends-tu… ? »

La vie de Joseph Kessel est une longue aventure pleine de périls, de courageux engagements : la guerre d'Espagne en 1936, la Seconde Guerre mondiale, où, après être passé en Angleterre, il devient chef d'escadrille. À cette époque, il écrit, avec son neveu Maurice Druon, *Le Chant des partisans*, qui devient l'hymne de la Résistance française : *Ami, entends-tu le vol noir des corbeaux sur nos plaines ? / Ami, entends-tu les cris sourds du pays qu'on enchaîne ? [...]* Le 30 mai 1943, lorsque la chanteuse Anna Marly interprète ce chant pour la première fois dans un hôtel de la banlieue de Londres, Kessel dit à Druon : *C'est peut-être de nous deux tout ce qu'il restera !* Non, Joseph Kessel ! De vous deux restent, pour vous : *L'Équipage* (1923), *Fortune carrée* (1930), *Mermoz* (1938) et tant d'autres livres qui passionnent toujours ; pour vous, Maurice Druon, né en 1918, secrétaire perpétuel honoraire de l'Académie française, Goncourt 1948, avec *Les Grandes familles*, ministre des Affaires culturelles en 1973, plus de soixante livres, dont les six volumes de vos *Rois maudits* qui ont passionné la France rassemblée devant son petit écran en 1972 !

Erpétologiste, Bazin ?

Dans son roman *Vipère au poing* (1948), Hervé Bazin, né à Angers en 1911 – petit-neveu de l'académicien René Bazin, auteur de *La Terre qui meurt* (1899) –, met en scène sa mère, surnommée Folcoche, qui lui pique au sang le dos de la main avec les dents d'une fourchette ! Le film, tourné en 2004 avec Jacques Villeret, en rajoute un peu pour l'effet visuel, et nous voici horrifiés par cette marâtre qui ne fut dans la réalité point si féroce, tant s'en faut ! *Vipère au poing* rend Hervé Bazin célèbre, du jour au lendemain. Il faut dire qu'il n'y allait pas avec le dos de la fourchette, lui non plus, contre son milieu bourgeois où il ne parvenait pas à faire sa place, après avoir exercé mille petits métiers. Dans les décennies qui suivent, il fait se succéder nouveaux romans et nouvelles épouses, devient membre puis président de l'académie Goncourt. Il meurt à Angers, le 17 février 1996.

ALLONS PLUS LOIN

Deux dames du Femina

Parmi les membres du jury Femina, deux noms fort connus des lecteurs : Madeleine Chapsal et Régine Deforges. Madeleine Chapsal est l'auteur d'une œuvre abondante, attachante, où les déconvenues du cœur, confronté à la rivale en amour, se déclinent de mille façons, au rythme de deux ou trois ouvrages par an (*La Maîtresse de mon mari*, 1999 ; *La Femme sans*, 2001 ; *L'Homme de ma vie*, 2004). La famille et ses divisions, ses mésententes constituent aussi l'un de ses thèmes favoris. Régine Deforges a bâti la saga de plusieurs familles pendant la Seconde Guerre mondiale, sous le titre *La Bicyclette bleue*, qui comprend six tomes vendus à des centaines de milliers d'exemplaires. Elle fut aussi éditrice et auteur de littérature érotique.

Barjavel, Marceau, Jean d'O...

L'un, pessimiste, inscrit son message dans des romans de science-fiction où le salut semble impossible ; l'autre caracole de page en page dans un style à couper le souffle, tant les phrases peuvent être haletantes. À vous de découvrir qui est l'un, qui est l'autre… Puis, faites connaissance avec Jean d'O...

« Ravages » et « Ravage »

Attention, ne confondez pas le roman *Ravages* (1955) de Violette Leduc (1907-1972), où Thérèse vampirise tous ceux qui l'entourent par sa soif d'amour, et le roman de René Barjavel (1911-1985) *Ravage*, publié en 1943. *Ravage*, roman de science-fiction – le premier de Barjavel –, raconte la nature humaine de la façon la plus pessimiste qui soit, en mettant en scène une panne d'électricité gigantesque et inexpliquée dans le Paris de 2052. Le héros de l'ouvrage, François, dans une sorte d'apocalypse où règne la loi du plus fort entame un exode vers le sud de la France – ce roman, écrit en 1943, supporte aisément une double lecture. Barjavel publie ensuite plusieurs autres romans, dont *Le Grand Secret* (1973), où transparaissent sa hantise de la modernité et son goût pour les valeurs traditionnelles.

ALLONS PLUS LOIN

La planète en Boulle

La science-fiction tente aussi la plume de Pierre Boulle (Avignon, 1912 – Paris, 1994). Ingénieur devenu planteur de caoutchouc en Orient, il y vit mille aventures pendant la Seconde Guerre mondiale, puis revient en France en 1944. Son plus grand succès demeure *La Planète des singes*, lu – et vu au cinéma – dans le monde entier. On y découvre un monde cauchemardesque après une catastrophe nucléaire, les singes étant devenus les maîtres des hommes. Pierre Boulle a aussi écrit, en dehors de la science-fiction, *Le Pont de la rivière Kwaï* (1958), devenu aussi un film à grand succès. En juin 2005 paraît au Cherche Midi un roman posthume et inédit : *L'archéologue et le mystère de Néfertiti.*

Complètement Creezy !

Marceau Félicien, né en 1913, pseudonyme de Louis Carette né près de Bruxelles, académicien, c'est *Creezy* – prix Goncourt 1969. Un style comme une respiration à l'acmé de la passion : *Creezy*, c'est l'histoire d'un député de province, confortablement installé dans sa famille et son image, qui tombe amoureux de Creezy, un top-modèle. Amour fou et tragédie ! Mais tourbillon magnifique d'une écriture qu'on aime retrouver dans ses autres œuvres : *L'Homme du roi* (1952), *Bergère légère* (1953), *Chair et cuir* (1954), *Les Élans du cœur* (1955, prix Interallié).

Jean d'O et la fête en larmes

Jean d'Ormesson – prononcez *Or-meu-sson*, il préfère… –, c'est Jean d'O pour les intimes. On aime le voir et l'entendre parler de littérature, du temps qui passe ou du temps qu'il fait, de l'amour et autres futilités, avec l'élégante, la souriante bienséance des bien nés. Jean d'O a vu le jour à Paris, le 16 juin 1925. Bardé de diplômes, il fait une carrière prestigieuse qui ne l'empêche pas d'écrire des histoires afin de – précise-t-il – *tromper le temps et la peur de la mort*. Ainsi, il ressuscite avec ferveur le vicomte de Chateaubriand dans une biographie sentimentale et passionnée au titre quasi élégiaque : *Mon dernier rêve sera pour vous* (1982). Envolée romantique aussi pour son dernier titre, paru en 2003 : *Et toi, mon cœur, pourquoi bats-tu ?* Il y présente avec un enthousiasme contagieux les pensées, les poèmes, les extraits de textes qui l'ont aidé à traverser la vie qu'il appelle *une fête en larmes*. Il dit aussi : *Je suis un écrivain du bonheur, mais on écrit par chagrin*. Il dit encore : *Écrire, c'est transformer à l'aide de la grammaire un chagrin en bonheur*. Il possède une excellente grammaire, Jean d'O. Et devenir le sujet de son verbe est un grand plaisir !

ALLONS PLUS LOIN

L'affaire Ajar/Gary

Romain Gary, né en 1914 à Paris, obtient le prix Goncourt en 1956 pour son roman *Les Racines du ciel*. Le règlement de ce prix prévoit que personne ne peut l'obtenir deux fois. En 1975, le prix Goncourt est attribué à un mystérieux écrivain dont on ne connaît que le nom – Émile Ajar – pour son deuxième roman, *La Vie devant soi*. La presse, enthousiasmée par le choix des jurés Goncourt, se met tout de suite en quête de cet auteur qui se cache plusieurs semaines et qu'on finit par trouver dans le sud de la France. Il s'appelle bien Émile Ajar, mais c'est un pseudonyme. Ajar, c'est Paul Pavlovitch, qui accepte les interviews, mais avoue qu'il n'a pas écrit le texte. Ajar continue de publier pourtant… Qui donc se cache derrière ce pseudonyme ? En 1981, une dépêche de l'AFP annonce ce que tout le monde avait deviné depuis longtemps : Ajar, c'était Romain Gary qui, après avoir publié une vingtaine de romans, s'était décidé, dans les années soixante-dix, à changer de style, de nom, à créer un mystère. En 1979, la compagne de Romain Gary, l'actrice Jean Seberg, disparaît tragiquement. Gary ne peut surmonter cette douleur : il se suicide le 2 décembre 1980.

Duras, son Amant

Des livres, des films, une vie pleine d'aventure, d'expériences, un petit sourire aux lèvres, toujours, comme un défi : Marguerite Duras…

Goncourt 1984

En 1984, le jury Goncourt accorde son prix annuel à un tout petit livre fait de toutes petites phrases, écrit par une toute petite femme : Marguerite Duras. On se dit alors qu'on a besoin d'un tout petit moment pour lire les pages si peu remplies qu'on découvre, un peu surpris. Oui, mais… Dix ans, vingt ans plus tard, et bien plus loin encore, on ne l'a pas fini ! Ou plutôt, on a lu tous les mots, mais les images, simples et belles, reviennent, intactes, dans leur présent d'origine, dès qu'on prononce ce mot : *L'Amant !*

À la frontière du sanglot

L'Amant est devenu un film, mais la transposition à l'écran, si réussie soit-elle, ne transmet jamais le tremblement de la main qui lutte contre l'émotion, cette marque de fabrique Duras, construite depuis 1950, à la frontière du sanglot. Marguerite Donnadieu – Duras, nom d'une ville du Lot-et-Garonne, parce qu'elle dit qu'un écrivain ne peut créer sous le nom de son père – est née le 4 avril 1914, à Gia-Dinh, près de Saigon. Son père mort, sa mère exploite là-bas des terres incultivables, avant de rentrer en France, en 1932. Toute la douloureuse période indochinoise va nourrir l'œuvre de Duras – romans, théâtre, cinéma. Elle meurt le 3 mars 1996.

Duras en œuvres

- 1950 *Un barrage contre le Pacifique* – roman.
- 1958 *Moderato cantabile* – roman.
- 1960 *Hiroshima mon amour* – scénario et dialogues du film.
- 1965 *Le Vice-Consul* – roman.
- 1984 *L'Amant* – roman.

ALLONS PLUS LOIN

Les deux Clavel, Ragon, Chaillou

Un romancier du peuple devenu un romancier populaire. Ainsi Michel Ragon, né en 1924, auteur d'une œuvre importante (*L'Accent de ma mère*, 1980) décrit-il Bernard Clavel, né en 1923, à Lons-le-Saunier. Clavel – comme Ragon – est un autodidacte qui a fait mille métiers. Ses expériences ont nourri son œuvre dont les héros ne cessent de lutter contre l'adversité. Marié à une Canadienne, Bernard Clavel a nourri son inspiration des paysages du Grand Nord pour écrire l'un de ses cycles romanesques. Auteur de plus de cinquante romans, il a obtenu le prix Goncourt en 1968 pour *Les Fruits de l'hiver.* En octobre 2004, son dernier roman publié met en scène un vieil homme et la guerre : il a pour titre *Les Grands Malheurs.* Ne le confondez pas avec Maurice Clavel, philosophe, écrivain et journaliste (1920-1979), fondateur avec Jean-Paul Sartre de l'agence de presse *Libération*, auteur, la même année, de la fameuse phrase : *Messieurs les censeurs, bonsoir !* – prononcée en quittant volontairement le plateau télévisé de l'émission *À armes égales.* Il y découvrait en direct qu'un reportage qu'il avait préparé était censuré !

« La ligne d'horizon, qui l'écrira un jour ? » Michel Chaillou, né à Nantes en 1930, entretient une belle complicité avec les mots. Il aime à dire que c'est la nuit, pendant son sommeil, qu'ils tentent de lui livrer leurs secrets. Entrez dans leurs confidences en lisant *Le Sentiment géographique* (1976), *Mémoire de Melle* (1993), *Le Matamore ébouriffé* (2002).

La griffe de Jean Dutourd

On dirait un félin mutin, farceur et féroce, devenu pour rire un lord anglais affable, irréprochable. Ayant ainsi trompé son monde, il pose tranquillemen sa griffe sur les pages de ses ouvrages où circulent nos doubles, c'est-à-dire les autres. Il les bouscule, les pousse vers leurs impasses que, ravis et stupides, ils nous font visiter avec l'exaspérante et fausse candeur des collaborateurs de tout poil que ce soit en temps de guerre, dans le roman *Au bon beurre,* prix Interallié 1952, ou du temps de paix marxisante des années soixante-dix avec l'irrésistible *Séminaire de Bordeaux,* en 1987. Né le 14 janvier 1920, prisonnier de guerre évadé, puis résistant, Jean Dutourd, devenu journaliste, a écrit près de soixante-dix livres qui sont un régal de finesse, d'humour et d'ironie. Élu en 1978 à l'Académie française, il est descendu un peu plus tard dans la joyeuse arène des Grosses Têtes, l'émission mythique de Philippe Bouvard, sur RTL, ajoutant à la jubilation générale sa touche d'élégance intellectuelle qui continue de charmer des millions d'auditeurs.

Le « Vendredi » de Tournier

C'est devenu un élément récurrent dans toute biographie de Michel Tournier : il n'a jamais accepté son échec à l'agrégation de philosophie. Tentons de le faire changer d'avis avec ces quelques lignes…

L'agrégation

L'agrégation ! Savez-vous ce qu'est l'agrégation ? C'est un concours qui comporte des épreuves écrites qui durent une semaine, des épreuves orales qui sont fort éprouvantes. Au terme de ces comparutions successives où le candidat n'a cessé de se sentir coupable, et plusieurs fois exécuté – métaphoriquement, certes, mais c'est pire… –, la liste de ceux qui vont pouvoir toute leur vie annoncer à leur interlocuteur ébahi qu'ils sont agrégés est publiée. Dans le langage jeune on dirait : *ça en jette !* Oui, mais…
Le concours demeure un concours, tautologie où il faut comprendre que plus de la moitié des reçus, les trois quarts peut-être, et même – soyons fous ! – la totalité ont bénéficié du facteur hasard qui leur a fait tirer au sort le bon sujet et tomber sur le bon jury !

Le roi Goncourt

Ainsi, l'excellence peut rester sur la touche et en concevoir – c'est bien dommage – la plus cruelle des déceptions. Michel Tournier, né en 1924, a passé, en 1950, l'agrégation de philosophie. On l'a refusé. Ce *on*-là priva l'université d'un extraordinaire professeur ! Mais ne lui en voulons pas trop : il a permis l'éclosion d'un puissant romancier. *Vendredi ou Les Limbes du Pacifique* obtient en 1967 le grand prix du roman de l'Académie française. Le Goncourt couronne, en 1970, l'extraordinaire mise en scène d'une mythologie nordique devenue roman : *Le Roi des Aulnes* ! Et puis les succès s'enchaînent pour cet homme de radio qu'il faut avoir entendu au moins une fois en conférence pour connaître le bonheur de sa parole. Il vit aujourd'hui dans un ancien presbytère de la Vallée de Chevreuse.

Bonjour Sagan

Elle écrivait, elle roulait, elle vivait à cent à l'heure et davantage. Elle misait tout sur un coup de tête ou sur un coup de dé. Françoise Sagan ne manquait pas d'allure dans ses voitures ni dans ses dérapages. Toujours face à la vie, entre la révérence et l'ironie. Et toujours cette élégance…

Le bac à seize ans

Que peut-on faire si l'on abandonne en plein milieu d'année les études de lettres qu'on a commencées à la Sorbonne, après un bac obtenu à seize ans ? C'est tout simple : au lieu d'étudier les grands auteurs, on en devient un ! De quelle façon ? En écrivant un roman. Et quel titre donner à ce roman ? Si on a lu Paul Eluard, on se rappelle qu'un de ses poèmes contient ce vers désenchanté : *Bonjour tristesse*. Voilà un beau titre : *Bonjour tristesse* ! Et quel pseudonyme choisir quand on s'appelle Françoise Quoirez et qu'on ne veut pas forcément que tout le monde sache qu'une jeune fille de dix-huit ans écrit des romans où l'amour et la haine font bon ménage ? Rien de plus simple : on choisit un nom lu chez Proust, l'écrivain qu'on adule : Sagan !

Le charmant monstre

Le succès de *Bonjour tristesse* (1954) est phénoménal. Françoise Sagan est connue et riche du jour au lendemain. François Mauriac salue l'arrivée en littérature d'un *charmant monstre de dix-huit ans* – elle est née en 1935. Elle voyage aux États-Unis, s'installe sur la Côte d'Azur, puis en Normandie. L'écrivain nouvelle vague va enchaîner les succès – romans : *Aimez-vous Brahms…* (1959), *Le Lit défait* (1977) ; pièces de théâtre : *Un château en Suède* (1960), *Les Violons parfois* (1961). On y trouve une peinture désabusée de la bourgeoisie empêtrée dans ses histoires d'amour, dans ses états d'âme au fond des boîtes de nuit, vitreuse par les petits matins froids dans ses décapotables… Françoise Sagan a fini de jouer sa vie le 24 septembre 2004.

Sollers, « sollertissimus »

Sollers est le pseudonyme de Joyaux. Philippe Joyaux est né à Bordeaux en 1936. Études chez les jésuites, d'où il est renvoyé pour lectures interdites. Il publie son premier roman en 1958 : *Une curieuse solitude*, salué par la critique, par Mauriac, par Aragon. Voici la suite de l'aventure de celui que le général de Gaulle appelait *Solaire*…

« Femmes »

Dans un bon vieux Gaffiot, *sollers*, en latin, signifie : *tout à fait industrieux, habile, adroit.* Vrai : Philippe Sollers est tout à fait industrieux, il est vif, dynamique, on le voit partout où le livre a besoin d'un regard intelligent, inspiré, d'une sorte de grand-prêtre qui aurait défroqué pour des raisons de convenances personnelles, mais aussi par souci d'élégance. Sollers est habile : il n'a jamais réussi à vieillir, il est de toutes les modes ; au combat pour les idées les plus audacieuses, il est toujours en première ligne, prêt à dégoupiller ses phrases qui ont le bon goût des grenades de Valéry – métaphore de *Charmes*… Sollers est adroit : il vous trousse un roman en une seule phrase (*H,* en 1973) ou en dix mille, haletantes comme une fin de course (*Femmes*, 1983).

« Fundus sollertissimus »

Gaffiot (suite de la définition de *sollers*) : *qui sait temporiser, intelligent.* Tout cela est vrai. Fin de la définition : *fundus sollertissimus* : *terre la plus apte à produire.* Vrai : Sollers a créé la revue *Tel Quel*, qui a duré vingt-quatre ans, rassemblant Roland Barthes (1915-1980 – *Mythologies*, 1957), Roman Jakobson (1896-1982 – *Essais de linguistique générale*, 1973-1983), Jacques Derrida ou encore Jacques Lacan (1901-1981, psychanalyste). Sollers a créé la collection *L'infini*, où ont été publiés Jean-Jacques Schuhl pour *Ingrid Caven*, prix Goncourt 2000, l'excellent *Amour noir* de Dominique Noguez (né en 1942), prix Femina 1997, le bouleversant *L'Enfant éternel* de Philippe Forest (né en 1962), prix Femina du premier roman 1997. Sollers vient de *sollus* : *tout entier, intact.* Exact : tel que vous le voyez, il n'a jamais changé.

Le Clézio : être d'être…

Jean-Marie Gustave Le Clézio fait une entrée fracassante en littérature, en 1963, à vingt-trois ans, avec son roman couronné par le prix Renaudot, *Le Procès-Verbal* – le héros, Adam Pollo, devient fou dans sa quête de la réalité brute, dans son désir d'être d'être (non, il n'y a pas de répétition, cela procède d'une gymnastique mentale à laquelle on était rompus dans les années soixante…). Le Procès-Verbal représente la première pierre des remparts que Le Clézio tente de dresser contre l'avancée d'un modernisme qu'il juge angoissant. Les romans qu'il publie ensuite confirment cette tendance : les objets métalliques et froids s'approprient un espace d'où l'humain est tenté de fuir. Mais un second Le Clézio naît au milieu des années soixante : celui qui découvre les espaces immenses du Mexique – comme Breton, comme Pieyre de Mandiargues. Son écriture en est transformée, son inspiration aussi. Aux périls que fait peser le modernisme sur la nature humaine se substitue le souci de découvrir la beauté du monde, d'y trouver sa place.

L'Occupation de Modiano

Je n'avais que vingt ans, mais ma mémoire précédait ma naissance. J'étais sûr, par exemple, d'avoir vécu dans le Paris de l'Occupation. Cette confidence de Patrick Modiano, dans *Livret de famille* (1976), nous précise la note dominante de toutes ses œuvres – son *la*…

« La Place de l'Étoile »

Les apparitions de Patrick Modiano dans les émissions de Bernard Pivot avaient toujours quelque chose d'émouvant, d'attendrissant : l'auteur, débordé par son désir de taire l'essentiel tout en communiquant l'accessoire nécessaire à la dimension du petit écran, faisait prendre le départ à sa phrase et l'abandonnait ensuite dans un choix de mots où forcément elle s'empêtrait. Pendant ce temps, il laissait filer son regard sur l'oblique d'une feinte indifférence, tout en esquissant un sourire d'une telle bonté émue qu'on n'avait plus qu'une hâte : le retrouver dans *La Place de l'Étoile* (1968) – *Au mois de mai 1942, un officier allemand s'avance vers un jeune homme et lui dit : « Pardon, monsieur, où se trouve la place de l'Étoile ? » Le jeune homme désigne le côté gauche de sa poitrine.*

La mémoire des autres

… Hâte de suivre avec lui *Les Boulevards de ceinture* (1972) – un jeune homme y cherche son père, qu'il retrouve au milieu de personnages louches, pendant une période qui ressemble à s'y méprendre à l'Occupation. Hâte de visiter à ses côtés sa *Villa triste* (1975) – une station thermale près de la frontière suisse, un Victor et une Yvonne dont les relations nous échappent d'abord… Hâte de partir pour la *Rue des Boutiques-Obscures* (1978) – Guy Roland, et sa mémoire en leurre, semble y poser cette question : *À supposer que quelqu'un puisse revenir sur terre après sa mort, que retrouverait-il de lui dans les lieux qui lui étaient familiers, et dans la mémoire des autres ?*

ALLONS PLUS LOIN

Quignard en Goncourt

Surprise de taille en 2002, lorsque les lecteurs découvrent le prix Goncourt. Habituellement, il s'agit d'un roman qui satisfait un lectorat en attente de quelques heures d'évasion, de quelque destin original, quelque histoire d'amour. Or, dans *Les Ombres errantes*, le livre du lauréat Pascal Quignard – premier volume d'une série du même genre –, rien de tout cela ! Seulement une succession de paragraphes sans lien (certains très courts, réduits à une ligne, d'autres d'une demi-page) ; et puis survient un chapitre qui semble perdu, qui cherche son propre sens dans un discours parfois touchant, parfois déroutant de solennité compassée. *Les Ombres errantes* ne remporte pas le succès des Goncourt précédents – des centaines de milliers d'exemplaires pour *Rouge Brésil*, de Jean-Christophe Rufin, en 2001 ; pour *Un aller simple* (devenu un film), de Didier Van Cauwelaert, en 1994 ; pour *Un grand pas vers le Bon Dieu*, de Jean Vautrin, en 1989 ; pour *Dans la main de l'ange*, de Dominique Fernandez, en 1982 ou *John l'Enfer*, de Didier Decoin, en 1977… Pascal Quignard, né en 1948 de parents professeurs de lettres classiques, a également écrit le splendide *Tous les matins du monde* (1991) – porté à l'écran en 1991 par Alain Corneau, avec Anne Brochet, Gérard Depardieu, Jean-Pierre Marielle –, *Le Sexe et l'Effroi* (1994), *Terrasse à Rome* (2000).

La quête de soi

En janvier 2005, Patrick Modiano livre à son public une autobiographie qui couvre la période allant de sa naissance, le 30 juillet 1945, à 1967 : *Rien de tout ce que je rapporterai ici ne me concerne en profondeur. Je rédige ces pages comme on rédige un contrat, à titre documentaire et sans doute pour en finir avec une vie qui n'était pas la mienne*. Pluie, neige ou brume composent la dominante des décors où le personnage du père apparaît dans ses compromissions, celui de la mère, dans ses tentatives pour décrocher un petit rôle, et puis celui du frère, qui meurt en 1957 ; la solitude du narrateur, de l'auteur. Nouvelle avancée décisive et poignante dans la quête de soi.

Le point sur le « rompol »

Le roman policier se porte bien. Ses lecteurs aiment le suspense, fuient les contorsions stylistiques, adorent comprendre du premier coup tous les mots et toutes les phrases de la page qu'ils lisent. Ils découvrent avec une gourmandise d'enfant les indices que sème astucieusement un auteur aussi futé que le Petit Poucet du conte avec ses petits cailloux. L'attente de la surprise finale – le nom du coupable, toujours le même, celui qu'on n'aurait jamais soupçonné ! – est un délice ; ils s'en délectent.

D'aujourd'hui à hier, de Fred Vargas à Maurice Leblanc…

Petite plongée dans les énigmes policières menées de plumes de maître : celles de Fred Vargas, de Gaston Leroux, de Maurice Leblanc…

Adamsberg dans la poche

Un « rompol » ! Qu'est-ce qu'un *rompol* ? C'est, pour Fred Vargas, un roman policier, en abrégé, tout simplement (attention, il s'agit de Frédérique Vargas, Vargas étant un pseudonyme, et Frédérique, un prénom féminin, vous qui avez pu croire que Fred était l'abréviation d'un Alfred, si prompt à vous donner son bonjour…). Donc, Fred Vargas ! Si vous n'avez pas encore lu *Pars vite et reviens tard*, prix des Libraires et prix des Lectrices du magazine *Elle* 2002, faites-le avant la fin de la semaine, ou plutôt avant la fin de la journée ! Courez en faire l'emplette – il vient de paraître en poche – ou bien empruntez-le à votre frère, votre ami, n'importe qui. Et oubliez de le rendre ! Vous verrez, vous aurez envie, régulièrement, d'en relire des passages. Pourquoi ? Parce que le commissaire Adamsberg, mine de rien, fabrique des aphorismes frappés comme des monnaies anciennes, et qui en ont presque le cours. Vous lirez aussi, forcément, tant vous aurez aimé le premier, tous les Vargas.

Une curiosité littéraire

San-Antonio : Dard-Dard

Il avait une bonne bouille rigolarde et sympathique ; il tutoyait tout le monde – les présidents, les ministres, les journalistes, les employés, les ouvriers, toute la société ! Il tutoyait le monde entier, Frédéric Dard, né le 29 juin 1921, à Jallieu, en Isère. Son commissaire San-Antonio – dont il avait choisi le nom en mettant le doigt au hasard sur une carte des États-Unis – mène des enquêtes où le langage est à la fête, monté sur une irrésistible mécanique rabelaisienne. San Antonio s'écrit sans trait d'union au Texas, mais Frédéric Dard, recopiant le nom de la ville, en ajoute un par inadvertance... Frédéric Dard, comme son maître François de l'abbaye de Thélème, invente mille et mille mots en éclats de rire et décline à sa façon la devise *Fais ce que vouldras.* Au rythme de trois à cinq *San-Antonio* par an – avec ses Bérurier, son épouse Berthe et l'inspecteur Pinaud, le vieux débris –, Frédéric Dard, qui écrit sous son nom une autre œuvre, plus personnelle – et pessimiste –, vend des dizaines de millions de livres jusqu'à sa mort, le 6 juin 2000, à Bonnefontaine, en Suisse. Aujourd'hui, son fils, Patrice Dard, publie à son tour des *San-Antonio*...

Rouletabille, Arsène Lupin...

Depuis quand le rompol existe-t-il ? Les récits d'enquête sont mis à la mode par Edgar Poe (1809-1849). En France, le roman-feuilleton criminel paraît dans les journaux, avec, pour auteurs :

- Eugène Sue (1804-1857 – *Les Mystères de Paris*).
- Paul Féval (1817-1887 – *Le Bossu*).
- Ponson du Terrail (1829-1871).
- Émile Gaboriau (1832-1873).
- Gaston Leroux (1868-1927 – *Rouletabille*).
- Maurice Leblanc (1864-1941 – *Arsène Lupin*).

En Angleterre, aux États-Unis

- Conan Doyle (1859-1930) donne naissance à Sherlock Holmes.
- Agatha Miller, de père américain, devenue Agatha Christie (1891-1976) par son mariage crée Hercule Poirot et Miss Marple.
- Raymond Chandler, l'Américain formé en Angleterre (1888-1959), imagine le fameux Philip Marlowe.
- Patricia Highsmith, née au Texas (1921-1995), crée Tom Ripley. Son roman *L'Inconnu du Nord-Express* devient un film réalisé par Alfred Hitchcock, en 1950.

Le cas Simenon : 550 millions d'exemplaires vendus...

Georges Simenon, né à Liège en 1903, est un cas à part. Il a publié de nombreux romans policiers, qu'il écrivait sans discontinuer, avec une facilité déconcertante, puisant partout son inspiration, croquant ses amis, ses voisins, ses cousins, ses ennemis, tout ce qui passait sous son regard de microscope, et pouvait se découvrir ensuite en caricature souvent peu avantageuse dans des intrigues parfaitement maîtrisées – ainsi celles où le fameux commissaire Maigret mène ses cinquante-deux enquêtes entre deux bières et deux sandwichs. Simenon est aussi l'auteur de nombreux romans psychologiques – dont *La Veuve Couderc*, 1942, devenu un film en 1971, avec une étonnante Simone Signoret –, de romans plus généraux où se trouve décrite dans le détail la France d'entre-deux-guerres, l'avènement de la modernité au détriment de l'individu, tout cela sous le regard souvent castrateur des femmes – mères ou épouses. Installé en Vendée pendant la Seconde Guerre mondiale, puis aux États-Unis et enfin en Suisse, Simenon – grand ami d'André Gide qui le jugeait le plus grand romancier de tous – est mort le 4 septembre 1989, à Lausanne.

L'enquête se poursuit...

Ils vous ont diverti, emporté, enchanté, ravi dans leur monde où les assassins courent pendant une moyenne de deux cents pages avant d'être rattrapés, démasqués et promis au Jugement dernier ! Les voici, de Boileau-Narcejac à Picouly...

Boileau-Narcejac

En France, Pierre Boileau (1906-1989) et Thomas Narcejac, pseudonyme de Pierre Ayraud (1908-1998), s'associent pour écrire plus de cent nouvelles et quarante-trois romans policiers. Pierre Boileau construit l'intrigue, Thomas Narcejac écrit le texte – le tape à la machine. En 1954, Henri-Georges Clouzot porte à l'écran leur roman *Celle qui n'était plus*, sous le titre *Les Diaboliques* (avec Paul Meurisse et Simone Signoret).

Japrisot

Le prix Interallié 1991 est attribué au roman *Un long dimanche de fiançailles*, signé Sébastien Japrisot, et devenu, sous le même titre en 2005, un film à succès avec Audrey Tautou (l'actrice du *Fabuleux Destin d'Amélie Poulain*, 2001). Sébastien Japrisot (1931-2003), pseudonyme et anagramme de Jean-Baptiste Rossi, écrit son premier roman policier, *Les Mal partis*, à dix-sept ans – couronné en 1966 par un jury qui comprend, entre autres, Jean-Louis Bory, Elsa Triolet, Jean-Paul Sartre et Louis Aragon ! Les grands succès pour le livre ou l'écran s'enchaînent : *Compartiment tueurs* en 1963, *Adieu l'ami* (1968), *Le Passager de la pluie* (1969), *L'Été meurtrier* (1977).

De Villiers, Daeninckx, Izzo

Gérard de Villiers, né en 1929, fils de l'acteur dramatique Jacques Deval continue de faire prospérer son Prince Malko dans le sillage de la CIA, à travers ses palpitants SAS – cent cinquante titres, qui dépassent les cent cinquante millions d'exemplaires vendus ! Actuellement, l'un des meilleurs fournisseurs de la Série Noire, auteur de *Meurtres pour mémoire* (1994), *Play-Back* (1986), *La mort n'oublie personne* (1989), *Zapping* (1992), *Passages d'enfer* (1998), *La Route du rom* (2003) et d'une trentaine d'autres ouvrages, s'appelle Didier Daeninckx, né en 1949, et qui a reçu, en 1994, le prix Paul-Féval de littérature populaire, décerné par la Société des Gens de Lettres. Il excelle dans l'exploration des marges de la société, de ses exclus. Dans les années quatre-vingt-dix, Jean-Claude Izzo (1945-2000) offre aux lecteurs de la Série Noire les enquêtes de Fabio Montale – l'ex-petit malfrat devenu policier, incarné par Alain Delon à la télévision en 2002 – à travers trois titres : *Total Khéops* (1995), *Chourmo* (1996) et *Solea* (1998).

ALLONS PLUS LOIN

En Manchette

Pour Jean-Patrick Manchette (1942-1995), les hautes sphères du pouvoir, le journalisme, les services secrets, la politique et la police forment une sorte de complot permanent contre l'individu, manipulé, héros minable d'un monde perdu. C'est noir, très noir, souvent inspiré de faits réels – *L'Affaire N'Gustro* (1971), roman de politique-fiction, emprunte sa trame à l'enlèvement du leader marocain Medhi Ben Barka, en 1965. Dans *Nada* (1972), devenu un film de Claude Chabrol, un ambassadeur américain est enlevé par un groupe gauchiste. Une dizaine de romans policiers noirs font de Manchette – appelé le Chandler français - l'un des maîtres du genre dans les années soixante-dix.

Pennac : Belleville est son village

Daniel Pennachioni, vous connaissez ? Et Daniel Pennac ?... C'est le même ! Pennachioni est né à Casablanca, en 1944. Il a passé son patronyme à l'apocope en 1975, pour la publication d'un essai sur le service militaire – son père eût pu prendre ombrage d'une prise de position qui n'empruntait rien au garde-à-vous réglementaire ! Devenu professeur – et Pennac –, notre auteur a livré aux lecteurs des années quatre-vingt et quatre-vingt-dix une saga demeurée dans toutes les mémoires : celle de la tribu Malaussène. Personnage pivot, Benjamin Malaussène joue un rôle étonnant dans les fictions intitulées *Au bonheur des ogres* (1985), *La Fée Carabine* (1985), *La Petite Marchande de prose* (1989 – prix du Livre Inter 1990), et *Monsieur Malaussène* (1996) : il est bouc émissaire ! Dans un grand magasin d'abord, puis dans une maison d'édition, puis… Lisez ou relisez la saga Malaussène, c'est de l'air pur dans la littérature, un souffle d'air frais dans le roman actuel parfois atteint de surchauffe cérébrale. C'est aussi un chant d'infinie sympathie pour le village de Belleville, dans Paris. C'est enfin de l'humour, du plus habile et du plus fin. Du plaisir surtout : celui du lecteur et celui de l'auteur, identiques, à l'unisson !

ALLONS PLUS LOIN

Benacquista, Picouly et la Série Noire

La célèbre Série Noire, créée en 1945 par Marcel Duhamel, rendez-vous des fervents du polar accueille d'abord des auteurs américains. Des dizaines d'auteurs français s'y font ensuite remarquer. En 1985, c'est dans la Série Noire – alors dirigée par Patrick Raynal – que paraît le premier tome de la saga Malaussène de Pennac. En 1989, la Série accueille l'excellent Tonino Benacquista. Il y publie *La Maldonne des sleepings*, puis, en 1990, *Trois carrés rouges sur fond noir* et, en 1991, *La Commedia des ratés*. Son sens de la dérision et de l'humour, son style efficace font merveille dans *Quelqu'un d'autre*, roman publié en 2002, couronné par le prix des Libraires et le prix RTL-Lire : deux hommes, qui se rencontrent par hasard au cours d'un match de tennis, décident de changer d'identité. Ils se donnent rendez-vous un an plus tard. Soyez avec eux, ce jour où ils se retrouvent, dans le dernier chapitre de *Quelqu'un d'autre* : une surprise de taille vous attend ! Daniel Picouly a lui aussi commencé dans la Série Noire – *Nec*, en 1992 ; *Les Larmes du chef*, 1994. Il devient ensuite l'auteur de best-sellers, tels l'émouvant et pittoresque *Le Champ de personne* (1996) ou l'historique *L'Enfant léopard* (1999).

Septième partie

Propositions pour le XXIe siècle

Dans cette partie…

Les créations romanesques, poétiques et dramatiques du XXe siècle viennent de franchir les portes du XXIe siècle. Certaines sont installées dans la mémoire collective, de façon définitive. Pour d'autres, l'opinion générale oscille entre l'enthousiasme et un début d'indifférence. Cette partie rassemble des œuvres romanesques, poétiques et dramatiques qui ont enthousiasmé les lecteurs, les spectateurs. Peut-être les connaissez-vous, peut-être allez-vous les découvrir. Sans doute les conduirez-vous un peu plus loin dans le temps, dans votre temps, afin de les faire vivre encore, de les transmettre. La postérité, c'est plus tard, sans doute, mais c'est maintenant surtout…

Chapitre 26

Les fortunes du roman (2)

Dans ce chapitre :

- Laissez-vous ravir par les romanciers de l'école buissonnière
- Visitez le rayon meilleurs vendeurs – ou best-sellers…

De la poésie pure, de l'audace aussi – jusqu'à dévoiler le corps dans ses positions les plus acrobatiques… –, de la tendresse et de l'humour, du rêve, de la sagesse, de quoi rire et réfléchir. Voilà ce que nous offrent aujourd'hui les romanciers. Que demander de plus ?

Romanciers d'aujourd'hui

On aime passer un moment avec eux. Ils nous ont offert des premiers livres pleins de promesses, et ces promesses, ils les ont tenues ! En septembre, en janvier, ou dans les premiers jours de l'été, on sait qu'ils seront là, chez le libraire d'en face, ou dans la grande surface. Ils ont déserté les chapelles littéraires, ils nous invitent à devenir les élèves de leur école buissonnière, celle où tout se raconte sans principes, sans façons, où tout devient récréation…

Les voyages de M. Arnoult

Vous appelez-vous Jeanne ? Vous appelez-vous Thomas ? Ou bien leur ressemblez-vous au point de souhaiter, vous aussi, apprivoiser les mots, de nouveau, afin d'en constituer un immense trésor à partager ? Laissez-vous guider par Erik Orsenna – un tourbillon de vie– jusqu'à la poésie.

« L'Éloge de tous les courants »

Où partez-vous, monsieur Arnoult, sur votre grand bateau ? Pourquoi dans votre regard plein de malice et de bonté cette lueur, comme un phare intérieur ? Vers quel rivage mettez-vous le cap ? Pensez-vous qu'on va vous croire lorsque, partant d'un port breton, de La Rochelle ou de Rochefort, vous prétendez que vous allez naviguer jusqu'aux îles Lofoten, ou bien jusqu'aux Hébrides et, pourquoi pas, jusqu'à Thulé ? Non, monsieur Arnoult, ne nous cachez pas la vérité ! Voici, d'après certains éléments glanés dans vos livres de bord, la vraie destination de vos croisières : après avoir fait *Portrait du Gulf Stream : Éloge de tous les courants* – au-delà desquels vous vous situez –, vous vous dirigez vers les mystérieux rivages d'une République de l'imaginaire dont vous êtes le citoyen d'honneur : Orsenna.

Carte blanche

Vous êtes devenu l'ambassadeur d'Orsenna au point que l'on ne vous connaît plus que sous son nom ! Vous y avez obtenu carte blanche pour l'île des mots, où Jeanne et Thomas ont fredonné, ravis, votre *chanson douce* – que certains maîtres chanteurs appellent *Grammaire*. Carte blanche aussi pour l'univers des *Chevaliers du subjonctif* et leurs idées révolutionnaires ! Carte blanche pour toutes les îles qu'on aperçoit, par tous les temps, au large d'Orsenna. Elles surgissent de son horizon, dans ses silences. On y aborde sans bruit. Le murmure du vent ressemble au frémissement des pages. On se croirait dans un livre ! Mais non : l'ambassadeur de la République de l'imaginaire nous a tout simplement conduits au plus secret de l'île que nous sommes, ce lieu que peut-être l'on ignore, que parfois l'on renie : la poésie. Monsieur Orsenna, merci !

Erik Orsenna en œuvres

Né le 22 mars 1947, Erik Arnoult prend pour pseudonyme le nom que Julien Gracq donne à la ville mystérieuse où se déroule l'action de son roman *Le Rivage des Syrtes* : Orsenna. Ni ses nombreuses activités administratives, ni son élection à l'Académie française, le 28 mai 1998, ne l'ont empêché d'écrire une œuvre pleine d'originalité et de poésie. En voici l'essentiel :

- 1988 *L'Exposition coloniale*. (prix Goncourt)
- 1993 *Grand amour* – Les coulisses de la politique.
- 1996 *Histoire du monde en neuf guitares*, avec Thierry Arnoult.
- 1997 *Deux étés* – Sur l'île de Bréhat, un traducteur tombe en panne.
- 1998 *Longtemps* – La persévérance de l'amour…
- 2001 *La grammaire est une chanson douce* – Jeanne et Thomas, deux enfants, visitent l'île des mots vivants.
- 2003 *Madame Bâ* – La France vue de l'Afrique.
- 2004 *Les Chevaliers du subjonctif* – Jeanne et Thomas découvrent une nouvelle île…
- 2005 *Portrait du Gulf Stream : Éloge de tous les courants, Dernières nouvelles des oiseaux.*

ALLONS PLUS LOIN

Premiers pas chez Pierre Michon, Bergounioux

Pierre Michon, né en 1945, dans la Creuse, et qui vit à Nantes, se méfie du roman. C'est, dit-il, *un genre fatigué.* Et pourtant ce qu'il produit s'inscrit dans la fiction romanesque, sans rien de poussif ou d'usé, situé plutôt dans l'ancienne rhétorique qu'il aurait briquée au point de nous la faire prendre pour sa propre invention. Ce qu'il propose est dense, tendu entre l'ancien et le présent, somptueux, unique – le moindre signe, l'humble virgule même, semble tomber d'un manteau de sacre. Dans son œuvre majeure – il écrit fort peu – Pierre Michon présente huit existences presque oubliées sous le titre *Vies minuscules* (1984). En voulez-vous un extrait ? Voici : *Il a caressé des petits serpents très doux ; il parlait toujours. Le mégot brûlait son doigt ; il a pris sa dernière bouffée. Le premier soleil l'a frappé, il a chancelé, s'est retenu à des robes fauves, des poignées de menthe ; il s'est souvenu de chairs de femmes, de regards d'enfants, du délire des innocents : tout cela parlait dans le chant des oiseaux ; il est tombé à genoux dans la bouleversante signifiance du Verbe universel. Il a relevé la tête, a remercié Quelqu'un, tout a pris sens, il est retombé mort.* C'était votre premier pas chez Michon… Bonne route ! Si vous aimez Michon, faites un détour par Bergounioux (né en 1949), même prénom, même souci du précis et de l'atmosphère de temps qu'on dit anciens, même soin des profils disparus, conjugués au présent singulier, même souci des sources. Et pages riches, infiniment.

Echenoz, la vie est son roman

Echenoz avance dans ses romans, les mains dans les poches, désinvolte et désabusé. Les personnages ? Il les surveille, pour qu'ils ne s'y croient pas trop, qu'ils ne tentent pas de s'inspirer des Jean Valjean justiciers, des Vautrin louches ou des Bovary énamourées. Chez Echenoz – né en 1947, à Orange – , on ne se la joue pas ! On est dans un roman, certes, tout fonctionne, pourtant, on se croirait au cinéma, non pas dans la salle de projection mais au tournage : les répliques, les situations, les décors, de tout cela on sait l'éphémère, et, de la même façon, par ricochet, l'éphémère frappe le réel du roman qui se sait roman, du romancier qui se regarde écrire, et de l'acte de lecture, et de soi-même enfin. Voilà le grand art d'Echenoz, qui peut provoquer, en même temps qu'on galope dans ses intrigues haletantes, un sourd malaise : rien n'est ce qu'on voudrait croire, tout en sachant qu'on préfère n'être point dupe. Jean Echenoz est un grand écrivain ; la vie est son roman.

Jean Echenoz en œuvres :

- 1979 *Le Méridien de Greenwich.*
- 1987 *L'Équipée malaise.*
- 1988 *L'Occupation des sols.*
- 1989 *Lac.*
- 1992 *Nous trois.*
- 1995 *Les Grandes Blondes.*
- 1999 *Je m'en vais.* (prix Goncourt.)
- 2003 *Au piano.*

Delerm et le minimalisme

Mini-textes, mini-prix, mais ils font le maximum. Comme ces berlingots de liquide vaisselle qui nettoient aussi les fenêtres sur le monde, les pages de Delerm peuvent vous récurer en quelques minutes un moral encrassé par un présent trop pesant, le conduire vers un passé qui vous est cher : le vôtre.

Les corrections du dimanche après-midi

On n'imagine pas le vivier d'auteurs potentiels que représentent les centaines de milliers d'instituteurs, et de professeurs de français dans l'Hexagone. Régulièrement, ils proposent à leur classe un sujet de rédaction qui parle des saisons, des champignons, ou du petit chat à la maison. Régulièrement embarqués sur le fragile vaisseau des corrections du dimanche après-midi – l'enseignement est un sacerdoce qui inclut dans son cahier des charges le sacro-saint sacrifice du week-end – les rédactions et leur correcteur font naufrage avant le journal de vingt heures, accrochant les hauts-fonds des basses notes, au-dessous de la ligne de flottaison du sens. Et personne n'en parle ! Évidemment, le moral du capitaine coule à pic ! Mais parfois, il surnage, et ledit capitaine entame alors la rédaction modèle qu'il eût aimé lire. Ah ! qu'il y met du cœur, tirant vers la commissure de ses lèvres un petit bout de langue, comme on tire des bords afin de remonter au vent pour regagner la côte ! Voilà ! Trois heures et demie plus tard, vers les minuit, il a fini ! Un peu plus d'une demi-page, parfaite ! Il se met vingt sur vingt. Il la lira à ses élèves, demain !

Petits textes écrits aux petits bonheurs

Combien avez-vous été à succomber au charme des petits textes de Philippe Delerm – le professeur de français –, rassemblés dans ses opuscules intitulés *La Première Gorgée de bière et autres plaisirs minuscules* (1997), *La Sieste assassinée* (2001), ou *Dickens, barbe à papa et autres nourritures délectables* (2005) ? Des centaines de milliers ! Vous vous êtes revu enfilant un pull le premier jour de l'automne, ou bien écossant des petits pois, lisant sur la plage, ou pédalant jusqu'à une cabine téléphonique. C'était si bon que vous aussi, vous avez pris la plume pour tenter d'en faire autant… Les maisons d'édition ont été submergées de propositions qui déclinaient à l'envi ce que les critiques ont appelé *le minimalisme* – petits textes écrits aux petits bonheurs. Certains manuscrits – d'auteurs confirmés, cependant – ont été publiés. Mais vous, lecteur, vous êtes passé devant eux, indifférent : dans l'océan des plaisirs minuscules, seul le capitaine Delerm possède les bonnes cartes ! Romancier à la façon des aquarellistes, il vous a peut-être bien promenés – aussi – dans ses tableaux intitulés *Il avait plu tout le dimanche*, ou *La Bulle de Tiepolo* (2005). Delerm se laisse toujours découvrir avec plaisir. Son doux désenchantement est sans tapage. Une idée : si vous persistez à vouloir écrire vous aussi vos plaisirs minuscules, incluez dans votre liste – juste retour des choses – *lire Delerm*…

Les deux Besson

Le premier, Patrick, né d'un père russe et d'une mère croate, en 1957, publie son premier roman à dix-sept ans : *Les Petits Matins d'amour*. Depuis, il a fait paraître une trentaine de livres, obtenu le grand prix de l'Académie française en 1985, pour *Dara*, le prix Renaudot 1995 pour *Les Braban*. Si vous avez lu ses trente livres et que vous êtes en manque de Besson (Patrick), vous pouvez chaque semaine en lire une page dans l'hebdomadaire *Le Point* ; c'est toujours vif, enlevé, décoiffant même, lorsqu'il tempête… L'autre Besson, c'est Philippe, né en 1967, à Barbezieux. Il écrit des romans intimistes où la phrase s'empare d'un rien, d'une couleur, d'un parfum pour construire ses jeux de miroir, son univers en trompe-l'œil. Il reçoit le prix Emmanuel-Roblès pour son premier roman *En l'absence des hommes*, le Grand Prix RTL-Lire 2003 pour *L'Arrière-Saison*. Patrice Chéreau a adapté pour le cinéma son deuxième ouvrage : *Son frère*, paru en 2003. À la rentrée de septembre 2004, Philippe Besson prête sa plume à la sœur de Rimbaud, Isabelle, qui assiste aux derniers jours de… son frère, dans *Les Jours fragiles*. En août 2005, il publie *Un instant d'abandon*.

Rouaud, Millet, Angot…

Trois romanciers, trois façons d'être : Jean Rouaud, le kiosquier parisien retourné dans sa province natale ; Richard Millet, directeur littéraire dans une très grande maison d'édition dont le nom commence par un G majuscule, et Christine Angot, sûrement en train de préparer une petite bombe pour une rentrée littéraire…

Un million de lecteurs…

Très dangereuse, dans un même paragraphe, cette cohabitation de Jean Rouaud, né en 1952, prix Goncourt 1990 avec *Les Champs d'honneur*, et de Richard Millet, né en 1953, auteur de *La Gloire des Pythre* (1995), de *Lauve le pur* (1999) mais surtout d'un récent livre d'entretiens – *Harcèlement littéraire* (avril 2005) – où il déclare, page 46 : *J'ai lu autrefois* Les Champs d'honneur , *j'ai surtout été sensible aux fautes de syntaxe et à la fadeur stylistique, pour autant que je me souvienne*. Diable ! Il faut aussi se souvenir que plus d'un million de lecteurs ont aimé le livre de l'enfant de Campbon, qui parle comme personne de la pluie en Loire-Inférieure, de la Grande Guerre et de la douleur d'avoir perdu son père un jour de Noël. Ces chiffres-là fâchent souvent entre eux de bons auteurs par ailleurs…

Bonheur et panache

Quant aux fautes de syntaxe – foi de professeur de français –, il n'y en a mie, monsieur Millet. Et par ailleurs – foi de professeur de français aussi –, tout le monde en fait, monsieur Millet, tout le monde… Quant à Christine Angot, elle non plus ne lit pas avec plaisir les œuvres de Jean Rouaud – prudente litote. C'est son affaire, mais ce que l'on peut dire de l'écriture d'Angot, c'est qu'elle a du caractère – comme son auteur, qui réveille avec bonheur et panache, lors de ses passages télévisés, le téléspectateur ronronnant devant les émissions littéraires ; on l'a vue défendant avec une belle énergie *L'Inceste* (1999), *Quitter la ville* (2000), *Pourquoi le Brésil ?* (2002)... Rouaud, Millet, Angot, trois valeurs pour le siècle prochain – à moins qu'après les mots, ils en viennent aux mains, se volent dans les plumes... ce qui ferait désordre ! Alors, sus au harcèlement littéraire !

ALLONS PLUS LOIN

Christian et Christian

Tous deux se prénomment Christian. Tous deux publient dans la même maison d'édition. Gailly et Oster ont plus d'un point commun : un style tout en finesse, presque fragile, délicat comme une convalescence qui se prolonge, avec des images qu'on aime accrocher en soi, revoir, relire… Il y a des amours désenchantés chez l'un et l'autre. Gailly est plutôt jazz, en virtuose. Oster est plutôt musique douce, comme une pluie triste – ou l'inverse. Gailly, né en 1943, a obtenu le prix du livre Inter en 2002, avec *Un soir au club* ; Oster, né en 1949, a obtenu le prix Médicis en 1999, pour *Mon grand appartement*. En mars 2005, Oster publie *L'Imprévu*. Six mois auparavant, en septembre 2004, Gailly avait publié *Dernier amour*. Tout pareil, ou presque…

Grainville, Queffélec, Assouline…

Choisissez : ou bien le style touffu, flamboyant de Grainville, les aventures à suspense de Queffélec, ou bien le réalisme d'Assouline…

Grainville et Pivot

Il a fait les beaux jours, ou plutôt les beaux soirs d'*Apostrophes* – émission littéraire de Bernard Pivot –, Patrick Grainville, né en 1947. C'était un plaisir de l'entendre commenter ses propres œuvres ou celles des autres avec ce phrasé si juste, tourbillonnant, vibrionnant, ce regard de connivence avec l'animateur. Grainville, le prof prix Goncourt 1976 pour *Les Flamboyants* – une écriture touffue comme une forêt vierge, dense comme un métal précieux –, c'était une récréation pour l'esprit. Ce furent ensuite plusieurs bons romans.

Le pilote Pivot

Qu'il faisait bon s'installer devant son poste de télévision, le vendredi soir, dans les années soixante-dix et quatre-vingt – plus exactement, entre le 10 janvier 1975 et le 22 juin 1990 ! L'émission qu'on attendait – *Apostrophes* – commençait vers vingt et une heures trente, après un extrait du concerto n° 1 en *fa #* mineur de Rachmaninov, interprété par Byron Janis, avec l'orchestre philharmonique de Moscou, dirigé par Kirill Kondrashin – puisque vous voulez tout savoir… On voyait alors apparaître un Bernard Pivot tout guilleret, heureux comme un pilote d'A 380, tout excité à l'idée de faire s'envoler les passagers de son plateau télé vers les lecteurs prêts à les accueillir en leur salon, comme l'on accueillerait des êtres venus tout droit d'une autre galaxie – d'ailleurs, quand on voyait Modiano, on se disait qu'effectivement cet écrivain-là était sûrement en transit sur terre, et qu'il allait regagner dès la fin de l'émission une planète où l'attendait le Petit Prince pour une conversation sans mots, sur le silence du couchant.

Bref, l'épatant Pivot nous accordait ainsi le privilège de vivre des heures de vrai bonheur, déboulonnant parfois avec ses phrases à l'emporte-pièce le piédestal de solennité que certains jugeaient bon d'apporter avec eux. On se rendait bien compte, de temps en temps, qu'il éprouvait une immense sympathie pour certains, qu'il entretenait avec d'autres une complicité jubilatoire, que d'autres encore l'agaçaient. Il était sincère, Pivot, passionné, passionnant, si convaincant ! Il arrivait même qu'ayant acheté le lendemain un livre d'*Apostrophes*, on ne se pressât pas de l'ouvrir, tant on avait l'impression de l'avoir lu d'un bout à l'autre. L'avoir vu pouvait suffire… pendant quelques jours. Alors pouvait commencer l'histoire d'amour pour un style tout neuf, envoûtant ou décoiffant. Flamboyant ! Après *Apostrophes*, il y eut « *Apostrophes* bis » : *Bouillon de culture*, de 1991 à 2001. Le même Pivot, le même entrain. Et depuis ? Plus rien ! D'autres émissions existent, certes, excellentes – et tardives ! Mais il subsiste en nous, avouons-le, comme une nostalgie, une faim…

Queffélec et Verny

Yann Queffélec, ce fut d'abord le fils de Henri – Henri Queffélec (1910-1992), l'agrégé de lettres qui publie une quarantaine d'ouvrages où se mêlent la Bretagne, la mer et la foi, certains portés à l'écran : *Un recteur de l'île de Sein*, devenu *Dieu a besoin des hommes* (1949) avec Pierre Fresnay. Donc, le fils Yann, né en 1949, commence à écrire à… sept ans, pour impressionner sa mère. Il impressionnera surtout, plus tard, Françoise Verny, une directrice littéraire qui lui lance tout de go : *Toi, tu as une gueule d'écrivain !* Il en a aussi la plume : son roman *Les Noces barbares* obtient le prix Goncourt en 1985. Depuis, il livre à ses lecteurs fidèles des ouvrages au style efficace où se mêlent aventure et suspense.

Assouline et sa Double vie

Fin mai 2005, le 35e prix des Maisons de la Presse couronne *Lutetia*, roman de Pierre Assouline – né en 1953. Dans l'Europe de la Seconde Guerre mondiale, Édouard Kiefer, alsacien, ancien des Renseignements généraux, est le témoin des heures sombres de la Collaboration, puis du retour des déportés. Pierre Assouline n'en est pas à son coup d'essai. Plusieurs excellents romans (*La Cliente*, 1998 ; *Double vie*, 2001) et biographies (*Simenon*, 1992 ; *Cartier-Bresson*, 1999) font de lui un auteur auquel sont désormais fidèles des milliers de lecteurs séduits par son écriture réaliste et teintée d'un humour parfois corrosif.

ALLONS PLUS LOIN

Yacine et Begag

Nedjma – l'étoile, en arabe – est au centre de la création du poète Kateb Yacine – Kateb signifie *l'écrivain –* , né à Constantine, le 6 août 1929 et mort à Grenoble, le 28 octobre 1989. En 1945, après avoir participé aux tragiques manifestations de Sétif, il est emprisonné, menacé de la peine capitale. Il découvre alors son rôle d'écrivain, publie des poèmes, puis, en 1956, le roman qui le fait connaître : *Nedjma*. Ce roman marque une nette rupture avec le roman réaliste français en vogue jusqu'alors ; il fonde une nouvelle approche narrative de laquelle s'inspireront les nouveaux romanciers maghrébins.

Jeudi 2 juin 2005. Parmi les noms prononcés par le porte-parole de l'Élysée qui annonce la composition du nouveau gouvernement, celui d'Azouz Begag ravit tous les lecteurs du Gone du Chaâba (1986), devenu un film en 1998. Azouz Begag devient ministre délégué à la Promotion de l'égalité des chances. Né dans la banlieue lyonnaise en 1957, docteur en économie, il est sociologue, chercheur au CNRS, spécialiste en socio-économie urbaine. Il étudie particulièrement la mobilité des populations immigrées dans les espaces urbains. À travers ses romans, il propose aux jeunes issus de l'immigration des modèles positifs d'intégration. Azouz Begag a écrit une quarantaine de livres (*Quand on est mort, c'est pour la vie*, 1995 ; *Le Théorème de Mamadou*, 2002 ; *Le Marteau pique-cœur*, 2004).

Rayon best-sellers

Ceux qui sont présentés dans les pages précédentes ont été appréciés de centaines de milliers de lecteurs. Ceux que voici aussi... Houellebecq, Lévy, Beigbeder et Gavalda ont presque une chance sur trois de se trouver déjà derrière vous, là, sur l'étagère de votre bibliothèque...

Houellebecq et son truc

Rentrée littéraire de septembre 2005 : *La Possibilité d'une île*, roman signé Michel Houellebecq. C'est aussi une nouvelle possibilité de prises de bec entre ses thuriféraires et ses contempteurs (ne vous inquiétez pas : le sens de ces deux mots vous est donné plus bas. Lisez, en attendant...).

L'épuisette à mots crus

Si l'on examine de près la raison du succès d'un auteur, on se rend compte qu'il utilise de façon récurrente un procédé dont il n'est pas forcément conscient, mais qui constitue, en quelque sorte, un *truc*, en même temps qu'une marque de fabrique, une signature. Le truc de Flaubert, c'est la distance, l'ironie ; le truc de Zola, c'est le fréquent style indirect libre, qui intègre le lecteur dans le dialogue ; le truc de Michel Houellebecq, pour retenir son lecteur, c'est de plonger son épuisette à mots dans ses viviers les plus crus, toutes les vingt pages environ, afin d'offrir à son lecteur qui commencerait à bâiller sur ses satires de société intéressantes, certes, mais plutôt lugubres, une scène de sexe très hard – diraient les Anglais – très détaillée, où les échanges d'humeurs corporelles diverses s'effectuent avec une simplicité de recette de cuisine.

Réponse à l'attente

C'est délicieusement dérangeant ou prodigieusement scandaleux – comme vous voulez, selon que vous êtes un thuriféraire (étymologiquement, *un porteur d'encens*) ou un contempteur (du latin *contemptor* : *qui méprise*) de celui qui serait capable de déclencher une guerre littéraire autour de ses œuvres. Son style ? Éblouissant pour les uns, insupportable ou inexistant pour les autres. Mais, au-delà de la bataille des lettres, celle des chiffres est gagnée : des centaines de milliers de lecteurs ont reconnu dans l'auteur d'*Extension du domaine de la lutte* (1994), des *Particules élémentaires* (1999) ou de *Plateforme* (2001) une voix puissante, majeure, de celles qui s'imposent quasiment sans labeur. Et qui répond ainsi à une attente. Ce qui, malgré tout, demeure l'essentiel.

DANS L'INTIMITÉ

La mort de l'amour

Michel Thomas est né le 26 février 1958 à La Réunion d'un père guide de haute montagne et d'une mère médecin anesthésiste qui le confient à sa grand-mère Houellebecq – il choisit ce patronyme pour nom d'auteur. Élève au lycée Henri-Moissan de Meaux – où il est surnommé Einstein –, il découvre Lovecraft (1890-1937), auquel il consacre un essai. En 1980, il obtient son diplôme d'ingénieur agronome. Sa carrière littéraire s'emballe à partir de son premier roman, en 1994. Ses cibles d'élection : les soixante-huitards, la lutte féministe, la révolution sexuelle. Et tout ce qui conduit à la mort de l'amour.

Marc Levy : Vous revoir

Vous êtes de passage dans une gare, dans un aéroport, vous attendez votre voiture au garage, vous grillez de patience sur une plage ? À coup sûr, dans les périmètres de ces attentes à meubler, de ces heures longues comme des réquisitoires, ou des plaidoiries, bref, dans ces périmètres de liberté où plane sur vous une espèce de culpabilité d'oisif, il est à peu près certain que vous allez remarquer, occupé – ou plus souvent occupée dans sa lecture qui l'absorbe sans mesure –, un être apparemment présent, mais dont on suppose, en voyant ce qu'il tient entre les mains, qu'il n'est plus qu'une image ! Ce qu'il tient ouvert et qu'il parcourt des yeux, avec une avidité tempérée par la tendresse et la surprise ? Un roman de Marc Levy – né en 1961 ! *Mais*, diront les ronchons, *ce n'est pas de la littérature !* Et pourquoi donc n'en serait-ce pas ? Ne nous a-t-il pas enchantés avec *Et si c'était vrai*... (2000) ? N'a-t-il pas récidivé avec *Où es-tu ?* (2003) ? Ne nous a-t-il pas divertis avec *Sept jours pour une éternité* (2004) ? Et le dernier, paru le 8 juin dernier sous ce très beau titre : *Vous revoir*, ce n'est pas de la littérature ? À vous de décider. Mais ce que l'on sait, ce dont on est sûr, c'est que Marc Levy nous offre mille bonheurs de lecture !

ALLONS PLUS LOIN

Bernard-Henri Lévy, Baudelaire et ses Crénom

Lévy, Bernard-Henri, né en 1948, normalien, c'est la philosophie militant pour la dignité de l'être humain, un engagement dans le monde d'aujourd'hui, de tous ses dangers – *La Barbarie à visage humain* (1977), critique du fascisme, de la mystification totalitaire. Mais c'est aussi le roman avec *Le Diable en tête*, prix Médicis en 1984, puis *Les Derniers Jours de Charles Baudelaire*, prix Interallié en 1988 – on y découvre le poète dans son agonie rageuse et mutique, dans les dernières fulgurances de son regard perdu dans le ciel vide, dans ses *Crénom* qui crépitent, juste avant le feu.

Frédéric Beigbeder : dans la vie

On aime voir sa longue silhouette d'adolescent grandi trop vite, on l'observe dans son impossible combat contre une mèche qui ne le fait jamais éclater de colère, et qu'il remet à sa place, avec une nonchalance qui pourrait ressembler à de l'indifférence. Né en 1964, Beigbeder est dans la vie. Ses valeurs, il les a misées sur le cours du temps. À la bourse des idées, c'est le premier : le monde de la pub est décortiqué dans un style syncopé, un langage du jour, sous un titre tout bête, qu'on lui jalouserait presque : *99 francs* (2000), transformé depuis en *14,99 €* ! Évidemment, la littérature, l'écriture, tout cela pourrait entrer dans un débat sans fin, avec des pour, des contre, des plutôt pour que contre et l'inverse : en est-ce ? ou n'en est-ce point ? C'est du plaisir en tout cas, avec *Windows on the world*, prix Interallié 2003, *L'Égoïste romantique* (avril 2005)…

Gavalda, la « consologue »

En un an, de mars 2004 à mars 2005, Anna Gavalda a vendu plus de cinq cent mille exemplaires de son roman *Ensemble, c'est tout*. Ensemble, voyons s'il est possible de comprendre pourquoi…

Je l'aimais

Il existe un point commun entre Michel Houellebecq et Anna Gavalda : tous deux ont mis au centre de leur œuvre le cœur dévasté. Il existe une différence essentielle entre eux : Houellebecq le déclare mort ; Gavalda y croit encore ! Elle est à son chevet, elle s'en occupe, l'ausculte, le plaint, le borde, le berce, le cajole. Elle le rassure, panse ses blessures. Faites-vous partie du million et quelques lecteurs qui se sont laissés aller au bonheur désenchanté du recueil de nouvelles *Je voudrais que quelqu'un m'attende quelque part* (1999) ? Appartenez-vous aux quelques autres millions de gros

UNE CURIOSITÉ LITTÉRAIRE

Brussolo l'inépuisable, Bernard Werber le fourmilier…

Il y a des auteurs qui s'appliquent, écrivent avec soin leurs romans, y consacrant deux ans, trois ans… Ils se reposent, contemplent pendant deux ou trois ans leur œuvre magnifique, s'y mirent, et recommencent, de sorte qu'en une vie la liste de leurs œuvres n'excède pas le nombre des doigts de la main. Et puis il y a Brussolo ! Par curiosité, allez faire un tour sur son site Internet : http://sergebrussolo.free.fr/. Près de cent quarante livres y sont répertoriés. Oui, 140, vous avez bien lu ! Cet auteur, né en 1951, longtemps refusé par les éditeurs, a vendu des centaines de milliers de livres aujourd'hui, sans tapage, sans grande publicité – on connaît Brussolo, on attend son prochain roman, entre le fantastique et ce qu'on appelle *la nouvelle science-fiction*. Harry Potter défraie-t-il la chronique ? Brussolo vous trousse une série dont l'héroïne, Peggy Sue, dame quasiment le pion au petit Anglais à lunettes rondes ! Il sait tout faire, Brussolo ! Étonner, émerveiller, parfois effrayer ! Et la liste de ses œuvres ne cesse de s'allonger…

Bernard Werber est entré en fourmilière en 1978. Il a publié le résultat de ses explorations en 1991. Depuis, des centaines de milliers de lecteurs l'ont suivi afin de faire l'apprentissage du relatif, de s'initier aux plus grands mystères par les mondes minuscules. Werber, né en 1961, développe à sa façon une vision de l'univers qui constitue une sorte de mystique pratique, de philosophie de l'observation, à travers une approche à la fois scientifique et sympathique des énigmes fondamentales. Il nous conduit chez les anges, dans une école des dieux… Tout est possible, tout peut devenir extraordinaire si l'on applique le contrat Werber : imaginer, rêver, et ne jamais donner de coup de pied dans la fourmilière…

chagrins cachés qui ont trouvé dans le roman *Je l'aimais* (2002) leur *consologue* préférée, celle qui met en scène les éternelles et incompatibles passion et raison ? Rappelez-vous alors cette scène, où la jeune femme amoureuse de cet homme qui ne quittera pas son épouse légitime vient lui avouer, lors de leur dernière rencontre :

– Pierre, je suis enceinte.

– De qui ? ai-je répondu en blêmissant

– Elle s'est levée, radieuse.

– De personne…

Ensemble, c'est tout

Pour cela, rien que pour cela, qui bouleverse aux larmes parce qu'on a peut-être vécu la scène ou qu'on s'est résigné un jour, ou qu'on a renoncé, merci, Anna Gavalda ! Vous êtes ce quelqu'un qui nous attend quelque part au plus secret de nos histoires sans titre, sans fin. À travers l'élégance, la sincérité de votre écriture, passe l'émotion pure. Votre combat pour que le cœur survive, vous l'avez gagné. Ses blessures sont-elles guéries ? Ce n'est pas sûr, et l'on préfère qu'il en soit ainsi. Continuez de l'ausculter, de le plaindre, de le border, de le cajoler, continuez de le bercer… Les cœurs, aujourd'hui, sont des millions autour de vous. Ensemble, c'est tout…

CHEZ NOS VOISINS

L'imagination au pouvoir : *Harry Potter*, le *Da Vinci Code*…

En Angleterre, J.K. Rowling réussit le tour de force d'intéresser les petits et les grands avec les aventures de son jeune et sympathique héros : Harry Potter. Les quatre tomes de ses aventures se sont vendus à deux cents millions d'exemplaires dans le monde entier – dont treize millions en France !

Aux États-Unis, Dan Brown, un professeur d'anglais passionné d'histoire publie le *Da Vinci Code* en 2004, succès planétaire également – vingt millions d'exemplaires vendus, dont près de deux millions en France. À la question : les faits et événements rapportés dans ce roman sont-ils vrais ? la réponse est la suivante : dès l'école primaire, on apprend aux élèves à identifier le genre auquel appartient le livre qu'ils ouvrent. S'ils lisent *contes* sur la couverture, ils savent qu'il vont y trouver plusieurs histoires où le merveilleux a sa part ; s'ils lisent *poèmes*, ils s'attendent à découvrir de jolies strophes qui parleront peut-être du printemps et des petits oiseaux ; s'ils lisent *roman*, ils savent que les aventures racontées dans les deux cents ou trois cents pages qu'ils s'apprêtent à lire sont imaginaires, que l'auteur a inventé des personnages, des situations. Jamais il ne leur viendrait à l'idée de prendre pour vrai le contenu de tout le livre – ils n'ont pas lu : *récit historique* sur la couverture ! Certains lecteurs du *Da Vinci Code* (roman passionnant, mais roman d'i-ma-gi-na-tion, répétons-le mille fois !) franchissent pourtant le pas et entrent dans l'église Saint-Sulpice, à la recherche d'indices… Qu'ils n'oublient pas, ensuite, de faire un petit pèlerinage dans l'école de leur enfance !

Chapitre 27

Poésie et comédie

Dans ce chapitre :

- Un peu de poésie dans notre monde qui en a besoin…
- Un peu de comédie dans notre monde qui la joue si bien…

Certains ne voient encore la création poétique qu'enserrée dans les exigences de l'alexandrin, de la forme fixe. Pourtant, l'écriture libre de Bonnefoy, Réda, Roubaud, de tant d'autres aujourd'hui, porte à ses plus hauts degrés une poésie d'une intensité sans doute jamais atteinte. Répondez sans tarder aux rendez-vous qu'ils vous ont fixés dans leurs recueils. Libre aussi, la création sur la scène. Schmidt et Réza nous font sourire, nous distraient. Ils nous conduisent ainsi avec habileté, tout en douceur, à réfléchir sur notre époque un peu folle, sur nous-mêmes. Investissez vos idées dans un ou deux fauteuils d'orchestre, c'est un placement qui enrichit…

Place de la poésie

On la dit toujours moribonde, délaissée, reléguée au dernier rang des préoccupations des libraires – il est vrai que le chiffre d'affaires qu'elle génère équivaut à celui d'une grosse boulangerie de centre-ville… Pourtant, n'est-ce pas Baudelaire qui affirme : *Tout homme bien portant peut se passer de manger pendant deux jours ; de poésie, jamais !* Alors, que se passe-t-il pour que les ventes de strophes riment souvent richement avec catastrophe ? On peut répondre qu'il n'en est pas toujours ainsi, que Prévert s'est quand même vendu à des millions d'exemplaires et que, si l'on oublie les chiffres, le nombre de ceux qui se répètent de temps en temps un vers par-ci, par-là, est... disons fort important ! Voici des poètes dont plusieurs sont déjà bien installés dans l'histoire littéraire du XXe siècle. Ils vous sont proposés ici afin que vous, habitant du XXIe (siècle…), vérifiiez si vous les portez dans votre mémoire pour les transmettre aux générations qui vous suivront. S'ils y sont, tant mieux. S'ils en sont absents, courez les lire, avant qu'il ne soit trop tard…

Témoignage de Bonnefoy

Peut-on avoir fait math sup, math spé, et préférer aux équations différentielles l'énigme des mots – c'est-à-dire devenir poète ? Oui : si ce n'est pas très fréquent, il serait souhaitable que cela le devienne. En effet, lorsqu'on lit Yves Bonnefoy – né en 1923, à Tours –, qui a complété sa formation par une licence de philosophie, par d'autres diplômes dans la proximité de Gaston Bachelard, après avoir fréquenté André Breton, on se dit que le secret d'une telle voix se trouve peut-être dans la convergence des flux du chiffre et de la lettre. Mais ce serait trop simple, et n'importe qui, finalement, deviendrait capable d'écrire, en se forçant un peu, des textes qui seraient déclarés poèmes. Or, la magie de Bonnefoy est inimitable, elle est unique ; elle envoûte parce qu'elle est sobre et riche, et toute simple. Parce qu'elle hésite entre le vers et le verset, la strophe courte ou la prose, le texte sans titre… Tout y est dressé pour donner une demeure à la mesure de l'inattendu – la barque, l'eau, le fleuve, la lune, la neige ou bien la nuit…

Plaisir de lire

Le peu d'eau

À ce flocon
Qui sur ma main se pose, j'ai désir
D'assurer l'éternel
En faisant de ma vie, de ma chaleur,
De mon passé, de ces jours d'à présent,
Un instant simplement : cet instant-ci, sans bornes.

Mais déjà il n'est plus
Qu'un peu d'eau qui se perd
Dans la brume des corps qui vont dans la neige.

Yves Bonnefoy, *Ce qui fut sans lumière*, « Le peu d'eau », 1991

Réda, Amen

Jacques Réda, né en 1929 à Lunéville, a publié plus de cinquante ouvrages, de la plaquette de poèmes au roman. Ce nombre ne signifie rien. Les nombres ne disent rien d'un poète qui court toute sa vie après le texte parfait, celui qui, à lui seul, vaudrait l'œuvre entière qu'il faudrait alors détruire. Ne courons pas ce risque avec Jacques Réda qui a exercé de nombreux métiers, a écrit de nombreuses chroniques et critiques, et beaucoup voyagé, souvent à pied, souvent dans Paris ou ses environs (*Hors les murs* – 1982), toujours au-delà des apparences, dans le jeu des approches qui transforme l'inanimé en personnage ou en regard. Réda, c'est un mystère où le lecteur ne se sent pas inutile, comme si toujours la place lui était donnée – auditeur attentif, et actif.

Jacques Réda en œuvres

- 1984 *L'Herbe des talus.*
- 1988 *Recommandations aux promeneurs.*
- 1990 *Le Sens de la marche.*
- 1995 *La Sauvette.*
- 1998 *Le Citadin.*
- 2001 *Accidents de la circulation.*
- 2001 *Le Lit de la reine et autres étapes.*
- 2005 *Europes.*

Jacques Roubaud

La poésie logique ! Voilà le credo du mathématicien Jacques Roubaud, né en 1932 à Caluire, dans le Rhône. Foin des visions impressionnistes et de l'appel aux grands sentiments dans le couchant : la poésie, cela se déduit. Se déduit d'où ? De quoi ? De la mathématique. Certes, mais il faut bien un point de départ, ce qu'on peut appeler *un enracinement* ! Jacques Roubaud le trouve dans la tradition : la poésie du XIIe siècle, celle des troubadours et des trouvères, avec leur *trobar clus*, *leu* ou *ric* – tout cela vous a été expliqué dans le détail lorsque vous avez traversé, en ce même livre, le Moyen Âge ! En 1966, il devient membre de l'OuLiPo (retournez un peu plus haut, chez Queneau), où il mêle la technique des haïkus – poèmes japonais – aux algèbres de la pensée. Lors de la parution de son recueil de poèmes – ∈ (signe mathématique qui désigne l'appartenance à un ensemble), le poète Claude Roy (1915-1997) signe un article qui se termine par : *Poésie pas morte. Stop. Jacques Roubaud est né*. Il vous suffit maintenant d'aller le lire !

Roy, Bosquet, Renard, Jacottet...

Lisez aussi Patrice de La Tour du Pin (1911-1975), arrière-petit-fils de Condorcet, à l'œuvre imprégnée de mysticisme ; Claude Roy (1915-1997) et ses petites merveilles de poèmes dans *L'Enfance de l'art* (1942), *Farandoles et fariboles* (1957), *Temps variable avec éclaircies* (1985, premier Goncourt de la poésie). N'oubliez pas Henri Thomas (1912-1993), le dépossédé du monde entier ; Luc Bérimont (1915-1983), l'ami de Cadou ; Louis-René des Forêts (1918-2000), à l'étonnant *Ostinato* (1997) ; Alain Bosquet (1919-1998), pour sa façon de traiter avec un souffle de nouveauté la poésie classique ; Jean-Claude Renard, né en 1922, et ses créations *Comme un feu toujours neuf* ; Robert Sabatier, né en 1923, poète et romancier du souvenir ; Georges Perros (1923-1978) et ses *Papiers collés*, *écrits entre deux portes* ; Philippe Jacottet, né en 1925, critique, essayiste, poète à l'ample verset ; Andrée Chedid, née en 1925, et la transcription douloureuse des tourments de son pays natal (le Liban) ; Charles Le Quintrec, né en 1926, la Bretagne au cœur ; l'excellent et méconnu Michel Pierre, né en 1929, aux proses poétiques entre le mystique et le mystère…

Noël, Deguy, Kowalski…

N'oubliez pas Bernard Noël, né en 1930, quêteur d'essentiel ; Michel Deguy, né en 1930, aux textes courts et denses qui explorent le langage ; Roger Kowalski (1934-1975), entre le rêve et le conte éveillé ; Franck Venaille, né en 1936, aux souvenirs travaillés dans une langue vive et actuelle ; Jean Orizet, né en 1937, le dernier des *aventuriers du Verbe* ; James Sacré, né en 1939, le professeur de littérature française aux États-Unis, aux hésitations calculées ; Jean-Luc Steinmetz, né en 1940, à la recherche du sens pur ; Guy Goffette, né en 1947, l'instituteur belge, amoureux de la nature, aux poèmes ciselés et sensibles. Et puis, dans le XXIe siècle, Philippe Beck, né en 1963, professeur de philosophie à Nantes, auteur de *Dernière mode familiale* ; Sandrine Rotil-Tiefenbach, née en 1971, avec *Dernière fin du monde avant le matin* (2005) ou Carole Zalberg, à l'écriture intimiste et tendre, ou bien encore Matthias Vincenot, né en 1981, qui a publié *Un autre ailleurs* (1998), *La Vie, en fait…* (2000).

UNE CURIOSITÉ LITTÉRAIRE

Écritures en liberté : le slam

Ils s'appellent Reno Simo, Pilote le Hot, Paul Cash, Carl, Pierkiroul, Fissa, Angel, Zaz, Lo Glasman, Ucoc… Des noms à rimer dehors, à scander la parole toute crue dans les rues, à écrire vers pour verre ! Les slameurs ! Qu'est-ce que *le slam* ? C'est un mouvement créé dans les années 1980 à Chicago par un passionné de poésie : Mark Smith. Son idée est simple : organiser dans des lieux publics des compétitions de poésie ouvertes à tout le monde, accueillant tous les genres, même si la source slameuse se situe dans le hip-hop et le mouvement punk. Les matchs se déroulent devant un public qui, démocratiquement, élit le meilleur slameur de la soirée, qui peut remettre son titre en jeu lors de prochaines compétitions. Un film de Marc Levin, *Slam* – qui remporte la Caméra d'or à Cannes en 1998 –, met en scène le champion slameur des années 90 : Saul Williams. Le mouvement est alors lancé en France – la première compétition de Slam se déroule dans un bar de Pigalle. Aujourd'hui, des rencontres ont lieu dans toute la France, réunissant des poètes de 15 à 75 ans, et même davantage. Ils tiennent la scène quelques minutes avant d'être notés par les spectateurs, dont beaucoup s'apprêtent à entrer en lice, loin des tours d'ivoire, rois d'une soirée, peut-être au seuil de la postérité…

Mises en scènes d'avenir

Déjà des dizaines de milliers de spectateurs et de lecteurs. Le théâtre d'Éric-Emmanuel Schmidt séduit et comble. On y rencontre Diderot, Freud ou Dieu ! Cela vaut le déplacement…

La Part de Schmidt

Bienvenue chez Freud, à Vienne, un soir d'avril ! Oui, vous avez bien lu, vous êtes chez le bon docteur Freud qui a su trouver dans les mots de ses patients une petite porte pour les faire s'évader. Freud est bien sombre : les nazis qui ont envahi l'Autriche persécutent les Juifs. Freud, optimiste, a voulu demeurer dans sa maison, mais les nazis viennent d'emmener sa fille Anna ! C'est alors qu'un visiteur surgit devant lui, un dandy étrange qui tient des propos bizarres. Qui est-ce ? Dieu, peut-être – divin doute dont le spectateur est effleuré – ou bien l'inconscient du grand homme ? Son rêve ? Cette idée géniale – la rencontre entre une idée de Dieu et la parole de Freud – est brillamment conduite jusqu'à la dernière réplique par le dramaturge Éric-Emmanuel Schmidt, né en 1960 – normalien, agrégé de philosophie. Sa pièce *Le Visiteur* (1993) obtient un triomphe, est récompensée par trois Molière, traduite et jouée dans le monde entier !

Schmidt en œuvres

- 1995 *Variations énigmatiques* – Zlorko, le romantique sensuel, retiré sur une île perdue en mer de Norvège, et Larsen, le réaliste, qui vient l'interviewer ont-ils aimé la même femme ? De quelle façon ?...
- 1997 *Le Libertin* – Diderot, oui, le grand Diderot est là, emporté dans le tourbillon de gaieté de Schmidt qui lui fait écrire son article sur la morale dans des conditions…
- 1998 *Frederick ou le boulevard du crime* – Frederick va-t-il continuer à rêver l'amour ou bien succomber à la belle Bérénice ?
- 1999 *Hôtel des deux mondes* – Un lieu étrange, entre rêve et réalité, où tout peut arriver…
- 2001 *La Part de l'autre* – Roman : 8 octobre 1908, Hitler est recalé à l'École des beaux-arts de Vienne. Et s'il avait été reçu ?...
- 2002 *Monsieur Ibrahim et les fleurs du Coran* – Un petit garçon juif, Momo, devient l'ami d'un épicier arabe dans la rue Bleue.
- 2003 *Oscar et la dame rose* – Mamie Rose – la dame rose – vient rendre visite à Oscar, à l'hôpital pour enfants. Elle recueille les douze lettres qu'il a écrites à Dieu, au cours de ses douze derniers jours.

- 2003 *Petits crimes conjugaux* – Gilles, qui revient chez lui après un coma, est-il vraiment amnésique ? Lisa, sa femme, lui dit-elle la vérité ?
- 2004 *L'Évangile selon Pilate* – Depuis la disparition du *magicien de Nazareth*, Pilate mène l'enquête.

L'Art de Yasmina Reza

L'art de la réplique qui fait mouche, quand justement on n'entend pas une mouche voler autour de la surprenante toile blanche…

Trois hommes et un Malevitch

Trois amis – Marc, Serge, Yvan – et l'amitié. Marc, quarante ans, est ingénieur en aéronautique. Serge dit de lui qu'il fait partie de ces intellectuels nouveaux qui, non contents d'être ennemis de la modernité, en tirent une vanité incompréhensible… Yvan, garçon sympathique, représentant en papeterie après avoir passé sa vie dans le textile s'apprête à épouser Catherine, une jeune fille de bonne famille, mais ce projet l'angoisse tellement qu'il en a perdu quatre kilos ! Enfin, Serge, le dermatologue divorcé, deux enfants, rat de galerie d'art selon Marc, vient de débourser deux cent mille francs (trente mille quatre cent quatre-vingt-neuf euros quatre-vingts aujourd'hui…).

ALLONS PLUS LOIN

Kazimir Malevitch et le carré blanc

Yasmina Reza écrit *Art* en un mois et demi, directement sur son ordinateur, quasiment sans retouches. Marc et Yvan sont les deux premiers personnages imaginés. Leur profil est taillé pour les deux amis de Yasmina Reza, qui lui demandent depuis des mois de leur écrire une pièce : Pierre Vaneck et Pierre Arditi. Elle ajoute un troisième personnage, celui de Serge, en pensant à Fabrice Luchini avec qui elle a déjà joué – elle est aussi actrice. Le tableau blanc qui cristallise la crise entre les trois amis est devenu une cible facile pour les détracteurs de l'art contemporain. Or Yasmina Reza n'a jamais eu l'intention de se livrer à une critique de l'art abstrait en général, et du tableau de Kazimir Malevitch (1878-1935), le créateur du suprématisme qui propose un monde sans objet, au-delà du zéro des formes. Le tableau blanc avec, en son centre, un carré blanc existe bien ; il est exposé au Museum d'art moderne de New York. Vous pouvez aller l'y contempler. Avec deux de vos meilleurs amis, par exemple…

Sauver la barque

Deux cent mille francs ! Pour quelle emplette, quel achat, ou plutôt quelle acquisition ? Un tableau blanc, tout blanc, mais, *si on cligne des yeux, on aperçoit de fins liserés blancs transversaux*. Voilà ce qui déclenche la tourmente entre les trois hommes. Une tourmente portée avec beaucoup de finesse par Yasmina Reza au fil des dialogues où chaque personnage tente de sauver la barque de l'amitié tout en la poussant vers de dangereux écueils. L'objectif n'est pas de dénigrer une forme d'art contemporain – ce que fait l'arrogant ingénieur –, mais de livrer au spectateur une vision réaliste des férocités et des faiblesses qui se cachent derrière les viriles poignées de mains de quadras bien élevés. Le titre de cette pièce ? *Art !* représentée pour la première fois en 1994, par trois acteurs éblouissants : Pierre Vaneck (Marc), Pierre Arditi (Yvan) et Fabrice Luchini (Serge).

Yasmina Reza en œuvres

- 1987 *Conversations après un enterrement* – Nathan, Édith, Alex, Pierre, Julienne et Élisa se retrouvent après l'enterrement de leur père.
- 1989 *La Traversée de l'hiver* – La découverte de l'amour à l'automne de la vie.
- 1994 *Art* – Marc, Serge, Yvan et le carré blanc…
- 1995 *L'Homme du hasard* – Mais qui est donc ce mystérieux voisin dans le compartiment du train ?
- 1997 *Hammerklavier* – Hommage à son père, survivant d'Auschwitz.
- 1999 *Une désolation* – La poursuite du bonheur est-elle absurde ?
- 2000 *Le Pique-Nique de Lulu Kreutz* – Film où l'on voit Jascha le violoniste réunir des êtres qui s'aiment et que le temps sépare.
- 2000 *Trois versions de la vie* – Un couple et son bruyant enfant attend un autre couple…
- 2003 *Adam Haberberg* – La sollicitude d'une ancienne camarade de lycée, Marie-Thérèse Lyoc, pour Adam, 47 ans.
- 2004 *Une pièce espagnole* – Cinq acteurs répètent une pièce d'un auteur espagnol, Olmo Panero. Parlent-ils de leur vie ou de celle de leurs personnages ?

Huitième partie

La partie des Dix

Dans cette partie...

Pour vous qui êtes un habitué de la collection, cette partie ne fait aucun mystère. Vous la savez récréative, destinée à vous distraire de façon différente, à vous intéresser à un thème particulier... Pour vous qui découvrez la collection et venez de lire les deux lignes précédentes, vous voilà renseigné ! Laissez-vous d'abord bercer par les mots de l'amour avec pour compagnons les grands poètes aux grands sentiments. Poursuivez avec une partie documentaire sur tous ces prix littéraires dont vous entendez parler sans vraiment savoir quand et pourquoi ils sont nés. Partez ensuite à la découverte des écrivains francophones qui font rayonner la langue française sous toutes les latitudes, aux couleurs de leur soleil, de leurs rêves, qui deviendront les vôtres.

Chapitre 28

Les dix plus beaux poèmes d'amour

Point de dates, ici, point d'éléments biographiques, point d'étude sur l'œuvre ou de remarques techniques… Seulement le plaisir de lire des poèmes ! Laissez-vous aller à la douceur des rimes, laissez-vous emporter par la rêverie ! Louise Labé, en son temps, aimait comme l'on aime aujourd'hui, avec la même passion, le même désir. Rien n'a changé depuis son siècle, depuis des siècles. Toujours cette même attente de la douceur, de la tendresse, toujours l'espoir du partage, le privilège d'un regard à nul autre pareil. Toujours l'amour ! Marbeuf ou Lamartine, Baudelaire, Musset ou Verlaine, Rimbaud, Mallarmé, Apollinaire ou Cadou... Une idée : et si vous emportiez partout avec vous l'un ou l'autre de ces poèmes – on ne sait jamais, ça peut servir… Comment assurer son transport sans que cela se voie ? Apprenez-le par cœur – juste où se trouve la source du bonheur.

Oh ! si j'étais en ce beau sein ravie

Oh ! si j'étais en ce beau sein ravie
De celui-là pour lequel vais mourant ;
Si avec lui vivre le demeurant
De mes courts jours ne m'empêchait envie ;

Si m'accolant, me disait : Chère Amie,
Contentons-nous l'un l'autre, s'assurant
Que jà tempête, Euripe, ni courant
Ne nous pourra déjoindre en notre vie ;

Si, de mes bras le tenant accolé,
Comme du lierre est l'arbre encercelé,
La mort venait, de mon aise envieuse,

Lors que souef* plus il me baiserait,
Et mon esprit sur ses lèvres fuirait,
Bien je mourrais, plus que vivante, heureuse.

Louise Labé, *Œuvres*, 1555

Et la mer et l'amour ont l'amer pour partage

Et la mer et l'amour ont l'amer pour partage,
Et la mer est amère, et l'amour est amer,
L'on s'abîme en l'amour aussi bien qu'en la mer,
Car la mer et l'amour ne sont point sans orage.

Celui qui craint les eaux qu'il demeure au rivage,
Celui qui craint les maux qu'on souffre pour aimer,
Qu'il ne se laisse pas à l'amour enflammer,
Et tous deux ils seront sans hasard de naufrage.

La mère de l'amour eut la mer pour berceau,
Le feu sort de l'amour, sa mère sort de l'eau,
Mais l'eau contre ce feu ne peut fournir des armes.

Si l'eau pouvait éteindre un brasier amoureux,
Ton amour qui me brûle est si fort douloureux,
Que j'eusse éteint son feu de la mer de mes larmes.

Pierre de Marbeuf, *Poésies*, 1628

Le Lac

Ainsi, toujours poussés vers de nouveaux rivages,
Dans la nuit éternelle emportés sans retour,
Ne pourrons-nous jamais sur l'océan des âges
    Jeter l'ancre un seul jour ?

Ô lac ! l'année à peine a fini sa carrière,
Et près des flots chéris qu'elle devait revoir,
Regarde ! je viens seul m'asseoir sur cette pierre
    Où tu la vis s'asseoir !

Tu mugissais ainsi sous ces roches profondes ;
Ainsi tu te brisais sur leurs flancs déchirés ;
Ainsi le vent jetait l'écume de tes ondes
Sur ses pieds adorés.

Un soir, t'en souvient-il ? nous voguions en silence,
On n'entendait au loin, sur l'onde et sous les cieux,
Que le bruit des rameurs qui frappaient en cadence
Tes flots harmonieux.

Tout à coup des accents inconnus à la terre
Du rivage charmé frappèrent les échos ;
Le flot fut attentif, et la voix qui m'est chère
Laissa tomber ces mots :

Ô temps, suspends ton vol ! et vous, heures propices !
Suspendez votre cours :
Laissez-nous savourer les rapides délices
Des plus beaux de nos jours !

Assez de malheureux ici-bas vous implorent,
Coulez, coulez pour eux ;
Prenez avec leurs jours les soins qui les dévorent ;
Oubliez les heureux.

Mais je demande en vain quelques moments encore,
Le temps m'échappe et fuit ;
Je dis à cette nuit : « Sois plus lente » ; et l'aurore
Va dissiper la nuit.

Aimons donc, aimons donc ! de l'heure fugitive,
Hâtons-nous, jouissons !
L'homme n'a point de port, le temps n'a point de rive ;
Il coule, et nous passons !

Temps jaloux, se peut-il que ces moments d'ivresse,
Où l'amour à longs flots nous verse le bonheur,
S'envolent loin de nous de la même vitesse
Que les jours de malheur ?

Hé quoi ! n'en pourrons-nous fixer au moins la trace ?

Quoi ! passés pour jamais ! quoi ! tout entiers perdus !

Ce temps qui les donna, ce temps qui les efface,
Ne nous les rendra plus ?

Éternité, néant, passé, sombres abîmes,
Que faites-vous des jours que vous engloutissez ?
Parlez : nous rendrez-vous ces extases sublimes
Que vous nous ravissez ?

Ô lac ! rochers muets ! grottes ! forêt obscure !
Vous, que le temps épargne ou qu'il peut rajeunir,
Gardez de cette nuit, gardez, belle nature,
Au moins le souvenir !

Qu'il soit dans ton repos, qu'il soit dans tes orages,
Beau lac, et dans l'aspect de tes riants coteaux,
Et dans ces noirs sapins, et dans ces rocs sauvages
Qui pendent sur tes eaux !

Qu'il soit dans le zéphyr qui frémit et qui passe,
Dans les bruits de tes bords par tes bords répétés,
Dans l'astre au front d'argent qui blanchit ta surface
De ses molles clartés.

Que le vent qui gémit, le roseau qui soupire,
Que les parfums légers de ton air embaumé,
Que tout ce qu'on entend, l'on voit ou l'on respire,
Tout dise : « Ils ont aimé ! »

Alphonse de Lamartine, *Méditations poétiques*, 1820

L'Invitation au voyage

Mon enfant, ma sœur,
Songe à la douceur
D'aller là-bas vivre ensemble !
Aimer à loisir,
Aimer et mourir

Au pays qui te ressemble !
Les soleils mouillés
De ces ciels brouillés
Pour mon esprit ont les charmes
Si mystérieux
De tes traîtres yeux,
Brillant à travers leurs larmes.

Là, tout n'est qu'ordre et beauté,
Luxe, calme et volupté.

Des meubles luisants,
Polis par les ans,
Décoreraient notre chambre ;
Les plus rares fleurs
Mêlant leurs odeurs
Aux vagues senteurs de l'ambre,
Les riches plafonds,
Les miroirs profonds,
La splendeur orientale,
Tout y parlerait
À l'âme en secret
Sa douce langue natale.

Là, tout n'est qu'ordre et beauté,
Luxe, calme et volupté.

Vois sur ces canaux
Dormir ces vaisseaux
Dont l'humeur est vagabonde ;
C'est pour assouvir
Ton moindre désir
Qu'ils viennent du bout du monde.
– Les soleils couchants
Revêtent les champs,

Les canaux, la ville entière,
D'hyacinthe et d'or ;
Le monde s'endort
Dans une chaude lumière.

Là, tout n'est qu'ordre et beauté,
Luxe, calme et volupté.

Charles Baudelaire, *Les Fleurs du Mal*, 1857

Chanson de Fortunio

Si vous croyez que je vais dire
Qui j'ose aimer,
Je ne saurais, pour un empire,
Vous la nommer.

Nous allons chanter à la ronde,
Si vous voulez,
Que je l'adore et qu'elle est blonde
Comme les blés.

Je fais ce que sa fantaisie
Veut m'ordonner,
Et je puis, s'il lui faut ma vie,
La lui donner.

Du mal qu'une amour ignorée
Nous fait souffrir,
J'en porte l'âme déchirée
Jusqu'à mourir.

Mais j'aime trop pour que je die
Qui j'ose aimer,
Et je veux mourir pour ma mie
Sans la nommer.

Alfred de Musset, *Poésies nouvelles*, 1835

Es-tu brune ou blonde ?

Es-tu brune ou blonde ?
Sont-ils noirs ou bleus,
Tes yeux ?
Je n'en sais rien mais j'aime leur clarté profonde,
Mais j'adore le désordre de tes cheveux.

Es-tu douce ou dure ?
Est-il sensible ou moqueur,
Ton cœur ?
Je n'en sais rien mais je rends grâce à la nature
D'avoir fait de ton cœur mon maître et mon vainqueur.

Fidèle, infidèle ?
Qu'est-ce que ça fait,
Au fait
Puisque toujours dispose à couronner mon zèle
Ta beauté sert de gage à mon plus cher souhait.

Paul Verlaine, *Chanson pour elle*, 1891

Rêvé pour l'hiver

L'hiver, nous irons dans un petit wagon rose
Avec des coussins bleus.
Nous serons bien. Un nid de baisers fous repose
Dans chaque coin moelleux.

Tu fermeras l'œil, pour ne point voir, par la glace,
Grimacer les ombres des soirs,
Ces monstruosités hargneuses, populace
De démons noirs et de loups noirs.

Puis tu te sentiras la joue égratignée...
Un petit baiser, comme une folle araignée,
Te courra par le cou...

Et tu me diras : « Cherche ! » en inclinant la tête,
– Et nous prendrons du temps à trouver cette bête
– Qui voyage beaucoup...

Arthur Rimbaud, *Poésies*

Apparition

La lune s'attristait. Des séraphins en pleurs
Rêvant, l'archet aux doigts, dans le calme des fleurs
Vaporeuses, tiraient de mourantes violes
De blancs sanglots glissant sur l'azur des corolles.
– C'était le jour béni de ton premier baiser.
Ma songerie aimant à me martyriser
S'enivrait savamment du parfum de tristesse
Que même sans regret et sans déboire laisse
La cueillaison d'un Rêve au cœur qui l'a cueilli.
J'errais donc, l'œil rivé sur le pavé vieilli
Quand avec du soleil aux cheveux, dans la rue
Et dans le soir, tu m'es en riant apparue
Et j'ai cru voir la fée au chapeau de clarté
Qui jadis sur mes beaux sommeils d'enfant gâté
Passait, laissant toujours de ses mains mal fermées
Neiger de blancs bouquets d'étoiles parfumées.

Stéphane Mallarmé, *Vers et prose*, 1893

Marie

Vous y dansiez petite fille
Y danserez-vous mère-grand
C'est la maclotte qui sautille
Toute les cloches sonneront
Quand donc reviendrez-vous Marie

Les masques sont silencieux
Et la musique est si lointaine

Qu'elle semble venir des cieux
Oui je veux vous aimer mais vous aimer à peine
Et mon mal est délicieux

Les brebis s'en vont dans la neige
Flocons de laine et ceux d'argent
Des soldats passent et que n'ai-je
Un cœur à moi ce cœur changeant
Changeant et puis encor que sais-je

Sais-je où s'en iront tes cheveux
Crépus comme mer qui moutonne
Sais-je où s'en iront tes cheveux
Et tes mains feuilles de l'automne
Que jonchent aussi nos aveux

Je passais au bord de la Seine
Un livre ancien sous le bras
Le fleuve est pareil à ma peine
Il s'écoule et ne tarit pas
Quand donc finira la semaine

Guillaume Apollinaire, *Alcools*, 1913

Les paroles de l'amour

Toute ma vie et c'est bien peu si l'on regarde
Avec des yeux d'avant la Terre la lucarne
Où s'égosille un ciel de crin qui n'en peut plus
D'être beau de travers et de porter ombrage
Au plus dévoué au plus sincère des visages
Toute ma vie pour te comprendre et pour t'aimer
Comme on se couche à la renverse dans les blés
En essayant de retrouver dans le silence
L'alphabet maladroit d'un vieux livre d'enfance
Je m'entoure de toi comme un enfant frileux
Je pars je suis en route depuis des siècles je
T'arrive un matin beau comme un matin de chasse

Tu ne sais pas que je suis là et je me place
Tout contre toi comme une porte mal fermée
Qui boit son lait et qui respire doucement
Je te regarde et tu souris sans mouvement
D'un sourire venu de plus loin que toi-même
Qui fait que tu es belle et qui fait que je t'aime.

René Guy Cadou, *L'aventure n'attend pas le destin*, 1948

Chapitre 29

Les dix prix littéraires les plus convoités

Chaque année, en France, plus de deux mille prix littéraires sont décernés ! Évidemment, tous n'ont pas le même impact, ni le même renom. Cependant, qu'il s'agisse du prix Goncourt ou de lauriers plus modestes, c'est toujours la lecture qui sort victorieuse des joutes amicales où s'opposent les membres des jurys, seulement soucieux de faire partager leur passion pour le livre.

Le prix Goncourt

Les frères Goncourt sont célèbres pour leur *Journal* où ils rapportent tous les petits potins du monde littéraire au temps de Zola, Maupassant, Mallarmé… Leurs romans n'ont aucun succès – ce qui rend leur plume souvent amère, voire acide. En 1896, Edmond de Goncourt meurt, vingt-six ans après son frère Jules. Dans son testament, Edmond demande que soit fondée la Société littéraire des Goncourt. Elle doit être composée de dix membres. Son rôle : décerner un prix annuel de cinq mille francs, somme considérable à l'époque.

Un chèque de cinquante francs…

Les cinq mille francs du début du siècle ont été réduits, après bien des dévaluations, à… cinquante francs, qui sont remis à l'auteur sous la forme d'un chèque – celui-ci, en général, n'est jamais encaissé. Quel est alors l'intérêt d'obtenir le prix Goncourt ? Multipliez par trois cent mille (ventes moyennes d'un bon Goncourt) les deux euros qui reviennent à l'auteur pour chaque livre vendu… Rondelette, la somme, n'est-ce pas ?

Huysmans, Jules Renard, Colette, Raymond Queneau, Jean Giono, Louis Aragon ont fait partie de l'Académie Goncourt, dont voici la liste des dix membres actuels : François Nourissier, Daniel Boulanger, Robert Sabatier, Françoise Mallet-Joris, Didier Decoin, Edmonde Charles-Roux (présidente), Jorge Semprun, Michel Tournier, Bernard Pivot, Françoise Chandernagor. Les membres du jury se réunissent le premier mardi de chaque mois dans un salon du premier étage du restaurant Drouant, à Paris, jusqu'au jour de la remise du prix : le troisième lundi de novembre. Le même jour est remis le Goncourt des lycéens, qui reprend la même liste d'ouvrages – prix créé par la Fnac et le rectorat de Rennes. Plus de cinquante établissements y participent.

Les dix derniers lauréats

- 2004 Laurent Gaudé – *Le Soleil des Scorta*
- 2003 Jacques-Pierre Amette – *La Maîtresse de Brecht*
- 2002 Pascal Quignard – *Les Ombres errantes*
- 2001 Jean-Christophe Rufin – *Rouge Brésil*
- 2000 Jean-Jacques Schuhl – *Ingrid Caven*
- 1999 Jean Echenoz – *Je m'en vais*
- 1998 Paule Constant – *Confidence pour confidence*
- 1997 Patrick Rambaud – *La Bataille*
- 1996 Pascale Roze – *Le Chasseur zéro*
- 1995 Andreï Makine – *Le Testament français*

Le prix Renaudot

Le lundi 7 décembre 1925, dix journalistes, qui en ont assez d'attendre que se terminent les tumultueuses délibérations du jury Goncourt, décident de créer leur propre prix littéraire. Ils lui donnent le nom du père du journalisme (fondateur de *La Gazette*, en 1631) : Théophraste Renaudot. L'année suivante, le 6 décembre, alors que le président du jury Goncourt vient d'annoncer le nom du lauréat 1926 – Henri Deberly, avec son roman *Le Supplice de Phèdre* –, la voix du président du tout neuf jury Renaudot s'élève : le prix Renaudot 1926 a été attribué à Armand Lunel, pour son roman *Nicolo Peccavi*. On ne peut pas dire que ce livre a marqué l'histoire de la littérature… En revanche, *Voyage au bout de la nuit*, de Louis-Ferdinand Céline, couronné en 1932 fait partie des grandes œuvres du XXe siècle ! Destiné, d'après ses fondateurs, à rattraper les erreurs du jury Goncourt, le Renaudot a aussi repêché Louis Aragon en 1936, Jules Roy en 1946, Louis Guilloux en 1949, Michel Butor en 1957, Georges Perec en 1965, Alphonse Boudard en 1977, Jean-Marc Roberts en 1979…

Ses membres : André Bourin, André Brincourt, Louis Gardel, Christian Giudicelli, Georges-Olivier Châteaureynaud, Franz-Olivier Giesbert, Dominique Bona, Jean-Noël Pancrazi, Jean-Marie Gustave Le Clézio, Patrick Besson.

Les dix derniers lauréats

- 2004 Irène Némirovsky – *Suite française*
- 2003 Philippe Claudel – *Les Âmes grises*
- 2002 Gérard de Cortanze – *Assam*
- 2001 Martine Le Coz – *Céleste*
- 2000 Ahmadou Kourouma – *Allah n'est pas obligé*
- 1999 Daniel Picouly – *L'Enfant léopard*
- 1998 Dominique Bona – *Le Manuscrit de Port-Ébène*
- 1997 Pascal Bruckner – *Les Voleurs de beauté*
- 1996 Boris Schreiber – *Un silence d'environ une demi-heure*
- 1995 Patrick Besson – *Les Braban*

Le prix Femina

En 1904, vingt-deux collaboratrices de la revue *La Vie heureuse*, mécontentes de l'attitude misogyne des Goncourt, décident d'attribuer, elles aussi, un prix littéraire annuel. Rassemblées autour d'Anna de Noailles qui est à l'origine de ce projet, elles remettent le premier prix *La Vie heureuse* à Myriam Harry pour son roman *La Conquête de Jérusalem*. L'année suivante, c'est Romain Rolland qui est couronné, pour *Jean-Christophe*. Le nom du prix devient bientôt le Femina-La Vie heureuse, puis, plus de Vie heureuse, il reste le Femina, sans accent sur le *e* – l'aviez-vous remarqué ? Le jury Femina choisit son lauréat lors d'un déjeuner au restaurant Le Crillon, le premier vendredi de novembre, avant le Goncourt… Voici la composition du jury actuel : Madeleine Chapsal, Régine Deforges, Solange Fasquelle, Viviane Forrester, Claire Gallois (présidente tournante), Benoîte Groult, Paula Jacques, Christine Jordis, Diane de Margerie, Mona Ozouf, Danièle Sallenave et Chantal Thomas, qui a succédé à Françoise Giroud, disparue en 2003.

Les dix derniers lauréats

- 2004 Jean-Paul Dubois – *Une vie française*
- 2003 Dai Sijie – *Le Complexe de Di*
- 2002 Chantal Thomas – *Les Adieux à la reine*
- 2001 Marie Ndiaye – *Rosie Carpe*

- 2000 Camille Laurens – *Dans ces bras-là*
- 1999 Maryline Desbiolles – *Anchise*
- 1998 François Cheng – *Le Dit de Tianyi*
- 1997 Dominique Noguez – *Amour noir*
- 1996 Geneviève Brisac – *Week-end de chasse à la mère*
- 1995 Emmanuel Carrère – *La Classe de neige*

Le prix Médicis

Du neuf ! C'est ce que Gala Barbisan et Jean-Paul Giraudoux demandent aux auteurs s'ils veulent être couronnés par ce tout nouveau prix littéraire en 1958. Ils souhaitent trouver du renouveau dans l'écriture, de l'originalité, des innovations dans la construction de l'intrigue, dans la syntaxe peut-être, une autre façon de concevoir le style – bref, ils veulent qu'on les étonne. Pour leur plus grand bonheur et celui des lecteurs du Médicis, ils ne vont pas être déçus : ainsi sont couronnés Philippe Sollers (1961), Claude Simon, futur prix Nobel (1967), Elie Wiesel (1968), Dominique Fernandez (1974), Georges Perec (1978), Jean Echenoz (1983), Michel Rio (1992). En 1970 est créé le prix Médicis étranger, et en 1985 le prix Médicis de l'essai.

Les dix derniers lauréats

- 2004 Marie Nimier – *La Reine du silence*
- 2003 Hubert Mingarelli – *Quatre soldats*
- 2002 Anne F. Garréta – *Pas un jour*
- 2001 Benoît Duteurtre – *Le Voyage en France*
- 2000 Yann Apperry – *Diabolus in Musica*
- 1999 Christian Oster – *Mon grand appartement*
- 1998 Homeric – *Le Loup mongol*
- 1997 Philippe Le Guillou – *Les Sept Noms du peintre*
- 1996 Jacqueline Harpman – *Orlanda* (ex aequo avec Jean Rolin : *L'Organisation*)
- 1995 Vassilis Alexakis – *La Langue maternelle*

Le prix Interallié

En 1930, les dames du Femina ne parviennent pas à se mettre d'accord pour désigner leur lauréat. Pendant ce temps, au cercle Interallié – créé par le maréchal Foch, rue du Faubourg Saint-Honoré, en 1918, pour accueillir les alliés, trente journalistes attendent la proclamation du résultat du vote avec une impatience tempérée par la bonne chère. Les heures passent. Les trente décident alors de décerner eux aussi un prix ! Des noms sont avancés. Celui qui revient le plus souvent est celui d'André Malraux. Lorsque, enfin, la secrétaire du prix Femina annonce le choix du groupe des dames – un certain Marc Chadourne dont on n'a plus jamais entendu parler… –, elle a la surprise d'entendre : le premier prix Interallié de l'histoire vient d'être décerné à M. André Malraux, pour son roman *La Voie royale* ! Royal, ce choix! Malraux, on en parle encore, et pour longtemps… Autres heureux élus depuis 1930 : Paul Nizan en 1938, Jean Dutourd en 1952, Félicien Marceau en 1955, Lucien Bodard en 1973, Rafaële Billetdoux en 1976, François Cavanna en 1979, Jacques Duquesne en 1983, Philippe Labro en 1986, Bernard-Henri Lévy en 1988, Sébastien Japrisot en 1991…

Les dix derniers lauréats

- 2004 Florian Zeller – *La Fascination du pire*
- 2003 Frédéric Beigbeder – *Windows on the world*
- 2002 Gonzague Saint-Bris – *Les Vieillards de Saint-Bris*
- 2001 Stéphane Denis – *Sisters*
- 2000 Patrick Poivre d'Arvor – *L'Irrésolu*
- 1999 Jean-Christophe Rufin – *Les Causes perdues*
- 1998 Gilles Martin-Chauffier – *Les Corrompus*
- 1997 Éric Neuhoff – *La Petite Française*
- 1996 Eduardo Manet – *Rhapsodie cubaine*
- 1995 Franz-Olivier Giesbert – *La Souille*

Le prix du roman de l'Académie française

Le grand prix du roman de l'Académie française est doté de quinze mille euros. Son attribution, à la fin d'octobre, représente les premiers lauriers d'une moisson qui dure jusqu'en décembre. Il sonne aussi la fin des espoirs de ceux qui se voyaient déjà empochant le chèque de cinquante francs du prix Goncourt – plus les droits d'auteur des centaines de milliers de livres vendus ! En effet, on ne peut cumuler deux grands prix littéraires. Dans la liste de ce grand prix, on relève les noms de : François Mauriac, en 1926 ; Joseph Kessel en 1927 ; Jacques Chardonne en 1932 ; Georges Bernanos en 1936 ; Antoine de Saint-Exupéry en 1939 ; Michel Tournier en 1967 ; Albert Cohen en 1968 ; Patrick Modiano en 1972 ; Michel Déon en 1973 ; Jean Raspail en 1981 ; Patrick Besson en 1985 ; Pierre-Jean Rémy en 1986 ; Philippe Beaussant en 1993...

Les dix derniers lauréats

- 2004 Bernard du Boucheron – *Court serpent*
- 2003 Jean-Noël Pancrazi – *Tout est passé si vite*
- 2002 Marie Ferranti – *La Princesse de Mantoue*
- 2001 Éric Neuhoff – *Un bien fou*
- 2000 Pascal Quignard – *Terrasse à Rome*
- 1999 Amélie Nothomb – *Stupeur et tremblements* (ex aequo avec François Taillandier – *Anielka*)
- 1998 Anne Wiazemsky – *Une poignée de gens*
- 1997 Patrick Rambaud – *La Bataille*
- 1996 Calixte Beyala – *Les Honneurs perdus*
- 1995 Alphonse Boudard – *Mourir d'enfance*

Le prix du Livre Inter

Homme de théâtre, Paul-Louis Mignon est engagé au journal *Combat* par Albert Camus, après la Libération, sur la recommandation de Jean-Paul Sartre. Il va y tenir la rubrique des spectacles. Jean Tardieu lui demande à son tour une collaboration pour la Radiodiffusion française. Ses responsabilités et son rôle s'accroissent ensuite dans le domaine de la radio, de la télévision... En 1975, il crée le prix du Livre Inter, destiné à récompenser un roman. Le jury de ce prix est composé d'auditeurs passionnés de lecture, sélectionnés parmi des milliers qui envoient une lettre de candidature à la station. Mais, le jour de la délibération finale, chacun n'arrive pas à France Inter en portant sous son bras le livre qu'il a le plus aimé parmi les dizaines qu'il a pu lire : une présélection de dix ouvrages – qui lui ont été remis - a été effectuée. Ce jury indépendant se livre alors à d'âpres discussions pour parvenir à désigner l'élu. Jusqu'à présent, tous leurs choix se sont révélés excellents.

Les dix derniers lauréats

- 2005 Joël Egloff – *L'Étourdissement*
- 2004 Patrick Lapeyre – *L'Homme-Sœur*
- 2003 Pierre Péju – *La Petite Chartreuse*

- 2002 Christian Gailly – *Un soir au club*
- 2001 Laurent Mauvignier – *Apprendre à finir*
- 2000 Antoine Volodine – *Des Anges mineurs*
- 1999 Ahmadou Kourouma – *En attendant le vote des bêtes sauvages*
- 1998 Martin Winckler – *La Maladie de Sachs*
- 1997 Nancy Huston – *Instrument des ténèbres*
- 1996 Agnès Desarthe – *Un secret sans importance*

ALLONS PLUS LOIN

Le prix du Livre Europe 1

La station de radio Europe 1 a créé son prix littéraire en 2000. Il couronne un roman publié dans l'année. Son auteur reçoit cinq mille euros, et le livre bénéficie d'une campagne de promotion de cent cinquante mille euros sur l'antenne. En voici le palmarès :

2005 Serge Raffy – *La Piste andalouse*

2004 Maxence Fermine – *Amazone*

2003 Michèle Gazier – *Les Garçons d'en face*

2002 Paula Jacques – *Gilda Stambouli souffre et se plaint…*

2001 Jean-Paul Enthoven – *Aurore*

2000 Éric Fottorino – *Un territoire fragile*

Le prix des Libraires

Cinq mille votants, environ, pour le prix des Libraires, qui existe depuis 1955 ! Cinq mille votants provenant de la profession, non seulement en France, mais aussi en Amérique du Nord, dans les pays francophones. C'est donc à l'issue de très nombreuses lectures et d'une large consultation qu'est décerné le prix des Libraires, dont le premier lauréat fut Michel de Saint-Pierre, pour son roman *Les Aristocrates*. En 1968, c'est le roman de Paul Guimard, *Les Choses de la vie*, qui est couronné et devient un film à l'immense succès, avec Michel Piccoli et Romy Schneider. En lisant la liste des derniers lauréats, on constate que les cinq mille votants possèdent toujours un goût très sûr.

Les dix derniers lauréats

- 2005 Éric Fottorino – *Korsakov*
- 2004 François Vallejo – *Groom*

- 2003 Laurent Gaudé – *La Mort du roi Tsongor*
- 2002 Fred Vargas – *Pars vite et reviens tard*
- 2001 Pierre Assouline – *Double vie*
- 2000 Jean-Pierre Milovanoff – *L'Offrande sauvage*
- 1999 Marc Dugain – *La Chambre des officiers*
- 1998 Jean-Guy Soumy – *La Belle Rochelaise*
- 1997 Philippe Delerm – *Sundborn ou Les Jours de lumière*
- 1996 Gilbert Sinoué – *Le Livre de saphir*

Le prix RTL-Lire

Au début de l'année, quatre-vingts lecteurs de tous âges, profession ou origine sont choisis par vingt libraires de France. Leur mission : *lire* en un mois cinq livres qui leur sont proposés. La station de radio RTL, le magazine mensuel Lire suivent toutes les étapes de ce marathon de lecture et en assurent la promotion. Le jury désigne fin avril son lauréat. Le premier en date fut, en 1975, Joseph Joffo, pour *Anna et son orchestre* ; en 1976, Pierre-Jakez Hélias est récompensé pour son ouvrage de souvenirs sur le pays Bigouden : *Le Cheval d'orgueil*, qui se vend à plus d'un million d'exemplaires ; 1977 : Jacques Lanzmann, avec *Le Têtard*, atteint aussi des ventes record. On trouve aussi, dans le palmarès, René Fallet, en 1980, pour *La Soupe aux choux* (inoubliables personnages incarnés dans le film par Louis de Funès, Jean Carmet et Jacques Villeret !). Le choix des derniers lauréats montre combien les lecteurs savent reconnaître des auteurs de grande qualité dont l'œuvre plaît au plus grand nombre.

Les dix derniers lauréats

- 2005 Gérard Mordillat – *Les Vivants et les Morts*
- 2004 Philippe Delepierre – *Fred Hamster et Madame Lilas*
- 2003 Philippe Besson – *L'Arrière-Saison*
- 2002 Tonino Benacquista – *Quelqu'un d'autre*
- 2001 Andreï Makine – *La Musique d'une vie*
- 2000 Anna Gavalda – *Je voudrais que quelqu'un m'attende quelque part*
- 1999 John La Galite – *Zacharie*
- 1998 Jean-Christophe Grangé – *Les Rivières pourpres*
- 1997 Jean-Paul Kaufmann – *La Chambre noire de Longwood*
- 1996 Anne Wiazemsky – *Hymnes à l'amour*

Le prix des Lectrices de Elle

Depuis 1970, le grand prix des Lectrices de Elle est attribué chaque année au roman préféré de huit jurys. Chacun de ces jurys est composé de quinze lectrices, qui choisissent parmi sept livres proposés à la rédaction du magazine. Chacune des lectrices rédige une fiche de lecture détaillée, assortie d'une note. Ces notes, auxquelles s'ajoutent des discussions souvent passionnées, aboutissent à la désignation du lauréat ou de la lauréate qui verra figurer sur la couverture de son livre le bandeau envié : *Prix des Lectrices de Elle*, garantie d'indépendance et de qualité. Il n'est que de parcourir la liste des prix décernés pour s'en convaincre : on y trouve Bernard Werber, Paulo Coelho, Daniel Picouly, Tonino Benacquista, Philippe Claudel… En 1977, une catégorie *Documents* a été ajoutée et, en 2002, une catégorie *Romans policiers*.

Les dix derniers lauréats

- 2005 Philippe Grimbert – *Un secret*
- 2004 Philippe Claudel – *Les Âmes grisess*
- 2003 William Boyd – *À livre ouvert*
- 2002 Wladyslaw Szpilman – *Le Pianiste*
- 2001 Éric-Emmanuel Schmidt – *L'Évangile selon Pilate*
- 2000 Catherine Cusset – *Le Problème avec Jane*
- 1999 Nancy Huston – *L'Empreinte de l'ange*
- 1998 Tonino Benacquista – *Saga*
- 1997 Élisabeth Gille – *Un paysage de cendres*
- 1996 Daniel Picouly – *Le Champ de personne*

Bonus poésie

Certains y renoncent, d'autres les collectionnent ; les prix, quoi que l'on en dise ou que l'on en pense – ce qui n'est pas toujours la même chose –, permettent de proposer aux lecteurs, qu'ils soient contemporains ou qu'ils appartiennent aux générations futures, un choix de ce qui a été considéré digne de l'époque et de l'idée de l'art qui l'a traversée. Certes, des poètes qui méritaient un prix ont été oubliés, et vice versa… Mais, sous chacun des noms qui suivent, une œuvre riche et belle vous attend, attend son couronnement suprême : votre présence !

Le prix Guillaume Apollinaire – l'un des plus prestigieux en poésie – a été créé en 1941 par Henri de Lescoët. Il a couronné Alain Bosquet (1952), Robert Sabatier (1956), Léopold Sédar Senghor (1974), Charles Le Quintrec (1975), Bernard Noël (1976), Jean Orizet (1982), James Sacré (1988), Claude Roy (1995), Patrice Delbourg (1996)...

Max Jacob désirait fonder une académie qui couronnerait des œuvres simples et sincères ; c'est chose faite par ses amis, sept ans après sa mort. Le prix Max Jacob – aussi important que le précédent – a couronné, depuis 1951, Charles Le Quintrec (1958), Georges Perros (1963), Jacques Réda (1969), Jean-Claude Renard (1974), Patrice Delbourg (1983)...

Troisième prix important, en poésie : celui de l'Académie française. Dans la liste de ce prix décerné depuis 1957, on lit les noms de Patrice de La Tour du Pin (1961), Marie Noël (1962), Georges Brassens (1967), Jean Tardieu (1972), Guillevic (1976), Charles Le Quintrec (1978), André Pieyre de Mandiargues (1979), Francis Ponge (1984), Henri Thomas (1986), Philippe Jacottet (1992), Pierre Béarn (1995), Jacques Réda (1997).

Chapitre 30

Dix des grands auteurs de la littérature francophone

Vous voici parvenu à la porte d'embarquement pour les pays voisins, les pays cousins où le français s'ensoleille et se vêt de couleurs exotiques. Que la partition soit romanesque ou poétique, la musique des mots y est la même, dense et riche, du Sénégal au Liban, en passant par la Martinique, l'Algérie, la Côte d'Ivoire, le Cameroun, le Québec, la Suisse, le Maroc, la Belgique... Nous vous souhaitons un bon voyage en francophonie.

Léopold Sédar Senghor, Élégies majeures

Venu du Sénégal faire des études supérieures en France, après son baccalauréat obtenu en 1928, Léopold Sédar Senghor fonde une revue en 1934. Il lui donne pour titre *L'Étudiant noir* et crée, avec son ami Aimé Césaire, le mot *négritude*. Il le définit ainsi : *La négritude est la conscience d'être noir, simple reconnaissance d'un fait qui implique acceptation, prise en charge de son destin de Noir, de son histoire, de sa culture*. Senghor a pour condisciple, à Louis-le-Grand où il suit les cours d'hypokhâgne et de khâgne, Georges Pompidou, le futur président de la République.

Premier Africain agrégé de l'Université française, il est nommé professeur à Tours, puis à Saint-Maur-des-Fossés. Prisonnier de guerre en 1939, il tombe gravement malade, est libéré, puis participe à la Résistance. Sa carrière politique le conduit aux plus hautes responsabilités en son pays : en 1960, il est élu président de la République du Sénégal. Homme d'une grande culture, Léopold Sédar Senghor est un poète à l'écriture sensible, élégante et inspirée. Il a publié *Chants d'ombre* (1945), *Hosties noires* (1948,) *Éthiopiques* (1956), *Nocturnes* (1961), *Lettres d'hivernage* (1973), *Élégies majeures* (1979). Élu en 1983 à l'Académie française, il est mort le 29 décembre 2001.

PLAISIR DE LIRE

Femme nue, femme noire

Vêtue de ta couleur qui est vie, de ta forme qui est beauté !

J'ai grandi à ton ombre, la douceur de tes mains bandait mes yeux.

Et voilà qu'au cœur de l'Été et de Midi, je te découvre,

Terre promise, du haut d'un haut col calciné

Et ta beauté me foudroie en plein cœur, comme l'éclair d'un aigle.

Femme nue, femme obscure

Fruit mûr à la chair ferme, sombres extases du vin noir, bouche qui fait lyrique ma bouche

Savane aux horizons purs, savane qui frémis aux caresses ferventes du Vent d'Est

Tamtam sculpté, tamtam tendu qui gronde sous les doigts du vainqueur,

Ta voix grave de contralto est le chant spirituel de l'Aimée.

Femme nue, femme obscure

Huile que ne ride nul souffle, huile calme aux flancs de l'athlète, aux flancs des princes du Mali

Gazelle aux attaches célestes, les perles sont étoiles sur la nuit de ta peau.

Délices des jeux de l'esprit, les reflets de l'or rongent ta peau qui se moire

À l'ombre de ta chevelure, s'éclaire mon angoisse aux soleils prochains de tes yeux.

Femme nue, femme noire

Je chante ta beauté qui passe, forme que je fixe dans l'Éternel

Avant que le Destin jaloux ne te réduise en cendres pour nourrir les racines de la vie.

Léopold Sédar Senghor, « Femme noire », Chants d'ombre (1945) in *Œuvres poétiques*, ©Éditions du Seuil, 1964, 1973, 1979, 1984 et 1990

Aimé Césaire, Tropiques de Martinique

Ami de Léopold Sédar Senghor, cofondateur de la revue *L'Étudiant noir*, Aimé Césaire est né à Basse-Pointe, en Martinique, le 25 juin 1913. Élève au lycée Louis-le-Grand, à Paris, il est admis à Normale sup en 1935. Son agrégation en poche, il retourne en Martinique, où il va conduire avec une égale réussite et une même passion ses activités d'homme politique, de professeur et d'écrivain. L'homme politique se fait l'artisan de la loi de départementalisation des anciennes colonies. Le professeur au lycée Schoelcher fonde avec Suzanne, son épouse, une revue : *Tropiques*, qui devient un efficace vecteur culturel, remarqué par André Breton. L'écrivain publie de nombreux recueils de poèmes (*Soleil cou coupé*, 1948 ; *Corps perdu*, 1950), écrit des pièces de théâtre (*La Tragédie du roi Christophe*, 1963) où il met en scène les dérives et les malheurs provoqués par une colonisation violente et aveugle.

PLAISIR DE LIRE

La Roue

La roue est la plus belle découverte de l'homme et la seule
il y a le soleil qui tourne
il y a la terre qui tourne
il y a ton visage qui tourne sur l'essieu de ton cou quand
tu pleures
mais vous minutes n'enroulerez-vous pas sur la bobine à
vivre le sang lapé
l'art de souffrir aiguisé comme des moignons d'arbre par les
couteaux de l'hiver
la biche saoule de ne pas boire
qui me pose sur la margelle inattendue ton
visage de goélette démâtée
ton visage
comme un village endormi au fond d'un lac
et qui renaît au jour de l'herbe et de l'année
germe

Aimé Césaire, « La Roue », Soleil cou coupé, Cadastre (1961), extrait de *La Poésie*, © Éditions du Seuil, 1994

Mohammed Dib et l'Algérie

Mohammed Dib, l'auteur de la remarquable trilogie romanesque *La Grande Maison* (1952), *L'Incendie* (1954) et *Le Métier à tisser* (1957) est né à Tlemcen, dans l'Ouest algérien, le 21 juillet 1920. Après ses études à Tlemcen puis au Maroc, à Oujda, il s'adonne à la poésie et à la peinture en même temps qu'il exerce son métier d'enseignant à la frontière algéro-marocaine. Il devient ensuite comptable, puis interprète pour les armées alliées pendant la Seconde Guerre mondiale. Journaliste en 1950, apprécié de Louis Aragon, de Guillevic dont il était l'ami, il connaît le succès avec ses romans, ses nouvelles et ses poèmes.

Son œuvre exploite davantage la veine du fantastique que celle du réalisme pour traduire la période la plus douloureuse que traverse son pays, l'Algérie. Dans les années soixante, il s'installe en France, puis enseigne en Californie. En 1990, paraît un roman quasi autobiographique : *Neige de marbre*, fondé sur une esthétique du dépouillement parfaitement réussie. On la retrouve dans ses derniers ouvrages : *L'Infante maure* (1994), *L'Arbre à dires* (1998). Il a obtenu le grand prix de la Francophonie de l'Académie Française, le grand prix de la Ville de Paris. Mohammed Dib est mort le 2 mai 2003 à La Celle-Saint-Cloud, à quatre-vingt-deux ans.

ALLONS PLUS LOIN

Yacine et Begag

Nedjma – l'étoile, en arabe – est au centre de la création du poète Kateb Yacine – Kateb signifie *l'écrivain* – , né à Constantine, le 6 août 1929 et mort à Grenoble, le 28 octobre 1989. En 1945, après avoir participé aux tragiques manifestations de Sétif, il est emprisonné, menacé de la peine capitale. Il découvre alors son rôle d'écrivain, publie des poèmes, puis, en 1956, le roman qui le fait connaître : *Nedjma*. Ce roman marque une nette rupture avec le roman réaliste français en vogue jusqu'alors ; il fonde une nouvelle approche narrative de laquelle s'inspireront les nouveaux romanciers maghrébins.

Jeudi 2 juin 2005. Parmi les noms prononcés par le porte-parole de l'Élysée qui annonce la composition du nouveau gouvernement, celui d'Azouz Begag ravit tous les lecteurs du Gone du Chaâba (1986), devenu un film en 1998. Azouz Begag devient ministre délégué à la Promotion de l'égalité des chances. Né dans la banlieue lyonnaise en 1957, docteur en économie, il est sociologue, chercheur au CNRS, spécialiste en socio-économie urbaine. Il étudie particulièrement la mobilité des populations immigrées dans les espaces urbains. À travers ses romans, il propose aux jeunes issus de l'immigration des modèles positifs d'intégration. Azouz Begag a écrit une quarantaine de livres (*Quand on est mort, c'est pour la vie*, 1995 ; *Le Théorème de Mamadou*, 2002 ; *Le Marteau pique-cœur*, 2004).

Ahmadou Kourouma, sous le soleil de Côte-d'Ivoire

En 1999, les auditeurs de France Inter entendent, en direct, l'auteur que viennent de choisir les membres du jury du prix du Livre Inter (tous de grands lecteurs) : Ahmadou Kourouma. Son roman, *En attendant le vote des bêtes sauvages*, a fait l'unanimité. De sa voix chaleureuse, il présente son œuvre, qui retrace, dans une langue française dorée au soleil de l'Afrique, l'épopée d'un chasseur de la tribu des hommes nus, prétexte pour mettre en relief les contradictions entre le discours technocratique et l'attachement du peuple à ses croyances. L'année suivante, en novembre 2000, la France découvre le nouveau prix Renaudot : Ahmadou Kourouma, pour *Allah n'est pas obligé*.

Cette fois, il a mis en scène, toujours avec la même écriture étonnante, les colonnes d'enfants abandonnés dans les pays d'Afrique où règnent des guerres civiles – enfants qui deviennent la proie de bandits sans scrupules qui les transforment en enfants-soldats. Le succès du roman est considérable. Ahmadou Kourouma est né à Togobala, en Côte-d'Ivoire, le

24 novembre 1927. Tirailleur en Indochine de 1950 à 1954, il vit ensuite dans plusieurs pays d'Afrique, puis fait des études de mathématiques à Paris et à Lyon. Son premier roman, *Soleil des indépendances*, est publié en 1976. Ahmadou Kourouma est mort le 11 décembre 2003, à Lyon.

Calixthe Beyala : du Cameroun à Paris

Son sourire et son dynamisme représentent la partie émergée de son courage, de son optimisme. Calixthe Beyala vient de loin : du Cameroun, certes, mais aussi du plus profond de la pauvreté africaine. Elle est née à Douala. Sixième des douze enfants de la famille Beyala, elle est séparée de ses parents originaires de Yaoundé. Sa sœur, de quatre ans son aînée, prend soin d'elle, l'envoie à l'école primaire, puis au lycée à Bangui, et à Douala. Calixthe se passionne pour les mathématiques et les langues vivantes – elle parle l'eton, sa langue maternelle, le français, l'espagnol, le pidgin (mélange d'anglais et de langues d'Extrême-Orient) et plusieurs langues africaines.

À dix-sept ans, elle vient vivre en France, faire des études de gestion et de lettres. Après avoir beaucoup voyagé, elle s'installe à Paris où elle vit aujourd'hui, mariée et mère de deux enfants. À travers le collectif Égalité dont elle est le porte-parole, elle milite pour la cause des femmes, les droits des minorités visibles, et la francophonie. Son style est pur et dru, drôle et léger, mais se fait grave lorsque sont évoquées les misères et les tragédies auxquelles la femme se trouve mêlée, à cause de coutumes qu'elle doit subir.

Calixthe Beyala en œuvres

- 1992 *Le Petit Prince de Belleville*
- 1993 *Maman a un amant*
- 1993 *Assèze l'Africaine*, prix François Mauriac de l'Académie française, prix Tropiques
- 1996 *Les Honneurs perdus*
- 1999 *Amours sauvages*
- 2000 *Comment cuisiner son mari à l'africaine*
- 2003 *Femme nue, femme noire*
- 2005 *La Plantation*

Alain Mabanckou, du Congo aux États-Unis

Un café congolais ouvert jour et nuit dans une zone en déshérence – le quartier des Trois-Cents. Il porte un nom curieux : *Le crédit a voyagé*. Son patron demande à *Verre Cassé*, l'un de ses clients – un vieux sage –, d'en tenir la chronique, de croquer les portraits des épaves sympathiques, pathétiques qui échouent sur son zinc. Verre Cassé accepte après quelque réticence. C'est le début d'un défilé jubilatoire et fantastique qui semble sortir de la cour des Miracles. On y découvre Mama Mfoa, la cantatrice chauve, qui vend du poulet-bicyclette sur l'avenue de l'Indépendance ; un imprimeur nostalgique de la France, dont il est revenu comme un conquérant en exil ; le vieux Pampers, marqué par son séjour en prison... L'auteur ? Alain Mabanckou, né en 1966 au Congo-Brazzaville, a grandi en France. Il enseigne aujourd'hui la littérature francophone et afro-américaine à l'université du Michigan, aux États-Unis. *Verre cassé*, son cinquième roman, paru en janvier 2005 a été couronné par le prix Ouest-France/Étonnants voyageurs, remis début mai à Saint-Malo.

Antonine Maillet, tous les Acadiens...

Flânons un peu dans l'île de Montréal, visitons le Vieux-Port, remontons la place Jacques-Cartier, passons sous le fameux balcon de l'Hôtel de ville où un certain général français prononça une certaine phrase dont le dernier mot était *libre*... Quelques minutes en métro, et nous voici à Outremont, dans ses rues calmes aux grands arbres remis du grand froid de 1998 ! Vous regardez machinalement le nom des rues : Bernard, Durocher, Rachel... Soudain, vous lisez : rue Antonine-Maillet, et vous vous dites que, bon sang, mais c'est bien sûr... ! Vous la connaissez, Antonine Maillet, vous avez lu – comme des centaines de milliers de lecteurs– ses œuvres, et surtout sa bouleversante *Pélagie* !

L'histoire de Pélagie

Juillet 1755 : les Anglais, à qui était revenue, aux traités d'Utrecht en 1713, l'Acadie – aujourd'hui la Nouvelle-Écosse et le Nouveau-Brunswick au nord-est du Canada –, décident d'en expulser les habitants d'origine française. Tous leurs biens sont confisqués au profit de la Couronne. C'est alors que commence la déportation de quinze mille Acadiens – le *Grand Dérangement* – vers les colonies du sud. Devenue esclave en Géorgie, Pélagie Bourg, dite Le Blanc, n'a pas oublié sa Grand'Prée, au cœur de l'Acadie de son enfance. Elle décide d'y retourner. Elle s'achète une charrette, une paire de bœufs, y entasse ses enfants, un vieillard centenaire, et se met en route. Peu à peu, d'autres exilés la suivent vers leur Terre promise. Charleston, Baltimore, Philadelphie, les marais de Salem... Arrivera-t-elle à bon port ? Faites-vous une petite place dans son convoi pathétique pour le savoir. La fin du voyage vous bouleversera.

PLAISIR DE LIRE

Un peu de Pélagie...

Et à partir de ce jour-là, son premier jour de terre ferme après des mois et des mois au creux des lames de trente pieds qui depuis les rives d'Acadie avaient déjà avalé la moitié de ses gens, Pélagie avait juré aux aïeux de ramener au moins un berceau au pays. Mais ses enfants avaient poussé trop vite, même la petite Madeleine née en pleine goélette anglaise; et quand enfin Pélagie put appareiller, son dernier-né avait quinze ans. Et pour tout bâtiment, Pélagie gréa une charrette. Une charrette et trois paires de bœufs de halage qui lui avaient coûté quinze ans de champs de coton, sous le poids du jour et sous la botte d'un planteur brutal qui fouettait avec le même mépris ses esclaves nègres et les pauvres Blancs.

Antonine Maillet, *Pélagie-la-Charrette*, 1979

L'histoire d'Antonine

À Bouctouche, dans le Nouveau-Brunswick, au nord-est du Canada, vit une minorité française qui n'a jamais oublié le Grand Dérangement. C'est là que naît Antonine Maillet. Elle y passe son enfance, y fait une partie de ses études, qu'elle termine à Montréal, où elle devient professeur d'université après une thèse sur François Rabelais. En 1979, elle est le premier écrivain vivant hors de France à obtenir le prix Goncourt. De nombreux autres prix couronnent son œuvre riche d'une quinzaine d'ouvrages au style vif et coloré, une vraie fête de la langue ! Revenons à Outremont, rue Antonine-Maillet, où nous nous sommes arrêtés tout à l'heure. En connaissez-vous la plus illustre des habitantes ? Devinez ! C'est... Antonine Maillet !

ALLONS PLUS LOIN

Michel Tremblay, Réjean Ducharme

Si vous quittez Outremont et que vous descendez vers le Plateau, si vous passez devant le Carré Saint-Louis, pensez qu'en cet espace, en ce lieu, vit le plus important auteur dramatique de la francophonie : Michel Tremblay, né en 1942. Il écrit sa première pièce à dix-sept ans. Son grand succès, c'est *Belles-sœurs*, représentée en 1968, qui dénonce dans un langage pittoresque et original – le *joual* – les excès d'un certain Québec bien-pensant. Après une trentaine de pièces et des récits fantastiques, Michel Tremblay a écrit une dizaine de romans, dont certains, rassemblés sous le titre *Chroniques du Plateau Mont-Royal*, offrent une chronique réaliste et attachante des années cinquante, de part et d'autre de l'avenue du Parc... Montréal ! Un autre nom, et non des moindres, vient à l'esprit : Réjean Ducharme, qui s'est plu à brouiller les pistes pour qu'on ne le trouve nulle part ! Ainsi, point de biographie certaine, seulement les œuvres, inoubliables : *Le nez qui voque* (1967), *L'Océantume* (1968), *La Fille de Christophe Colomb* (1969), *L'Hiver de force* (1973). On y trouve, à travers un humour noir et corrosif, un violent rejet des conventions, de la réalité et du quotidien.

Albert Cohen, de Corfou à Genève

Suisse d'expression française – comme Charles Ferdinand Ramuz (1878-1947), auteur de romans où se mêlent l'étrange et la vie montagnarde ; comme Jacques Chessex, né dans le canton de Vaud, en 1934, prix Goncourt en 1973, avec *L'Ogre* –, Albert Cohen laisse une œuvre éblouissante et intimiste. Dans un entretien avec Bernard Pivot qui le questionne sur son écriture, Albert Cohen répond : *J'écris pour une femme – tout court, pour une femme !*

Ami de Marcel Pagnol

Je suis un paysan qui a fort peu lu. Ainsi parle Albert Cohen qui n'est pas paysan et qui a beaucoup fréquenté Virgile, Racine, Rimbaud, Stendhal, Dostoïevsky… Modeste Albert Cohen qui a offert à la langue française, de la Suisse dont il était citoyen, une œuvre monumentale– l'une des plus importantes du XXe siècle. Albert Cohen est né à Corfou le 16 août 1895 ; mort à Genève le 17 octobre 1981. Sa famille s'installe pendant quelques années à Marseille où il se lie d'amitié avec Marcel Pagnol. Après avoir acquis la nationalité suisse (1919), il devient attaché diplomatique du Bureau international du travail à la Société des Nations. Pendant la Seconde Guerre mondiale, il est à Londres, auprès du général de Gaulle. De 1945 à 1954, directeur de la Protection juridique à l'ONU, il crée le passeport pour les réfugiés apatrides.

ALLONS PLUS LOIN

Belle du Seigneur : une cathédrale

De *Belle du Seigneur*, Jean Freustié écrit, en 1968 : *C'est un livre extraordinaire, irritant, magnifique, propre à déclencher les passions… C'est un livre fait pour casser l'orgueil. Pour casser tout. Au passage, et dans son pessimisme absolu, il ramène à zéro la passion sexuelle… Je crois saisir en cet esprit très religieux, très religieusement juif d'Albert Cohen, un immense désir de pureté. Qu'on soit ou non d'accord sur le principe sous-jacent, on constatera que ce n'est pas là un des aspects les moins intéressants du livre. On peut lire aussi, dans La Voix du Nord : Belle du Seigneur est beaucoup plus qu'un roman : un monument, une cathédrale, un morceau de temps recréé dans sa générosité, sa totalité.*

Albert Cohen, c'est une écriture généreuse, éblouissante, qui joue sur les tons les plus riches, les plus enchanteurs et lucides à la fois, comme une musique inouïe – ainsi, langage universel.

Le jour du camelot

Toutes ces activités ne l'empêchent pas de bâtir une tétralogie magnifique. Sa passion pour l'écriture est sans doute née de ce qu'il a appelé tout au long de sa vie le jour du camelot : alors qu'il rentre de l'école, à Marseille, un camelot se moque cruellement de lui en lançant à la cantonade des plaisanteries sur les Juifs ! La blessure ne se refermera pas. Albert Cohen dira plus tard qu'après cette journée il n'avait trouvé de salut possible que dans l'amour des femmes. Elles deviennent le centre de chacune de ses œuvres. Particulièrement de son chef-d'œuvre : *Belle du Seigneur*. Ce roman, paru en 1968 et qui obtient le grand prix de l'Académie française, fait partie de la tétralogie qui comprend aussi : *Solal* (1930), *Mangeclous* (1938), *Les Valeureux* (1969).

PLAISIR DE LIRE

Belle du Seigneur : un vitrail…

Attentes, ô délices, attentes dès le matin et tout le long de la journée, attentes des heures du soir, délices de tout le temps savoir qu'il arriverait ce soir à neuf heures, et c'était déjà du bonheur. Aussitôt réveillée, elle courait ouvrir les volets et voir au ciel s'il ferait beau ce soir. Oui, il ferait beau, et il y aurait une nuit chaude avec beaucoup d'étoiles qu'ils regarderaient ensemble, et il y aurait du rossignol qu'ils écouteraient ensemble, elle tout près de lui, comme la première nuit, et ensuite ils iraient, iraient se promener dans la forêt, se promener en se donnant le bras. Alors, elle se promenait dans sa chambre, un bras arrondi, pour savourer déjà. Ou bien, elle tournait le bouton de la radio, et si c'était une marche guerrière déversée de bon matin, elle défilait avec le régiment, la main à la tempe, en raide salut militaire, parce qu'il serait là ce soir, si grand, si svelte, ô son regard.

Albert Cohen, extrait de *Belle du Seigneur*, 1968

Le Maroc de Tahar Ben Jelloun

Né à Fès le 1er décembre 1944, Tahar Ben Jelloun y commence ses études, qu'il poursuit à Tanger où ses parents ont déménagé. Après les manifestations d'étudiants, en 1965, dans les grandes villes du Maroc, il passe deux années dans un camp disciplinaire avant de pouvoir terminer ses études de philosophie. Nommé professeur à Tétouan, il commence à publier des poèmes qui sont rassemblés dans un recueil édité par Atalantes, sous le titre *Homme sous linceul de silence*, en 1970. En 1971, il vient s'établir à Paris, collabore au journal *Le Monde*, commence à écrire son premier roman – *Harrouda* –, publié en 1973 et remarqué par Roland Barthes (1915-1980 – structuraliste, auteur de *Mythologies* en 1957), Samuel Beckett, Jean Genet. Poèmes, nouvelles, romans se succèdent ensuite à un rythme soutenu. Tahar Ben Jelloun, qui partage sa vie entre Paris et Tanger, a obtenu le prix Goncourt en 1987 pour son roman *La Nuit sacrée* – suite de son roman à succès *L'Enfant de sable*, où Ahmed, huitième enfant d'une famille où l'on attend désespérément un fils, devient un homme-femme.

Tahar Ben Jelloun en œuvres

- 1976 *La Réclusion solitaire*
- 1981 *La Prière de l'absent*
- 1985 *L'Enfant de sable*
- 1987 *La Nuit sacrée* (prix Goncourt)
- 1991 *Les Yeux baissés*
- 1994 *L'Homme rompu*
- 1997 *Le racisme expliqué à ma fille*
- 2002 *L'Islam expliqué aux enfants*

ALLONS PLUS LOIN

Driss Chraïbi, *Le Passé simple*

Un roman à lire pour comprendre l'évolution du Maghreb aujourd'hui, qui tente de dépasser les contradictions et les paradoxes liés aux problèmes de l'époque : *La Civilisation, ma mère* ! L'auteur en est Driss Chraïbi, né en 1926, au Maroc. Après des études à Casablanca, il s'établit à Paris où il obtient un diplôme d'ingénieur chimiste. Ses poèmes, puis ses romans (*Le Passé simple*, 1954 ; *Les Boucs*, 1955) le montrent critique à l'égard de son pays, mais aussi de la France dont il espérait davantage. Après avoir longtemps travaillé à France Culture, il part enseigner au Québec, rentre au Maroc, revient en France, tout en continuant à publier de nombreux ouvrages où son style mêlé d'humour fait merveille. Son dernier roman, *L'homme qui venait du passé* – qui met en scène une sorte de Sherlock Holmes marocain –, a été publié en septembre 2004.

Amélie Nothomb : chapeaux belges !

Avez-vous lu son roman intitulé *Biographie de la faim* publié en 2004 ? Oui ? Fûtes-vous rassasié ? Non ? En voici un nouveau : *Acide sulfurique* (août 2005). Attention, c'est corrosif !

Une perfusion ?

Évidemment, tout le monde connaît Amélie ! Tout le monde sait qu'elle est friande de fruits pourris– ou du moins, c'est ce qu'elle dit à Bernard Pivot qui, un soir d'*Apostrophes*, tentait de percer le mystère de notre écrivain belge plus parisienne que bruxelloise (petite nièce de l'écrivain belge Paul Nothomb, fille de Patrick Nothomb– ambassadeur de Belgique à Rome– elle est née au Japon, dans l'île de Kobe, le 13 août 1967).

Tout le monde l'a rencontrée, au Salon du Livre de Paris ou d'ailleurs, après avoir attendu une heure ou deux dans la file de ses lecteurs, afin que du bout de ses doigts, émergés de noires mitaines, elle signe son *Hygiène de l'assassin*, ses *Catilinaires* ou son *Robert des noms propres* !

Tout le monde regarde avec un étonnement amusé ses chapeaux noirs à bord relevé, si hauts de forme qu'on en arrive à se demander ce qu'elle y dissimule – serviraient-ils de réserve amovible pour intrigues à profusion, qu'elle installerait de temps en temps sur son chef, comme une perfusion ?...

Aimer son prochain...

La lecture d'Amélie, c'est du bonheur, et du plaisir. On la sent si proche de soi, mais en même temps seule dans le génie de son écriture. Le tourbillon des répliques, dans *Hygiène de l'assassin*, est époustouflant ! Seulement lecteur, on en devient l'acteur par une sorte de mise en scène de notre propre silence – voilà le mystère Nothomb : elle nous fait entrer dans ses pages, nous mêle à l'angoisse terrible de cette fausse laide, dans *Mercure* ; aux humiliations quotidiennes de la préposée à la photocopieuse dans *Stupeur et tremblements*... On est toujours à ses côtés, elle est toujours près de nous, dans l'amitié de Blanche et Christa, dans celle de l'anorexique Plectrude, dans *Biographie de la faim*... On dévore tout cela, pantagruéliques lecteurs jamais rassasiés puisque la grande vertu des romans d'Amélie, c'est de réussir, dès le dernier roman qu'elle offre, à faire aimer son prochain...

Amélie Nothomb en œuvres

- 1992 *Hygiène de l'assassin*
- 1993 *Le Sabotage amoureux*
- 1994 *Les Combustibles*
- 1995 *Les Catilinaires*
- 1996 *Péplum*
- 1997 *Attentat*
- 1998 *Mercure*
- 1999 *Stupeur et tremblements* (grand prix du roman de l'Académie française)
- 2000 *Métaphysique des tubes*
- 2001 *Cosmétique de l'ennemi*
- 2002 *Robert des noms propres*
- 2003 *Antéchrista*
- 2004 *Biographie de la faim*
- 2005 *Acide sulfurique*

Amin Maalouf : les Croisades à l'envers

Quand on a vécu au Liban, la première religion que l'on a, c'est la religion de la coexistence, affirme Amin Maalouf, né à Beyrouth, au Liban, en 1949. Étudiant en sociologie et en sciences économiques, il devient journaliste par tradition familiale. Ses premiers articles sont pour le journal libanais Al-Nahar. Pendant la guerre civile qui déchire son pays, en 1976, il vient s'établir en France, avec son épouse et ses trois enfants. Il y poursuit sa carrière de journaliste, effectue des reportages en Iran, au Viêtnam, en Inde, en Éthiopie, en Somalie… En 1985, il publie *Les Croisades vues par les Arabes*. Les croisés y deviennent des barbares cannibales, violeurs et pilleurs, et les princes de l'Islam, des héros. Cette vision des croisades remporte un immense succès. Amin Maalouf décide alors de vivre sur l'île d'Yeu afin d'y poursuivre son œuvre où se mêlent avec une grande habileté l'histoire et le merveilleux, nous restituant un Proche-Orient à la fois tourmenté et attachant.

Amin Maalouf en œuvres

- 1986 *Léon l'Africain*
- 1986 *Les croisades vues par les Arabes*
- 1989 *Samarcande*
- 1991 *Les Jardins de lumière*
- 1993 *Le Rocher de Tanios* (prix Goncourt)
- 1996 *Les Échelles du Levant*
- 1998 *Les Identités meurtrières*
- 2000 *Le Périple de Baldassare*
- 2001 *L'Amour de loin*
- 2004 *Origines*

ALLONS PLUS LOIN

Vénus Khoury-Ghata et ses rayons de soleil

Voulez-vous découvrir une poésie qui vous dise *La Voix des arbres*, qui vous raconte les *Fables pour un peuple d'argile* ? Voulez-vous lire des romans, des nouvelles nés d'une plume qui semble prolonger sur la page les rayons du soleil ? Entrez dans l'œuvre de Venus Khoury-Ghata, née en 1937, à Beyrouth. Poète, nouvelliste, romancière, elle a publié plus de vingt ouvrages, chants d'amour pour son pays de lumière, déchiré par la guerre.

Index alphabétique

D

M

N

O

Achevé d'imprimer par N.I.I.A.G.
en juillet 2006
pour le compte de France Loisirs, Paris

Imprimé en Italie